"十二五"国家重点图书出版规划项目

中国社会科学院创新工程学术出版资助项目

总主编：金 碚

经济管理学科前沿研究报告系列丛书

THE FRONTIER REPORT ON THE DISCIPLINE OF WORLD ECONOMICS

刘文革 孙 瑾 主编

世界经济学学科前沿研究报告

经济管理出版社
ECONOMY & MANAGEMENT PUBLISHING HOUSE

图书在版编目（CIP）数据

世界经济学学科前沿研究报告/刘文革，孙瑾主编. —北京：经济管理出版社，2013.2
ISBN 978-7-5096-2326-8

Ⅰ. ①世… Ⅱ. ①刘… ②孙… Ⅲ. ①世界经济学—研究报告 Ⅳ. ①F11-0

中国版本图书馆 CIP 数据核字（2013）第 030280 号

组稿编辑：张永美
责任编辑：刘 宏 李月娥
责任印制：杨国强
责任校对：李玉敏

出版发行：经济管理出版社
（北京市海淀区北蜂窝 8 号中雅大厦 A 座 11 层 100038）
网 址：www. E-mp. com. cn
电 话：（010）51915602
印 刷：三河市延风印装厂
经 销：新华书店
开 本：787mm×1092mm/16
印 张：25.25
字 数：567 千字
版 次：2013 年 7 月第 1 版 2013 年 7 月第 1 次印刷
书 号：ISBN 978-7-5096-2326-8
定 价：79.00 元

《经济管理学科前沿研究报告》专家委员会

《经济管理学科前沿研究报告》编辑委员会

总主编： 金　碚

副总主编： 高　闯　徐二明

编辑委员会委员（按姓氏笔划排序）：

于亢亢　王　钦　王伟光　王京安　王国成　王默凡　史　丹　史小红
叶明确　刘　飞　刘文革　刘兴国　刘建丽　孙久文　孙若梅　朱　彤
朱　晶　许月明　何　瑛　吴东梅　宋　华　张世贤　张永军　张延群
李　枫　李小北　李俊峰　李禹桥　杨世伟　杨志勇　杨明辉　杨冠琼
杨春河　杨德林　沈志渔　肖　霞　陈宋生　周小虎　周应恒　周晓明
罗少东　金　准　贺　俊　赵占波　赵顺龙　钟甫宁　唐　鑛　夏杰长
徐二明　郭燕青　高　闯　康　鹏　操建华

序 言

为了落实中国社会科学院哲学社会科学创新工程的实施，加快建设哲学社会科学创新体系，实现中国社会科学院成为马克思主义的坚强阵地、党中央国务院的思想库和智囊团、哲学社会科学的最高殿堂的定位要求，提升中国社会科学院在国际、国内哲学社会科学领域的话语权和影响力，加快中国社会科学院哲学社会科学学科建设，推进哲学社会科学的繁荣发展具有重大意义。

旨在准确把握经济和管理学科前沿发展状况，评估各学科发展近况，及时跟踪国内外学科发展的最新动态，准确把握学科前沿，引领学科发展方向，积极推进学科建设，特组织院内外专家研究撰写《经济管理学科前沿研究报告》。本系列报告的研究和出版得到了国家新闻出版广播电影电视总局的支持和肯定，特将本系列报告丛书列为“十二五”国家重点图书出版项目。

《经济管理学科前沿研究报告》包括经济学和管理学两大学科。经济学包括能源经济学、旅游经济学、服务经济学、农业经济学、国际经济合作、世界经济学、资源与环境经济学、区域经济学、财政学、金融学、产业经济学、国际贸易学、劳动经济学、数量经济学、统计学。管理学包括管理学、创新管理学、战略管理学、技术管理与技术创新、公司治理学、会计（审计）学、财务管理学、市场营销学、人力资源管理学、组织行为学、企业信息管理学、公共政策与政府管理、物流供应链管理、创业与中小企业管理、管理科学与工程。

《经济管理学科前沿研究报告》依托中国社会科学院独特的学术地位和超前的研究优势，撰写出具有一流水准的哲学社会科学前沿报告，致力于体现以下特点：

（1）前沿性。本系列报告要体现国内外学科发展的最新前沿动态，包括各学术领域内的最新理论观点和方法、热点问题及重大理论创新。

（2）系统性。本系列报告将囊括学科发展的所有范畴和领域。一方面，学科覆盖具有全面性，包括不同学科的科研成果、理论发展、科研队伍的建设，以及某学科发展过程中具有的优势和存在的问题。另一方面，就各学科而言，还将涉及该学科下的各个二级学科，既包括学科的传统范畴，也包括新兴领域。

（3）权威性。本系列报告将由各个学科内长期从事理论研究的专家、学者主编，组织本领域内一流的专家、学者进行撰写，无疑将是各学科内的权威学术研究。

（4）资料性。本系列报告不仅系统总结和评价了每年各个学科的发展历程，还提炼了各学科学术发展进程中的重大问题、重大事件及重要学术成果，因此具有工具书式的资料性，为哲学社会科学研究的进一步发展奠定了新的基础。

《经济管理学科前沿研究报告》全面体现了经济、管理学科及其分支学科国内外的发展状况、最新动态、重要理论观点、前沿问题、热点问题等。该系列报告包括经济学和管理学一级学科和二级学科，其中经济学科 15 个，管理学科 15 个。将按年度撰写出版 30 个学科前沿报告，成为系统研究的年度连续出版物。这项工作虽然是学术研究的一项基础工作，但意义十分重大。要想做好这项工作，需要大量的组织、协调、研究工作，更需要专家学者付出大量的时间和艰苦的努力，在此，特向参与本研究的院内外专家、学者和参与出版工作的同仁表示由衷的敬意和感谢。相信在大家的齐心努力下，将会进一步推动中国对经济学和管理学学科建设的研究，同时，也希望本报告的连续出版将推动我国经济和管理学科研究水平有较大提高。

金　碚

2013 年 3 月

前　言

世界经济学属于理论经济学，相关理论研究比较成熟，其涵盖面较广，研究范围较宽，涉及的理论和现实问题较多。目前，在美国金融危机和欧洲债务危机背景下，世界经济增长低迷，美欧国家仍处在发达资本主义经济周期的低谷，世界经济格局因此有所变化，以“金砖国家”为代表的新兴经济体高速发展，同时，在全球经济失衡的背景下，贸易、金融、货币、区域合作等领域出现新的态势。于是，世界经济领域出现许多新的热点问题，需要理论创新和发展来把握这些新变化、新趋势。虽然国内关于世界经济理论的研究与国外相比起步较晚，但是随着中国社会、经济的持续发展，世界经济理论兼收并蓄，基于中国经济现实和国际问题的每一领域都在发生巨大的变革，世界经济理论也在不断进行创新并取得了多方面的发展。

《世界经济学学科前沿研究报告》主要包括五个部分，即国内外研究综述、期刊论文精选、出版图书精选、会议综述和文献索引。

第一部分是国内外研究综述。与已有文献研究相比较，本报告首次以 2010 年国内外高水平专业期刊发表的世界经济理论文章以及出版的图书作为研究对象，另外还包括国内外召开的与世界经济学科相关的会议，对世界经济理论研究成果在既定理论结构的基础上进行系统梳理和内容划分，并进行文献述评和比较分析研究，以使据以分析的数据更加全面系统，所反映的国内外对于世界经济理论研究的重心和差异更加客观，为世界经济理论未来可能的研究趋势和方向提供有价值的建议。

第二部分是期刊论文精选。本报告以上述世界经济理论结构为划分基础，对 2010 年国内外与世界经济理论相关的期刊论文进行梳理和内容划分，对 2010 年国内外相关文献资料整理共得到与世界经济研究相关的期刊文章 423 篇，其中国外期刊文章 206 篇，国内期刊文章 217 篇。考虑到世界经济理论发展的系统性、前瞻性、融合性、实用性等方面的要求，从研究内容、研究方法、研究视角等方面，世界经济专家团队评选出若干优秀论文以供参考。

第三部分是出版图书精选。本报告以上述世界经济理论结构为划分基础，对 2010 年国内外与世界经济理论相关的出版图书进行梳理，共得到与世界经济理论相关的图书 101 种，其中，国外出版图书 46 种，国内出版图书 55 种。鉴于亚马逊网站的图书信息较为全面，中英文图书均以亚马逊网站检索到的 2010 年与世界经济理论相关的图书为准。考虑到世界经济前沿理论发展的系统性、前瞻性、融合性、实用性等方面的要求，经过认真评选，对其中41本优秀中文图书和16本优秀英文图书进行简要介绍。

第四部分是会议综述。本报告对2010年国内与世界经济学科相关的会议进行梳理，并对会议内容进行综述。共召开相关会议13次，其中比较重要的有7次。分别是：第四届《中国金融评论》国际研讨会、经济全球化与中国经济科学发展高峰论坛暨中国经济规律研究会、第十一届中国经济学年会、中国世界经济学会第十次代表大会暨“国际经济新变化与中国对外经济政策”理论研讨会、中国世界经济学会第四届两岸经贸论坛：“后金融危机时期区域货币合作”学术研讨会、美国经济学会2010年会、第22届中国经济学会CEA（英国）年度会议。

第五部分是文献索引。本报告的文献索引包括中文期刊和英文期刊两个部分。其中，中文期刊索引源自《中国社科文献索引》（2010-2011）与世界经济学科相关的期刊论文（2010年公开发表）；英文期刊索引源自中央财经大学公布的世界经济英文期刊目录（29种），与世界经济学科相关的期刊论文共计423篇。

《世界经济学学科前沿研究报告》的创新之处包括：

第一，迄今为止，国内外对世界经济学科前沿进行综述的文章和书籍较少，对国内外成果进行对比分析研究的更是乏善可陈，本报告首次以2010年国内外高水平专业期刊发表的世界经济理论文章作为研究对象，对世界经济理论研究成果在既定理论结构的基础上进行文献述评，并从研究内容、研究方法和研究视角等方面进行对比分析研究，客观反映了国内外对世界经济理论研究的重心和差异。

第二，本报告以既定的世界经济理论结构为划分基础，对2010年国内外与世界经济理论相关的期刊论文和图书进行梳理和内容划分，并考虑到世界经济理论发展的系统性、前瞻性、融合性、实用性等方面的要求，从研究内容、研究方法、研究视角等方面，通过世界经济专家团队的一致评选，评选出中、英文期刊优秀论文和图书，为世界经济专业的学者和实践者提供借鉴和参考。

第三，本报告对2010年国内与世界经济学科相关的会议进行梳理，并对会议内容进行综述，让世界经济学者和实践者对学科最新信息一览无余。

第四，本报告将2010年国内外公开发表的所有与世界经济学科相关的期刊论文目录进行索引，为世界经济专业的学者和实践者提供了全面、系统的资料来源。

作为一部反映国内外世界经济学科前沿的报告，该著作难免有偏颇或疏漏之处。参加本报告的团队成员——中央财经大学的王文晓、罗筱露、师亚荣、郭文杰、张丹俊、徐潇等将携手前进，共同努力，为世界经济学科的发展做出更大的贡献。

刘文革　孙瑾

2013年3月9日

目　录

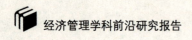

第一章　世界经济学科2010年国内外研究综述

世界经济学科在21世纪呈现出新的发展方向、新的发展内容和新的发展使命，在全球化日益深入的今天，从世界的角度看待经济问题、用全球的眼光分析经济发展，是正确的途径和必然的选择。2010年世界经济领域新问题层出不穷，机遇与挑战并存，就此国内外学者做了大量的学术研究工作，世界经济理论研究取得了举世瞩目的成就。

一、世界经济研究结构

世界经济领域涵盖面较广，研究范围较宽，涉及的理论和现实问题较多，世界经济增长低迷，美欧国家仍处在发达资本主义经济周期的低谷，世界经济格局因此有所变化，“金砖国家”高速发展，同时，在全球经济失衡背景下，贸易、金融、货币、区域合作等领域出现新的态势。具体内容详见表1–1。

表1–1　世界经济理论研究框架和内容

理论研究	一级内容	明细内容
世界经济格局	2010年世界经济形势	2010年世界经济的主要特征、世界经济面临的问题与隐患、全球经济复苏
	世界经济格局变化	世界经济格局是否会出现大变动、世界经济格局演变的方式
	全球经济重心转移论	重心东移、亚洲主战场
美国金融危机	金融危机成因	国内的美国经济结构失衡论、制度内生性、收入分配论等；国外的货币学派、汇率学派、国际金融监管
	金融危机理论新发展	金融危机传染网络、金融危机顺周期效应
	金融危机中的世界经济	世界金融、世界格局、国际投资、国际贸易保护主义、国际石油价格
	金融危机中发达国家	美国、欧洲、日本
	金融危机中发展中国家	东亚
	金融危机中的中国	中国经济、中国贸易、中国金融、中国企业与投资
	金融危机应对措施	“金融预警机制”、金融监管机制

续表

理论研究	一级内容	明细内容
欧洲债务危机	欧债危机成因	经济结构僵化与人口老龄化
	欧债危机影响和启示	欧盟、全球经济、中国
	欧债危机的应对措施	债务重组、风险预警
经济政策调整	危机时代的财政政策调整	财政政策的选择和实行、财政政策的效果、财政政策引发政府债务风险
	危机时代的货币政策调整	货币政策操作及问题、货币政策有效性研究

二、世界经济研究 2010 年国内外研究概况

根据表 1-1 中所列世界经济研究框架和内容，对 2010 年国内外相关文献资料进行梳理，本次文献资料整理共得到与世界经济研究相关的期刊文章 423 篇（国外期刊文章 206 篇，国内期刊文章 217 篇，具体如表 1-2 所示），图书 57 种（国外图书 16 种，国内图书 41 种），另外，还在国内外召开了与世界经济学科相关的重要会议 7 次。

表 1-2　2010 年世界经济相关文献分布情况

研究框架	国内期刊（篇）	国外期刊（篇）
世界经济格局	49	53
美国金融危机	70	76
欧洲债务危机	51	43
经济政策调整	47	34
合计	217	206

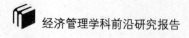

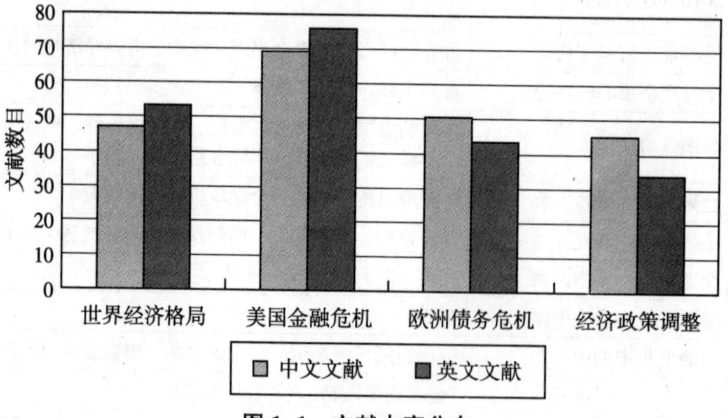

图 1-1　文献内容分布

（一）专题1：世界经济格局

本专题主要内容包括2010年世界经济形势、世界经济格局以及全球经济重心的转移，其中，具体综述了世界经济的大环境、特征、面临的问题与隐患、经济失衡与再平衡等方面的内容。共收集文献92篇，其中，国内文章49篇，主要来源于《亚太经济》、《国际经济评论》、《世界经济研究》、《经济学动态》、《财贸经济》等期刊；国外的文章53篇，主要来源于*Journal of Accounting and Economics*、*Oxford Bulletin of Development Economics*、*National Bureau of Economic Research Working Paper*等期刊。

（二）专题2：美国金融危机

本专题主要对金融危机的成因、金融危机最新理论、金融危机中的世界经济、金融危机中的发达国家和发展中国家以及应对金融危机的措施等方面的文献进行了综述。涉及这方面的文章主要有146篇，其中，国内文章70篇，主要来源于《亚太经济》、《国际经济评论》、《世界经济研究》、《经济学动态》、《财贸经济》等期刊；国外文章76篇，主要来源于*Review of Financial Studies*、*Journal of International Economics*、*Economics Letters*、*Journal of Economic Perspectives*、*Journal of Economic Literature*等期刊。

（三）专题3：欧洲债务危机

欧债危机的内容主要包括欧债危机的成因、欧债危机的影响、欧债危机的前景、欧债危机的启示以及应对措施等方面。该专题收集的文献共94篇，其中，国内文章51篇，主要来源于《国际金融》、《国际经济合作》、《国际贸易》、《国际经济评论》、《经济学动态》等期刊；国外文章43篇，主要来源于*Economics Letters*、*American Economic Review*、*European Trade Union Institute Working Paper*等期刊。

（四）专题4：经济政策调整

该专题主要从财政政策和货币政策两个方面综述了2010年世界各国宏观经济的调整，其中，从政策的有效性、影响政策制定的因素、政策制定的重心、最优政策的选择、政策传导机制等角度对危机后财政政策和货币政策调整进行了具体的综述。该部分的文献共45篇，其中，中文文献47篇，主要来源于《国际经济评论》、《经济学动态》、《亚太经济》、《世界经济研究》、《财贸经济》等期刊；国外文献34篇，主要来源于*Journal of Money, Credit and Banking*、*Asia Pacific Business Review*、*NBER Working Paper*、*Journal of Economic Integration*等期刊。

本次文献资料整理的检索来源：国内期刊主要来源于CSSCI的17种期刊；图书信息来源于北京图书大厦网站、当当网、亚马逊网站检索到的2010年与世界经济领域相关的图书，鉴于亚马逊英文网站图书信息较为全面，英文图书主要来源于此；国内外会议选取了最有代表性的会议，国外如一年一度的美国经济学学会AEA，国内如社科院的世界经济学会等。具体如表1-3所示。

表 1-3 文献检索来源

文献类别	检索地域	检索范围
期刊	国外	1. ADBI Working Paper 2. Applied Economics 3. Economic Letters 4. Economic Record 5. European Economic Review 6. European Trade Union Institute Working Paper 7. IMF Working Paper 8. Journal of Accounting and Economics 9. Journal of Asian Economics 10. Journal of Banking and Finance 11. Journal of Cambridge Studies 12. Journal of Economic Issues 13. Journal of Economic Literature 14. Journal of Economic Perspective 15. Journal of Finance 16. Journal of Financial Economics 17. Journal of International Economics 18. Journal of International Money and Finance 19. Journal of Monetary Economics 20. Journal of Money，Credit & Banking 21. National Bureau of Economic Research Working Paper 22. OECD Economics Department Working Paper 23. Oxford Bulletin of Development Economics 24. Quarterly Journal of Economics 25. Review of Economics and Statistics 26. Review of Financial Studies 27. American Economic Review 等外文核心期刊
	国内	1.《世界经济》 2.《亚太经济》 3.《国际贸易》 4.《经济学动态》 5.《世界经济研究》 6.《国际贸易问题》 7.《国际经济评论》 8.《国际金融研究》 9.《国际金融》 10.《财贸经济》 11.《数量经济技术经济研究》 12.《中国经济导刊》 13.《中国金融》 14.《管理世界》 15.《南开经济研究》 16.《中国工业经济》 17.《中央财经大学学报》等 CSSCI 期刊

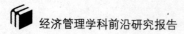

续表

<table>
<tr><th>文献类别</th><th>检索地域</th><th>检索范围</th></tr>
<tr><td rowspan="2">图书</td><td>国外</td><td>亚马逊英文网站</td></tr>
<tr><td>国内</td><td>北京图书大厦网站、当当网、亚马逊中文网站</td></tr>
<tr><td rowspan="2">会议</td><td>国外</td><td>1. 美国经济学年会
2. 中国经济学会 CEA（英国）年度会议</td></tr>
<tr><td>国内</td><td>1. 第三届《中国金融评论》国际研讨会
2. 经济全球化与中国经济科学发展高峰论坛暨中国经济规律研究会第 20 届年会
3. 中国世界经济学会第四届两岸经贸论坛：“后金融危机时期区域货币合作”学术研讨会
4. 中国世界经济学会第十次代表大会暨“国际经济新变化与中国对外经济政策”理论研讨会</td></tr>
</table>

其中，中文文献期刊分布如表 1–4 和图 1–2 所示：

表 1–4 中文文献期刊分布

期刊	篇数	占比（%）
《世界经济》	6	2.76
《世界经济研究》	24	11.06
《亚太经济》	12	5.53
《国际贸易》	12	5.53
《经济学动态》	13	5.99
《国际贸易问题》	11	5.07
《国际金融研究》	17	7.83
《数量经济技术经济研究》	1	0.46
《中国金融》	2	0.92
《国际金融研究》	17	7.83
《国际商务》	7	3.23
《大学学报》	9	4.15
其他	86	39.63
合计	217	100.00

英文期刊分布图如表 1–5 和图 1–3 所示：

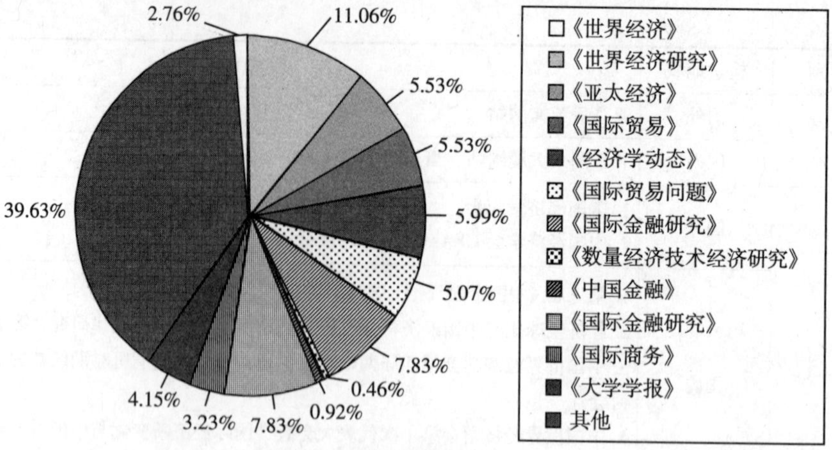

图 1-2 中文期刊分布

表 1-5 英文期刊分布

期刊	篇数	占比（%）
Economic Letters	9	4.4
Economic Record	5	2.4
European Economic Review	6	2.9
Journal of Cambridge Studies	14	6.8
Journal of Economic Literature	9	4.4
Journal of Economic Perspective	11	5.3
Journal of Finance	7	3.4
Journal of Financial Economics	15	7.3
Quarterly Journal of Economics	17	8.3
American Economic Review	14	6.8
NBER Working Paper	30	14.6
Others	69	33.5
Overall	206	100

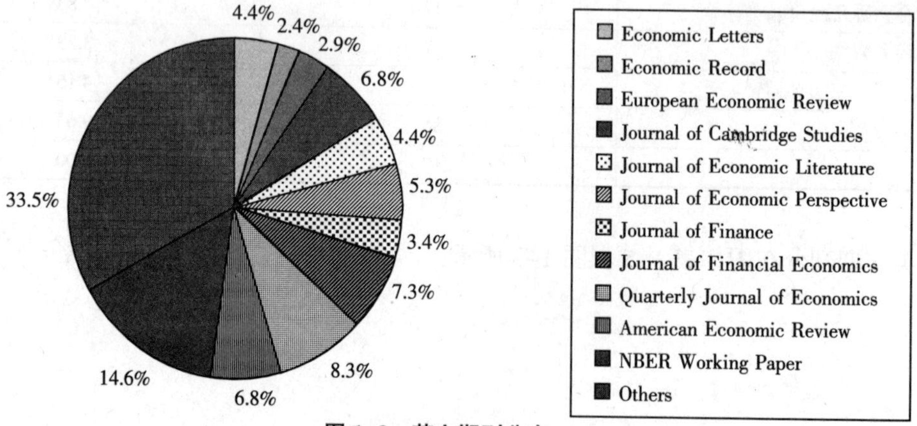

图 1-3 英文期刊分布

三、世界经济研究 2010 年国内外研究综述

（一）世界经济格局

1. 2010 年世界经济形势

Poddar、Sandeep 分析了 2010 年后危机时期世界经济的状况。他们认为 2009 年世界经济好于我们的预期，2010 年全球经济更快、更稳定地复苏。随着经济恢复的步伐加快，全球大宗商品价格已经从低点恢复，全球贸易也缓慢复苏。前所未有的政府干预和大幅度的央行降息以及新兴经济体对全球经济的恢复做出了很大贡献。虽然全球经济复苏的形势依然不确定，但情况比去年第一季度已显著改善。

2. 世界经济格局变化

（1）世界经济格局是否会出现大变动。针对危机后美国地位的变化，一种观点认为，美国实力明显衰落，美国的金融霸权和美元霸权支配地位正逐渐消失。2010 年哈佛大学教授 Jeffrey Frankel 指出，美元不断贬值正进一步削弱美元霸主地位，如继续下去，欧元可能取而代之，成为首要国际储备货币。中国将把人民币打造成亚洲的主导货币，上述两种场景中出现任何一种，其影响都是巨大的，美元也许不再是美国实力的源泉，反而成为它衰落的原因。另一种观点则认为，未来较长时间内美国的经济、科技和金融实力不会明显衰落，美元依然是世界主要储备货币和支付手段。哈佛大学教授 Kenneth Rogoff 认为，世界贸易和金融体系存在巨大的惰性，目前美元还没有明显的继任者。[①] 美国竞争力委员会（Council on Competitiveness）指出，从多项指标看，美国综合实力比 20 世纪 80 年代更强大，尽管美国面临国际竞争，但仍处于以创新驱动世界经济发展的中心。

在国内，对危机后世界经济格局的研究不仅集中在对危机后美国超级大国地位变化与否的讨论中，更多联系到新兴经济体和中国国际经济地位变化。陈宝森认为，未来 10~20 年，美国与新兴经济体的 GDP 差距会缩小，但其超级大国地位还不会有根本性变化，美国跨国公司竞争力不会削弱。[②] 刘继森、范佩雯则判断，危机后美元的霸权地位面临挑战，美国在国际分工中的中心地位下降，美国在国际经济中的主导地位也正逐渐下降。[③]

徐建炜、姚洋从国际分工的角度考察了全球失衡问题，通过构造一个金融市场——制造业比较优势指标，利用 1990~2005 年 45 个国家的数据进行了系统的计量研究，证实了金融—制造业比较优势对于经常账户赤字（盈余）的重要性，并指出中国的贸易失衡在很

① Kenneth Rogoff. Where are global currencies headed in 2011. http：// www.project-syndicate.org / commentary / rogoff76 /.

② 陈宝森. 后危机时期的美国经济与中美关系. 后危机时期的全球经济格局与中美经贸关系——2010 年中国美国经济学会学术研讨会论文集.

③ 刘继森，范佩雯. 后危机时期国际金融格局的变动及其对美国经济的影响. 战略决策研究，2010（5）.

大程度上可以由国际分工新格局加以解释。这对于理解全球失衡和中国的经济增长模式具有重要意义。[①]

（2）全球经济重心转移论。近年来全球经济重心东移已成为国际社会热点话题。原因如下：第一，亚洲经济占全球经济的份额不断上升。按照购买力平价标准衡量，亚洲经济的份额已经从 20 世纪 80 年代初期不足 20%上升到 2010 年的 35%左右。这一份额在 2005 年之前用 12 年的时间提升了 5 个百分点，而此后只用 5 年时间就提升了 5 个百分点。按照这一趋势，未来 10 年内亚洲经济的规模将会超过美国和欧洲经济的总额。许多国际组织预测，未来 10 年内这一份额将会进一步提升到 50%以上。这意味着过去 200 年间欧美经济主导全球经济的基本格局将会彻底改变。除此之外，亚洲经济占全球出口的份额、外汇储备的份额也都呈现出类似的变化。第二，亚洲国家在全球治理中的地位上升。以 G20 为例，亚洲国家在其中已经占有了 5 个席位。这和此前的七国集团中只有一个亚洲国家形成了巨大的反差。第三，亚洲经济对全球经济增长的贡献越来越大。过去十几年中，亚洲经济的贡献度超过了 50%。按照英国经济学人信息部（Economist Intelligence Unit）估算，目前亚洲的零售额已占到全球的 1/3 左右；亚洲是很多产品的最大市场，2009 年汽车销量占到全球的 35%，手机销量占到 43%；目前一些西方大型跨国企业的全球总销售额和总利润一般有 20%~25%来自亚洲市场，到了 2020 年，这一比例很有可能达到 50%。与此同时，亚洲的能源消费量也在迅速上升，自 2000 年以来，世界能源需求增长量的 2/3 来自亚洲，2009 年亚洲能源消费量占全球的份额达到了 35%。第四，国际金融危机之后亚洲经济率先复苏，尤其是中国、印度经济的高速增长进一步刺激人们看好亚洲经济增长的前景。

（二）美国金融危机

1. 金融危机成因

（1）国际视角。赵奉军、高波从收入分配的视角解读全球金融危机，认为第三波全球化深刻地影响了全球收入分配的格局。在各个国家内部，收入的不平等程度在加深。发达国家收入不平等导致了宏观经济的金融化和消费者的债务积累。在积极参与全球化进程的新兴工业化国家中，不平等程度的加大压制了国内需求。为了应对金融全球化带来的风险，这些积极参与全球化进程的发展中国家或主动或被动地积累了庞大的外汇储备，从而间接地为发达国家的消费者提供债务融资。这种局面本质上就是一种无法持续的全球化。伴随着美国等发达国家房地产泡沫的破灭，美国次贷危机传导到全世界，演变成全球金融危机。[②]

（2）美国自身经济结构视角。刘浩将国际金融危机的根本原因归结于美国经济结构的失衡，认为宽松货币政策、过度金融创新与监管放松只是加速了危机爆发的进程，并指出美国经济结构失衡表现为实体经济与虚拟经济的失衡、消费与储蓄结构失衡以及国际收支

---

① 徐建炜，姚洋. 国际分工新形态、金融市场发展与全球失衡. 世界经济，2010（3）.
② 赵奉军，高波. 全球金融危机：收入分配视角的解读. 世界经济研究，2010（1）.

失衡等方面。[①]

华民等在阐述国际货币体系中美元的世界本位货币地位的形成和巩固过程的基础上，分析美元霸权对美国的利益以及美国为捍卫这一地位所采取的措施及其表现，并认为国际金融危机是美国为了遏制欧元而行使金融核战略的结果。[②]

（3）货币金融视角。货币学派认为金融危机是由货币因素引起的，明确指出长期持续的低利率货币政策是危机爆发的主要原因。以斯坦福大学教授、胡佛研究所高级研究员Taylor和国际清算银行为代表的学者和机构为代表。Taylor分析2000~2006年美联储的货币政策，指出美国货币政策是金融危机爆发的最重要原因、危机的催化剂、危机爆发的必要条件。他认为，2000年后，尤其是2003~2005年，货币当局实施过于宽松的货币政策，使得联邦基金利率水平不仅长期偏离前20年执行的利率规则，而且长期偏离“泰勒规则”下的利率水平，达到20世纪70年代大滞胀以来历史最低位，致使货币供应量过大，导致了房地产市场过度繁荣和房地产价格泡沫的破裂，并最终引发金融危机。[③]

长期利率与联邦基金利率脱钩，长期抵押贷款利率的偏低导致了房地产泡沫和危机的产生。美联储前主席Greenspan在其最新的文章《危机》[④]中指出，冷战后各国经济的强劲发展，尤其是以东亚为首的发展中国家GDP迅猛增长，使得全球储蓄大于投资，引起2000~2005年全球长期利率急剧下降和趋同，与货币政策控制的短期利率脱钩，导致了全球房地产泡沫和金融危机的产生。这一观点与美联储现任主席Bernanke长期宣扬的“全球储蓄过剩”（Global Saving Glut）是一致的。

Bernanke[⑤]在美国经济学年会上发言指出，2006年前宽松的货币政策，是货币当局根据当时的宏观经济条件，并考虑到未来通货膨胀预期所采取的合适、正确的货币政策，货币政策不是房地产泡沫和危机发生的主要原因。瑞典中央银行副行长Svenson[⑥]指出，全球失衡和大平稳背景下的全球低实际利率、金融市场激励机制的扭曲、金融监管的失败、信息问题和某些特殊因素（其中包括美国支持低收入家庭置业的住房政策）共同作用引起了金融危机，而这些因素与货币政策没有任何关系。他认为，危机前美联储出于通货紧缩担忧而实施的过度宽松货币政策是最佳政策选择，没有导致过高的通货膨胀和过热的经济增长。

---

① 刘浩. 国际金融危机视角下的货币与财政政策调控效应. 金融理论与实践，2010（2）.

② 华民，刘佳，吴华丽. 美国基于美元霸权的金融核战略与中国的对策. 复旦学报（社会科学版），2010（3）.

③ Taylor，John B. Lessons from the Financial Crisis for Monetary Policy in Emerging Markets. Lecture at the Platinum Jubilee Celebration of the Reserve Bank of India，2010，9.

④ Greenspan，Alan. The Crisis. Brookings Papers on Economic Activity，2010，2.

⑤ Bernanke，Ben S. Monetary Policy and the Housing Bubble. Speech at the Annual Meeting of the American Economic Association，2010，1.

⑥ Svenson，Lars E. O. Inflation Targeting after the Financial Crisis. Speech Prepared for the Reserve Bank on India's International Research Conference，2010，7.

（4）金融监管缺失视角。国际金融监管缺失也是金融危机的原因之一。IMF[①] 认为，现行体制缺乏国际间的宏观经济政策协调，在跨国资金流动上缺乏监管，对金融机构的审慎性监管上也缺乏统一的标准，一旦主要国家发生危机，很容易产生连锁性的危机扩散效应。所以金融危机后国际金融监管变得非常紧迫，全球金融监管体系改革刻不容缓。

葛永波、苑壮从行为金融学的观点解读国际金融危机的成因，认为过度自信、有限调查和证实偏差等导致监管者行为偏差，羊群效应、锚定效应、确定性效应和沉没成本效应等导致投资者行为偏差，二者构成国际金融危机产生并迅速蔓延的根源。[②]

（5）汇率视角。汇率学派也是研究金融危机的主要学派之一，他们主张汇率的波动无序引发危机。美国发生金融危机之后，一些美国学者不是从国际汇率制度缺陷角度分析问题，而是在汇率水平问题上做文章，将矛头指向中国，认为中国操纵人民币汇率，获得不正当的竞争利益，并且使美国的金融市场机制出现扭曲，最终引发金融危机（Cline，2010；[③] Krugman，2010）。[④] 他们将此次金融危机与全球性国际收支失衡相联系，认为这是导致美国金融危机的主要原因，但他们把责任推给了有国际收支顺差的中国，更有人进一步认为，是中国 RMB 汇率低估使中国的国际收支顺差不断积累，然后又将顺差资金大量投资于美国国债，造成了美国的资金供求关系的扭曲，从而引发了危机。

（6）政治经济学视角。刘诗白却认为此次爆发的美国金融危机，并非是一次突发事件，它是资本主义周期性危机的新形式。金融垄断资本主推的经济过度金融化与虚拟化，特别是“有毒的”衍生金融产品的引进，使美国金融结构畸化和金融体系风险增大，并导致这场空前严重金融危机的爆发。这场金融危机尽管是金融体系内在矛盾激化的直接产物，但其最深根源仍然是实体经济中不断扩张的生产能力与内生需求不足的矛盾。[⑤]

（7）历史视角。在国内，资中筠则主张从美国历史的角度认识金融危机，他认为金融泡沫和经济危机历史悠久，美国建国之前就有金融危机。实体经济是国民经济的基础。美国政府干预经济视实际需要而定，是实际问题而非理论问题。此次金融危机与历史上的危机有同有异，美国要在世界上维持一家独霸的局面有困难，但并不是说美国本身将从此衰落。此次危机给中国诸多启示，但不能以美国金融危机的影响掩盖中国经济本身的结构性问题，关键一点是一定要反腐败，而反腐败需要全社会的监督，否则一切设想和政策规划等都将会在实践中付诸东流。[⑥]

2. 金融危机理论的新发展

我国学者陈国进、马长峰认为金融危机传染主要依靠资产负债联结和信息传播，而网

---

① IMF. The Funds Role Regarding Cross Border Capital Flows，IMF Staff Paper 2010.

② 葛永波，苑壮. 国际金融危机频繁爆发的行为金融学解读. 东岳论丛，2010（6）.

③ Cline，William R. Renminbi Undervaluation，China's Surplus，and the US Trade Deficit. Peterson Institute for International Economics，Policy Brief 10-20，2010，8.

④ Krugman. China，Japan，America. New York Times，2010，9.

⑤ 刘诗白. 论过度金融化与美国的金融危机. 经济学动态，2010（4）.

⑥ 资中筠. 从美国历史的角度认识金融危机. 国际经济评论，2010（2）.

络能够深刻反映金融系统内部之间资产负债联结的本质特征。因此，他们对银行系统、金融市场和支付清算系统中危机传染的网络理论模型及其在金融系统稳定性分析中的实证研究进行述评并指出金融危机传染的网络理论虽然兴起的时间还很短，还有很多需要进一步深化和拓展的方面，但必将成为一个非常有潜力、迅速受到广泛关注的研究热点。①

方芳、刘鹏对金融顺周期理论进行了回顾和梳理，在前人研究成果的基础上，以信贷周期和货币周期为例，通过数据分析和模型估计，研究了改革开放以来中国金融周期和经济周期的关系。研究结果表明，中国的金融系统存在着顺周期效应，金融的顺周期性效应在 20 世纪 90 年代以后逐渐显著，经济的波动与金融周期之间存在着较强的格兰杰因果关系，并在短期内影响明显。因此，我们必须加深对金融顺周期的理解，提高金融监管水平，掌握其内在的规律，更好地为经济的稳定、有序和健康发展服务。②

3. 金融危机中的世界经济

（1）金融危机后的世界金融。汪进、尹兴中对后危机时代国际经济金融新格局分析后提出：在后危机时代，国际经济金融形势将出现六大重要的特色，包括流动性过剩、美元地位持续波动、新兴市场国家成为世界经济发展的火车头、新兴贸易保护主义兴起、推动绿色产业革命以及自然资源的重要性。综合这些分析，我们认为，在后危机时代，中国经济所面临的国际经济与金融形势，将会比以往任何时期更加严峻和复杂，因此，中国经济必须迎难而上，应对挑战，抓住机遇。具体说来，在三个方面中国经济必须做出迅速的调整：首先，在经济结构方面，要求我们减少对外部市场需求的依赖，提高内需；其次，在经济关系方面，要求我们加强与新兴市场国家的国际经济关系；最后，在国际地位方面，我们应该研究推动中国的国际领导力，寻求国际事务的新角色。③

雷达、赵勇和孙瑾从全球经济失衡到金融危机产生再到失衡调整的内在逻辑进行分析后指出：全球经济失衡可持续的基础在于美国金融体系的高度发达和实体经济高效益行业的存在。而当这些条件不具备时，经济失衡的调整将不可避免。从性质上看，本次金融危机时居民过度消费以及外部经济失衡纠偏调整的表现形式，同时，金融危机的发生并未改变当前的国际金融格局，在缺乏制度和技术创新的情况下，全球经济的增长必将进入一个高波动低水平的增长阶段，此时任何指标反映的经济复苏都缺少创新的基础。④

（2）金融危机后的世界格局。金芳提出：受次贷危机向金融危机演变后的多渠道传染，传统世界经济大国和新兴国家及后起国家间的力量消长经历较大调整；以往由发达国家主导的国际贸易、国际投资和国际生产体系开始出现结构性变化；战后创立的多边贸易、多边金融和国际协调机制遭遇严重挑战，由此，世界经济格局发生了一系列变化。第一，世界经济增长格局变化：增长重心进一步向新兴经济体转移，“金砖四国”和新崛起

① 陈国进，马长峰. 金融危机传染的网络理论研究述评. 经济学动态，2010（2）.
② 方芳，刘鹏. 金融顺周期效应的经济学分析. 国际贸易问题，2010（8）.
③ 汪进，尹兴中. 流动性过剩、全球经济再平衡——后危机时代国际经济金融新格局分析. 经济学动态，2010(6).
④ 雷达，赵勇，孙瑾. 从全球经济失衡到金融危机产生再到失衡调整的内在逻辑. 世界经济研究，2010（3）.

的中等发展中国家将成为与发达国家并驾齐驱，甚至是更主要的全球增长发动机。第二，国际金融格局变化：控制金融风险，加强金融监管成为政策主流，全球金融业发展和创新能力严重削弱；美元主导的国际货币体系酝酿变革全球金融管制趋紧对美国金融扩张形成约束。第三，国际贸易格局变化：发达市场主导的全球贸易流向发生转向，新兴与未来市场的国际贸易拉动作用有所上升，贸易领域的逆全球化势头凶猛。第四，国际投资格局变化：直接投资大三角格局分化，新兴经济体崛起为重要的国际直接投资源，跨国并购的地理格局发生位移。第五，国际生产格局变化：发达国家再工业化难有作为，全球供应链的区位导向发生变化，新兴市场的战略地位更为巩固。第六，国际经济协调格局变化："二战"后确立的主流协调机制面临改革压力，建立多元参与的全球经济共治机制成为时代主题。①

李石凯研究了国际金融危机对全球银行产业竞争格局的影响，他认为：国际金融危机对美欧银行的业绩产生了巨大冲击，但对美欧银行的资本实力和资产规模并没有形成显著的影响。美欧银行的竞争优势仍然存在，国际金融危机没有从根本上改变美欧银行主导全球银行产业的竞争格局。②

（3）金融危机后的国际投资。沈桂龙主要研究危机后主要跨国公司的国际战略调整与投资方向问题，他指出：金融危机不仅对世界经济产生了较大冲击，也对跨国公司的经营活动和全球布局产生了很大影响。危机后宏观经济走势和世界各国有关外资政策的调整，将直接影响跨国公司全球活动的步伐。而不同国家和经济体的力量消长，成为跨国公司全球布局调整的重要参考变量。通过创新消除危机影响，在新兴战略产业上获取新的利润空间，是危机后跨国公司投资恢复增长和继续扩张的重要战略选择。

随着危机后经济缓慢复苏，全球 FDI 也出现回升，但经济增长不平衡直接导致 FDI 全球布局的非均衡。在发达国家保护主义和再工业化抬头的情况下，跨国公司制造业投资回归母国趋势得到加强。但以"金砖四国"为代表的新兴经济体实力的增强，仍然吸引了跨国公司的眼球，成为跨国公司经营和发展的战略重心。上述因素，加上金融危机造成的生产要素全球范围调整以及跨国公司的战略业务收缩和"归核化"，使得跨国公司在全球范围的产业转移和分工进行重新调整，垂直转移、水平转移和多向转移将成为产业转移的特征，而产业链分工则给予了新兴经济体跨国公司获得较多话语权和控制力的机会。跨国公司产业投资和布局是危机后强化其战略调整的重要一环。

随着低碳经济的发展和全球关注的加强，能否在低碳技术上获得更有利的地位，并通过强化垄断竞争能力，从而在低碳产业上积极布局，将是跨国公司投资的战略重点。生物医药目前正成为危机后许多国家的战略新兴产业，发展前景非常广阔，医药产业相对稳定，集中度高，市场空间很大，符合跨国公司寻求高增长产业、追求稳定利润来源的目标，从而成为危机后跨国公司投资的重点领域。金融危机中服务外包业受到的冲击相对较

① 金芳. 金融危机后的世界经济格局变化及其对美国经济的影响. 世界经济研究，2010（10）.
② 李石凯. 国际金融危机对全球银行产业竞争格局的影响. 世界经济研究，2010（2）.

小，危机后更成为跨国公司恢复、成长和扩张的重要手段，资金链在服务外包上倾斜，有利于跨国公司危机后的战略调整和全球布局。[①]

(4) 金融危机后的国际贸易保护主义。陈秀莲则分析了全球金融危机下贸易保护主义的未来发展趋势以及实施的影响因素。通过运用非期望效用的进化博弈理论，指出全球金融危机下，国家是有限理性的，从世界整体看，合作和自由是最终的趋势；从具体各国来看，贸易保护主义的实施不仅仅由实施政策的收益和损失决定，与各国对政策决策权重的判断和程度也有密切的关系。[②]

(5) 金融危机后的国际石油价格。陈宇峰比较关心经济危机对石油价格的影响，他在对国际石油价格波动的长期和短期特征事实进行分析的基础上，构建了一个多重均衡视角的国际油价变动模型，同时也预测了后金融危机时代下国际油价的未来可能走势。他认为在未来的二十年内，国际油价的持续上涨已是一个不可逆转的趋势。而且，受到全球经济复苏的预期影响、石油资源的供需矛盾日渐突出等因素的冲击影响，国际石油均价在未来的两年内将维持在 80~100 美元内震荡。[③]

4. 2010 年金融危机中的发达国家

(1) 美国。李翀指出美国的金融危机通过各种传导机制导致美国经济的衰退。但是，美国经济从 2009 年下半年以来正逐渐走向复苏，再次发生衰退的可能性不大，美国经济在 2010 年将出现较低比率的正增长。在美国经济衰退的过程中，美国政府的经济政策出现了两个值得注意的动向：一是美国政府重新采用久违了的扩张性的宏观财政政策，二是美国政府首次准备动用政府的全部资源推动美国出口的增长。[④]

金芳认为金融危机促使世界经济格局发生一系列的变化，而世界经济格局变化对美国经济产生了深远影响，主要表现为全球金融管制趋紧对美国金融扩张形成约束；全球市场重估有利于美国扩大出口，带动出口结构变化；全球资本流向位移将影响美国就业创造能力；全球供应链重组将对美国国际投资地位形成挑战以及全球治理新局面将影响美国在全球治理秩序中的独霸地位。[⑤]

(2) 欧洲和澳大利亚。丁纯[⑥] 认为 2008 年秋始于美国的全球性金融危机对欧洲经济造成巨大的冲击，欧洲出现金融动荡、实体经济衰退、国家破产、东欧外债危机乃至拖延全球经济复苏的主权债务危机。相比美国与日本，欧洲经济呈现出恶化程度深、持续时间长、复苏缓慢、国别差异大、失业和主权债务突出、经济社会问题频发、各方充满博弈等特点。究其原因，主要有美国次贷危机的外来冲击、欧洲相关国家产业结构软肋的拖累和全球化压力下结构转型的失衡、社会市场经济理念和模式的短板、劳动力市场僵化、科研

---

① 沈桂龙. 危机后主要跨国公司的国际战略调整与投资方向. 国际贸易，2010 (9).

② 陈秀莲. 全球金融危机下的贸易保护主义——理论与实证分析. 世界经济研究，2010 (10).

③ 陈宇峰. 后危机时代的国际油价波动与未来走势：一个多重均衡的视角. 国际贸易问题，2010 (12).

④ 李翀. 金融危机后的美国经济. 经济学动态，2010 (6).

⑤ 金芳. 金融危机后的世界经济格局变化及其对美国经济的影响. 世界经济研究，2010 (10).

⑥ 丁纯. 金融危机冲击下的欧洲经济：表现、成因与前景. 欧洲研究，2010 (4).

与教育投入不足等长期沉淀的结构性积弊，以及一体化制度设计和实践的不完善等。随着主权债务危机的被动求解和欧洲 2020 战略的主动实施，危机将推动欧洲经济的结构改革和适应全球化竞争的步伐，欧洲步出危机、继续发展的前景可期。

（3）日本。陈友骏则认为此次金融危机的爆发，使不堪重负的日本经济雪上加霜。面对国际经济形势的新变化，日本政府多层面、广范围地推进其亚洲经济合作战略，希望依托外部经济的拉动效应，刺激国内经济的复苏。日本实施由日本企业所主导的亚洲经济合作战略，为日本企业的规模再扩大和亚洲域内的经济往来铺平了道路。日本企业综合地平衡了亚洲的矿产资源、人力资源以及消费市场等各种有利因素，积极地调整并扩大在亚洲，特别是东亚地区的生产规模，这样就加深了日本与亚洲其他国家的经济往来，来维护其在亚洲地域内重要的经济地位，同时也将影响日本与中国、韩国及东盟各国的经济合作关系。[①]

5. 金融危机中的发展中国家

（1）东亚。庄起善、吴玮丽认为：在全球金融危机的冲击下，中东欧国家经济增长预期骤降、资本大量流出、汇率波动剧烈、金融银行业岌岌可危，在转型 20 年后再次成为世界关注的焦点。市场经济体制基本形成前金融银行业积累的不稳定因素为金融危机重灾区的形成埋下隐患，市场经济体制基本形成后金融银行业积累的不稳定因素成为金融危机重灾区形成的新的诱因，外部的经济金融波动对这些国家造成巨大冲击，使得这些国家金融体系极为脆弱，成为金融危机的重灾区。[②]

欧定余、陈维涛[③] 着重分析金融危机后的东亚如何在相互依赖的不断深化中转变增长模式，摆脱经济发展的“不稳定、不平衡、不协调、不可持续”问题，推动经济平衡、稳定和可持续增长。为应对金融危机，首先，东亚地区应该促进东亚经济发展模式的转变，即从出口导向型增长模式转为更平衡、消费拉动型的增长模式；努力摆脱“三角贸易”发展模式，促进贸易结构的再平衡；转变引起环境退化和能源消耗过多的发展模式，促进可持续发展；推动新的东亚生产分工体系建立，不断向产业链条的高端转移。其次，应在相互依赖中促进区域内一体化建设。这主要表现在：促进东亚区域内贸易、投资及次区域经济合作；积极加强金融领域合作；积极推进东亚自由贸易区（FTA）建设。

在对财政政策的研究中，吴崇伯[④] 指出：由美国次贷危机引发的国际金融动荡对东盟国家的经济和税收都造成较大的负面影响，东南亚各国政府出台一系列刺激经济、扩大内需的税收政策，削减企业和个人所得税，运用税收优惠政策抵御，以应对国际金融危机对本国经济的冲击。同时，加大监管力度，确保政府财政收入，为应对金融危机提供财力保障。

---

① 陈友骏. 金融危机下的日本亚洲经济合作战略. 亚太经济，2010（1）.
② 庄起善，吴玮丽. 为什么中东欧国家是全球金融危机的重灾区?. 国际经济评论，2010（2）.
③ 欧定余，陈维涛. 国际金融危机之后的东亚经济. 亚太经济，2010（5）.
④ 吴崇伯. 全球金融危机与东盟国家税收政策调整. 亚太经济，2010（2）.

黄梅波、吕朝凤[①]认为金融危机会影响到一国经济的增长路径、降低其消费、投资和进出口，同时也会通过资本渠道、外贸渠道、产业结构调整渠道对他国经济产生冲击。作者通过考察外部金融危机通过外贸渠道对东南亚国家经济产生的影响，得出金融危机外部冲击对东南亚各国经济的影响具有时滞性、影响期为 1~3 期、对不同国家产出的影响具有不同的特点，并在此基础上分析了东南亚各国从美国次贷危机冲击中复苏的路径。

（2）印度。李好、戢梦雪[②]对印度应对金融危机的措施进行了研究，2008 年金融危机对印度贸易造成负面影响，印度进出口增速大幅回落，持续数月负增长，主要出口行业遭到强烈冲击，失业问题严重；中小型出口企业融资困难，生存环境恶化。后印度政府适时调整外贸政策，表现出越来越明显的“攻守并存”的特点：一方面，为鼓励出口出台了大量便利化措施；另一方面，频繁使用贸易救济措施限制外国产品进口。印度积极的贸易防御政策，对我国当前的外贸政策调整有着深刻的启示意义。

6. 金融危机中的中国

（1）金融危机中的中国经济。刘福寿从金融危机对经济发展方式的影响角度进行研究指出：国际金融危机打破了世界经济发展方式的脆弱均衡，一方面，严重冲击了我国以投资拉动经济增长、以出口为导向的经济发展方式；另一方面，也为我国经济发展方式转型提供了历史机遇。因此，作者认为，现阶段我国应该以创新为手段，抓住“低碳经济”等未来经济增长点，提高中国在全球产业链中的地位，从而促进我国经济结构调整，转变经济发展方式。[③]

卫兴华、侯为民分析了国际金融危机的发展趋势及其对我国经济的影响指出：国际金融危机的发展，是资本主义基本矛盾在当代进一步深化的体现，表明传统生产过剩危机的本质并没有改变，而是采取了新的表现形式。当前，我国应对和化解金融危机的负面影响，一是要摒弃新自由主义对我国改革开放进程的干扰和影响，坚持社会主义制度自我完善和发展的方向；二是要坚持科学的发展观，正确处理国内发展和对外开放的关系，改变过分依赖外需和外资拉动经济增长的方式；三是逐步改变不合理的分配方式和贫富差距过大的分配结构，坚决而有效地遏制两极分化。[④]

唐海燕对金融危机后加快对外经济发展方式转变的战略进行思考后指出：我们应该正确认识和把握加快对外经济发展方式转变的国际国内背景，加快对外经济发展方式转变的新思考。

金融危机后加快对外经济发展方式转变的战略思考主要包括：我国对外经济发展方式的新方式、加快对外经济发展方式转变的思路和总体对策措施。即从金融危机后国际国内环境及其变化趋势，从我国的国情和对外经济发展的目标与任务出发，尽快将我

① 黄梅波，吕朝凤. 金融危机的外部冲击对东南亚国家产出的中期影响：基于日本、美国金融危机冲击的研究. 国际贸易问题，2010（4）.

② 李好，戢梦雪. 金融危机下印度外贸政策的调整. 亚太经济，2010（2）.

③ 刘福寿. 金融危机与中国转变经济发展方式. 经济学动态，2010（9）.

④ 卫兴华，侯为民. 国际金融危机的发展趋势及其对我国经济的影响. 经济学动态，2010（1）.

国对外经济发展方式从目前的“外源性、粗放式”向“平衡型、包容性、精益化”新方式转变。

加快对外经济发展方式转变的总体思路是：以准确把握外部环境为前提，以推动国家整体经济发展为立足点，以人力资源建设为支撑，以技术创新为动力，以结构调整为载体，以战略性新兴产业为依托，以加快先进制造业与现代服务业发展为重点，以质量与效益为根本，以长三角经济区、京津冀经济圈、珠三角经济圈为基地，以完善体制机制为保证，总体设计、分步实施，又稳又快地实现加快对外经济发展方式的转变。

在明确加快对外经济发展方式转变的思路的基础上，围绕健全政策促进体系、服务保障体系和风险控制体系，为实现对外经济发展方式又快又稳的转变，可采取以下总体对策措施：一是率先转变对外经济发展的理念——效益观、质量观、资源有限性、环境观、整体利益观；二是实施贸易平衡战略，在保持对外贸易基本平衡的基础上实现贸易增长；三是抓住全球经济再平衡的机遇，加快对外经济发展的结构性调整；四是构建对外经济贸易创新体系，支持技术创新与对外经济发展方式的融合；五是不断完善体制机制，以制创新加快推动对外经济发展方式转变；六是把握后危机时代全球产业链分工合作体系变革的机遇，努力培育战略性新兴产业；七是重点发展先进制造业与现代服务业，为对外经济发展方式转变提供产业保证；八是争夺对外经济领域话语权，积极应对多边和双边经济贸易关系中的新挑战；九是调整利用外资的结构，创新利用外资的方式；十是积极、稳妥、适时地推进人民币国际化，提升对外经济竞争力；十一是加快服务领域境外投资促进体系建设，推动服务外包产业发展；十二是把握国际经济贸易合作新趋势，创新对外经济贸易合作方式；十三是建设不同能级定位、不同功能定位的对外经济贸易中心，使之成为转变对外经济发展方式的桥头堡；十四是学习和创新对外经济管理的理念和方法，提高对外经济管理的科学化和智能化水平；十五是增强金融、保险、法律、信息、咨询等服务功能，不断完善对外经济服务体系。①

王达、项卫星、刘晓鑫则基于全球金融危机的视角，分析了后危机时代的中美经济关系，他们认为全球金融危机对中美经济关系的发展产生了重大的影响。首先，危机在影响中国对美出口的同时，导致双边贸易摩擦加剧和人民币汇率问题政治化；其次，危机使中国持有的美元资产面临巨大风险，并使中国在“美元陷阱”中陷得更深；最后，危机为中美经济关系的调整提供了机遇。因此，在后危机时代，中国在短期内仍难以摆脱对美元本位制的依赖，在长期内能否摆脱对美元本位制的依赖主要取决于经济结构转型能否成功、国际货币体系改革的进展以及人民币国际化的进程。②

姜荣春、刘绍坚则对后危机时代中国服务外包产业发展的机遇、挑战及路径选择进行了探讨，经过研究发现后危机时代中国服务外包产业发展面临的挑战主要有：第一，全球外包市场需求萎缩，承接离岸服务外包业务增速放缓；第二，贸易保护主义在主要发包国

---

① 唐海燕. 金融危机后加快对外经济发展方式转变的战略思考. 国际贸易，2010（10）.

② 王达，项卫星，刘晓鑫. 后危机时代的中美经济关系：基于全球金融危机视角分析. 亚太经济，2010（6）.

蔓延，对离岸外包发展带来严重挑战；第三，人民币升值压力成为影响服务外包行业盈利能力的重要因素。而主要机遇表现在：国际服务外包市场加快重组和转移；国内企业战略转变及新的政策导向加快释放本土市场外包需求；顶级跨国服务企业的进入将带来成熟的服务外包运营模式和市场机会，带动本土服务企业向全球高端产业链延伸，大大提高其整体服务水平和竞争力以及大量海外人才回流，有利于解决高端技术和管理人才缺口。据此，作者对加快服务外包产业发展进行战略思考并指出：后危机时代的国际背景是服务全球化趋势不可逆转，外包市场向综合型业务、多元化领域、价值链高端转移，因此，我们必须进行准确的市场定位，正确处理在岸市场与离岸市场的关系，改变战略选择，实现从“成本导向”到“价值导向”的转变，并坚持“引进来”与“走出去”并举的国际化进程。最后，作者提出了后危机时代加快服务外包产业发展的路径选择：一是提升服务外包企业竞争能力；二是积极释放在岸外包市场潜力；三是推进国际服务外包市场多元化；四是进一步优化服务外包产业生态环境。①

（2）金融危机中的中国贸易。石红莲对国际金融危机对我国对外贸易的传导效应进行研究发现：国际贸易传导效应主要是通过贸易量的变化和贸易条件影响其他国家，此外，国际贸易传导效应也与一国的外贸依存度有关。而国际金融危机对我国对外贸易的传导效应使得我国对外贸易额明显下降；出口市场环境进一步恶化，但近期有所好转；导致贸易保护主义进一步抬头造成世界经济下滑、需求下降，我国出口订单减少，停产、倒闭企业增多；导致企业货款回收困难，进出口贸易风险进一步增大。但是，金融危机同时也给我国带来了机遇，主要表现在：首先，国际金融危机使我国投资和出口减少，我国可以采取刺激内需的办法来解决；其次，国际金融危机的爆发在一定程度上可以减轻人民币升值的压力，从而缓和中美贸易摩擦，对我国的出口也能起到一定的促进作用；再次，加快改变对外贸易增长方式和调整经济结构，实行科学发展的产业政策，实现市场多元化战略；最后，国际金融危机为重建国际货币体系提供了历史机遇，我国可以借此机遇积极参与国际货币体系的改革与重建。②

胡求光、李洪英利用实证分析的方法，分析了金融危机对中国出口贸易影响，他们指出：首先，金融危机会影响出口方式，不仅直接造成我国现有加工贸易生产和出口遇到阻力，陷于停滞和萎缩，同时间接促使加工贸易模式转变停滞和倒退，迟滞了加工贸易模式转变的步伐，使得我国加工贸易企业面临更多困难。其次，金融危机也会影响出口市场，金融危机首当其冲影响到欧美等发达地区，不可避免地造成我国出口市场的疲软，对我国出口市场结构产生影响。我国对发达国家出口出现明显回落，但是，对新兴市场国家的出口却不减反增。再次，金融危机也会对出口产品造成影响，出口下降较大的产品主要包括成品油、钢材、集成电路和自动数据处理设备及其部件等生产用品，受影响相对较小的是服装、鞋类、家具及其零件等生活性用品，平均降幅在10%左右。最后，金融危机对出口

① 姜荣春，刘绍坚. 后危机时代中国服务外包产业发展的机遇、挑战及路径选择. 国际贸易，2010（7）.

② 石红莲. 国际金融危机对我国对外贸易的传导效应. 国际贸易问题，2010（1）.

贡献率也存在影响，金融危机前后中国外贸对经济的拉动作用下降了 0.4154 个百分点，这和经济运行的实际情况是相符的。①

赵成真、兰天对金融危机下的中国—东盟机电产品产业内贸易进行实证分析得出：中国出口东盟市场的机电产品表现为低附加值的行业低端产品。且金融危机引致恶化的经济环境已造成我国机电产品对东盟的出口大幅下滑。鉴于此，从短期和长期两个层面提供了一条渐进的实现我国机电产品出口单位附加值提升的参考路径。首先，在短期战略分析中，政府支持并鼓励机电产品生产企业扩大出口，为保持并进一步拓展金融危机冲击下我国大幅缩减的东盟机电产品市场的现有份额提供了理论依据；同时，为提升我国机电产品出口单位附加值的长期战略实施奠定了市场基础。其次，在长期战略分析中，资本投入的增加不仅可以提升机电产品质量（单位附加值），而且可以通过降低企业生产成本增加产量，掘取机电产品高端市场份额。因此，对于企业而言，应积极合理地加大投入尤其是资本形式投入，例如，人力资本投入、研发（R&D）投入，以提高机电产品出口单位附加值；机电行业协会可以为企业提供法律、政策、业务方面的咨询以实现政府企业间的桥梁作用；政府应建立科学的激励机制，鼓励本国机电产品生产企业加大投入力度，并进行积极的技改，以期为企业发展创造良好的外部环境。②

张建清、魏伟也基于中美对危机政策的视角对金融危机下中国对美国出口贸易波动进行分析，分析指出：金融危机后，中国对美国出口贸易遭受极大冲击，美国政府为应对危机实施了财政政策和货币政策，美国财政政策的实施会对中美贸易产生积极影响，货币政策也会对中美贸易产生积极影响，但程度相对比较小，中国可以实施更有预见性的出口退税政策来稳定对美出口。③

张明志、薛东晖基于中日韩三国的比较分析了国际金融危机与中国出口贸易的稳定性的影响，研究指出：中日韩三国的出口贸易在此轮国际金融危机中都遭受了重创，但其表现出来的脆弱性却有所不同。在此次国际金融危机中，中国出口贸易表现出相对强的稳定性。原因与出口产品结构、东亚生产网络、人民币汇率调整和出口退税调整等方面有关：从出口产品结构的角度看，中国的出口贸易在国际金融危机的背景下能够表现出相对强的稳定性，是因为中国传统的劳动密集型产品在整个出口贸易中起到了一定的稳定性作用；从制造业供应链的角度看，中国仍然从处于供应链上游的日本大量进口高技术零部件和原材料，从处于供应链中游的韩国进口大量的资本技术密集型的中间产品。由于基于产业内和产品内垂直分工的全球供应链由下而上传导并放大了金融危机对出口贸易的影响，因此，日本和韩国遭受的冲击相对大些；而中国在全球生产网络中所处的价值环节较低，获取的贸易利益本来就不多，因此国际金融危机对中国出口贸易的冲击则相对小些。从汇率稳定的角度看，为应对国际金融危机，中国重新采取了盯住美元的策略，对于稳定中国的

① 胡求光，李洪英. 金融危机对中国出口贸易影响的实证分析. 国际贸易问题，2010 (3).
② 赵成真，兰天. 金融危机下的中国—东盟机电产品产业内贸易实证分析. 国际贸易问题，2010 (3).
③ 张建清，魏伟. 金融危机下中国对美出口贸易波动分析——基于中美政策的视角. 世界经济研究，2010 (3).

出口贸易起到了促进作用。从出口退税的角度来看，中国在出口退税政策上的及时调整也对出口贸易起到了稳定作用。①

胡宗义、刘亦文对金融危机背景下贸易壁垒对中国影响做了动态 CGE 分析，研究结果表明：金融危机背景下贸易壁垒对中国经济各变量的影响总的来说是十分明显的。在目前世界性金融危机的大背景下，如何应对贸易壁垒是一个全球性的大问题，这需要世界各国的政府和企业界加强合作，摒弃贸易保护主义，建立起一个和谐、繁荣的世界贸易环境和秩序。②

杨超、王锋基于中美双边贸易的实证研究，重点分析金融危机下美国关税壁垒的抬升对双边贸易的影响。他们认为：美国国内的失业率、执政党与金融危机均对美对华平均关税税率具有正向显著影响，而美国人均单位小时收入增长率则呈现负向显著影响。而金融危机的爆发与蔓延，直接导致美国宏观经济的急速下滑、失业率的大幅攀升、居民收入水平的持续下降，以提高贸易壁垒来保护本国行业与就业的呼声此起彼伏，而民主党上台执政后推行的一系列经济刺激计划，也使美方的贸易保护主义倾向显露无遗。本书的研究显示，在未来一段时间内，美对华平均关税税率将呈显著的上升趋势。中国政府应极早拟定审慎对策，避免陷入贸易保护主义的恶性循环，在当前金融海啸席卷全球的特定形势下确保中国经济健康、平稳发展。③

郑振龙、邓弋威利用随机贴现因子框架探讨了外汇风险溢酬与宏观经济波动的关系。证明了外汇风险溢酬取决于两国的经济波动与两国经济波动的相关程度。他们指出当两国经济平稳，且两国经济波动相关性很高时，外汇的风险溢酬将近似于零均值白噪声；而当经济危机爆发时，外汇风险溢酬将表现出巨大的波动。④

（3）金融危机中的中国金融。叶祥松分析了国际金融危机的性质和原因，指出美国金融危机背后的深层原因主要包括：金融监管缺陷、收入分配不均和资本主义经济制度。随着金融全球化、自由化和金融创新的发展，我国金融监管体制所存在的问题开始暴露，主要表现在：首先，监管手段单一，监管效率不高；其次，监管范围较窄；再次，信息披露机制不健全；又次，监管协调机制效率不高；最后，缺少有效的国际监管协作。因此，我国应借鉴发达国家的经验教训，不断改革和完善我国金融监管体制。第一，要建立更加有效的"三会"协调机制——金融监管协调委员会；第二，要完善金融监管手段，扩大监管范围；第三，健全信息披露机制，提高监管透明度；第四，要加强国际监管合作。⑤

李占风、涂占新、陈妤对金融危机背景下我国货币政策效应的实证分析，利用 1999 年第一季度到 2010 年第一季度的宏观经济数据，运用协整检验和格因果检验，从货币渠

---

① 张明志，薛东晖. 国际金融危机与中国出口贸易的稳定性——基于中日韩三国的比较分析.国际贸易问题，2010（1）.

② 胡宗义，刘亦文. 金融危机背景下贸易壁垒对中国影响的动态 CGE 分析. 国际贸易问题，2010（8）.

③ 杨超，王锋. 金融危机下美国关税壁垒的抬升：基于中美双边贸易的实证研究. 国际贸易问题，2010（6）.

④ 郑振龙，邓弋威. 外汇风险溢酬与宏观经济波动：基于随机贴现因子的研究框架. 世界经济，2010（4）.

⑤ 叶祥松. 国际金融危机与我国金融监管体制改革与完善. 经济学动态，2010（9）.

道和信贷渠道传导两个方面，分析货币政策传导相关变量的关系，得出了利率和存款准备金率对中介变量的控制效果都是显著的；中介变量的变化对国内生产总值的影响明显，但存在着 1~5 个季度的滞后；贷款余额的增加会引起 PPI 的上涨等结论。①

陈涛对金融危机时期中美货币政策进行比较，认为在全球金融危机爆发后，中美两国都采取了超常扩张性的货币政策，但其首要政策目标、政策工具、传导过程、政策有效性和政策风险有较大差异。在政策目标方面，中国的首要目标是促进经济平稳快速增长，美国则是促进金融市场稳定。在货币政策工具方面，第一，政策工具的类型不同。中国人民银行主要依赖于有限的传统型货币政策工具，其中某些工具对金融机构仍然具有直接调控的特点，如利率政策。美联储除了运用传统的公开市场操作等工具外，还推出了大量创新性货币政策工具向金融机构提供流动性。第二，政策工具的作用对象不同。中国人民银行运用的政策工具主要针对商业银行等存款性机构，而美联储通过运用其政策工具不仅向存款性机构提供流动性，而且向一级交易商、货币市场共同基金等非存款性机构提供了大量的流动性，其政策工具作用的对象更广泛。第三，对中央银行资产负债表的规模和构成影响不同。在货币政策传导过程方面，中国银行信贷条件异常宽松，贷款规模急剧增长，在同一时期，美国的情况正相反，商业银行贷款和租赁余额同比增长率不但没有增加，反而急剧下降。中国信贷规模的急剧扩张使得货币供给量快速上涨，而美国由于商业银行等金融机构惜贷，其持有的超额准备金急剧增加，基础货币也相应大幅上升，M2 则迅速下降。在货币政策有效性方面，两国都实现了其货币政策的首要目标，即促进经济持续快速增长和维护金融市场稳定。不过，两国的货币政策都未能有效地拉动就业，并伴随着较高的政策风险。②

吴吉林、张二华运用机制转换动态 Copula 方法，研究了次贷危机中以沪市为代表的内地股市与美、日、中国港股间的相依性结构变化，并以这种变化作为判断两市场间是否发生感染的标志。他们发现次贷危机中沪市与日、港股间的相依性上升，呈现一定的感染；而沪市与美股间的相依性反而下降，未出现感染。另外，尾部相依性显示危机事件发生时，美、日股市特别是港股对内地股市的大风险溢出效应还是存在的。因此，监管部门要时刻注意股市风险，并采取有效措施，降低次贷危机的感染效应向中国股市的传递。③

（4）金融危机中的中国企业与投资。姜玉梅、姜亚鹏以金融危机下的理论与经验分析研究了外向型直接投资对资本输出国的反哺效应。作者从反哺机理与路径入手，全面考察了对外直接投资对资本输出国的反哺效应，并进行了经验分析。主要结论是中国的“走出去”战略是正确的，我国对外直接投资的母国反哺效应客观存在，在长期中对我国经济产生积极作用。在金融危机背景下，更应重视对外直接投资的反哺效应，加大对外直接投资力度，利用国际市场，积极获取受限技术、稀缺性资源和战略性资产，实现资本输出母国

① 李占风，涂占新，陈好. 金融危机背景下我国货币政策效应的实证分析. 经济学动态，2010（9）.
② 陈涛. 金融危机时期中美货币政策的比较. 亚太经济，2010（4）.
③ 吴吉林，张二华. 次贷危机、市场风险与股市间相依性. 世界经济，2010.3.

反哺效应的最大化。①

尹庆双、奉莹则从政府的角度分析了金融危机下政府投资效应对就业的影响，得出以下结论：“四万亿”投资方案主要集中在民生工程、“三农”、基础设施在内的六大领域，投资方案所涉及的行业多属于第一产业和第三产业，从行业来看，对能够提供大量就业机会的服务性行业依然投资偏低；更注重对公路、铁路、机场、通信、水电煤气等经济型基础设施建设的投资，对于教育、科技、医疗卫生、体育、文化等社会性基础设施建设的投资力度不大；更注重对国有企业的投资，对中小企业投资力度不够；投资方案对农民工和城镇困难人员的就业促进作用比对高校毕业生的就业促进作用更为明显。从就业质量来看，此次投资方案拉动的工资收入增长与投资增长不成比例，就业的稳定性不高，“远期就业率”难以保证。可见，目前的投资方案在促进就业方面还存在一些问题，需要进一步改善投资结构，促进就业增长。第一，要注重第三产业，特别是教育、科研、卫生、社会保障和社会福利等的投资。第二，要大力扶植中小企业的发展，提供充分的信贷支持。第三，要关注大学生、农民工和城镇困难人员的就业，尤其是大学生的就业。第四，要在增加就业总量、改善就业结构的同时，努力提高就业质量。第五，要增加政府管理，将就业纳入政府考核指标体系。②

7. 金融危机应对措施新发展

（1）建立金融预警机制。中国银行国际金融研究所课题组（2010）尝试构建了一套新的金融危机监测综合指标体系，并合成为一个综合指数，即金融危机风险指标，并运用美国的数据进行了检验。结果表明，该指标体系能对 2008 年美国金融危机进行一定程度上的监测。但这些研究都是针对某一国家自身爆发金融危机的可能性进行的，没有考虑到国外发生的金融危机通过传导途径对本国造成的危害。③

（2）完善金融监管机制。Feldstein（2010）也认为美联储不可或缺，所以危机后需要进行的改革是想办法提高美联储的监管水平而非削减他的权力。④ 他们认为由一个特定机构（主要指美联储）在整体经济政策决策中扮演核心地位将比由委员会来执行这一功能更有效率。鉴于新成立一个机构所需要的社会组织成本（培养有经验的监管人才、提供稳定的前景来吸引高素质人才等），以及英国类似做法的失败教训，他也反对成立一个全新的综合监管机构，而是认为更好的方法是在现有机构内部进行改革，对这些机构的监管手段进行加强，而承担这一职能的最好载体仍是美联储。他提出的加强美联储职能的建议包括在联邦公开市场委员会（FOMC）的会议中增加一个环节来讨论潜在系统性风险的发展态势，在美联储内部设立类似于消费者金融保护组织之类的新机构。当然，Feldstein 并不是

① 姜玉梅，姜亚鹏. 外向型直接投资反哺效应与中国企业国际化——金融危机下的理论与经验分析. 国际贸易问题，2010（5）.

② 尹庆双，奉莹. 金融危机背景下我国政府投资的就业效应分析. 经济学动态，2010（1）.

③ 中国银行国际金融研究所课题组.金融危机监测指标体系研究. 国际金融研究，2010（3）：73-82.

④ Feldstein，M. What Powers for the Federal Reserve? Journal of Economic Literature，2010，48（1）：134-145.

要无限扩大美联储的功能，他也认同美联储和其他监管机构之间应该进行分工调整，以达到最好的监管效果。美联储应该全面监督有可能导致严重系统性风险的大型银行控股公司及非银行机构，并对这些被其监督的机构具有清算授权，其他较小的银行控股公司则应交给其他监管机构。此外，为了防止美联储在政策实施过程中可能出现的问题，美联储现有的很多权力应更多受到国会和财政部的监督。

与 Feldstein 更多从操作层面给出分析不同，Blinder① 从更加理论的角度，基于范围经济（Economies of Scope）的概念来对央行在现代经济中所应该承担的职能进行了分析。他把央行的职责从宏观到微观划分为四个层面：货币政策、金融稳定（宏观审慎，Macro-prudential）政策、监管大型金融机构（微观审慎，Micro-prudential）政策和监管小型金融机构。在这四个职能中，他认为前三者存在着比较明显的范围经济，这三个政策目标和政策实施手段之间的关系如此紧密以至于应该由同一个机构来实施这三个职能才是最有效率的，所以这三个职能都应该交给美联储。而对于第四个职能，因为大型机构和小型机构在经营风险、资产结构等方面都有很大不同，所以监管小型机构的职能与前三者的范围经济不明显，这第四个职能应该从美联储剥离而由其他监管机构来履行。在这里，Blinder 得到的结论与 Feldstein 有类似之处，即央行应该集中监管那些对整体经济具有系统重要性的机构，而把其他机构的监管任务交给其他单位。但是，Blinder 在认为央行应该对系统性风险有足够监管能力的同时，也认为央行应该集中于自己的核心业务，而把诸如消费者保护这样的边缘业务剥离出来，这就跟 Feldstein 的观点有一定的差异。

Mishkin、Rajan、Shiller、Cochrane 等在内的 15 位美国金融领域的学者出版了阐述学术界对金融监管体系改革一系列重要观点的“斯夸姆湖报告”（Squam Lake Report）。② 在报告中，学者们强调了以下两个要点：①需要成立一个监控金融系统整体健康程度的监管者，而不是像以前那样仅仅关注单个金融机构的健康状况；②监管者需要强制金融机构承担他们倒闭所带来的成本，而不是把这些成本转嫁给纳税人。这是因为在当前制度环境下，金融机构的收益为私人所有，而风险和成本则被社会化了，从而导致当前“太大而不能倒”（Too Big To Fail）的“恐怖平衡政策”（Horrible Policy）。围绕以上两个核心问题，他们提出了一系列政策建议，包括：一个核心监管者应该对整个金融体系的健康和稳定进行监控，而央行扮演这一角色最为合适；对于金融机构的资本金要求应该提高；管理者的薪酬应该被延后支付（Holdback）；金融机构应该设立“或有资本”（Contingent Capital）以应付各种可能困境；监管者在处理金融机构问题时的“清算”权力应该被扩大；金融机构应准备一份“生前遗嘱”（Living Wills，即每一个系统重要性金融机构为其可能出现的问题制定事前解决方案），等等。

而作为金融监管改革方面的重要建议者，Blinder③ 评价了这一份“报告”。他认为，

---

① Blinder，A. S. How central should the central bank be?. Journal of Economic Literature，2010，48（1）：123-133.

② Mishkin，Rajan，Shiller，Cochrane. The Squam Lake Report，Decmeber，2010.

③ Blinder，A. S. The Squam Lake Report：Fifteen Economists in Search of Financial Reform. Journal of Monetary Economics，2010，57（7）：892- 902.

报告中的很多建议实际上来自这两个准则：①改革者应该进行系统性的思考；②系统性风险给第三方带来的成本应该被内部化。这与大部分经济学家的想法相符，但是他认为该报告回避了实际操作中的一些重要问题。另外两位来自美联储系统的政策参与者 Feldman 和 Stern（2010）则认为，"报告"中的很多建议已经在多德—弗兰克法案中得到了采纳，但是目前的法律还只是一个框架，很多具体的实施细节仍在探索之中。

此外，由于当前美国发生的危机和 20 世纪 90 年代日本遇到的危机有不少相似之处，所以另外一些学者对比日本的经验教训来对美国当前的金融体制改革提出建议和进行评价。Hoshi 和 Kashyap 认为，美国当局在这一次金融危机中使用了很多工具来试图复苏美国的银行业，这些尝试中的很大一部分日本政府在 20 世纪 90 年代试图解决日本的银行问题时也曾经使用过。但是，日本的经验表明，购买银行股权和有毒资产的方法并不一定能解决所有问题。此外，他们认为从日本 20 世纪 90 年代的经历中可以总结出八条教训，而美国政府和社会在处理当前的危机时忽视了其中的三条教训：一是金融机构在是否公开承认需要政府援助时出现了犹豫；二是政府在进行资产购买前没有严格的审计和检查；三是在美国目前的法下政府缺乏意愿对大型金融机构进行国有化和破产清算。[①]

除了外国学者，我国学者也对中国金融危机后金融监管的发展做了一定研究。何诚颖、赫凤杰、陈薇指出：本次金融危机暴露了国际金融监管体制存在的痼疾，虽然主要发达国家已经在金融监管的哲学理念、组织架构、监管原则及金融监管的顺周期性等方面均做出了较大改进，但中国在金融监管体制中还存在监管架构不合理、金融机构风险控制能力较弱、金融机构与地方政府之间的关系仍待理顺等问题。因此，应该结合金融监管理论进展及国际金融改革的经验，建立统一的金融监管制度，在金融系统的稳定、韧性和创新、竞争之间取得权衡；进行逆周期监管，建立冲击缓冲层，使金融监管在经济周期发展中更有效率；同时还应该进一步理顺地方政府与金融机构之间的关系，加强金融监管机构的独立性和权威性，减少来自地方政府对金融监管的干扰；此外还要提供有效激励使银行自我约束与外部监管有机结合，减小金融风险；最后要加强与全球的交流合作，因为这不仅有助于防控大规模国际资本套利引发的金融风险，也有利于推动国际货币体系改革，积极参加国际金融新秩序的建立。[②]

（三）欧债危机

1. 欧债危机成因

周茂荣、杨继梅[③] 将主权债务危机成因分为欧盟国家自身原因、欧元区体制原因和外部冲击三类。从欧洲国家自身看来，首先，各国经济结构僵化，普遍缺乏活力；其次，危机国家面临着高福利社会体制和人口老龄化的双重挑战，财政支出庞大，政府日益不堪重

---

① Hoshi & Kashyap. Will the U. S. Bank Recapitalization Succeed? Eight Lessons from Japan. Journal of Financial Economics，2010，97（3）：398- 417.

② 何诚颖，赫凤杰，陈薇. 后金融危机时代中国金融监管的演变和发展. 经济学动态，2010（7）.

③ 周茂荣，杨继梅. "欧洲五国" 主权债务危机及欧元发展前景. 世界经济研究，2010（11）.

负。欧元区的体制原因方面，一是欧元区财政政策与货币政策的二元结构成为此次债务危机爆发的制度性根源；二是针对成员国不遵守财政纪律的情况，欧盟缺乏一套切实有效的监督和检查机制。外部冲击方面，一是全球性金融危机激化了欧元区国家的债务问题；二是高盛等跨国银行的投机行为和信用评级机构的恶意炒作在危机中扮演了十分重要的角色，为这次危机埋下了伏笔。

2. 欧债危机的影响

（1）对欧盟国家的影响。John Lewis[①] 对债务危机是否会影响 8 个已经加入欧元区的中东欧国家达到 Maastricht 条约的要求进行了研究。研究确认了危机通过赤字、债务、利率和通货膨胀的渠道传播，并且对这些因素的影响程度进行估计。结果发现，随着危机的蔓延，财政赤字扩大，但对大多数国家来说这个仍然主要是结构性问题而非周期性问题；债务有所上升，但只有在拉脱维亚和波兰两国，危机破坏了满足条约的前景；通货膨胀率下降，特别是在波罗的海国家，由于产出缺口大规模下降，衰退的程度有可能降低近几年的通货膨胀率；最后，随着危机的蔓延，Maastricht 利率条约将难满足、更具有挑战性。

Cristina Arellano、Juan Carlos Conesa、Timothy J. Kehoe[②] 提出一个新理论，该理论认为：如果一国频繁卖出大量债券，该国更容易受到主权债务危机的冲击，从而促使该国政府有强烈动机将负债降低到危机不会发生的水平。欧债危机使欧元区处于深层并持续的衰退中，促使欧元区政府产生了一种“赎回赌博”的行为，在该行为中，政府认为衰退会很快结束，因此卖出更多债券来维持支出，倘若经济真的复苏，负债自然会减少。在这种情形下，该政策是政府为本国居民所能做的最优选择。但是该政策本身存在风险：如果衰退持续太长时间，政府要么必须增加负债，要么必须债务违约。该理论表明：高利率的债券和高成本的违约政策促使政府减少负债和避免主权违约，而在另一方面，低利率和低违约成本的政策则会促使政府进行“赎回赌博”。而目前欧盟和国际货币基金组织采取的政策干预——包括降低借款成本和减少违约处罚，正在鼓励欧元区政府实行“赌博赎回”行为。

（2）对全球经济的影响。詹向阳、邹新、程实[③] 在简要概述希腊主权债务危机近期演化的基础上着重分析了希腊主权债务危机影响全球金融体系和实体经济的路径、时序、结构和程度，通过研究发现：从近期演变看，希腊主权债务危机的杠杆效应充分显现，全球金融风险的结构更趋复杂。短期内，希腊主权债务危机对实体经济的整体影响尚不明显。从长期看，主权债务危机则大幅加大了全球经济二次探底的风险。

石磊[④] 则认为这次欧洲主权债务危机不会发展成为全球金融危机，但无疑会以温和的

---

① John Lewis. How Has the Financial Crisis Affected the Euro Zone Accession Outlook in Central and Eastern Europe?. DNB Working Paper，2010.

② Cristina Arellan，Juan Carlos Conesa，Timothy J. Kehoe. Chronic Sovereign Debt Crises in the Eurozone，2010-2012. Economic Policy Paper，2012.

③ 詹向阳，邹新，程实. 希腊杠杆撬动全球经济. 国际金融研究，2010（7）.

④ 石磊. 欧债危机对外汇市场的冲击长期趋势还是短期波动——人民币汇率走势分析. 国际金融，2010（6）.

形式降低经济复苏的速度；前期市场对于欧元的过度担忧可能在下半年得以缓解，欧元可能出现技术性反弹，避险情绪推动的日元上涨也将在危机过后出现修复，但未来一两年欧元区经济增长并不乐观，长期来看欧元资产并非高收益的品种。欧洲经济复苏的下降无疑降低了投资者对大宗商品需求的预期，中国对新项目的调控和巴西、印度等新兴市场开始紧缩都触发了投资者对大宗商品需求的担忧。

(3) 对中国的影响。国内许多学者也对欧债危机对贸易的影响做出了分析。郑宝银、林发勤① 通过实证检验的方式，就危机对我国出口规模、出口市场和主要出口商品的影响做了详细的分析，其中实证结果显示，危机带来的汇率变化对我国的出口影响最大。欧洲主权债务危机将会对我国的出口贸易产生巨大的消极影响，我国出口贸易的增速将大为减缓。净出口对我国经济增长贡献率可能再次下降的情况下，如何采取有效措施刺激内需、缓解经济动荡、转变经济增长方式，成为我国当前十分紧迫的问题。

王欣昱、杨惠昶② 也指出：欧债危机不仅冲击中国出口贸易，而且通过直接需求效应、间接需求效应、汇率风险三条渠道，冲击中国实体经济部门。但是，欧洲主权债务危机对资产部门不构成冲击。这是因为欧洲主权债务危机对资产部门的影响主要是体现在危机在股市等领域引发的“唤醒效应”。由于中国企业在欧洲直接投资规模还不算大，还不至于出现因欧元区危机而发生企业倒闭连锁传染的风险。此外，欧洲主权债务危机将给中国企业切入欧洲流通等环节、提高对欧盟出口效益创造了一定的机会，但其长远影响却不可低估。

对于欧债危机对汇率的波动的影响，中国学者也做了一定研究。陆前进③ 首先分析了在欧洲主权债务危机的冲击下，美元对主要非美元货币走强，人民币跟着美元走强而走强，其中人民币对欧元、英镑等货币跟着升值，人民币有效汇率也跟着升值的趋势。其次，分析了主权债务危机下人民币走强的经济影响，如削弱出口、外汇缩水等。最后讨论了主权债务危机冲击下，人民币汇率政策如何退出问题，认为稳健式的升值方式将是较优的选择。

中国社科院经济所宏观经济课题组④ 研究发现：从短期看，欧债危机对中国的影响，无论是贸易渠道还是金融渠道都是可控的。欧债危机的挑战主要表现在三个方面：①欧债危机延缓了世界经济复苏的步伐，将会拖累美日等发达国家的复苏，从而加剧全球经济的不确定性，影响中国经济的稳定性。②考虑到欧洲是我国最大的贸易伙伴国以及重要的顺差来源国，欧债危机会对我国的出口产生负面影响；近来欧洲与我国贸易摩擦骤然升温，充分显示了问题的严重性。③经过长达 7 年的升值历程，欧元对美元汇率可能进入中长期疲软。鉴于人民币对美元汇率在中长期可能升值，欧元对人民币的汇率将有较大幅度贬

① 郑宝银，林发勤. 欧洲主权债务危机及其对我国出口贸易的影响. 国际贸易问题，2010 (7).
② 王欣昱，杨惠昶. 欧洲主权债务危机及其影响. 商业研究，2010 (11).
③ 陆前进. 主权债务危机下人民币汇率变动及其影响. 上海金融，2010 (7).
④ 中国社科院经济所宏观经济课题组. 政策退出效应显现　谨防经济减速过快. 经济学动态，2010 (8).

值。这样，我国外汇储备的币种结构、资产结构和期限结构等均面临调整的压力。我们认为，虽然欧债危机暂时缓解，但其未来发展仍存在不确定性，并将影响欧洲的复苏过程。欧元不可能崩溃，它作为国际贸易重要中介、国际资本流动的重要载体以及国际储备的重要资产的地位，不会有太大变化。因此，我国外汇储备的调整宜遵循审慎的原则。

3. 欧债危机的启示

王晓钧、刘力臻[①]提出了欧元区主权债务风险对我国外汇储备安全的启示，从对欧元区主权债务危机成因的分析中，解读出如下的重要的信息：①突发的外部冲击会打破国际区域经济原有的均衡状态；②为解救金融危机而实施的过度宽松的财政政策，会为今后的经济发展埋下隐患；③无论是发达国家经济体，或是参与国际区域经济同盟的经济体，即使是有国家主权担保的债务，其政府财政政策一旦过度宽松，也会形成主权债务违约的风险。然后，他们通过对美国未来财政预算计划可持续性分析及美国国债利息成本的估算，发现美国财政状况比欧洲主权债务危机国家更加严重，这将加大我国持有美国国债的风险。因此，我国应以欧元区债务危机给美国国债、黄金等储备资产带来的影响为借鉴，抓住机遇调整外汇储备资产结构，降低外汇储备风险。

4. 欧债危机的应对措施

（1）进行债务重组。哈佛大学经济及公共政策学教授 Kenneth Rogoff 认为：欧盟在解决欧洲债务危机的进程中，对危机国家进行债务重组是完全正确的，不能仅依靠附带财政紧缩条件的资金援助。理由包括：第一，欧洲五国经济疲软，缺乏竞争力，若再采取财政紧缩政策，只会加大经济衰退预期，让经济状况雪上加霜。[②]第二，罗格夫和斯坦福大学教授杰里米·布洛的研究发现：很少有国家能够持续以显著高于市场利率的价格向境外债权人付款。[③]因此，提供援助的 IMF 及欧洲中央银行最终很可能无法收回援助资金，这将直接影响到它们自身的清偿能力以及应对其他经济体危机的能力。[④]第三，根据拉美债务危机的历史经验来看，当时拉美各国政府大举为私人部门债务提供担保，结果以违约收场。第四，在 1987 年的布雷迪计划的安排下，大约相当于危机顶峰存量 30%的债务被减记。事后来看，如果尽早达成部分债务免除协议，债权人和债务人双方的境况都会好很多。拉美经济也可以更快重振，债权人最后可能会收回更多的剩余价值。因此，欧盟应尽快实施对危机国的债务重组，以免贻误最佳时机。

（2）我国贸易发展应对之策。郑宝银、林发勤[⑤]通过对欧洲主权债务危机的分析及其对我国出口贸易可能产生的潜在影响进行的实证研究，表明欧洲主权债务危机将会对我国

① 王晓钧，刘力臻. 欧元区主权债务风险对我国外汇储备安全的启示. 亚太经济，2010（6）.

② Kenneth Rogoff. The Euro at Mid-Crisis. http：//www.project-syndicate.org/commentary/rogoff75/English，2010-12-02.

③ Jeremy Bulow，Kenneth Rogoff. Sovereign Debt：Is to Forgive to Forget?. The American Economic Review，1989，79（1）：43-50.

④ Kenneth Rogoff. The Euro's PIG-headed Masters. http：//www.project-syndicate.org/commentary/rogoff81/English，2011-06-03.

⑤ 郑宝银，林发勤. 欧洲主权债务危机及其对我国出口贸易的影响. 国际贸易问题，2010（7）.

的出口贸易产生巨大的消极影响，我国出口贸易的增速将大为减缓。在净出口对我国经济增长贡献率可能再次下降的情况下，如何采取有效措施刺激内需、缓解经济动荡、转变经济增长方式，成为我国当前十分紧迫的问题。第一，一国的工资水平、福利政策、社会保障措施，应与其 GDP 增长水平和国力相适应。根据我国 GDP 增长的水平和国力的承受能力，采取“适度工资、适度消费、适度福利、适度保障”的社会发展模式。第二，第一产业、第二产业、第三产业三大产业并举，工业、农业、服务业协调发展。第三，重视培育国内消费市场、培育规模经济。第四，应该启动劳动力市场制度改革。第五，加强我国财政收支和各级政府债务的管理。第六，加快建立科学的国家经济安全风险预警机制。

（四）经济政策调整

1. 危机时代的财政政策调整

张少杰[①]认为，财政政策的选择需要考虑目前我国消费、投资、进出口、经济增长、就业、通货膨胀、社会保障等的特点进行，或单独采取财政支出政策、税收政策，或进行这些政策手段的某种组合。张海星[②]也指出，在这场经济危机中，我国面临的经济和社会问题与目前的美国不同，我国的积极财政政策应立足中国国情。白明指出，政策的制定要遵循一个最大化的原则，即在应对全球金融危机挑战的背景之下，既不能无节制地强调扩大公共投入规模，也不能无节制地强调减税，要强调的应当是“保增长”的最大化。

刘澜飚、宫跃欣[③]等认为 2010 年中国的宏观经济政策导向，已经由应对金融危机时的积极扩张转向抑制通胀稳定产出的适度紧缩。他们从货币政策、汇率政策、财政政策三个政策实施的角度，对中国近期宏观经济政策选择的动因、实施方式、可能效果等因素进行了梳理、分析，认为宏观经济政策已经由“宽财政、紧货币”的调控态势转向了“财政货币双退出”，同时，汇率政策由稳中有升日益转向加速升值，中国宏观经济调控的自主性受到国际因素的诸多干扰，因此需要对大国宏观经济政策选择的协调问题予以更多的重视。

林双林[④]通过考量 1929~2009 年中美日三国的财政赤字规模、财政赤字占 GDP 比重、政府债务占 GDP 比重等数据之后，认为从长期平衡预算的思想来看，我国的政府赤字应采取反周期的操作模式。由于现在中国经济仍处于高速增长当中，因此中国应当缩小财政赤字规模，尽早退出积极财政政策，防止经济过热。

杨小勇、龚晓莺[⑤]通过比较 1992~2005 年的货币需求、利率、GDP、通胀率等数据的对应关系之后指出，由于财政政策的短期效果较货币政策明显，故采取灵活的财政政策和稳健的货币政策是保证宏观经济稳定运行的可行方法。

---

① 张少杰. 应对当下金融危机的财政政策效应及选择. 求是学刊，2009（3）.
② 张海星. 后危机时期积极财政政策的优化思考. 宁夏社会科学，2010（4）.
③ 刘澜飚，宫跃欣. 2010~2011 年我国宏观经济政策研究评述. 经济学动态，2011（6）.
④ 林双林. 中国财政赤字和政府债务分析. 经济科学，2010（3）.
⑤ 杨小勇，龚晓莺. 货币政策效果与货币需求构成的关系及政策建议. 经济学动态，2010（8）.

翟伶俐[①] 指出，为应对全球金融危机，我国政府推出了积极财政政策来促进经济持续稳定增长。这是顺应改革发展的需要，是我国经济结构调整和社会稳定的迫切需要，适应现阶段经济发展的最佳需求。但需要注意的是，积极的财政政策并非是一种长期的政策选择。我国政府要逐步改变以实施积极财政政策来拉动经济增长的局面，用其他的推力来加以替代或置换，从而为积极财政政策的"淡出"和转型创造条件。

吕旺实、王桂娟[②] 等认为全球性金融危机爆发以来，各国的地方政府也不可避免地受到冲击，一方面，财政收入由于金融危机而大幅缩水，另一方面财政支出具有刚性，其中相当部分的支出压力还在增大，各国地方政府面临着与中央政府一样的财政窘境。为应对危机，在财政政策的取向上同样也是扩张性的，主要采取了积极创收、发债筹集收入、通过减税推进当地经济发展、裁员、增加公共投资、支持就业、向居民发放补贴、重组机构等政策和措施。

王彬[③] 建立动态随机一般均衡（DSGE）分析框架，使用 1995~2008 年的实际产出、消费、净出口、政府购买等季度数据，应用脉冲响应等方法揭示了积极财政政策可以带动国有企业部门的投资增长，避免了全球经济衰退带来的动荡因素，为保证宏观经济稳定发挥了重要作用，认为在今后一段时期内，为保证前期所取得的成果和稳定宏观经济，继续实施积极的财政政策是有必要的。

2. 财政政策的效果

张平[④] 认为完善决策与监督机制十分重要。他指出完善财政决策程序和规则：一是尝试组建或改建一个专门的机构、组织进行财政决策；二是组织专业人士；三是充分考虑到各方面的利益，处理好相互关系。具体来说，可以考虑组建一个议事机构——在国务院下设（国家）财政政策委员会。强化财政监督机制：一是积极推进财政监督的法制建设；二是科学划定财政监督的权力边界；三是按照公共财政的要求，扩充财政监督范围；四是不断创新财政监督的方式方法。万庄等提出，在此轮积极财政政策中，应注意防止各级政府盲目进行投资攀比，科学决策、严格管理，避免政府投资的低效率。应进一步建立和完善投资责任制度、投资审核与监督制度，对各级政府主导的政绩工程、形象工程和具体实施的建设项目一定要严格把关。

滑冬玲[⑤] 指出为了抵御金融危机对我国经济的重大冲击，2008 年底中央开始实行积极的财政政策，三年来积极财政政策在运行中虽然取得了很大成效，但是也暴露出不少问题，如国债工具和转移性支出工具有效性不足，税收政策不完善，以及债务风险大等。并提出了提高积极财政政策有效性的政策调整建议，如谨慎使用财政政策；调整国债资金的

① 翟伶俐. 浅析金融危机下我国的积极财政政策. 商业经济，2010（14）.

② 吕旺实，王桂娟，李欣. 各国地方政府应对金融危机所采取的财政政策. 中国财政，2010（4）.

③ 王彬. 财政政策、货币政策调控与宏观经济稳定——基于新凯恩斯主义垄断竞争模型的分析. 数量经济技术经济研究，2010（11）.

④ 张平. 后危机时代我国的财政政策研究——基于完善我国公共财政运行机制的视角. 江西社会科学，2010（5）.

⑤ 滑冬玲. 金融危机后中国积极财政政策的有效性：不足与对策. 财会研究，2011（8）.

投资结构，提高国债资金的使用效率；调整转移性支出的重点；降低中央财政债务依存度，防范财政债务风险；完善税收体制。

此外，她[①]还通过分析财政政策有效性不足的问题，对提高财政政策有效性提出了相应的政策建议。包括：谨慎使用财政政策；调整国债资金的投资结构，提高国债资金的使用效率；转变转移性支出的重点；缩小中央财政债务依存度，降低财政债务风险；完善税收体系；继续发挥积极财政政策与适度宽松的货币政策的有效结合。

陈建奇、张原建立了分析美国财政政策问题的理论框架，透视了美国赤字财政政策，同时运用情景模拟多角度分析未来政策的演化路径及债务货币化问题。他们指出，奥巴马新政的赤字财政政策与稳态财政路径相差甚远，美国财政政策已背离稳态水平。进一步财政动态演化路径显示，债务货币化是美国超常规赤字政策的必然选择，由此内生增加美国联邦储备委员会未来通货膨胀调控压力，在美国经济复苏偏离预期的情形下，债务货币化将导致基础货币在未来 8 年中增加 3 倍左右，恶性通货膨胀及经济系统性风险很大。对此，中国应高度关注并及时调整相关政策。[②]

3. 财政政策引发的政府债务风险

地方政府投融资平台的出现与我国现行的财政分权体制密不可分，财政分权制度历史上曾经发挥过巨大的经济作用，但也带来了一些负面影响。

李明、李慧中、苏晓馨[③]采用 CGSS 2005 数据库和多层混合效应逻辑斯特模型，认为财政分权是中国经济转型成功的重要因素，是中国经济发展的重要推动力量。郑联盛（2010b）通过详细分析欧洲债务危机指出，公共债务增长迅速和隐性债务大范围出现一般都是主权债务危机的“明显和自然”的前奏。由于地方政府收入来源相对有限且不稳定，在医疗和教育方面需要大额开支，以及地方政府投融资平台贷款余额高涨等因素，地方政府的财政赤字压力持续扩大。因此，地方政府债务问题应引起我国政府的高度重视和警惕。

于海峰、崔迪（2010）[④]通过比对 2002~2007 年我国地方各项税收收入总量及结构指出，地方政府投融资平台过多、过度负债会影响各地方财政正常运行，并引发社会风险和金融风险。应从严控地方政府投融资平台债务规模、增强信息透明度、建立并完善风险预警系统等方面解决地方政府投融资平台产生的债务风险。

巴曙松[⑤]强调目前政府债务风险不在于城投债，而在于银行借款。所以，地方政府通过城投债的形式以及资产证券化等多种形式从资本市场融资这样既有利于降低地方政府债务风险，还有利于降低银行系统风险。针对个别地区出现地方债危机的担忧，我们注意到

---

① 滑冬玲. 后金融危机时期提高积极财政政策有效性的对策. 经济纵横，2010（12）.

② 陈建奇，张原. 美国赤字政策演化路径及债务货币化风险研究：基于奥巴马新政背景的分析. 世界经济，2010（4）.

③ 李明，李慧中，苏晓馨. 财政分权、制度供给与中国农村基层政治治理. 管理世界，2011（2）.

④ 于海峰，崔迪. 防范与化解地方政府债务风险问题研究. 财政研究，2010（6）.

⑤ 巴曙松. 中国地方政府债务的宏观考察. 经济，2010（10）.

中央政府的财政状况良好，如果少数地区发生债务危机，中央政府应当有能力通过财政拨款或转移支付等方式对这些地区进行救助。

4. 危机时代的货币政策调整

刘时阳[①] 分析了美联储应对金融危机的一般性货币政策操作：第一，下调联邦基金利率并开展公开市场业务。第二，运用再贴现政策增加流动性。第三，启动对存款准备金付息手段。美联储的货币政策工具创新：短期贷款拍卖（TAF），短期证券借贷工具（TSLF），一级交易商融资便利（PDCF），商业票据融资便利，货币市场投资者工具（MMIFF），资产抵押证券贷款工具（TALF），定量宽松的货币政策。

赵硕刚[②] 对 2010 年世界主要经济体的宏观经济政策进行了分析，概括为以下几点：①美、日推出新一轮经济刺激计划，并进一步放宽货币政策。②欧盟各国延续宽松货币政策，并陆续推出财政紧缩计划。③对各国宏观经济政策进行展望：首先，新兴经济体进一步调整国内经济结构；其次，美国、日本经济刺激措施效果非常有限；最后，欧盟被迫放弃短期增长目标，着力经济结构调整。总之，对多数新兴经济体来说，其货币政策重心将放在应对国内流动性过剩和国际资本流入引发的通货膨胀、资产价格上涨等问题上；财政政策将转向刺激消费，扩大国内需求等方面。主要发达经济体的宏观经济政策则仍将要在维持经济增长、增加就业和削减政府债务之间做出权衡。权衡的结果有赖于各国经济复苏步伐的快慢和财政承受力度。2011 年世界经济增长的不均衡性仍将持续，国际间的摩擦和政策协调将成为影响世界经济整体复苏程度的一个重要因素。

李婧[③] 指出次贷危机使人们认识到，美联储货币政策操作失误难辞其咎。在全球化日益加深和美元为核心的国际货币体系下，美国不断下调利率的扩张性货币政策效应没有像过去那样迅速反映在商品价格上，而是主要表现为资产价格的攀升。由于美联储货币政策操作遵循了"泰勒规则"——把 CPI 当作最主要的监控对象，致使美联储错过了适时调整货币政策的最佳时机，导致美国信用扩张过度、资产泡沫，特别是房产泡沫不断升级。资产价格的上升最终会通过"财富效应"、"托宾 Q 效应"、"金融加速器效应"等逐渐传导到商品价格上，随着石油等大宗商品价格的持续攀升，美联储开始急速提高利率，最终引发了次贷危机的爆发。后危机时代，美国的资产价格开始了迅速的回升，美联储应该吸取货币政策调整滞后的教训，适时地退出刺激，避免资产价格迅速上升和通货膨胀对经济复苏带来的不利影响。

关于 2010~2011 年间实施紧缩货币政策的原因，学术界普遍认为是国内通货膨胀压力和经济过热压力。余永定[④] 表示过度的全球流动性已经导致原材料成本上升，在投资增长和强劲出口之余，充裕的流动性、旺盛的需求和供应方面的冲击使得通胀不可避免。

---

① 刘时阳. 美联储应对金融危机的货币政策及其启示. 经济导刊，2010（8）.

② 赵硕刚. 2010 年世界主要经济体宏观经济政策分析及 2011 年展望. 中国经济导刊，2011（1）.

③ 李婧. 后危机时代美国货币政策的走势——兼论资产价格与货币政策操作规则. 世界经济研究，2010（6）.

④ 余永定. 欧美必须对债权人负责. FT 中文网，2011.

郑联盛[1] 指出美国实行的 QE Ⅱ 将在全球进一步放松流动性，加大我国通胀压力，强化国内通胀预期从而挤压货币政策操作空间，影响政策独立性。

刘澜飚、宫跃欣、张靖佳[2] 指出由于中国特殊的货币运动规律，利率等调控手段仍然面临多重约束。一是央行的资产负债约束，在财政资金不能补贴央行的条件下，抬高利率意味着央行将增加支出规模，在铸币税固定、外汇投资收益较低及央行无盈余的情况下，提高利率存在现实困难。二是结售汇制度约束了利率政策的效果，提高利率容易引发热钱大幅流入，而央行对外汇的对冲又增加了货币供给量，使得紧缩政策的效果大打折扣。因此，未来央行在选择上仍将以调控准备金率为主。丰富中国的货币调控手段特别是利率市场化手段，还需要改革外汇管理模式，推进汇率市场化，并以此建立市场基础。张晓慧、纪志宏、李斌等通过构建一个全球化背景下基于“两部门悖论”的简单模型框架，对全球通胀变化及其机理进行了经验分析。他们发现，近年来全球通胀呈现三个突出特征：一是“结构性”价格已经上涨，并很可能在未来也成为通胀的主要表现形式；二是由金融投机引发的初级产品价格暴涨成为导致 CPI、PPI 大涨的重要原因；三是 CPI、PPI 明显上涨时，往往已处在经济金融泡沫最后破裂的前夜，因此在衡量周期变化上 CPI 特别是核心 CPI 会相对滞后。因此，鉴于全球化背景下经济运行和通胀机理所发生的变化，要深化对技术进步、生产率改进、初级产品和资产价格以及国际货币和汇率体系变化等多重因素的监测分析，在宏观调控中更加关注更广泛意义上的价格变动，探索更为科学合理的衡量整体价格水平的途径和方法。[3]

王胜、彭鑫瑶[4] 发展了开放经济中的货币政策模型，重点分析了基于不对称价格粘性下的最优货币政策问题。在假定本国实行 LCP 而外国实行 PCP 的情况下，他们发现国内外的生产力冲击对本国最优货币政策的影响更加复杂，其影响程度与货币需求弹性的大小密切相关。在纳什均衡时，外国货币当局拥有实施货币政策的占优策略，而本国最优货币政策则取决于外国货币当局的决策。此外，定价机制的不对称性导致了两国福利效应的差异，纳什均衡时本国居民遭受经济扭曲的福利损失要低于外国居民；而合作均衡则能有效地提高纳什均衡时两国总体的福利水平。

黄明皓[5] 认为，货币政策有效性与中国经济的开放度有关，他通过模型分析得出贸易开放度和金融开放度的加深会在短期内削弱货币政策的效果，但在长期内还是有效的。

---

① 郑联盛. 量化宽松政策：原因、趋势及影响. 中国金融，2010（23）.
② 刘澜飚，宫跃欣，张靖佳. 2010~2011 年我国宏观经济政策研究评述. 经济学动态，2011（6）.
③ 张晓慧，纪志宏，李斌. 通货膨胀机理变化及政策应对. 世界经济，2010（3）.
④ 王胜，彭鑫瑶. 不对称价格粘性下的货币政策和福利效应. 世界经济，2010（4）.
⑤ 黄明皓. 中国经济开放度与货币政策有效性研究. 当代经济，2010（7）.

四、世界经济理论研究展望

在过去的几十年里，世界经济理论的每一领域都在发生巨大的变革，理论与实践都不再局限于原有的理论框架与模式，融合化的趋势日益明显。世界经济研究范围广、热点问题层出不穷，涉及国别经济、宏观经济，融合贸易、金融、投资等多个领域，既包括原有的经济周期、经济危机、政策调控等经典理论，还有全球经济失衡、国际贸易碳关税等新的理论问题，以及国际货币体系改革和区域经济一体化新发展等实践问题。

根据 2010 年所选文献所使用的研究方法来看，从理论研究逐步扩展到实证研究，成为世界经济研究方法的主流，并结合比较研究进行国家之间的对比分析和应用研究，全面应用模型研究、实证研究、比较研究、案例研究、实验研究等多种研究方法，以期在国内世界经济研究领域得到更加有现实意义和实用价值的研究结论。与此同时，要总结国外经验教训，推动更适合世界市场上的新兴发展中国家、“金砖国家”的理论研究的深入发展。

纵观世界经济理论的研究过程，是伴随着国际贸易、国际金融、国际投资、转型经济学、发展经济学等相关学科发展而不断丰富和完善起来的，在这个过程中，各个学科相互借鉴、相互联系、相互促进，力图更好地解决现实中全世界范围内产生的诸多问题，这大大地拓展了世界经济理论的研究视角，丰富了世界经济理论的研究路径。今后各个学科的进一步深入研究和发展，将更加促进世界经济学科的蓬勃发展。

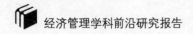

第二章　世界经济学科 2010 年期刊论文精选

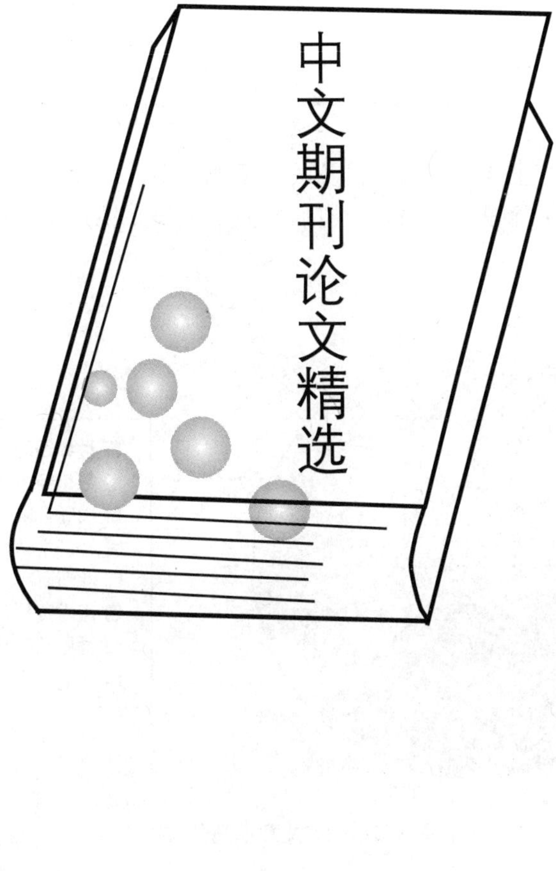

本节所选中文论文均来自 A 类及以上期刊，内容以世界经济研究为主，兼及各个经济学科的基本理论问题，反映世界经济研究的最新成就，注重理论的权威性、经济信息的新颖性和学术成果的科学性，倡导国内经济理论研究与国际规范接轨。其中，共选择 16 篇文章。

本节所选文章研究内容主要分布如表 2-1 所示：

表 2-1 所选文章研究内容分布

研究方向	篇数	占比（%）
金融危机	5	32
欧债危机	2	12
政策效应	5	32
经济周期	1	6
世界经济格局	1	6
国际贸易	1	6
国际直接投资	1	6

其中，所选文章内容主要以两大危机及政策调整为主，大约占 60%，经济周期、世界经济格局、国际贸易和国际投资等内容也有所涉及。文章来源广泛，所选文章期刊分布主要如图 2-1 所示：

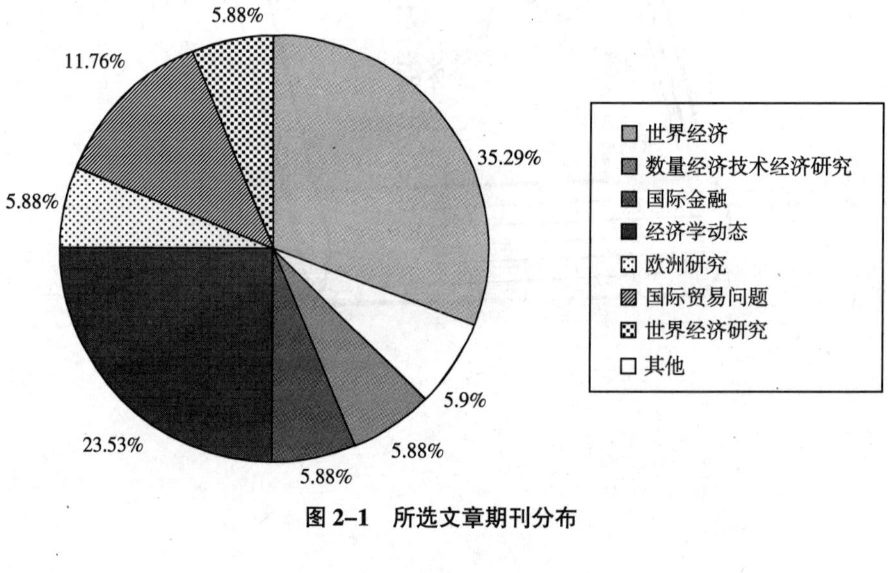

图 2-1 所选文章期刊分布

国际分工新形态、金融市场发展与全球失衡*

徐建炜　姚　洋

【摘　要】本文从国际分工的角度考察了全球失衡问题，通过构造一个金融市场—制造业比较优势指标，利用1990~2005年45个国家的数据进行了系统的计量研究，证实金融市场—制造业比较优势对于经常账户赤字（盈余）的重要性，一系列稳健性检验支持了我们的主要结论。特别地，我们发现，中国的贸易失衡在很大程度上可以由国际分工新格局加以解释。这一发现对于理解全球失衡和中国的经济增长模式具有重要意义。

【关键词】国际分工；金融发展；全球失衡

一、引言

长期以来，中国经济的高速增长伴随着经常账户盈余，且盈余占经济总量的比重不断攀升，2005年之后更是高达9%以上。与中国政府担忧巨额盈余相对应的是，远在大洋彼岸的美国政府却在费尽心思消除巨额的经常账户赤字。事实上，这一现象不仅在中国和美国存在，英国、日本、德国也都面临着类似的问题，如图1所示。这一问题被统称为“全球失衡”。

对于全球失衡难题的成因，普遍的看法认为，高（低）消费和低（高）储蓄是造成经常账户赤字（盈余）的根本缘由。但是，消费和储蓄又是由什么因素决定的？为什么有些国家会选择更多的消费，而另一些国家会选择更多的储蓄？学术界存在三种主流的解释：

* 徐建炜、姚洋：北京大学国家发展研究院，中国经济研究中心，北京市北京大学中国经济研究中心，100871，电话：62753103，电子信箱：xujianwei@gmail. com（徐建炜）；yyao@ ccer. pku. edu. cn（姚洋）。

作者感谢Charles Engle、Deborah J. Lucas、郭凯、卢锋、宋国青、张斌对文章的评论，感谢University of Wiscons in Madison研讨会、北京大学研讨会、中国社会科学院世界经济与政治研究所研讨会、上海发展研究基金会讨论会上诸位与会代表提出的建设性意见。感谢Chinn和Ito在数据上提供的帮助。

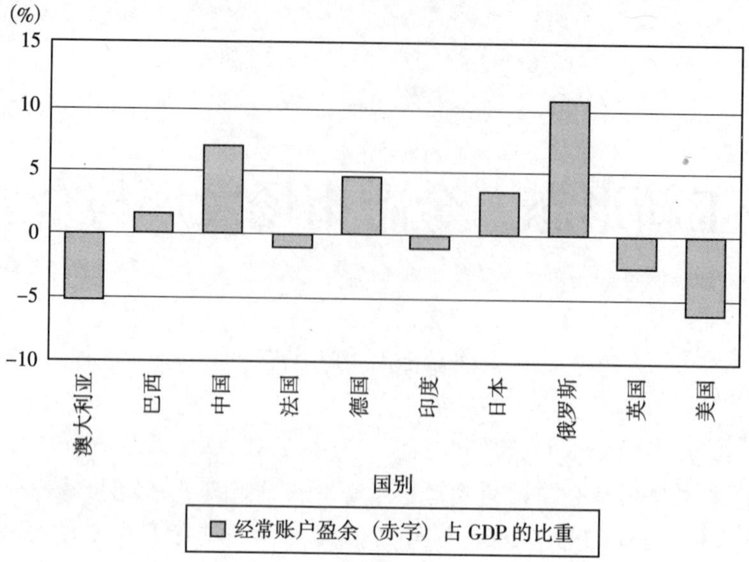

图 1 2006 年世界主要国家的经常账户状况

第一种是双赤字说，认为政府的财政赤字意味着更多的政府消费，从而引发经常账户赤字。但是，政府消费往往只占总消费中很小一部分。Backus 等（2005）通过检验过去 40 年内美国、澳大利亚、加拿大、瑞典、瑞士的经常账户赤字与政府财政赤字之间的相关系数，发现二者关系并不明显。第二种是汇率操纵说，认为汇率的非充分调整是导致经常账户失衡的原因。诚然，汇率的低估或者高估会带来经常账户调整的不足，但绝非主要原因。日本和德国都曾经发生过实际有效汇率的快速上升，但结果是经常账户盈余依旧。第三种是经济基本面的解释，认为经济增长率的差异和人口转型是导致全球失衡的根源（Henriksen，2002），较高的经济增长率和较高的人口抚养比刺激国内支出，从而导致经常账户赤字。可是，20 世纪 80 年代美国经济增长率放缓，经常账户赤字仍然持续恶化；而且，美国的抚养比自 20 世纪 70 年代以来一直很稳定，经常账户赤字却出现波动。此外，德国和日本的抚养比高于美国，为什么它们却处于经常账户盈余状态？

上述种种关于全球失衡的解释，都旨在分析高（低）消费和低（高）储蓄出现的原因。然而，如果仅仅是政府财政、价格扭曲或者增长率差异所带来的经常账户失衡，其结果必然是暂时性的。最终，收入变化和物价调整会促使经常账户趋于均衡。这显然与我们观察的事实不符。经常账户能够长期失衡，必然意味着资本与金融账户提供了一种资金长期流入（流出）的缺口。那么，这种缺口究竟缘何产生？

基于这一思考，一些学者提出金融系统的国别差异是产生这种缺口的原因。Willen（2004）在一个两期模型中证明，一国金融市场的“不完全”程度越高，该国的储蓄也就越高，从而导致全球失衡的产生；Caballero 等（2008）则认为，一国向世界提供资产的能力差异会导致全球失衡；Mendoza 等（2009）对上述模型进行推广，认为金融市场的整合会使金融发达国家的储蓄下降，并且更多地向国外借贷，从而诱发长期的全球失衡。在国内研究中，祝丹涛（2008）指出，中国金融系统的低效率使得储蓄转换投资的能力不足，诱发资本与金融账户的逆差和经常账户的顺差；中国经济增长与宏观稳定课题组（2009）则认为，美元的货币霸权是导致全球失衡的重要原因。尽管上述的理论分析逻辑严谨，但在经验证据上却显得苍白无力。Chinn 和 Ito（2007）利用全球样本对这一观点进行了检验，发现金融系统的绝对发展水平对于经常账户失衡的影响的显著性并不高。

本文认为，上述各种观点之所以没能获得经验研究的绝对支持，是因为它们仅仅考察金融市场的绝对发达程度，而没有将其与制造业的发展结合在一起。事实上，金融市场发展对于全球失衡的影响是显著的，但是发达程度的界定不是绝对量，而是相对于制造业的发达程度——用本文提出的术语来说，是国际分工新形态下一种基于金融市场比较优势的发达程度。第二次世界大战之后，主要资本主义国家之间形成了实体经济和虚拟经济的新型的分工形态。美国和英国的金融业发达，相对于制造业具有比较优势，而德国和日本这两个重新崛起的大国在制造业方面具有比较优势。因此，资本主义国家所形成的分工就是美、英等金融强国进口制造业产品，出口金融服务，其表现就是经常项目的赤字；而德、日这两个传统制造业强国以及后起的亚洲四小龙和其他新兴工业化国家出口制造品，进口金融服务，其表现就是经常项目盈余；另外还有传统的石油输出国，它们的经常项目也长期保持盈余状态。以 1991 年前苏联东欧解体为标志，国际分工进入了新的阶段，主要表现是中国和俄罗斯的加入，中国变成了另一个制造业大国，而俄罗斯变成石油输出国。这种国际分工的新形态正是导致全球失衡的重要因素。本文研究发现，如果将金融市场的绝对发展指标更改为相对制造业的发展指标，结果的显著性大大提高，即便是在更为苛刻的样本和稳健性检验中也能获得支持。

本文的具体安排如下：第二节从一个崭新的视角诠释全球性分工的新进展，指出国际分工所带来的金融市场和制造业的不平衡发展与全球失衡之间的关系；第三节使用 1990~2005 年的跨国数据，分析国际分工对全球失衡的影响；第四节讨论东亚经济和美元霸权问题，指出在剔除这两个因素以后，本文结论仍然成立；第五节以上述理论为基础，对中国的贸易失衡进行解释，指出这种失衡具有长期性，不可能仅仅依靠汇率调整就加以解决；最后一节总结全文，提出政策建议。

二、国际分工新形态与全球失衡

（一）理解全球失衡

全球失衡的典型特征是经常账户赤字与经常账户盈余的长期并存。为探索问题之根本，我们首先看一看 2005 年经常账户赤字和盈余前五位的国家，如表 1（a）和表 1（b）所示。同样位于发达国家行列，美国、西班牙和英国临严重的经常账户赤字，而日本、德国拥有巨额的经常账户盈余。当我们在指责美元霸权或者东亚经济增长方式是全球失衡的导火索时，又该如何解释这种发达国家内部的差异？为理解这一点，需要将经常账户与资本账户同时纳入考察。在不考虑误差与遗漏项的时候，国际收支平衡意味着：

$$X + K_{in} = M + K_{out} \tag{1}$$

其中，X 是出口，M 是进口，K_{in} 和 K_{out} 分别是资本的流入和流出。移项，可得到：

$$X - M = K_{out} - K_{in} \tag{2}$$

这就是著名的国际收支恒等式，即经常账户的顺差（逆差）一定意味着资本账户的逆差（顺差）。

表 1（a） 2005 年经常账户盈余最多的五个国家

国家	2005 年经常账户状况	
	经常账户盈余（10 亿美元）	占 GDP 比重（%）
中国	249.9	9.4
日本	170.5	3.9
德国	150.7	5.2
沙特阿拉伯	99.1	28.4
俄罗斯	94.3	9.6

表 1（b） 2005 年经常账户赤字最多的五个国家

国家	2005 年经常账户状况	
	经常账户赤字（10 亿美元）	占 GDP 比重（%）
美国	811.5	6.2
西班牙	106.3	8.7
英国	77.5	3.3
意大利	47.3	2.6
澳大利亚	41.0	–5.3

如果等式右边没有出现资金流的长期缺口，任何经常账户的失衡都能够实现自我纠正。例如，当一国出现经常账户顺差时，要么收入增加，要么物价水平上升，要么汇率升值，最终都会促使经常账户回归均衡。但是，如果新增的收入流可以长期地放在国外，那么这种经常账户顺差就变成长期现象。

所以，考察经常账户的失衡的时候，必须同时思考资本账户失衡的问题。事实上，国际资本市场的出现，恰好使得顺差国的资金能够在国外获得长期的增值保值，而不能在短期内流回本国，[①] 这为全球失衡的持续提供了“温床”。但是，这里强调的资本市场发展是相对于制造业而言的。试想，如果资本市场尚不足以支撑国内制造业的融资需求，又何谈吸纳他国资金？因此，Caballero 等（2008）以及 Mendoza（2009）仅仅从金融发展的绝

① 这也就是文献中通常提到的国际投资的“本土偏好”，见 French 和 Poterba（1991）。

对水平来思考问题也是欠妥的。应该引起人们关注的是金融市场相对于制造业的不平衡发展，这才是全球失衡长期持续的真正因素。

那么，在经济发展过程中，为什么有些国家的制造业比较发达，而另一些国家的金融市场比较发达？这种不平衡性究竟是由什么因素所导致的？本文认为这恰好是第二次全球化浪潮的国际分工新形态。

（二）国际分工形态的演变

传统的分工理论，一般强调实体经济内部的分工形态。例如，李嘉图根据劳动生产率在不同生产部门之间的差异定义比较优势，解释了贸易的产生；赫克歇尔—俄林进一步将比较优势与劳动生产率的差异追溯至要素密集度，形成著名的 H-O 模型。但是，所有这些模型都基于实体部门分工的结果，仅仅考虑了国际收支表中的贸易账户。

现代社会生产的不仅仅是制造品，更重要的是服务，其中金融服务更是占了极大的比例。将李嘉图的比较优势理论拓展至一个囊括制造业和金融服务业的情形，可以用于分析国际分工的新形态。具体而言，如果一个国家的制造业生产具有较高的生产率，形成制造业比较优势，那么该国最终会出口制造品；相反，如果一个国家在金融服务业的生产商具有较高的生产率，就会发展金融业，向外输出金融服务功能，吸引资金流入。由于处在制造业比较优势的国家必然同时处于金融市场的比较劣势，产品出口所形成的经常账户顺差就必然与资本外流所形成的资本账户逆差同时并存。换言之，同时考虑制造业与金融服务业的国际分工新形态，恰好为经常账户的长期顺差或逆差提供了产品和资金的双向流动渠道，保证了国际收支恒等式的成立（一个简单的理论模型参见附录 1）。值得注意的是，这里讲的“金融服务业”，更精准的定义应该是“金融市场服务业”，因为现在的国际资本流动绝大多数是通过资本市场完成。在这个跨业经营的时代，即便金融中介也是通过国际资本市场积极地参与跨国间的资本配置，传统的、不涉及国际资本市场的中介功能基本只适用于国内资金的配置。所以，金融市场相对于制造业发展的比较优势，决定着一国的经常账户失衡状况。在附录 2 中，我们深入探讨了这一话题。

接下来，一个很自然的问题便是，究竟是什么决定了国与国之间的生产率在制造业和金融市场服务业之间的相对差异？其中至少有两个要素是重要的。第一，劳动相对成本差异。发达金融市场的一个重要的要素投入便是高学历、高素质的劳动力，而传统制造业随着生产过程的标准化，对劳动力素质的需求已经逐渐下降。考虑到发达国家具有吸引人才的天然优势，不难理解为何全球金融市场会集中在发达国家。第二，制度因素。很多文献曾经对制度与金融市场发展之间的关系加以考察，例如，La Porta 等（1998）曾经讨论过法律制度与金融市场之间的关系，提出法律制度更健全的国家更有利于保护投资者，从而刺激金融市场的建立。此外，传统信用文化和一国所处的经济发展阶段也会对制造业与金融市场服务业之间的生产率差异产生决定性影响。

从现实层面来看，“二战”结束之后，美国和英国作为资本主义世界最强大的两个国家，在制造业方面的优势逐渐被德国和日本所取代，如果不能发现新的增长点，就会失去在传统国际分工中的位置。为此，美国和英国着力发展金融服务行业，开始进一步专业化生产“金融产品”，它们的制造业则出现“空心化”现象，形成金融市场的比较优势。传统的制造业大国，如德国和日本，在战争结束后积累了大量的物质资本和人力资本，开始大量生产并向全球出口制造业产品，时至今日，它们的优势集中在高端消费品和高附加值的中间投入品上。相较之下，新兴制造业国家——中国，主要出口低端消费品，比较优势在于廉价且较高素质的劳动力。通过融入世界经济体系，新兴市场国家可以充分发挥其劳动力潜力。以中国为例，2001 年加入世贸组织成为中国经济发展的重要转折点，从 2001 年到 2007 年，中国的出口年均增长率达到 28%，而 20 世纪 90 年代的年均增长率是 15%。中国的巨额外汇储备从“入世”之后开始迅速积累。石油输出国一直都是石油美元的提供者，它们的石油收入远远超出了进口消费品所需要的美元数量。过去十多年里发生的一个大的变化是，俄罗斯也加入到了石油输出国的行列。无论是传统制造业大国、新兴市场国家还是石油输出国家，它们都具有实体经济比较优势，以第二产业为经济主导，与英美等国形成鲜明对比。

进入 20 世纪 80 年代，国际分工的新形态不仅没有消失，反而日趋明显。盎格鲁—撒克逊经济的资本市场发展远远超过其他发达国家，而制造业的比重却逐年下降。图 2、图3 分别描述世界主要国家股票市场市值和制造业增加值占 GDP 比重的变化。这种明显的分工形态的出现，是全球失衡产生的根源。

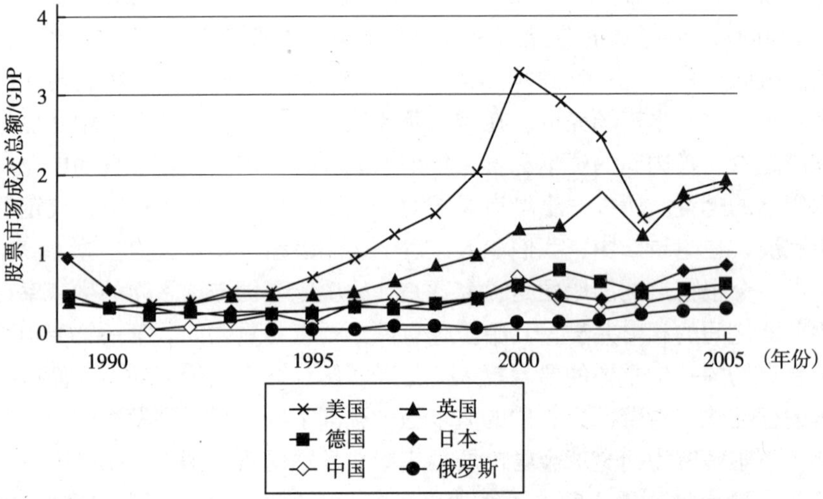

图 2　1989~2005 年主要国家股票市场的发展状况——市场成交额/GDP

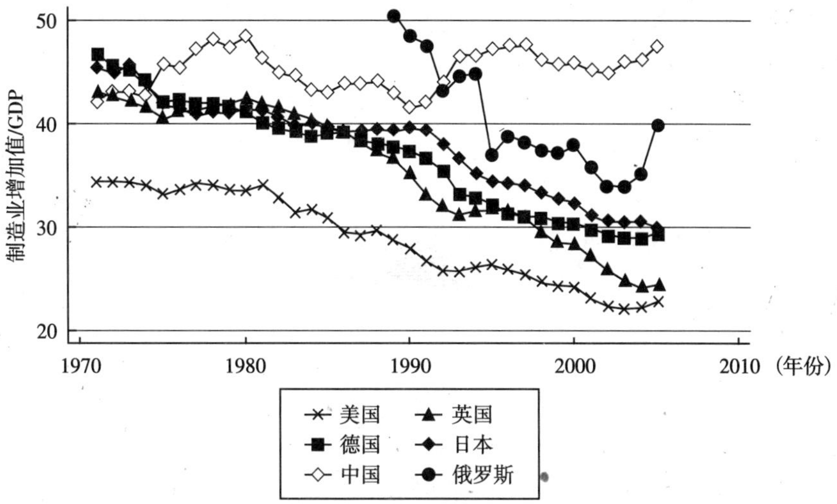

图 3　1971~2005 年主要国家制造业发展状况——制造业增加值/GDP

三、经验分析

（一）国际分工新形态的指标

前文的叙述表明，金融市场相对于制造业的发展程度差异是经常账户能够长期保持顺差（逆差）的重要原因，一国在国际分工中所处的地位决定了长期的经常账户状况。处在金融市场比较优势一端的国家，容易出现经常账户逆差；而处在制造业或者石油生产比较优势一端的国家，容易出现经常账户顺差。为了更加清晰地证实这一观点，我们需要进一步的定量研究，以获取数据的支撑。

构造能够刻画一国比较优势状况的指标，一个自然的处理办法就是从事后的角度看待金融市场总市值与制造业增加值的相对比例，参照货物贸易的情形，定义金融市场—制造业显示比较优势指标（Revealed Comparative Advantage of Financial Market，RCAF）。一般来说，金融市场的价值可以由股票市场市值、政府债券市场市值和私人债券市场市值三部分组成，用于衡量一国金融业的发达程度；而制造业增加值是衡量制造业发达程度的常见选择。因此，下面的定义可以用来衡量国际分工新形态：

$$RCAF=\frac{\text{金融市场年总市值占 GDP 的比重}}{\text{制造业年度增长值占 GDP 的比重}} \tag{3}$$

这一定义所暗含的假设是如果事后观察到一国的金融市场相对制造业的发展更迅猛，则从事前的角度来看，金融市场就应该是它的比较优势，也就是说，一国的发展路径是理性选择的结果。站在长期的视角，这一假设是合理的。根据 45 个经济体 1990~2005 年数据计算，2005 年世界上最具金融市场比较优势的经济体是中国香港特区、美国和冰岛。美国和冰岛是 2007 年次贷危机爆发后损失最为惨重的两个国家，也是被公认为金融服务过度发展的国家；中国香港是金融市场高度发达的地区，依附于中国大陆，并没有突出的制造业优势。另一方面，世界上最不具备金融市场比较优势的国家是印度尼西亚和捷克，中国排在倒数第七位，也属于制造业相对发达的国家。所以，这一指标与普遍的共识是相容的。

尽管这样一个简单的指标具有很强的理论和政策含义，在研究中却存在两个潜在的问题。首先，金融市场中包括政府债券市场，后者是政府财政收入的重要来源之一。根据前面提及的双赤字解释，政府的财政状况与经常账户失衡有着紧密的联系，如果将政府债券市场市值纳入研究，会导致最终估计结果的偏误。所以，从指标中剔除有关政府融资的因素是合理的。

其次，金融市场总市值即便在短期内也存在剧烈波动，就其变化速度而言，远远超过制造业增加值，这就导致 RCAF 指标的大部分波动可能源自金融市场。我们通过定量方法对此进行考察（Engel，1993，1999），分解出 RCAF 中金融市场总市值和制造业增加值对波动的相对影响力：①假定制造业增加值占 GDP 比重和金融市场总市值占 GDP 比重的序列都服从 AR（1）过程，计算不同国家中二者的预测方差，[①] 发现在 45 个样本国家的金融市场市值占 GDP 比重的波动幅度都远远大于制造业增加值占 GDP 的波幅；②通过 MSE 分解方法，[②] 同样发现 45 个国家的金融市场市值占 GDP 比重的波动都优于制造业增加值占 GDP 比重的波动。显然，RCAF 指标没有能够恰当地衡量出制造业在长期国际分工中的地位。考虑到金融市场中波动最为剧烈、受短期因素影响最大的是股票市场，所以我们剔除股票市场因素，仅用私人债券市场的总市值设计指标。

$$RCAF_1=\frac{\text{私人债券市场年总市值占 GDP 的比重}}{\text{制造业年度增长值占 GDP 的比重}} \tag{4}$$

由于全球私人债券市场市值与股票市场市值的相关性很高，在 1990~ 2005 年相关系数达到 0.95，所以使用这一指标衡量国际分工效应仍然是恰当的。[③] 从数据上来看，金融市场比较优势的排序与用金融市场整体总市值的结果很相似，美国、冰岛、中国香港仍然位列最具金融市场比较优势经济体的前茅。制造业相对发达国家的排名虽然有了小的变

---

① 两个序列可能都存在单位根，但 Engel（1993）指出，单位根检验存在着势很低的问题，无法区分收敛速度很慢的稳定序列，所以采用 AR(1) 形式进行预测，仍然存在合理性。Engel（1999）所提出的方法，即这里的方法 2 则通过差分规避了单位根问题。

② Engel（1999）提出波动分解的两个计算公式，一是 $fraction_1=\frac{MSE(x_t-x_{t-n})}{MSE(x_t-x_{t-n})+MSE(y_t-y_{t-n})}$，二是 $fraction_2=\frac{MSE(x_t-x_{t-n})+mean(x_t-x_{t-n})mean(y_t-y_{t-n})-cov(x_t-x_{t-n},\ y_t-y_{t-n})}{MSE(x_t-x_{t-n})+MSE(y_t-y_{t-n})}$。这里，为简便起见，仅考虑一阶差分，方差按照 Cochrane（1988）提出的小样本公式进行计算。按照 Engel 的论述，这两个公式的计算结果在绝大多数情况下不会存在太大差异，本文采用第一个公式计算。

③ 我们也曾经使用金融市场总市值以及仅剔除政府债券市值的指标考察国际分工对于全球失衡的影响，结果与利用 $RCAF_1$~$RCAF_4$ 的研究基本一致。

化，但是它们整体仍然排在末端。同时，由于私人债券市场的波动在绝大多数情况下都没有股票市场剧烈，所以 $RCAF_1$ 指标可以很好地规避上述第二个问题：当我们同样采用 Engel 的分解方法，发现私人债券市场市值占 GDP 比重大于制造业增加值占 GDP 比重的国家数量下降到 19 个，而采用 MSE 分解的数量下降到 30 个。因此，这一指标很好地平衡了制造业和金融市场的发展。

如果在 $RCAF_1$ 两边取对数，很容易看出这一指标暗含假定制造业与金融业呈现一种此消彼长的线性关系，这意味着 $RCAF_1$ 指标暗含假定国际分工的变化意味着金融市场的发展和制造业的发展以一种对数线性的方式此消彼长地进行。也就是说，当国际分工发生变化时，如果金融市场相对发展，那么制造业必然以一种对称的方式相对落后。这种先验的对数线性的假定可能存在问题。尽管我们无法穷尽所有的非对称可能性，但是引入一些特殊的非对称指标，仍然有助于结论的稳健性。因此，设计下面三种指标：

$$RCAF_2 = \frac{\log\text{（私人债券市场年总市值占 GDP 的比重）}}{\log\text{（制造业年度增加值占 GDP 的比重）}} \tag{5}$$

$$RCAF_3 = \frac{\log\text{（私人债券市场年总市值占 GDP 的比重）}}{\text{制造业年度增加值占 GDP 的比重}} \tag{6}$$

$$RCAF_4 = \frac{\text{私人债券市场年总市值占 GDP 的比重}}{\log\text{（制造业年度增加值占 GDP 的比重）}} \tag{7}$$

在后面的研究中，我们将以这四种指标作为基准，考察国际分工对于经常账户失衡的影响。由于各国的制造业与金融业相对发展速度不同，很难评价四个指标各自的优劣，所以本文大部分回归模型会对这四个指标同时进行考察。但是，后面我们确实发现，$RCAF_4$ 可能是一个相对于总体样本而言最好的指标。

在进入正式的计量分析以前，我们对 $RCAF_1$ 做一些简单的描述统计分析。从 20 世纪 90 年代至今，美国金融监管当局不断放松金融管制，货币政策也相当宽松，金融市场逐渐发展，超越制造业成为支撑美国经济增长的核心动力。与此同时，美国经常账户不断恶化，并在 2000 年以后呈加剧趋势。图 4 给出了美国的显示比较优势指标与经常账户逆差的散点图，从中可以清晰地看出，二者呈显著的负相关关系。图 5 的英国显示比较优势指标与经常账户逆差只呈现出微弱的负相关关系（相关系数仅为-0.035），但是这可能是因为受到极端数据的影响。图中左下方那个点（1991 年的样本）明显和其他点的位置存在显著差异，如果将之去掉，英国的这种负相关关系明显增强（相关系数增加至-0.37）。可见，随着金融市场显示比较优势越来越大，经常账户的逆差也不断扩大。

这一关系不仅对于逆差国成立，而且对于顺差国也不例外。图 6 绘出了德国的显示比较优势指标与经常账户盈余之间存在负相关关系。德国的制造业相对发展越快，经常账户的盈余也就越多。中国的情况略有例外，如图 7 所示，经常账户盈余与金融市场显示比较优势指标呈正相关关系。但是，这可能是一种伪相关关系。在过去 20 多年里，中国的金融深化使经济的货币化程度加深，但这并不意味着中国金融业的强大。

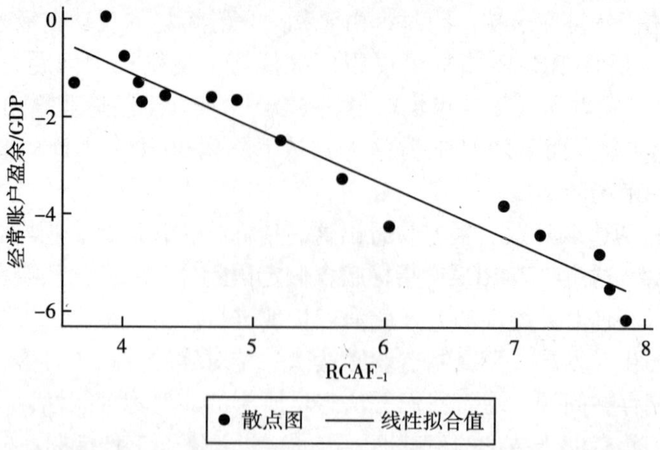

图 4　1990~2005 年美国的经常账户盈余率与 $RCAF_{-1}$ 之间的关系

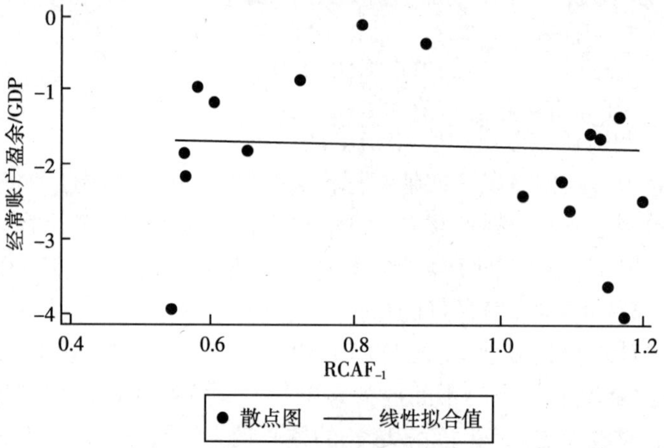

图 5　1990~2005 年英国的经常账户盈余率与 $RCAF_{-1}$ 之间的关系

尽管金融市场的相对比较优势决定着一国的经常账户的长期状态，但并不能排除经济增长率、人口结构、汇率低估等因素在短期内的影响。因此，我们将控制这些可能影响经常账户状态的因素，采用更加严格的计量经济分析研究金融市场相对比较优势的影响。

（二）面板数据研究

本文所选取的控制变量大部分取自 Penn World Table、世界发展 WDI 指标、IFS 数据库、Beck（2006）、Chinn 与 Prasad（2003）以及 Chinn 与 Ito（2007），这些文献广泛地考察了影响经常账户失衡的中长期经济因素，包括政府财政预算盈余率、人均实际收入（这里的人均实际收入都用 Penn World Table 中 RGDPCH 指标除以 10 计算）、人均经济增长率、人口抚养比、经济开放度、资本管制程度和金融深化程度（指标选取见附录 3）。Rodrik（2008）指出，一国的汇率低估与经常账户盈余之间存在着显著的统计关系。汇率

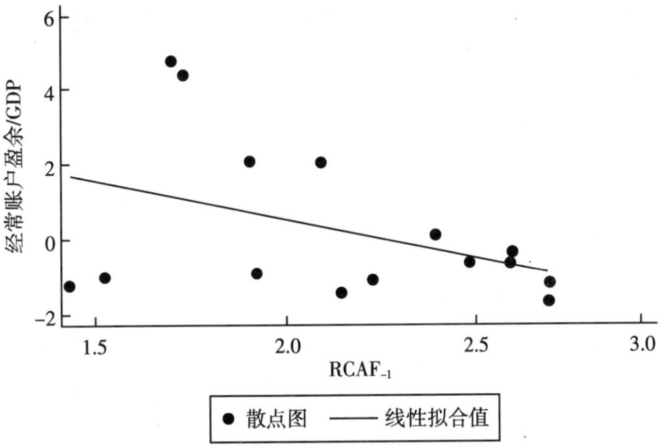

图 6　1990~2005 年德国的经常账户盈余率与 $RCAF_{-1}$ 之间的关系

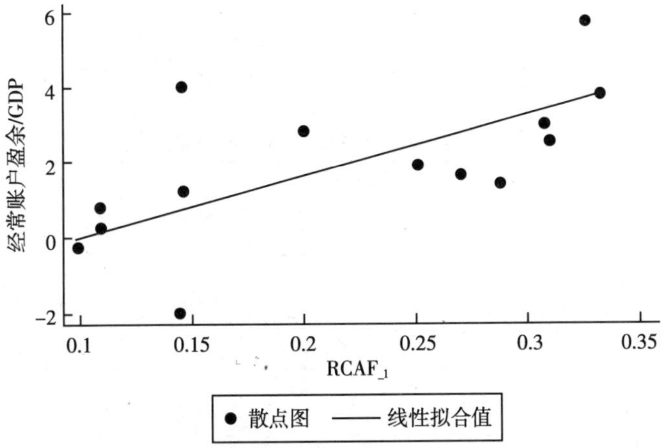

图 7　1990~2005 年中国的经常账户盈余率与 $RCAF_{-1}$ 之间的关系

低估指标是通过各国货币相对于美元的实际汇率对相对人均收入回归所得到的残差项，我们也将这一指标纳入控制变量。[①] 汇率制度本身可能是影响经常账户盈余的重要因素，许多政策制定者都指责经常账户盈余国所实施的固定汇率制度，所以我们将 Reinhart 和 Rogoff（2004）的汇率制度五分类指标也作为研究的控制变量。[②]

至此，我们得到 45 个国家 1990~2005 年的面板数据。为了估算国际分工新形态对经常账户状况的影响，我们对下列方程进行回归：

$$CAR_{it} = \alpha + \beta RCAF_{it}\ (\text{或者}\ \log(RCAF_{it})) + \delta X_{it} + f_i + f_t + u_{it} \tag{8}$$

其中，因变量 CAR_{it} 是 i 国在第 t 年经常项目盈余占当年 GDP 的比例，X 是一系列可

① 我们依照 Rodrik（2008）的研究，将汇率低估指标全部取对数，这样取值控制在（-4，5）之间，如果大于 0，则表示汇率低估；如果小于 0，则表示汇率被高估。

② 我们也曾经使用过 LYS 分类指标（Levy et al.，2005）作为控制变量，研究结果没有太大变化。

能影响经常账户状况的控制变量，f_i 和 f_t 分别是国家和时间虚拟变量。本文所关注的参数是 β，即金融市场—制造业显示比较优势指标对经常账户盈余率的影响。其中，分别考虑 $RCAF_{it}$ 和 log（$RCAF_{it}$）两种情况，以控制可能的非线性关系。

首先，考虑在不添加控制变量的情况下对 RCAF 系列指标进行回归。表 2 中给出了回归以后的参数 β 的系数，发现 16 个方程的回归系数全部为负数，其中 12 个显著。这与我们所预测的结果高度一致，即一国的国际分工越是有利于金融市场的发展，那么出现经常账户赤字也就越大。

表 2 不添加控制变量的回归结果

	$RCAF_1$	log（$RCAF_1$）	$RCAF_2$	log（$RCAF_2$）	$RCAF_3$	log（$RCAF_3$）	$RCAF_4$	log（$RCAF_4$）
固定效应	-0.769*** (0.164)	-0.956*** (0.292)	-2.541*** (0.877)	-1.069* (0.608)	-18.420*** (4.450)	-2.084*** (0.574)	-0.134*** (0.036)	-0.650** (0.298)
随机效应	-0.630*** (0.155)	-0.306 (0.232)	-0.544 (0.679)	-0.319 (0.500)	-5.856* (3.364)	-1.029** (0.470)	-0.098*** (0.033)	-0.089 (0.236)

注：*、**、*** 分别表示 90%、95%和 99%的置信度下显著，本文下面各表也都如此。

表 3 控制解释变量的回归结果——固定效应

	经常账户盈余/CDP							
	模型Ⅰ	模型Ⅱ	模型Ⅲ	模型Ⅳ	模型Ⅴ	模型Ⅵ	模型Ⅶ	模型Ⅷ
$RCAF_1$	0.762*** (0.227)							
log（$RCAF_1$）		-1.265*** (0.283)						
$RCAF_2$			-3.587*** (0.849)					
log（$RCAF_2$）				-2.331*** (0.567)				
$RCAF_3$					-18.660*** (4.478)			
log（$RCAF_3$）						-2.501*** (0.532)		
$RCAF_4$							-0.144*** (0.047)	
log（$RCAF_4$）								-1.151*** (0.290)
人均实际收入	-0.003** (0.000)	-0.003** (0.000)	-0.003** (0.000)	-0.006*** (0.000)	-0.003** (0.000)	-0.006*** (0.000)	-0.003** (0.000)	-0.004** (0.000)
财政预算盈余率	-0.021 (0.062)	0.029 (0.061)	0.031 (0.061)	0.014 (0.063)	0.023 (0.061)	0.008 (0.062)	0.020 (0.062)	0.033 (0.062)
人均经济增长率	-0.135*** (0.049)	-0.196*** (0.050)	-0.189*** (0.049)	-0.177*** (0.057)	-0.178*** (0.049)	-0.187*** (0.056)	-0.138*** (0.049)	-0.189*** (0.050)

续表

经常账户盈余/CDP								
	模型Ⅰ	模型Ⅱ	模型Ⅲ	模型Ⅳ	模型Ⅴ	模型Ⅵ	模型Ⅶ	模型Ⅷ
人口抚养比	0.022 (0.085)	-0.080 (0.085)	-0.066 (0.085)	-0.254*** (0.094)	-0.026 (0.084)	-0.243*** (0.092)	0.011 (0.085)	-0.079 (0.086)
经济开放度	0.033** (0.013)	0.039*** (0.013)	0.040*** (0.013)	0.054*** (0.014)	0.039*** (0.013)	0.052*** (0.014)	0.035** (0.014)	0.040*** (0.013)
汇率低估的对数	9.649*** (1.303)	10.470*** (1.289)	10.640*** (1.298)	9.996*** (1.406)	10.320*** (1.292)	9.500*** (1.395)	9.767*** (1.305)	10.650*** (1.304)
汇率制度 RR 分类	0.630*** (0.217)	0.432** (0.214)	0.453** (0.215)	0.399* (0.236)	0.472** (0.214)	0.388* (0.234)	0.630*** (0.218)	0.450** (0.215)
金融深化程度	0.922 (1.000)	-0.023 (0.909)	-0.040 (0.912)	-0.644 (0.916)	-0.041 (0.913)	-0.578 (0.909)	0.905 (1.016)	-0.085 (0.914)
资本管理程度	-0.340 (0.269)	-0.069 (0.270)	-0.113 (0.269)	-0.157 (0.295)	-0.187 (0.267)	-0.151 (0.293)	-0.343 (0.270)	-0.097 (0.271)
样本量	402	402	402	354	402	354	402	402
R^2	0.417	0.432	0.428	0.473	0.427	0.482	0.414	0.425

表 4 控制解释变量的回归结果——随机效应

经常账户盈余/CDP								
	模型Ⅰ	模型Ⅱ	模型Ⅲ	模型Ⅳ	模型Ⅴ	模型Ⅵ	模型Ⅶ	模型Ⅷ
$RCAF_1$	-0.713*** (0.205)							
log（$RCAF_1$）		-0.545** (0.253)						
$RCAF_2$			-1.392* (0.736)					
log（$RCAF_2$）				-1.115** (0.539)				
$RCAF_3$					-9.269*** (3.556)			
log（$RCAF_3$）						-1.450*** (0.508)		
$RCAF_4$							-0.110*** (0.041)	
log（$RCAF_4$）								-0.361 (0.254)
人均实际收入	0.003*** (0.001)	0.003*** (0.001)	0.003*** (0.001)	0.002* (0.001)	0.003*** (0.001)	0.002** (0.001)	0.003*** (0.001)	0.003*** (0.001)
财政预算盈余率	-0.039 (0.059)	-0.035 (0.059)	-0.035 (0.060)	-0.075 (0.062)	0.044 (0.059)	-0.081 (0.061)	-0.039 (0.059)	-0.031 (0.060)
人均经济增长率	-0.160*** (0.051)	-0.185*** (0.053)	-0.181*** (0.052)	0.176*** (0.059)	-0.182*** (0.052)	-0.187*** (0.059)	-0.162*** (0.052)	0.178*** (0.053)

续表

经常账户盈余/CDP								
	模型Ⅰ	模型Ⅱ	模型Ⅲ	模型Ⅳ	模型Ⅴ	模型Ⅵ	模型Ⅶ	模型Ⅷ
人口抚养比	−0.104* (0.054)	−0.159*** (0.056)	−0.153*** (0.055)	−0.270*** (0.076)	−0.146*** (0.054)	−0.277*** (0.074)	−0.113** (0.054)	−0.149*** (0.056)
经济开放度	0.021*** (0.006)	0.022*** (0.007)	0.023*** (0.006)	0.025*** (0.009)	0.025*** (0.006)	0.24*** (0.009)	0.21*** (0.007)	0.23*** (0.007)
汇率低估的对数	6.815*** (1.172)	7.152*** (1.184)	7.192*** (1.188)	8.166*** (1.357)	7.271*** (1.183)	7.912*** (1.352)	6.852*** (1.178)	7.071*** (1.187)
汇率制度 RR 分类	0.789*** (0.209)	0.700*** (0.211)	0.709*** (0.211)	0.627*** (0.234)	0.687*** (0.211)	0.610*** (0.233)	0.794*** (0.211)	0.719*** (0.211)
金融深化程度	0.376 (0.897)	−0.428 (0.862)	−0.443 (0.864)	−1.236 (0.905)	−0.411 (0.858)	−1.177 (0.900)	0.192 (0.909)	−0.491 (0.864)
资本管理程度	−0.125 (0.248)	0.005 (0.251)	−0.015 (0.251)	0.094 (0.287)	−0.035 (0.249)	0.106 (0.285)	−0.108 (0.249)	−0.019 (0.252)
样本量	402	402	402	354	402	354	402	402
R^2	0.380	0.380	0.380	0.430	0.380	0.440	0.370	0.380

表 5　添加控制变量后的回归结果——发达国家

	$RCAF_1$	log（$RCAF_1$）	$RCAF_2$	log（$RCAF_2$）	$RCAF_3$	log（$RCAF_3$）	$RCAF_4$	log（$RCAF_4$）
固定效应	−0.641*** (0.165)	−3.116*** (0.662)	−8.710*** (1.844)	−7.754*** (1.911)	−44.700*** (8.439)	−8.481*** (1.607)	−0.135*** (0.033)	−2.832*** (0.692)
随机效应	−0.810*** (0.151)	−0.168 (0.429)	−0.530 (1.123)	−0.807 (1.507)	−7.378 (5.406)	0.982 (1.102)	−0.140*** (0.028)	−0.003 (0.426)

表 6　添加控制变量后的回归结果——发展中国家

	$RCAF_1$	log（$RCAF_1$）	$RCAF_2$	log（$RCAF_2$）	$RCAF_3$	log（$RCAF_3$）	$RCAF_4$	log（$RCAF_4$）
固定效应	0.409 (1.169)	−0.552 (0.351)	−1.131 (1.082)	−1.621** (0.706)	−2.522 (5.950)	−1.640** (0.677)	0.112 (0.228)	−0.489 (0.364)
随机效应	−1.979*** (0.721)	−0.755*** (0.265)	−2.307*** (0.831)	−1.362** (0.611)	−9.485*** (3.643)	−1.501*** (0.566)	−0.347*** (0.149)	−0.664** (0.273)

现在，我们将控制变量放入回归中进行研究，参见表 3 和表 4。无论是选择固定效应模型还是随机效应模型，估计值的符号全部与预期相吻合，绝大多数高度显著，说明即便在控制其他所有可能的因素以后，国际分工也确实是导致全球失衡的原因。进一步，我们区分发达国家和发展中国家进行研究，见表 5 和表 6。在发达国家的 16 个估计值中，全部系数都为负，其中 10 个显著，这与之前的结论一致。而对于发展中国家，14 个系数都为负，其中 10 个显著。所以，无论在发展中国家还是发达国家的样本中，国际分工对于经常账户失衡的影响都十分明显。值得指出的是，系数 β 的绝对值在发达国家样本的估计中明显高于发展中国家，说明国际分工因素对于发达国家的经常账户失衡的影响高于发展中国家。

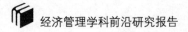

对于其他解释变量，经济增长率、经济开放程度、汇率低估程度和汇率制度 4 个指标最为显著。经济增长速度越慢、开放程度越低、汇率低估程度越高、越倾向采用浮动汇率制度，则越容易出现经常账户顺差。人均收入虽然显著，但是在固定效应与随机效应模型下的估计结果恰好相反，无法得出确切的关系。财政预算盈余率与经常账户顺差之间没有显著的关系，这与 BHLT（2005）的结果相似。人口抚养比的符号虽然和 Henriksen（2002）的判断吻合，但是结果不显著。考虑到人口抚养比与人均收入之间存在很强的相关性（Galor，2005），这可能是由于变量之间的共线性所致。我们尝试去掉人均收入指标回归，发现人口抚养比与经常账户之间的负向关系得到明显增强。同 Chinn 与 Ito（2007）的结论一致，金融深化指标、资本管制指标与经常账户之间并不存在明显的关系，这在一定程度上证实，影响经常账户盈亏的并非金融发展的绝对水平，而只是金融市场相对于制造业发展的相对水平，后者是长期国际分工的结果。

（三）稳健性检验

1. 内生性问题

长期看来，国际分工是相对外生的因素。但是，侧重短期分析的宏观经济学家也许会认为，长期的资本账户顺差使得大量资金流入国内，也会导致金融市场相对制造业的繁荣。如果这种判断正确，那么识别问题会使得上面的估计系数不一致。解决识别问题的最佳办法就是寻找工具变量。然而，这是一个相当困难的问题，因为几乎所有的宏观经济变量之间都存在着内生决定的关系。因此，国际经济学研究中常用的方法便是以滞后的解释变量作为工具，对因果关系加以论证。本文在计算 RCAF 时使用的私人债券市值数据是从 1990 年开始，寻找直接的滞后变量比较困难。所以，我们考虑用滞后的股票市场市值来计算滞后期的 RCAF。工具变量的计算方法如下：

$$RCAF_{iv} = \frac{\text{滞后期的股票市场年总市值占 GDP 的比重}}{\text{滞后期制造业年度增加值占 GDP 的比重}} \tag{9}$$

$RCAF_{iv}$ 衡量滞后期的股票市场相对制造业的发展程度，通过计算 1980~1989 年的股票市场年总市值数据和制造业年度增加值数据，可以计算出 10 个不同的 $RCAF_{iv}$。由于样本量有限，多个工具变量的 GMM 估计的结果可能并不好。所以，这里只采用其中的一个作为 IV。计算不同年份 $RCAF_{1,iv}$ 与 $RCAF_1$ 的相关系数，发现 1982 年 $RCAF_{1,iv}$ 与 $RCAF_1$ 的相关系数最高，达到 0.42，因此以此作为工具变量，① 然后进行两阶段回归，同时控制前文所述的所有控制变量。

第一阶段：$RCAF_{1,it} = \alpha' + \beta' RCAF_{1,iv,it} + \delta' X_{it} + u'_{it}$ (10)

第二阶段：$CAR_{it} = \alpha + \beta \overline{RCAF_{1,it}} + \delta X_{it} + f_i + f_t + u_{it}$ (11)

同样的方法，我们可以计算 $RCAF_2$、$RCAF_3$、$RCAF_4$ 相应的工具变量，然后进行两阶段估计。表 7 中的第二列到第五列给出了回归结果，第一阶段的系数高度显著，因此工具

① 作者也尝试选择 1982 年以外的滞后变量，绝大部分的研究结果都与正文的结论一致。

变量是有效的，第二阶段的回归结果中全部为负，其中三个显著。与没有使用工具变量的估计结果相比，估计系数 β 的绝对值明显增大，国际分工的效应更为明显。进一步，在第六列到第九列中，我们对 RCAF 系列指数取对数以后重新估计，以此控制非线性关系，结果也类似。

表 7　工具变量回归结果

	$RCAF_{1,iv}$	$RCAF_{2,iv}$	$RCAF_{3,iv}$	$RCAF_{4,iv}$	log（$RCAF_{1,iv}$）	log（$RCAF_{2,iv}$）	log（$RCAF_{3,iv}$）	log（$RCAF_{4,iv}$）
β	0.231*** (0.044)	0.539*** (0.101)	0.382*** (0.091)	0.184*** (0.058)	0.712*** (0.114)	0.673*** (0.151)	0.570*** (0.146)	0.672*** (0.112)
β′	−5.572* (3.368)	−4.836** (1.881)	−32.44** (14.370)	−1.219 (0.814)	−1.467*** (0.516)	−2.024 (1.262)	−1.869 (1.348)	−1.585*** (0.568)

当然，工具变量法只是一种技术性的解决办法。从发展经济学的角度来看，国际分工与经常账户失衡之间的反向因果关系并不明显，资本的流出或者流入更应该是国际分工新形态的结果而非原因。因此，内生性问题并不严重。

2. 稳健性检验之二：长期影响与单位根问题

对于长期现象的经验分析一般采用 3 年或者 5 年的平均数据分析，以剔除短期因素的影响。本文的基准回归采用年度数据，是因为国际分工新形势的变化在 20 世纪 80 年代末才出现较为明显的变化，而我们的数据也是从 1990 年开始，如果再进行多年的平均，样本量损失太大，不能满足估计的大样本要求。但是，这样做也带来两个潜在的问题。

第一，短期内国际资本流动迅速，国际分工指标的分子项可能出现快速变化。虽然采用私人债券市场能够在一定程度上削弱此问题，但也无法保证问题得以完全解决。因此，我们将数据进行 3 年和 5 年平均做估计，结果见表 8。[①] 在 3 年平均的情形下，系数 β 的符号和显著性支持我们的理论，只是绝对值有所下降，这说明短期因素确实会发生影响。在 5 年回归的情形下，符号仍然与预期一致，但是显著性稍微有所下降。尽管如此，国际分工与经常账户失衡之间负向关系还是非常明显的。

表 8　3 年和 5 年数据平均的固定效应回归结果（控制其他解释变量）

	$RCAF_1$	log（$RCAF_1$）	$RCAF_2$	log（$RCAF_2$）	$RCAF_3$	log（$RCAF_3$）	$RCAF_4$	log（$RCAF_4$）
3 年平均	−1.170*** (0.236)	−1.457** (0.603)	−4.315** (1.661)	−3.737*** (1.247)	−21.010*** (7.381)	−3.767*** (1.146)	−0.261*** (0.053)	−1.336** (0.617)
5 年平均	−0.911*** (0.324)	−1.356* (0.733)	−3.401* (2.000)	−5.876*** (1.794)	−11.889 (8.295)	−5.558*** (1.597)	−0.216*** (0.071)	−1.241 (0.753)

① 出于节省篇幅的考虑，下面的分析作者只列出固定效应模型估计的结果（随机效应模型的结论也没有太大变化）。

第二，有关单位根问题。Nelson 和 Plosser（1982）的研究曾经指出，在长期的经济增长过程中，许多宏观变量都存在单位根现象。由于本文的数据是非平衡面板数据（unbalanced panel data），很难对面板单位根进行直接检验。如果分别对不同国家的年度经常账户盈余率和国际分工指标运用 Dickey-Fuller 检验或者 Phillips-Perron 检验，绝大多数国家的变量都不能拒绝单位根原假设。但是，由于这两种检验的势非常低，本文的年度数据也仅有 16 个，很容易出现过分接受原假设的情形。因此，我们无法对是否存在单位根做出准确判断。此外，单位根假说意味着国际分工指标与经常账户盈余率服从随机游走过程，这一点既缺乏理论依据，也没有任何经验研究支持。出于稳健性考虑，我们仍然试图说明这一问题即便存在，也不会影响结论。所以，我们对（8）式进行一阶差分，考察下面的回归：

$$\Delta CAR_{it} = \alpha + \beta\Delta RCAF_{it} + \delta\Delta X_{it} + \Delta u_{it} \tag{12}$$

如果解释变量或者被解释变量是服从 I（1）过程，那么（12）式的所有变量都具有平稳性，回归的结果见表 9。在去掉可能的单位根效应以后，所有的系数符号与基本回归相同，而且符号的显著性非常高。所以，即便是变量存在单位根，也不会改变国际分工对全球失衡的影响。

表 9　一阶差分的回归结果（控制 X）

	$RCAF_1$	$RCAF_2$	$RCAF_3$	$RCAF_4$
解释变量不取对数	-0.691** (0.322)	-2.745** (1.358)	-12.010 (7.323)	-0.141** (0.067)
解释变量取对数	-0.970** (0.446)	-1.228* (0.641)	-1.325** (0.624)	-0.930** (0.458)

（四）另一种方式的考察

通过构造指标的方式来衡量国际分工效应，其优点在于可以定量地刻画国际分工对于全球失衡的效应，并将之与其他因素所产生的效应大小加以比较。但是，无论指标构造如何巧妙，仍然会存在可能的漏洞，不足以让读者信服。其中最引人争议的一个问题便是，RCAF 指标是否充分合理地体现了制造业与金融市场之间此消彼长关系。在此，我们将证明，即使暂时搁置分工指标，也能够证实国际分工效应对于全球失衡的影响。

国际分工效应引起的一个主要变化是：制造业的相对发达容易导致经常账户盈余，金融市场的相对发达容易导致经常账户赤字。所以，如果这一逻辑成立，当衡量金融市场与制造业发达程度的因素都被放在解释变量中，一定有前者的效应为负，后者的效应为正。用计量经济的术语来表达，在下面的回归中，一定有 $\alpha_1 < 0$，$\alpha_2 > 0$：

$$CAR_{it} = \alpha_0 + \alpha_1 \text{私人债权市值} + \alpha_2 \text{制造业增加值/GDP} + \delta X_{it} + f_i + f_t + u_{it} \tag{13}$$

这里，我们所关心的绝不仅仅是 α_1 的系数，更重要的是 α_2 的系数。任何国家的劳动和资本要素都是在金融行业与实体行业之间进行相互配置，此消则彼长。新形态下的国际分工理论所要讲述的是：影响全球失衡的是相对优势效应，而非绝对优势效应。所以，如果我们的结论成立，α_1 与 α_2 之间必然符号相反。

估计结果表明，$\alpha_1 = -0.04$，$\alpha_2 = 0.65$，分别在5%和1%的水平下显著，与我们的预测完全符合。进一步，当我们对私人债券市值占GDP的比重取对数重新回归，发现 $\alpha_1 = -0.89$，$\alpha_2 = 0.63$，二者在1%的水平下都显著，同时Wald检验在5%的显著性水平下无法拒绝 $\alpha_1 = -\alpha_2$，这恰好与前面的 $RCAF_4$ 指标相容。因此，$RCAF_4$ 可能是RCAF系列中最好的一个指标。最后，我们采用更为广义的金融市场总市值（包括股票市场、政府债券市场和私人债券市场的市值之和）衡量金融市场发展程度，替代上面模型中的私人债券市场市值，同时对其取对数，此时 $\alpha_1 = -1.52$，$\alpha_2 = 0.64$，在1%的水平下仍然显著。可见，制造业与金融市场的发展确实会对全球失衡产生相反的影响，这一点并不会受到指标的设计的影响。由于制造业与金融市场的发展是长期国际分工的结果，因此，国际分工是导致全球失衡的重要因素。

四、东亚经济或者美国霸权是否为全球失衡的根源

目前两种流行的观点认为，东亚经济体的高储蓄率和美元的霸权是导致全球失衡的重要原因。前者则认为，东亚经济体出口导向的发展模式获取大量的经常账户盈余，再加上东亚的高储蓄率，使得低储蓄率的英美各国出现经常账户逆差，从而诱发全球失衡。后者认为，美国为谋取自身利益，源源不断地向世界各国输出美元负债，在导致全球流动性泛滥的同时，也使得美国自身背上沉重的债务，最终酿成全球失衡。在这两种观点的影响下，许多学者认为，只要削弱美元霸权、重整国际货币体系或者改变东亚经济的发展模式，全球失衡就得以治愈。

但是根据本文的观点，金融市场和制造业的相对发展是长期国际分工的结果，想在短期内通过改变货币规则或者部分国家的发展模式就使失衡问题得到解决是不可能的。现在的问题在于，前面的回归中既包括了美元因素，也有东亚国家样本，结果很可能受到这两个因素的影响，从而存在偏误。所以，要想厘清国际分工的影响，就必须找到一个货币体系规则与东亚经济影响力都很小的样本。

为达到研究目的，我们利用1999年以后加入欧元区的12个国家样本，[①] 即奥地利、比利时、芬兰、法国、德国、希腊、爱尔兰、意大利、卢森堡、荷兰、葡萄牙和西班牙。由于这些国家都已经使用欧元作为统一结算货币，相互之间显然没有“货币霸权”问题，至少受美元因素的影响已经大大小于整体样本。同时，样本中显然不再包含东亚经济体。

---

① 因为希腊于2001年1月1日加入欧元区，所以希腊数据的起始点在2001年，其余国家的数据都从1999年开始。

所以，如果国际分工因素在这样一个样本中仍然成立，那么推广到全球范围，我们就必须重新审视那些问责东亚经济或者美国霸权的观点。

由于仅仅考察欧元区 12 国内部的外部失衡问题，出于数据可获取性，我们用贸易失衡代替经常账户失衡（贸易数据主要来自国际货币基金组织的 DOT 数据库）。通过观察数据，发现即便在这样一个欧元区的样本中，“区域失衡”仍然存在。例如，2004 年，在上述国家中，奥地利、法国都处在经常账户赤字状态，而德国有相当的经常账户盈余。进一步，我们发现在 1999~2005 年，上述所有国家的经常账户盈余率都没有随时间发生太大变化，所以这个小样本还有另一个优点，即有助于验证国际分工的横截面效应。

由于样本量非常有限，再加上欧元区国家具有类似的宏观经济状况和制度体系，且不存在任何汇率问题，经济增长率、通货膨胀率和财政状况相似、几乎没有欧元区内部的要素流动管制，所以在回归中不添加控制变量，[①] 结果如表 10 所示。在这样一个小样本回归中，RCAF 指标符号全部为负，而且系数绝大部分显著。这足以说明，国际分工因素能够显著地解释欧元区国家相互之间的“贸易失衡”问题。

表 10　欧元区样本的固定效应回归结果

	$RCAF_1$	$RCAF_2$	$RCAF_3$	$RCAF_4$
RCAF 不取对数	−0.001 (0.004)	−0.045** (0.019)	−0.177* (0.103)	−0.0001 (0.001)
RCAF 取对数	−0.017*** (0.006)	−0.059*** (0.017)	−0.050*** (0.013)	−0.017*** (0.006)

分析欧元区存在的主要问题可能就在于样本量太小，参数估计一致性的大样本假设难以得到满足。所以，另外一个简单的办法是，直接将东亚各国和美国从样本中剔除，利用其他国家的样本对（8）式进行回归。由于此时样本量大大增加，我们可以进一步控制所有的解释变量，结果见表 11。研究发现，RCAF 指标在没有美国和东亚经济体的样本中仍然符号为负且高度显著。所以，长期国际分工的变化对于全球失衡的影响是稳健的。

表 11　剔除美国与东亚样本的固定效应回归结果

	$RCAF_1$	$RCAF_2$	$RCAF_3$	$RCAF_4$
RCAF 不取对数	−0.571*** (0.190)	−3.400*** (0.700)	−22.380*** (4.356)	−0.127*** (0.0380)
RCAF 取对数	−1.169*** (0.227)	−0.869* (0.500)	−1.110** (0.482)	−1.115*** (0.233)

进一步，如果长期国际分工形态的变化是经济发展中不可避免的，那么东亚经济体选择出口导向型发展道路也是国际分工的结果，是内生决定的。虽然东亚经济体已经从这种

① 本文曾经尝试过在欧元区样本中添加控制变量，发现尽管国际分工指标仍然为负数，但是全部的解释变量都变得不显著。导致这些问题的原因，一方面是由于样本量太小，控制变量过多；另一方面是由于欧元区内各国执行统一的政策，控制变量的变异性太小。

分工中获得相当收益，在“全球馅饼”的分配上引起其他国家的不满，但是这种分工模式并不会因为东亚经济的改变而发生变化。即便没有了东亚经济的出口导向，也会有其他国家——可能是东南亚或者非洲国家取而代之，全球失衡也不会因此而消失。同样，美元霸权也是国际分工的另一个极端。在现有的分工模式下，美国获得极大利益，使之成为众矢之的。但是即便没有美国，也会有其他发达国家发展成为具有金融市场比较优势的国家，全球失衡仍然存在。我们要意识到现象背后的分工因素，后者才是导致全球失衡的真正原因。然而，也正是由于分工因素的长期性，才使得全球失衡变成一个难以解决的问题。

五、案例研究：中国的贸易盈余

中国的贸易顺差问题一直备受争议。本文认为这是由长期的国际分工趋势所决定。图8分别列出1990年以来美国、英国、德国、法国和日本对中国的净进口占其GDP的比重变化情况。从1990年开始，美国和英国相对中国的净出口就由正转负，在1998年以后下降速度进一步加快。相比之下，德国和法国相对中国的净出口虽然逐渐转为负数，但是下降趋势较缓慢，德国在2000年以后的一段时间还相对中国出现贸易顺差。日本在2000年以后对中国一直保持着微弱的净出口顺差。这与本文提出的国际分工解释是相容的，德国、法国和日本都是具有制造业比较优势的国家，所以相对中国的逆差不会如此严重；英国和美国是典型的具有金融市场比较优势的国家，恰好与中国处在不同的极端，因此贸易逆差整体趋于恶化。至于为什么在1998年以后英美两国的净出口赤字率的恶化趋势会出现跳跃，这其中当然不排除人民币汇率低估的原因。应该看到，同样是面对人民币汇率的低

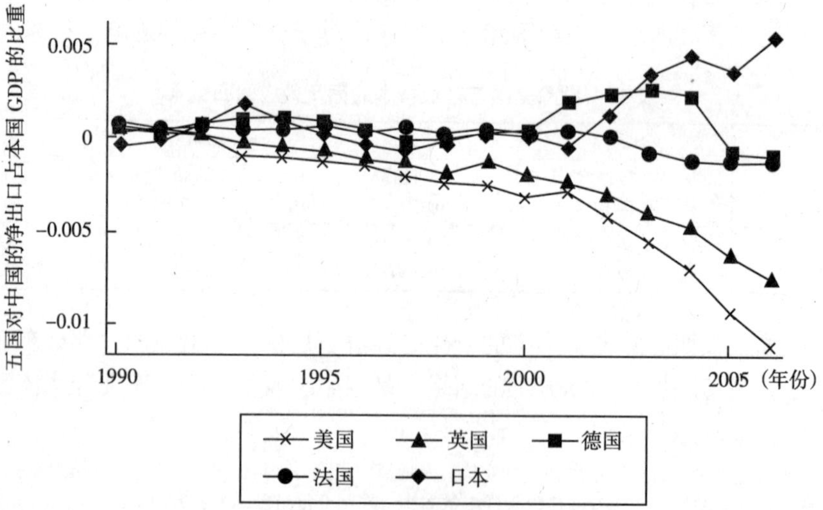

图8 美、英、德、法、日五国对中国的净口占本国GDP的比重（1991~2006年）

估，1998 年以后的德国和法国没有相对中国出现大幅度的贸易逆差。所以，汇率低估并不能完全解释出现的净出口缺口。

为定量考察，我们以中国为基准，定义其他各国相对于中国的金融市场显示比较优势指标：$\widetilde{RCAF} = \exp[\log(RCAF) - \log(RCAF_{CN})]$。通过前面的数据与国际货币基金组织 DOT 数据库，得到 36 个国家（包括主要发达国家与新兴市场国家）1990~2005 年的对华进出口数据，据此可以估计下面两个的计量模型：

$$\text{模型（1）} TSRC_{it} = \alpha + \beta_1\widetilde{RCAF_{1,it}} + \delta\widetilde{X_{it}} + f_i + f_t + u_{it} \tag{14}$$

$$\text{模型（2）} TSRC_{it} = \alpha + \beta_1\widetilde{RCAF_{1,it}} + \delta\widetilde{X_{it}} + f_i + f_t + u_{it} \tag{15}$$

其中，TSRC 代表各国相对中国的贸易盈余占各国 GDP 的比重（trade surplus relative to China）控制变量$\widetilde{X_{it}}$都换算成相对中国的变量，具体计算方式见附录 3。模型（1）和模型（2）的估计结果见表 12。

可以看出，国际分工因素能够显著地解释中国的对外贸易失衡。除此以外，经济开放度的系数也非常显著，但是人均收入、财政状况、汇率因素以及经济增长率的影响并不明显。为了进一步弄清国际分工因素在解释中国的贸易失衡上的重要性，我们将 RCAF 指标剔除以后重新做回归，发现回归的 R^2 大幅度下降，只有 0.04 左右。因此，中国之所以积累如此巨额的贸易顺差，与其所处的国际分工地位是密切相关的。

表 12　中国与各国净出口状况的回归结果

	各国对华净出口盈余/GDP							
	模型(1)	模型(2)	模型(1)	模型(2)	模型(1)	模型(2)	模型(1)	模型(2)
$RCAF_1$	−0.613*** (0.0912)	−0.685*** (0.194)						
$RCAF_2$			−1.686*** (0.295)	0.925*** (0.323)				
$RCAF_3$					−1.192*** (0.297)	−1.281*** (0.295)		
$RCAF_4$							0.002 (0.002)	−0.427*** (0.152)
人均收入	0.002* (0.001)	0.002* (0.001)	0.002 (0.001)	0.002* (0.001)	−0.001 (0.001)	0.002 (0.001)	0.002** (0.001)	0.002* (0.001)
财政预算盈余率	−0.029 (0.036)	0.018 (0.037)	−0.027 (0.039)	0.007 (0.040)	−0.024 (0.034)	0.005 (0.040)	0.033 (0.034)	0.029 (0.033)
人均经济增长率	−0.033 (0.030)	−0.059* (0.033)	−0.037 (0.036)	−0.044 (0.038)	−0.055* (0.032)	−0.056 (0.038)	−0.029 (0.028)	−0.047* (0.033)
人口抚养比	−0.095 (0.100)	−0.128 (0.107)	−0.055 (0.120)	−0.069 (0.124)	−0.010 (0.105)	−0.099 (0.122)	−0.040 (0.094)	0.114 (0.100)
经济开放度	−0.055*** (0.010)	−0.056*** (0.010)	−0.050*** (0.011)	−0.059*** (0.011)	−0.032*** (0.010)	−0.057*** (0.011)	−0.042*** (0.008)	−0.037*** (0.008)
汇率低估的对数	0.022 (0.806)	0.813 (0.834)	−0.072 (0.900)	0.837 (0.921)	−1.067 (0.805)	0.515 (0.914)	0.766 (0.745)	0.748 (0.736)

续表

	各国对华净出口盈余/GDP							
	模型(1)	模型(2)	模型(1)	模型(2)	模型(1)	模型(2)	模型(1)	模型(2)
汇率制度 RR 分类	0.237* (0.131)	0.073 (0.135)	0.213 (0.148)	0.084 (0.153)	0.220* (0.131)	0.074 (0.151)	0.081 (0.123)	0.060 (0.121)
金融深化程度	0.408 (0.535)	0.192 (0.563)	0.010 (0.570)	0.024 (0.596)	0.190 (0.506)	0.113 (0.589)	−0.013 (0.523)	0.112 (0.520)
资本管制程度	−0.232 (0.161)	−0.085 (0.169)	−0.269 (0.189)	−0.132 (0.195)	−0.310* (0.167)	−0.130 (0.193)	−0.185 (0.143)	−0.138 (0.143)
样本量	355	355	318	318	318	318	399	399
R^2	0.264	0.187	0.256	0.189	0.414	0.212	0.124	0.142

六、结论

国际分工的形态在"二战"结束后发生了新的变化。一方面，以美国、英国为首的部分发达国家逐渐形成以金融服务为比较优势的经济结构，长期吸引资本的流入；另一方面，以德国、日本和中国为首的后起之国则形成以制造业为比较优势的经济结构，能够创造远远超过自身消费能力的财富。这种新形态的国际分工，造成了当前的全球失衡问题。

本文的发现对于经济理论和实践都有重大的意义。第一，全球失衡是一个长期问题，虽然孕育着风险和矛盾，但也应该认识其合理性。这种失衡，不可能通过价格水平的自我调整或者短期政策一劳永逸地解决。第二，全球失衡和美元的主导地位可能无关，即使盈余国用自己的主权货币作为国际贸易的结算货币，它们也会把经常账户的盈余转化为美元资产，购买美国的金融服务。第三，解决中国的失衡问题，不仅要关注消费的增加，而且要关注国内金融体系的建设。增强中国金融业的效率可以提高国内资金的利用率，减少国际收支盈余。

附录1 一个简单的理论模型

这里，我们利用一个拓展的李嘉图模型，对正文中的理论进行严格论证。假定经济中只存在一种要素 L（如劳动、资本或者体制性因素等），它可以被用于生产金融产品 F 或者制造业产品 M。所有国家的消费者都是同质的，具有 Cobb-Douglas 效用函数：

$$U(c_F,\ c_A) = c_F^{\alpha} c_M^{1-\alpha}$$

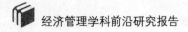

这里，α 可以被理解为消费者对两期不同产品的时间偏好因子。事实上，这一设定是

两期一般均衡模型中消费者行为设定的简化，在金融文献中经常出现，例如，Do 和 Levchenko（2007），α 越大，消费者越偏好储蓄行为从而将资金投入金融产品。将制造业产品的价格 P_M 标准化为 1，那么金融产品的相对价格为：

$$p_F = \frac{\alpha}{1-\alpha}\frac{c_M}{c_F}$$

假定一国的总人数为 L，生产者均匀分布在［0，L］的区间上，其中［0，ηL］的部分生产金融产品，［(1 - η)L，L］的部分生产制造业产品。如果制造业厂商能够获得 1 单位的在资本融通，将会采用线性函数进行生产最终品 M。此时，1 单位劳动 L 可以生产 R_M 单位产品 M，R_M 是制造业部门的劳动生产率。也就是说，制造业品的生产函数如下：

$$y_M = \begin{cases} R_M & \text{if } K = 1 \\ 0 & \text{if } K = 0 \end{cases}$$

当制造业部门获得融资并开始生产以后，边际收益等于边际成本，因此 $p_M R_M = w$。进一步，假定 $w = 1$，有 $R_M = 1$。

金融部门同样采取线性生产函数，1 单位劳动可以生产 1 单位的资本，即 $K = L$。但是，金融家必须将资本借给制造业生产者或者从事高风险博弈（如投资房地产、股票等资产）。如果投资者的投资成功，他将获得 R_F 的回报率，否则将会损失掉这 1 单位资本。进一步，制造业厂商的生产是安全的，因此如果金融家将资金借给制造业生产者，将不存在任何风险，项目一定成功；但是，如果金融家从事高风险博弈活动，项目的成功概率只有 μ。因此，如果 $\eta < 1/2$，即金融资本供给量小于制造业的金融资本需求量，金融部门将会把全部的资本都借给制造业生产者；反之，若 $\eta \geq 1/2$，将会有 $2\eta - 1$ 的资本用于高风险博弈。因此，在金融资本供给过剩（流动性过剩）的时候，金融家的期望回报率是 $R_F[1-\gamma(\eta)]$，其中 $\gamma(\eta) = \mu(2\eta - 1)$ 是金融家此时遭遇清算的概率。在利润最大化的时候，边际收益等于边际成本意味着：如果 $\eta < 1/2$，$p_F R_F = w = 1$：如果 $\eta \geq 1/2$，$p_F R_F[1-\gamma(\eta)] = w = 1$。为了进一步简化计算，标准化 $R_M = 1$，于是两部门的相对生产率 $R = R_F/R_M = R_F$。

总结起来，一国的生产函数可以表示为（1）如果 $\eta < 1/2$，$Y_M = \eta L$，$Y_F = R\eta L$；（2）如果 $\eta \geq 1/2$，$Y_M = (1-\eta)L$，$Y_F = R[1-\gamma(\eta)]\eta L$。

现在考虑南方和北方两个国家的贸易，两个国家的消费者效用函数同质，两国分别拥有 L^S 和 L^N 的要素，相对生产率分别为 R^S 和 R^N，因此 $A = R^N/R^S$ 衡量北方的金融比较优势。下面，分三类情况讨论。

情况 1：$\eta^N < 1/2$，$\eta^S < 1/2$

由于两国都不存在金融资本即流动性过剩的情况，$p_F R^N = p_F R^S = 1$，因此 $R^N = R^S$。国际贸易后的金融产品与制造业产品的相对价格是：

$$p_F = \frac{\alpha}{1-\alpha}\frac{c_M}{c_F} = \frac{\alpha}{1-\alpha}\frac{Y_M^W}{Y_F^W} = \frac{\alpha}{1-\alpha}\frac{\eta^N L^N + \eta^S L^S}{R^N\eta^N L^N + R^S\eta^S L^S} = \frac{\alpha}{1-\alpha}\frac{1}{R}$$

可以看出，在这种情况下，参加国际贸易以后的相对价格与不参加国际贸易的相对价格相同。即便对外开放，各国也不会进行相互贸易，所以金融比较优势不会影响到均衡产量。

情况 2： $\eta^N \geqslant 1/2$，$\eta^S < 1/2$

北方国家存在流动性过剩，南方国家则是流动性不足，此时均衡条件变化为：

$$\frac{\alpha}{1-\alpha}\frac{(1-\eta^N)L^N+\eta^S L^S}{R^N[1-\gamma(\eta^N)]\eta^N L^N+R^S\eta^S L^S}=\frac{1}{R^N[1-\gamma(\eta^N)]}=\frac{1}{R^S}$$

很容易即可证明：$\frac{\partial\eta^N}{\partial A}>0$，$\frac{\partial\eta^S}{\partial A}\begin{cases}>0 \text{ if } \alpha<1/2\\<0 \text{ if } \alpha>1/2\end{cases}$。进一步，南方国家的贸易盈余（即北方国家的贸易逆差）由下式刻画：$\text{Trade Balance}=Y_M^S-C_M^S=(1-\alpha)Y_M^S-\alpha p_F Y_F^S$

经过简单的运算，可以得到：①如果 $\alpha<\frac{(L^N)^2+4\eta^S L^S L^N+4(\eta^S L^S)^2}{2(L^N)^2+8\eta^S L^S L^N+10(\eta^S L^S)^2}$ 或者 $\alpha>1/2$，有 $\frac{\partial \text{Trade Balance}}{\partial A}>0$；②如果 $\frac{(L^N)^2+4\eta^S L^S L^N+4(\eta^S L^S)^2}{2(L^N)^2+8\eta^S L^S L^N+10(\eta^S L^S)^2}\leqslant\alpha\leqslant\frac{1}{2}$，有 $\frac{\partial \text{Trade Balance}}{\partial A}\leqslant 0$。所以，在绝大多数情况下，北方国家的比较优势增加都会带来南方国家贸易余额增加，即北方国家的贸易余额减少。

情况 3： $\eta^N \geqslant 1/2$，$\eta^S \geqslant 1/2$

南方国家和北方国家都存在流动性过剩，此时均衡条件变成：

$$\frac{\alpha}{1-\alpha}\frac{(1-\eta^N)L^N+(1-\eta^S)L^S}{R^N[1-\gamma(\eta^N)]\eta^N L^N+R^S[1-\gamma(\eta^S)]\eta^S L^S}=\frac{1}{R^N[1-\gamma(\eta^N)]}=\frac{1}{R^S[1-\gamma(\eta^S)]}$$

可以证明，这种情况南方国家的贸易余额一定满足 $\frac{\partial \text{Trade Balance}}{\partial A}>0$。

综上三种情况所述，我们得到如下的定理：

定理： 在世界只存在南方国家和北方国家的两国贸易模型中，①如果两个国家都不存在流动性过剩，金融比较优势不会影响全球失衡的变化；②如果两个国家中只有一个国家存在流动性过剩，那么在绝大多数情况下（如果 $\alpha<\frac{(L^N)^2+4\eta^S L^S L^N+4(\eta^S L^S)^2}{2(L^N)^2+8\eta^S L^S L^N+10(\eta^S L^S)^2}$ 或者 $\alpha>1/2$），金融比较优势的增加都会导致贸易余额的下降；③如果两个国家都存在流动性过剩，金融比较优势增加一定会带来贸易余额的减少。

由于在现实生活中，流动性过剩已经成为常态，以美国为首的发达国家的金融业发展早已脱离实体经济的需求。所以，金融比较优势是当代社会全球失衡出现的重要原因。

附录 2　金融机构还是金融市场

在正文的研究中，我们一直强调金融市场的比较优势作用，而不是如 Caballero 等（2009）一样强调整个金融系统的作用。在此我们将对这一点进行详细的说明和验证。

随着经济发展模式的分化，具有制造业比较优势的国家的企业往往都习惯依赖本国银行系统进行融资，国际金融市场相对不发达。这些国家，即便是需要进行国际资本投资或者海外融资，一般也会选择那些高度发达的国际金融市场。例如，德国和日本都是典型的主银行制度国家，它们的银行系统非常发达，但是它们本国的国际金融市场的活跃程度（相对制造业的发达程度）则不如英美。与之相对应，英美的金融市场十分发达，能够吸引大量资金流入本国，所以大多数企业在筹资时都会首选这些国际金融市场，或者直接进入市场，或者通过金融中介参加金融市场，银行中介的能量相应被削弱。换句话说，资本在全球范围内的配置——表现为资本的流入与流出——几乎绝大部分是通过国际金融市场完成，纯粹的银行中介在全球资本配置中的作用相对弱了许多。所以，真正参与新形态国际分工的是金融市场而非银行中介，在定义国际分工指标中也应该选择金融市场作为分子。

现在，我们通过计量分析对国际分工与金融结构之间的关系进行检验。考虑使用经常账户盈余率对 Demirguc-Kunt 和 Levine（2004）所定义的金融结构（financial structure）——金融市场总市值除以银行存款余额进行回归，结果如下：

$$CAR_{it} = -\underset{(0.61)}{1.21} - \beta \underset{(0.24)}{FS_{it'}} + f_i + f_t + u_{it}$$

其中，FS 代表金融结构，其值越大，则一个国家更偏向市场主导型。估计结果显示，金融市场相对于金融中介越发达，即一国越偏向市场主导型的金融结构，经常账户出现赤字的可能性也就越高。也就是说，资金通过金融市场在国际间流动才是引发全球失衡的根源。所以，在定义全球失衡时，选择金融市场指标具有合理性。注意，根据本文的分析逻辑，一国的金融结构本身也是长期国际分工的结果，不具有严格外生的特点。所以，这里的回归结果只是表明金融结构与全球失衡之间存在负相关的关系，不代表作者认为二者之间有任何因果关联。①

附录 3　变量的选取及计算

本文计算 RCAF 指标时，使用的金融市场数据、私人债券市场数据、政府债券市场数据来自 Beck（2006），制造业增加值指标来自最新的 WDI 数据库。

文中被解释变量、各项控制变量指标及相关的数据出处如下：

经常账户盈余率选自 WDI 数据库政府财政盈余率，选自 WDI 数据库；人均收入选自 Penn Table 6.2 数据库中的 RGDPCH 指标；人均经济增长率选自 Penn Table 6.2 数据库中的 GRGDPCH 指标；人口抚养比例选自 WDI 数据库；经济开放度选自 Penn Table 6.2 数据库中的 OPENK 指标；资本管制程度选自 Chinn 和 Ito（2007）的数据库；金融深化指标选

① 从技术上讲，没有控制国际分工因素可能会导致估计结果的不一致。但是，本文也曾经尝试添加控制国际分工指标 $RCAF_1$，FS 前面的系数符号仍然没有发生改变。

自 Chinn 和 Ito（2007）的数据库；汇率制度选自 Reinhart 和 Rogoff（2004）的数据库；汇率低估指标计算方法参见 Rodrik（2008）的第一个低估指标，即实际汇率按照 PPP 指数折算。

解释中国贸易盈余的时候，国际分工指标换算为相对指标，计算方法见正文。与此同时，其他解释变量也需要换算为相对于中国的指标，具体计算方式如下：

相对人均收入 = 其他国家人均收入 - 中国的人均收入；相对预算盈余差异 = 其他国家政府盈余率 - 中国政府预算盈余率；相对经济增长率 = 其他国家经济增长率- 中国经济增长率；相对人口抚养比 = 其他国家人口抚养比 - 中国人口抚养比；相对经济开放程度 = 其他国家经济开放度 - 中国经济开放度；相对汇率低估程度 = 其他国家相对于美国的汇率低估程度 - 中国相对于美国的汇率低估程度；相对汇率制度差异 = 其他国家汇率制度指标 - 中国汇率制度指标。

参考文献：

[1] 中国经济增长与宏观稳定课题组：《全球失衡、金融危机与中国经济的复苏》，《经济研究》2009 年第 5 期。

[2] 祝丹涛：《金融体系效率的国别差异和全球经济失衡》，《金融研究》2008 年第 8期。

[3] Backus, D., Henriksen, E., Lambert, F. "Current Account Fact and Fiction." Unpublished manuscript, New York University, 2005.

[4] Beck, T., Demirgüç, C. C., Kunt, A., Levine, R. A New Database on Financial Development and Structure (1960~2005). World Bank, Revised September, 2006, 25.

[5] Caballero, R. J., Farhi E., Gourinchas, P. O. "An Equilibrium Model of 'Global Imbalances' and Low Interest Rates." American Economic Review, 2008, 98 (1): 358-393.

[6] Chinn, M. D., Ito, H. "Current Account Balances Financial Development and Institutions: Assaying the World 'Saving Glut'." Journal of International Money and Finance, 2007, 26 (4): 546-569.

[7] Chinn, M. D, Prasad, E. S. "Medium-term Determinants of Current Accounts in Industrial and Developing Countries: An Empirical Exploration." Journal of International Economics, 2003, 59 (1): 47-76.

[8] Cochrane, John. "How Big Is the Unit Root Component of GNP?" Journal of Political Economy, 1988, 96: 893-920.

[9] Demirgüç-Kunt, A., Levine, R. Financial Structure and Economic Growth: A Cross-country Comparison of Banks, Markets, and Development. The MIT Press, 2004.

[10] Do, Q. T., Levchenko, A. A. "Comparative Advantage, Demand for External Finance, and Financial Development." Journal of Financial Economics, 2007, 86 (3): 796-834.

[11] Engel C. "Accounting for US Real Exchange Rate Changes." Journal of Political Economy, 1999, 107(3): 507-538.

[12] Engel C. "Real Exchange Rates and Relative Prices: An Empirical Investigation." Journal of Monetary Economics, 1993, 32 (1): 35-50.

[13] French, K. R., Poterba, J. M. "Investor Diversification and International Equity Markets." The American Economic Review, 1991, 81 (2): 222-226.

[14] Galor, O. "From Stagnation to Growth: Unified Growth Theory." Handbook of Economic Growth, 2005, Edition 1: 171-293.

[15] Henriksen, E. R. "A Demographic Explanation of US and Japanese Current Account Behavior." Unpublished manuscript, Carnegie Mellon University, 2002.

[16] La Porta, R. Lopez-de-Silanes; Shleifer, F., Vishny, A. "Law and Finance." Journal of Political Economy, 1998, 106 (6): 1113-1155.

[17] Levy-Yeyati, E., Sturzenegger, F. "Classifying Exchange Rate Regines: Deeds vs. Words." European Economic Review, 2005, 49 (6): 1603-1635.

[18] Mendoza, E. G., Quadrini V., Rios-Rull J. V. "Financial Integration, Financial Development, and Global Imbalances." Journal of Political Economy, 2009, 117 (3): 371-416.

[19] Nelson, C. R., Plosser, C. R. "Trends and Random Walks in Macroeconmic Time Series: Some Evidence and Implications." Journal of Monetary Economics, 1982, 10 (2): 139-162.

[20] Reinhart C. M., Rogoff, K. S. "The Modern History of Exchange Rate Arrangements: A Reinterpretation." Quarterly Journal of Economics, 2004, 119 (1): 1- 48.

[21] Rodrik, D. "The Real Exchange Rate and Economic Growth: Theory and Evidence." Unpublished manuscript, Harvard University, 2008.

[22] Willen, P. "Incomplete Markets and Trade." Working paper, Federal Reserve Bank of Boston, 2004.

（截稿：2009 年 12 月　责任编辑：宋志刚）

次贷危机、市场风险与股市间相依性*

吴吉林　张二华

【摘　要】本文运用机制转换动态copula方法，研究了次贷危机中以沪市为代表的内地股市与美、日、港股间的相依性结构变化，并以这种变化作为判断两市场间是否发生感染的标志。研究发现次贷危机中沪市与日、港股间的相依性上升，呈现一定的感染；而沪市与美股间的相依性反而下降，未出现感染。另外，尾部相依性显示危机事件发生时，美、日股市特别是港股对内地股市的大风险溢出效应还是存在的。因此，监管部门要时刻注意股市风险，并采取有效措施，降低次贷危机的感染效应向中国股市的传递。

【关键词】次贷危机；机制转换；copula函数；相依性；感染性

一、引言

股市间的相依性（dependence）在资本风险管理中发挥着重要作用。① 当股票市场完全分割时，风险不可能在各个市场间传递，从而避免了来自外界的冲击，这就是中国幸免于1997~1998年亚洲金融危机的主要原因（洪永淼等，2004）。而当股票市场间存在较强的相依性时，风险会在各个市场溢出，在经济动荡或危机期间，股市间的相依性将表现得更加紧密（Baig和Goldfajn，1999）。Forbes和Rigobon（2002）将危机期间，一国或几国的金融市场受到同一冲击而引起的这些国家金融市场间相依性的加强定义为“感染”。如果危机可以感染，那么股市间的风险溢出将加大，某一股市崩盘引起其他股市崩盘的概率将上升。这在一定程度上解释了金融事件的爆发，如“1987年美国股市崩盘”、“1994年比索

---

* 吴吉林：厦门大学王亚南经济研究院，361005，电子信箱：rain forest1061@ gmail. com；张二华：上海财经大学经济学院，200439，电子信箱：zhangerhuae@ 163. com。

① 与Patton（2006）定义相似，本文使用相依性（dependence）来区别相关性（correlation），前者包括变量间任何的线性和非线性关系，而后者仅指变量间的线性关系。

危机”和“1997 年亚洲金融危机”等为什么会引起局域性或全球性连锁反应。目前在次贷危机背景下研究中国股市与国际股市间的相依性，对中国金融市场的风险控制、金融监管以及防止灾难性金融事件的发生和蔓延具有重要意义。

国际股市间存在较强的相依性的事实已被普遍接受（King and Wadhwani，1990；Longin and Solnik，1995）。目前对股市间相依性研究的主要方法包括以下几类：第一类为相关系数检验法。King 和 Wadhwani（1990）通过比较 1987 年美国股市崩盘前后相依性水平的变化发现，该次危机后欧美股市间的联动关系加强。第二类是以 GARCH 为框架的多元模型。Longin 和 Solnik（1995）考察了 1950~1990 年国际主要股市间的相关性水平变化，发现在经济动荡时期，股市间的相依性水平有增强趋势；Bera 和 Kim（1996）的研究结果拒绝了美国股市与其他主要国家股市间的相依性为常数的假设。第三类是以 VAR 方法为基础的协整和格兰杰因果检验。Blackman 等（1994）发现 20 世纪 70 年代国际主要股市间的协整关系不明显，而 80 年代由于通讯科技和金融管制的放松，国际主要股市间存在明显的长期运动关系。第四类是机制转换模型。Chesney 和 Jondeau（2001）、Ang 和 Bekaert（2002）以欧美主要发达国家股市为研究对象，构建了两机制的马尔可夫转换模型，发现股市间的相依性存在非对称性，并且熊市下的相依水平明显高于牛市。

洪永淼等（2004）使用风险格兰杰方法考察了 1994 年 1 月至 2003 年 4 月国内 A 股、B 股以及 H 股和世界主要股市间的极端风险溢出效应，发现 B 股、H 股与世界其他股市间存在着显著的风险溢出效应；而 A 股虽然与韩国、新加坡股市间存在着风险溢出效应，但与日本、美国和德国等股市间不存在任何风险溢出。韩非和肖辉（2005）用 GARCH 模型研究了上证 A 股和标准普尔 500 从 2001 年 1 月到 2004 年 12 月的日度数据，发现美国股市对中国股市影响较弱，两者间几乎不存在相关性。与此形成鲜明对比的是，刘振亚（2006）用 1992~2004 年的日、周和月数据，对中美股市进行了协整检验发现纽约股市对沪、深 A 股存在普遍影响。笔者认为，以上研究结果出现分歧的可能原因在于计量方法的选取，协整分析、格兰杰检验和以 GARCH 为基础的多元相关性模型主要是检验参数的平稳性，如果样本数据中存在非线性和条件异方差，或者样本数据呈现非正态、尖峰、厚尾等性质，这些方法的检验结果则可能出现偏差。另外，上述有关中国股市与其他股市间关系的研究均采用了 2005 年前的数据，2005 年后中国金融市场出现较大变化，特别是 2005 年 4 月底的股权分置改革、2005 年 7 月下旬的汇率改革和近几年的银行业改革推进了中国金融市场的国际化进程，国内股市和国际股市的联系也越发紧密。例如，2007 年中国股市“2·27 事件”引发了世界股市大范围的暴跌，2008 年 1 月 22 日和 2009 年 3 月 3 日美国股市的暴跌又引发了中国股市的大跌。这些迹象表明中国股市已不再是个独立的市场。

鉴于以上分析，本文将考察 2005 年后特别是次贷危机中内地股市与美、日、港股间的相依性结构变化和感染。以内地股市与美、日、港股为代表的国际股市间的相依性为研究对象，主要是基于以下几方面的考虑：首先，香港作为中国特别行政区与内地经济联系密切，并在很大程度上受中央经济政策影响，许多公司在内地和香港交叉上市，这些现实情况使得内地股市与港股之间必然存在密切联系。而港股的市场化和国际化程度远高于内地股市，内地股市与世界股市间风险的相互溢出效应在一定程度上可能是通过港股的传递而实现的。其次，日本作为世界第二大经济体，拥有第二大股票市场，由于与中国区域位置的接近以及密切的经贸往来和政治文化的相似性而被紧密地联系在一起，从而使得日本股市与中国股市也紧密相连。更为重要的是，日本股市是亚洲重要的金融市场，研究中国股市与日本股市间的相依性有助于把握次贷危机下中国股市与亚洲股市间的金融风险与感染。最后，美国的世界经济中心地位使得其股市也在国际金融市场中扮演着重要角色，对其他股市存在普遍影响，特别是此次危机是从美国开始并逐渐演变成全球性金融风暴的，因此，研究中国股市与美股间的相依性，特别是危机前后相依性结构变化的重要意义不言而喻。需要特别说明的是，以伦敦为代表的欧洲市场虽然是构成国际市场的重要组成部分，但鉴于其同美国市场有着较高的相依性水平（Bartram et al.，2007），而且，无论从实体经济关联性还是从国内投资者对欧洲股市关注程度的角度来看，欧洲市场对国内市场的影响要显著小于美国市场。在将美国市场作为欧美乃至国际市场代表的情况下，为了不至于使研究对象过于分散，我们没有专门就欧洲市场与中国市场间的相依性展开分析。另外，由于新加坡、韩国等其他亚洲市场的规模相对较小，其自身受欧美以及日本市场的影响较大，中国投资者对其关注程度也较小，所以在将日本和香港市场作为亚洲市场代表的情况下，我们没有对新加坡、韩国等亚洲其他市场进行研究。

在研究方法上，本文主要使用机制转换动态 copula 方法来检验次贷危机前后中国股市与美、日、港股市间的相依性结构变化。与前述四类主要研究方法相比，机制转换动态 copula 方法不仅能克服由于样本数据中存在的非正态、尖峰、厚尾以及非线性和条件异方差所导致分析结果可能出现的偏差，而且该方法可以同时刻画变量间任何的线性和非线性关系，还能自动搜索危机期间的结构变化时点，从而克服了人为设置股市相依结构变化分界点而造成估计结果的偏差，故而使得分析结果具有较强的稳健性。

二、机制转换动态 copula 的理论基础与方法

copula 是指把多元随机变量的联合分布与其一维边际分布联系起来的函数。由 Sklar 定理可知：任何的多元联合分布都可分解成边际分布和包含相依结构的 copula 函数，并可以根据待研究数据的具体性质来灵活选择边际分布和 copula 函数形式，从而生成更复杂的非高斯联合分布。这有助于研究金融数据的非正态、尖峰、厚尾性。[①] 机制转换动态 copula 是在 copula 函数的基础上引入机制转换。假设 $Y_t=(y_{1,t}, y_{2,t})$ 为两序列的矢量随机过程，依据 Hamilton（1989）的方法，其当前的机制状态由两潜变量 $s_t=0$，1 决定，不失一般性，设 s_t 的过渡概率为常数并遵循一阶马尔可夫链过程：$Pr(s_t=j|s_{t-1}=i)=p_{ij}$。在我们的模型

① 有关 copula 方法的具体介绍可参阅 Nelsen（1999）。

中，机制状态只影响 copula 函数的相依结构，而对边际分布不产生影响。因此在状态 j 下，两状态机制转换的条件密度函数可表示为：

$$f(Y_t|I_{t-1},\ s_t=j)=c^j(F_1(y_{1,t}),\ F_2(y_{2,t})|I_{t-1};\ \theta_c^j)\prod_{i=1}^{2}f_i(y_{i,t}|y_i^{t-1};\ \theta_{m,i}),\ j=0,\ 1 \tag{1}$$

其中，I_{t-1} 为 $\{Y_{1,t-1},\ Y_{2,t-1},\ Y_{1,t-2},\ Y_{2,t-2},\ \cdots\}$ 上的 σ 信息集，$y_i^{t-1}=(y_{i,1},\ \cdots,\ y_{i,t-1})$，$t=1,\ 2,\ \cdots,\ T$。$c^j(\cdot)$ 为状态 j 下，参数为 θ_c^j 的 copula 密度函数，$f_i(\cdot)$ 是 $y_{i,t}$ 的边际密度函数，其参数为 $\theta_{m,i}$，而 $F_i(\cdot)$ 为相对应的分布函数。从（1）式可以发现，状态 j 下的条件概率密度函数完全由边际密度函数 $f_i(\cdot)$ 和 copula 密度函数 $c^j(\cdot)$ 决定。

（一）边际分布函数的设定

为了保证机制转换动态 copula 方法估计结果的大样本性质，数据须满足独立同分布要求。但多数金融数据存在自相关及条件异方差，甚至还具有尖峰、厚尾等性质，因此，本文首先使用 ARMA(p，q) − GJR(1，1) 模型对原始收益率 $r_{i,t}$ 进行过滤，并假设误差形式为 Hansen（1994）的 skewed−t 分布：①

$$r_{i,t}=c_i+\sum_{j=1}^{p}\alpha_{i,j}r_{i,t-j}+\sum_{j=1}^{q}\beta_{i,j}\varepsilon_{i,t-j}+\varepsilon_{i,t}\quad i=1,\ 2 \tag{2}$$

$$h_{i,t}=\omega_i+\phi_i\varepsilon_{i,t-1}^2+\delta_i I[\varepsilon_{i,t-1}<0]\varepsilon_{i,t-1}^2+\theta_i h_{i,t-1} \tag{3}$$

$$y_{i,t}=\varepsilon_{i,t}/\sqrt{h_{i,t}}\sim skewed-t(\nu_i,\ \lambda_i) \tag{4}$$

$y_{i,t}$ 为过滤后的独立同分布过程，其满足 $E(y_{i,t}|I_{t-1})=0$，$var(y_{i,t}|I_{t-1})=1$。ω_i，ϕ_i，θ_i 都大于等于 0，并满足 $\phi_i+\delta_i>0$，$\phi_i+0.5\delta_i+\theta_i<1$，$I[\varepsilon_{i,t-1}<0]$ 为指标函数。其中 skewed−t 的密度函数为：

$$g(y_{i,t}|\upsilon_i,\ \lambda_i)=\begin{cases} bc\left[1+\dfrac{1}{\upsilon_i-2}\left[\dfrac{by_{i,t}+a}{1-\lambda_i}\right]^2\right]^{-(\upsilon_i+1)/2}, & y_{i,t}<-a/b \\ bc\left[1+\dfrac{1}{\upsilon_i-2}\left[\dfrac{by_{i,t}+a}{1+\lambda_i}\right]^2\right]^{-(\upsilon_i+1)/2}, & y_{i,t}\geqslant -a/b \end{cases}$$

其中常数 a，b，c 被定义为：

$$a=4\lambda_i c\left[\frac{\upsilon_i-2}{\upsilon_i-1}\right],\ b=1+3\lambda_i^2-a^2,\ c=\frac{\Gamma\left[\dfrac{\upsilon_i+1}{2}\right]}{\sqrt{\pi(\upsilon_i-2)}\,\Gamma\left[\dfrac{\upsilon_i}{2}\right]}$$

在 skewed−t 的密度函数中，υ_i 表示自由度的大小，而 λ_i 用来衡量样本数据的非对称性，如果 λ_i 为负，其意味着存在负的收益率的可能性更大。

① t 分布为对称分布，虽能刻画收益率的尖峰、厚尾性质，但不能刻画偏度；而 skewed− t 分布不仅具有 t 分布性质，还能反映偏度特征。

(二)机制转换动态 copula 函数的设定

对于两收益率间相依结构的刻画，使用较多的是高斯 copula 和 t-copula 函数，如 Jondeau 和 Rockinger(2006)、Bartram 等(2007)。但鉴于多数金融数据具有尖峰、厚尾等非正态性质，本文选取 t-copula 函数。为了研究在每一时点的相依性变化，依照 Patton(2006)的研究，本文把 ρ 设定为一动态非线性过程。在时间 t 和状态 j 下，t-copula 条件密度函数为：

$$c^j(F_1(y_{1,t}),\ F_2(y_{2,t})|I_{t-1};\ \rho_t^j,\ n^j)$$

$$=\frac{1}{\sqrt{1-(\rho_t^j)^2}}\frac{\Gamma\left(\frac{n^j+2}{2}\right)\Gamma\left(\frac{n^j}{2}\right)\left(1+\frac{1}{n^j}\psi'\Omega^{-1}\psi\right)^{-(n^j+1)/2}}{\left[\Gamma\left(\frac{n^j+1}{2}\right)\right]^2\prod_{i=1}^{2}\left[1+\frac{1}{n^j}\psi_i^2\right]^{-(n^j+1)/2}} \tag{5}$$

$$\rho_t^j=\Lambda\left(\omega^j+\beta\rho_{t-1}^j+\alpha\frac{1}{m}\sum_{l=1}^{m}|F_1(y_{1,t-l})-F_2(y_{2,t-l})|\right) \tag{6}$$

其中，$F_i(y_{i,t})$ 是 $y_{i,t}$ 的 skewed-t 分布函数，$\psi=(\psi_1,\ \psi_2)'=(t_{n^j}^{-1}(F_1(y_{1,t})),t_{n^j}^{-1}(F_2(y_{2,t})))'$，$t_{n^j}$ 是自由度 n^j 的单变量 t 分布函数，$\Omega=\begin{pmatrix}1 & \rho_t^j\\ \rho_t^j & 1\end{pmatrix}$，$\rho_t^j$ 为相依性参数。为了确保 ρ_t^j 在区间(-1，1)内，我们对其做 $\Lambda(x)=\frac{1-e^{-x}}{1+e^{-x}}$ 形式的 Logistic 变换。ω^j 和状态 s_t 有关，用来衡量机制转换效应，而 β、α 和状态无关。[①] β 用来捕捉 ρ_t^j 自相关效应，而 α 用来描述累计 m 天的外来冲击效应，$|F_1(y_{1,t-l})-F_2(y_{2,t-l})|$ 为两边际分布的绝对值之差，其值越小(大)，两收益率间的相依性越强(弱)。[②]

另外，t-copula 函数还具有一个良好的性质，即能够很好地刻画两收益率间的尾部相依性，这对研究异常事件的发生具有重要的意义。下尾相依性和上尾相依性的定义分别为：

$$\lim_{\varepsilon\to0}\Pr[U\leqslant\varepsilon|V\leqslant\varepsilon]=\Pr[V\leqslant\varepsilon|U\leqslant\varepsilon]=\lim_{\varepsilon\to0}C(\varepsilon,\ \varepsilon)/\varepsilon=\tau^L$$

$$\lim_{\varepsilon\to1}\Pr[U\geqslant\varepsilon|V\geqslant\varepsilon]=\Pr[V\geqslant\varepsilon|U\geqslant\varepsilon]=\lim_{\varepsilon\to1}[1-2\varepsilon+C(\varepsilon,\ \varepsilon)]/(1-\varepsilon)=\tau^U$$

上述式子中，如果极限存在并且 $\tau^L(\tau^U)\in(0,\ 1]$，则该 copula 具有下(上)尾相依性，如果 $\tau^L(\tau^U)=0$，则不存在下(上)尾部相依。下(上)尾部相依性是衡量两个股市同时发生大跌(大涨)的概率。在高斯 copula 中尾部相依性为 0，即 $\tau^L=0$，$\tau^U=0$。而在 t-copula 中，下尾部相依性和上尾部相依性相等，并完全由相依参数 ρ 与自由度 n 共同决定。在时间 t 和状态 j 下，机制转换的 t-copula 函数尾部相依性为：

$$\tau_t^{j,L}=\tau_t^{j,U}=2t_{n^j+1}\left(-\sqrt{n^j+1}\sqrt{\frac{1-\rho_t^j}{1+\rho_t^j}}\right) \tag{7}$$

---

① 在 β、α 中引入状态对研究结果影响不大，本文为了简便，只考虑 ω^j 和状态 s_t 有关。

② 另外，我们也试用了“样本协方差”$(F_1(y_{1,t-l})-0.5)(F_2(y_{2,t-l})-0.5)$ 的形式，结果和 $|F_1(y_{1,t-l})-F_2(y_{2,t-l})|$ 较类似。

（三）模型的参数估计

令边际密度函数的参数集合 $\theta_{m,i}=(c_i, \alpha_{i,1}, \cdots, \alpha_{i,p}, \beta_{i,1}, \cdots, \beta_{i,q}, \omega_i, \theta_i, \phi_i, \nu_i, \lambda_i)$，机制转换动态 copula 密度函数的参数集合 $\theta_c=(p_{00}, p_{11}, n^0, n^1, \omega^0, \omega^1, \beta, \alpha)$，则总似然函数为：

$$L(\theta_c, \theta_{m,1}, \theta_{m,2})=\sum_{t=1}^{T}\sum_{i=1}^{2}\ln f_i(y_{i,t}|y_i^{t-1}; \theta_{m,i})+\sum_{t=1}^{T}\ln c(F_1(y_{1,t}), F_2(y_{2,t})|I_{t-1}; \theta_c) \tag{8}$$

由于边际分布参数 $\theta^*_{m,i}$ 和 copula 参数 θ_c 相互独立，本文采用 Patton（2006）的两步估计法，第一步估计出和边际密度函数有关的参数：$\theta^*_{m,i}=\underset{\theta_{m,1}}{\arg\max}\sum_{t=1}^{T}\ln f_i(y_{i,t}|y_i^{t-1}; \theta_{m,i})$。第二步估计出和机制转换动态 copula 密度函数有关的参数 θ_c，由 Hamilton 滤子得：

$$p[s_t=i|I_{t-1}]=\sum_{j=0}^{1}p(s_t=i|s_{t-1}=j)\times p[s_{t-1}=j|I_{t-1}] \tag{9}$$

$$c(F_1(y_{1,t}), F_2(y_{2,t})|I_{t-1}; \theta_c)=\sum_{i=0}^{1}p[S_t=i|I_{t-1}]\times c^i(F_1(y_{1,t}), F_2(y_{2,t})|I_{t-1}; \rho_t^i, n^i) \tag{10}$$

$$p(S_t=i|I_t)=\frac{c^i(F_1(y_{1,t}), F_2(y_{2,t})|I_{t-1}; \rho_t^i, n^i)\times p[s_t=i|I_{t-1}]}{c(F_1(y_{1,t}), F_2(y_{2,t})|I_{t-1}; \theta_c)} \tag{11}$$

通过对上面三步的依次循环，可得条件 copula 密度函数 $c(F_1(y_{1,t}), F_2(y_{2,t})|I_{t-1}; \theta_c)$，$t=1, \cdots, T$。最优极大似然函数：$\theta_c^*=\underset{\theta_c}{\arg\max}\sum_{t=1}^{T}\ln c(F_1(y_{1,t}), F_2(y_{2,t})|I_{t-1}; \theta_c)$。上述两步法所得到的参数估计量（$\theta^*_{m,1}$，$\theta^*_{m,2}$，$\theta^*_c$）具有一致性和稳健型，并且服从渐进正态分布。

三、经验分析

（一）数据性质分析

本文选取上证综合指数（SSEC）、香港恒生指数（HSI）、日本日经指数（N225）和美国标准普尔 500（S&P500）等证券市场指标作为样本，研究中国股市与这些股市在次贷危机中是否呈现感染特征，这种感染性以市场间的相依性水平上升为主要标志。所有样本数据均来源于雅虎金融数据库。样本范围为 2005 年 1 月 4 日至 2009 年 3 月 31 日，除去节假日后每组样本量为 941 个。① 选取日数据作为样本是因为相对于低频数据，日数据能

① 本文对节假日处理的方式是：如果某一市场因节假日而缺失当日数据，则将其相对照组的当日样本数据删除。

更好地反映仅持续几天的冲击效应，并且日数据可以看成是连续时间序列。我们不考虑周一效应、月末效应，收益率采取对数收益率即 $r_t = \ln(p_t/p_{t-1})\cdot 100$。

表 1 给出了各收益率的统计量描述。从整个样本来看，收益率越高，风险越大：上证综指的平均市场收益率最高，由标准差可知，其市场平均波动水平也最大；而其余各收益率都为负，标准普尔 500 的收益率表现最差，其标准差反映的市场平均波动水平也最小。四个股市收益率的偏度（skewness）统计量都为负值并至少在 5% 的水平上显著，因此存在负回报率的可能性更高。峰度（kurtosis）统计量在 1%水平上显著，各收益率都具有尖峰性质。Jarque-Bera 统计量表明各收益率分布具有明显的非正态性。Ljung-Box 检验发现各收益率在 1%的显著性水平上都存在较强的序列相关。另外，ARCH-LM 检验结果显示各收益率也在 1%的显著水平上都存在 ARCH 效应。

表 1 各金融市场收益率统计量性质描述

金融市场	均值	标准差	偏度	峰度	Jarque-Bera	Ljung-Box	ARCH-LM
上证综指	0.069	2.221	-0.346**	6.088*	392.293*	24.633*	43.297*
恒生	-0.004	2.117	-0.149**	13.726*	4509.674*	48.424*	228.692*
日经	-0.037	1.923	0.791*	12.922*	3953.832*	34.767*	316.913*
标准普尔	-0.042	1.648	-0.704*	15.752*	6446.259	79.313*	312.326*

注：Ljung-Box 和 ARCH-LM 统计量中滞后项长度都使用了滞后 12 项，*、** 分别表示在 1%、5%的水平上显著，下同。

上述数据性质分析显示，四股市收益率存在明显的非正态性、尖峰、厚尾以及偏度，并伴有较强的序列自相关和 ARCH 效应。另外，大量的经验研究发现股市收益率可能存在杠杆效应。因此，本文使用 ARMA（p，q）- GJR（1，1）模型对原始收益率过滤以及假设误差形式为 skewed-t 分布具有一定的合理性。其中，ARMA（p，q）用来过滤各收益率的自相关，GJR（1，1）用来过滤 ARCH 和杠杆效应，而 skewed-t 分布用来刻画各收益率的非正态性、尖峰、厚尾及偏度性质。对于上证综指、恒生指数、日经指数和标准普尔 500 各收益率，我们分别在 ARMA（1，1）和 ARMA（[1，2]，2）的基础上使用 GJR（1，1）对原始收益率进行过滤，其中 ARMA（p，q）中具体 p，q 的阶数由 Bayesian 信息准则（BIC）决定，ARMA（p，q）中各参数见表 2。

表 2 ARMA（p，q）- GJR（1，1）- skewed-t 中各参数估计值

	上证综指	恒生	日经	标准普尔 500
c	0.113（0.972）	-0.008（-0.083）	-0.060（-0.631）	-0.084（-0.870）
AR(1)（α_1）	-0.591（-2.815）*	-0.581（-2.166）**	-0.116（-3.796）*	
AR(2)（α_2）	-0.670（-7.975）*	-0.831（-11.880）		
MA(1)（β_1）	-0.083（-3.084）*	0.480（2.096）**	0.520（1.847）***	
MA(2)（β_2）	0.718（9.598）*	0.846（9.695）*		
ω	0.015（0.913）	0.031（2.373）*	0.043（3.278）*	0.018（3.267）*
ARCH（φ）	0.046（3.145）*	0.054（2.634）*	0.032（1.607）	0.001（0.000）
Leverage（δ）	-0.016（-0.979）	0.086（2.193）**	0.114（3.395）*	0.172（4.069）*
GARCH（θ）	0.960（69.854）*	0.901（45.828）*	0.896（49.862）*	0.909（31.426）*

续表

	上证综指	恒生	日经	标准普尔 500
v	4.887（6.244）	4.962（5.517）*	8.759（3.811）*	6.988（4.375）*
λ	−0.063（−1.611）	−0.132（−3.594）*	−0.143（−3.202）*	−0.185（−4.400）

注：括号内为 t 统计量，*** 表示在 10%的水平上显著，下同。

在 GJR（1，1）参数中，ω 为截距项，ϕ 为误差平方滞后项系数，δ 为负向误差平方滞后项系数，主要用来衡量杠杆效应。如果 δ 显著不等于 0，表明存在杠杆效应：当 $\delta>0$ 时，存在负的杠杆效应；反之，存在正的杠杆效应。另外，θ 为自回归系数。表 2 给出的 GJR（1，1）各参数估计值显示 $\phi+0.5\delta+\theta$ 接近于 1，因此各金融市场的波动效应都较持久。对于上证综指，其负向冲击系数 δ 小于零，但 t 值即使在 10% 的水平上仍不显著，正的杠杆效应不明显，投资者对利好消息与利空消息的反应差异不大。而对于其他股票指数，负向冲击系数 δ 都大于零，并且 t 值至少在 5%水平上显著，负向杠杆效应明显，投资者对利空消息的反应强烈。另外，表 2 中 skewed-t 分布的参数显示，所有的偏度参数 λ 都为负，除上证综指不显著外，其余都在 1% 的水平上显著。因此，对于上证综指，存在正、负回报率的概率相差不大，而对于其他三股市，存在负回报率的可能性更高，这和表 1 中的 skewness 分析结论基本一致。各收益率的自由度参数 v 都集中于 4~9 之间，并且都在 1% 的水平上显著，因此，各收益率存在明显的厚尾。总体说来，四个股市在波动持久性和厚尾性上的特征基本相同，但在杠杆效应和偏度特征上，上证综指略不同于其他三个发达的股票市场。

（二）基于机制转换动态 copula 函数的相依性与感染性分析

经过对原始收益率进行 ARMA（p，q）– GJR（1，1）过滤以及假设误差形式为 skewed-t 后，表 3 给出了基于边际分布 $F_i(y_{i,t})$ 估计得到的机制转换动态 t-copula 函数的参数值。其中设定 ρ_t 动态路径中的外来冲击项 $m=10$，主要用来反映持续两星期的累计冲击。Ang 和 Bekaert（2002）的状态分类测度 $RCM=400\cdot\frac{1}{T}\sum_{t=1}^{T}p_t(1-p_t)$ 显示，[①] 上证综指与美、日、港股间的相依性存在非常明显的两状态的机制转换，[②] 状态 0 对应着高相依机制，而状态 1 对应着低相依机制。表 3 还显示高相依机制下 ρ_t^0 中的截距项 ω^0 高于低相依状态下的 ω^1，低相依机制下上证综指与恒生、日经的 ω^1 为正值，而上证综指与标准普尔 500 的 ω^1 为负值。次贷危机可能使得前两者的相依性结构变化与后者存在较大差别。低相依机制下各组自由度 n^1 都大于高相依机制下自由度 n^0，并都远低于 100，[③] 因此，对于本文的各组金融数据，t-copula 函数比正态 copula 函数表现更佳。另外，参数 β、α 共同决定了 ρ_t^j 的动态路径变化，其绝对值越大，对 ρ_t^j 的影响越大。表 3 中各 β 值都至少在 5%

① p_t 为过渡概率，本处为常数。RCM 值位于 0~100，值越小，机制越明显。当 RCM = 0 时，$p_t=1$ 或 0，表明存在非常明显的机制转换，而当 RCM = 100 时，$p_t=0.5$，表明不确定是否存在机制转换。本质上，RCM 值为样本的方差估计值。

② 斜杠前（后）为高（低）相依机制下的 RCM 值。

③ 一般认为自由度大于 100 的 t-copula 函数近似于正态 copula 函数。

的水平上显著，并且上证综指与恒生指数的动态相依性存在正的自相关；而上证综指与日经指数、标准普尔 500 动态相依性存在负的自相关。各 α 值显示上证综指与恒生指数、日经指数间过去两星期累积的相依性冲击效应为负，并在 10% 的水平上显著；而上证综指与标准普尔 500 间过去两星期累积的相依性冲击效应为正，但不显著。因此，ρ_t^j 的动态路径中，自相关效应 β 都较强烈，而外来冲击效应 α 相对较弱。

表 3　存在机制转换的动态 copula 函数的参数估计值

	上证综指/恒生	上证综指/日经	上证综指/标准普尔
p_{00}	0.999 (1133.027)*	0.998 (587.052)*	0.992 (370.645)*
p_{11}	0.998 (1024.251)*	0.997 (463.410)*	0.994 (273.379)*
RCM	0.399/0.798	0.798/1.196	3.174/2.386
ω^0	0.556 (3.461)*	1.600 (3.302)*	0.610 (2.003)**
ω^1	0.372 (2.578)*	1.067 (2.024)**	−0.311 (−2.404)*
β	1.420 (6.065)*	−1.154 (−2.028)**	−1.459 (−4.697)*
α	−0.707 (−1.726)***	−2.315 (−1.825)***	0.223 (0.109)
n^0	7.238 (1.981)**	6.891 (1.668)***	7.685 (1.999)**
n^1	8.262 (2.426)*	8.022 (2.096)**	9.577 (2.647)*
极大似然值	79.440	30.691	14.649

为了进一步研究次贷危机中中国股市与美、日、港股间是否存在感染性，我们具体考察各组 ρ_t 的动态图和高相依机制下的 Pr $[s_t = 0|I_T]$ 平滑概率图，其中 ρ_t 的动态图主要反映相依性结构变化的大小和方向，并以相依性上升作为判断感染发生的依据；而 Pr$[s_t = 0|I_T]$ 平滑概率图主要用来确定危机期间相依性结构变化的时点。由于存在两状态的机制转换，ρ_t 被定义为两状态下的条件期望值，即 $\rho_t = \rho_t^0 Pr[s_t = 0|I_{t-1}] + \rho_t^1 Pr[s_t = 1|I_{t-1}]$，其中 $Pr[s_t = i|I_{t-1}]$ 由（10）式决定。而 Pr $[s_t = 0|I_T]$ 的具体推导过程可参考 Hamilton（1994）。图 1 左边给出了动态相依性路径，而右边为相对应的高相依机制下的平滑概率。从各组图中可以看出，沪市与美、日、港股间的相依性存在明显的结构变化。沪市与日、港股间的相依性在次贷危机中呈现明显的上升趋势，而沪市与美股间的相依性却呈现先下降然后略有上升的态势。2007 年 3 月 12 日以美国第二大次级抵押贷款机构新世纪金融公司濒临破产为标志的美国次贷危机爆发，但平滑概率图 Pr $[s_t = 0|I_T]$ 显示在次贷危机中沪市与美、日、港股间的相依性结构变化时点早晚不一。次贷危机中沪市与日股间的相依性最早出现结构变化，危机期间的结构变化时点在 2007 年 3 月左右，逐渐从低相依机制向高相依机制过渡，在 2007 年 10 月左右完全进入了高相依机制状态。其次是沪市与美股间的相依性结构变化，危机期间的结构变化时点在 2007 年 5 月左右，并逐渐从高相依机制进入了低相依机制，然后在 2008 年 9 月左右又趋向高相依机制。而沪市与港股间发生相依性结构变化的时点最迟，危机期间的结构变化时点在 2007 年 10 月左右，并从低相依机制较快速地进入高相依机制。如果以相依性上升作为股市间感染的标志，那么在此次危机中，沪市与日、港股间都呈现一定程度的感染，说明它们的市场风险上升；而沪市与美股间的相依性反而呈下降趋势，甚至还出现负值，说明两市场间并未出现感染。因此危机期间在沪市与日股、港

股间进行投资并不利于分散投资风险，而在沪市与美股间做分散投资组合将有助于降低资产投资风险。另外，动态相依性图显示上证综指与恒生指数的相依性最强，其次是日经指数，而与标准普尔 500 间的相依性最弱，沪市与这些市场的相依性水平分别位于 0.08~0.55、0~0.42 和−0.05~0.18 之间。

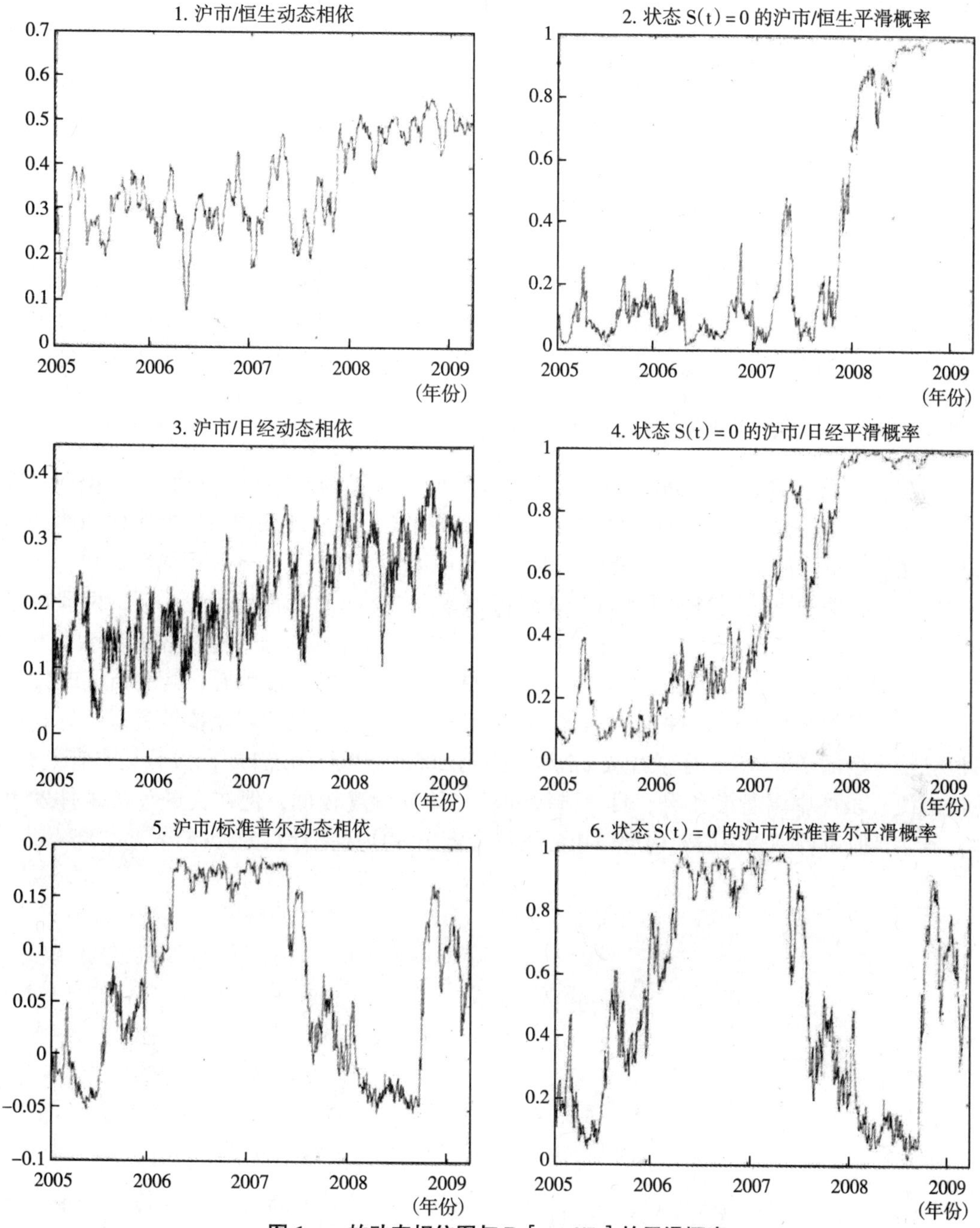

图 1　ρ_t 的动态相依图与 $Pr[s_t = 0|I_T]$ 的平滑概率

次贷危机虽然源于美国，但沪市与美股间较弱的相依性表明次贷危机对中国股市的影响较小。这种较弱的相依性可能归结于以下几方面原因：首先，中国目前金融领域的对外开放程度较低，国际资本进入股市存在严格的管制，资本流动的规模较小，国际资本在中国股票市场价格发现机制中起的作用相对较小，从而弱化了中国股票市场同国际股票市场的联系。其次，虽然中美经济互补性强，但两经济体由于所处经济发展阶段不同，其相关性也较弱。最后，目前中国金融市场很不完善，市场风险较高，投资渠道单一，可使用的调节工具也有限，从而使得股票市场的波动较频繁。而美国市场则相对成熟，股指期货、对冲基金等调节工具可在很大程度上避免暴涨暴跌的情况发生，由此形成两市的联动差异较大。本文的研究结果表明 2005 年后中国股市与美、日、港等国际股市间存在一定的联动性，但与发达国家股市间较高的相依性相比，[①] 沪市与这些股市间的相依性水平仍较低。

在统计上，尾部相依性与异常事件发生的概率以及风险程度紧密联系在一起。股票市场尾部相依性衡量了股市间同时发生大涨或大跌的可能性，特别是左尾部相依性反映了发生负面异常事件时，市场间的大风险溢出效应。由于存在机制转换，尾部相依性也被定义为两机制状态下的条件期望，即 $\tau_t^L = \tau_t^U = \sum_{j=0,1} 2t_{n^j+1}\left(-\sqrt{n^j+1}\sqrt{\frac{1-\rho_t^j}{1+\rho_t^j}}\right)\Pr\left[s_t = j|I_{t-1}\right]$。图 2 给出了沪市与美、日、港股间的尾部动态相依水平。与 ρ_t 的动态路径相似，在次贷危机中，上证综指与恒生、日经的尾部相依性略呈上升趋势，而上证综指与标准普尔 500 的尾部相依性呈先下降后略有上升的态势。图 2 显示上证综指与恒生的尾部相依性最强，在感染发生之前，两股市间同时发生大涨、大跌的概率为 3%~10%，而感染发生后，两股市间同时发生大跌、大涨的概率上升到了 7%~14%。其次为上证综指与日经指数，在感染发生之前，两股市间同时发生大涨、大跌的概率为 2%~6%，而感染发生后，两股市同时发生大跌、大涨的概率为 2%~8.5% 。上证综指与标准普尔 500 间的尾部相依性最低，并在次贷危机发生后的 2007 年 5 月左右从 2.2% 下降到 2008 年 9 月的 1.3% ，然后又略有上升。总体来说，虽然中国股市和美、日、港股间的一体化程度较低，但在大的危机事件发生时，美、日股市特别是港股对内地股市的大风险溢出效应还是存在的。

---

① Bartram 等（2007）发现欧盟主要股市间一般相依性为 0.6~0.9，美国股市与欧盟主要股市间的一般相依性为 0.4~0.8。

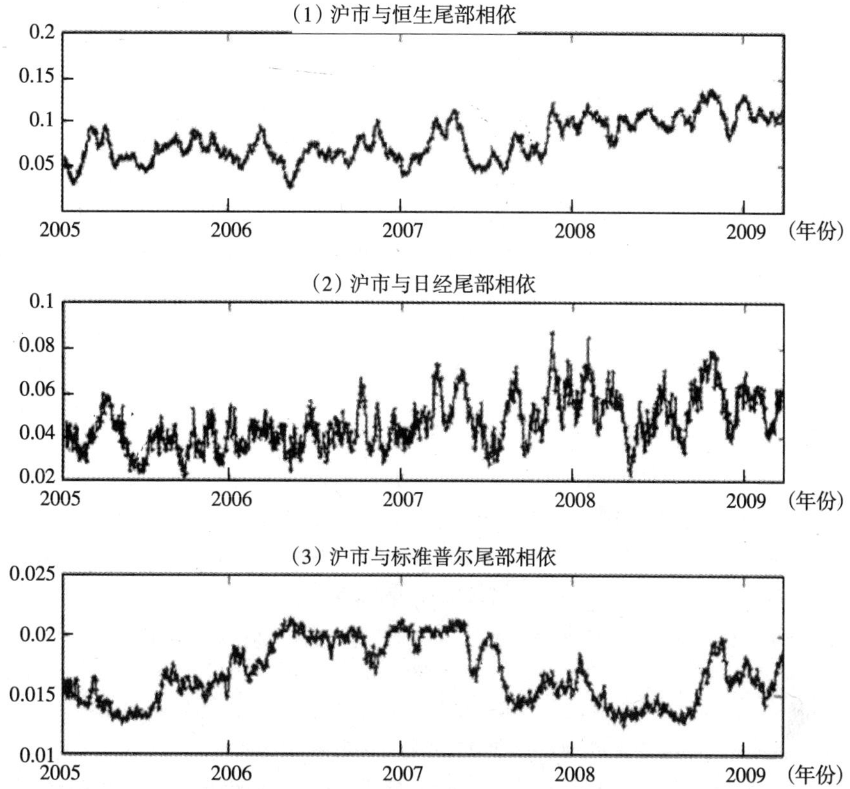

图 2　沪市与美、日、港间的尾部相依水平

四、结论

本文以 Forbes 和 Rigobon（2002）对感染的界定为基础研究发现，次贷危机中沪市与美、日、港股间的相依性呈现明显的结构性变化。其中，上证综指与日经以及恒生间的相依性呈上升趋势，因此沪市与这些股市间表现一定程度的感染，这也意味着危机期间其投资组合并不利于分散投资风险；而上证综指与标准普尔间的相依性却呈现先下降而后略有上升的趋势，但仍低于正常时期的相依性水平，因此，次贷危机中它们之间未出现感染，在它们之间做投资组合将有利于降低投资的风险。另外，虽然沪市与美、日、港股间的尾部相依性水平很低，但在异常事件发生时，它们同时发生大跌、大涨的概率还是存在的。特别是当危机事件发生时，美、日股市尤其是港股对内地股市的大风险溢出效应还是存在的。

参考文献：

[1] 韩非、肖辉：《中美股市间的联动性分析》，《金融研究》2005 年第 2 期。

[2] 洪永淼、成思危、刘艳辉、汪寿阳：《大陆股市与世界其他股市之间的大风险溢出效应》，《经济学》(季刊) 2004 年第 3 期。

[3] 刘振亚：《纽约股票市场对中国 A 股市场的影响》，《南开经济研究》2006 年第 3期。

[4] Ang, Andrew and Bekaert, Geert. "International Asset Allocation with Regime Shifts." Review of Financial Studies, 2002, 16, pp. 716 - 763.

[5] Baig, Taimur and Goldfajn, Ilan. "Financial Market Contagion in the Asian Crisis." IMF Staff Papers, 1999, 46, pp. 167–195.

[6] Bartram, Sohnke M.; Taylor, Stephen J. and Wang, Yaw–Huei. "The Euro and European Financial Market Dependence." Journal of Banking and Finance, 2007, 31, pp. 1461–1481.

[7] Bera, Anil K. and Kim, Sangwhan. "Testing Constancy of Correlation with an Application to International Equity Returns." CIBER Working Paper, 1996, pp. 96–107.

[8] Blackman, S. C; Holden, K. and Thomas, W. A. "Long–term Relationships Between International Share Prices." Applied Financial Economics, 1994, 4, pp. 297–304.

[9] Chesney, Francois and Jondeau, Eric. "Does Correlation Between Stock Returns Really Increased During Turbulent Periods?" Economic Notes, 2001, 30, pp. 53–80.

[10] Forbes, Kristin and Rigobon, Roberto. "No Contagion, only Interdependence: Measuring Stock Market Comovements." Journal of Finance , 2002, 57, pp. 2223–2261.

[11] Hamilton, James D. "A New Approach to the Economic Analysis of Nonstationary Time Series and the Business Cycle." Econometrica, 1989, 57, pp. 357–384.

[12] Hamilton, James D., Time Series Analysis. Princeton, NJ: Princeton University Press, 1994.

[13] Hansen, Bruce E. "Autoregressive Conditional Density Estimation." International Economic Review, 1994, 35, pp. 705 - 730.

[14] Jondeau, Eric and Rockinger, Michael. "The Copula–GARCH Model of Conditional Dependencies: An Inernational Stock Market Application." Journal of International Money and Finance, 2006, 25, pp. 827–853.

[15] King Mervyn A. and Wadhwani, Sushil. "Transmission of Volatility Between Stock Markets." Review of Financial Studies, 1990, 3, pp. 5–33.

[16] Longin, Francois and Solnik, Bruno. "Is the Correlation in International Equity Returns Constant: 1960–1990?" Journal of International Money and Finance, 1995, 14, pp. 3–26.

[17] Nelsen, Roger B. An In troduction to Copulas. Berlin: Springer–Verlag, 1999.

[18] Patton, Andrew. "Estimation of Copula Models for Time Series of Possibly Different Lengths." Journal of Applied Econometrics, 2006, 21, pp. 147–173.

（截稿：2009 年 8 月　责任编辑：李元玉）

美国赤字政策演化路径及债务货币化风险研究：基于奥巴马新政背景的分析*

陈建奇　张　原

【摘　要】本文通过建立分析美国财政政策问题的理论框架，透视当前美国赤字财政政策，同时运用情景模拟多角度分析未来政策的演化路径及债务货币化问题。研究表明，奥巴马新政的赤字财政政策与稳态财政路径相差甚远，美国财政政策已背离稳态水平。进一步财政动态演化路径显示，债务货币化是美国超常规赤字政策的必然选择，由此内生增加美国联邦储备委员会未来通货膨胀调控压力，在美国经济复苏偏离预期的情形下，债务货币化将导致基础货币在未来 8 年中增加 3 倍左右，恶性通货膨胀及经济系统性风险很大。对此，我们应高度关注并及时调整相关政策。

【关键词】赤字政策；债务负担；债务货币化

一、引言

美国前总统克林顿在 1999 年 10 月的总统预算咨文中对在任内缩减国债的功劳表示十分自豪，并且预计在 2013 年将完全摆脱债务（朱自刚，2001），这个愿景曾经令美国人充满期待。然而，美国国债在政府资产负债表上并没有逐步消亡的迹象，反而迅速膨胀。2003~ 2005 年，美国财政赤字维持在 3000 亿~4000 亿美元水平、债务负担率接近 60%。次贷危机爆发后，美政府采取 7000 亿美元救市方案，奥巴马政府更是推出 7800 亿美元的

* 陈建奇：北京大学国家发展研究院，100871，电话：010-62759087，电子信箱：cjianq@isina. com；张原：中国劳动关系学院，100037，电子信箱：zhangyuan5566@ 163. com。

本文得到博士后科学基金（2009）的资助，作者感谢匿名审稿人的建设性意见，感谢北京大学国家发展研究院卢锋的指导，感谢 CCER 开放宏观组的相关人员的评论。

新政计划。①大量政府支出加剧财政收支缺口，2008 年 9 月 30 日美国国债总额突破 10 万亿美元，②国债绝对额居世界首位。如此超常规赤字政策与国债水平能否持续？关系到国际货币体系稳定的美元地位是否会受到影响？美国由此产生的通货膨胀压力是否可控？这些问题不仅受到美国民众的关注，同时也引起世界各国特别是中国等持有大量美元债权的国家的关心。③

为此，本文将通过构建具体的分析框架，研究奥巴马新政背景下美国未来赤字财政政策演化路径及债务货币化问题。接下来第二部分是文献综述，阐述本文的边际贡献；第三部分从统计角度讨论第二次世界大战以后美国赤字与国债出现的新特点；第四部分构建分析框架；第五部分研究美国赤字动态路径与债务货币化风险；最后是结论与评价。

二、文献综述

近 30 年来关于美国财政赤字问题的讨论，主要经历两个阶段：一是 20 世纪 80 年代到 90 年代初美国持续财政赤字引起大量关于财政负债问题的研究；二是 2000 年以来由于网络泡沫、布什减税及“伊拉克战争”等因素导致美国赤字屡创纪录，财政赤字问题再次成为研究的重点（Bajo–Rubio et al.，2008）。20 世纪 80 年代至 90 年代有关美国财政赤字的研究大多运用现值预算约束（the Present Value Budget Constraint，PVBC）分析框架，即财政可持续性要求当前政府债务水平必须等于未来预算盈余与预算赤字差额的现值（Trehan and Walsh，1991；Smith and Zin，1991）。Hamilton 与 Flavin（1986）对美国战后的国债进行现值预算约束检验，发现战后美国国债政策是可持续的。Trehan 与 Walsh（1988）研究发现如果满足现值预算约束条件、国债与赤字是协整的、利率是不变的，那么财政可持续的一个充分必要条件是国债与基本预算平衡是协整的，Trehan 与 Walsh 根据美国战后数据检验发现协整关系无法拒绝，据此认为美国财政政策是可持续的。Bohn（1998）将现值预算约束研究拓展到随机环境，提出了另一个检验方法：如果政府预算盈余对债务增加的反应是正的，那么财政政策是可持续的，Bohn 检验发现美国财政政策可持续。与此相反，Wilcox（1989）指出当非蓬齐博弈（No–Ponzi Game）条件成立时，政府国债现值平稳并且无条件均值为零，结合美国战后国债数据进行检验，结果发现国债现值并不平稳并且无条件均值不为零，从而得出美国财政政策不可持续的结论。Kremers（1989）增加了财政预算盈余不能超过产出的约束，在这种条件下，国债产出比率平稳是现值预算约束成立的充分和必要条件，但他并没有发现战后美国国债比率的稳定性证据，从而认为美国财政

① 数据来源于美国白宫网站，http：//www. whitehouse. gov。
② 数据来源于美国财政部网站，http：//www. treasdirect. gov。
③ 温家宝总理在 2009 年 3 月 17 日人大会议闭幕后的记者会上直言担心中国所持美国国债的价值。

政策可能不可持续。Hakkio 与 Rush（1991）通过检验政府收入与支出（包含利息支出）的协整关系得出自 1980 年以来美国国债的不可持续性。

进入新世纪以来，美国财政赤字不断攀升的事实促使人们对未来美国财政问题更加关注，分析视角也呈现多样化。首先，Bohn（2005）延续传统的现值预算约束分析框架研究财政赤字问题，结合 1792~2003 年美国财政数据检验发现美国财政政策可持续的证据；Bajo-Rubioa 等（2008）利用 1947 年 1 月至 2005 年 3 月的数据检验结果表明，美国当前财政政策仅仅处于弱可持续性。其次，美国财长 Geithner 以数值标准衡量美国财政赤字率、债务率，以此揭示潜在的财政状况。2009 年 6 月 1 日 Geithner 在北京大学发表演讲表示，世界上没有任何一个国家，会比美国政府更关注财政赤字问题，未来美国财政赤字将控制在美国 GDP 总量的 3%之内（刘琳，2009）。言外之意就是将欧盟 1992 年《马斯特里赫特条约》(Maastricht Treaty) 3% 赤字率视为评价财政状况的标准，据此判断美国未来财政状况会趋于健康。

美国国会预算办公室（Congressional Budget Office，CBO）采用结构分析方法通过财政收支结构演变对美国未来财政状况进行分析预测。根据 CBO 在 2005 年发布的《长期预算展望》(The Long-Term Budget Outlook)，医疗救助（Medicaid）与医疗保险（Medicare）两项人均支出在 1970~ 2004 年平均增长率比人均经济年增长率高出 2 个百分点以上，据此估计，这两项支出占 GDP 的比重将从 2010 年的 5.0% 上升到 2030 年的 9.2%，到 2050 年将增长到 12.6%，而与婴儿潮出生的人口进入退休年龄相关的养老保险加上遗属、伤残保险（Federal Old-Age and Survivors Insurance and Disability Insurance Trust Funds，OASDI）则预计从 2010 年的 4. 2% 上升到 2030 年占 GDP 的 6% ，到 2050 年将升至 6. 4%。在此基础上，CBO 预计财政支出占 GDP 的比重将从 2010 年的 18. 4%上升到 2030 年的 22.5%，2050 年将达到 25.3%，2050 年美国国债占 GDP 比重将上升为 25.6%左右（CBO，2005）。本次金融危机使美国财政出现了更大的问题，CBO 在 2009 年 8 月发布的《长期预算展望》中指出，2009 年度财政赤字创 60 年来新高，2010 年度财政赤字占 GDP 比重仍将达到 9.6% ，2010~2019 年的年度财政赤字占 GDP 比重都将超过 3%，2010~2019 年财政累积赤字将超过 7.1 万亿美元，除非财政收入也同样增长，不然财政收支缺口将加剧财政赤字并导致债务累积。债务累积将促使债务利息高位运行，2008 年联邦债务利息支出占 GDP 比重已经超过 1 个百分点，而到 2020 年将上升到 2.5%。大量预算赤字将降低国内储蓄，导致更多的海外借款与更少的国内投资，这会影响美国经济增长水平。相反，如果支出增长而税收也同步上升，那么税率将创历史新高，高税率将降低经济增长速度，促使支出负担加重，美国未来财政将面临重大挑战（CBO，2009a，b；Auerbach et al.，2008）。Feldstein（2009a）认为 CBO 的预测是基于未来经济保持 3%健康增长的前提下作出的，这种假设意味着未来 10 年没有衰退、没有新增的预算项目，而且国债上升导致国债利率上升幅度小于 1%。然而 Feldstein 认为更为现实的预测是 2019 年美国赤字率达到 8%，这么大规模的赤字与债务会挤出私人经济的很多生产性投资，结果是经济增长放缓和生活水平下降。

Leeper 等（2009）结合贝叶斯方法与动态随机均衡模型研究美国债务稳定条件下财政收支变动对经济影响的动态变化，认为虽然理论上分析债务经济效应的论文非常丰富，但相关的经验分析还很少。目前的动态随机一般均衡模型往往把财政政策变量作为简单的变量处理，没有反映财政收支结构之间的动态影响。该论文最主要的贡献是研究保持美国债务稳定而采取的资本、劳动与消费税、政府消费与总额转移支付等每个局部政策调整或者所有政策调整对经济的影响，其重要的前提是假定美国通过政策调整能够实现债务稳定的目标而不会导致债务的不可控，这就暗含美国政府债务演变不可能产生违约或者债务货币化的问题。Leeper 等在文中明确说明该研究没有考虑货币变量与财政变量之间的交互作用，这就难以刻画经济衰退特别是本次金融危机中债务货币化的问题。[①] 另外，该研究主要侧重既定债务条件下所必须进行的政策调整，缺乏对美国债务本身演变趋势判断的能力。

Feldstein（2009b）对债务引发通货膨胀的问题做了专门评价，尽管 Feldstein 赞成美国政府为应对本次金融危机而实行超常规赤字财政政策，但他对未来的财政赤字可能引发通货膨胀也表现出担心。他指出，赤字政策与通货膨胀的联系在历史上有丰富的例子，当前美国联邦储备委员会（下称美联储）大量投放货币，增加商业银行储备，商业银行超额储备由原来 2009 年增加不足 30 亿上升到 2009 年的 7 千亿美元。经济一旦复苏，商业银行储备立即就会被盘活。然而，美联储持有大量私人部门的债券，这些债券由于无法得到商业银行的青睐而难以用其实施公开市场操作，而且美联储缺乏足够的国债来满足公开市场操作的需要，因而经济复苏后收回货币的难度很大；同时，美国政府需要发行大量国债弥补赤字，财政赤字引发通货膨胀的可能性很大。Feldstein 近期指出，美国大量债务由中国和其他主权国家持有，如果外界担心美国政府无法控制通货膨胀，那么未来美国财政赤字会导致债务或者抵押品利率的快速上升，国债市场利率的上升会导致美国经济在 2010 年、2011 年出现持续衰退（Feldstein，2009a）。

综合来看，美国财政状况不容乐观是不争的事实，目前的研究对此也进行了多方面的评价。然而，大多数研究局限于对财政赤字规模的探讨，财政问题不仅仅是赤字财政政策自身如何演化持续的问题，还必须考虑赤字财政政策对其他宏观经济目标特别是债务货币化可能引起通货膨胀的问题。目前的财政问题分析框架为评价常规经济波动的财政政策与国债风险提供了较科学的方法，但当经济遭遇巨大冲击导致经济环境短期内迅速恶化时，往往导致上述常规的分析方法失去客观性。目前美国应对金融危机采取的财政政策在深度和广度上都体现了非常规特征，尽管 Leeper 等（2009）新文献研究了美国政府债务与财政筹资手段如何相互协调的问题，但该论文主要侧重研究在既定债务条件下财政税收、政府消费与财政转移支付等财政收支政策调整，缺乏对政府债务本身未来演变趋势判断的能力。现有分析框架对超常规赤字财政政策的债务货币化评价并不适用，需要对此进行创新

① 最近的一些研究也表明财政变量在货币政策背离 Taylor 规则时或者中央银行实施零利率政策时会发生较大的变化（Cogan et al.，2009；Davig and Leeper，2009；Eggertsson，2008）。

研究。为此，本文借鉴 Anand 与 van Wijnbergen（1989）的思想构建新的分析框架，[①] 将赤字财政政策与通货膨胀等宏观经济目标纳入同一体系，不仅对当前美国赤字财政政策进行评价，而且可以通过情景模拟多角度分析美国超常规赤字财政政策及其对其他宏观经济目标的影响。

三、第二次世界大战以来美国赤字与国债新特点

尽管美国国债的历史可以追溯到 18 世纪末，但除了美国内战引起国债占 GDP 比重超过 30%外，第二次世界大战（下文简称“二战”）前总体保持平稳，大部分时间国债与 GDP 比例保持在 20%甚至 10% 以下。[②] 赤字和国债高涨的时代始于“二战”，一方面，“二战”引起国防预算大幅度上升导致财政支出大幅度上涨；另一方面，为应付 1929 年大萧条采取的凯恩斯经济刺激计划增加大量财政支出，这些都导致“二战”期间债务高涨，国债占 GDP 比重一度超过 120%，此后尽管占比出现下降，但国债总量却保持着明显的上升趋势（见图 1），“二战”引起的高额国债水平为美国国债管理提供了很好的经验，同时“二战”后政府干预理论的发展也导致政府国债观念的改变（Noll，2008），这些都促使 1940 年以来特别是“二战”以后美国财政状况出现新的变化。

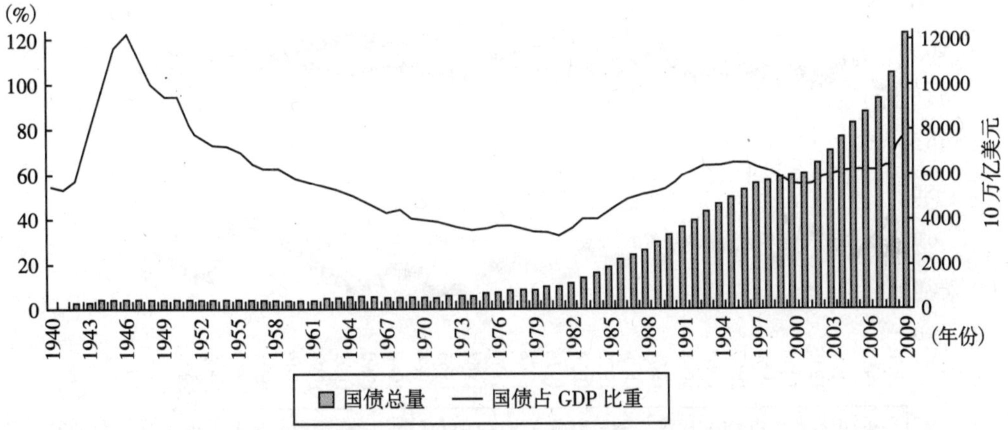

图 1　美国国债走势（1940~2009 年）

资料来源: 美国圣路易斯联邦储备银行（St.Louis Fed）数据库、美国经济分析局数据库、美国国债网, 其中 2009 年的数据来源于美国政府 2010 年预算草案。

---

① Anand 与 van Wijnbergen（1989）提出的分析框架主要用于评价土耳其的财政政策与宏观经济目标的一致性，并非用于判断财政政策与国债风险问题，本文根据美国的情况作相应扩展，用于评价赤字政策与债务货币化风险。由于本文不是用于评价美国赤字财政政策与债务货币化问题，所以综述没有包含该文献的内容，其相关讨论主要放在第四部分的分析框架构建。

② 数据来源于美国财政部网站，http://www.treasdirectgov。

第一，财政收支矛盾逐步加剧，财政赤字成为常态。“二战”以后，美国财政收支失衡状况并没有改变，大部分时间财政支出高于财政收入，1950~2009 年 60 年中，出现财政赤字的年份有 51 年，占总数的 90% 以上，而且财政收支盈余的时间集中出现在 1970 年之前，此后，除了克林顿总统执政期间出现了几年的盈余外，财政每年都是赤字。从总体上看，赤字波动幅度不断加大，1981 年里根时代的减税计划以及后来的“海湾战争”、“9·11”事件及“伊拉克”战争、“阿富汗”战争等都促使赤字急剧增长，2009 年抵御“金融危机”采取的财政政策导致赤字占 GDP 比重达到 9. 9%（见图 2），出现“二战”以来最大的赤字水平，赤字财政已经成为常态。

第二，赤字累积推升国债水平，美国进入债务大国行列。尽管美国大部分时间都出现财政赤字，但国债占 GDP 的比重在 1980 年之前曾经出现稳定的下降趋势（见图 1），这主要是由于经济增长速度高于财政赤字增长从而大幅度拉低债务占比。然而，在经历里根时代大幅度减税及经济增幅下滑之后，国债比例逐步上升，尽管在 20 世纪 90 年代也曾经出现回落的现象，但债务总量和占比持续上升的态势未能得到有效遏制，当前金融危机治理无疑让高额国债水平更加突出，2009 年国债占 GDP 比例达到 83. 4%，创造了“二战”以后最高水平。从 126 个国家债务占 GDP 比重来看，美国位居前 10 名之内，[①] 国债绝对水平居世界第一，明显位于债务大国行列。

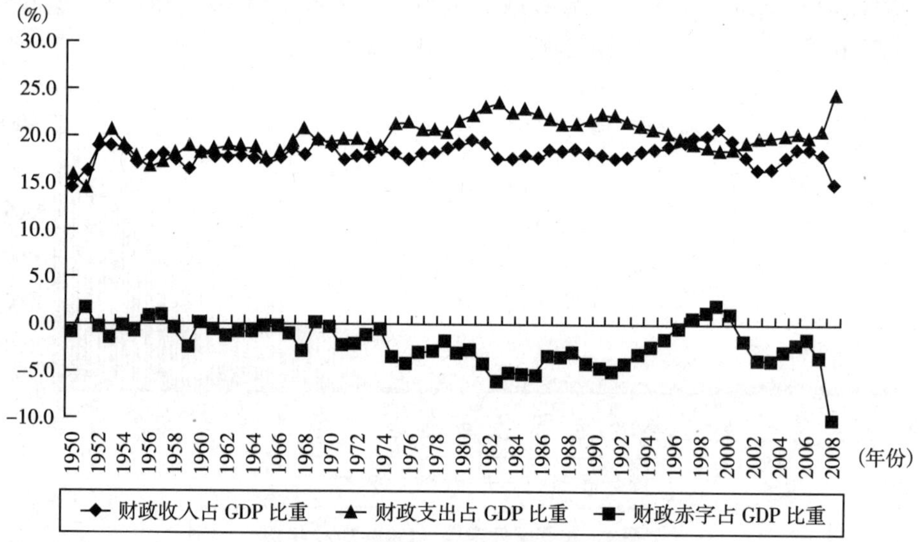

图 2　美国财政收支与占 GDP 比重（1950~2009 年）

资料来源：美国国债网，http：//www.treasurydirect.gov；美国经济分析局网站，http：//www.bea.gov。

① 该结论根据美国中央情报局 2007 年《世界概况》（*The World Factbook*）估计的各国国债数据及美国当前的国债水平测算得出。

第三，GAS 国债占比不断增加，国债出现结构分化。与其他国家存在较大区别的是，美国国债分为 GAS（Government Accounts Series Securities）国债与非 GAS 国债两种。非 GAS 国债包括美国国内公众、美联储及外国持有的国债，GAS 国债主要为美国联邦投资基金定向发行的国债。美国联邦投资基金是指经美国国会立法批准并在财政部开立资金账户以满足联邦政府特殊用途需要而建立的政府基金账户，主要包括社会保险基金、公务员退休和伤残基金、医疗保险基金、军人退休基金、外汇稳定基金及高速公路基金等几百个基金，这些基金总量已经超过 4 万亿美元。按照有关法律规定，联邦投资基金用于保证特定项目的资金支出需要，在收入大于支出情况下，其资金盈余要购买国债，主要是投资于不可流通国债，即 GAS 国债（Gao，2003）。近几年来，美国联邦投资基金增长迅速，购买的 GAS 国债也持续上升（见图 3），截至 2008 财政年度，美国联邦投资基金购买的 GAS 国债总量达到了 4.29 万亿美元，占全部国债总量的 42%，占 GDP 总量的 29.6%。与此相对应的是，美国国内公众与外国政府等持有的非 GAS 国债与全部国债总量的占比从 1984 年的 83.5%下降到 2008 年的 58% ，其所持国债占 GDP 比重也从 1993 年的 49.4%下降到 2008 年的 41% ，美国国债结构逐步由非 GAS 国债主导向 GAS 国债与非 GAS 国债平分的局面转变。

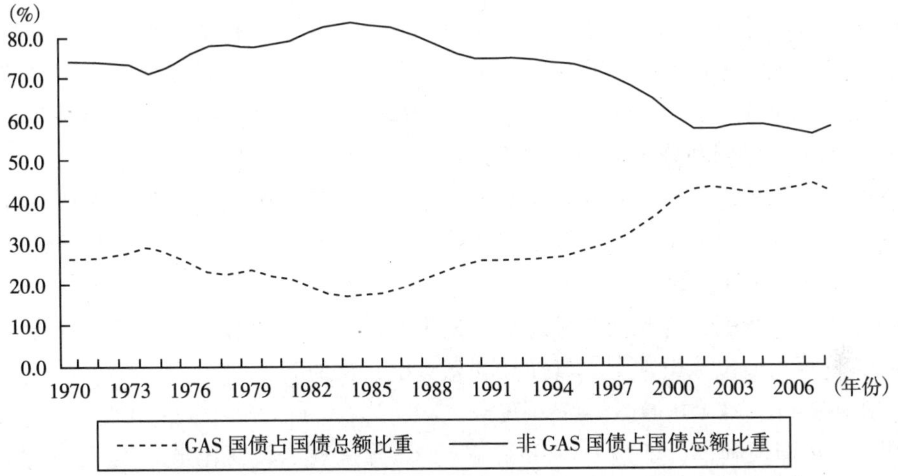

图 3　美国 GAS 国债与非 GAS 国债占国债总额比重（1970~ 2006 年）

注：①1970~2007 年数据来自美国预算管理办公室（Office of Management and Budget）；②2008 年数据来自美国圣路易斯联邦储备银行（St. Lou is Fed）数据库；③国债两部分所占比重根据①、②基础数据测算得出。

四、分析框架

上面通过统计分析表明，美国财政赤字与国债规模处于高位已是不争的事实。然而，美国应对金融危机的刺激计划才刚刚开始，政府在近几年内需要连续实施赤字财政政策。奥巴马最近在讲演中强调计划在任期内将赤字减半，① 表明到 2012 年美国仍将保持很高的赤字，持续的赤字将进一步推高国债水平。这可能导致两方面的问题：一是债务累积导致赤字政策不可持续，由此影响经济复苏反过来恶化美国财政空间；二是赤字财政政策通过债务货币化等渠道，间接引起其他宏观经济指标的恶化，从而导致宏观经济动荡。显然，实现这些目标既要考虑赤字、国债等总量动态变化，还要考虑赤字财政政策引起的相关宏观经济变量指标的变化。我们借鉴 Anand 与 van Wijnbergen（1989）的思想从政府预算约束角度构建美国财政政策问题的理论分析框架。Anand 与 van Wijnbergen（1989）通过中央银行资产负债表与公共部门的预算恒等式构建公共部门赤字与通货膨胀等宏观经济目标的理论分析框架，以此评价土耳其的财政政策与宏观经济目标的一致性。该研究并非用于判断财政政策与国债风险问题，既没有揭示财政赤字、债务演化对均衡水平的影响，也没有显性表达财政赤字政策与债务货币化之间的关系，但其提供了建立财政赤字、债务与宏观经济变量之间关系的理论思想，为本文分析美国财政赤字债务货币化风险提供了思路。本文在此基础上创建新的分析框架，用于评价赤字政策与债务货币化风险。

根据财政预算理论，财政收入等于财政支出。美国政府财政收入来源主要有以下几个方面：税收收入 T、中央银行对政府的借支余额 C、公众持有债务 B、政府投资基金购买的国债 E（GAS）和外国政府持有美国国债 F，由于美元为国际货币，美国发行的国债大多是以美元为结算货币，为此没有考虑货币的汇率问题，外债和内债一样是以美元还本付息。相应的政府支出包括正常支出与债务利息支出，从而有：

$$G + iB + iF + iE = T + B> + E> + F> + C> \qquad (1)$$

这里 i 表示国债利率，变量 B>、E>、F>、C>分别表示其变化量。国际上一般把赤字分为基本赤字和利息支出两部分，令 $D = G - T$ 为基本赤字（不包括国债利息的财政支出减去不包括发行债务和向中央银行借款的财政收入），可将上式修改为：

$$D + iB + iF + iE = B> + F> + E> + C> \qquad (2)$$

可见，美国政府可以通过向公众及政府投资基金发行国债、发行外债以及中央银行透支等方式弥补财政收支缺口。

① 资料来源于 http: / /www. bloomberg.com/apps/news? pid= 20601087& refer=home&sid=aB0FYEQkR4Es。

表 1　中央银行资产负债表

资产	负债
A	RR
C	Cu
	N

方程（2）尽管从会计角度看有其合理性，但不足以评价财政政策与其他宏观目标的一致性。首先，它并没有反映中央银行的资产负债结构，政府可以很容易地通过改变账务结构的方式将很多的赤字转移到中央银行的账户中。例如，外债的大部分利息支出由中央银行负责，并不记入中央政府的预算。为了弥补这个缺陷，中央银行的损益表必须引入预算平衡方程，这种修正的必要性不言而喻。其次，中央银行对政府的债权 C 是政府公共部门间的债务转移，公共部门债务的合并就会导致其消失。为了修正这种不足，考虑一个简单的中央银行资产负债表，如表 1 所示，资产负债表表明中央银行负债包含公众持有的现金 Cu、商业银行的储备金 RR。这些资金主要用于形成公众债权（向市场提供贷款）A 和向政府透支 C，N 是资产负债表平衡的净值。根据基础货币的定义，流通中的现金与商业银行在中央银行的储备金构成基础货币，即 $M = Cu + RR$。从中央银行资产负债表可以得出：

$$M = A + C - N \tag{3}$$

因此，货币发行 M 主要用于向政府透支和增加中央银行的公众债权（贷款）。由于中央银行的公众债权会产生收益，而 N 是资产负债表平衡的净值，从而根据会计上的损益情况可以得出：

$$iA = N> \tag{4}$$

在公共部门包括中央银行时，应将（1）式非金融公共部门的赤字减去中央银行的利润，发行的债务减去中央银行的净值增加，即由（1）式 –（4）式可以得出 $D + iB + iF + iE - iA = B> + F> + E> + C> - N>$，在该等式右端加上同时扣除中央银行对公众债权的变化量 A>>，得到：$D + iB + iF + iE - iA = B> + F> + E> + C> - N> + A> - A>$，根据（3）式可以进一步得出：

$$D + iB + i(F - A) + iE = B> + (F> - A>) + E> + M> \tag{5}$$

方程（5）包含了政府的所有筹资方式，既包括从国内公众的借债方式，也包括向外国借款，同时还包括中央银行发行货币予以弥补赤字的情形。

方程（5）给出了政府基本的名义预算框架，但仍不足以分析评价债务问题，需要将名义变量转换成实际变量，去除物价因素影响。对（5）式两边同时除以物价 P，得到：

$$D/P + iB/P + iF/P + iE/E - iA/P = B>/P + F>/P + E>/P + M>/P - A>/P \tag{6}$$

将真实赤字、真实公众持有国债与真实外债、中央银行真实的公众债权、真实基础货币分别以其对应的小写字母表示，即 $d = D/P$，$b = B/P$，$f = F/p$，$e = E/P$，$a = A/P$，$m = M/P$。对这些变量关于时间取导数可以得出：$B>/P = b> + \pi b$、$F>/P = f> + \pi f$、$E>/P = e> + \pi e$ 和 $A>/P = a> + \pi a$。此外，实际货币需求包含经济增长引致货币需求上升的铸币税与通货膨胀导致的通货膨胀税，即 $M>/P = m> + \pi m$，其中 π 为通货膨胀率（即物价变动率）。由（6）式可以得出：$d + ib + if + ie - ia = b> + \pi b + f> + \pi f + e> + \pi e + m> + \pi m - (a> + \pi a)$，即：$d + (b + f + e - a)(i - \pi) = b> + f> + e> - a> + m> + \pi m$，由于真实利率与名义利率存在如下关系 $r = i - \pi$，从而可以得出政府实际变量之间关系式：

$$d + (b + f + e - a)r = b> + f> + e> - a> + m> + \pi m \tag{7}$$

进一步，假设实际产出 y 的增长率即经济增长率为 n，那么将方程（7）两边同时除以实际产出水平 y 可以得出政府赤字率的方程式：$d/y + r(b + f + e - a)/y = b>/y + f>/y + e>/y - a>/y + (m> + \pi m)/y$，将赤字产出比例、公众持有国债与产出比例、外债与产出比例、中央银行真实的公众债权与产出比例分别以其对应的希腊字母表示，即 $\beta = b/y$、$\varphi = f/y$、$\varepsilon = e/y$ 和 $\alpha = a/y$。通过求解变量的时间导数可以得出 $b>/y = \beta> + n\beta$、$f>/y = \varphi> + n\varphi$、$e>/y = \varepsilon> + n\varepsilon$ 和 $\alpha>/y = \alpha> + n\alpha$，从而可以得出：

$$d/y = \beta> + \varphi> + \varepsilon> - \alpha> + (\beta + \varphi + \varepsilon - \alpha)(n - r) + (m> + \pi m)/y \tag{8}$$

由此可见，政府赤字率不能超过以上等式右边筹集得到的收入总和，即赤字规模取决于发行内债规模、外债规模与货币增长产生的铸币税、通货膨胀税之和。① 一方面，债务增量变化可以影响赤字占 GDP 比重，理论上如果债务可以无限发行，那么不管当前债务存量规模多大，通过无限增加当前债务增量都会促使赤字占 GDP 比重趋于无限大；另一方面，在债务增量不变的情况下，债务存量的高低影响赤字占 GDP 比重，较高的债务 GDP 比重的债务目标将允许更高的赤字与 GDP 占比。同时，较高的通货膨胀目标也会带来额外的通货膨胀税，增加赤字空间。因而，政府赤字与一国的宏观经济目标息息相关。具体而言，可以分为以下几种情形：

（1）如果内债达到上限，那么政府筹资就必须遵循 $\beta \geqslant 0$ 与 $\varepsilon \geqslant 0$，财政通过外债、调整中央银行资产结构或者发行货币弥补收支缺口，财政赤字政策不再影响内债占 GDP 比例。

（2）如果外债达到上限，那么政府筹资就必须遵循 $\varphi \geqslant 0$，财政通过内债、调整中央银行资产结构或者发行货币弥补收支缺口，财政赤字政策不再影响外债占 GDP 比例。

（3）如果中央银行持有国债占 GDP 比例不变，即 $\alpha \geqslant 0$，那么财政筹资就通过内债、外债或铸币税或者通货膨胀税弥补收支缺口，财政赤字政策不再影响中央银行持有国债数量占 GDP 比重。

（4）如果经济没有发展而且政府致力于稳定通货膨胀，那么政府筹资就必须遵循 $(m> + \pi m)/y = 0$，财政通过内债或者外债弥补收支缺口，这种财政赤字政策不影响通货膨胀的稳定目标。

（5）在稳态水平，货币增长率等于经济增长率，即 $m \geqslant nm$，$\beta \geqslant 0$、$\varepsilon \geqslant 0$、$\varphi \geqslant 0$ 和

---

① 尽管目前很多国家都规定中央银行不能直接向财政透支，但财政赤字的增加必然导致国债发行速度加快，特别是在金融危机等情况下，国债的大规模发行往往会导致国债价格大幅度走低，促使国债利率大幅度上升，国债利率作为基准利率必然推升市场利率水平，因而将导致信贷萎缩。中央银行为保持市场流动性，必然需要增加对国债的购买，降低市场利率水平，从而中央银行购买国债投放基础货币为财政赤字融资的现实性便自然成立，也表明本文模型的合理性。

$\alpha \geqslant 0$，那么政府赤字率方程式变为：

$$d/y = (\beta + \varphi + \varepsilon - \alpha)(n - r) + (n + \pi)m/y \tag{9}$$

遵循这个方程的财政赤字政策，不会导致目标内债负担率、外债负担率的上升，这就是可持续基本赤字水平。式（9）代表的财政稳定条件表明，美国财政赤字在可持续水平上的融资方式有以下几种：经济增长带来的政府内外债负担率的下降，从而产生了发行内外债的空间，同时经济增长与适度的通货膨胀目标将引起铸币税和通货膨胀税的增加，可持续财政赤字水平也因此提高。如果实际的基本赤字小于可持续赤字，那么就不需要调整财政政策，政府财政政策没有风险；但如果实际赤字大于可持续赤字，则赤字财政政策将导致债务上涨，财政政策风险增加；如果持续增加赤字和债务会使债务负担率不断上升而不收敛，债务融资可能出现货币化倾向，政府因没有足够的偿债能力而在经济上破产的风险加剧，因此政府必须及时调整政策。

五、美国赤字财政政策与债务货币化风险分析

我们将利用上述的分析框架评价美国赤字财政政策及债务货币化风险问题。相关数据来源于美国圣路易斯联邦储备银行（St. Louis Fed）数据库、美国 2009 年 2 月公布的《美国 2010 年预算报告草案》、美国国会办公室发布的《预算与经济展望》以及蓝筹经济指标（Blue Chip Economic Indicators）、美国经济分析局（U. S. Bureau of Economic Analysis）数据库、[①] 美联储网站。由于美国当前的财政政策主要是针对金融危机而制定的，具有明显的短期性，政策会随着经济环境的变化而进行相应的调整，这种政策具有非稳态特征，不能完全运用常规稳态水平进行分析。同时，对稳态水平的考察有助于我们理解正常情况下的政策调整空间，可以为评价当前超常规的政策手段提供一个参照系。为此，下面首先分析当前美国财政状况对稳态水平的偏离。

（一）美国稳态水平的财政政策空间

根据稳态水平的要求：$\beta \geqslant 0$、$\varepsilon \geqslant 0$、$\varphi \geqslant 0$ 和 $\alpha \geqslant 0$，即财政外债没有增长、内债不会上升以及中央银行对公众债权保持稳定，遵循这种要求的财政政策不会导致债务负担上升。然而，债务负担不上升并不意味着财政不能有赤字，这必须依赖于经济增长与通货膨胀引起的铸币税和通货膨胀税，还与国债的利息水平引致的财政利息支出压力息息相关，从而必须确定经济增长率、通货膨胀率与利息水平。为了估计这些参数，这里采取如下方法：一是经济增长率、通货膨胀率等主要宏观经济指标，采取当年的短期估计值与长期年度平均值相结合的模式，运用长期年度平均值可以反映长期的稳态水平，从而能够为本研

① http://www.aspenpublishers.com/blue-chip-publications.htm.

究提供一个参照系；同时采取短期估计值的作用是反映当前特定宏观经济形势下可能对稳态水平的偏离。二是外债占 GDP 比例、GAS 国债占 GDP 比例与实际公众持有国债占 GDP 等指标采用当前年度指标，因为这些指标主要是存量指标，反映历史债务等指标的累积变化，包含了历史信息，从而采取当前年度指标能够更客观地测算稳态水平。按照上述思想，采用《美国 2010 年预算报告草案》、美国国会办公室发布的《预算与经济展望》以及蓝筹经济指标中预测的 2009 年经济增长率与通货膨胀率，测算结果一、二的真实经济增长率采用三个报告中经济增长率的平均值（为-1.8%，见表 2），而测算结果三、四中的通货膨胀率分别采用消费者零售价格指数（CPI）与 GDP 缩减指数，这两个指数也采取三种数据源的平均值代替，即消费者零售价格指数为-0.4%、GDP 缩减指数为 1. 3%（见表 2）。稳态水平的测算结果采用的经济增长率为美国 1970~2008 年的年均增长率，物价增幅为 1970~2008 年的年均增长率，由此得出长期视角下的稳态赤字水平（见表 2）。运用美联储网站中提供的资产负债表的数据计算得到 2008 年末基础货币占 GDP 比重为 9.1%。国债利率不仅与当年的利率相关，也包括已经发行但尚未到期的国债的利息率，而且还与国债的期限结构有关，为了更客观地反映 2009 年国债的利息率，这里采用上年国债净利息支出与国债总和之比代替，测算结果为利息率 2.4%。根据这些参数，结合稳态方程（9）可以得出稳态水平的财政赤字空间（见表 2）。

从表 2 稳态水平的测算结果可以看出，美国财政赤字占 GDP 比重的长期稳态水平为 0.999%，如果财政赤字超过这个水平，那么财政债务水平将偏离稳态水平，出现不断上升的现象。2009 年奥巴马新政中赤字占 GDP 比重 9.9% 的财政政策与稳态的财政路径相差甚远。这是基于与长期稳态水平的比较得出的结论。然而，当前金融危机可能会促使某些变量恶化，而且未来的经济复苏不确定性仍然较大，因而必须结合当前的一些具体指标做进一步的分析。基于当前具体经济指标的测算结果，再与稳态水平比较，可以反映当前状况对稳态水平的偏误（见表 2）。结果表明，在真实经济增长率为-1.8% 的情况下，赤字占 GDP 平均-2.4%，即美国 2009 年需要保留占 GDP 2.4% 的财政盈余才能保证债务负担不会上升；在通货膨胀率为-0.4%情况下，美国 2009 年需要保留占 GDP 2.4% 的财政盈余才能保证债务负担不会上升；在通货膨胀率为 1.3% 情况下，美国 2009 年需要保留占 GDP 2.3% 的财政盈余才能保证债务负担不会上升。总体来看，金融危机导致美国财政形势更加严峻，如果美国为了稳定债务水平，那么美国当年的财政盈余应占 GDP 2% 左右，这主要是由于当前美国国债余额太高导致利息支出刚性增长所致，而经济增长率下滑导致债务负担相对上升。[①] 由此可见，金融危机促使美国财政状况严重偏离稳态水平，奥巴马新政的赤字政策与稳态水平相差甚远。如果不是遭遇金融危机，当前经济下滑应属于正常的经

① 尽管美国经济分析局（Bureau of Economic Analysis，BEA）2010 年 2 月 26 日公布的初步数据显示，2009 年第四季度美国国内生产总值（GDP）按年率计算增长了 5.9%，此前第三季度增长率达到 2.2%，实现连续两个季度正增长。然而，2009 年第三季度经济增长主要是美国政府的“旧车换现金”计划为国内生产总值增长贡献了 1.36 个百分点，而第四季度则是存货投资贡献了 3. 88 个百分点。私人投资与私人消费尚未启动，因而，未来经济增长能否持续尚待观察，考虑到美国居高不下的失业率及开始显现的通货膨胀压力，美国经济前景仍具有较大不确定性。

济波动。美国采取超常规的赤字财政政策是不可取的，因为当前采取赤字政策背离平滑财政可持续发展引致的盈余需求，对未来财政盈余能力产生更大的压力，与财政长期的可持续增长矛盾，该政策推行必然会损害其他宏观经济目标的有效性。

表 2　稳态水平的财政赤字空间

单位：%

稳态水平	测算结果	1970~2008 年年均经济变量指标			
		真实经济增长率	2.96	物价增幅	4.7
		赤字占 GDP	0.999		
对稳态水平的偏离	测算方案		A	B	C
	前提假设	债务保持稳定（$\beta \geqslant 0$、$\varepsilon \geqslant 0$、$\varphi \geqslant 0$ 和 $\alpha \geqslant 0$），真实经济增长率为–1.8			
	测算结果一	CPI	–0.6	0.1	–0.8
		赤字占 GDP	–2.5	–2.4	–2.5
	测算结果二	GDP 缩减指数	1.2	1.8	1
		赤字占 GDP	–2.3	–2.3	–2.3
	前提假设	债务保持稳定（$\beta \geqslant 0$、$\varepsilon \geqslant 0$、$\varphi \geqslant 0$ 和 $\alpha \geqslant 0$），通货膨胀率为–0.4			
	测算结果三	真实经济增长目标	–1.2	–2.2	–1.9
		赤字占 GDP	–2.1	–2.7	–2.5
	前提假设	债务保持稳定（$\beta \geqslant 0$、$\varepsilon \geqslant 0$、$\varphi \geqslant 0$ 和 $\alpha \geqslant 0$），通货膨胀率为 1.3			
	测算结果四	真实经济增长目标	–1.2	–2.2	–1.9
		赤字占 GDP	–1.9	–2.6	–2.4

注：以上数据 A、B、C 方案中的通货膨胀率、经济增长率分别来源于《美国 2010 年预算报告草案》、美国国会办公室发布的《预算与经济展望》以及蓝筹经济指标。前提假设中的物价指数与经济增长率来源于这三种数据源预测值的平均值，国债利率由上年国债净利息支出与国债总额之比 2.4%替代。稳态水平测算结果中使用的真实经济增长率为美国 1970~2008 年的年均增长率，物价增幅为 1970~2008 年的年均增长率，由此得出长期视角下的稳态赤字水平。

（二）美国超常规赤字财政政策模拟

从上面对稳态水平的财政空间分析可以知道，美国超常规经济刺激措施不可能同时遵循财政政策短期的可持续性路径。一方面，这意味着美国赤字财政政策必须通过增加债务负担或者增发货币等手段解决，但国债发行受制于公众的认购能力，而货币发行也与通货膨胀目标息息相关，因而，必须对各种可能的筹资方式（国债认购能力）进行分析；另一方面，赤字财政政策通常属于功能性宏观调控，具有一定周期性，因而赤字财政政策通常需要延续几年。为此，这里对美国财政赤字政策模拟持续到 2016 年，这个时间段的选取恰好是美国政府两届任期的时间，也可能是奥巴马主持白宫的 8 年，具有较高的现实意义。

1. 国债认购能力分析

由于美国内债主要由政府投资基金、公众及美联储持有，因而考察内债发行空间必然涉及对这些债权主体未来购债能力的评估。美国政府投资基金具有储蓄池的功能，主要包括社会保险基金、公务员退休和伤残基金、医疗保险基金、军人退休基金、外汇稳定基金及高速公路基金等几百只基金。按照法律规定这些基金及其收益必须全部购买国债，从而美国投资基金增长与美国国债需求存在明显的正向关系。20 世纪 80 年代以来这些基金总量不断上升，其持有的国债占 GDP 比重增长迅速，1980 年以来平均每年增长 0. 9 个百分点，从图 4 的 HP 滤波趋势可以看出，政府投资基金持有国债占 GDP 比重具有明显的上升态势。尽管随着婴儿潮出生的人口进入退休年龄会逐步降低社会保障资金的增幅，但短期内仍有明显的增长势头，而且这些投资基金投资国债获得的利息收入将促使基金扩大购买国债规模，正常情况下，政府投资基金预计在模拟的 2016 年前将继续上升，这里用其平均值 0.9% 的增幅测算未来投资基金持有国债数量占 GDP 比重。

美联储持有的美国国债占 GDP 比重一直在 5%左右，这与美联储致力于实现通货膨胀目标的相对独立的货币政策有关。然而，当前美国信贷活动急剧紧缩，经济复苏需要美联储实施大规模注资活动，向市场提供充足的资金，同时压低市场利率水平。为此，美联储多次向市场提供流动性，同时，美联储宣布增加持有美国国债，2009 年拟增持国债 3000 亿美元，以此降低长期国债利率水平，促进投资，由此可能推升国债占 GDP 比重上升 2 个百分点。如果美联储未来仍然坚持货币政策独立性，那么其购买国债的策略不可能持续，当社会信贷活动趋于稳定后，美联储必将停止增持国债活动。按照这种逻辑，如果财政筹资政策顺利，那么未来美联储资产结构仍将保持稳定，预计 2010~2016 年美联储持有国债不可能发生大的改变。如果未来美国赤字财政政策必须依赖于国债大量发行，那么可能导致国债价格持续走低，促使市场利率水平上升，导致社会信贷活动受到影响，此时美联储将被迫在实施赤字财政政策的同时增发货币，从而间接通过铸币税为政府赤字融资。

从美国公众持有国债情况看，1993 年以来美国公众持有国债占 GDP 比重一路下滑，从 35% 的高点下降到 17.6%，跌幅将近一半，仅高于美联储购买国债的水平（见图 4）。可见，美国公众持有的国债比重很低，这与美国经济结构密切相关。美国提倡超前消费模式，过度消费导致民间储蓄很低，居民储蓄持续下降，2008 年上半年，居民储蓄占 GDP 仅为 1%，很多家庭还出现负资产现象，即使包括政府、企业的储蓄总额，美国总储蓄占 GDP 也仅仅为 GDP 的 11.6%。在主要市场经济发达国家中，美国储蓄水平明显偏低（见表 3），而且具有不断下降的趋势（见图 5）。如果将目前的总储蓄全部用于购买国债，仅仅能弥补奥巴马政府 2009 年 9.9% 的赤字率的预算缺口，表明公众对美国国债的支撑相当有限。可以预计未来几年美国赤字财政政策不可能通过大幅度增加本国公众持有国债数量来完成，为此在评价 2009~2016 年赤字政策时将保持公众持有国债水平相对稳定。

由于公众对美国国债的边际贡献很有限，因而美国国债的发行就必须依赖外部经济体。从图 4 可以看出，尽管美国外债在 2000 年前后出现了一些波动，但总体不断增长的趋势明显，HP 滤波具有显著的不断增长的特点。由于美元作为国际货币，美国持续出现双赤字，各国不断增长的超额外汇储备为美国国债带来了大量的投资需求，因而只要美元作为国际货币的主导地位没有改变，外部经济体购买国债仍然是减少外汇储备损失的较稳妥的选择。各国持有美国国债的数量上升的局面难以逆转，因而短期内外债为美国赤字融资仍将起着重要作用，但这种作用将逐步削弱。目前包括中国在内的一些国家已经开始减持美国国债，而转持其他储备资产，如 IMF 的 SDR 或者其他国际储备货币等，这将导致

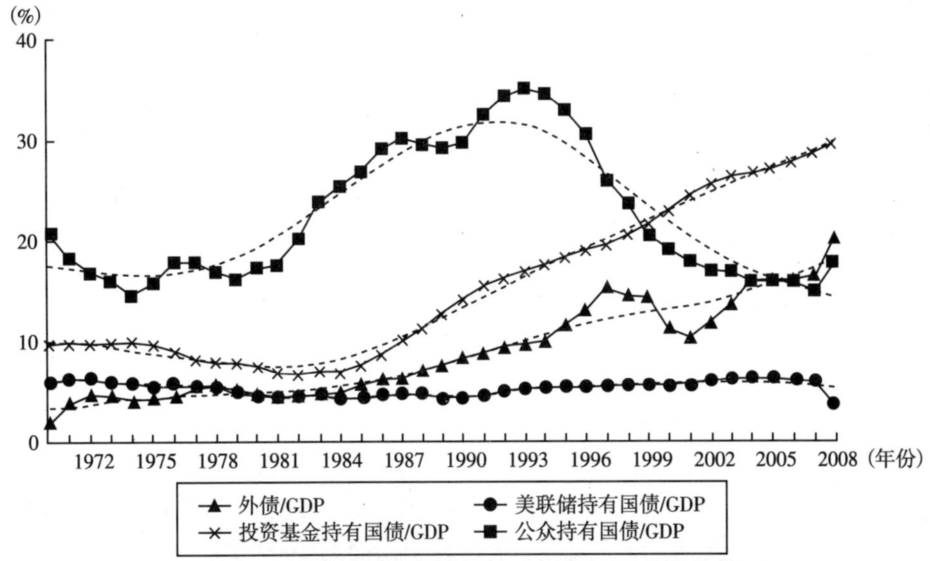

图 4 美国国债结构及其趋势（虚线为 HP 滤波趋势）

各国美元外汇储备规模上升速度的放缓甚至绝对规模的降低，为此，在模拟美国未来赤字财政政策时，预计外部经济体持有美国国债占 GDP 总额在近两年攀高后将逐步趋于稳定。

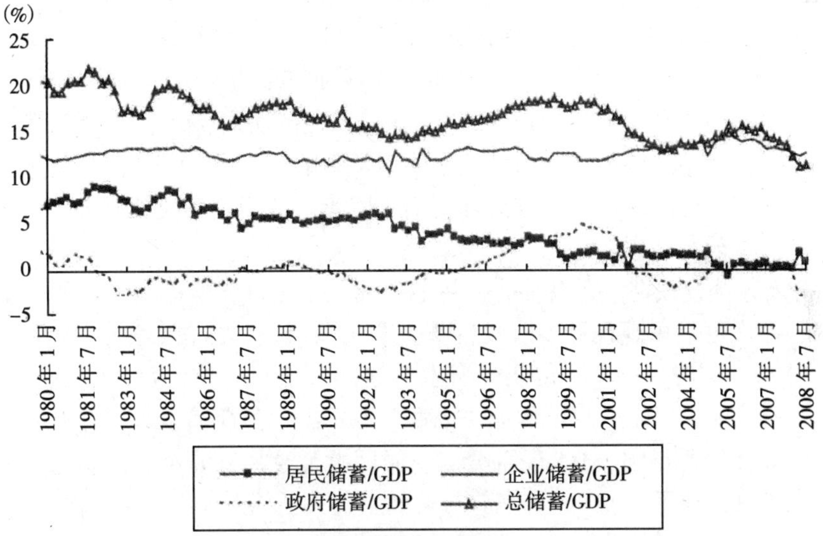

图 5 美国储蓄结构

表 3 世界主要发达国家总储蓄占 GDP 比例

单位：%

年份 国家	1996	1997	1998	1999	2000	2001	2002	2003	2004	2005	2006	2007
比利时	24.5	25.9	25.6	26.3	26.0	24.6	24.2	23.6	24.0	23.7	24.6	25.0
法国	18.7	19.9	21.0	21.8	21.6	21.3	19.8	19.1	19.0	18.5	19.1	19.3

续表

年份 国家	1996	1997	1998	1999	2000	2001	2002	2003	2004	2005	2006	2007
德国	20.5	20.7	20.9	20.3	20.2	19.5	19.4	19.5	22.0	22.2	23.9	25.9
意大利	22.2	22.2	21.6	21.1	20.6	20.9	20.8	19.8	20.3	19.6	19.6	19.7
日本	29.7	29.8	28.8	27.2	27.5	25.8	25.2	25.4	25.8	26.8	26.6	N.A
英国	16.3	17.4	18.3	16.0	15.4	15.6	15.8	15.7	15.9	15.1	14.2	14.5
美国	16.1	17.3	18.0	17.8	17.7	16.1	13.9	12.9	13.4	14.4	15.0	13.7

资料来源: National accounts of OECD countries database。

2. 赤字财政政策模拟

由于美国财政政策已经偏离稳态水平，因而可以根据非稳态方程（8）进行动态模拟。根据方程的参数要求，必须先估计 2009~2016 年目标通货膨胀率、国债利率与经济增长率。为了更客观地反映这些参数，这里采用《美国 2010 年预算报告草案》、美国国会办公室发布的《预算与经济展望》以及蓝筹经济指标中预测的 2009~2016 年的相关经济指标，本文采用的指标为三个数据源的平均值，其中通货膨胀率采用 GDP 缩减指数、国债利率采用 10 年期国债与 3 个月国债利率的加权平均，各年度的通货膨胀率、经济增长率与国债利率见表 4。此外，预算赤字占 GDP 比重的目标值来源于《美国 2010 年预算报告草案》（见表 4），2012 年赤字降到 3%，这与奥巴马宣称的任内赤字减半计划相吻合。赤字财政政策动态模拟的基本思想如下：首先根据上年度的公众持有国债占 GDP 比重、政府投资基金持有国债占 GDP 比重、外债占 GDP 比重、基础货币占 GDP 比重及当年的通货膨胀率、经济增长率与国债利率测算稳态赤字水平，如果稳态水平财政赤字无法满足目标赤字政策的需要，那么就通过增加发行内外债来弥补预算缺口。由于美国赤字财政政策可能促使经济按计划复苏，但同时也可能偏离计划陷入困境，从而动态模拟应分为经济符合预期的乐观情况与偏离预期的悲观情况两种。

（1）经济复苏符合预期的乐观估计。按照上面关于国债认购能力的分析，如果经济增长符合预期，那么可以乐观预计政府投资基金购买国债（GAS 国债）占 GDP 比重每年增长 0. 9 个百分点，同时外国债务也仍然有上升空间，乐观的预计是 2010 年增长到 35%，而 2011 年增加到 38%，而后每年增加 1 个百分点；由于公众储蓄水平偏低，乐观的估计是假定 2010~2012 年每年增长 0.5 个百分点，而后由于经济复苏及生活观念改变而增加储蓄，每年可以增加 1 个百分点的国债需求，[①] 如果仍无法满足赤字财政政策的需要，那么政府就必须诉诸货币发行的铸币税。

从表 4 可以看出，2009~2016 年每年的稳态赤字水平都不足以满足赤字财政的需要，从而必须通过增加债务发行来解决，2009 年预算赤字率达到 9.9%，远远超过稳态水平。尽管截止到 2008 年 12 月，美国的外债达到 30769 亿美元，占 GDP 总量由 2008 年 9 月

① 这种假设的合理性可以参考上述第 1 部分国债认购能力分析的内容。

表 4　美国 2009~2016 年赤字财政政策模拟

单位：%

		2008 年	2009 年	2010 年	2011 年	2012 年	2013 年	2014 年	2015 年	2016 年
宏观假设	通货膨胀率	na	1.3	1.1	1.5	1.9	1.9	1.9	1.9	1.9
	经济增长率	na	– 1.8	2.3	3.7	4	3.7	3	2.7	2.6
	国债利率	na	1.6	2.4	3.9	4.5	4.8	4.8	4.8	4.8
	预算赤字占 GDP 目标比重	na	10.0	8	5.9	3	3.1	3	2.9	3.1
动态模拟	公众持有国债占 GDP 比重（未包含美联储持有的国债）	17.5	17.5	18	18.5	19	20	21	22	23
	政府投资基金持有国债占 GDP 比重	29.6	30.5	31.4	32.3	33.2	34.1	35	35.9	36.8
	外债占 GDP 比重	20.1	30.1	35.1	38.1	39.1	40.2	41.2	42.2	43.2
	基础货币占 GDP 比重	9.1	10.5	11.8	12.8	13.1	13.2	13.3	13.3	13.5
	稳态赤字水平	na	–1.9	0.3	0.5	0.4	–0.1	–0.8	–1.2	–1.3
	国债占 GDP 比重	70. 6	83.5	89.9	94.3	96.7	99.7	102.6	105.5	108.4

注：通货膨胀率、经济增长率、国债利率采用美国 2010 年预算报告草案、美国国会办公室发布的《预算与经济展望》以及蓝筹经济指标三个数据源中预测的 2009~2016 年的相关经济指标平均值。其中，通货膨胀率采用 GDP 缩减指数、国债利率采用 10 年期国债与 3 个月国债利率的加权平均。预算赤字占 GDP 目标比重采用美国 2010 年预算草案的预算计划。

31 日的 21% 上升到 30% ，为美国财政部解决了近 10% GDP 的外债收入，政府投资基金购买国债提供了 0.9% GDP 的债务收入。但当前公众认购国债的能力有限，因而未来需要通过货币发行来解决赤字问题，截至 2009 年 9 月 30 日，美联储增持美国国债达到 2933 亿元，通过增发货币为财政赤字融资的现象已经开始出现。

与 1918~2008 年美联储基础货币平均月度增长率 5%（见图 6）相比，2009 年基础货币月度增长率高出历史平均值 70 个百分点。如此计算，2010~2016 年每年的赤字财政政策都需要货币发行为其埋单，否则财政筹资将面临挑战。尽管从 2013 年开始，政府对货币发行的依赖明显减轻，但 2009~2016 年投放的货币如何回笼可能是一个大问题，从图 6 可以看出，美联储长期以来坚持基础货币投放的稳定，而当前赤字政策导致的基础货币投放增幅明显高于常规水平，由此可能造成的未来通货膨胀可想而知。即使不考虑货币回笼导致政府铸币税下降的问题，按照预算赤字目标导致的债务将继续膨胀，到 2016 年国债占 GDP 比重将达到 108% ，其中外债占 GDP 比重接近总债务的一半左右，不管从债务绝对量还是总量与 GDP 的占比看，如此高额的债务水平隐含的财政风险都不容忽视。

（2）经济复苏偏离预期的悲观估计。[①] 巨大的债务负担表明美国未来的财政状况不容乐观，但上面的讨论假定美国政府筹集资金比较顺利，美国经济刺激计划取得预期效果，美

① 该情形建立在前一部分经济复苏符合预期的乐观估计基础之上，其主要经济变量指标具体数值的选取都是基于对前一部分经济复苏符合预期的乐观估计情况的偏离得出的结论，其合理性建立在前一部分内容之上。本文在经济复苏符合预期的乐观估计情形中详细说明了相关变量数值选取的合理性，为节省篇幅，在此不再对具体指标选取做详细描述，可以参见经济复苏符合预期的乐观估计情形的相关说明。

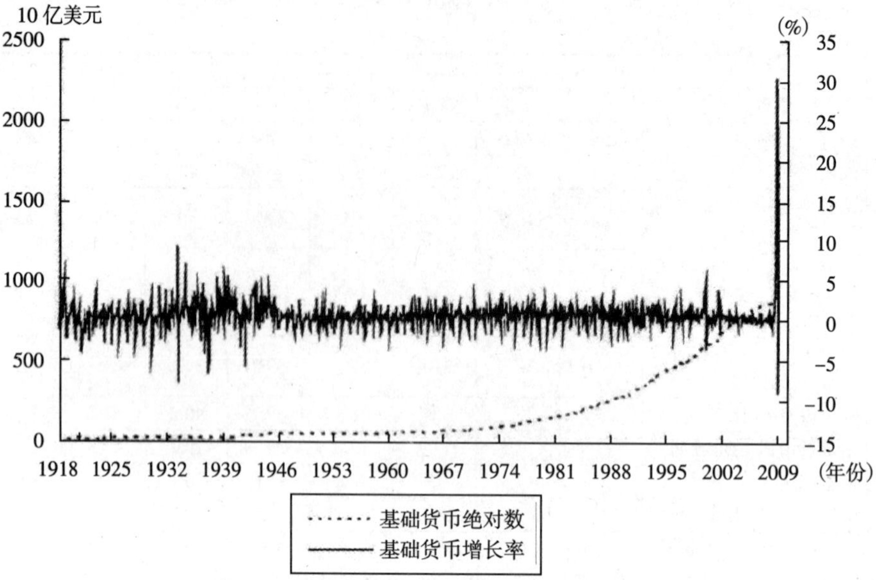

图 6 美国基础货币供给（1918 年 1 月~2009 年 12 月）

资料来源：基础货币数据来自美国对路易斯联邦储备银行（St Louis Fed）数据库；基础货币增长率按照基础货币变化绝对值与基础货币总量相比计算得出。

国经济逐步复苏并保持全球的经济核心地位，世界各方对美国充满信心，各债权主体对美国国债的需求都保持稳步增长态势。然而，美国经济刺激计划可能出现意想不到的状况，由此将引起外界对美国经济金融状况的担忧，财政筹集资金的计划也就可能碰到各种问题。为更好地揭示美国财政可能引发的风险，以下分别考虑三种可能出现的情况。

第一种情形是由于美联储向市场注入大量流动性，造成美元贬值预期不断增强，通货膨胀预期也持续增强，因而外国政府就不愿增加对美国国债的购买。由于外国政府已经购买的债券必须持有到期或者通过市场交易才能兑现，从而外债的抛售不会影响既定的市场存量水平，因而可以假定外债增幅为零，未来财政赤字不能通过发行外债进行融资，先前由外债提供的资金计划必须转向其他的债券主体。按照上面的讨论，美国公众与政府投资基金增持国债的上限如表 4 所示，公众与政府投资基金无法继续增持国债，外债下降而导致的资金短缺必须通过发行货币弥补，按照表 4 将外债筹集的增量资金折算到货币发行后，基础货币发行必须大幅度上升。从 2009 年基础货币占 GDP 的 10.5%上升到 2016 年的 26.6%，基础货币增幅超过 150%（见图 7），这与美联储长期以来稳定的基础货币投放政策（见图 6）形成鲜明对比。在这种情况下，美国将面临权衡赤字财政政策与控制通货膨胀问题。

第二种情形是假定在第一种情形下，由于经济增幅放缓，美国失业增加、个人收入显著下降，导致财政必须增加对失业群体保险金发放，对困难群众发放补助金，增加对家庭的收入补贴及降低养老保险缴税，等等，这些都直接引起社会保障基金支出的显著增加，

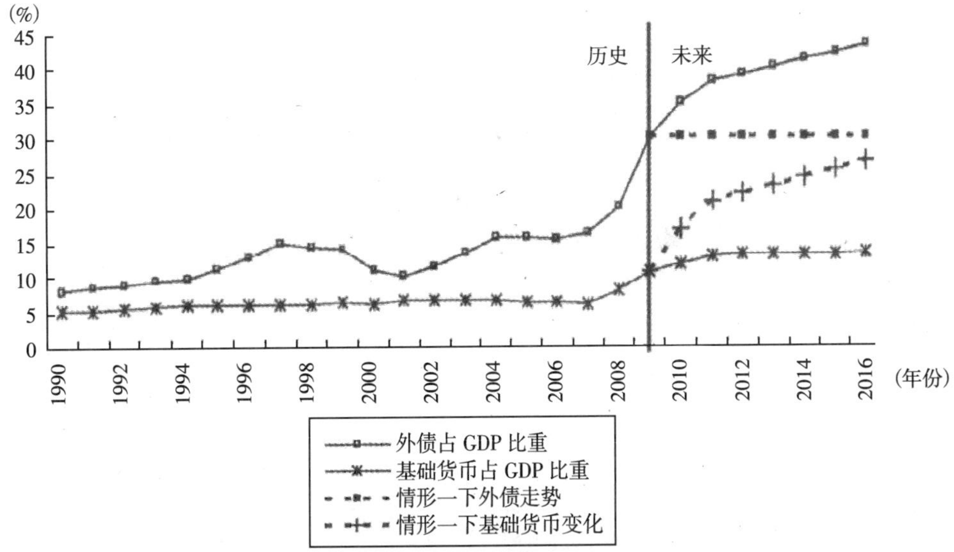

图 7　第一种情形下债务与货币供给变化比较

从而导致美国政府投资基金增长放缓，甚至出现负增长，引起持有国债比例增幅的下降。这里假定由于社保基金支出增长导致美国政府投资基金无法增加对国债的购买，即原计划通过向政府投资基金发行债券筹集的资金必须依赖其他来源。而且，在第一种情形下外债的筹资途径也没有了，那么这两方面导致的债务收入缺口必须全部通过货币发行来弥补，这对中央银行货币发行形成了更大的压力。按照表 4 将外债和政府投资基金筹集的增量资金折算到货币发行后，基础货币发行量大幅度上升，从 2009 年基础货币占 GDP 的 10.5% 上升到 2016 年的 32.9%，在短短的 8 年中基础货币增幅超过 200%（见图 8）。这与图 6 显示的美联储每年平均基础货币增幅 5%的现象背道而驰，在这种情况下，美国可能面临的通货膨胀严重程度可想而知，潜在的危机不仅是经济问题，而且也是社会的稳定问题。

第三种情形是一种极端情形，假设美国刺激经济的政策没有收到预期效果，外国政府对美国失去信心，不可能通过外债增加债务收入；公众收入持续下降，储蓄水平没有提高，公众没有足够的储蓄支撑对国债的购买；同时，由于经济持续衰退，社会保障资金支出压力不断加大，政府投资基金也不可能增加对国债的需求。美国筹集资金完全靠发行货币解决，那么按照美国 2009~2016 年的赤字财政计划测算（见表 4），货币发行将出现爆炸式增长，基础货币占 GDP 的比重将从 2009 年的 10.5% 上升到 2016 年的 38.4%（见图 9），货币发行在短短 8 年中增加将近 3 倍，而在前 30 年里，基础货币占 GDP 比重仅仅上升近 3 个百分点。在这种情况下，美国财政问题将完全由恶性通货膨胀问题所取代，对经济的风险也将由财政收支风险转向经济系统性风险。

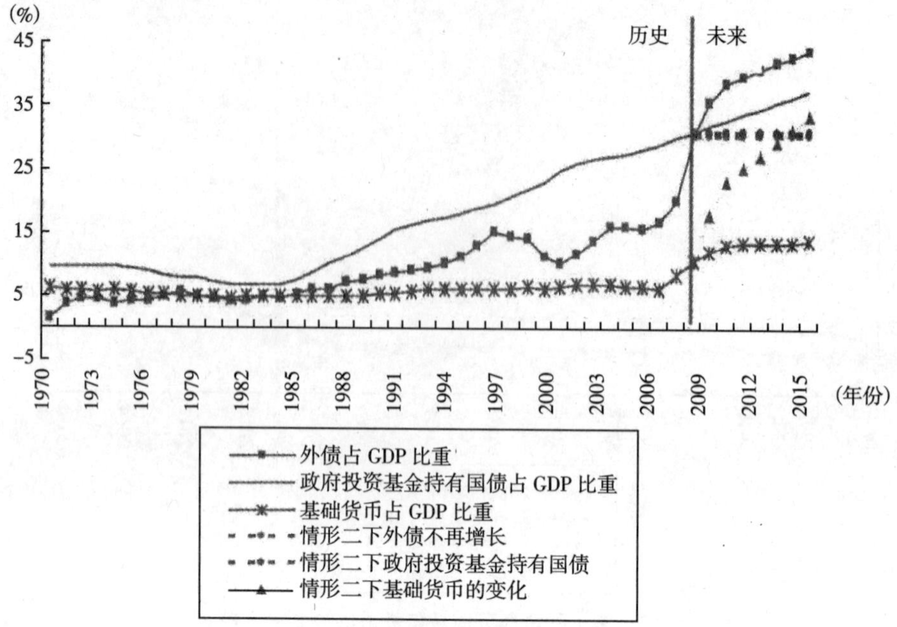

图 8　第二种情形下债务与货币变化比较

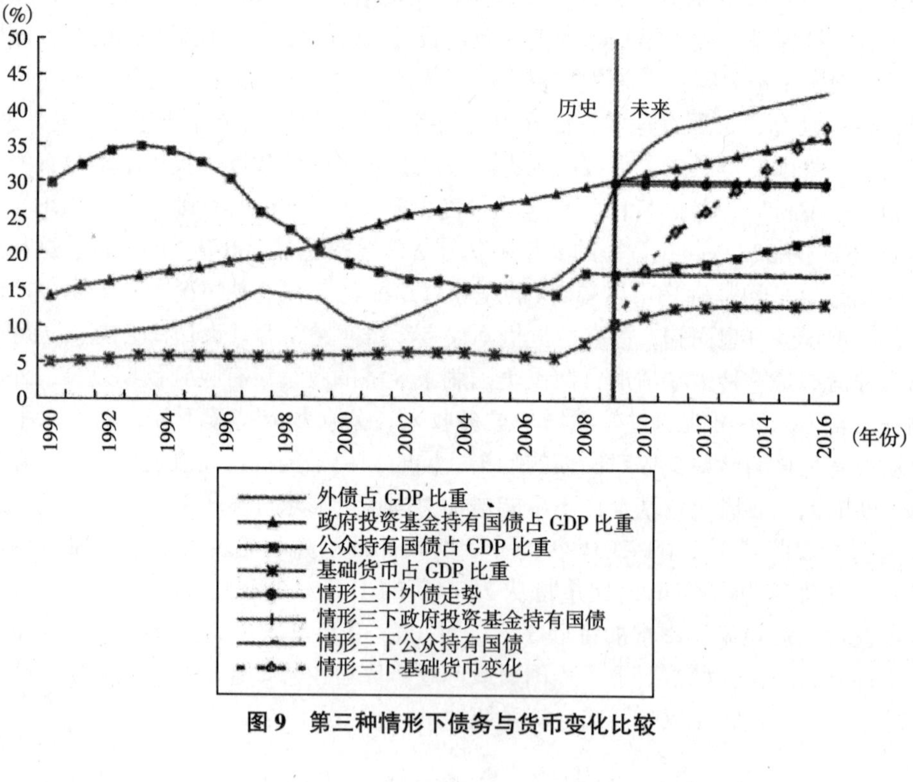

图 9　第三种情形下债务与货币变化比较

六、结论与评价

本文通过构建美国财政赤字政策与国债风险研究框架，动态分析美国超常规赤字财政政策可能引起的财政债务演化路径及相关宏观经济指标的变化，以此揭示可能出现的风险问题。研究发现：①稳态赤字水平由经济增长率、通货膨胀率及国债利率水平决定，通过运用美国数据测算显示，当前美国经济陷入衰退而国债利息支出刚性增长，财政必须保留占 GDP 2.4%的财政盈余才能保证国债负担处于稳态水平，奥巴马政府 2009 年 9.9% 的赤字财政政策与稳态的财政路径相去甚远，美国财政政策已背离稳态水平。②经济复苏符合预期的动态模拟表明，未来几年美国政府赤字财政政策仍然可以通过发行国债解决，但到 2016 年美国国债占 GDP 比重将达到 108%，其中外债占 GDP 比重接近总债务的一半左右，未来国债负担急剧上升将加大债务风险。③经济复苏偏离预期的动态模拟表明，债务货币化是美国赤字财政政策的必然结果，特别是在美国刺激经济的政策没有收到预期效果的极端情形下，美国赤字财政政策筹集的增量资金完全靠发行货币解决。美联储被迫投放基础货币，基础货币占 GDP 的比重将从 2009 年的 10. 5%上升到 2016 年的 38.4%，货币发行在短短 8 年中增加将近 3 倍，赤字财政政策可能导致恶性通货膨胀，并引发经济系统性风险。

美国未来面临的财政问题充满挑战。2009 年 2 月，奥巴马正式签署总额高达 7870 亿美元的经济刺激方案，其中包括：为个人和企业减税、卫生保健和替代能源投资、基础设施项目投资和为各州和地方提供财政支援。其中，5000 亿美元用于政府公共支出，其余 2870 亿美元用于减税。公共支出及时大幅度增加将有助于促进当期的经济增长，但经济增长能否持续，未来是否还要再次增加如此大规模的公共支出？公共支出的任何扩张都与赤字、债务紧密相连，因而这种不确定性决定了美国财政未来的负担情况有可能比本文预计的更为严重。尽管目前美国经济连续两个季度实现正增长，但私人投资和私人消费尚未企稳回升，考虑到美国居高不下的失业率及通货膨胀压力，美国经济前景仍然具有较大不确定性。此外，奥巴马新政涉及减税的内容可能对未来财政收入增加形成刚性阻碍，即在经济逐步复苏的过程中减税内容的取消可能导致当期消费的减少，影响经济复苏，这可能使减税的时间期限不断延长，由此影响财政收入的如期增长，反过来促使未来美国财政收支缺口即财政赤字与债务规模扩大。

上述讨论都假定美联储未来的资产负债表调整不会出现刚性压力，即经济复苏过程中美联储的资产不会出现问题，从而可以通过出售资产回收流动性，这是一种乐观估计。美联储在金融危机时期提供了大量贷款担保，而且对金融机构采取直接注资，美联储得到的资产很可能是有“毒”资产。具体来看，一是直接救助濒临清盘的金融机构。2008 年 3 月和 9 月，美联储分别向摩根大通和国际集团提供了 290 亿美元的担保和 1500 亿美元的救助资金。二是实施住房援助。2008 年 7 月 22 日，美国众议院批准总额 3000 亿美元的住房援助法案；9 月 7 日，美国政府宣布联邦住房金融局牵头接管“两房”。三是采取了一系列回购和担保措施。2008 年 9 月，财政部宣布计划从“政府资助机构”收购 100 亿美元的抵押贷款支持债券；随后又宣布，计划动用多于 500 亿美元外汇稳定基金（ESF）为货币市场基金提供临时担保。此外，美联储还实施一项问题资产拯救计划（TARP），总规模达 7000 亿美元，即 2008 年 10 月首批启动 3500 亿美元，除用于收购银行不良资产之外，还用于其他方面：一是购买股权。截止到 2008 年 12 月 19 日共注资 42 家银行，注资规模 3150 亿美元。二是提供贷款担保。2008 年 11 月底，财政部动用 50 亿美元为花旗银行提供担保，200 亿美元为信用卡债务、汽车贷款等提供担保。三是提供短期贷款。2008 年 12 月 19 日财政部动用 174 亿美元用于为汽车业提供短期贷款。如果美联储的资产“毒”性发作，那么这些不良“隐性”资产将转成财政的显性债务，财政收支压力将更大。美国政府就需要发行大量国债弥补赤字，财政赤字引发通货膨胀的风险将大大增加。

参考文献：

[1] 刘琳：《美财长盖特纳认可人民币灵活汇率政策》，2009 年，http：//finan ce. s ina. com. cn/world/gjjj/20090602 /04066290879. shtml。

[2] 朱自刚：《美国联邦政府预算管理——2001 年财政年度》，经济科学出版社，2001 年。

[3] Anand，R. and Van Wijnbergen，S. “Inflation and the Financing of Government Expenditure：An Introductory Analysis with An Application to Turkey.” The World Bank Economic Review，1989，3（1），pp. 17-38.

[4] Auerbach，Alan J.；Furman，Jason and Gale，William G. “Facing the Music：The Fiscal Outlook as the Bush Years End.” Tax Notes，June 2，2008，pp. 981-992.

[5] Bajo-Rubio，O.；Diaz-Rolda'nb，Carmen and Esteve，Vicente. “US Deficit Sustainability Revisited：A Multiple Structural Change Approach.” Applied Economics，2008，40（12），pp. 1609-1613.

[6] Bohn，H. The Sustainability of Fiscal Policy in the United States. Conference paper，2005，http：/ / www. econ.ucsb. edu /% 7Ebohn /papers /Deb tUS. pdf.

[7] Bohn，H. “The Behavior of U. S. Public Debt and Deficits.” Quarterly Journal of Economics，1998，Vol. 113，pp. 949 - 963.

[8] CBO. The Long-Term Budget Outlook，Dec. 2005.

[9] CBO. The Long-Term Budget Outlook，June 2009a.

[10] CBO. The Long-Term Budget Outlook，August 2009b.

[11] Cogan，J. F.；Cwik，T.；Taylor，J. B. and Wieland，V. “New Keynesian versus Old Keynesian Government Spending Multipliers.” European Central Bank（ECB）Working Paper 1090，2009.

[12] Davig，T. and Leeper，E. M. “Monetary-Fiscal Policy Interactions and Fiscal Stimulus.” NBER Working Paper，2009.

[13] Eggertsson，G. B. “Cana Tax Cut Deepen the Recession?” Federal Reserve Bank of New York，December 2008.

[14] Feldstein. “Obama Care's Crippling Deficits.” The Wall Street Journal，September 7，2009a.

[15] Feldstein. “Inflation Is Looming on America's Horizon.” The Financial Times, April 19, 2009 b.

[16] Gao. Debt Ceiling: Analysis of Actions Taken during the 2003 Debt Issuance Suspension Period. http://www. gao.gov/new.items/d04526.pdf, 2003.

[17] Hakkio, C. S. and Rush, M. “Is the Budget Deficit Too Large?” Economic Inquiry, 1991, 29, pp. 429-445.

[18] Hamilton, James D. and Flavin, Marjorie A. “On the Limitations of Government Borrowing: A Framework for Empirical Testing.” American Economic Review, September 1986, Vol. 76, pp. 809-819.

[19] Kremers, J. M. “U. S. Federal Indebtedness and the Conduct of Fiscal Policy.” Journal of Monetary Economics, 1989, Vol. 23, pp. 219-238.

[20] Leeper, E. M.; Plante, M. and Traum, N. “Dynamics of Fiscal Financing in the United States.” NBER Working Paper 15160, 2009.

[21] Noll F. “The United States Public Debt, 1861 to 1975,” in Robert Whaples edited, EH. Net Encyclopedia of Economic and Business History, March 16, 2008.

[22] Smith, Gregor W. and Zin, Stanley E. “Persistent Deficits and Market Value of Government Debt.” Journal of Applied Econometrics, 1991 June, pp. 31-44.

[23] Trehan, B. and Walsh, C. “Common Trends, the Government's Budget Constraint, and Revenue Smoothing.” Journal of Economic Dynamics and Control, 1988, Vol. 12, pp. 425-444.

[24] Trehan, B. and Walsh, C. “Testing Intertemporal Budget Constraints: Theory and Applications to US Federal Budget and Current Account Deficits.” Journal of Money, Credit, and Banking, 1991, Vol. 23, pp. 206-223.

[25] Wilcox, D. “The Sustainability of Government Deficits: Implications of the Present Value Borrowing Constraint.” Journal of Money, Credit, and Banking, 1989, Vol.21, pp. 291-306.

（截稿：2009 年 11 月　责任编辑：宋志刚）

外汇风险溢酬与宏观经济波动：基于随机贴现因子的研究框架*

郑振龙　邓弋威

【摘　要】本文利用随机贴现因子框架探讨了外汇风险溢酬与宏观经济波动的关系。本文的理论推导证明，外汇风险溢酬取决于两国的经济波动与两国经济波动的相关程度。本文的经验研究表明：当两国经济平稳，且两国经济波动相关性很高时，外汇的风险溢酬将近似于零均值白噪声；而当经济危机爆发时，外汇风险溢酬将表现出巨大的波动。

【关键词】外汇风险溢酬；随机贴现因子；宏观经济波动

一、引言

资产风险与收益间的权衡是资产定价研究的主题。自从20世纪50年代Markowitz提出现代资产组合理论以来，针对股票、债券等资产风险溢酬的研究取得了长足进展。但遗憾的是，针对外汇风险溢酬的研究起步较晚，进展相对滞后。早期学者们总是直接假定投资者是“风险中性”的，从理论上排除了对外汇风险溢酬存在性的探讨，并得出了一系列推论，如“远期外汇无偏假说”以及“无套补的利率平价”（Uncovered Interest Rate Parity，UIP）。然而，Fama（1984）提出的“远期外汇贴水之谜”（the Forward Discount

* 郑振龙、邓弋威：福建厦门大学金融系，361005，电子信箱：zlzh eng@ xmu. edu. cn（郑振龙）；dengyi wei851114@ gmail. com（邓弋威）。

本文得到教育部“国际金融危机应对研究”应急项目：金融市场的信息功能与金融危机预警（2009JYJR051）及福建省自然科学基金：卖空交易对证券市场的影响研究（2009 J01316）的资助。

Anomaly)[1] 对“远期外汇无偏假说”提出了挑战，由此引发了从风险溢酬角度研究汇率变化的热潮。针对外汇风险溢酬的研究关系到一系列基础的理论问题，例如：远期汇率中究竟包括了哪些信息？当前的远期汇率与预期未来即期汇率之间存在怎样的联系？无套补的利率平价是否成立？

本文旨在探讨在市场化决定的汇率形成机制中，外汇风险溢酬将受到哪些因素的影响，对于宏观经济冲击又将作出怎样的反应。本文第二部分对现有从资产定价角度研究外汇风险溢酬的文献进行回顾，第三部分提出本文的理论模型，第四部分对外汇风险溢酬的时间序列特征提出新证据，最后一部分给出本文的结论。

二、文献回顾

（一）外汇风险溢酬及其度量

资产的风险溢酬是研究资产定价的核心内容。当我们把外汇看成一项资产时，投资者购买外汇资产所要求的回报可以分成两个部分：一部分是投资者投入资金所应当获得的货币的时间价值，即无风险利率；另一部分是投资者因购买外汇资产承担的与系统性风险相关的风险所要求的超额回报，即外汇的风险溢酬。

在一般情况下，远期价格并不是预期未来到期标的资产价格的无偏估计，两者之间的差距即为标的资产的风险溢酬。考虑无套利条件成立时，[2] 远期汇率的决定：

$$F_{t,T}=S_te^{(r_{t,T}-rf_{t,T})(T-t)} \tag{1}$$

其中，$F_{t,T}$表示在t时刻签订、T时刻到期的远期外汇合约的汇率，S_t表示当前的即期汇率，F和S均采用直接标价法。$r_{t,T}$表示t时刻到T时刻本国连续复利的无风险利率，$rf_{t,T}$表示同期外国的连续复利无风险利率。

当前时刻t对未来到期时刻T即期汇率的预期总可以写成如下形式：

$$E_t(S_T)=S_te^{(\mu_{t,T}-rf_{t,T})(T-t)} \tag{2}$$

其中，E_t（S_T）表示当前t时刻对未来远期合约到期时T时刻即期汇率的预期，$\mu_{t,T}$表

① 关于这一词的名称和英文翻译各种文献存在很大的差异。国外的一些文献提到Fama的这一发现时，也将其称为“forward premium puzzle”。“discount”一词在中文中可以译为“折价”，也可以译为“贴水”；同样，“premium”不仅可以译为“升水”，还可以译为“溢酬”。我们认为，国外的文献在提到“forward discount anomaly”和“forward premium puzzle”的时候，均指外汇升贴水与预期汇率变动之间的关系，因此我们认为，对这一名词合理的翻译应为“远期外汇贴水之谜”（等价地有“远期外汇升水之谜”），而不应该译为“远期外汇折价之谜”（陈雨露和汪昌云，2006）。至于“forward premium”一词更不能译为“外汇的风险溢酬”，后者对应的英文表达为“the foreign exchange risk premium”。

② 陈蓉和郑振龙（2008）证明，不论无套利条件是否成立，远期汇率对数值与预期未来即期汇率对数值之差总是外汇风险溢酬。这一关系并不依赖于无套利条件。此处使用该条件是为了推导的简明。

示投资者持有外汇资产所要求的报酬率（即预期收益率）。如前所述，μ 可以分解为两部分：一是无风险利率，二是外汇的风险溢酬，记作 rp，由（1）、（2）两式有：

$$rp_t = \mu_{t,T} - r_{t,T} = \frac{\ln E_t(S_T) - \ln F_{t,T}}{T - t} \tag{3}$$

注意到式（3）中，关于未来即期汇率的预期很难得到可靠的市场数据，因此一般的研究都是假定某种预期形成机制，建立起到期真实汇率与当前预期汇率的关系，研究外汇的风险溢酬。本文采取的假定是常用的理性预期：①

$$\ln S_T = E_t(\ln S_T) + \varepsilon_t \tag{4}$$

进一步假定到期的即期汇率服从对数正态分布，由 Jensen 不等式，有：

$$rp_t = \frac{s_T - f_{t,T}}{T - t} + \frac{\sigma^2_{s_T}}{2} \tag{5}$$

其中，小写的 s 和 f 表示对应大写字母变量的自然对数值。

对于（5）式需要作出两点说明：第一，Engel（1996）认为，"真实的外汇风险溢酬"应该采用实际汇率计算而非名义汇率，因而在外汇风险溢酬的度量中应考虑通货膨胀风险。我们认为，根据（1）式，两国间的通货膨胀风险已被考虑到当前的远期汇率与即期汇率中，所以由预期未来到期的即期汇率和当前远期汇率体现的外汇风险溢酬并不需要包含通货膨胀风险。第二，（3）式和（5）式的关键区别在于是否存在方差调整项。从理论上说，这一方差调整项是存在的，但是 McCulloch（1975）以及 Backus 等（1993）的研究都表明，在实际数据中，方差调整项并不会显著影响外汇风险溢酬的大小和统计特征，因而可以忽略。

（二）基于消费模型的外汇风险溢酬定价

在得到外汇风险溢酬的度量方法后，学界开始研究哪些因素可以给外汇风险溢酬定价。人们首先想到的就是消费。假设代表性投资者的效用取决于消费，效用函数是时间可分（Time Separable）的，则有：

$$1 = E_t\left[R_{t,T}\frac{\beta u'(C_T)}{u'(C_t)}\right] \tag{6}$$

其中，$R_{t,T}$ 表示投资者从 t 到 T 时刻投资外汇市场所获得的回报率，C 表示对应期限的消费，$u'(\cdot)$ 表示效用函数的一阶导数。进一步，假设效用函数满足常相对风险厌恶形式，将外汇市场的投资收益率代入，可得外汇风险溢酬为：

$$rp_t = \ln E_t(S_T) - \ln F_{t,T} = \gamma \mathrm{cov}_t(s_T,\ c_T) \tag{7}$$

其中，各小写字母代表的均为对应大写字母的自然对数，γ 为投资者的风险厌恶系数。Romer（2001）认为，γ 不能超过 4。Mark（1985）却发现，针对（6）式的风险厌恶系数估计值为 17.51~43.51，Modjtahedi（1991）也报告 γ 在 6.5~64。Backus 等（1993）引入了偏好停留的时间不可分效用函数重新估计模型，发现 γ 高达 107.38。Engel（1996）认

① 关于各种预期模式的详细讨论，详见陈蓉和郑振龙（2009）。

为，消费模型在实际分析中遇到问题，是因为消费本身的方差过小，难以解释外汇风险溢酬的巨大变化。Matos 等（2007）则认为，这一现象与“股权溢价之谜”本质上是一致的，都是源于纯粹的消费模型不能解释资产超额收益中存在的巨大方差。

我们认为，消费模型在外汇风险溢酬定价中遇到的困难与“股权溢价之谜”存在本质的不同。消费模型的核心在于（6）式所示的欧拉方程。在推导欧拉方程时，一个重要的假定是资产价格变化只会影响到投资者的总体财富水平，而不会引起消费品之间相对价格的变化。然而汇率的变化不仅会引起投资者总体财富的增减，还能引起本国和外国间消费品相对价格的变化，进一步影响投资者的总体效用水平。这意味着，汇率兼具外汇资产的绝对价格和两国货币的相对价格的二重属性，在研究中必须给予足够的重视。

（三）针对消费模型的扩展

由于消费模型难以有效地给外汇风险溢酬定价，因而学界在消费的基础上添加新的因子，以期更好地给外汇风险溢酬定价。

Hodrick（1987）将跨期资本资产定价模型（Intertemporal Capital Asset Pricing Model，ICAPM）引入外汇市场的研究，Mark（1988）在理性预期的假定下，对外汇市场的 β 系数进行了检验。他发现，尽管 β 系数表现出很强的时变性，但它并不足以解释外汇市场的超额收益率。这一结论被 McCurdy 和 Morgan（1991）证实。针对 ICAPM 不同的检验结论来自郭炳伸等（2001）。他们在研究了 1993~1999 年新台币兑美元的汇率数据后发现，β 系数对外汇市场的超额收益解释力度高达 57.5%。

此外，近期的研究表明，其他的市场因素和政策因素都在影响汇率变化。例如，Lim 和 Ogaki（2003）、Wu（2007）和 So（2001）都证明，债券市场的波动能够影响到外汇市场；Wickens 和 Smith（2001）以及 Meredith 和 Ma（2002）则发现，货币供应的变化能解释很大一部分外汇风险溢酬的变化；Kocenda 和 Poghosyan（2007）针对欧洲欠发达国家的研究表明，传统的宏观变量对外汇风险的解释力度相当小，而货币政策变化具有很强的解释力。最后，Iwata 和 Wu（2005）就国际投资中投资者究竟承担了哪些风险进行了讨论。他们的结论表明，源自于金融市场的风险都得到了较好的分散，而宏观风险（如消费变化、通货膨胀等）则很难有效分散，从而需要给予风险溢酬。

综上所述，就目前的研究现状来看，针对外汇风险溢酬时间序列特征以及外汇风险溢酬定价的研究在学界还远未达成一致的观点。使用不同的模型、不同的样本期，得出的研究结论迥异。那么，有没有一个统一的模型框架，能整体讨论汇率变化与系统性风险（宏观经济变化）之间的关系？针对目前存在很大分歧的各种经验分析结论，是否有一个统一的理论框架予以解释？这便是本文的工作。

三、基于随机贴现因子框架的理论模型

（一）随机贴现因子的基本框架

本文使用随机贴现因子（Stochastic Discount Factor，SDF）的框架，在理性预期的前提下探讨外汇风险溢酬的决定。关于随机贴现因子的相关理论可参见 Campbell（2000）以及 Cochrane（2001）。在 SDF 框架下，资产定价的基本公式为：

$$P_t = E_t(M_{t,T}X_T) \quad (8)$$

其中，X_T 是任意资产在 T 时刻的回报，$M_{t,T}$ 是随机贴现因子，将资产未来的回报与当前价格关联起来。如果两边同时除以资产的当前价格，则（8）式可变为如下形式：

$$1 = E_t(M_{t,T}R_{t,T}) \quad (9)$$

其中，$R_{t,T}$ 为资产在 t 时刻到 T 时刻的总收益。

要使用随机贴现因子框架来探讨资产价格，即使用（8）式、（9）式进行资产定价，就要求随机贴现因子存在。Cochrane（2001）认为，当金融市场满足“一价定律”（the law of One Price）时，随机贴现因子是存在的，而当金融市场满足“无套利条件”（no Arbitrage Condition）时，随机贴现因子一定存在，并且至少存在一个严格为正的贴现因子。

需要特别指出的是，关于外汇市场的一价定律和无套利条件存在一定的误解。很长时间，学界都把购买力平价（Purchasing Power Parity，PPP）当成是外汇市场一价定律的表现形式，而把无套补的利率平价当成是外汇市场的无套利条件。我们认为，PPP 实质上代表的是各国商品市场的“一价定律”，而远非 SDF 所要求的金融市场“一价定律”。两者的区别在于，金融市场的“一价定律”依赖于金融产品的完全同质性和金融市场的完全竞争性，而这在商品市场上往往是不成立的。因此，对于 PPP 的证伪并不能证明外汇市场不满足“一价定律”。同样，对于 UIP 的证伪也不能当成是外汇市场违背无套利条件的证据。UIP 的成立有赖于“远期外汇无偏假说”的成立，即不考虑外汇的风险溢酬的存在。接下来，本文将利用 SDF 的框架讨论外汇风险溢酬与 SDF 之间的关系。

（二）汇率作为外汇资产的绝对价格

考虑这样一种投资策略：投资者在 t 时刻签订远期外汇合约，约定在 T 时刻，投资者可以将 $F_{t,T}$ 单位的本币兑换为 1 单位外币。到 T 时刻，投资者借入 $F_{t,T}$ 单位的本币履行远期合约，获得一单位外币，将其兑换为 S_T 单位的本币。投资者归还事先借入的 $F_{t,T}$ 单位的本币。这个策略总的回报为：$S_T - F_{t,T}$。由于这个策略不存在期初的资金占用，因此在期初，这个策略的价格为 0。按照（8）式，以上描述的数学表达为：

$$E_t[M_{t,T}(S_T - F_{t,T})] = 0 \quad (10)$$

进一步，假定 $M_{t,T}$ 和 S_T 服从联合对数正态分布，则有（所有的小写字母均表示对应大写字母代表变量对应的自然对数）：

$$E_t(m_{t,T}) + E_t(s_T) + \frac{1}{2}var_t(m_{t,T} + s_T) = E_t(m_{r,T}) + \frac{1}{2}var_t(m_{t,T}) + f_{t,T}$$

将（5）式代入，则理性预期假定下，外汇的风险溢酬表达式为：

$$rp_t = -cov_t(m_{t,T,S_T}) \tag{11}$$

（11）式表明，如果仅仅把汇率看成是投资性资产的价格，那么外汇的风险溢酬取决于随机贴现因子与预期汇率变化的相关性，当预期汇率变化与贴现因子呈同向变动时，投资者需要负的外汇风险溢酬，而当预期汇率变化与贴现因子呈反向变动时，投资者则需要正的外汇风险溢酬。

（三）汇率作为两国货币的相对价格

假设本国（D）和外国（F）两国间存在一个统一的完全市场，并且市场的无套利条件成立。那么对于任意一国的资产，投资者均衡条件为：

$$1 = E_t(M^i_{t,T}R^i_{t,T}) \quad i = (D，F) \tag{12}$$

注意到我们假定市场是完全的，且无套利条件成立，因此随机贴现因子必然存在且唯一。假定两国投资者购买同一项资产，那么两国投资者风险暴露的不同之处在于外汇风险。考虑 D 国的某项资产，对于 D 国投资者来说，他承担的风险仅为因该项资产本身到期回报不确定所带来的风险；对于 F 国的投资者来说，除此之外，他面临的风险还包括未来汇率的不确定性。因而对于同一项资产，两国投资者的收益率恒存在如下关系：

$$R^F_{t,T}=R^D_{t,T}\frac{S_t}{S_T} \tag{13}$$

将（13）式代入（12）式，有：

$$1 = E_t\left(M^D_{t,T}\frac{S_T}{S_t}R^F_{t,T}\right) \tag{14}$$

记：$M^{F'}_{t,T} = M^D_{t,T}\frac{S_T}{S_t}$ (15)

代入（14）式有：$1 = E_t(M^{F'}_{t,T}R^F_{t,T})$ (16)

需要指出的是，在我们所考察的两国间统一、完全且完美的金融市场上，对于任意一项资产，两国投资者的唯一区别都仅仅在于汇率的调整。这意味着，（16）式对于两国的任意资产都成立。因此，按照（15）式的规则构造出的因子也是 F 国投资者所使用的随机贴现因子。又由于市场的完全性，随机贴现因子唯一，从而有：

$$M^F_{t,T} = M^{F'}_{t,T} = M^D_{t,T}\frac{S_T}{S_t}$$

或者：$\frac{M^F_{t,T}}{M^D_{t,T}} = \frac{S_T}{S_t}$ (17)

（17）式给出了汇率与两国投资者随机贴现因子之间的关系：两国随机贴现因子的比

值等于两国汇率的变化。这一结论由 Backus 等（2001）提出。SDF 的比值是两国间“测度转换”的转换因子，这一“测度转换”在外汇的研究中就是两国间货币记账单位的转换。

（四）外汇风险溢酬与宏观经济波动

对于 D 国投资者，由式（11）有：

$$rp_t^D = -cov_t(m_{t,T,S_T}^D) \tag{18}$$

而将（17）式对数化，代入（18）式有：

$$rp_t^D = var_t(m_{t,T}^D) - cov_t(m_{t,T}^D,\ m_{t,T}^F) = (\sigma_{m_D} - \rho\sigma_{m_F})\sigma_{m_D} \tag{19}$$

由于随机贴现因子事实上反映了一国系统性风险的变化状况，因此（19）式表明：外汇风险溢酬实质上是一国经济“超额波动”的风险溢酬，其具体大小取决于两国经济间的相对波动以及两国经济间的关联度。

根据（19）式，外汇风险溢酬并不取决于两国经济相对增长，而取决于两国经济的波动及其相关性。两国经济波动差距越大、相关性越低、本国经济波动水平越高，外汇风险溢酬就越高。相反，当两国经济波动水平相当而且相关度极高时，即使两国经济波动都很剧烈，外汇风险溢酬也很低。此外，（19）式还表明，国际经济的一体化有助于减小两国间的外汇风险溢酬。当两国经济完全正相关时，外汇的风险溢酬完全取决于两国经济的波动之差；当两国经济完全不相关时，外汇的风险溢酬完全取决于本国的经济波动，国外的经济变化不影响本国货币币值的变动；当两国经济完全负相关时，外汇风险溢酬等于两国经济波动的叠加。在现实经济中，全球化进程的深入导致各国经济之间联动性不断提升，因而经济体之间的相关系数为正。这意味着：开放一国的金融市场，加速世界经济一体化的进程能够更好地分散本国系统性风险，减小外汇风险溢酬，使本国汇率保持相对稳定。

需要指出，（17）式和（19）式的推导建立在严格的完全市场的基础上，此时，随机贴现因子唯一且为正。当市场不完全时，贴现因子的唯一性将受到影响，因而形如（19）式任意随机贴现因子和汇率的严格一一对应关系将不存在。然而，Brandt 等（2006）的研究表明，尽管此时的随机贴现因子不唯一，但依然存在一对随机贴现因子，即最小方差贴现因子，满足（17）式和（19）式的要求。在经验研究中，构建最小方差贴现因子总会受到投资机会所限，部分资产无法获得准确的市场价格等因素制约，估计的随机贴现因子会额外增加误差，影响到对于随机贴现因子波动率的估计，因而（19）式很难被直接检验。但我们依然可以通过（19）式得出一些关于外汇风险溢酬有意义的结论，通过验证这些结论间接验证（19）式。

四、外汇风险溢酬时间序列特征的经验证据

（一）关于外汇风险溢酬时间序列特征的新证据

长期以来，国际金融学界对于汇率决定中诸多问题开展的经验研究总是不能达成一致。Sarno 等（2002）报告了学界对于无套补利率平价的经验研究结果。早期的文献大部分都支持无套补利率平价是成立的，而后来的一些文献对无套补利率平价进行了证伪。类似的问题也出现在对 Fama（1984）回归的验证中。事实上，不论是对于无套补利率平价的检验还是对于 Fama（1984）回归的检验，其本质都是在检验外汇风险溢酬是否存在，它表现出怎样的时间序列特征。因而，理清外汇风险溢酬的时间序列特征是一个非常重要的理论问题。

Engel（1996）报告了早期对于主要币种的外汇风险溢酬时间序列特征的检验结果。针对英镑、德国马克、日元、法郎等货币兑美元的外汇风险溢酬的检验都表明，外汇风险溢酬存在极强的自相关和极高且持久的条件异方差性。然而值得注意的一个现象是，这些早期的样本大都使用 20 世纪 70 年代末至 20 世纪 90 年代初的数据。在这段时间内，牙买加体系刚刚建立，且英镑、日元等货币都在 20 世纪 80 年代、90 年代初遭遇了巨大的冲击。根据（19）式的观点，在这段时间内外汇风险溢酬将表现出巨大的波动。这在早期的研究中被反复证实。

那么，在经济平稳期，外汇风险溢酬将表现出怎样的形态？根据（19）式的结论，在经济平稳期，成熟经济体经济增长的波动相对较小，经济体间的开放度也较高，因此外汇风险溢酬很有可能表现得并不明显。这一结论能否得到事实的支撑？本文将考察平稳时期外汇风险溢酬的时间序列特征，从这一个角度对（19）式的相关结论进行检验。

与早期的文献相一致，我们选择了英镑兑美元和美元兑日元两对货币的即期汇率和 1 个月远期汇率。为了与早期文献经济危机的样本期形成对比，我们选择了 1993 年 1 月至 2007 年 12 月两对货币的有关数据。之所以选择这一段数据，一方面，考虑到在这一区间内，英、美两国的经济相对平稳，因而英镑兑美元的外汇风险溢酬属于我们需要考察的平稳期的外汇风险溢酬；另一方面，在这段样本区间内，日本经历了 20 世纪 90 年代的衰退和 1997 年东南亚金融危机的冲击，因而具有部分危机时段的样本。本文所使用的汇率数据均来源于路透资讯系统，按照（5）式提出的方法计算外汇风险溢酬，[①] 并考虑到了由于月末、假日等问题带来的远期和即期汇率匹配所产生的影响。表 1 给出了相关的描述性统计。

① 我们发现，(5) 式中的方差调整并不会影响最终结果，因此在计算外汇风险溢酬时，没有考虑方差调整项。这一处理方法与前文所述文献的处理方法是一致的。

表 1　1 个月期外汇风险溢酬的描述性统计[①]

币种	均值	中位数	标准差	t 值	偏度	峰度	JB 值	p 值
GBP/USD	0.0505	0.0678	0.9160	0.0551	0.0508	3.1088	0.1598	0.9232
USD/JPY	0.0330	0.0633	0.3493	0.0945	–0.8987	6.0765	91.515	0.0000

从表 1 列示的数据来看，不论是英镑兑美元还是美元兑日元的外汇风险溢酬都无法拒绝外汇风险溢酬为 0 的原假设。正态性方面，英镑兑美元的月度外汇风险溢酬无法拒绝正态分布的原假设，但显然，美元兑日元的外汇风险溢酬严重偏离了正态分布。我们进一步考察了这两个序列的自相关系数，结果如表 2 所示。

表 2　1 个月期外汇风险溢酬的自相关系数

滞后阶数		1	2	3	4	5	6
英镑	β	0.017	–0.223	–0.030	0.176	0.072	0.032
	Q	0.052	8.853	9.015	14.576	15.507	15.695
	P	0.820	0.012	0.029	0.006	0.008	0.015
日元	β	0.245	0.068	0.090	–0.154	–0.159	–0.067
	Q	10.60	11.41	12.84	17.11	21.66	22.47
	P	0.001	0.003	0.005	0.002	0.001	0.001

注：本表给出了按月滚动的各币种风险溢酬对应的自相关序列。其中，β 代表自相关系数，Q 代表对应的 Q 统计量，p 代表相应的显著性水平。

表 3　1 个月期英镑、日元外汇风险溢酬的条件异方差检验

AR–ARCH 设定	F 值	p 值	AIC
GBP（1，1）	0.5533	0.4578	–2.3645
GBP（1，2）	0.2225	0.8007	–2.4872
GBP（2，1）	1.4122	0.2363	–2.4049
GBP（2，2）	0.8717	0.4201	–2.3912
JPY（1，1）	19.536	0	–0.1964
JPY（1，2）	9.7781	0.0001	–0.1813
JPY（2，1）	19.247	0	–0.1794
JPY（2，2）	9.5982	0.0001	–0.1638

注：本表给出了各币种 ARCH–LM 检验的结果。其中 GBP 代表英镑，JPY 代表日元。括号中第一个数代表自回归方程的阶数，第二个数代表条件方差方程的阶数。F 值为方程对应的显著性水平，p 值为对应的概率，AIC 为赤池信息准则，在模型设定时一般应选择 AIC 最小的模型。

从统计上看，1 个月期英镑的外汇风险溢酬与其滞后一阶并不存在明显的自相关关系，与滞后二阶（即两个月）的外汇风险溢酬表现出一定的自相关。然而这一统计结论并不能证明英镑的外汇风险溢酬与其滞后二阶值有着必然的内在联系。一方面，从经济含义上来看，表 2 的结果表明，过去一个月英镑兑美元外汇风险溢酬的走势不会影响当前外汇风险

① 与现有文献一致，我们使用的是非重叠样本。

溢酬，反而过去两个月的外汇风险溢酬变化能够影响到当前的外汇风险溢酬，这显然与经济直觉违背；另一方面，从统计的角度来看，尽管英镑的滞后二阶表现出一定的相关性，然而进一步的检验表明，英镑外汇风险溢酬的滞后二阶解释能力非常低。因此，我们认为，英镑 1 个月期的外汇风险溢酬与其滞后值之间的相关关系并不明显。而日元的风险溢酬在滞后 1 阶存在比较明显的自相关。

我们进一步考察了两对货币外汇风险溢酬的条件异方差性，结果如表 3 所示。英镑兑美元的外汇风险溢酬并不存在条件异方差。相反，日元兑美元的外汇风险溢酬存在明显的条件异方差。然而对日元外汇风险溢酬的 GARCH（1，1）模型进一步估计却发现，GARCH 项是高度不显著的，p 值在 0. 95 以上。这表明，尽管由于经济的冲击，日元表现出了一定的条件异方差性，但这种冲击的影响并不是持久的。图 1 给出了日元外汇风险溢酬的时间序列图。如果不考虑 A、B、C 和 D 四个异常点的影响，日元外汇风险溢酬的方差整体上表现出了相对规则的形态。正是由于经济波动带来的短期异常点冲击了日元汇率，使得日元外汇风险溢酬无法通过 ARCH – LM 检验，然而在 GARCH 模型中却无法表现出持久的冲击。

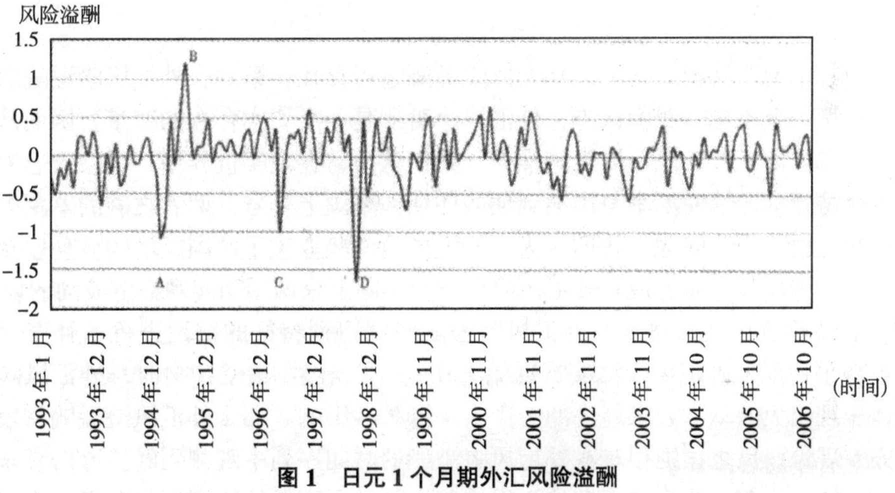

图 1　日元 1 个月期外汇风险溢酬

综上所述，本文对经济平稳期外汇风险溢酬时间序列特征的检验与早期文献记载的有很大不同。由于考察的样本包括了经济危机的冲击，因此在 Hodrick（1987）、Engel（1996）以及 Smith 和 Wickens（2002）的研究中，他们都发现外汇风险溢酬表现出极强的自相关性和明显的条件异方差性。这一特性在本文针对日元的样本中同样得到了验证。然而，本文针对英镑兑美元的检验则表明，在经济平稳期，外汇风险溢酬将近似于 0 均值的白噪声过程，并不存在明显的自相关关系和条件异方差性。

（二）关于外汇风险溢酬时间序列特征的经济学解释

本文的经验研究进一步验证了由（19）式给出的推论。首先，从相对波动的角度来看，英镑外汇风险溢酬与日元外汇风险溢酬的差别证实：汇率的风险溢酬来源于一国经济的“超额波动”。当两国经济相对平稳时，外汇风险溢酬非常接近于0，而当危机爆发时，外汇风险溢酬将出现剧烈波动。这为 Barro（2006）以及 Gabaix（2006）的观点提供了证据：风险溢酬最主要的影响因素之一是宏观经济危机甚至是经济的灾难性变化。

其次，从两国经济相关性的角度来看，（19）式对英镑外汇风险溢酬白噪声序列的解释也由 Brandt 等（2006）所提出的“国际风险分散指数”得到了证明。他们利用（17）式汇率与随机贴现因子的相关性计算出汇率方差与随机贴现因子方差之间的关系，构造“国际风险分散系数”，并发现英国和美国间风险分散系数高达 0.98（最高为 1）。这表明：美国和英国间完善的风险分散机制使得经济平稳时，投资者可以不要求外汇风险溢酬。而反过来，当经济危机爆发时，经济体的风险分散机制不畅，两国间相关性变低，这有可能加剧外汇风险溢酬的异常波动。

五、结论及启示

本文回答了两个问题：第一，外汇风险溢酬是否存在；第二，外汇风险溢酬取决于哪些因素。就第一个问题，我们认为，外汇风险溢酬是一个切实存在的变量，因而从理论上证伪了“远期外汇无偏假说”以及其推论。我们认为，在现实世界中，风险厌恶的投资者并不会直接将当前的远期汇率与预期到期的即期汇率画上等号，两者之间的差距即为外汇的风险溢酬；就第二个问题，我们认为，外汇风险溢酬取决于两国经济的波动以及两国经济的相关性，因而从本质上说，外汇风险反映的实际上是两国间宏观经济波动的风险。

本文的经验研究结论对现有外汇风险溢酬时间序列特征的结论进行了补充。我们认为，在经济平稳期，外汇风险溢酬将近似于0。只有当经济遭受冲击时，外汇风险溢酬才会相应地表现出大波动。如果经济冲击产生了持久性影响，那么外汇风险溢酬将表现出持久的异方差现象；反之，则很难在外汇风险溢酬的时间序列中观测到经济冲击带来的持续影响。这一结论为前人关于“远期外汇无偏假说”、“无套补的利率平价”等一系列经验研究矛盾的结论提供了解释：如果选用经济平稳期的汇率作为样本，这时候外汇的风险溢酬近似于0，很难观测到远期汇率与预期到期汇率之间的差距，从统计上无法拒绝“远期外汇无偏假说”以及“无套补的利率平价”；而如果样本选择中包括了经济冲击的时段，外汇风险溢酬的影响变得显著，“远期外汇无偏假说”的原假设因此被拒绝。需要特别指出，上述结论绝不意味着我们认为“远期外汇无偏假说”成立或者部分成立。“远期外汇无偏假说”直接假定现实世界的投资者风险中性，他们对外汇风险不敏感，从而不要求外汇的风险溢酬，这与现实世界风险厌恶的投资者是相违背的。我们认为，投资者是厌恶风险的，他们在意外汇风险，也要求获得合理的回报，只是因为两国经济平稳，且风险分散机制完善，使得外汇风险能够被充分分散而不成为系统性风险，因而在一定时期内可以不要求风险溢酬。一旦当经济平衡被打破或者风险分散机制不能有效运行，外汇风险成为系统性风险，投资者将马上要求外汇风险溢酬。

最后值得指出的一点是，尽管本文研究的对象是完全由市场化机制决定的汇率，但本文的结论对于中国当前汇率形成机制的改革和金融市场的开放有重要的参考意义。一方面，本文给出了市场决定机制下外汇风险溢酬的影响因素，这给中央银行今后如何从市场化的汇率变化中提取信息、中央银行选择干预外汇市场时机等问题提供了借鉴；另一方面，本文的结论还表明：开放一国的金融市场并不必然会加剧汇率的波动。相反，一个健全、外向的金融市场有利于维持一国货币币值的稳定，这一结论值得有关部门予以思考。

参考文献：

[1] 陈蓉、郑振龙：《无偏估计、价格发现与期货市场效率——期货与现货价格关系研究》，《系统工程理论与实践》2008 年第 8 期。

[2] 陈蓉、郑振龙：《结构突变、推定预期与风险溢酬：美元/人民币远期汇率定价偏差的信息含量》，《世界经济》2009 年第 6 期。

[3] 郭炳伸、何祖平、李政峰：《台币/美元远期外汇风险溢酬有多大》，台湾《经济论文》2001 年第 4 期。

[4] 陈雨露、汪昌云：《远期折价之谜》，《金融学文献通论：微观金融卷》，中国人民大学出版社 2006 年版。

[5] Romer，David：《高级宏观经济学》(英文版)，上海财经大学出版社 2001 年版。

[6] Backus，David K.；Foresi，Silverio and Telmer，Chris I. "Affine Term Structure Models and the Forard Premium Anomaly." The Journal of Finance，2001，1，pp. 279-304.

[7] Backus，David K.；Gregory，Allan W. and Telmer，Chris I.："Accounting for Forward Rates in Markets for Foreign Currency." The Journal of Finance，1993，5，pp. 1887-1908.

[8] Barro，Robert J. "Rare Disasters and Asset Markets in the Twentieth Century." The Quarterly Journal of Economics，2006，3，pp. 823 - 866.

[9] Brandt，Michael W.；Cochrane，John H. and Santa-Clara，Pedro. "International Risk Sharing Is Better than You Think." Journal of Monetary Economics，2006，4，pp. 671-698.

[10] Campbell，John Y. "Asset Pricing at the Millennium." The Journal of Finance，2000，4，pp. 1515- 1567.

[11] Cochrane，John H. Asset Pricing. Princeton：Princeton University Press，2001.

[12] Engel，Charles. "The Forward Discount Anomaly and the Risk Premium：A Survey of Recent Evidence." Journal of Empirical Finance，1996，2，pp. 123- 192.

[13] Fama，Eugene. "Forward and Spot Exchange Rates." Journal of Monetary Economics，1984，3，pp. 319-338.

[14] Gabaix，Xavier. "A Unified Theory of Ten Financial Puzzles." SSRN working paper，2006.

[15] Hodrick，Robert J. The Empirical Evidence on the Efficiency of Forward and Futures Foreign Exchange Markets. Chur，Switzerland：Harwood Academic Publishers，1987.

[16] Iwata，Shigeru and Wu，Shu. "What Macroeconomic Risks Are (Not) Shared by International Investors?" Journal of Money，Credit and Banking，2005，6，pp. 1121 - 1141.

[17] Kocenda，Evzen and Poghosyan，Tigran. "Macroeconomic Sources of Foreign Exchange Risk in New

EU Members." SSRN working paper, 2007.

[18] Lim, Hyoung-Seok and Ogaki, Masao. "A Theory of Exchange Rates and the Term Structure of Interest Rates." RCER working papers, 2003.

[19] Mark, Nelson C. "On Time Varying Risk Premia in the Foreign Exchange Market: An Econometric Analysis." Journal of Monetary Economics, 1985, 1, pp. 3-18.

[20] Mark, Nelson C. "Time-varying Betas and Risk Premia in the Pricing of Forward Foreign Exchange Contracts." Journal of Financial Economics, 1988, 2, pp. 335-354.

[21] Matos, Paulo; Costa, Carlos Eugênio da and Issler, Joäo Victor. "The Forward- and the Equity-premium Puzzles: Two Symptoms of the Same Illness?" SSRN working paper, 2007.

[22] McCulloch, J. Huston. "Operational Aspects of the Siegel Paradox." The Quarterly Jour nal of Economics, 1975, 1, pp. 170-172.

[23] McCurdy, Thomas M. and Morgan, Ieuan G. "Tests for a Systematic Risk Component in Deviations from Uncovered Interest Rate Parity." Review of Economic Studies, 1991, 3, pp. 587-602.

[24] Meredith, Guy and Ma, Yue. "The Forward Premium Puzzle Revisited." SSRN working paper, 2002.

[25] Modjtahedi, Bagher. "Multiple Maturities and Time-varying Risk Premia in Forward Exchange Markets: An Econometric Analysis." Journal of International Economics, 1991, 1-2, pp. 69-86.

[26] Sarno Lucio; Taylor, Mark P. and Frankel, Jeffrey A. The Economics of Exchange Rates. Cambridge: Cambridge University Press, 2002.

[27] Smith, Peter and Wickens, Michael. "Asset Pricing with Observable Stochastic Discount Factors." Journal of Economic Surveys, 2002, 3, pp. 397-446.

[28] So, Raymond W. "Price and Volatility Spillovers between Interest Rate and Exchange Value of the US Dollar". Global Finance Journal, 2001, 1, pp. 95-107.

[29] Wickens, Michael R. and Smith, Peter N. "Macroeconomic Sources of FOREX Risk." SSRN working paper, 2001.

[30] Wu, Shu. "Interest Rate Risk and the Forward Premium Anomaly in Foreign Exchange Markets". Journal of Money, Credit and Banking, 2007, 2-3, pp. 423-442.

(截稿：2009 年 10 月 责任编辑：宋志刚)

不对称价格粘性下的货币政策和福利效应*

王 胜 彭鑫瑶

【摘 要】本文发展了开放经济中的货币政策模型，重点分析了基于不对称价格粘性下的最优货币政策问题。在假定本国实行 LCP 而外国实行 PCP 的情况下，我们发现国内外的生产力冲击对本国最优货币政策的影响更加复杂，其影响程度与货币需求弹性的大小密切相关。在纳什均衡时，外国货币当局拥有实施货币政策的占优策略，而本国最优货币政策则取决于外国货币当局的决策。此外，定价机制的不对称性导致了两国福利效应的差异，纳什均衡时本国居民遭受经济扭曲的福利损失要低于外国居民；而合作均衡则能有效地提高纳什均衡时两国总体的福利水平。

【关键词】最优货币政策；生产者货币定价；当地货币定价

一、引言

自 Obstfeld 和 Rogoff（1995、1996）创立了新开放经济宏观经济学的基本框架后，基于融入不完全竞争和名义刚性的开放经济动态一般均衡模型的研究如同雨后春笋般层出不穷。随着货币政策与理论的发展，许多经济学家开始在新框架下分析货币政策和汇率政策的理论和现实问题。

在粘性价格条件下分析开放经济中的最优货币政策问题，一个重要的假设前提就是出口企业对定价货币的选择，因为这直接关系到汇率传递程度和货币政策的国际传导。在现

---

* 王胜：武汉大学经济与管理学院、武汉大学经济发展研究中心，430072，电子信箱：shengwang522@ yahoo.com.cn；彭鑫瑶：武汉大学经济与管理学院。

本文受到国家自然科学基金青年项目“不完全汇率传递问题研究”（70803037）、国家社会科学基金重点项目“经济全球化背景下中国互利共赢对外经济开放战略研究”（07AJL016）和教育部人文社会科学规划基金项目（08JA790097）的资助。

有理论分析中，定价货币的选择主要有两种：第一种与 Obstfeld 和 Rogoff（1995、2000）的基本理论框架相一致，假定名义价格是根据生产国的货币提前设定，一般称为生产者货币定价（Producer Currency Pricing，PCP）。在这种情况下，随着汇率的波动，以进口国货币标价的进口商品价格就会出现同等幅度的波动，即汇率完全传递；这时一价法则成立，汇率变动的支出转移效应就会相当明显。第二种是以商品消费者所在国的货币进行定价，我们称之为当地货币定价（Local Currency Pricing，LCP）。这种情况更贴近于最近的一些研究成果（Campa and Goldberg，2008；Ihrig et al.，2006），这时就可能会出现零汇率传递，从而导致支出转移效应消失。不同的定价货币选择会在名义刚性时产生不同的价格粘性，这就是本文所指的不对称价格粘性的含义。

早期的新开放经济宏观经济学模型一般都是采用 PCP 定价来引入价格粘性的（Obstfeld and Rogoff，1995）。Betts 和 Devereux（2000）在此基础上发展了价格粘性的内涵，假定一部分企业实行 LCP，这就导致了汇率的不完全传递。由于汇率变动的支出转移效应会因部分企业实行 LCP 定价而减弱，汇率波动对消费的影响会下降，这时就需要更大幅度的汇率调整来满足经济均衡的需要，从而可能出现短期汇率超调的情况。Devereux 和 Engel（2003）进一步对比分析了 PCP 和 LCP 两种价格粘性情况下的最优货币政策问题和福利效应。LCP 定价时，基于福利最大化的货币政策最终使汇率达到稳定，所以固定汇率制是最优的。这种分析对标准的 Friedman case 是个极大的挑战，因为 Friedman（1953）认为即使存在名义价格刚性，也需要通过汇率的自由变动来调整两国的相对价格。Duarte 和 Obstfeld（2008）与 Obstfeld（2006）在 LCP 定价的情况下，都通过引入非贸易品对 Devereux 和 Engel（2003）的模型进行了拓展。唯一的差别是前者以货币供给量作为货币政策中介目标，而后者则把利率当成货币当局调控经济的手段。最终两者得到了类似的结论：即使汇率调整完全没有支出转移效应，也不意味着弹性汇率制是没有意义的。上述的研究都是一期价格粘性。此外，还有一种价格粘性是基于 Calvo（1983）的交错价格调整，这时价格粘性持续的时间较长。Clarida 等（2002）在这种价格粘性情况下讨论了汇率完全传递时的最优货币政策，发现浮动汇率制是最优的。Corsetti 和 Pesenti（2005）进一步考察了综合 LCP 和 PCP 的情况，发现国际货币合作的收益与汇率传递程度之间存在着复杂的非线性关系。

然而，这些关于最优货币政策的分析都是基于对称的定价机制，即两国同时实行 PCP 或 LCP，或者两种定价机制在两国对称存在。这种对称性假定对分析发达国家可能比新兴市场国家更适合（Engel，2002），而分析发达国家与发展中国家之间的货币政策问题及相互影响可能就不太适合，如中美两国之间的货币政策关系。大量研究表明，汇率对美国进口价格的传递程度比较低，而且最近十几年呈现出比较明显的下降趋势（Marazzi and Sheets，2007）。而中国在国际贸易中主要还是采用美元来进行结算，因此人民币汇率波动对中国出口价格的影响程度就比较小（毕玉江、朱钟棣，2007；陈学彬等，2007）。因此，研究中美货币政策问题，考虑定价机制不同所引起的不对称价格粘性就显得更贴近现实，也更有意义。

本文在 Devereux 和 Engel（2003）的框架下，引入不对称价格粘性来深入分析最优货币政策问题及其福利影响，最后结合中美实际数据对本文的部分结论进行了检验。本文结构如下：第一部分提出了本文的主要研究内容和文献回顾；第二部分介绍基本理论模型；第三部分是弹性价格均衡分析；第四部分则是不对称价格粘性情况下的均衡分析；第五部分讨论了纳什均衡和合作均衡时的最优货币政策及福利影响；第六部分是对中美货币政策关系的经验检验；第七部分是本文的主要结论和需要改进的地方。

二、理论模型

我们从两个方面对 Devereux 和 Engel（2003）的模型进行扩展。首先，类似于 Duarte 和 Obstfeld（2008）的研究，我们在消费篮子中引入非贸易品，这成为技术冲击对两国经济造成不对称影响的重要原因之一。其次，我们考虑了价格设定机制的不对称性，这进一步强化了外生冲击对两国最优货币政策和福利影响的差异。

假定世界上只有两个国家：本国和外国，每个国家都生活着完全相同的居民，各国居民数量为单位 1。外国的各种经济变量以带星号上标的变量表示。每个国家都生产着连续分布的贸易品和非贸易品，每个生产者都经营一个产品，是各种不同商品的垄断供给者，自己从事生产劳动，生产具有一定差异的不同产品，但拥有相同的偏好。我们以标注 $i\in[0,1]$ 代表本国生产的贸易品，而 $i^*\in[0,1]$ 则代表外国生产的贸易品。每一位有代表性的本国居民都只生产一种贸易品和一种非贸易品，同时提供劳动，这样贸易品 i 的生产者就会最大化下面的效用函数：

$$U_0(i)=E_0\left\{\sum_{t=0}^{\infty}\beta^t\left[\ln C_t(i)+\frac{\chi}{1-\varepsilon}\left(\frac{M_t(i)}{P_t}\right)^{1-\varepsilon}V_t-\eta L_t(i)\right]\right\} \tag{1}$$

其中 M 是居民持有的国内名义货币量，V 代表货币需求的外生冲击，$1/\varepsilon$ 是货币需求对消费的弹性，L 为劳动供给量，主观贴现率是 $\beta\in[0,1]$。消费者从国内厂商获得劳动收入和利润分红，还可以得到政府部门的转移支付。

类似于 Obstfeld 和 Rogoff（2000）的研究，这里我们采用消费的对数效用函数形式。居民消费指数取决于贸易品和非贸易品的消费：

$$C=\frac{C_T^{\gamma}C_N^{1-\gamma}}{\gamma^{\gamma}(1-\gamma)^{1-\gamma}}$$

其中，γ 代表贸易品在消费篮子中所占的份额，而贸易品消费指数 C_T 又决定于本国和外国生产的消费品：

$$C_T=2C_H^{\frac{1}{2}}C_F^{\frac{1}{2}}$$

这样，C_H、C_F 和 C_N 分别代表本国居民对本国生产的贸易品、外国生产的贸易品和本国生产的非贸易品的消费，它们都是常替代弹性（CES）函数：

$$C_j=\left[\int_0^1 C_j(i)^{\frac{\theta-1}{\theta}}di\right]^{\frac{\theta}{\theta-1}},\ j=H,\ F,\ N$$

其中，θ>1，代表不同商品之间的替代弹性。基于上述的假定，我们可以得到个体 i 对不同商品的需求函数：

$$C_H(i)=\frac{\gamma}{2}\left(\frac{P_H(i)}{P_H}\right)^{-\theta}\left(\frac{P_H}{P_T}\right)^{-1}\left(\frac{P_T}{P}\right)^{-1}C$$

$$C_H^*(i)=\frac{\gamma}{2}\left(\frac{P_H^*(i)}{P_H^*}\right)^{-\theta}\left(\frac{P_H^*}{P_T^*}\right)^{-1}\left(\frac{P_T^*}{P^*}\right)^{-1}C^*$$

$$C_N(i)=(1-\gamma)\left(\frac{P_N(i)}{P_N}\right)^{-\theta}\left(\frac{P_N}{P}\right)^{-1}C$$

与消费指数的下标含义类似，上述各种价格指数定义如下：

$$P=P_T^{\gamma}P_N^{1-\gamma}$$

$$P_T=P_H^{\frac{1}{2}}P_F^{\frac{1}{2}}$$

$$P_j=\left[\int_0^1 P_j(i)^{1-\theta}di\right]^{\frac{1}{1-\theta}},\ j=H,\ F,\ N$$

本文假定整个世界范围内存在完全的债券市场，即在世界经济状态实现之前，所有消费者都能够自由地交易各种依状态而定的或有名义债券，这些债券能够完全对应未来所有的可能状态。如同 Backus 和 Smith（1993）的研究一样，本文模型满足下面的风险分担条件：

$$\frac{C_t^{-1}}{P_t}=\frac{(C_t^*)^{-1}}{E_tP_t^*} \tag{2}$$

其中，C^* 为外国居民消费指数，P^* 是以外国货币衡量的外国商品的总体价格指数，E 代表 1 单位外币的本币价格，即名义汇率。所以无论未来经济状况如何，式（2）都保证 1 单位名义资产的边际效用是相等的，即消费者能够完全实现跨国收入风险分担。

因为非贸易品存在，所以每个国家都有两个生产部门。本国的两部门生产函数形式如下：

$Y_H=AL_H$，$Y_N=AL_N$

变量 A 表示本国总体的技术水平，它的变动就代表外生的技术冲击。外国的生产情况类似。

两国货币当局分别发行自己的货币，并且把增发的货币通过转移支付平均分配给自己国家的每个居民。假定两国货币供给增长率分别为 μ 和 μ^*，本文的货币政策分析就是考察货币供给增长率对外生经济冲击的最优反应。

本模型的外生经济冲击来源两个方面：生产技术冲击和货币需求冲击。假定技术和货币冲击的对数值都满足随机游走过程，分别以 u_t 和 u_t^* 代表本国和外国生产技术的外生扰动，v_t 和 v_t^* 代表货币需求的外生扰动，所有外生扰动都是独立同分布的随机变量，满足均值为零的正态分布过程。

$$\ln A_t = \ln A_{t-1} + u_t,\ \ln A_t^* = \ln A_{t-1}^* + u_t^*$$

$$\ln V_t = \ln V_{t-1} + v_t,\ \ln V_t^* = \ln V_{t-1}^* + v_t^*$$

三、弹性价格均衡

当价格完全弹性时，所有价格都能随着外界经济条件的变化及时进行调整。此时，所有厂商都会把价格设定为名义边际成本上的一个固定加成（$\theta/(\theta-1)$），其中本国厂商的名义边际成本为 W/A ，而外国为 W^*/A^*。利用消费和劳动供给的最优替代关系：

$$\frac{W}{P}C^{-1} = \eta = \frac{W^*}{P^*}(C^*)^{-1} \tag{3}$$

其中，W 和 W^* 分别为本国和外国的名义工资水平。再结合价格指数的定义，我们可以得到弹性价格均衡下两国的消费水平：

$$C = \left(\frac{\theta-1}{\theta\eta}\right)A^{1-\frac{\gamma}{2}}(A^*)^{\frac{\gamma}{2}},\ C^* = \left(\frac{\theta-1}{\theta\eta}\right)(A^*)^{1-\frac{\gamma}{2}}A^{\frac{\gamma}{2}}$$

当不存在非贸易品时（$\gamma = 1$），消费正好同等程度地取决于两国的生产力水平，所以两国居民消费相等。但是当引入非贸易品时（$\gamma < 1$），情况就不同了。这时一国的生产力冲击还会影响自己国家非贸易品的生产，而这部分商品是不会出口到其他国家，于是生产力冲击就会对该国的消费产生更大的影响。

生产力冲击的国别差异对两国居民的消费产生了不对称的影响，从而导致两国最优货币政策对它的反应程度也不同。于是就必须通过调整名义汇率来适应两国货币政策的差异，这就与 Obstfeld（2006）、Duarte 和 Obstfeld（2008）的情况完全一样。但是由于本文后面考虑了不对称价格粘性，所以在粘性价格均衡时，两国的最优货币政策也出现了不对称性，名义汇率的波动也更加复杂。

四、粘性价格均衡

如果存在价格粘性，两国生产者就将提前一期设定产品的最优价格。一期之后，所有产品的价格才能够自由调整，但是新调整的价格同样要保持一期的价格粘性，即新设定的价格在下一期也固定不变。本文最大的创新就在于引入了价格粘性的不对称假定：本国生产者实行 LCP 定价，即本国出口商品以外国货币进行最优定价，所以需要根据外国居民的需求变动进行调整。但是，外国生产者则实行 PCP 定价，即本国从外国进口的商品则是以外国货币进行最优定价，这时以本国货币表示的最优进口价格一方面取决于本国的需求情况，另一方面还需要考虑汇率波动的影响。对于只在国内销售的贸易品和非贸易品，两国生产者则都会采用国内货币来定价。当然在此我们简化了厂商的动态定价行为，主要目的就是为了在一个相对简单的框架下来分析最优货币政策的设定及其福利影响。

以一个有代表性的生产贸易品 i 的国内生产者为例来考察它在 t - 1 期时对 t 时最优价格的设定问题。和 Calvo（1983）的交错价格调整不同，本文设定的最优价格在一期后就会全部重新调整，所以对 t 期后的经济没有任何影响。因此，国内生产者就会通过选择 $P_{H,t}$、$P^*_{H,t}$ 和 $P_{N,t}$ 来最大化下面的一期效用函数：

$$E_{t-1}\left\{\ln C_t(i)+\frac{\chi}{1-\varepsilon}\left(\frac{M_t(i)}{P_t}\right)^{1-\varepsilon}V_t-\eta L_t(i)\right\}$$

国外生产者的最优定价选择和本国情况类似。因为所有价格指数都需要提前一期设定，所以在假定知道 t - 1 时的所有经济信息时，就可以得到两国生产者的最优定价。

在 LCP 的定价机制下，本国生产者要设定一个非贸易品价格和两个贸易品价格（国内价格和出口价格）。由表 1 可见，贸易品的国内价格（$P_{H,t}$）依赖于本国的名义总需求和生产力水平。结合消费和劳动供给的均衡关系式（3），易知本国居民的名义需求（P_tC_t）是和国内的名义工资（W_t）息息相关的。这样，本国贸易品的国内价格取决于国内名义边际成本（W_t/A_t），实际上就是本国单位劳动成本期望值的一个固定加成。另外，本国生产者为了最大化出口商品在外国市场上的利润，需要根据外国居民的消费水平来设定最优的出口价格。这样，当外生冲击发生时，本国贸易品一价法则不再成立。非贸易品的价格和贸易品的国内定价类似，同样也是本国单位劳动成本的固定加成，所以和 $P_{H,t}$ 相等。

表 1　两国生产者的最优定价

本国（LCP）	外国（PCP）
$P_{H,t}=\frac{\theta\eta}{\theta-1}E_{t-1}(P_tC_t/A_t)$	$P^*_{F,t}=\frac{\theta\eta}{\theta-1}E_{t-1}(P^*_tC^*_t/A^*_t)$
$P^*_{H,t}=\frac{\theta\eta}{\theta-1}E_{t-1}(P^*_tC^*_t/A_t)$	$P_{F,t}=E_tP^*_{F,t}$
$P_{N,t}=P_{H,t}$	$P^*_{N,t}=P^*_{F,t}$

因为外国厂商实行的是 PCP 定价，所以一价法则依然成立，这也是和本国厂商的最大不同之处。所以，外国厂商的出口价格等于国内定价乘以汇率；而外国贸易品和非贸易品的国内价格与本国的情况类似。

我们以小写字母代表对应大写字母所表示变量的对数值。利用价格指数的定义和最优价格的设定，可以得到：

$$E_{t-1}c_t=-\ln\frac{\theta\eta}{\theta-1}-\frac{1}{2}\sigma_c^2+\left[(1-\frac{\gamma}{2})a_{t-1}+\frac{\gamma}{2}a^*_{t-1}\right]-\frac{1}{2}\left[(1-\frac{\gamma}{2})\sigma_u^2+\frac{\gamma}{2}\sigma_{u^*}^2\right]$$
$$+\left[(1-\frac{\gamma}{2})\sigma_{cu}+\frac{\gamma}{2}\sigma_{cu^*}\right]-\frac{1}{2}\frac{\gamma}{2}(1-\frac{\gamma}{2})\sigma_e^2+\frac{\gamma}{2}(1-\frac{\gamma}{2})(\sigma_{eu}-\sigma_{eu^*}) \quad (4)$$

$$E_{t-1}c_t^* = -\ln\frac{\theta\eta}{\theta-1} - \frac{1}{2}\sigma_{c^*}^2 + \left[\frac{\gamma}{2}a_{t-1} + (1-\frac{\gamma}{2})a_{t-1}^*\right]$$

$$-\frac{1}{2}\left[\frac{\gamma}{2}\sigma_u^2 + (1-\frac{\gamma}{2})\sigma_{u^*}^2\right] + \left[\frac{\gamma}{2}\sigma_{c^*u} + (1-\frac{\gamma}{2})\sigma_{c^*u^*}\right] \qquad (5)$$

由于价格粘性的不对称性，本国和外国的预期消费水平表现出明显的不同，这对后面最优货币政策与福利效应的分析很重要。本国实行 LCP，这样在外国市场上销售的所有商品价格都将提前一期进行设定，所以外国总体价格指数 P_t^* 在 t－1 期时就已经确定。于是，外国的价格就不会受到汇率波动的干扰，从而也不会影响外国的预期消费水平。这样，外国预期消费就只依赖于消费的方差与消费和技术冲击的协方差，这一点与 Duarte 和 Obstfeld（2008）的结论完全一致。相对而言，本国消费水平的决定就更为复杂。由于外国实行 PCP，本国的总体价格指数 P_t 将受到外国出口商品价格的影响，所以就和 t 期的汇率波动密切相关，从而不能提前确定。这样，汇率波动将会通过本国总体价格来影响本国 t 期的预期消费水平，因此汇率的方差以及与技术波动的协方差也成为影响本国预期消费的重要因素。

结合两国的货币需求方程，我们可以得到未预期的消费波动（新息）：

$$c_t - E_{t-1}c_t = \frac{1+i\varepsilon}{1+i}\left[\mu_t - \frac{1}{\varepsilon}v_t - \frac{\gamma}{2}(e_t - E_{t-1}e_t)\right] + \frac{\varepsilon-1}{\varepsilon(1+i)}\left[(1-\frac{\gamma}{2})u_t + \frac{\gamma}{2}u_t^*\right] \qquad (6)$$

$$c_t^* - E_{t-1}c_t^* = \frac{1+i\varepsilon}{1+i}(\mu_t^* - \frac{1}{\varepsilon}\upsilon_t^*) + \frac{\varepsilon-1}{\varepsilon(1+i)}\left[\frac{\gamma}{2}u_t + (1-\frac{\gamma}{2})u_t^*\right] \qquad (7)$$

其中 i 表示稳态时的名义利率水平。

上述两式揭示了不对称粘性价格定价机制下两国消费新息的重要差异。外国的消费新息仅仅依赖于外国的货币需求冲击（υ_t^*）和货币政策（μ_t^*）；而此时本国消费新息则与两个国家的货币冲击和货币政策密切相关。和前面提到的原因类似，汇率波动只会影响本国的消费新息；由于本国进口品在本国总消费中所占的比例为 γ/2，所以汇率新息对消费新息的影响程度就和 γ/2 相关。如果此时不存在贸易品（γ = 0），那么汇率新息显然不会再影响本国消费。如果本币出现未预期的贬值，那么外国进口商品价格上升就会提高本国的总体价格水平，从而导致本国消费新息下降，正好符合式（6）的推导结果。

外生技术冲击的国别差异对两国消费产生了不同影响，主要原因有两方面：首先，由于非贸易品的存在，两国的技术冲击对消费新息产生了不同程度的影响；其次，它还和不对称价格粘性的假定密切相关。外国厂商实行 PCP 定价机制时，汇率新息仅仅只会影响本国的消费，这样均衡时技术冲击就可以通过汇率来间接影响本国的消费。

为了求解本国消费和汇率的新息，我们还需要利用跨国风险分担条件式（2），通过推导可以得到下面的结论：

$$e_t - E_{t-1}e_t = \frac{1}{\lambda}\left\{\frac{1+i\varepsilon}{1+i}\left[(\mu_t - \mu_t^*) - \frac{1}{\varepsilon}(v_t - v_t^*)\right] + \frac{\varepsilon-1}{\varepsilon(1+i)}\left[(1-\gamma)(u_t - u_t^*)\right]\right\} \qquad (8)$$

$$c_t - E_{t-1}c_t = \frac{(1-\frac{\gamma}{2})}{\lambda}\left\{\frac{1+i\varepsilon}{1+i}(\mu_t - \frac{1}{\varepsilon}v_t) + \frac{\varepsilon-1}{\varepsilon(1+i)}\left[(1-\frac{\gamma}{2})u_t + \frac{\gamma}{2}u_t^*\right]\right\}$$
$$+\left[1-\frac{(1-\frac{\gamma}{2})}{\lambda}\right]\left\{\frac{1+i\varepsilon}{1+i}(\mu_t^* - \frac{1}{\varepsilon}v_t^*) + \frac{\varepsilon-1}{\varepsilon(1+i)}\left[\frac{\gamma}{2}u_t + (1-\frac{\gamma}{2})u_t^*\right]\right\} \quad (9)$$

其中，$\lambda=(1-\frac{\gamma}{2})+\left(\frac{1+i\varepsilon}{1+i}\right)\frac{\gamma}{2}$。值得注意的是，当不存在非贸易品时，外生技术冲击就不再对汇率新息产生影响。因为没有非贸易品，技术冲击就会对两国消费产生相同程度的影响，从而导致均衡时两国消费水平相等，这与 Devereux 和 Engel（2003）情形一样。结合跨国风险分担条件，我们易知当消费相等时汇率就取决于两国的相对价格，这样汇率新息自然就只和两国的货币需求和货币政策相关。结合前面式（6），不对称价格粘性使两国技术冲击对本国消费产生的不对称影响只有在非贸易品存在时才有意义。

五、最优货币政策

下面我们重点分析不对称粘性价格定价机制在最优货币政策制定过程中的重要影响。假定两国货币当局都严格遵守自己提前公布的货币政策规则，这些货币政策都是在他国货币政策不变的前提下使自己国家居民预期效用水平最大化的最优决策。我们假定各国货币当局是以调控名义货币供给增长率来实施自己的货币政策：

$$\mu_t = a_1u_t + a_2u_t^* + a_3v_t + a_4v_t^*$$
$$\mu_t^* = b_1u_t^* + b_2u_t + b_3v_t^* + b_4v_t$$

本文的最优货币政策分析是以下面的实际效应函数$\hat{U}$（即 $x\to0$）为基础的，[①] 货币政策规则是生产力冲击和货币需求冲击的对数线性函数。利用劳动力市场出清条件和最优定价公式，我们可以得到下面的实际效应函数：

$$E_{t-1}\hat{U}_t = E_{t-1}c_t - \frac{\theta-1}{\theta} \quad (10)$$

$$E_{t-1}\hat{U}_t^* = E_{t-1}c_t^* - \frac{\theta-1}{\theta} \quad (11)$$

我们定义两国货币政策的纳什均衡解为集合（a^N，b^N），其中 $a=(a_1,\ a_2,\ a_3,\ a_4)$ 和 $b=(b_1,\ b_2,\ b_3,\ b_4)$，最优货币政策规则的纳什均衡解就满足下列条件：

---

① Obstfeld 和 Rogoff（1995）、Devereux 和 Engel（2003）等都采用了类似的方法；Cooley 和 Hansen（1989）也从经验分析的角度证明了实际货币持有量对个人效用的影响不可能太大。

$$\max_{a} E_{t-1}\hat{U}_t(a,\ b^N)$$

$$\max_{b} E_{t-1}\hat{U}_t^*(a^N,\ b)$$

具体结果见表 2。

表 2 最优货币政策的纳什均衡解

本国（LCP）	外国（PCP）
$a_1=\frac{1}{\varepsilon}\left(1-\frac{\gamma}{2}\right)+\left(\frac{1+i}{1+i\varepsilon}\right)\left[\lambda\left(1-\frac{\gamma}{2}\right)-(1-\gamma)\right]$	$b_1=\frac{1}{\varepsilon}\left(1-\frac{\gamma}{2}\right)$
$a_2=\frac{\gamma}{2\varepsilon}-\left(\frac{1+i}{1+i\varepsilon}\right)\left[\lambda\left(1-\frac{\gamma}{2}\right)-(1-\gamma)\right]$	$b_2=\frac{\gamma}{2\varepsilon}$
$a_3=\frac{1}{\varepsilon}$	$b_3=\frac{1}{\varepsilon}$
$a_4=0$	$b_4=0$

由前面的理论推导过程，我们发现外国最优货币政策的设定和本国货币政策无关，而且其纳什均衡解与 Duarte 和 Obstfeld（2008）的结论完全一致。原因很简单：由式（7）可知，外国居民的预期消费只依赖于他自己国家的货币政策，和本国的货币政策无关；根据式（11），外国居民的预期效用水平只和其预期消费水平相关，所以本国货币政策的制订对外国最优货币政策没有任何影响。相对而言，本国最优货币政策则会受到外国货币政策的影响，其纳什均衡解变得更加复杂。根据式（9）的结果，外国的 PCP 定价会使本国的消费新息同时受到国内外货币当局制定的货币政策的影响，这样外国货币政策就会直接影响本国居民的福利水平，从而对本国最优货币政策的制定产生间接影响。

粘性定价机制的不对称性使本国的最优货币政策更依赖于外国的货币政策。但是，这并没有改变货币需求冲击对货币政策的影响：无论是实行 LCP 的本国，还是实行 PCP 的外国，其最优货币政策都不会受到其他国家货币需求冲击的影响，而只和自己国家的货币需求扰动相关，而且相关程度一致。与此同时，本国最优货币政策对国内外生产力冲击的反应程度则有所不同：一方面是由于非贸易品的存在；另一方面则是源于不对称的粘性定价机制。只要贸易品存在（$\gamma>0$），那么反应系数 a_1 和 a_2 的第二项就必定大于零；这时相对外国最优货币政策而言，本国最优货币政策会对自己国家技术冲击的反应程度更大（$a_1>b_1$），受到其他国家技术扰动的影响更微弱（$a_2<b_2$）。如果不存在贸易品（$\gamma=0$），a_1 和 a_2 的第二项就等于零，不对称粘性定价对货币政策的不对称影响就会消失。我们通过经济直觉容易知道，在没有国际贸易的情况下，各国货币政策当然只取决于自己国内的经济冲击（$a_2=b_2=0$）。

为了更好地对比不同定价机制下最优货币政策规则的差异，我们假定不存在非贸易品的情形。表 3 中第一行是本文的结论，假定本国实行 LCP 而外国实行 PCP；后两行则是 Devereux 和 Engel（2003）的结果，假定两国实行相同的定价机制。在本文，外国的最优货币政策与两国都实行 LCP 的情况完全一样，但是本国的最优货币政策却和两国都实行 PCP 的情况不同。本国货币当局在制定最优货币政策时，会对自己国内技术冲击的反应程度更大，这类似于两国都实行 PCP 的情况；但是此时本国货币当局对本国技术冲击的反应程度就和货币需求弹性（1/ε）密切相关。货币需求弹性越小，意味着消费波动对货币需求的影响就越小，因此本国最优货币政策对自己国内技术冲击的反应程度就越小。当货币需求弹性等于 1 时，本模型的结果与两国都实行 PCP 的情况完全一样。

表 3　不同定价机制的最优货币政策规则

	本国货币政策	外国货币政策
(LCP and PCP)	$a_1=\frac{1}{2\varepsilon}+\frac{1}{4}\left(1+\frac{1+i}{1+i\varepsilon}\right)$	$b_1=\frac{1}{2\varepsilon}$
	$a_2=\frac{1}{2\varepsilon}-\frac{1}{4}\left(1+\frac{1+i}{1+i\varepsilon}\right)$	$b_2=\frac{1}{2\varepsilon}$
(both PCP)	$a_1=\frac{1}{2\varepsilon}+\frac{1}{2}$	$b_1=\frac{1}{2\varepsilon}+\frac{1}{2}$
	$a_2=\frac{1}{2\varepsilon}-\frac{1}{2}$	$b_2=\frac{1}{2\varepsilon}-\frac{1}{2}$
(both LCP)	$a_1=\frac{1}{2\varepsilon}$	$b_1=\frac{1}{2\varepsilon}$
	$a_2=\frac{1}{2\varepsilon}$	$b_2=\frac{1}{2\varepsilon}$

因为一国的生产力冲击对两国的消费水平和最优货币政策产生了不对称的影响，所以两国货币的名义汇率就不可能在实施最优货币政策时再保持稳定。根据式（8），我们容易得到最优货币政策条件下汇率波动的条件概率：

$$\mathrm{var}_{t-1}(e_t)=\left(1-\frac{\gamma}{2}\right)^2\left[\mathrm{var}(u_t)+\mathrm{var}(u_t^*)\right] \tag{12}$$

如果两国都实行 PCP 定价，汇率波动就是两国生产力扰动的方差和（$\mathrm{var}(u_t)+\mathrm{var}(u_t^*)$），而 Duarte 和 Obstfeld（2008）证明在两国都是 LCP 定价的情况下，汇率波动就和非贸易品的份额成正比，为（$1-\gamma)^2[\mathrm{var}(u_t)+\mathrm{var}(u_t^*)]$。本文汇率波动的幅度介于上面两种情况之间，此时汇率波动与总消费中自己国家生产的产品份额相关。

在不对称价格粘性下，最优货币政策不能使经济重新达到充分弹性价格均衡的水平，所以两国福利水平遭到了不同程度的损失，具体如下：

$$E_{t-1}\hat{U}_t^N=-\frac{\theta-1}{\theta}-\ln\frac{\theta\eta}{\theta-1}+\left[(1-\frac{\gamma}{2})a_{t-1}+\frac{\gamma}{2}a_{t-1}^*\right]-\frac{1}{2}\left(\frac{\gamma}{2}\right)^3\left[\sigma_u^2+\sigma_{u*}^2\right] \tag{13}$$

$$E_{t-1}\hat{U}_t^{*N}=-\frac{\theta-1}{\theta}-\ln\frac{\theta\eta}{\theta-1}+\left[\frac{\gamma}{2}a_{t-1}+(1-\frac{\gamma}{2})a_{t-1}^*\right]-\frac{1}{2}\left(\frac{\gamma}{2}\right)(1-\frac{\gamma}{2})\left[\sigma_u^2+\sigma_{u*}^2\right] \tag{14}$$

即使两国的生产力水平完全一样，两国的福利水平也会存在差异。由于外国实施 PCP 定价，本国货币当局就可以通过影响汇率来改善预期消费水平，从而在国际贸易中获得更多的利益。因此，只要国际贸易存在（$\gamma>0$），本国居民的福利水平就会高于外国居民。

两国经济在纳什均衡时偏离了最优弹性价格均衡，这为两国货币当局提供了国际经济合作的空间。下面考虑合作均衡的情况，假定两国货币当局同等程度地看待两国居民的福利水平，类似定义两国货币政策的合作均衡解为（a^C，b^C），这样最优货币政策规则的合作均衡解就满足下列条件：

$$\max_a E_{t-1}\left[\frac{1}{2}\hat{U}_t(a,\ b^C)+\frac{1}{2}\hat{U}^*_t(a,\ b^C)\right]$$

$$\max_b E_{t-1}\left[\frac{1}{2}\hat{U}_t(a^C,\ b)+\frac{1}{2}\hat{U}^*_t(a^C,\ b)\right]$$

为了能更直观地与纳什均衡进行对比，我们在求解合作均衡时进行了简化，假定货币需求弹性为 1（即 $\varepsilon=1$）根据附录我们直接给出两国合作均衡时的福利水平：

$$E_{t-1}\hat{U}^C_t=-\frac{\theta-1}{\theta}-\ln\frac{\theta\eta}{\theta-1}+\left[(1-\frac{\gamma}{2})a_{t-1}+\frac{\gamma}{2}a^*_{t-1}\right]-\frac{1}{2}\left(\frac{\gamma}{2}\right)^3\left(\frac{1}{1+\frac{\gamma}{2}}\right)^2\left[\sigma^2_u+\sigma^2_{u*}\right] \tag{15}$$

$$E_{t-1}U^{*C}_t=-\frac{\theta-1}{\theta}-\ln\frac{\theta\eta}{\theta-1}+\left[\frac{\gamma}{2}a_{t-1}+(1-\frac{\gamma}{2})a^*_{t-1}\right]$$
$$-\frac{1}{2}\left(\frac{\gamma}{2}\right)\left(1+\frac{\gamma}{2}-\frac{\gamma^2}{4}\right)\left(\frac{1}{1+\frac{\gamma}{2}}\right)^2\left[\sigma^2_u+\sigma^2_{u*}\right] \tag{16}$$

因为纳什均衡时的福利水平和货币需求弹性的大小无关，所以可以直接与合作均衡的福利水平进行比较：

$$E_{t-1}\hat{U}^C_t-E_{t-1}\hat{U}^N_t=\frac{1}{2}\left(\frac{\gamma}{2}\right)^3\left(\frac{1}{1+\frac{\gamma}{2}}\right)^2\left(\gamma+\frac{\gamma^2}{4}\right)\left[\sigma^2_u+\sigma^2_{u*}\right]>0$$

$$E_{t-1}\hat{U}^{*C}_t-E_{t-1}\hat{U}^{*N}_t=-\frac{1}{2}\left(\frac{\gamma}{2}\right)^4\left(\frac{1}{1+\frac{\gamma}{2}}\right)^2\left[\sigma^2_u+\sigma^2_{u*}\right]<0$$

$$E_{t-1}\left[\hat{U}^C_t+\hat{U}^{*C}_t\right]-E_{t-1}\left[\hat{U}^N_t+\hat{U}^{*N}_t\right]=\frac{1}{2}\left(\frac{\gamma}{2}\right)^4\left(\frac{1}{1+\frac{\gamma}{2}}\right)\left[\sigma^2_u+\sigma^2_{u*}\right]>0$$

通过对比分析，我们发现国际货币政策合作能够有效地提高本国的福利状况，但是与此同时外国居民的福利水平却有所降低。纳什均衡时，外国货币当局拥有实施货币政策的占优策略，所以外国居民位于不对称价格粘性时的最高福利水平；这样即使进行国际经济合作，外国居民也不可能进一步改善福利，因此外国货币当局没有进行货币政策协调的积极性。另外，本国最优货币政策是随着外国货币政策的变动进行调整的，因此国际货币合作就可能改进本国福利状况。如果综合考虑对两国经济的影响，那么合作均衡则能提高整个世界的福利水平，这是与 Devereux 和 Engel（2003）结论的不同之处。Devereux 和 Engel（2003）发现：在 PCP 情况下，虽然一国的货币政策能够影响他国的消费水平，但这时的纳什均衡已经达到了弹性价格均衡的福利水平，合作均衡没有潜在的利益空间；在LCP情况下，虽然纳什均衡时的福利水平低于完全弹性价格均衡的情况，但是这时一国的货币政策不会影响他国的消费，所以合作均衡也没有实现福利改进。Obstfeld（2006）与Duarte和Obstfeld（2008）得到了同样的结论：合作均衡与纳什均衡的福利水平完全一致。本模型通过对不对称价格粘性的关键假定推导发现，一方面外国货币政策能直接影响本国的消费，另一方面纳什均衡也没有达到完全弹性均衡的情况，因此存在国际经济协调改进福利的空间。综上所述，如果通过一定的国际利益转移，货币政策合作就能够完全弥补外国居民的福利损失，从而使合作均衡最终能同时提高两国的福利水平，这一理论结论对促进国际经济合作与国际政策协调有重要的现实意义。

六、经验检验

随着经济全球化的发展，国际货币政策协调成为各国经济交流中的一个重要议题。结合本文的理论结论，我们针对国际货币政策之间的相互影响进行经验检验。

中国改革开放的日益深化和APEC等区域经济组织的发展，极大地促进了中美两国的经济交流与合作，两国间国际贸易也呈现出飞速发展的趋势。由于美元是最主要的国际货币，所以在中美国际贸易结算中一直承担着举足轻重的角色，因此中美两国在国际贸易中的粘性定价机制正好符合本文理论模型的基本假定。王胜和李睿君（2009）检验了人民币在中美贸易中的汇率传递程度，发现人民币汇率波动对中国出口美国商品的价格传递程度很低；还有许多研究也表明美国进口价格的汇率传递程度比较低（Campa and Goldberg，2008）。因此，我们可以把中国出口企业看成是实行LCP定价的。虽然没有专门的研究来考察美国对中国出口的定价机制，但是Obstfeld和Rogoff（2000）发现并没有足够的证据表明美国出口主要采用LCP定价，结合美元作为主要国际结算货币，我们有理由认为在中美贸易中美国出口企业主要采用的是PCP定价。

我们对中美两国货币政策之间的相关关系进行检验，以考察是否与本文的理论结论相吻合。美联储虽然把利率作为货币政策的中介目标，但是在实际调控中，依然是通过调整货币供给量来确保其基准的利率目标，本文理论模型中也是以货币供给量作为货币政策工具，所以我们就对中美两国的货币供给关系进行考察。在经验检验中，中美两国的货币供给量M1和M2都来源于EIU Country Data的原始数据，通过对数差分的方法我们把原始数据转换成货币供给增长率，同理论模型中的变量保持一致。

中国是1993年正式确定把货币供给量作为货币政策中介目标，所以中国人民银行在1993年才开始正式发布M1和M2的统计量。因此，本文以1993~2008年的季度数据为样本，利用Granger因果关系来分析中美两国货币政策的相互影响，具体结果见表4，其中P值代表拒绝零假设时的出错概率。

表 4 中美两国货币政策的 Granger 因果检验

滞后期	1 期	2 期	3 期	4 期	5 期
零假设	P 值	P 值	P 值	P 值	P 值
样本区间：1993Q1 至 2008Q4					
USDM1 does not Granger Cause CHDM1	0.006	0.1003	0.003	0.015	0.063
CHDM1 does not Granger Cause USDM1	0.003	0.210	0.025	0.083	0.315
USDM2 does not Granger Cause CHDM2	0.034	0.007	0.315	0.289	0.471
CHDM2 does not Granger Cause USDM2	0.012	0.019	0.125	0.379	0.264
样本区间：1993Q1 至 2002Q4					
USDM1 does not Granger Cause CHDM1	0.045	0.139	0.026	0.026	0.079
CHDM1 does not Granger Cause USDM1	0.106	0.769	0.202	0.499	0.788
USDM2 does not Granger Cause CHDM2	0.020	0.006	0.325	0.548	0.540
CHDM2 does not Granger Cause USDM2	0.038	0.078	0.176	0.295	0.260
样本区间：1999Q1 至 2008Q4					
USDM1 does not Granger Cause CHDM1	0.004	0.002	0.013	0.281	0.542
CHDM1 does not Granger Cause USDM1	0.034	0.539	0.019	0.038	0.114
USDM2 does not Granger Cause CHDM2	0.707	0.738	0.905	0.896	0.934
CHDM2 does not Granger Cause USDM2	0.319	0.267	0.479	0.293	0.286

注：CHDM1、CHDM2 表示中国 M1 和 M2 的增长率，USDM1、USDM2 表示美国 M1 和 M2 的增长率。

为了增强本文结论的稳定性，我们分别考虑了滞后阶数从 1 到 5 的情况。首先，我们考察中美两国 M1 增长率之间的相互关系。无论选取的滞后期是多少，美国 M1 的增长率都至少在 10%的显著水平下成为中国 M1 增长的 Granger 原因，这充分说明这个结论的稳定性相当强；另外，中国货币政策对美国 M1 增长率的影响就不是很显著，这两点与本文的结论一致。其次，中美两国 M2 之间的相互影响不是很显著，只有当滞后期较短时，中美两国货币政策才存在较为明显的 Granger 因果关系。这可能和货币政策的具体实施情况相关：由于部分存款准备金制度，增发货币时就会出现乘数效应，时间越长，乘数效应就越明显；各国中央银行真正能直接控制的是基础货币，而 M2 远远大于 M1 包含的货币范畴，所以 M1 和基础货币的联动性更强，比 M2 更能反映一国货币当局的政策调控走向。

为了考察随着经济的发展和时间的推移，中美两国货币政策之间的关系是否出现变化，我们分段进行了 Granger 因果检验。在前 10 年（1993~2002 年），中美两国货币政策的关系就更加符合本文的理论结果，美国货币政策会显著影响中国货币政策的决策，但是中国货币政策却没有对美国货币政策产生明显影响。相对而言，后 10 年（1999~2008 年）的 Granger 检验结果不是很稳定。在样本数据的前期，新经济使美国经济出现长达连续 100 多个月增长，美元一枝独秀成为世界上适用范围最广的国际货币。但是美国经济在新世纪初出现波动，欧元区的经济实力又不断增强，欧元逐渐成为能与美元抗衡的国际货币；特别是最近几年人民币兑美元汇率连续走强，这时中美两国出口企业可能就会调整美元价格刚性的定价策略，因此同时弱化了中国 LCP 和美国 PCP 的定价机制。

综上所述，M1 比 M2 更能反映一国货币政策的实施情况，中美两国货币政策之间存在着较显著的相关关系，本部分的 Granger 因果检验基本上验证了本文的理论结论：采用 PCP 定价国家（美国）的货币政策会影响采用 LCP 定价国家（中国）最优货币政策的制定。这个结论对中国的宏观经济调控有一定的现实意义：在改革开放日益深化的情况下，中国货币政策的制定不仅需要考虑美国的经济发展状况（王胜、邹恒甫，2006），而且还依赖于美国货币政策的实施。此外，加强中美货币政策的协调对提高中国福利水平也有重要意义。

七、结论

Devereux 和 Engel（2003）在开放经济中研究定价机制选择对国际货币政策传导机制的影响方面做出了重要贡献。Duarte 和 Obstfeld（2008）与 Obstfeld（2006）通过引入非贸易品发现，即使在缺失支出转移效应的情况下固定汇率制也不一定是最优的。然而，上述的研究都是基于两国对称定价机制的假定。然而现实经济中，由于各国经济情况的差异，特别是在发达国家和发展中国家的经济交流中，双方很可能采取不同的价格设定机制，如中美两国。因此，考察开放经济中不对称价格粘性对货币政策传导机制的可能影响就成为本文的最大贡献。价格粘性的不对称性导致了两国消费、最优货币政策、福利水平等多方面的差异，本文的结论如下：

即使不存在非贸易品，不对称价格粘性也会改变国内外生产力冲击对本国最优货币政策的影响程度。与两国都实行 PCP 定价的情形相比，生产力扰动对本国最优货币政策的影响更复杂些，其影响程度与货币需求弹性的大小密切相关。低汇率传递的根本原因——LCP 定价将会影响最优货币政策下名义汇率的波动幅度，这一点和 Duarte 和 Obstfeld（2008）的结论类似，但本文纳什均衡下的汇率波动幅度和消费品中自己国家生产的产品份额相关。

在本国实行 LCP 而外国实行 PCP 的情况下，外国的最优货币政策仅依赖于他自己的消费水平，而和本国货币政策无关，这与 Duarte 和 Obstfeld（2008）分析两国同时实行 LCP 的情形完全一致；但与此同时，本国的消费就很容易受到外国货币政策的影响，所以本国最优货币政策就会在一定程度上和外国货币当局的政策决策相关。通过 Granger 因果检验，我们发现中美两国货币政策的关系正好验证了理论模型的这些结论。此外，定价机制的不对称性导致了纳什均衡时两国福利水平的不同，由于本国货币政策的灵活性，所以本国居民遭受经济扭曲的福利损失要低于外国居民。国际经济合作能够有效地提高世界的整体福利水平，虽然此时外国居民会存在一定的利益损失。

当然本文还存在需要进一步改进和发展的地方。首先，还需要更多的定量研究来验证本文不对称价格粘性的理论结论。其次，关于消费的对数效应函数是本文一个重要的理论假定，它保证了完全的消费风险国际分担，简化了理论分析。Obstfeld 和 Rogoff（2002）发现当把对数效用函数扩展到更一般的形式时，就会对货币政策的国际传导产生明显影响，所以这也成为本文今后需要进一步研究的地方。

参考文献：

[1] 毕玉江、朱钟棣：《人民币汇率变动对中国商品出口价格的传递效应》，《世界经济》2007 年第 5 期。

[2] 陈学彬、李世刚、芦东：《中国出口汇率传递率和盯市能力的实证研究》，《经济研究》2007 年第 12 期。

[3] 王胜、李睿君：《国际价格竞争与人民币汇率传递的实证研究》，《金融研究》2009 年第 5 期。

[4] 王胜、邹恒甫：《开放经济中的货币政策》，《管理世界》2006 年第 2 期。

[5] Betts, C. and Devereux, M. "Exchange Rate Dynamics in a Model of Pricing-to-market." Journal of International Economic, 2000, 50 (1), pp. 215-244.

[6] Backus, D. and Smith, G. W. "Consumption and Real Exchange Rates in Dynamic Economies with Non-traded Goods." Journal of International Economics, 1993, 35 (3-4), pp. 297-316.

[7] Calvo, G. "Staggered Prices in a Utility Maximizing Framework." Journal of Monetary Economics, 1983, 12, pp. 983-998.

[8] Campa, Jose and Goldberg, Linda. "The Insensitivity of the CPI to Exchange Rates: Distribution Margins, Imported Inputs, and Trade Exposure." 2008, unpublished paper.

[9] Clarida, R.; Gali, J. and Gertler, M. "A Simple Framework for International Monetary Policy Analysis." Journal of Monetary Economics, 2002, 49, pp. 879-904.

[10] Cooley, T. F. and Hansen, G. D. "The Inflation Tax in a Real Business Cycle Model." American Economic Review, 1989, 79 (4), pp. 733-748.

[11] Corsetti, G. and Pesenti, P. "International Dimensions of Optimal Monetary Policy." Journal of Monetary Economics, 2005, 52 (2), pp. 281-305.

[12] Devereux, M. B. and Engel, C. "Monetary Policy in the Open Economy Revisited: Price Setting and Exchange -rate Flexibility." Review of Economic Studies, 2003, 70 (4), pp. 765-783.

[13] Duarte, M. and Obstfeld, M. "Monetary Policy in the Open Economy Revisited: The Case for Exchange-rate Flexibility Restored." Journal of International Money and Finance, 2008, 27, pp. 949-957.

[14] Engel, C. "Expenditure Switching and Exchange-rate Policy." in Gertler, M., Rogoff, K. eds., NBER Macroeconomics Annual. MIT Press, Cambridge, MA, 2002, pp. 231-272.

[15] Friedman, M. "The Case for Flexible Exchange Rates." In Essays in Positive Economics. University of Chicago Press, Chicago, IL, 1953, pp. 157-203.

[16] Ihrig, Jane E.; Mario, Marazzi and Alexander D. Rothenberg. "Exchange Rate Pass-through in the G-7 Countries." International Finance Discussion Papers, 2006, 851.

[17] Marazzi, Mario and Sheets, Nathan. "Declining Exchange Rate Pass-through to U. S. Import Prices: The Potential Role of Global Factors. "Journal of International Money and Finance, 2007, pp. 924-947.

[18] Obstfeld, M. "Pricing-to-market, the Interest-rate Rule, and the Exchange Rate." NBER Working Paper, 2006, No. 12699.

[19] Obstfeld, M. and Rogoff, K. "Exchange Rate Dynamic Redux." Journal of Political Economy,

1995, 103 (2), pp. 624 -660.

[20] Obstfeld, M. and Rogoff, K. Foundations of International Macroeconomics, MIT Press, Cambridge, MA, 1996, pp. 659-712.

[21] Obstfeld, M. and Rogoff, K. "New Directions for Stochastic Open Economy Models." Journal of International Economics, 2000, 50 (1), pp. 117-153.

[22] Obstfeld, M. and Rogoff, K. "Global Implications of Self-Oriented National Monetary Rules." Quarterly Journal of Economics, 2002, 117 (2), pp. 503-536.

(截稿：2010 年 1 月　实习编辑：王徽)

通货膨胀机理变化及政策应对*

张晓慧　纪志宏　李　斌

【摘　要】本文构建了一个全球化背景下基于“两部门悖论”的简单模型框架，对全球通胀变化及其机理进行了经验分析。研究发现，近年来全球通胀呈现几个突出特征：一是“结构性”价格上涨已经并很可能在未来成为通胀的主要表现形式；二是由金融投机引发的初级产品价格暴涨成为导致 CPI、PPI 大涨的重要原因；三是 CPI、PPI 明显上涨时，往往已处在经济金融泡沫最后破裂的前夜，因此在衡量周期变化上 CPI 特别是核心 CPI 会相对滞后。本文认为，鉴于全球化背景下经济运行和通胀机理所发生的变化，要深化对技术进步、生产率改进、初级产品和资产价格以及国际货币和汇率体系变化等多重因素的监测分析，在宏观调控中更加关注更广泛意义上的价格变动，探索更为科学合理地衡量整体价格水平的途径和方法。

【关键词】全球化；通货膨胀；宏观经济；货币政策

一、引言

维护币值和价格水平稳定是各国货币政策最重要的目标之一。由于金融宏观调控主要针对价格等变动作出反应，因此准确把握价格变动的内在机理、科学合理地衡量价格水平具有十分重要的意义。近年来受经济全球化加快发展等因素影响，通货膨胀（以下简称“通胀”）的形成机理逐渐发生变化，并在全球宏观经济金融运行中显著地表现出来，呈现

* 张晓慧、纪志宏、李斌：中国人民银行货币政策司，北京西城区成方街 32 号，100800，电子信箱：bli@pbc.gov.cn。

本文是中国人民银行 2008 年度重点研究课题“现阶段中国通货膨胀问题”的研究成果之一。作者感谢课题组其他成员董迪斌、谢光启、邱潮斌、崔永和王秦伟所作的贡献。感谢两位匿名审稿人提出的建设性意见。本文仅为个人学术研究观点，与所在机构无关，文责自负。

出不少传统理论难以解释的新现象、新问题，对理论研究和实践操作提出了新的课题。

回顾始于2003年的全球经济上升期及其在2008年出现的逆转，其中有关通胀问题就有许多值得揭开的“谜团”。例如，为什么本轮国内外通胀始终呈现出“结构性上涨”的特征？为什么全球CPI会在美国次贷危机爆发后骤然上升，实体经济和需求下滑的同时CPI却加速上涨？如何看待所谓的“滞胀”问题？此外，2008年上半年各国还在为持续上升的CPI担忧，下半年CPI、PPI就出现大幅回落，不少经济体甚至开始面临通货紧缩（以下简称“通缩”）的风险。为什么通货膨胀向通货紧缩的逆转会如此迅速？可以说，从结构性通胀显现到产生“滞胀”苗头，再到通胀向通缩风险的迅速逆转，这些变化背后隐藏的经济机理已成为宏观经济领域十分引人注目的课题。从理论研究看，近年来国际理论界有关全球化对通胀影响的研究也在增多。Rogoff（2003）认为，全球化导致价格弹性变大，菲利普斯曲线更加陡峭，使得失业和通胀之间的短期替代效应更加明显。不过更多研究发现，随着全球化发展菲利普斯曲线实际上变得更加平坦（Borio and Filardo，2007；IMF，2006）。Mishkin（2009）则认为全球化不是影响菲利普斯曲线变平滑的重要因素，是稳定通胀预期的货币政策导致了较为平滑的菲利普斯曲线。由于全球化发展加剧了市场竞争，并将大量新兴经济体和低成本劳动力带入全球化市场，对全球通胀起到了抑制的作用。Pain等（2006）的分析表明，与发展中国家的贸易使美国通胀降低了0.2~0.3个百分点，Kamin等（2006）也发现，过去十年里美国对中国制造品的购买大约每年降低进口价格通胀1个百分点。也有研究强调（Ball，2006），来自中国等地区的廉价进口商品虽然降低了进口品的相对价格，但新兴经济体发展导致了大宗商品价格的向上压力，因此最终并没有影响到反映全部价格的通货膨胀变化上。可以看到，对全球化发展与通货膨胀关系的研究目前尚有不少争议，但总的来看，这些研究主要集中在全球化对产出及通胀（特别是CPI通胀）影响的定量及经验分析上，对近年来全球呈现的“结构性通胀”特征以及价格与增长之间周期变化内在机理的研究仍比较缺乏，也难以解释我们在上面所提出的那一系列的“谜团”。因此，对全球化背景下所出现的结构性通胀现象及其变化机理建立一个基本的理论框架加以分析和解释，更深入的理解近年来国内外价格变化的内在原因及其对宏观经济政策提出的挑战，具有重要的理论和现实意义。

本文分四部分进行分析。除引言外，第二部分提出一个简单分析框架，在此框架下解释全球化发展过程中日益突出的“两部门悖论”问题，分析“结构性”通胀、阶段性“滞胀”进而向通货紧缩转化的内在机理。第三部分依据上述框架，对2003年全球经济进入新一轮上升周期后的价格水平变化做具体解释和剖析，通过经验研究揭示宏观经济变化背后的影响机制。第四部分对全文进行总结，分析全球化背景下通胀机理变化对宏观政策的影响，并提出若干建议。

二、基本框架："两部门悖论"、经济周期与结构性通胀

从2003~2008年，全球经济处于上升期，连续4年以超过4%的速度增长，成为近三十年来持续时间最长的扩张周期。伴随着经济的快速发展，通货膨胀压力也逐步增大，并且表现出一些不同以往的特点。近半个世纪以来，世界经济曾多次出现通货膨胀，但由于过去市场开放程度较低，其影响基本局限在一定的国家或地区内。例如，20世纪70年代的通胀主要发生在西方发达国家；20世纪80年代，拉美地区的平均通胀率超过80%；20世纪90年代，通胀主要在亚洲发展中国家肆虐。但是，2007~2008年上半年，无论是发达国家还是发展中国家，都普遍出现了较为严重的通胀，CPI上涨超过两位数的经济体达50多个。可以说，与经济全球化加速发展相对应，通胀也表现出了更加突出的全球性特征。

这一轮通胀的另一个特征是"结构性"。如果我们将通胀理解为商品价格的普遍上涨，那么自2003年进入新一轮上升周期以来，世界经济发展就一直伴随着"结构性"的通货膨胀，即一部分商品价格上涨的同时另一部分商品价格保持基本稳定。首先是初级产品、股票和房屋价格持续快速上涨。从2003年初至2008年7月，包含食品、金属、能源等在内的IMF初级产品价格指数上涨了230%，其中石油价格上涨超过330%，但与此同时CPI则总体稳定。全球CPI的显著上涨在2007年之后才开始浮现，但也主要表现为以石油、粮食价格大幅上涨带动的结构性通胀，剔除这些因素的核心CPI则始终处于相对较低的水平。从某种意义上说，"结构性"通胀似乎已成为当前通货膨胀的一种常态。

总体来看，本轮通胀之所以具有突出的全球性和结构性特征，与经济全球化加快发展的背景紧密相关。欧洲央行行长特里谢（2008）曾指出，影响全球化效应的基本因素有两个，一是跨国之间的产品、服务和信息转移成本下降，导致生产过程改变，其中最为显著的是生产过程在国际之间的细分；二是由于新兴市场经济体贸易和生产更加开放，全球生产能力出现了大幅度扩张。在这些因素的共同影响下，经济全球化一方面极大地拓展了市场空间，加速了资源的重新整合与配置，使规模经济效应以及外包（Outsourcing）等带来的低成本优势得以强化，显著增强了全球工业生产和产出供给能力，抑制了一般性商品通胀（Chen et al.，2007）；但另一方面，全球化生产和市场扩展也大大增加了对初级产品和资产的需求，加之以美元持续扩张和贬值为特征的全球流动性过剩进一步加剧了初级产品和资产价格上涨，导致主要由初级产品和资产价格上涨带动的"结构性"价格上涨。进一步看，当一般竞争性商品的生产率提升赶不上结构性价格上涨时，这种结构性通胀就会不断挤压一般竞争性部门的利润空间，从而在经济体中内生出终结繁荣和持续增长的因素。特别是在流动性过剩格局下，非理性的金融投机将导致严重的商品和资产泡沫，使问题变得更加严重。当矛盾持续积累，经济主体对未来经济发展的预期发生逆转，金融资产和商

品泡沫就会破裂，前期推动价格上行的动力瞬间消失，严重的结构性通胀就可能很快逆转为通缩风险。这些变化正是前几年全球宏观经济领域的真实情况。

为更严谨和深入地阐释上述问题，我们借鉴 Kalecki（1976）研究发展中经济体农业和工业部门相互关系的思路，建立了一个简单的两部门模型框架。利用这一框架，既可以体现上面描述的基本情况，还可以了解整个演变过程中每个阶段可能发生的情景及其背后的机理，包括阶段性的"滞胀"现象等也可以在这个模型中内生出来。在这个框架中，我们认为在当前全球化的经济技术格局下，通胀压力对不同商品和服务的影响是不同的。总体来看，可以将经济体概括为两个部门：一个是一般竞争性产品部门，其特点是产业竞争性强，生产效率高，产品供给弹性强，面临的主要问题是"需求约束"；另一个是具有一定垄断性质的部门，主要包括房地产、股票以及能源、资源等初级产品，其特点是需求具有刚性，供给弹性相对不足，面临的问题主要是"供给约束"。总体来看，世界经济在全球化加速过程中呈现出更为明显的"二元"结构特征，因此也需要在一个两部门框架中加以描述。

为分析方便，我们用 A 和 M 分别代表"需求约束"部门和"供给约束"部门，它们之间的基本关系可以在一个"相对价格—供给量"空间中进行界定（见图 1）。在这个空间中，A 部门和 M 部门的产品都是经济主体所需要的，因此两个部门之间存在相互需求。纵坐标 $P = \frac{P_M}{P_A}$，是 M 部门和 A 部门产品价格之比，也就是两部门之间的贸易条件。横坐标 Q_A 和 Q_M 分别代表 A 部门和 M 部门的产品供给量。MM 线代表 M 部门的供给曲线，斜率为正是因为 A 部门扩张（即 Q_A 增长）会增加对 M 产品的需求，需要 M 产品相对价格上升来出清市场。或者说，随着相对价格 P 上升，M 产品供给量会相应增加。可以看到，MM 曲线斜率取决于 M 部门产品的供给弹性，弹性越大，斜率越小，MM 线越平坦，反之亦反是。AA 线代表 A 部门供给曲线，呈现负斜率，由于 M 产品具有需求刚性，M 产品相对价格（P）上升会降低 A 部门的实际收入，从而减少对 A 产品的需求，Q_A 随之减少。从

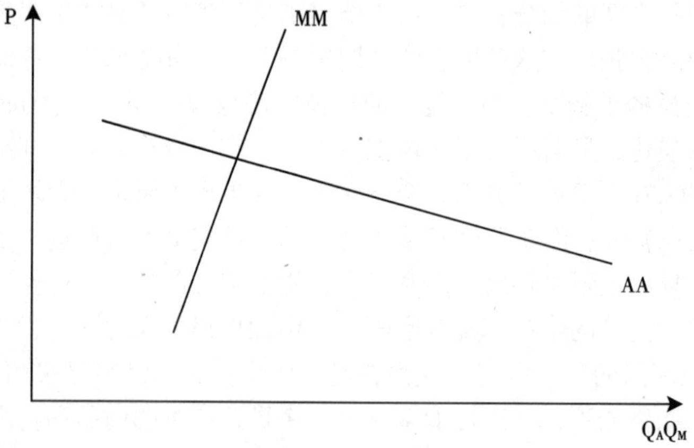

图 1 P–Q 空间

另一个角度看，P 下降意味着 A 部门产品相对价格上升，此时 A 产品供给就会相应增加。由于 A 产品供给弹性高，M 产品供给弹性很小，因此 AA 线比较平坦，MM 线则要陡峭得多。另外为简化分析，我们也以 Q_A 和 Q_M 分别代表 A 部门和 M 部门的收入，也就是说，产出越多收入也越多。

下面我们在（P-Q）空间中进一步说明两部门产出、收入和价格水平的演变，这种演变可以分为以下几个情景和阶段：

情景 1：结构性通胀的形成。图 2-a 中包括了 MM 线在不同弹性假设下的几种情况。我们先观察供给线位于 MM1 的情况。在图 2-a 中的初始状态 E 点，A 部门产出为 Q1，M 产品与 A 产品的相对价格水平为 P1，从对应的图 2-d 可以看到，此时生产 A 产品的边际收益等于边际成本，整个经济体处于稳定和均衡的状态。不过，来自多方面的冲击会使原有的均衡状态发生改变。例如，实施刺激性的宏观政策（如放松货币）就可能在短期内使微观经济主体产生“货币幻觉”，从而增大生产的边际收益，此时边际收益曲线将右移（假设从 MR1 移至 MR1′）；另一方面，技术进步、低成本要素融入全球市场等会导致生产的边际成本下降，边际成本线向右下方移动（假设从 MC 移动至 MC′）。此时，受来自需求方和供给方因素的冲击，图 2-d 中由边际成本和边际收益决定的 A 产品最优产量将从 Q1 移至 Q2。这意味着多生产 A 产品将有利可图，这样图 2-a 中的 A 产品供给线 AA 将向右上方移动至 AA。在 A 部门生产和投资增长的带动下，经济进入上行和扩张期。进一步看，A 部门扩张增大了对 M 产品的需求，由于 M 产品需求和供给都缺乏弹性，因此 M 产品相对价格会上升，从 P1 上升至 P2。同时，由于 A 部门和 M 部门产出和收入都在增长，全社会有效需求是上升的，A 产品也会面临来自需求方面的价格上涨压力，但是由于其供给弹性很高（产能十分充裕），A 产品价格很难上涨。此时就会出现以 M 产品价格明显上升同时 A 产品价格基本稳定为特征的“结构性”的价格上涨现象。[①] 可见，在供给线位于 MM1 的情况下，A 部门投资和生产扩张的效应一部分表现为 A 产品产量增长，另一部分则转化为 M 产品相对价格上升，A 部门的一部分收入以这种方式被 M 部门获得。

情景 2：更加严重的结构性通胀。从上面的框架可以看到，投资和增长加快对 A 部门的效应取决于 M 产品供给的价格弹性（即 MM 线斜率），弹性越小，投资增长对 A 部门就业和产出的带动作用就会越小，而 M 产品相对价格的上升则会越大。在图 2-a 中，M 部门产品供给弹性越小，MM 线的斜率就会越大。在一个极端情况下，当 M 产品供给的价格弹性为零，即 MM 线成为一条垂线时（图 2-a 中的 MM2 线），投资对 A 部门就业和产出的

---

① 若更严密的看，M 产品相对价格上升将增加 M 部门收入，由于收入增加，M 部门也可能会增大对 A 产品的需求，从而可能导致 A 部门贸易条件改善。不过，由于 A 产品供给弹性大，A 产品需求增加导致的价格上升将小于此前 A 部门扩张导致 M 产品相对价格上升的幅度，在极端情况下，若假定 A 产品供给弹性无限大，需求增加对 A 产品价格将不会产生任何影响。鉴于上述情况并不影响最终结论，为简化分析，在正文的模型中我们不再考虑这些问题。

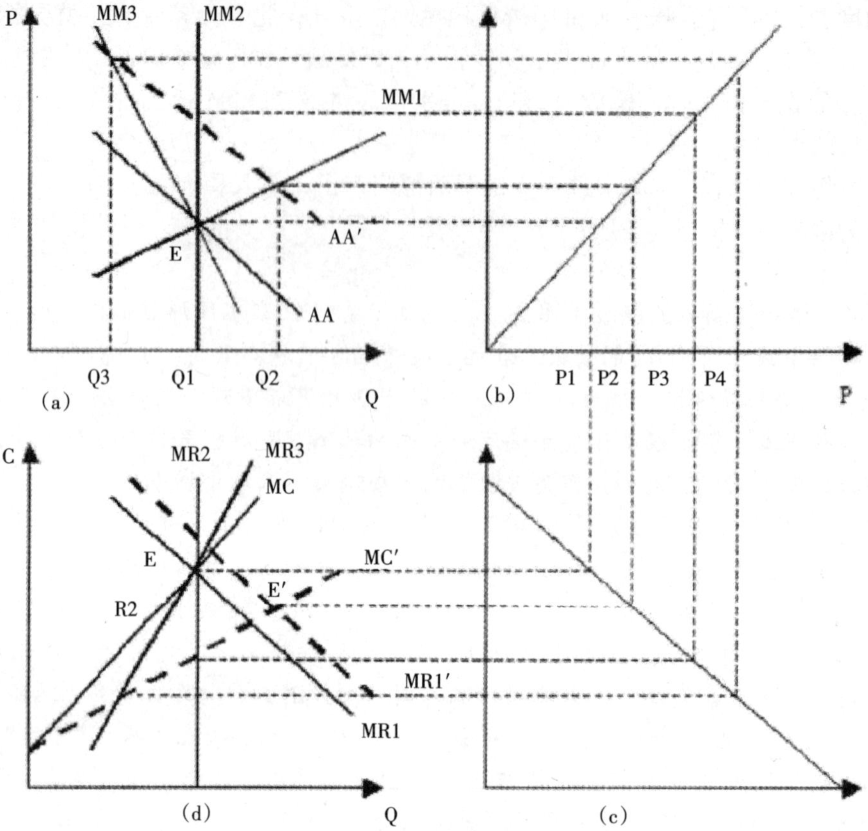

图 2　结构性通胀的形成和演变

推动作用就会完全被 M 产品相对价格的上升所抵消。AA 线移至 AA′后，产出仍在 Q1 的水平，但相对价格从 P1 升至 P3，较之供给线在 MM1 状态时相对价格将多上升了 P3 - P2。也就是说，此时 A 部门（也就是大量一般性竞争行业）的扩张将完全转化为 M 部门（资源、能源产品以及房地产等）名义价格的相对上升，A 部门产出不会因为投资增加而扩大，全社会投资和货币增长的好处将全部通过 M 部门产品相对价格上涨的方式被 M 部门所获得。在这样的情况下，较之图 2-a 中 MM1 线所描述的情形，由于 M 部门产品价格相对上涨幅度更大，由 M 产品价格大幅上涨所导致的结构性通胀将更加显著。此外，M 产品价格相对上升后，由于供给无弹性，M 产品供给量没有变化，劳动就业量不变，因此 M 部门就业者收入将上升，两部门劳动者收入差距也会趋于扩大，从而可能导致全社会收入分配状况恶化。

情景 3：投机泡沫、通胀恶化、阶段性“滞胀”及其向通缩的逆转。我们进一步考虑更加严重的情况（图 2-a 中 M 部门供给线呈现 MM3 的情形）。为什么 MM 线可能出现负斜率？这是因为 M 部门产品供给弹性较低，垄断性强，在经济加快增长导致需求膨胀进而价格上涨的情况下，容易引发金融投机和炒作。而一旦金融投机盛行，“追涨杀跌”的规律就会发挥作用，价格越高，吸纳的全社会资本和资源投入反而越多，金融泡沫也随之增大。这样，在图 2-a 的 P- Q 空间中，由于 MM 线代表了房地产、股票以及初级产品等容易滋生金融投机的产品，当 M 产品相对价格不断上升时，会吸引经济体将大量收入和资本投入 M 产品市场。在 M 部门投机泡沫持续膨胀、M 产品价格异常飙升的情况下，一方面会吸引越来越多的资本和收入涌入 M 部门，甚至 A 部分的资本和需求也会转移到 M 部门，造成对 A 产品需求下降；另一方面，由于 M 部门包括大量资源、能源等上游原材料以及房屋等生产、消费必需品，其价格大幅上涨会对企业利润造成明显影响，甚至形成亏损，迫使企业减少生产。这一点从图 2-a 中也可看到，由 AA′和 MM3 线交点决定的 A 产品产量将下降到 Q3。也就是说，在此情形下，一般竞争性部门（A 部门）投资扩张效应不仅将全部被垄断性产品价格上涨所吸收，还会额外吸引大量资本进入 M 部门投机炒作。随着 M 产品价格上涨，一般竞争性部门产出和就业将趋于萎缩（随着 P 上升，Q 将减少）。这意味着经济体中将出现由 M 产品价格大幅上涨带动的通胀与实体经济萎缩并存的现象，呈现类似“滞胀”的情形。

不过，这种“滞胀”只是阶段性的，难以长期持续。由于当今企业经营普遍与资本市场紧密联系，在资本和金融市场价值持续膨胀的情况下，短期内土地、各类证券等金融产品升值所带来的资本利可能弥补企业实际生产中的亏损，保持其资产负债表的平衡。[①] 不过，金融投机的信心根本上来自实体经济这一基本面的支撑。一旦公众发现企业实际利润大幅下滑，对未来经济持续高增长的预期就可能发生变化。若信心丧失，经济繁荣预期逆转为悲观预期，实体经济活动就会萎缩，进入下行调整期，M 部门的金融泡沫最终也会破裂，引起房地产、股票等资产价格大跌以及石油等初级产品价格大幅回落，而这将加剧悲观预期，并通过金融市场萎缩、财富效应消失等进一步打击实体经济，加剧经济的下行调整，严重时就会酿成金融危机和经济危机。此时，前期存在的主要由资产及初级产品价格上涨带动的结构性通胀也将随之消失，由于投机泡沫破裂后 M 产品价格回落很快，所以价格水平的下降也会相当迅速，一定时期内甚至会出现由 M 产品价格大幅回落导致的所谓“结构性通缩”。当 M 产品价格经历大幅回落逐步企稳之后，在需求萎缩的大背景下，经济繁荣时期掩藏的产能过剩问题会很快凸显出来，继而可能成为导致价格继续下跌的主要因素。由此构成价格由结构性通胀向通货紧缩演化的整个过程。

上面的分析实际上蕴涵着一个假定，没有考虑技术进步和生产率的变化。实际上，在原材料价格上涨挤压企业利润空间的同时，若存在技术进步和生产率的改进，也会提高企业消化原材料成本上升的能力，增加利润空间，因此最终的效果取决于两种因素之间的交织影响。生产率提升将降低企业生产的边际成本，图 2-d 中的 MC 线将继续向右下方移

① 例如美国通用汽车 2005 年来自其金融子公司的利润高达 80%，通用电气来自其金融子公司的利润也在 50%左右。

动，这样由边际成本和边际收益决定的最优产出规模会更大，经济就可能实现更大程度的增长。因此严格来说，在一般性商品生产率提升赶不上结构性价格上涨时，通胀才会不断挤压一般竞争性部门的利润空间，最终出现金融泡沫破灭所导致的价格迅速下跌。

总体来看，在上文给出的框架中，A 部门（一般竞争性产品）和 M 部门（资源、能源及资产等垄断性产品）都是构成经济增长不可或缺的组成部分，两部门之间也存在相互需求和依赖。在经济持续上升的早期，两部门之间会相互推动共同发展壮大。不过，由于在产品供给和需求弹性上存在较大差异，经济加快增长过程中两部门产品相对价格差异会不断扩大，这样一般竞争性部门的利润空间和产品需求会受到挤压，从而在经济体中内生出终结繁荣和持续增长的因素，导致经济最终出现自我调整。我们把这种“自我加强又自我毁灭”的现象称为“两部门悖论”，全球经济从结构性通胀加剧逆转为通缩风险的变化正是“两部门悖论”效应的外化表现。全球化加快发展导致一般性产品供给弹性显著提升以及对资源和资产需求的快速增长，很大程度上使“两部门悖论”效应更趋明显。

三、经验分析：理解 2003 年以来通胀变化之“谜”

上文给出了一个描述经济加速增长背景下结构性通胀形成及其向通缩逆转的基本框架。在这一部分，我们关心这一模型能否解释上一轮经济周期（2003~ 2008 年）国内外价格形势及其变化。剖析这一时期真实经济中的价格变动，对改进金融宏观调控和货币政策操作有借鉴意义。关于近年来国内外通货膨胀的原因，不少研究都将其与 2003 年之后全球经济连续五年的快速增长相联系，将其归因于总需求持续膨胀的结果；也有人认为价格上升是全球货币条件宽松、流动性过剩的产物。这些认识虽有其合理之处，但对通胀形成机理及其变化的认识尚显粗略，从而可能遗漏不少具有理论和实践价值的发现。为更深入地剖析这一时期全球价格形势及其变化，我们首先观察本轮通胀的一些“典型事实”(Stylized Facts)，以便从中发现具有研究价值的切入点。

观察图 3~图 8 可以看出，2003 年全球经济进入上升周期之后，房地产、股票以及初级产品价格就开始上涨。较之 2003 年初，美国住房价格高点时上涨超过 40%，纽约证券交易所综合指数上涨接近 100%。在此期间，中国房价和股价也先后出现持续快速上涨。虽然资产价格和初级产品价格持续上涨，但在 2007 年上半年之前全球 CPI 总体上仍相当稳定。如图 11 所示，2007 年之前工业化国家 CPI 略有上升，而发展中国家甚至还出现了轻微下滑。全球 CPI 明显上涨是在 2007 年美国次贷危机爆发之后才出现的。从这个意义上看，我们可以将 2003 年以来全球通胀变化分为明显不同的三个阶段。

第一阶段：2003 年至次贷危机前，需求扩张和流动性过剩构成推动价格上涨的主要压力，但主要是资产价格上涨很快，CPI 总体稳定。总体呈现情景 1 和情景 2 描述的状态。

2003 年以来，全球经济连续 5 年快速增长，平均增速达到 4.7%（以 IMF 购买力平价

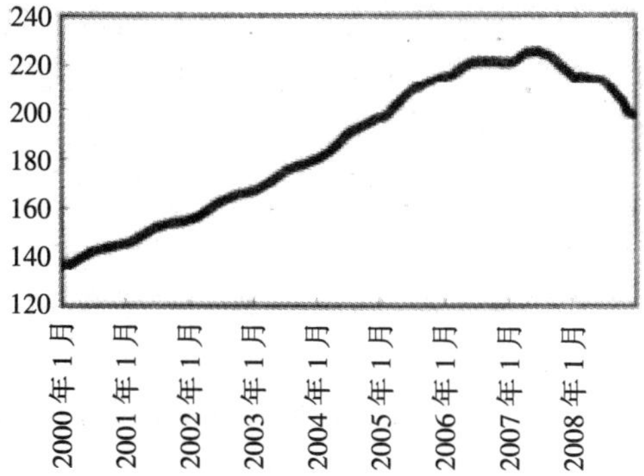

图 3　美国房屋价格指数变化

资料来源：CEIC。

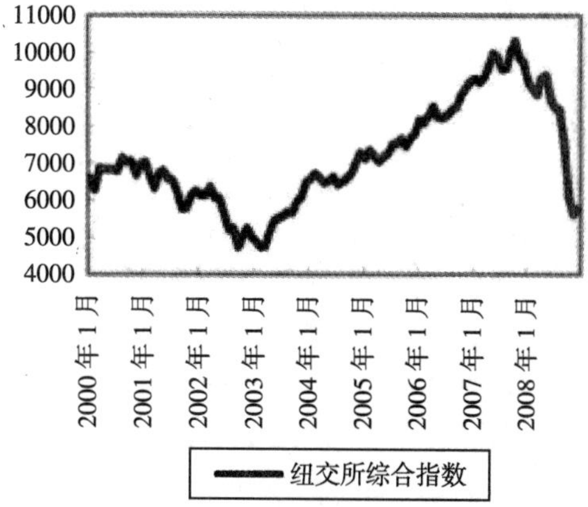

图 4　纽交所股指变化

资料来源：CEIC。

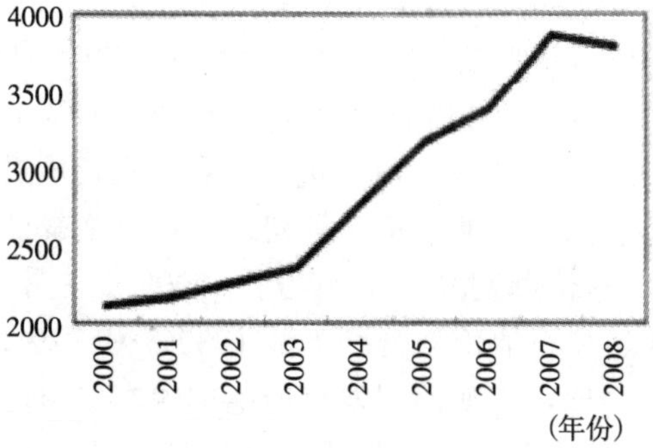

图 5　中国商品房销售价格

资料来源：CEIC。

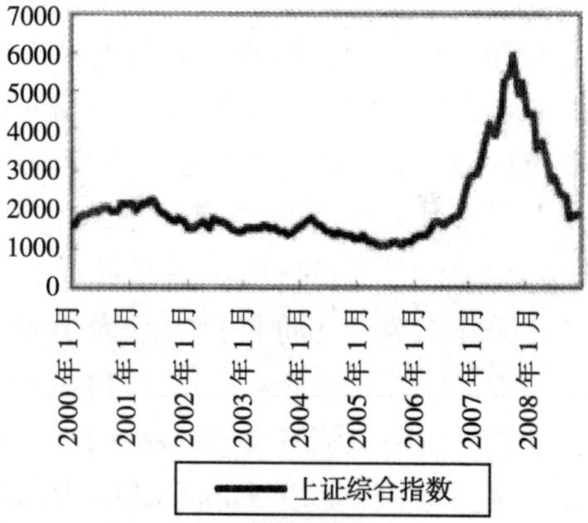

图 6　中国股指变化

资料来源：CEIC。

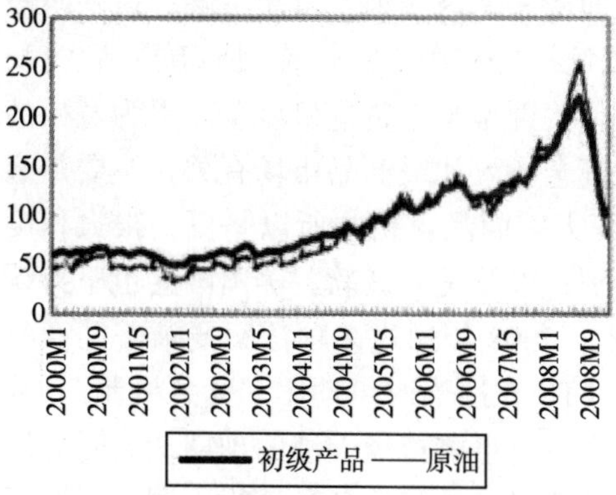

图 7　IMF 初级产品价格指数变化

资料来源：IMF。

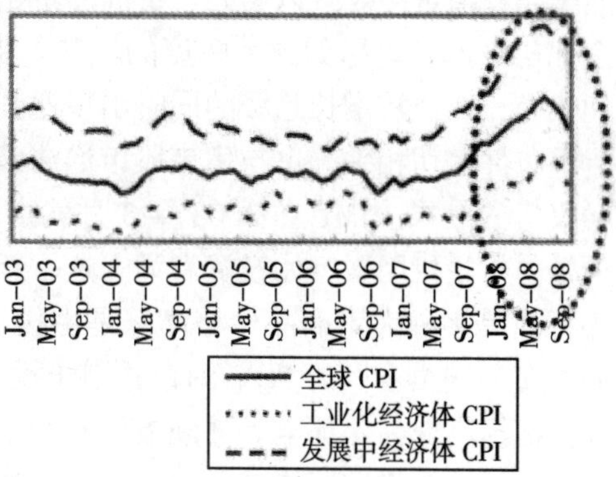

图 8　全球 CPI 变化

资料来源：IMF、IFS。

方法计算)，而20世纪80年代和90年代平均增速仅为约3.5%。本轮全球经济快速增长是与流动性过剩之间相互促动、紧密相连的。主要央行宽松的货币政策加之大量低成本生产要素融入国际分工链条，共同支撑了前些年全球“高增长、低通胀”的繁荣时代。经济快速增长、流动性过剩与美元贬值相互连接，共同带动全球初级产品和资产价格上涨。特别是石油价格上涨还导致美国等经济体加快发展生物乙醇等替代性能源，进一步增加了全球粮食需求，推动了更大范围的初级产品价格上涨。

第二阶段：2007年次贷危机爆发后至2008年7月前后，资产价格下跌，初级产品价格暴涨，经济增长放缓与CPI通胀高企并存。总体呈情景3描述的状态。

虽然2003年后全球价格开始进入上行阶段，但主要还是房屋、股票等资产价格上涨，消费价格总体平稳。2004~2006年美联储连续加息后，发达经济体整体消费价格涨幅一度还出现回落。不过，这些情况在次贷危机爆发后发生了显著变化。一般来说，在经济遭遇危机冲击、资产价格大幅下挫的情况下，CPI、PPI也相应会有下行调整的压力。但有意思的是，次贷危机爆发之后全球却进入了CPI加速上涨的时期，呈现出“滞胀”的迹象。这一点从图8中可明显观察出来。若分地区观察，2007年9月美国和欧元区CPI分别只有2.8%和2.1%，但2008年6月已分别达到5%和4%。新兴经济体通胀上涨更快，2008年5月俄罗斯CPI达到15.1%，6月份越南CPI高达26. 8%，全球有超过50个经济体CPI上涨超过两位数。这是近十多年以来全球出现的最为严重的CPI通胀。进一步看，次贷危机爆发后全球CPI、PPI之所以加速上涨，与这一时期国际石油、粮食等初级产品价格暴涨直接相关。这一点从图7中即可看出。从次贷危机整体爆发的2007年9月~2008年7月，IMF国际初级产品价格指数上涨了55%，其中食品和石油价格分别上涨了32%和72%，由于食品及原油价格在CPI、PPI篮子中占相当大的比重，从而引发全球范围内主要由能源和食品价格上涨带动的“结构性”通胀。这一时期虽然CPI上涨很快，但剔除能源、食品价格后的核心CPI（Core CPI）仍比较稳定。从这个意义上看，核心CPI在衡量价格变化中的局限性愈发明显。

次贷危机爆发后全球经济增长趋缓，有利于抑制实体经济对初级产品需求的增长，虽然美元贬值可能导致以美元计价商品价格上涨，但即使考虑这些因素也无法解释这一阶段全球初级产品价格如此大幅度的飙升。那么，次贷危机后初级产品价格因何暴涨呢？我们认为，在经济增长趋缓的同时出现通胀加速上涨，关键是与次贷危机后全球更为宽松的货币条件密切相关，也与房市股市泡沫破裂后大量资金涌入初级商品市场有关，主要是金融投机的结果。IMF在2008年3月就指出，原油等大宗商品价格之所以坚挺，很大程度上是由于投机因素（如投资者涌入这一新的资产级别）以及美元疲软。美国国会也坚持认为石油等多种大宗商品价格高涨是由投机因素造成，2008年通过多项法案要求美国商品期货交易委员会（CFTC）调查并制止投机，授权CFTC在适当时可动用“紧急机制”，采取包括提高交易保证金等强硬措施。为了制造初级产品价格将持续上涨的预期，当时充斥着新兴经济体将继续快速增长、全球石油及粮食供求危机将持续等各种流行论调。现在回顾起来，这些分析虽有一定的合理性，但也不排除其中包含着服务于当时金融市场投机需要的目的。

第三阶段：2008 年 7 月后，全球初级产品价格暴跌，CPI、PPI 随之迅速下行，通货紧缩风险加大。次贷危机爆发后至 2008 年年中，有关“滞胀”能否持续曾引发各界的争论。从当时的角度看，全球经济走势取决于两方面因素：一是世界经济（特别是美国和新兴市场经济体）放缓程度；二是主要经济体宏观政策取向和力度。存在几种可能的情景组合：一是若全球经济出现严重衰退，市场信心发生整体逆转，支持金融投机和衍生品交易扩张的基本面消失，则由金融投机引致的初级产品价格泡沫很可能被挤破，全球将面临经济增长和价格水平“双下滑”的格局。二是若全球通胀进一步上升，特别是美欧通胀水平持续上行，主要央行为抑制通胀进入持续加息周期，也可能会挤破初级产品泡沫，使价格水平趋向均衡。三是若美欧等经济恶化的速度较慢，新兴市场国家依然保持相对强劲增长，为防止经济下滑，各经济体货币条件总体宽松，则石油等初级商品价格仍将继续上升并保持高位，通胀预期难以得到有效控制，并可能通过劳动力成本上升等第二轮效应推高 CPI，导致全球经济出现持续时间较长的“滞涨”特征。

当时国际上的主流观点仍对世界经济抱有相对乐观的预期。例如，国际清算银行（BIS）在 2008 年 6 月出版的年报中认为：“尽管发生了金融动荡，大家的共识仍然是，虽然 2008 年经济将大幅减缓，但全球经济将避免出现 2001 年时的同步急剧下滑。主要新兴市场经济体的增长虽然也会放缓，但仍将保持强劲”。这也就是所谓“脱钩论”（Decoupling）的认识。不过后来事态的发展并不符合这样的判断。次贷危机影响愈演愈烈，全球经济调整步伐逐步加快。特别是以 2008 年 9 月雷曼兄弟公司破产为标志，次贷危机迅速演变为全球性金融危机，形势急转直下。公众对经济预期十分悲观，支持初级产品价格上涨的信心崩溃，商品泡沫最终破裂，进而带动 CPI、PPI 由大涨转为大跌。从实际经济表现看，这一逆转发生在 2008 年 7 月。在此之后，全球石油、金属、粮食等大宗商品价格持续大幅回落，其中石油价格从 7 月份高点的每桶接近 150 美元回落至 12 月份的接近 30 美元，跌幅超过 60%。经济下行与初级产品泡沫破裂引发的价格下跌正是模型情景 3 所描述的故事。

总体看以上对全球结构性通胀的分析框架也基本适用于中国。中国自 2003 年进入新一轮经济上升周期，也先后经历了房地产、股市以及 CPI、PPI 的轮番上涨，这与全球通胀的特点和演变一致。这一阶段，中国房地产价格持续上涨，2006 年之后股票指数开始快速上升，2007 年后 CPI 也出现上涨势头，2008 年 2 月高点时 CPI 达到 8. 7%，是 1997 年亚洲金融危机以来最为严重的 CPI 通胀。

国内价格上涨的形成机理与全球也基本相同。总体来看，虽然本轮价格上涨也受到 2008 年初雨雪冰冻灾害等造成供给冲击的影响，但国内 CPI、PPI 上涨与全球流动性过剩以及初级产品价格大幅上涨密切相关。中国 PPI、CPI 与国际初级产品特别是原油价格增速有很高的相关性（见图 9）。国际石油价格上涨（下降）速度每提高 1%国内 PPI 将上涨（下降）接近 0.1%，CPI 上涨（下降）约 0.05%。2008 年 7 月后，国际初级产品价格大幅回落，这导致国内 PPI 和 CPI 随之显著下降。实际上，同比 PPI 虽然从 9 月份后开始回落，但环比 PPI 自 7 月份就已开始出现负增长，这与国际市场初级产品价格变化是相吻合的。分析中国 CPI、PPI 上涨难以离开总需求膨胀和全球流动性过剩这一大的背景。

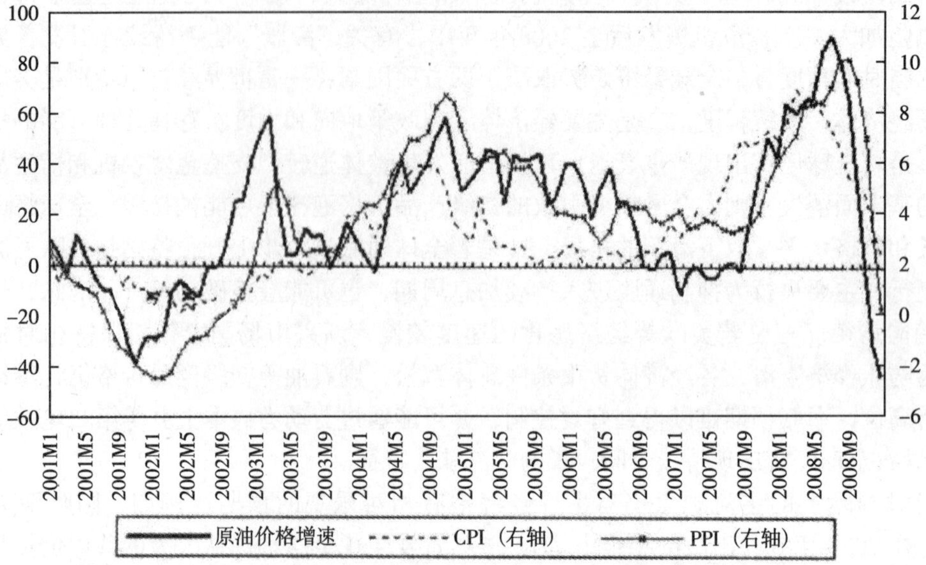

图 9 国际原油价格与中国 CPI、PPI 变化

四、结论与启示

本文试图建立一个全球化加快发展背景下分析通胀变化的基本框架，并在此框架下解释 2003~2008 年全球价格表现出的“结构性上涨”特征及其起伏变化。总体来看，这一框架能够较好地解释近年来国内外经济金融领域发生的一系列错综复杂的现象，有助于我们更深入地理解通货膨胀的形成机理及其未来走势。概括来看，可以得到以下几方面的启示和结论。

1. 要高度关注和深入研究经济发展中的“两部门悖论”问题，更准确地把握未来经济运行和趋势变化

“两部门悖论”反映了全球化过程中一般竞争性产品价格下降与资源、资产价格持续上涨之间的内在矛盾。资源、资产因供给弹性小容易引发金融投机进而导致价格大涨，一般竞争性商品则因供给弹性高即使在需求膨胀的情况下也难以出现价格的持续上涨。这样，当主要用于上游成本投入的资源、资产价格上涨超出一般竞争性产品生产率提升速度时，企业整体的利润水平将趋于下降，经济中就会内生出下行调整的潜在压力。若事态进一步发展，金融投机开始成为资源资产价格膨胀的主要因素时，资源资产价格就可能出现“追涨杀跌”式的非理性上涨，上升速度将远远超出社会生产率的提升。此时，经济可能

会由于两类原因逆转为向下调整，一是在公众信心开始动摇之际，因某类事件（如银行危机、汇率危机等）形成导火索，引发金融投机泡沫破裂；二是因经济过热、通胀加剧，宏观政策趋于收紧，引发公众对未来经济增长预期的变化，刺破金融投机泡沫。无论哪一种情形都可能引发经济衰退和通货紧缩。

“两部门悖论”的基本框架适用于对全球经济运行和周期变化的分析。未来一段时期世界经济仍可能表现出“两部门悖论”的特征，全球经济很可能继续在主要由资产、资源性产品价格带动的结构性通货膨胀和由金融投机泡沫破裂引发的通货紧缩之间循环往复。因此，需要深入研究和监测上述框架中主要变量的变化情况，深化对技术进步、生产率改进、初级产品、资产价格以及国际货币走势变化等多重因素的监测研究。“两部门悖论”问题未来会以何种方式及在多大程度上发挥效应将取决于上述因素的影响，这些变量的交织作用将在很大程度上决定未来经济的发展趋势。

2. 要深入研究“滞胀”形成机理，既要防范经济陷入长期滞胀的风险，也要防止阶段性的滞胀苗头对政策选择产生影响

本文给出的基本模型表明，在金融投机盛行、资源价格暴涨进而引起 CPI、PPI 加速上升的时期，可能会出现一个价格上涨与实体经济下行并存的阶段，出现类似“滞胀”的现象。一般来说，长期滞胀需要具备两个条件：一是货币条件长期宽松，存在通胀预期；二是经济体中存有某种非市场的强大力量，阻碍价格机制和市场功能的自发调整。与 20 世纪 70 年代全球性“滞胀”状况相比，当前全球市场灵活度和生产率水平更高，出现与之类似的长期“滞胀”格局的可能性相对变小，更可能发生的是模型情景 3 中所描述的那种阶段性的“滞胀”现象，而此时经济很可能已处在下行调整加速同时金融投机最后挣扎的阶段。此时宏观调控处在两难境地：若考虑经济下行风险增大等因素放松货币政策，加大对实体经济的流动性注入，则可能延续金融投机和泡沫，从而累积更多矛盾；但若考虑金融投机盛行、价格指数高企等问题而收紧货币条件，又可能迅速刺破金融投机泡沫，加剧经济下行调整，甚至酿成经济金融危机。无论怎样操作，总体看都很难取得两者兼顾的调控效果，这也成为全球货币政策的难题。因此从全球视角来看，要进一步提高政策调控的预见性和有效性，关键还是要避免前期金融投机泡沫的过度膨胀和累积，始终注意将货币条件保持在有利于经济平稳可持续发展的适宜水平，否则，一旦矛盾积累到相当程度则很难避免以较高代价来解决问题。

3. 要在宏观调控中更加关注更广泛意义上的价格变动，探索更为科学合理地衡量整体价格水平的途径和方法（张晓慧，2009）

在当今经济技术格局下，受竞争加剧、供给能力显著增强的影响，一般竞争性产品价格出现持续、全面上涨的可能性相对要小一些。近些年全球经济运行的经验表明，若 CPI 出现明显上涨，很大程度上会与资产价格膨胀引发的财富效应特别是金融投机导致初级产品价格大涨有关。经济发展中也有一些因素，如劳动力成本趋于上升，石油等资源能源价格受全球工业化、城市化影响等可能存在长期上涨的趋势，这些也会对价格的长期走势产生影响。不过，由于 CPI、PPI 等指数衡量的是价格变化速度，而不是价格绝对水平，因

此即使存在一些趋势性的上涨因素，但只要上涨速度较慢，就不会引发 CPI 等在短期内的快速上升。由于石油、食品等初级产品价格对 CPI、PPI 影响较大，主要受金融投机等因素影响所导致的初级产品价格短期内大幅上涨已经并可能在未来继续成为影响 CPI、PPI 稳定的重要因素。而经济持续过热、CPI、PPI 急剧上涨之时，往往已处在金融投机异常活跃、商品泡沫即将破裂的前夜。因此，在衡量经济周期变化上 CPI 可能会相对滞后，剔除能源、食品之后的核心 CPI 则更显滞后。因此，为了更好地维护币值稳定，金融调控有必要更加关注更广泛意义上的价格稳定，进一步探索和研究更好衡量价格总体水平的方式方法。

参考文献：

[1] 让—克洛德·特里谢：《全球化、通货膨胀与欧洲央行的货币政策》，2008 年 2 月 14 日在巴塞罗那经济学研究生院的演讲。

[2] 张晓慧：《关于资产价格与货币政策问题的一些思考》，《金融研究》2009 年第 7 期。

[3] Ball L., M. "Has Globalization Changed Inflation?" NBER Working Paper 12687, 2006.

[4] BIS, BIS 78th Annual Report, 2008.

[5] Borio, C. and Filardo, A. "Globalization and Inflation: New Cross-Country Evidence on the Global Determinants of Domestic Inflation." BIS Working Paper 227, 2007.

[6] Chen, N. Imbs, J. and Scott, A. "The Dynamics of Trade and Competition." Paper Presented at the Conference on Globalization and the Macroeconomy, European Central Bank, July 23-24, 2007.

[7] IMF. "How Has Globalization Affected Inflation?" in Globalization and Inflation, IMF World Economic Outlook, 2006.

[8] Kalecki, M. "Essays on Developing Economies." Hassocks, UK: Harvester Press, 1976.

[9] S.B. Kamin, M. Marazzi, and Schindler, J.W. "The Impact of Chinese Exports on Global Import Prices." Review of International Economics, 2006, 14 (May), pp. 179-201.

[10] Mishkin. F. S. "Globalization, Macroeconomic Performance, and Monetary Policy." Journal of Money, Credit and Banking, 2009, 41, pp. 187-196.

[11] N. Pain; I. Koske, and Sollie, M. "Globalization and Inflation in the OECD Economies." OECD Economics Department Working Paper No. 524, 2006.

[12] Rogoff, K. S. "Globalization and Global Disinflation." Paper Presented at a Symposium Sponsored by the Federal Reserve Bank of Kansas City, August 28-30, 2003.

（截稿：2009 年 12 月　实习编辑：王徽）

财政政策、货币政策调控与宏观经济稳定
——基于新凯恩斯主义垄断竞争模型的分析

王 彬
（西安交通大学经济与金融学院）

【摘 要】本文基于包含金融加速器的新凯恩斯主义垄断竞争框架，研究了财政政策和货币政策冲击对我国宏观经济的影响。实证结果表明，财政政策能够解释部分就业、消费和资本存量波动；货币政策冲击则能够解释大部分通货膨胀、就业波动，以及部分产出、消费和投资波动。总体上，模型能够较好地刻画中国宏观经济波动特征。本文认为今后一段时期内，应当将财政政策更多转向民生领域和基础设施建设，重视货币政策调控，从而更有效地调控宏观经济运行。

【关键词】新凯恩斯主义；动态随机一般均衡；财政政策；货币政策

一、引言

席卷全球的金融风暴使 2009 年成为中国经济进入 21 世纪以来最为困难的一年，面临着来自经济下行时期的严峻考验，直至目前全球金融危机对中国经济与金融的负面影响依然远未结束。为了应对危机，自 2008 年下半年以来，中国政府连续出台了一系列新的宏观调控政策，通过积极的财政政策和宽松的货币政策促进消费与投资需求的增长，保持了国民经济的平稳较快发展，使之呈现企稳向好的态势。危机下的宏观调控进一步凸显了财政货币政策对宏观经济稳定的重要性。事实上，财政政策、货币政策对宏观经济运行的调控，作为宏观经济学的中心问题之一得到了学者们的广泛关注，尽管学术界对两大政策作用效应的实证研究结论不尽一致，但大都认为货币政策和财政政策对宏观经济的调控与一国经济的发展程度、市场体制和金融体制的发展程度密切相关。市场经济基础较强、金融体制较完善的国家，货币政策相对有效；市场经济脆弱、金融体制落后的国家财政政策相对有效。

国内外学者对财政政策和货币政策与宏观经济稳定之间的关系进行了大量研究，结论存在一定的差异。Gupta 等（2002）具体考察了 39 个低收入国家 1990~ 2000 年的数据，指出财政政策的典型凯恩斯主义效应占主导地位。Christiano 和 Lars（1998）利用双变量模型，得出美国货币供应量 M1 和工业产出水平之间存在显著的 Granger 因果关系的结论。Rich 和 Otmar（1997）对瑞士和德国的数据分析表明，它们以货币供应量作为货币政策中介目标来调控宏观经济是西方国家中较为成功的。刘斌、黄先开和潘红宇（2001）认为，扩张性的货币政策对经济增长和物价上涨均具有明显的正向效应。郭庆旺、贾俊雪（2004）利用 VAR 模型分析了我国财政总投资对总产出、全要素生产率等的动态影响，认为财政投资对经济增长具有显著的拉动效应。黄赜琳（2005）将政府支出作为外生随机冲击变量，构建中国三部门实际经济周期模型，考察中国宏观经济波动的周期特征及财政政策的效应问题。研究发现，在包含政府部门的模型中，技术冲击和政府支出冲击可以解释 70% 以上的中国经济波动特征，中国经济波动是技术因素、供给因素和需求因素综合影响的共同产物。刘斌（2008）借鉴 CMR 模型（Christiano Motto Rostagno，2002），建立了开放经济条件下动态随机一般均衡模型，并进行了相应的冲击响应函数模拟，详细研究了中国货币政策对宏观经济的影响，得到了启发性结果。

总的来看，在研究方法上国内外学者大致采用两类模型来研究财政政策和货币政策与宏观经济的关系：一类是宏观模拟模型，包括大型宏观经济模型和动态随机一般均衡模型（Dynamic Stochastic General Equilibrium，DSGE）；另一类是简化型方程，利用时间序列数据，采用向量自回归（Vector Auto Regression，VAR）和协整方法来估计货币政策与财政政策对宏观经济的调控效应。以笔者所掌握的资料来看，当前我国国内学术界使用的宏观经济模型多以传统的宏观计量模型（如 VAR 模型）为主，模型分析框架大多是部分均衡而非一般均衡模型框架，研究结果存在较大差异。国内学者采用动态随机一般均衡框架分析我国财政货币政策对宏观经济影响的研究包括黄赜琳（2005）、李春吉和孟晓宏（2006）、刘斌（2008）等的工作。事实上，动态随机一般均衡模型能够较好地避免卢卡斯批判问题和动态不一致性问题，使得模型在预测和政策评价方面可信性更高。需要指出的是，在宏观经济的分析方法上，尽管新古典学派引入了新的见解，建立了宏观和微观相统一的分析框架，但其坚持市场出清的假设和只强调供给冲击分析的缺陷也是显而易见的。相对而言，新凯恩斯主义经济分析既采纳了新古典宏观分析方法又坚持了传统凯恩斯主义的强调需求冲击分析方法，引入了价格工资粘性，能相对更为接近地描述现实经济。

根据以上研究背景，本文采用新凯恩斯主义的分析方法，建立动态随机一般均衡分析框架，综合研究分析财政政策冲击和货币政策冲击对我国宏观经济的影响。事实上，一国宏观经济可能受到多种外生冲击的共同作用，同时也应看到，金融和信贷市场中的信息不对称往往能够放大冲击对经济的作用，对宏观经济影响巨大，存在金融加速器效应。李珂、徐湘瑜（2009）对中国数据进行相关分析后认为中国经济存在金融加速器效应。因此，在新凯恩斯垄断竞争模型中我们引入了金融加速器效应和多种冲击，使之能够更好地刻画中国宏观经济波动，贴近现实经济，从而更加深入地考察和理解财政货币政策冲击的效应与属性。

二、新凯恩斯的垄断竞争模型的建立

1. 模型基本框架的建立与求解

（1）家庭。家庭效用函数为：

$$E_0\sum_{t=0}^{\infty}\beta_t U(C_t,\ H_t) \tag{1}$$

其中，$U(C_t,\ H_t)=\log(C_t)-\theta e^{\varepsilon_{L,t}}\frac{H_t^{1+\gamma}}{1+\gamma}+\varphi\log\frac{M_t}{P_t}$，β为折现因子，$C_t$为消费，$H_t$为劳动供给，$\varepsilon_{L,t}$为劳动供给冲击。φ和θ均为大于0的参数，分别代表货币和劳动对效用的贡献度，γ为劳动供给弹性的倒数，预算约束为：

$$C_t=\frac{W_t}{P_t}H_t+\Psi_t-T_t-\frac{(D_{t+1}-R_{n,t}D_t)}{P_t}-\frac{M_t-M_{t-1}}{P_t} \tag{2}$$

其中，W_t为名义工资，P_t为价格总水平，Ψ_t为家庭所分享的零售商的净利润，T_t为一次性总税收，D_t为存款额，$R_{n,t}$为存款名义利率。每期家庭选择最优的消费C_t、劳动力供给H_t、储蓄存款D_t、实际货币余额M_t/P_t，得到如下最优化条件：

跨期消费为：

$$\frac{1}{C_t}=\beta E_t\left[\frac{1}{C_{t+1}}R_{n,t+1}\frac{P_t}{P_{t+1}}\right] \tag{3}$$

期内最优消费与劳动力供给为：

$$\frac{1}{C_t}\frac{W_t}{P_t}=e^{\varepsilon_{L,t}}\theta H_t^{\gamma} \tag{4}$$

（2）中间品生产者。中间品生产者的生产函数为$Y_t=(A_tL_t)^{\alpha}K_t^{1-\alpha}$，对应的利润函数为：

$$(A_tL_t)^{\alpha}K_t^{1-\alpha}\frac{P_{w,t}}{P_t}+Q_t(1-\delta)K_t-\frac{W_t}{P_t}L_t-R_{k,t}Q_{t-1}K_t \tag{5}$$

其中，A_t为技术水平，K_t为资本存量，W_t为名义工资，L_t为劳动力需求。本文假设劳动力市场不存在摩擦且市场是出清的，即劳动力的供给H_t等于劳动力的需求L_t。$P_{w,t}$为中间品的名义价格，P_t为总体价格水平，Q_t为资本品相对总体价格水平P_t的价格，α为劳动的产出弹性，δ为折旧率，$R_{k,t}$为实际资本收益率。最优一阶条件为：

劳动力需求为：

$$\alpha\frac{Y_t}{L_t}=\frac{W_t/P_t}{P_{w,t}/P_t} \tag{6}$$

资本品需求为：

$$R_{k,t}=\frac{\left[\frac{P_{w,t}}{P_t}(1-\alpha)\frac{Y_t}{K_t}+(1-\delta)Q_t\right]}{Q_{t-1}} \tag{7}$$

每期期末，中间品生产者购买下一期的资本，使用的资金来源于净资产 N_t（自有资金）和银行贷款 B_t，满足如下融资预算式：

$$Q_{t-1}K_t = N_t + \frac{B_t}{P_{t-1}} \tag{8}$$

由于信贷市场信息不对称，银行需承担贷款风险，贷款利率必高于经济中的无风险利率，定义外部融资溢价 S_t：

$$S_t = E_t R_{k,t+1} / E_t\left[\frac{R_{n,t+1}}{\pi_{t+1}}\right] \tag{9}$$

$$\pi_{t+1} = \frac{P_{t+1}}{P_t}$$

$R_{n,t+1}$ 代表了无风险利率。$R_{k,t}$ 是前面提到的实际资本回报率，按照新古典边际决策原则，当资本需求量最优时，实际资本回报率与实际融资成本（贷款利率）相等。融资溢价还受财务杠杆的影响，当负债比率高时，可用于贷款抵押的净资产比率小，银行必提高融资溢价，由此可得融资溢价 S_t 的另一个表达式：

$$S_t = \left(\frac{Q_t K_{t+1}}{N_{t+1}}\right)^{\psi} \tag{10}$$

ψ 为外部融资溢价 S_t 对总资产 Q_tK_{t+1} 与净资产 N_{t+1} 之比的弹性，式（10）借鉴了 Bernanke 等（1999）的观点。净资产 N_{t+1} 的演化路径为：

$$N_{t+1} = \eta[R_{k,t}Q_{t-1}k_t - E_{-1}R_{k,t}(Q_{t-1}k_t - N_t)] \tag{11}$$

η 为每期存活概率，生命有限，老的死亡，新的随之进入，这种设定避免了因中间品生产者积累足够净资产而影响金融加速器机制的运行。式（11）表示在 $t+1$ 期初（t 期期末）的净资产是从 $t-1$ 期存活下来的中间品生产者的预期净资产。式（7）~式（11）综合起来，即为 Bernanke 等（1999）提出的金融加速器（Financial Accelerato r）：当经济面对一个有利的生产力冲击时，资产价格出现非预期的上涨，增加中间品生产者的净资产，促使外部融资溢价降低，资本品需求增大，推动资产价格的进一步上升，放大前面的效应，导致经济波动随之放大。

（3）资本品生产者。资本品生产者的利润函数为：

$$Q_tK_{t+1} - I_t - r_tK_t \tag{12}$$

其中：

$$K_{t+1} = (1-\delta)K_t + \phi\left(\frac{I_t}{K_t}\right)K_t \tag{13}$$

$$I_t = \Phi\left(\frac{I_t}{K_t}\right)K_t \tag{14}$$

$$\Phi'(\cdot) > 0,\ \Phi''(\cdot) < 0,\ \Phi(0) = 0,\ \Phi\left(\frac{I}{K}\right) = \frac{I}{K}$$

r_t 为资本品生产者从中间品生产者租赁资本的价格，δ 为资本折旧率，Φ（·）为递增的凹函数，表示资本的调整成本是递增的，式（13）是资本 K_t 的积累方程，式（14）是投

资 I_t 的生产涵数。最优的投资 I_t 满足如下条件：

$$Q_t = 1/\Phi'\left[\frac{I_t}{K_t}\right] \tag{15}$$

（4）零售商。零售商生产差异化消费品且处于垄断竞争市场中，实际边际成本 $MC_t = P_{\omega,t}/P_t$，其设定来自于 Calvo（1983）。零售商的利润涵数为：

$$\sum_{i=0}^{\infty}\Phi^i E_t\left[\Lambda_{t,i}\frac{P_t(z) - P_{t+i}MC_{t+i}}{P_{t+i}}Y_{t+i}(z)\right] \tag{16}$$

其中

$$Y_t(z) = \left[\frac{P_t(z)}{P_t}\right]^{-\varepsilon}Y_t \tag{17}$$

$\Lambda_{t,i} = \beta^i C_t/C_{t+i}$ 为随机折现因子，Φ 为每期厂商调整价格的概率，MC_t 为实际边际成本，Y_{t+i} 为总产出，P_t（z）为零售商 z 在 t 期设定的价格，ε 为零售商产品之间的替代弹性。零售商面对其产品需求曲线（17）式，设定最优价格 $P_t(z)$，实现整个生命期内利润最大化。由于零售商是同质的，所有在 t 期调价的零售商都会设定相同价格 P^*_t。由此可得 t 期最优的价格 P^*_t 为：

$$P^*_t = \frac{\varepsilon}{\varepsilon - 1}\frac{E_t\sum_{i=0}^{\infty}\Phi^i\Lambda_{t,i}P_{W,t+i}Y_{t+i}(1/P_{t+i})^{1-\varepsilon}}{E_t\sum_{i=0}^{\infty}\Phi^i\Lambda_{t,i}Y_{t+i}(1/P_{t+i})^{1-\varepsilon}} \tag{18}$$

其中，$P_{W,t} = P_tMC_t$

t 期调价的零售商设定最优价格 P^*_t，不调价的零售商维持上一期价格 P_{t-1}，得总体价格水平 P_t 为：

$$P_t = [\Phi P_{t-1}^{1-\varepsilon} + (1-\Phi)(P^*_t)^{1-\varepsilon}]^{\frac{1}{1-\varepsilon}} \tag{19}$$

（5）银行。银行处于一个完全竞争行业中，以固定的无风险利率从家庭吸收储蓄，按照风险利率（附加风险融资溢价）将等量的资金贷给中间品生产者，承担因信息不对称带来的贷款损失，并每期从利润中计提 Γ_t 作为贷款损失准备金，其利润函数为：

$$\Pi = (1 + R_{k,t})B_t - (1 + R_{n,t})D_t - \Gamma_t \tag{20}$$

其中

$$B_t = D_t \tag{21}$$

银行之间的竞争会使其利润为零，即 $\Pi_t = 0$。

（6）政府。政府执行财政政策和货币政策调控经济，以征收一次性总税 T_t 和发行货币 M_t/P_t 方式为政府购买 G_t 融资：

$$G_t = \frac{M_t - M_{t-1}}{P_t} + T_t \tag{22}$$

式（22）是一个高度简化的政府预算式，假设政府购买等同于最终的政府消费。

当前我国货币政策工具包括数量型和价格型两大类，同时应当看到，近年来我国积极发挥利率杠杆作用，不断推进利率市场化，利率调控的效果不断改善。考虑到资产市场发展以及汇率形成机制的情况，唐齐鸣、熊洁敏（2009）认为，货币总量作为货币政策的操作目标难以具有较高的相关性、可测性和可控性。因此，随着利率市场化进程的推进和利率传导渠道的逐渐顺畅，利率这一价格型的政策工具将会越来越重要，也必将成为我国货币政策工具选择的未来发展方向。有鉴于此，本文在模型中将研究重点集中于考察价格型货币工具，即利率调控对我国宏观经济的影响。考虑到中国利率改革的实际情况，利率市场化改革尚未完全实现，其中管制利率，如商业银行存贷款利率对我国宏观经济运行有着重要影响。本文参考国内学者，如谢平和罗雄（2002）、卞志村（2006）、张屹山和张代强（2007）、余元全和余元玲（2008）等的研究工作，在研究中拟采用一年期名义存款基准利率代理名义利率作为我国货币政策调控的表征变量。很多经济学家认为，货币政策宜采用类似泰勒规则的名义利率调整规则。在国内泰勒规则的研究中发现，中央银行除了对通货膨胀缺口和产出缺口做出反应之外，还有很强的利率平滑倾向。假定政府执行如下的货币政策：

$$\log\left(\frac{R_{n,t+1}}{R_n}\right)=\rho_R\log\left(\frac{R_{n,t}}{R_n}\right)+(1-\rho_R)\left[\phi_\pi\log\left(\frac{\pi_t}{\pi^*}\right)+\phi_q\log\left(\frac{Y_t}{Y^*}\right)\right]+v_{t+1} \tag{23}$$

（7）经济的总体资源约束。本文是开放经济体模型，借鉴李浩、钟昌标（2008）的思路，引入贸易顺差 NX_t：

$$Y_t=C_t+I_t+G_t+NX_t \tag{24}$$

式（24）是经济的总体资源约束，也是社会总产出的支出法表达式，分别为家庭消费（居民消费）C_t、政府购买（政府消费）G_t、投资 I_t 以及贸易顺差 NX_t 四个主要支出项。

（8）外生冲击。首先对宏观变量进行变换，其中大写字母 Y_t、C_t、I_t、G_t、NX_t、K_t、N_t 等所表示的变换前变量，与小写字母 y_t、c_t、i_t、g_t、nx_t、k_t、n_t 等所表示的变换后变量在本文中同时作为内生变量。

$$c_t=\frac{C_t}{A_t},\ y_t=\frac{Y_t}{A_t},\ i_t=\frac{I_t}{A_t},\ g_t=\frac{G_t}{A_t},\ nx_t=\frac{NX_t}{A_t},\ k_t=\frac{K_t}{A_{t-1}},\ n_t=\frac{N_t}{A_{t-1}},\ z_t=\frac{A_t}{A_{t-1}}$$

劳动力供给冲击为：

$$\varepsilon_{L,t}=\rho_L\varepsilon_{L,t-1}+e_{L,t} \tag{25}$$

货币政策冲击为：

$$\upsilon=\rho_M\upsilon_{t-1}+e_{M,t} \tag{26}$$

政府购买冲击为：

$$[\log(G_t)-\log(G)]=\rho_G[\log(G_{t-1})-\log(G)]+e_{G,t} \tag{27}$$

贸易顺差冲击为：

$$[\log(NX_t)-\log(NX)]=\rho_{NX}[\log(NX_{t-1})-\log(NX)]+e_{NX,t} \tag{28}$$

技术增长率冲击为：

$$[\log(Z_t)-\log(Z)]=\rho_G[\log(Z_{t-1})-\log(Z)]+e_{Z,t} \tag{29}$$

其中，ρ_L、ρ_G、ρ_M、ρ_{NX}、ρ_Z 代表了五种冲击的持续性，五个冲击过程的随机扰动项 $e_{L,t}$、$e_{G,t}$、$e_{M,t}$、$e_{NX,t}$、$e_{Z,t}$ 均服从正态分布，且均值均为 0，标准差分别为 σ_L、σ_G、σ_M、σ_{NX}、

σ_Z。G、NX、Z 分别为政府购买、贸易顺差和技术增长率的稳态值。

2. 稳态时的模型经济

依据前面的一阶最优化条件和各种定义式（1）~式（24），可确定本文模型稳态。假设通货膨胀率稳态值为 1，本文的资产价格 Q 是相对总体价格水平 P_t 而言的，可理解为 Tobin'Q，对应的稳态值为 1。将前面变换后的小写字母变量 y_t、c_t、i_t、g_t、nx_t、k_t、n_t 代入式（1）~式（24）中，假设这些小写字母所代表的变量稳态值为常数，即稳态时$y_t/y_{t-1}=1$、$c_t/c_{t-1}=1$、$i_t/i_{t-1}=1$、$g_t/g_{t-1}=1$、$nx_t/nx_{t-1}=1$、$k_t/k_{t-1}=1$、$n_t/n_{t-1}=1$ 并假设 g_Y、g_C、g_I、g_G、g_{NX}、g_K、g_N 分别代表 Y_t、C_t、I_t、G_t、NX_t、K_t、N_t 的均衡增长率。在以上这些设定的基础上，可以得到模型的稳态关系。[①]

表 1 模型内生变量的稳态值

变量	取值	变量	取值	变量	取值	变量	取值
Z	1.004	c/y	0.42	H	7.94	nx	11640.96
R_n	1.02	i/y	0.40	k	404199.98	y	291024
R_k	1.03	g/y	0.14	c	122230.07	y/k	0.072
S	1.012	nx/y	0.04	i	116409.60	k/n	2.5
MC	0.91	n	1616800	g	40743.36	i/k	0.028

利用稳态关系可以进一步得到模型内生变量的稳态值，具体结果见表 1。

3. 模型的对数线性化

模型对数线性化之后，可得如下系统：

$$A_0E_t\begin{pmatrix}F_{t+1}\\X_{t+1}\end{pmatrix}+A_1\begin{pmatrix}F_t\\X_t\end{pmatrix}+A_2\begin{pmatrix}F_{t-1}\\X_{t-1}\end{pmatrix}+A_3V_t=0 \tag{30}$$

$F_t=(Y_t,\ y_t,\ C_t,\ c_t,\ I_t,\ i_t,\ G_t,\ g_t,\ NX_t,\ nx_t,\ K_t,\ k_t,\ N_t,\ n_t)'$

其中，$X_t=(R_{n,t},\ R_{k,t},\ S_t,\ MC_t,\ Q_t,\ Z_t,\ \pi_t,\ J_t,\ H_t,\ \varepsilon_{L,t},\ \upsilon_t)'$，$V_t=(e_{L,t},\ e_{Z,t},\ e_{G,t},\ e_{M,t},\ e_{NX,t})'$

E_t 为 t 期预期，J_t 为 t 期对 t+1 期通货膨胀的适应性预期，F_t、X_t 分别是 14 维和 11 维列向量，V_t 为由外生冲击的扰动项所组成的 5 维列向量，A_i(i=0，1，2) 为 25×25 系数矩阵，A_3 为 25×5 系数矩阵。

三、数据选取、模型参数估计

1. 数据的选取与初步处理

基于数据的可获性和区间内能够较好体现中国宏观经济发展周期性特征的目的，本文

① 限于篇幅，这里略去了变量间稳态关系的系统方程。

数据样本区间选取 1995 年第一季度到 2008 年第四季度。宏观经济变量的数据来源于 CEIC 数据库、Wind 数据库、国家统计局网站和中国人民银行网站等。首先利用定基比通货膨胀率序列计算得到实际的产出、消费、政府购买以及净出口，之后对各时间序列进行季节性调整和 HP 滤波处理，从而得到各宏观经济变量波动部分的时间序列。

2. 基本的参数校正以及贝叶斯估计

本文模型中需要校准的参数分为两类：一类为模型内生变量的稳态值；另一类为刻画模型内生变量之间定量关系的结构性参数（见表 2）。在确定后者值的过程中，采用了贝叶斯估计。

表 2 模型的部分结构性参数校准结果

变量	取值	变量	取值	变量	取值	变量	取值
β	0.984	θ	0.01	δ	0.025	α	0.20
η	0.9728	ψ	0.02	ε	11	—	—

表 3 部分参数的贝叶斯估计结果

参数	含义	先验分布	事后均值	事后区间
Φ	价格固定不变的概率	Beta [0.75，0.2]	0.5884	[0.5579，0.6256]
η_k	资产价格对资本投资比弹性	Gamma [0.25，0.0625]	0.1626	[0.1625，0.1627]
γ	劳动力弹性倒数	Gamma [0.8，0.5]	0.8183	[0.8179，0.8186]
ρ_R	利率平滑系数	Beta [0.5，0.2]	0.5986	[0.5982，0.5998]
Φ_π	通胀反应系数	Gamma [2，1]	0.5795	[0.5793，0.5796]
Φ_Y	产出反应系数	Gamma [2，1]	2.3844	[2.3831，2.3860]
ρ_L	劳动供给冲击 AR（1）系数	Beta [0.5，0.2]	0.8977	[0.8853，0.9073]
ρ_Z	技术增长率冲击 AR（1）系数	Beta [0.5，0.2]	0.7674	[0.7559，0.7823]
ρ_G	政府购买冲击 AR（1）系数	Beta [0.5，0.2]	0.8875	[0.8829，0.89]
ρ_M	货币政策冲击 AR（1）系数	Beta [0.5，0.2]	0.8123	[0.7449，0.8739]
ρ_{NX}	国际贸易冲击 AR（1）系数	Beta [0.5，0.2]	0.2214	[0.0749，0.3729]
σ_L^2	劳动供给冲击的方差	Inv Gamma [0.01，∞]	2.2711	[1.5410，2.8362]
σ_G^2	政府购买冲击的方差	Inv Gamma [0.01，∞]	4.2613	[4.4609，4.4619]
σ_M^2	货币政策冲击的方差	Inv Gamma [0.01，∞]	1.8684	[1.8267，1.9007]
σ_{NX}^2	国际贸易冲击的方差	Inv Gamma [0.01，∞]	12.651	[12.642，12.658]
σ_Z^2	技术增长率冲击的方差	Inv Gamma [0.01，∞]	1.2677	[1.0538，1.4707]

（1）部分参数的基本校准。本文用全要素生产率 TFP 衡量技术水平，依据国内现有的 TFP 研究（郭庆旺、贾俊雪，2005；孙琳琳、任若恩，2005；李宾、曾志雄，2009），计算得到 TFP 增长率的年度均值为 1.01608，假设技术按照复合增长率进步，求得技术增长率的季度均值大约为 1.004，即为稳态 Z。对于折现因子 β，国内文献取值为 0.984（杜清源、龚六堂，2005），本文亦取相同值。依据前述的均衡条件，得稳态无风险利率 R_n 为 1.02。每期企业家的存活概率 η 为 0.9728，该值来自于 BGG（1999），由均衡时的稳态风险利率 R_k（1.03），进一步得到外部融资的风险溢价 S 为 1.012。根据 1998~2006 年上市公

司的资产负债率数据（孙天琦，2008），得到上述九年间资产负债率均值为 0.6，求得稳态时总资产与净财富之比 k/n 为 2.5：1，进而得到外部融资溢价对总资产与净财富之比的弹性 Ψ 为 0.02。ε 为零售商产品之间的替代弹性，大多数国内外文献的取值为 11（Gilchrist 和 Saito，2006），依据均衡条件，稳态实际边际生产成本 MC 为 0.91。杜清源、龚六堂（2005）将物质资本折旧率 δ 的年度值设定为 10%，对应的季度值为 2.5%。稳态时社会总产出中居民消费、政府购买（政府消费）、投资以及贸易顺差占比（c/y、g/y、i/y、nx/y）是本文样本区间 1995~2008 年以支出法核算的居民消费、政府消费、最终资本形成额以及服务与贸易净出口占比均值。计算得到稳态时投资与资本存量之比 i/ k 为 0.028，稳态的产出资本比 y/k 为 0.072，劳动力的产出弹性 α 为 0.20，与国内其他研究一致（陈昆亭、龚六堂、邹恒甫，2004；黄赜琳，2005；李浩、钟昌标，2008；刘斌，2008），在上述研究中，α 取值范围在 0.2~0.8 之间。θ 测度劳动对效用的贡献度，陈昆亭、龚六堂、邹恒甫（2004）在实际经济周期模型 RBC 分析中，测算了休闲对效用的贡献度和公共福利对效用的贡献度，确定其值分别为 0.01 和 0.1，本文亦取 θ=0.01。再结合表 3 中劳动力供给的弹性倒数 γ 的事后均值，并求得稳态的劳动供给 H、资本 k、消费 c、投资 i、政府购买 g、贸易顺差 nx、产出 y 以及净财富 n。

（2）部分参数的贝叶斯估计。参数贝叶斯估计法能将样本信息和非样本信息结合，使得参数估计值更贴近模型的经济含义。在设置先验概率分布时需要考虑参数的经济含义。表 3 是部分参数的贝叶斯估计结果。

四、模型估计结果的讨论

1. 模型经济与实际经济特征比较

表 4 给出了当经济同时受到五种正向冲击时，模型经济序列与实际经济序列的特征比较。从变量的波动性看，模型预测的投资和贸易波动性相对较大，其次是政府购买、居民消费以及就业等。总体看，模型经济变量的波动性大小及其排序均与实际经济特征较为接近。从变量的波动持续性看，模型预测产出、消费、投资、政府购买、净出口、就业的波动持续性分别为 0.83、0.70、0.70、0.94、0.94、0.76，实际经济中变量的波动持续性分别为 0.85、0.75、0.80、0.82、-0.35、0.90。可见，除净出口的波动性与实际经济有差异之外，模型经济的大多数变量与实际经济一样均具有较高的波动持续性。从变量的顺周期性看，模型预测消费、投资、政府购买、净出口、就业与产出的相关系数分别为 0.63、0.46、0.87、0.88、0.30，实际经济变量与产出的相关系数分别为 0.79、0.82、0.21、0.15、0.31，这说明模型经济主要的宏观变量均是顺周期的，与实际经济相符。由以上分析可知，模型能较好地解释各个主要宏观变量的周期性波动特征，模型预测结果与实际经济较为接近，因此该模型可以用来刻画和解释中国宏观经济波动。

表 4 模型经济与实际经济的特征比较

	模型经济				实际经济			
	标准差(%)	自相关系数	与产出相关系数	与产出标准差比值	标准差(%)	自相关系数	与产出相关系数	与产出标准差比值
Y_t	2.27	0.83	1.00	1	3.76	0.85	1.00	1
C_t	2.06	0.70	0.63	0.90	2.94	0.75	0.79	0.78
I_t	12.31	0.70	0.46	5.42	5.77	0.80	0.82	1.53
G_t	2.94	0.94	0.87	1.29	4.12	0.82	0.21	1.09
NX_t	5.86	0.94	0.88	1.25	10.53	−0.35	0.15	2.8
H_t	2.22	0.76	0.30	2.29	2.24	0.90	0.31	0.60

2. 财政政策、货币政策冲击下宏观经济变量的脉冲响应

下面利用脉冲响应和方差分解方法对财政货币冲击对经济波动的影响进行具体分析。图 1、图 2 给出了宏观经济变量对货币财政政策冲击的脉冲响应。需要指出的是，本文主要探讨财政政策与货币政策对宏观经济的影响，因而正文仅给出财政、货币政策冲击的一阶矩脉冲以及相应的分析结果。

从脉冲响应图中可以看到，货币政策方面，当中央银行提高利率即实行紧缩性的货币政策时，将降低总需求，使得实际产出下降（见图 1–1），从而导致劳动力供给（就业）相应减少（见图 1–5），同时，总需求下降以及紧缩性货币政策带来的流动性收缩将会降低通货膨胀水平（见图 1–4）。消费则呈现当期增加而后下降的趋势（见图 1–2），可能的解释是利率提高后的收入效应和替代效应对消费的不同影响。投资下降（见图 1–3）原因是，利率提高使得融资成本增加，减少了投资需求，需要指出的是，在中国，由于预算软约束及激励机制等原因，国有企业对融资成本的变化并不敏感，实际上受利率变化影响最大的应当是民营企业的投资行为，总体来看，以国有银行为主体的金融机构的主要贷款对象是国有企业，因此，可以认为通过利率工具降低投资规模的效果在我国相对有限。随着投资水平等下降，社会资本存量将随之相应减少（见图 1–8）。利率变动对贸易顺差的影响可以忽略（见图 1–7），事实上，中国长期实行钉住美元的汇率政策，2005 年汇改后人民币汇率变动区间依然狭小，升值速度缓慢，汇率管理制中管制的成分似乎仍超过浮动成分，因此利率与汇率之间的抛补关系在我国并不完全成立，同时，由于我国丰富而廉价的劳动力成本以及出口退税等优惠的外贸政策，使中国贸易顺差增长过快的势头并没有根本的改变，当前我国贸易顺差大幅下降的主要原因是 2008 年 9 月以来金融危机对美国等发达国家的影响日益凸显，降低了对中国的贸易需求，因此，总体来讲利率对我国贸易部门的影响几乎不存在。

财政政策方面，当政府的财政支出提高即实行积极的财政政策时，增加了总需求，实际产出将当期提高（见图 2–1），劳动力供给（就业）和通货膨胀将随之增加（见图 2–4、图 2–5）。消费当期下降，表明政府支出对消费存在一定的挤出效应（见图 2–2）。通常情况下，我国政府采用发行国债和增加税收的手段来扩大政府支出规模，从而减少了个人对资源的占有和控制，减少了消费。同时，当前我国财政的基本职能还没有从行政型财政转

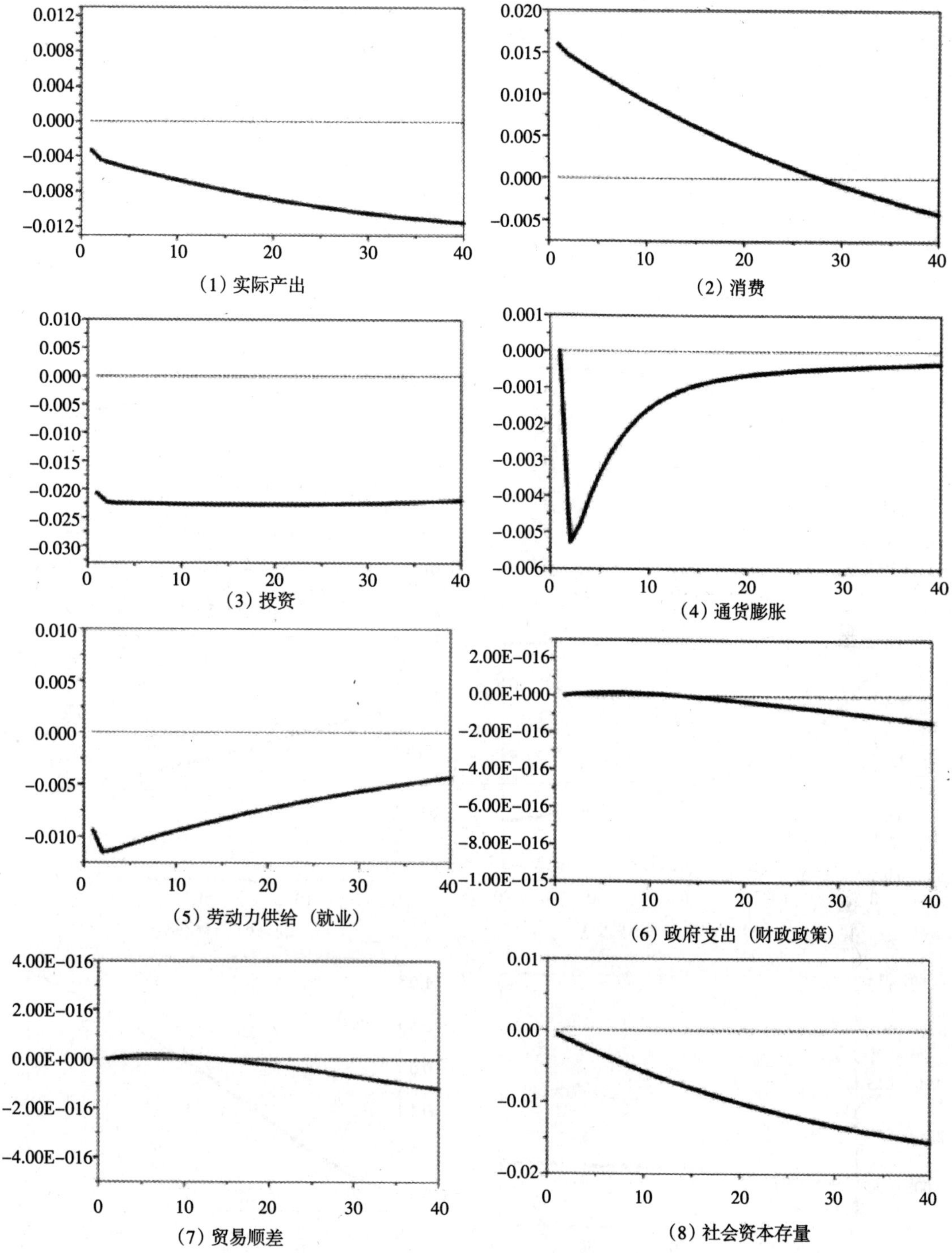

图 1　货币政策冲击下各变量的脉冲响应

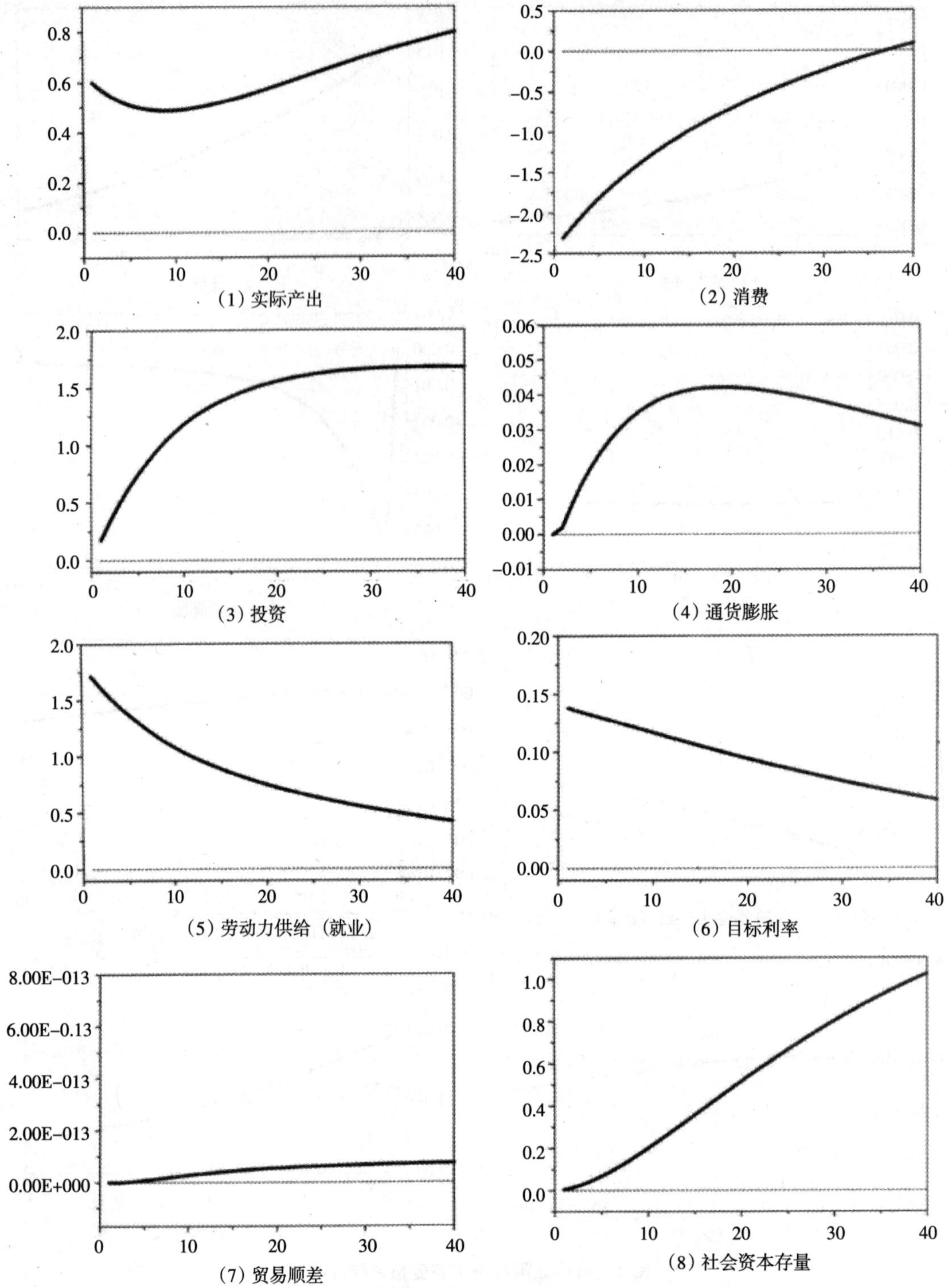

图 2　财政政策冲击下各变量的脉冲响应

向公共型财政，用于建设的财政资金扩大就必然导致用于居民消费的资金减少，从而也就必然间接地减弱消费对经济增长的拉动作用。同时，由于积极财政政策的实施是以财政收入的稳定增长为前提的，因而税负过重所导致的民间投资与消费的减少就是一个不可避免的过程。因此，积极财政政策实际上在增加政府收入、扩大政府投资的同时也在一定程度上限制了民间消费。政府支出增加使得投资水平呈现上升的趋势（见图 2-3），说明财政政策对投资存在挤进而非挤出效应，主要原因是：一方面，当前我国国债发行存在资产效应，政府发行国债的收入很大比例上用于支柱产业和基础设施建设，而国债发行支持了减税让利政策，提高了企业留利水平，增加了企业投资的资金来源，促进了企业的投资活动。面向商业银行发行国债不会影响商业银行用于发放贷款的资金，而是会提高资金的使用效率，政府筹集资金加大基础设施的投入，不仅不会挤出民间投资，反而可以通过改善投资环境，增强投资者信心，刺激和带动企业投资。由于我国每年的全社会固定投资中，个体和私人经济投资所占的比重小，而占重要比例的国有企业，其投资行为通常是政策性导向多于市场导向，财政支出增加往往会带动相应国有部门企业的投资增长。另一方面，我国利率还没有完全市场化，政府支出增加引发的赤字水平引起的利率上升水平相对有限（见图 2-6），企业融资成本所受影响不大，同时，作为我国投资主体的国有企业存在的预算软约束问题，对融资成本变化并不敏感。此外，政府实施扩张性财政政策来增加总需求（包括内需和外需两部分），即使存在利率水平提高或企业筹资成本提高的可能性，但随着需求增大，使企业产生一定的利润空间，企业外部的隐性成本下降，企业也会增加自主性投资，形成财政政策挤进效应。投资水平的增加必然会导致社会资本存量的增加（见图 2-8）；财政政策对我国贸易部门的影响同样十分微弱，与货币政策效果相近，说明财政货币政策对贸易部门的影响较小，其主要作用体现在对国内消费、投资的影响上。

值得注意的是，在财政货币政策之间的协调上，可以发现，货币政策对财政政策的冲击相比于财政政策对货币政策的冲击，其效果几乎可以忽略，而财政政策对货币政策有一个较为明显的正向冲击。这说明在我国的政策实施过程中，货币政策处于相对从属的地位，其政策调整一般是与财政政策搭配使用的。近十年来的宏观经济政策实践表明，在当前经济危机发生以前，一般情况下，我国实行积极财政政策时通常使用了相对稳健或从紧的货币政策，而不是双扩张的财政货币政策，以此来保持经济运行的稳定，避免过于宽松的经济政策带来经济过热。因此，从脉冲图中可以看到，当正向的财政政策冲击来临时，货币政策正向变动，利率小幅提高。而需要特别指出的是，当前我国经济深受国际金融危机的影响，这一时期的宏观调控体系的政策特点是，积极财政政策和适度宽松货币政策的搭配，且呈现出调控的多目标性：第一，应迅速结束经济的下行阶段，力争短时期筑底企稳；第二，应为经济结构调整创造宽松的环境和有利的基础；第三，应为外贸企业的发展提供必要的缓冲和支持。在此危机背景下，我国采取的宏观经济政策搭配是适时且有效的，具有特殊的政策含义。

3. 宏观经济变量波动的方差分解

脉冲响应函数并不足以完全刻画外生冲击对各宏观经济变量的相对重要性，而方差分解则提供了不同外生冲击相对贡献的度量。在考察了各种冲击单独的影响后，可以使用方差分解的方法分析各种不同外生冲击对主要变量波动影响及其相对重要性。表 5 给出了产出、居民消费、投资、政府购买、贸易顺差以及劳动力供给的方差分解。结果表明，30 个季度内技术增长率冲击在大多数时间内解释了大部分的产出、消费波动、投资和一部分资本存量、贸易和就业波动；劳动力供给冲击对所有变量的解释度均在 10% 以下，解释能力有限；财政政策（政府支出）解释了大部分的政府支出以及一部分的产出、就业、消费和资本存量波动；货币政策冲击在大多数时间内解释了大部分的通货膨胀、就业波动和一部分的产出、消费和投资波动；对外贸易冲击则在短期内解释了大部分的贸易波动。整体来看，技术增长率冲击、政府支出冲击、货币政策冲击以及贸易冲击均对主要宏观经济变量波动有着较为显著的解释度。

表 5　各种冲击下宏观经济变量波动的方差分解

单位：%

时间（季度）	劳动冲击	技术冲击	财政冲击	贸易冲击	货币冲击
产出 Q1	4.87	40.37	24.75	3.88	26.14
Q10	0.35	54.36	15.30	4.16	25.84
Q20	2.87	49.69	15.36	4.58	27.50
Q30	3.11	49.00	15.87	4.60	27.42
消费 Q1	7.55	8.18	41.60	8.20	34.47
Q10	6.71	27.13	33.77	5.06	27.32
Q20	5.30	52.24	25.08	2.95	14.43
Q30	2.40	79.61	10.14	0.71	7.13
投资 Q1	0	80.36	6.41	0.56	11.91
Q10	3.89	53.96	10.28	7.49	24.38
Q20	4.52	56.45	12.82	6.69	19.52
Q30	4.63	58.67	13.06	6.33	17.31
政府 Q1	0.00	9.09	90.91	0.00	0.00
Q10	0.00	58.17	41.83	0.00	0.00
Q20	0.00	83.17	16.83	0.00	0.00
Q30	0.00	94.34	5.66	0.00	0.00
贸易 Q1	0.00	9.09	0.00	90.91	0.00
Q10	0.00	100.00	0.00	0.00	0.00
Q20	0.00	100.00	0.00	0.00	0.00
Q30	0.00	100.00	0.00	0.00	0.00
劳动 Q1	10.10	1.33	44.44	6.06	38.08
Q10	0.63	16.09	36.73	6.88	39.66
Q20	3.39	19.67	32.05	6.68	38.21
Q30	4.88	22.53	29.66	6.40	36.53
通货膨胀 Q1	0.41	11.41	0.24	11.41	76.52
Q10	2.76	7.69	17.04	6.11	66.40
Q20	5.10	15.74	26.65	7.01	45.50
Q30	5.79	18.47	28.83	6.86	40.05

五、结论与政策建议

本文构建了一个我国宏观经济的新凯恩斯主义垄断竞争且包含金融加速器的动态随机一般均衡模型。模型中涵盖了影响宏观经济波动的五种外生冲击，即技术增长率冲击、政府支出冲击、劳动力供给冲击、国际贸易冲击以及货币政策冲击。采用脉冲响应函数和方差分解重点分析了其中的财政政策与货币政策冲击对我国产出、消费、投资、对外贸易以及就业等方面的影响程度和传导途径，模型进一步揭示了财政货币政策对于宏观经济稳定的重要性。

结合本文模型的结论，我们认为，在当前我国经济深受国际金融危机影响的背景下，政府如何合理高效地运用宏观调控政策显得尤为关键。作为政府宏观调控的主要工具，财政货币政策的取向和力度是实现经济又好又快发展十分重要的因素。2008 年第四季度中国宏观经济的下行速度超出预期，为应对经济形势变化，中央政府开始全面进行政策转向。在扩张性的财政政策、宽松的货币政策、全面回调的贸易政策以及十大产业振兴计划和 4 万亿元政府刺激计划的作用下，2009 年的中国宏观经济在全球经济低迷的背景下可谓一枝独秀。这体现了中国宏观经济政策在避免经济衰退方面的积极成效，对全球经济衰退环境中人们信心的提升也具有积极的意义。然而，需要看到的是，当前我国宏观经济指标改善的动力主要来自于政府主导的投资拉动，如果政府投资难以带动民间投资和国内需求，那么这种短期经济回升将由于缺乏持久的需求支撑而难以为继，也对我国后危机时代调整经济结构毫无意义。因此，仅从短期内避免经济衰退的角度来审视此次全球经济危机背景下中国宏观经济政策转向，无疑是正确的、及时的，其政策效应也发挥了巨大的作用（然而宽松的货币政策也间接导致了当前国内资产价格，特别是房地产价格的高企，对宏观经济稳定造成威胁）。应该承认，从中长期内我国宏观经济增长的持久性，特别是经济结构调整的角度看，仅仅依靠中国宏观经济政策或者通过政府来主导经济行为显然是不够的，这种担忧具有其合理的经济学意义。事实上，在全球经济周期性调整之前，全球经济的失衡表现为美国过度消费和相应的中国制造业快速发展，当这一增长过程结束后，美国消费下降引起中国外需下调，导致中国产能过剩，而国内需求提升又不可能在短期内替代外需，因此扩大投资支出便成为中国短期避免经济衰退政策的必然选择。从本轮全球经济调整的政策实践来看，许多国家同中国相似，都采取了扩张性的宏观经济政策，但是短期内中国经济政策效果明显的事实说明，一方面中国宏观经济政策转向决策及时，更重要的是经济全球化背景下，全球需求下降时，出口导向型的制造业国家相对于多数西方国家更满足于实施宏观财政政策的经济条件，即储蓄大于投资的内部失衡特点。实际上，许多学者提出，中国高储蓄是由于中国社会保障体系的缺失所造成的，应当看到，发展中国家在加入经济全球化的过程中，虽然其经济增长能获得外部需求拉动的动力，但同时也使这个国家的经济增长越来越成为全球经济的组成部分，部分失去了国民经济运行的特征，这使得发展中国家往往在全球化增长阶段对民生目标的调节一定程度上减少了自主性。从这个意义上讲，在全球经济周期性调整阶段，中国经济增长对外部需求的依靠弱化，此时采取针对民生问题所进行的政策调整，其效应会比全球经济增长时期更为明显。

具体而言，就财政政策方面，本轮积极财政政策是继 1998 年应对亚洲金融危机实施积极的财政政策之后的第二次实施，支出重点集中于“三农”、基础设施建设、文化教育、医疗卫生、生态环境建设、灾后重建、自主创新和结构调整。这里并不包含形成大规模生产能力的投资，也没有“两高一低”的投资，而是通过提高社会公共物品的供给，满足长期以来压抑的公共物品需求。这种政策既可以有效地缓解社会总体需求下降的趋势，同时更为重要的是，能够避免全球经济衰退可能产生的社会动荡，其政策效应尽管可能在带动民间投资和居民消费方面的作用有限，但却避免了财政支出挤出民间投资的外溢效应。在今后一个时期内，国际金融危机影响将持续加深，全球经济增长乏力，我国经济发展的外部需求显著减少，投资和贸易保护主义上升，人口资源环境约束不断增强，转变经济发展方式的要求更为迫切等压力将更加突出。对此，财政政策的发展与改革方向应以科学发展观为指导，坚持以人为本，立足于我国经济发展的实践进行规划。进一步优化财政支出结构，重点向保障和改善民生倾斜，推进有增有减的结构性税制调整，完善政府间财政关系以及转移支付制度，积极稳步推进财政管理改革以推进财政政策的科学化和精细化管理，提高财政资金使用的规范性和有效性。

关于货币政策方面，随着资本市场投资规模对国内经济发展影响的不断扩张，其影响力已经逐渐开始影响总需求层面，特别就当前来看，我国房地产价格在 2009 年下半年以来的快速增长已经对刚刚企稳的宏观经济提出了新的问题与新的挑战，而同时，金融国际化步伐的加快，国际贸易和国际资金进出对国内流动性的波及日益显著，汇率变化对国际贸易和国际资金的反作用影响国内经济，这些都对中央银行货币政策的决策提出了更高的要求。从货币政策实践的历史来看，现代金融和银行体系的不断演变和发展使得货币供给的内生性越来越强，中央银行已越来越不可能随心所欲地控制货币的供给，这意味着中央银行货币政策的中间目标将不得不从传统的货币供给转向利率。结合各国货币政策发展经验以及我国实际情况来看，利率这一价格型政策工具必将成为我国货币政策工具中十分重要的有机组成部分。然而，现实是我国在长期利率管制下不能充分有效地发挥经济杠杆作用，因此，应当继续深化利率市场化改革，完善以中央银行利率为基础、货币市场利率为中介、金融机构利率为“价格”的利率有机体系，这对于中央银行运用利率工具提高金融调控的有效性具有非常重要的作用。

在宏观经济调控中，我们还要注意政策的协调性，实现财政政策与货币政策的有效组合，在国内宏观经济面临不利的外部环境的情况下，实行积极的财政政策和适度宽松的货币政策，以达到收入效应、支出效应、扩张效应，稳定宏观经济，防止经济大起大落。同时，新的政策搭配是为宏观调控市场化服务的，应当适应新的国际经济环境和中国经济面临全球化的问题。全球性金融危机下，财政政策与货币政策组合效应的发挥还要注重相关制度建设，理顺财政体制和金融体制的关系，在制度上保障财政货币政策之间传导机制的通畅，优化选择二者的组合效应方式，实现调控的动态性与市场化取向，从而顺利应对全球金融危机，调整经济逐步走出困境，实现保持经济增长的目标。

参考文献：

[1] Bernanke B, M. Gertler, S. Gilchrist, 1999, The Financial Accelerator in a Quantitative Business Cycle Framework [R]. NBER Working Paper, 1–75.

[2] Blandchard O., 2009, The State of Macro [J]. Annual Review of Economics, Vol.1, 1–20.

[3] Calvo G., 1983, Staggered Prices in a Utility–Maximizing Framework [J]. Journal of Monetary Economics, Vol. 12, 383–398.

[4] Christiano J., Lars L., 1988, Money Does Granger–Cause Output in the Bivariate Money Output Relation [J]. Journal of Monetary Economics, Vol. 22, 217–236.

[5] Gupta S., Clements B., Baldacci E., Mulas C., 2002, Expenditure Composition, Fiscal Adjustment, and Grow th in Low–Income Countries [R]. IMF Working Paper, International Monetary Fund.

[6] Otmar I., 1997, Monetary Targeting in Germany: The Stability of Monetary Policy and of the Monetary System [J]. Journal of Monetary Economics, Vol.39, 67–79.

[7] Rich G., 1997, Monetary Targets as a Policy Rule: Lessons from the Swiss Experience [J]. Journal of Monetary Economics, Vol.39, 113–141.

[8] 卞志村:《泰勒规则的实证问题及其在中国的检验》,《金融研究》2006 年第 8 期。

[9] 陈昆亭、龚六堂、邹恒甫:《什么造成了经济增长的波动，供给还是需求？——中国经济的 RBC 分析》,《世界经济》2004 年第 4 期。

[10] 杜清源、龚六堂:《带“金融加速器”的 RBC 模型》,《金融研究》2005 年第 4 期。

[11] 郭庆旺、贾俊雪:《财政投资的经济增长效应：实证分析》,《公共经济评论》2004 年第 2 期。

[12] 郭庆旺、贾俊雪:《中国全要素生产率的估算：1979~2004》,《经济研究》2005 年第 6 期。

[13] 黄赜琳:《中国经济周期特征与财政政策效应》,《经济研究》2005年第 6 期。

[14] 李宾、曾志雄:《中国全要素生产率变动的再测算 1978~2007》,《数量经济技术经济研究》2009 年第 3 期。

[15] 李春吉、孟晓宏:《中国经济波动——基于新凯恩斯主义垄断竞争模型的分析》,《经济研究》2006 年第 6 期。

[16] 李浩、钟昌标:《贸易顺差与中国的实际经济周期分析》,《世界经济》2008 年第 9 期。

[17] 李珂、徐湘瑜:《中国的金融加速器效应分析》,《中央财经大学学报》2009 年第 7 期。

[18] 刘斌、黄先开、潘红宇:《货币政策与宏观经济定量研究》，科学出版社，2001。

[19] 孙琳琳、任若恩:《中国资本投入和全要素生产率的估算》,《世界经济》2005 年第 12 期。

[20] 孙天琦:《储蓄资本化金融企业和工商企业资本金增加与宏观经济增长》,《金融研究》2008 年第 9 期。

[21] 唐齐鸣、熊杰敏:《中国资产价格货币政策反应函数模拟》,《数量经济技术经济研究》2009 年第 11 期。

[22] 谢平、罗雄:《泰勒规则及其在中国货币政策中的检验》,《经济研究》2002 年第 3 期。

[23] 余元全、余元玲:《股价与我国货币政策反应：基于泰勒规则的实证研究》,《经济评论》2008 年

第 4 期。

[24] 张屹山、张代强：《前瞻性货币政策反应函数在我国货币政策中的检验》，《经济研究》2007 年第 3 期。

[25] 刘斌：《我国 DSGE 模型的开发及在货币政策分析中的作用》，《金融研究》2008 年第 10 期。

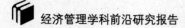

后危机时代美国货币政策的走势*
——兼论资产价格与货币政策操作规则

李　婧

【摘　要】次贷危机使人们认识到，美联储货币政策操作失误难辞其咎。在全球化日益加深和美元为核心的国际货币体系下，美国不断下调利率的扩张性货币政策效应没有像过去那样迅速反映在商品价格上，而是主要表现为资产价格的攀升。由于美联储货币政策操作遵循了“泰勒规则”——把 CPI 当作最主要的监控对象，致使美联储错过了适时调整货币政策最佳的时机，导致美国信用扩张过度、资产泡沫，特别是房产泡沫不断升级。资产价格的上升最终会通过“财富效应”、“托宾 Q 效应”、“金融加速器效应”等逐渐传导到商品价格上，随着石油等大宗商品价格的持续攀升，美联储开始急速提高利率，最终引发了次贷危机的爆发。后危机时代，美国的资产价格开始了迅速的回升，美联储应该吸取货币政策调整滞后的教训，适时地退出刺激，避免资产价格迅速上升和通货膨胀对经济复苏带来的不利影响。

【关键词】次贷危机；货币政策；刺激政策退出

一、概述

美国次贷危机爆发后，美国货币政策失误在其中的作用被广泛提及。传统货币政策操作规则最重要的指标——通货膨胀率没有及时传达准确信号，从而导致美联储货币政策过度宽松和过长时间的扩张性刺激。2000 年互联网泡沫破灭后，美联储为刺激经济增长不断下调联邦基金利率（美国基准利率）。本来扩张性货币政策实行一段时间后，CPI 会上涨，为了防止通胀，央行会停止扩张。然而，在全球化加速发展的背景下，中国等发展中国家利用其廉价生产要素，为世界提供了大量物美价廉的商品。尽管美国持续扩张，但廉

* 作者单位：上海社会科学院世界经济研究所。

价的进口商品平抑了其国内总体价格水平，CPI 短时间内没表现出过快上涨。美国大规模进口使得出口国家积累了大量美元，但由于缺乏投资渠道，大部分资金又回流到了美国金融市场上，使得美国各种资产特别是房产价格疯狂上涨。然而，资产价格的上涨将通过“财富效应”、“托宾 Q 效应”、“金融加速器效应”等逐渐传递到商品价格上。随着大宗商品价格的上涨，2004 年下半年美联储终于感到通胀压力，开始新一轮猛烈的升息，次贷危机随之爆发，并通过资产证券化，“牵一发而动全身”地引发了全球金融危机。因此我们可以看到，美国货币政策的调整对于全球金融市场和世界经济具有重大影响。金融危机以来，美国又采取了史无前例的扩张政策以解救美国经济，利率被降到了 0 ~ 0.25% 的历史新低水平，美联储还直接购买政府债券对经济体注资。这种新的扩张是否会引起新一轮的危机？ 什么时候是美国退出刺激政策的最佳时机？ 我们应该如何从美国在上次货币政策失误从中获取有益的启示？ 这是本文试图研究的。

二、美国主要货币政策操作的基本规则

1. 货币数量规则（单一规则）

传统的货币数量规则源于交易方程式。在费雪的交易方程式 MV = PT 中，货币流通速度 V 是由变化缓慢的制度因素决定的，可视为常数；交易总量 T 与产出水平保持一定比例，也是大体稳定的，所以 P 主要取决于 M。要使价格稳定，必须使货币量与总交易量保持一定比例，于是他提倡美元钉住固定黄金价值的补偿美元计划。现代货币主义认为，物价变动和经济活动最根本的是由货币供应变动引起的，只要保持货币供应固定增长，便可达到合意的经济稳定。因此，该规则的核心思想是，为保证物价稳定，货币当局所要做的就是根据经济增长率和通胀率建立一个稳定的货币存量增长率，不管什么情况都保持这一增长率。该规则以物价稳定为政策目标，货币供给为中介目标，简单、易于理解，政策信息可以很快传递到公众，为公众的通胀预期提供稳定和可靠的依据，不会导致过高的通胀率，而利率在一定程度上可以自由调整。[1]

1978 年美国国会通过《汉弗莱—霍金斯法案》(Humphrey-Hawkins Act)，正式要求美联储每 6 个月确定一次货币供应量目标，并对此加以详细说明，“单一规则”的货币政策正式在美国确立，在治理 20 世纪 70 年代中后期和 80 年代初期的“滞胀”上起到了非常积极的作用。货币供应量成为美联储调控宏观经济的主要手段。然而，单一规则建立在两大支柱上，一是货币流通速度基本稳定；二是货币供给外生，中央银行可完全控制货币供应量。80 年代以来，随着金融创新和股票市场日新月异的发展，货币流通速度越来越不稳定，央行也越来越难以控制货币供应量。货币供应量与经济活动水平和通胀率间的相关性也日益下降，“单一规则”面临严峻挑战。

2. 泰勒规则

随着“单一规则”越来越难以适应新形势，1993 年 2 月，美联储主席格林斯潘宣布不再像过去一样重视货币供给量指标。他说：“货币供给量指标不能有效显示有关经济发展和物价压力方面的变化”。[2] 新规则以实际利率作为对实施宏观调控的主要手段，即近年来一直指导美国货币政策实践的“泰勒规则”（Taylor Rule）。

泰勒规则的核心思想可由一个公式简洁地表示：

$$i_t = \bar{r} + \pi_t^a + h(\pi_t^a - \pi^*) + g\bar{y}$$

其中，i_t 是短期利率，$\bar{r}$ 是长期均衡实际利率，π_t^a 是前四季度的平均通胀率，π^* 是中央银行的目标通胀率，$\bar{y}$ 是产出缺口，h 和 g 是系数。当经济实现充分就业，即产出缺口 $\bar{y} = 0$，且通胀率控制在目标值，$\pi_t^a - \pi^* = 0$，则 $i_t - \pi_t^a = \bar{r}$，即实际利率等于长期均衡实际利率，经济保持在稳定且持续增长的理想状态。若产出增长率高于潜在水平或预期通胀率高于目标值，i_t 就要提高，从而使实际利率 $i_t - \pi_t^a$ 保持在均衡水平；反之，则 i_t 就要降低。在泰勒规则的指导下，美联储以实际利率作为货币政策的中介目标，联邦基金利率为操作指标，以保持一定的通胀率水平和经济稳定。

可以说，利率指标的相关性、可测性和可控性都优于货币供应量指标，泰勒规则通过将长期通货膨胀的目标具体化，提供了一个调整利率的准则，其“中性”原则既秉承了单一规则的主旨精神，又具有单一规则所没有的灵活性，因此受到广泛重视，[3] 成为 20 世纪 90 年代初期至今对美国等许多国家货币政策影响最深远的规则。在很长一段时间里，该规则在实践中也表现得相当出色。然而，在泰勒规则的表达式中没有资产价格！在这个资本市场、虚拟经济飞速发展的今天，该规则会不会仍是一条“黄金守则”呢？这是值得深入思考的问题。

3. 凯恩斯主义的反周期规则

自从凯恩斯主义获得了宏观经济学的统治地位后，各国政府基本上都接受了凯恩斯主义对经济周期的解释，秉承了政府的宏观经济政策的反周期规则。在经济出现下降时，需要通过政府财政政策的扩张来弥补“有效需求不足”，而货币政策则需要配合政府的财政政策来降低人们的灵活性偏好，同时通过降低利率来减少政府财政扩张的成本。反之，财政和货币政策需要作反向的操作。因此，当经济衰退或金融危机爆发时，货币政策的首要任务是解救经济。2001 年互联网泡沫破裂以及 2008 年次贷危机爆发，美联储都迅速采取了扩张性货币政策，都是遵循该规则的体现。

三、次贷危机前美国扩张性货币政策的效应分析

互联网泡沫破灭后，为了刺激经济增长，美联储从 2001 年开始不断降低联邦基金利率，从 6%下调至 2004 年 5 月的 1%。一般而言，当扩张性货币政策实行一段时间以后，

CPI 就会上升，出于对通胀的担忧，货币当局会停止扩张，进入新一轮紧缩阶段。然而，在美国，这种情况发生了变化，扩张性货币政策效果主要体现在了资产而不是一般商品价格上。在此以房产价格作为资产价格的代表，从图 1 可以看出，从 2001 年美联储降息以来，美国房价指数（HPI）呈现出明显的超出以往的上升趋势，从 2001 年 1 月的 145.72 一路上升，2007 年 6 月高达 225.95，增长了 55.06%，年均增长 8.47%；而从 1991 年 1 月至 2000 年 12 月 10 年时间该指数也只增长了 45.14%，年均增长 4.51%。然而，美国的消费物价指数并未在 2001 年美联储降息之后呈现出明显的超越以往的上升趋势，从 2001 年 1 月至 2007 年 6 月该指数从 130.09 上升至 154.79，增长了 18.99%，年均增长 2.92%，与 1991 年 1 月到 2000 年 12 月该指数的年均增长率 2.93% 基本持平，上升态势相对平稳。

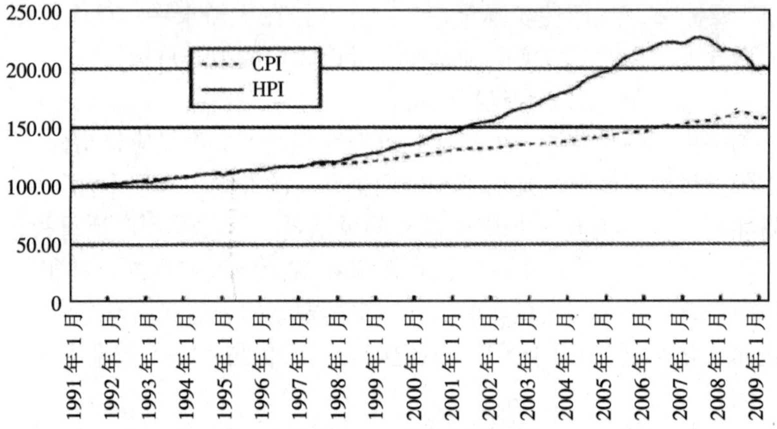

图 1　美国 CPI、HPI 变化趋势

资料来源：Federal Housing Finance Industry，http：//www.fhfa.gov/Default.aspx?Page=87，Bureau of Labor Statistics，http：//www.bls.gov/bls/proghome.htm（为了与 HPI 对应，笔者将 CPI 数据换算成了同样以 1991 年 1 月为基期）。

为了更好地说明联邦基金利率的下降对美国 HPI 和 CPI 的影响程度，笔者采用一个简洁的模型来进一步分析。由于货币政策存在时滞，本文选取了从 2000 年 12 月至 2004 年 5 月的联邦基金利率和从 2000 年 12 月到 2006 年 6 月的 HPI 和 CPI。常用的分布滞后模型有几何分布滞后模型和多项式分布滞后模型，前者假设滞后权重是一个随时间下降的序列。由于不能确定联邦基金利率对房价指数和消费物价指数的影响是否随时间递减，因此采用多项式分布滞后模型，在此采用 4 阶多项式，不加端点限制。

首先以 HPI 为因变量，联邦基金利率（i）为自变量，通过 Eviews 软件对两者的关系进行拟合，当滞后项数取 30 时，模型的 AIC 和 SC 最小，说明联邦基金利率对滞后 30 个月的房价指数影响仍然显著。结果如表 1 所示，表中最后一行的 Sum of Lags 是系数估计值的总和，它反映了联邦基金利率对房价指数的长期影响。

同样地，用多项式分布滞后模型对 CPI 和联邦基金利率（i）的关系进行估计，AIC 和

SC 最小时的滞后期数是 26 个月，结果如表 2 所示。

表 1　以 HPI 为因变量，联邦基金利率为自变量的分布滞后模型（滞后期 30 个月）

Variable	Coefficient	Std. Error	t-Statistic	Prob.
C	265.6848	24.76961	10.72624	0.0000
PDL01	-4.331747	0.543471	-7.970526	0.0002
PDL02	0.528712	0.172524	3.064561	0.0221
PDL03	0.029743	0.014518	2.048686	0.0864
PDL04	-0.002428	0.000341	-7.127997	0.0004
PDL05	-3.26E-05	1.79E-05	-1.822951	0.1181

R-squared	0.999418	Mean dependent var	179.7992
Adjusted R-squared	0.998933	S.D. dependent var	4.040528
S.E. of regression	0.131985	Akaike info criterion	-0.905402
Sum squared resid	0.104520	Schwarz criterion	-0.662948
Log likelihood	11.43241	F-statistic	2060.610
Durbin-Watson stat	2.945096	Prob (F-statistic)	0.000000
Lag	Coefficient	Std. Error	T-Statistic
0	0.97170	5.40649	0.17973
1	-0.49566	4.83205	-0.10258
2	-1.77642	4.29860	-0.41326
3	-2.87459	3.80240	-0.75599
4	-3.79492	3.34056	-1.13601
5	-4.54299	2.91100	-1.56063
6	-5.12512	2.51241	-2.03992
7	-5.54845	2.14418	-2.58769
8	-5.82089	1.80643	-3.22232
9	-5.95113	1.50012	-3.96710
10	-5.94863	1.22728	-4.84699
11	-5.82367	0.99148	-5.87370
12	-5.58728	0.79841	-6.99797
13	-5.25130	0.65601	-8.00488
14	-4.82832	0.57151	-8.44838
15	-4.33175	0.54347	-7.97053
16	-3.77575	0.55673	-6.78206
17	-3.17530	0.59006	-5.38134
18	-2.54613	0.62635	-4.06503
19	-1.90478	0.65508	-2.90768
20	-1.26854	0.67062	-1.89160
21	-0.65553	0.67028	-0.97799
22	-0.08460	0.65319	-0.12952
23	0.42456	0.61966	0.68514

续表

Lag	Coefficient	Std.Error	T-Statistic
24	0.85152	0.57096	1.49138
25	1.17505	0.50940	2.30672
26	1.37314	0.43900	3.12789
27	1.42299	0.36724	3.87486
28	1.30102	0.30934	4.20575
29	0.98287	0.29237	3.36177
30	0.44339	0.33947	1.30615
Sum of Lags	-72.1655	28.3753	-2.54325

表 2 以 CPI 为因变量、联邦基金利率为自变量的分布滞后模型（滞后期 26 个月）

Variable	Coefficient	Std. Error	t-Statistic	Prob.
C	177.1608	3.905837	45.35796	0.0000
PDL01	-1.251541	0.095295	-13.13335	0.0000
PDL02	0.229882	0.055128	4.169996	0.0019
PDL03	-0.003654	0.007658	-0.477186	0.6435
PDL04	-1.05E-05	0.000564	-0.026617	0.9793
PDL05	6.87E-06	6.70E-05	0.102619	0.9203

R-squared	0.981783	Mean dependent var	137.5225
Adjusted R-squared	0.972675	S.D. dependentvar	1.282058
S.E. of regression	0.211929	Akaike info criterion	0.014864
Sum squared resid	0.449139	Schwarzcriterion	0.304585
Loglikelihood	5.881084	F-statistic	107.7884
Durbin-Watson stat	2.401645	Prob（F-statistic）	0.000000
Lag	Coefficient	Std. Error	T-Statistic
0	-4.62829	1.48192	-3.12317
1	-4.36787	0.98793	-4.42126
2	-4.10179	0.67060	-6.11662
3	-3.83204	0.51801	-7.39765
4	-3.56043	0.47848	-7.44106
5	-3.28862	0.47521	-6.92035
6	-3.01812	0.46261	-6.52413
7	-2.75023	0.42779	-6.42887
8	-2.48613	0.37256	-6.67303
9	-2.22681	0.30391	-7.32730
10	-1.97311	0.23057	-8.55747
11	-1.72569	0.16254	-10.6170
12	-1.48506	0.11270	-13.1776
13	-1.25154	0.09529	-13.1333
14	-1.02532	0.10453	-9.80883

续表

Lag	Coefficient	Std. E rror	T-Statistic
15	-0.80640	0.11705	-6.88956
16	-0.59463	0.11975	-4.96572
17	-0.38968	0.10920	-3.56846
18	-0.19107	0.08687	-2.19938
19	0.00187	0.05881	0.03172
20	0.18993	0.04228	4.49236
21	0.37411	0.05697	6.56628
22	0.55556	0.08052	6.89980
23	0.73558	0.09421	7.80767
24	0.91565	0.09880	9.26733
25	1.09741	0.13146	8.34796
26	1.28268	0.24531	5.22871
Sum of Lags	-38.5501	4.14358	-9.30356

将表 1 和表 2 进行对比：从滞后期数看，联邦基金利率对 HPI 的影响比对 CPI 影响时间更长，即影响更持久。从影响效力上看，除了前 5 个月估计的系数值不显著之外，从第 6 个月开始，联邦基金利率对 HPI 影响的系数绝对值基本都大于对 CPI 影响的系数的绝对值。从长期效应 Sum of Lags 来看，联邦基金利率对 HPI 的长期影响-72.1655 的绝对值也远大于其对 CPI 的长期影响-38.5501 的绝对值。由此可见，美联储扩张性的货币政策没有带来通胀率的显著上升，而是主要体现在了房价等资产价格飞速上涨上。然而，在此期间联储货币政策操作主要遵从泰勒规则，根据通胀率的变化对利率进行调整。通胀率的相对稳定没有及时传达正确信号，因此，货币当局没及时停止降息步伐。

然而，随着时间推移，资产价格的上涨会通过以下三种主要途径传导到商品价格。

1. 财富效应

资产价格上涨后，人们持有资产获得的实际收入和名义收入都会增加，从而变得更富有，因而增加消费，带来商品价格上涨。投资者消费增长的示范效应还会增强非投资者的消费信心，提高其对未来收入的预期，增加消费。

1995~2000 年，由于股票市场的高度繁荣，美国家庭财富对收入的比率大幅增加，最高到 6.15 年可支配收入的水平，在财富效应下，1998 年底的消费信贷猛增至近 1.3 万亿美元，相当于当年 GDP 的 16.3%。从 1999 年起，美国的个人储蓄率已降到 0.4%的低谷。[4] 2000 年股市泡沫破裂，家庭财富对收入的比率随之大幅缩水。然而，在政府减税、多次下调基准利率等政策的刺激下，各类资产尤其是房产的价格逐渐上扬，到 2005 年第三季度，家庭净财富对收入的比率回升到 5.6 年可支配收入，高出 4.8 的历史平均水平。在资产价格回升带来的财富效应下，即使在 2001~2002 年经济出现轻微衰退，私人消费开支在 2001~2004 年仍保持了年均 3.4%的增长率。[5]

2. 托宾 q 效应

托宾 q 值是指一项资产的市场价值与其重置价值之比。当 $q<1$ 时，企业市价小于重置成本，经营者将倾向于通过收购来实现企业扩张，而不会购买新的投资品；当 $q>1$ 时，企业市价高于重置成本，企业发行较少的股票而买到较多的投资品，因而增加投资；当 $q=1$ 时，企业投资和资本成本达到动态均衡。由此可见，当实行扩张性货币政策带来股票价格上升时，托宾 q 值随之上升，企业会增加投资支出，引起资本品价格的上升。

3. 金融加速器效应

当企业遭受到经济中的正向或负向冲击，其资产净值随之升高或降低时，经由信贷市场会将这种冲击对经济的影响放大，这种效应称为金融加速器效应。[6] 美联储调低联邦基金利率的举动使得企业资产价格不断上升，资产负债表得到改进，银行的不良资产也减少。由此，银行会降低贷款费用，企业融资成本降低，投资增加。对个人而言，银行等金融机构向其提供融资的可获得性和成本也取决于对居民净财富的评估，当居民持有的资产价值上升，净财富增加时，银行会增加消费信贷，利率也会降低，从而居民消费增加。

在持续降息一段时间后，上述效应逐渐体现出来，首当其冲的是大宗能源商品，如石油、有色金属、煤炭等价格出现了较明显的上涨。2002 年以来，国际油价上涨趋势已势不可当。2002 年，世界原油价格还不足 20 美元一桶，2003 年底已上涨到 30 美元一桶，2004 年一季度末进一步上升到 35 美元一桶，涨幅高达 16.7%。[7] 上涨虽然由包括投机在内的多重因素引起，但美国扩张性货币政策可说是主要原因之一。石油作为一种基本能源商品，其价格上涨带来很大通胀压力，美联储终于在 2004 年 6 月宣布提高联邦基金利率 25 个基本点，标志着货币政策由“扩张”向“紧缩”转变，接下来该利率一路攀升，至 2007 年 7 月已达 5.26%。许多次级贷款的借款人无力偿还，次级贷款支持的证券价格也大幅下跌，许多金融机构破产，次贷危机发生。由此可见，CPI 未及时传达准确信息，导致美联储货币政策调控失误是发生次贷危机的一个重要原因。

四、全球化和美元主导国际货币金融体系对美国货币政策效应的影响

全球化和以美元为主导的国际货币金融体系也对美国货币政策效应有着重要的影响，是美国货币政策效应越来越体现于资产价格而不是一般商品价格上的深层次原因。随着全球化的不断深入，跨国贸易和资本流动越来越频繁，产品内分工使产品价值链最大限度地在全球合理的配置化解了许多促使价格上涨的因素。20 世纪 90 年代以来，中国等有着低成本劳动力、土地要素等优势的发展中国家融入世界经济体系，加上信息和交通运输成本的降低，美国等发达国家加速将低端制造业或制造环节转移至这些国家，大大降低了生产成本，还抑制了那些尚未转移的国内工业的工资成本的上涨，并且通过进口廉价消费品抑

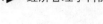

制了国内消费品价格的上涨，有效降低了总体价格水平。[8]

因此，尽管2001年后美国不断降低利率，物价并没有迅速上升，虚拟经济以比实体经济快得多的速度膨胀起来。美国高度发达的资本市场和金融创新技术以及一些评级机构的错误评判也进一步放大了这种虚假繁荣。次贷危机爆发时，美国房地产市场占其GDP的比重已达创纪录的72%，人均债务已是人均收入的4.6倍。美国金融服务业占GDP的比重超过20%，比制造业高近10个百分点，成为美国最重要的经济部门。[8]

美元主导的国际货币体系和美国在金融领域的霸权地位进一步促进了这种局面的巩固和发展。"二战"以来，美元长期充当最主要的国际支付手段和外汇储备工具。尽管欧元的国际地位不断提升，但始终没能与美元抗衡。世界需要美国输出美元提供交易手段或清偿能力，美国国际收支逆差是不少国家经济增长赖以维持的需求条件和购买力来源。[9] 而获得顺差的中国等东亚国家及石油出口国由于自身的金融市场发展比较落后，投资工具比较缺乏，只能将美元重新投资于美国资本市场，这进一步催生了美国资产泡沫，特别是房产泡沫的形成。

五、后危机时代美国货币政策操作走势及影响

当金融危机袭来，美国迅速采取了宽松的扩张政策。但是随着危机逐渐平息，经济在2009年第三季度走向复苏，货币政策退出扩张提上议事日程。本文的研究已证明，货币政策扩张效应往往更明显地体现在资产价格而不是商品价格上，货币政策操作不能再依赖于"泰勒规则"，等到CPI上涨再来调整货币政策的方向可能为时已晚。其实，美国的资产价格早在美国实体经济复苏之前就开始了迅速的反弹（见图2与图3）。因此，美国需

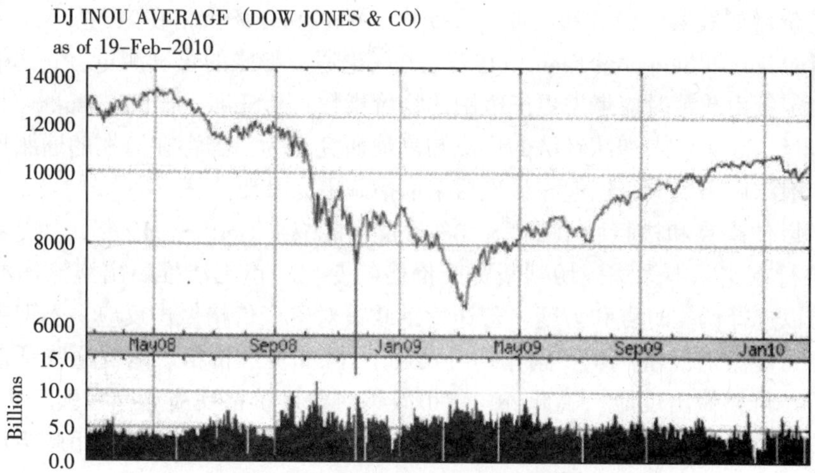

图2 美国道琼斯工业股平均指数

资料来源：http://finance.yahoo.com。

要适时退出刺激政策，以避免资产价格在流动性的刺激下攀升过快，让未来实体经济的复苏受资产价格和通货膨胀可能过快上升的不利影响。

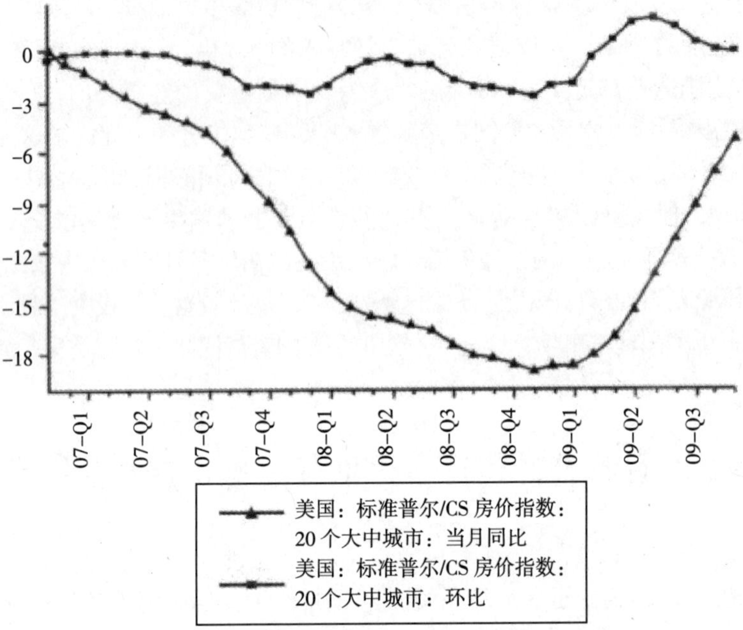

图 3　美国 20 个大城市房价涨跌情况（2007 年 1 月~2009 年 11 月）

资料来源：Wind 资讯。

事实上，学者们对货币政策是否应对资产价格做出反应的问题早有关注和研究。Irving Fisher（1911）早在《货币的购买力》一书中就曾主张货币政策的制定者应致力于稳定包含资产价格如股票、债券和房地产及生产、消费和服务价格在内的广义价格指数。[10] Armen A. Alchian 和 Benjamin Klein（1973）在《论通货膨胀的正确测量》一文中，也提出了央行在制定货币政策时应考虑更广范围的物价指数。[11] Shigenori Shiratsuka（1999）通过对日本 20 世纪 80 年代末泡沫经济的形成与崩溃研究认为，当存在潜在的通胀压力时，对可能的资产泡沫做出反应，比泡沫显现后采取措施更为重要。[12]

然而，以伯南克和格特勒（Ben S. Bernanke 和 Mark Gertler，1999）为代表的学者曾经认为，央行在实际中无法确切判断资产价格的变化，也无法推断出泡沫崩溃的确切时间，因而难以选择调控时点和力度。若让货币政策对资产价格做出反应，不但难以达到预期效果，还可能会对经济产生“副作用”。因此，除非资产价格影响到通胀预期，货币政策不应对资产价格做出反应。[13] 此外，货币政策对资产价格反应还存在国际协调的难题。在其他经济体未采取措施的情况下，倘若某一经济体主动实施紧缩性货币政策可能会抑制本地经济增长，所以各经济体都缺乏率先对非 CPI 价格变化反应的动力，[14] 这也是为什么各国都在谈论退出刺激，但行动上比较迟缓的原因。

的确，货币政策对资产价格做出及时、准确、有效的反应有很大难度，但次贷危机用事实告诉了我们，在货币政策操作中忽视资产价格，任由泡沫不断积累直至破裂对宏观经济和金融稳定的负面冲击有多大。BIS 专家菲拉尔多（Filardo，2001）在其论文《货币政策是否应该对资产泡沫做出反应：一些实证结果》中证明了即使不能有效区分资产价格中的泡沫因素和基本面因素，让货币政策对资产价格做出反应仍然是有利的。[15] 在今天全球金融市场融为一体的条件下，货币政策更加关注资产价格变动对经济的影响，有利于提高宏观政策的前瞻性和有效性，有利于促进经济的长期平稳发展，改善国民的整体福利。[14] 正像随着形势的发展，货币数量规则被泰勒规则所替代一样，目前在执行反周期的货币政策操作时，资产价格的变动已经越来越有必要被纳入中央银行的调控视野。

参考文献：

[1] 毛泽盛：《货币政策规则选择：一种股票市场的视角》，《金融问题研究》2005年第 6 期。

[2] 杰弗里·A. 法兰克尔、彼得·R. 奥萨格：《美国 90 年代的经济政策》，徐卫宇译 ，北京：中信出版社，2004 年。

[3] 张帆：《货币政策操作规则的转变和启示》，《福建农林大学学报》，2002 年第 1 期。

[4] 中国股市的财富效应 [EB/OL]. http：//www.qiqi8.cn/article/42/193/201/2007/2007051447951. htm，l2007-05-14/2009-07-27.

[5] 陈晶：《美国个人消费发展规律与宏观消费调控政策的演变》，《国际经济合作》2006 年第 12 期。

[6] Bernanke，B.，M. Gertler. Agency Costs，Net Worth，and Business Fluctuations [J]. American Economic Review，1989，79 (1)：14-31.

[7] 张学武：《近期石油价格走势分析》，《中国能源》2004 年第 4 期。

[8] 赵玉敏：《世界经济金融化对中国制造业的影响》，《国际贸易》2008 年第 11 期。

[9] 刘建江、闰超、袁冬梅：《美国巨额贸易逆差与经济增长共存的机理》，《国际经贸探索》2005 年第 4 期。

[10] Irving Fisher. The Purchasing Power of Money [M]. New York：The Macmillan Co.，1911.

[11] Alchian A. E B. Klein. On a Correct Measure of Inflation [J]. Journal of Money，Credit and Banking，1973，5 (1)：173-191.

[12] Shigenori Shiratsuka. Asset Price Fluctuation and Price Indices [J]. Institute for Monetary and Economic Studies，Bank of Japan. Monetary and Economic Studies，1999，17 (3)：103-128.

[13] Bernanke，Ben，Mark Gertler. Monetary Policy and Asset Price Volatility [J]. Economic Review，1999，84(4)：17-51.

[14] 张晓慧：《关于货币政策和资产价格》，《财经》2009 年第 15 期。

[15] Andrew J. Filardo. Should Monetary Policy Respond to Asset Price Bubbles? Some Experimental Results [J]. FRB of Kansas City Working Paper，2001 (01-04)：1-31.

The Trend of US Monetary Policy in the Post-crisis Era: also Analysis on the Asset Price and the Operational Rule of Monetary Policy

Li Jing

It is believed that the sub-prime crisis can be attributed to the imprope rmonetary policy operation of the Federal Reserve to some extent. In the circumstances of increasing globalization and dollar-centered international monetary system, the expansionary monetary policy mainly through continuously lowering the basic interest rate did not take effect on the price of goods as it had done in the past, but mainly on the soaring asset price. Since the Federal Reserve follows the "Taylor Rule" when conducting monetary policy operation, with CPI as the most important monitoring objection, it missed the prime time for adjusting its monetary policy, causing the over-expansion of the credit and the asset bubbles, especially the real estate bubbles. The rise of the asset price will eventually transfer to the goods price through the "wealth effect", "the Tobin's q effect", "the financial acceleration effect", etc. With the persisting rise of the price of bulk commodities such as oil, the Federal Reserve started to quickly raise the basic interest rate, which resulted in the burst of the sub-prime crisis at last. In the post-crisis era, the asset price of the U. S. A. started to rise again. The Federal Reserve should draw a lesson from the delayed adjustment of monetary policy, and with draw from the stimulus policy at proper time in order to avoid the adverse impact of the quick rise of asset prices and inflation on the economicr evitalization.

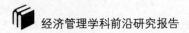

货币政策传导的“成本渠道”理论研究新进展*

胡　凯　唐文进　屠　卫

【摘　要】如果运营资本作为生产和分配中必不可少的一个组成部分，名义利率进入生产函数并影响企业的生产和定价，那么货币冲击就会同通过其他渠道影响总需求一样通过成本渠道来影响总供给。因此，紧缩性的货币政策通常导致价格水平的升高而不是下降。

【关键词】货币政策传导机制；成本渠道；利率

为揭示货币政策影响实体经济的具体传导渠道，不同学派的经济学家提出了大量的理论模型并进行实证检验。在货币政策的传导渠道中，最早出现的是由IS-LM模型发展而来的利率渠道。由于利率渠道不能解释产出波动，信贷渠道、资产价格渠道、汇率渠道等也陆续进入研究的视野。主流观点认为这些都属于需求型的传导渠道，货币政策主要通过改变利率来影响家庭与企业的储蓄和投资决策，进而影响总需求。但为什么货币政策冲击减少了总需求却没有使企业降低产品的价格呢？传统理论和模型很难解释。自Barth和Ramey（2001）提出“成本渠道”以来，作为研究货币政策传导渠道机制演化的最新理论成果，成本渠道存在与否及其在货币政策通过总供给对经济产生影响的过程中所发挥的作用，越来越受到经济学家的特别关注。

一、成本渠道的基础理论

货币政策对价格究竟有什么样的影响？传统的观点认为紧缩性的货币政策会带来产

* 本文系国家社会科学基金重点项目（项目批准号：08AJL006）和国家自然科学基金项目（项目批准号：70773119）的阶段性成果之一。

作者单位：中南财经政法大学新华金融保险学院。

出和通货膨胀的下降。然而，大量的实证却发现事实并非如此。在研究货币政策冲击的文献中，最具争议性的经验发现之一就是“价格之谜”，即尽管持续的时间比较短且在统计上只有勉强的显著性，紧缩性的货币政策通常导致价格水平的升高而不是下降。对此通常有两种解释：一是货币政策冲击中未预料到的部分没有得到有效测度；二是货币政策传导的“成本渠道”效应。前者的解释是目前广泛使用的 VAR 分析不能准确地度量和估计货币政策中的前瞻性变量。后者则认为不存在方法论上的问题。相反地，在受到货币政策冲击后，正是成本渠道的存在才导致价格或通货膨胀与名义利率同向变动。

在传统的凯恩斯主义框架下，货币政策分析一般都注重于价格刚性及货币政策对总需求的影响，对总供给的影响则被忽略，直到最近才重新引起重视。Bruckner 和 Schabert（2003）把运营资本引入一个四部门经济模型进行分析，结果发现名义利率进入总供给曲线，其变化显著影响企业的借贷成本和边际成本。虽然可以通过积极的利率政策来执行货币政策，但这样会产生多重均衡。在一个动态随机一般均衡（DSGE）模型中，Christiano 等（2005）将成本渠道纳入总需求的框架内展开分析，发现其可以解释货币政策冲击对通货膨胀惯性和产出持续性的影响，通过实证分析也发现美国的货币政策操作的确通过总供给对经济产生显著影响。

Barth 和 Ramey（2001）最早提出了“成本渠道”，即在卖掉产品获得收入前，如果企业要从金融中介借入资本为生产要素融资和支付工资，那么，名义利率进入生产函数并影响企业的生产和定价，最终会影响到产出和通货膨胀。除了传统的总需求渠道外，货币政策还会通过产出成本对经济产生影响。虽然提高短期利率的紧缩性货币政策可以通过减少总需求来降低通货膨胀，但企业的借贷成本也会因利率上升而增加。于是，企业在定价时会考虑借贷成本并提高产品价格来抵消通货膨胀的影响。货币政策的冲击通过成本渠道放大，高利率会转换成高生产成本，最后会导致成本推动型的通货膨胀。如果运营资本是企业生产和分配必不可少的一个组成部分，那么紧缩性的货币政策会与影响总需求一样通过总供给影响总产出。利率和信用约束不仅决定了企业的长期生产能力（固定资产投资），还影响了企业的短期生产能力（运营资本的投资）。

在传统宏观经济理论和政策实践中，货币政策通常被视为需求管理政策。实际上，货币政策通过调节利率，既影响总需求也影响总供给。比如，降低利率可以扩大投资并增加总需求，同时也降低了资本的使用成本和企业的生产成本，通过改变生产者的激励约束来影响总供给，可以更有效地影响经济周期。

二、成本渠道的微观基础

过去研究货币政策传导机制的文献都假设中央银行在任何时刻都能支配流通中货币的确切数量。然而，新凯恩斯主义和其他非主流的经济学家，都认为中央银行不能完全控制货币供给，并强调利率对信贷的影响。由于“金融加速器”是影响经济周期的决定性因素，即使很小的货币政策冲击通过金融中介的放大也会导致经济的强烈反应，短期利率的微小变动也会引起经济总量的巨大变化。货币政策是比较间接地影响企业和私人部门，金融部门反而在其中发挥着核心作用：中央银行的货币政策工具改变金融中介机构与金融市场的预期和行为。金融中介体系不仅是货币政策传导的信贷渠道而且还是重要的成本渠道。

利率传递的不完全程度会分别因以银行和以市场为主导的金融体系不同而不同，成本渠道便赋予金融中介在货币政策传导中的核心作用。Hülsewig 等（2009）用一个新凯恩斯动态随机一般均衡模型探讨了银行作为货币政策传导渠道所发挥的作用。在一个垄断竞争的环境里，假设只有部分银行根据利率变化逐渐调整贷款利率与之相一致，即意味着贷款利率对货币政策冲击的反应是粘性的，融资成本是影响价格变化的重要因素。贷款市场的分割和摩擦会导致货币市场利率变动到贷款利率的不完全传递，成本渠道的传递效果会因银行通过平滑贷款利率而使企业免受货币政策冲击的影响而减轻。银行的行为抑制了对货币政策冲击的中性传播，利率的不完全传递帮助解释了通货膨胀对货币政策冲击的滞后调整，影响了货币政策冲击的传递效果。

在价格刚性的假设下，Kaufmann 和 Scharler（2009）建立了一个经过校准的新凯恩斯经济周期递归模型，并试图探讨金融中介体系作为货币政策传导成本渠道的作用及对结果的定量影响。成本渠道依附于传统的总需求渠道——利率渠道和信贷渠道而存在，并对最优货币政策执行的结果有非常重要的影响。虽然在某种程度上，成本渠道的存在影响通胀的动态路径，但是金融中介体系的作用和利率变动在对生产的直接成本的影响上是一致的。在高效率的金融中介体系中，成本渠道反而发挥着重要作用。在一个低效的金融中介体系中，货币政策对产出和价格的冲击及对直接成本的影响是有限的。

货币政策会影响企业的融资需求，在货币紧缩时期企业投资对现金流的敏感性和弹性都会增加，受融资约束的企业对现金流的敏感性比不受约束的企业更高。货币紧缩会对依赖于从金融中介融资的大多数中小企业产生巨大的负面影响，高利率会增加企业的债务成本，恶化企业的资产负债表状况，侵蚀现金流，使担保贬值和外部融资溢价并挤出企业的融资需求，通过影响企业的净值进而影响企业的支出及投资和定价。因此，企业不得不将信用条件作为边际生产成本来考虑并与定价决策相联系。企业借入运营资本的能力是制约成本渠道发挥作用的重要因素，成本渠道会随着金融市场的发展而演化。

三、成本渠道对货币政策理论的冲击

目前，新凯恩斯主义模型是货币政策理论的标准分析框架，现有研究成本渠道的方法和模型都是由其发展而来的。名义刚性或粘性是成本渠道理论成立的基本前提假设，这是因为如果价格和资产组合能迅速调整，那么货币政策对利率没有初始影响，以至于总需求和总供给不会有什么变动。要想研究货币政策工具对真实经济变量的影响，就必须假设工资和价格刚性或粘性，就样可以解释货币政策如何通过改变利率来影响消费和投资。就目前而言，不同学派的经济学家都或多或少同意货币政策在短期因名义刚性而非中性。

理论上，成本渠道的存在对中央银行货币政策的决策和执行有着重要参考价值，宏观经济稳定政策的实际效果也因成本渠道的大小而相对有效。在价格刚性的现金先行约束假设下，Ravenna 和 Walsh（2006）推导了存在成本渠道时中央银行的福利损失函数，从而在一个形式化的一般均衡模型框架下考察了货币政策冲击对消费的边际效用和政府支出的影响。他们发现不能拒绝存在货币政策传导成本渠道的假设，成本渠道在决定价格和产出变化中起着显著的作用。当企业的边际成本直接取决于名义利率时，成本渠道必然存在。如果成本渠道存在，那么内生的成本推进型通货膨胀也会出现，其对经济的任何冲击，如对生产率、政府支出、偏好等的冲击，都会导致中央银行在执行最优货币政策时面临稳定通货膨胀和产出缺口之间的权衡。在拓展 Ravenna 和 Walsh（2006）的模型的基础上，Liosa 和 Tuesta（2009）在一个适应性学习的理性预期均衡的新凯恩斯分析框架内，研究了货币政策的确定性和理性预期均衡的稳定性，发现传统的泰勒规则可能具有误导性，以预期为基准的货币政策反应函数并不总能确保结果的确定性和预期的稳定性，成本渠道的存在增加了执行不同货币政策规则的不确定性和不稳定性，加强中央银行执行最优货币政策承诺的可信度反而是一个可行的办法。

为探讨成本渠道和货币政策规则之间的动态关系，在一般均衡理论的框架下，为研究怎样才能保证均衡的确定性，Surico（2008）建立了一个扩充了成本渠道的标准粘性价格模型，并进行数值模拟发现：无论是前瞻、后顾还是当期的货币政策规则，在扩充了成本渠道的总需求和总供给模型中的模拟结果都是稳健的。边际成本不仅仅是产出缺口的函数，而且还是名义利率的函数。如果中央银行试图对产出缺口做出反应，那么就会产生多重均衡。当成本渠道效应在统计上显著时，试图限制实体经济的周期波动会导致不必要的通货膨胀和产出波动率增加。

在新凯恩斯主义商业周期理论的框架内，学者们也对成本渠道的作用进行了激烈的探讨。Rabanal（2007）建立了一个基于贝叶斯路径的动态随机一般均衡模型，在名义和真实刚性的假设下探讨了成本渠道存在的重要性。与主流观点相反的是，在一定的条件下，货币政策对需求的影响主导着其对供给的影响，紧缩性的货币政策增加了用于生产的单位劳动成本。在遭受货币政策冲击后，通货膨胀和利率以相同的方向运动。因此，政策制定者没有必要太关注实行紧缩性货币政策后会导致短期通货膨胀上升。

Tillmann（2009a，2009c）认为中央银行在不确定条件下设计货币政策模型时引入成本渠道有着重要的政策意义。当货币政策模型存在不确定性和面临外部冲击和扰动时，追求稳健型货币政策的中央银行要最小化对经济的最大损害，就不得不加大调整利率的力度，实行扩张性的货币政策。成本渠道的存在削弱了调整利率应对冲击的有效性，抵消了积极的货币政策的实际效果，从而也降低了货币政策承诺的可信度。

四、"成本渠道"存在的实证检验

为了证实成本渠道不仅仅只是一个理论上的推测，学者们分别从企业、行业和宏观层面上做了大量的实证来证明成本渠道的存在，尤其以宏观层面上居多。

Barth 和 Ramey（2001）同时使用美国的行业数据，如行业产出价格、行业工资和宏观经济数据进行 VAR 分析，发现了支持成本渠道作为解释价格之谜成因的证据。美国的货币政策存在显著的成本渠道效应，在货币紧缩时期，与模型中所推导出的供给冲击一样，许多行业都表现出产出下降和升高的价格—工资比率，即使把商品价格引入到样本数据内结果也是稳健的，并且成本渠道效应在 1959~1979 年比 1983~1996 年要显著得多。Christiano 等（2005）也得出同样的结论。Gaiotti 和 Secchi（2006）利用时间跨度长达 14 年的 2000 家意大利制造业企业的大样本面板数据进行 GMM 回归，发现企业的定价行为对成本渠道存在和货币政策通过总供给对经济产生影响给出了直接和充分的支持证据。

Chowdhury 等（2006）通过一个混合的结构化新凯恩斯 Phillips 曲线检验和估计了 G7 国家成本渠道与通货膨胀之间的动态相关性。实证结果表明，法国、意大利、英国和美国存在显著的成本渠道效应，而德国和日本这种金融中介部门被严格监管和竞争性不强的国家则存在但并不显著。在美国和英国这种高度竞争的金融市场中，货币政策冲击通过成本渠道迅速地传递到企业取得运营资本的成本上，通过利率变化来遏制通货紧缩的影响因成本渠道而削弱，产出减少的作用反而被增强。这也许是分别以市场为主导和以银行为主导的金融体系结构对货币政策操作和执行效果的直接不同影响。为试图解释欧元区的"价格之谜"，Henzel 等（2009）用最小路径法估计了欧洲大陆国家的成本渠道，发现在某些参数限制下，使用现有的数据进行的计量分析不能拒绝成本渠道在货币紧缩后使通货膨胀升高的假设。Kaufmann 和 Scharler（2009）发现成本渠道在美国和欧元区国家的确存在，但影响有限，欧元区利率的传递效应比美国的要快而且更完全，一个主要的原因是金融体系的结构不同。Tillmann（2008）在一般均衡的框架内用最小路径法对前瞻性 Phillips 曲线的进行估计，发现利率的现值显著影响着通货膨胀的动态变化，成本渠道的存在加强了对美国、英国和欧元区国家通货膨胀变化特别是在高通货膨胀期间的解释力，以往的标准新凯恩斯主义模型则无法解释这一点。Tillmann（2009b）通过对一个扩展的新凯恩斯 Phillips 曲线的 GMM 滚动窗口估计，研究了美国成本渠道的时变动态性质。与 Barth 和 Ramey（2001）得出的结论相一致，成本渠道效应在美联储前主席 Volcker 任职以前明显，但在 Volcker-Greenspan 时期则没有那么显著，但最近重新恢复其重要性。出现这种现象的原因是：一是 Volcker-Greenspan 时期内金融创新和金融监管的放松使运营资本的可获得性增加；二是因为布雷顿森林体系瓦解，美国转向浮动汇率制，货币紧缩使汇率升值，企业通过进口重要原料可以减轻成本上升的压力；三是在 Volcker 任职前中央银行可以直接限制商业银行贷款的总量。

五、简评

近年来，许多国家的央行都提高利率来主动防止通货膨胀上升。为了使货币政策获得成功，中央银行必须准确和综合评估其货币政策对总需求和总供给的具体影响和时间。成本渠道的存在并不是要否认货币政策对总需求的影响，而是要说明无论在短期还是长期，货币政策通过总供给同样对经济产生重要影响。

货币政策的传导机制可能不是一成不变的，其演化究竟是渐进还是突变？通过各种传导渠道执行的货币政策与最基本的公开市场操作有什么不同之处，对经济会产生什么样的冲击及最终结果如何？这些基本问题都还没有被很好地理解。但可以确定的是，成本渠道在货币政策传导中的作用不可忽视，正逐渐成为构建宏观经济一般均衡模型的一块重要基石。

参考文献：

[1] Barth，M. J. I.，Ramey，V. A.，2001. The cost channel of monetary transmission. In：Bernanke，B. S.，Rogoff，K.S.（Eds.），NBER Macroeconomics Annual 2001. MIT Press，Cambridge，MA.

[2] Bruckner，M.，Schabert，A.，2003. Supply-side effects of monetary policy and equilibrium multiplicity. Economic Letters，79（2）：205-211.

[3] Chowdhury，I.，Hoffmann，M.，Schabert，A.，2006. Inflation dynamics and the cost channel of monetary transmission. European Economic Review，50（4）：995-1016.

[4] Christiano，L. et al.，2005. Nominal rigidities and the dynamic effects of a shock to monetary policy. Journal of Political Economy，113（1）：1-45.

[5] Gaiotti，E.，Secchi，A.，2006. Is there a cost channel of monetary policy transmission? Aninvestigation into the pricing behaviour of 2,000 firms. Journal of Money，Credit，and Banking，38（8）：2013-2037.

[6] Hülsewig，O.，et al.，2009. Bank behavior，incomplete interest rate pass-through，and the cost channel of monetary policy transmission. Economic Modeling，26（6）：1310-1327.

[7] Henzel，S. et al.，2009. The price puzzle revisited：Can the cost channel explain a rise in inflation after a monetary shock? Journal of Macroeconomics，31（2）：268-289.

[8] Kaufmann，S.，Scharler，J.，2009. Financialsy stems and the cost channel transmission of monetary policy shocks. Economic Modeling，26（1）：40-46.

[9] Llosa，L.，Tuesta，V.，2009. Learning about monetary policy rules when the cost channel matters，Journal of Economic Dynamics & Control，33（11）：1880-1896.

[10] Rabanal，P.，2007. Does inflation increase after a monetary policy tightening? Answers based on an estimated DSGE model. Journal of Economic Dynamics and Control，31：906-937.

[11] Ravenna，F.，Walsh，C.E.，2006. Optimal monetary policy with the cost channel. Journal of

Monetary Economics, 53 (2): 199–216.

[12] Surico, P., 2008. The cost channel of monetary policy and indeterminacy. Macroeconomic Dynamics 12, 2008 (4): 724–735.

[13] Tillmann, P., 2008. Do interest rates drive inflation dynamics? An analysis of the cost channel of monetary transmission. Journal of Economic Dynamics & Control, 32 (6): 2723–2744.

[14] Tillmann, P., 2009a. Robust monetary policy with the cost channel. Economica, 76 (303): 486–504.

[15] Tillmann, P., 2009b. The time–varying cost channel of monetary transmission. Journal of International Money and Finance, 28 (6): 941–953.

[16] Tillmann, P., 2009c. Optimal monetary policy with an uncertain cost channel. Journal of Money, Credit and Banking, 41 (5): 885–906.

金融危机背景下我国政府投资的就业效应分析*

尹庆双　奉　莹

【摘　要】目前我国宏观经济开始企稳，经济复苏迹象明显。然而，就业问题却逐渐成为我国经济复苏路上的“瓶颈”。为了进一步改善投资结构，促进就业增长，本文从就业结构和就业质量两个方面分析和评价了我国政府“4万亿”投资方案产生的就业效应，指出目前的投资方案在促进就业方面还存在许多问题，最后提出了改善投资结构的相关政策建议。

【关键词】金融危机；投资；就业结构；就业质量

2009年10月22日统计数据显示，经济形势企稳信号明显。2009年前三季度国民生产总值21.78万亿元，同比增长7.7%，分季度看，第一季度增长6.1%，第二季度增长7.9%，第三季度增长8.9%。然而，在第三季度统计数据背后，人们除了对产能过剩、经济结构矛盾及外需萎缩等问题表示担忧外，还有一个重要的问题，就是就业。第三季度统计数据显示，我国第三季度城镇登记失业率依然在4.3%的高位运行，与第二季度末持平。也就是说，在投资及相关经济指标有较大增幅的情况下，城镇登记失业率指标依然没有改善，“无就业增长”的信号有所显现，令人堪忧。尽管在中央及各级地方政府努力下，目前我国就业形势已基本稳定，成功阻止了就业形势的进一步恶化，但是长期以来困扰我国的就业问题还没有得到根本改善，总量及结构问题依然十分突出，经济复苏之路任重道远。

一、经济复苏路上的“瓶颈”

长期以来，我国劳动力市场就业存在严重的供求矛盾，而金融危机的爆发，则使就业

* 本文为基金项目西南财经大学“211工程”“十一五”规划项目的阶段性成果。
作者单位：西南财经大学公共管理学院。

问题更加突出。一方面，我国就业矛盾的存在先于金融危机的发生，属于长期积累的问题，并不是金融危机造成的；另一方面，金融危机像一道催化剂，加剧了我国的就业矛盾，使其在金融危机中更加凸显出来，并表现出巨大的结构性矛盾。

1. 就业是金融危机—经济危机—社会危机传导链条的关键

金融危机通过消费、投资、出口等方面对实体经济造成影响，使经济总量与经济规模遭受巨大损失，经济增长下降，大批企业减产或停产，失业率提高，收入水平下降，社会的消费能力下降，进而导致生产更加过剩，危机逐渐加剧，有从金融危机转变为实体经济危机并进而向社会危机演变的趋势。在这个传导过程中，就业是最核心的一个传导链条。这是由于人同时是作为生产者和消费者而存在的，作为生产者，人要通过就业参与生产活动，制造商品，提供劳务；作为消费者，人要用就业获得的工资收入购买各类商品和劳务，以满足自身生存和发展的需求。可见，就业是联系生产与消费的关键环节。马克思指出，经济危机的实质就是生产相对过剩，因此，要消除经济危机必须首先从就业入手，通过就业的途径使生产和消费的矛盾得到最终解决。只有积极促进就业，保证收入水平的提高，才能刺激居民消费，使经济重新开始形成良性循环。促进就业既是克服金融危机的核心环节，又是避免金融危机向经济危机、社会危机演变的关键。

2. 失业率是衡量经济是否复苏的重要经济指标

失业率是观察宏观经济运行的重要指标之一，凯恩斯的宏观经济理论，就是以就业(失业)问题为研究对象，强调政府对失业进行干预和治理。美国《经济日报》最近指出，要确定目前经济是否复苏，除了看楼市和贷款，另一个关键指标就是失业率。失业率作为衡量经济是否复苏的重要经济指标，主要是因为失业情况的恶化将打击企业的投资信心，降低消费者的消费意愿和消费能力，使经济陷入持续衰退。就业复苏是经济全面复苏的关键。然而，失业率的下降通常会有一段时间的滞后，只有在经济复苏一段时间之后，失业率才会表现出下降趋势。

3. 就业增长与投资增长和经济增长的非一致性

从以往各国应对危机的历史经验来看，在经济危机时，政府往往会加强对宏观经济的干预，通过加大投资来刺激经济增长。关于投资对就业的促进作用，凯恩斯在《就业、利息和货币通论》中曾指出，投资增加，将会使投资品的生产增加，从而使就业增加，收入水平增加；收入增加将带动消费随之增加，从而使消费品的生产增加，这样又可以增加新的就业，引起新的收入增加。菲利普斯曲线也表明，更高的投资水平将创造更多的就业机会，使经济增长。然而，就业增长与投资增长和经济增长往往又具有非一致性。一些对GDP拉动效应比较大的行业，通常对就业的拉动效果并不明显，甚至可能对就业产生负效应。因此，投资于不同行业，对就业的促进作用会产生显著差异，采取不同的投资方案，将得到不同的结果，既可能出现高就业的经济增长，又可能出现低就业的经济增长。为了避免“无就业的增长”和“无就业的复苏”，政府在采取投资的方式刺激经济发展时，应该充分考虑投资的就业效应，优化投资结构和投资方向。

二、我国政府投资对就业结构的效应分析

1.“4万亿”投资方案

为了促进经济增长，积极应对金融危机，我国政府提出了“4万亿”投资和产业振兴规划。在2008年11月，国家发展和改革委员会提出了今后两年的4万亿元投资分配方案（旧方案）。其后，根据国务院批准的十大产业调整和振兴规划的要求，在2008年四季度初步考虑的基础上，中央对4万亿元投资项目的安排又做了必要的调整（新方案）。新旧两种分配方案见表1。

表1 4万亿投资的分配方案

单位：亿元

投资项目	旧方案	新方案	变动
保障性安居工程	2800	4000	1200
农村民生工程和农村基础设施	3700	3700	0
铁路、公路、机场、城乡电网	18000	15000	-3000
医疗卫生、文化教育事业	400	1500	1100
生态环境	3500	2100	-1400
自主创新结构调整	1600	3700	2100
灾后的恢复重建	10000	10000	0

通过比较可以发现，除了农村民生工程和农村基础设施、灾后的恢复重建的投资保持不变，其他各项都进行了调整。其中，保障性安居工程增加1200亿元，铁路、公路、机场、城乡电网减少3000亿元，医疗卫生、文化教育事业增加1100亿元，生态环境减少1400亿元，自主创新结构调整增加2100亿元。

若将表中各项投资项目进行分解，可以将资金流向对应到投入产出表中的纯部门。从分解后的资金流向来看，在旧方案中，建筑业的投入资金最多，其次是制造业，综合技术服务业，水利、环境和公共设施管理业，房地产业，科学研究，最后是教育、卫生、社会保障和社会福利事业。在新方案中，增加了房地产业的投资，教育、科研、卫生、社会保障和社会福利事业的投资也有所提高，而建筑业、制造业、水利、环境和公共设施的投入资金大幅减少。

2. 我国政府投资对就业结构的效应分析

（1）服务性行业依然投资偏低，与人力资本相关行业投资不足。“4万亿”投资计划主要集中在民生工程、“三农”、基础设施在内的六大领域，从产业结构来看，投资方案所涉及的行业多属于第一产业和第三产业。国家统计局数据显示，2009年1~7月城镇固定资产投资额共95932.01亿元，其中第一产业投资1748.51亿元，第二产业41657.79亿元，

第三产业 52525.71 亿元，比 2008 年同期分别增长 62.5%、27.8% 和 36.5%。第二产业的采矿业和建筑业投资增速加快，1 月采矿业同期投资增速达 266%，其后出现下降趋势，到 7 月投资增速为 104%，平均增速为 156.87%；建筑业的平均投资增速在 45% 以上，7 月为 53.8%。第三产业中，7 个月平均投资增速大于 50%的有金融业（106.65%），居民服务和其他社会服务业①（91.9%），科学研究技术服务业（70.45%），卫生、社会保障和社会福利业（65.8%），交通运输业（60.85%），水利环境和公共设施管理业（56.67%），公共管理和社会组织（52.98%）。第一产业、第三产业大都是劳动密集型产业，因此，向第一产业和第三产业倾斜的投资方案有利于促进就业。然而，从占产业投资总额的比重来看，能够提供大量就业机会的服务性行业依然投资偏低。如居民服务和其他社会服务业，虽然投资增长快，但在第三产业总投资中的比重却只占了 0.5%；科学研究、技术服务业的投资占第三产业投资总额的 1.03%；卫生、社会保障和社会福利业投资占 1.61%，教育投资占 3.16%。需要指出的是，教育、科研、卫生、社会保障和社会福利等是具有特殊就业效应的行业，对这些行业的投资，不仅能缓解当前的就业压力，更重要的是，能够大大提高人力资本存量，带来经济的可持续性增长。危机之后将会出现新的经济繁荣，届时对劳动力素质的要求会大幅度提高，因此，增加对人力资本的投资将为未来的经济增长积蓄力量，给下一轮经济增长注入新的动力。

（2）社会性基础设施建设投入不足。本次投资方案更注重对公路、铁路、机场、通信、水电煤气等经济型基础设施建设的投资，对于教育、科技、医疗卫生、体育、文化等社会性基础设施建设的投资力度不大。2009 年前 7 个月第三产业的投资共有 5.25 万亿元，主要流向了公共设施、基础设施建设和房地产业。其中，房地产投资 2.12 万亿元，占第三产业投资总额的 40.37%；交通运输业投资 1.03 万亿元，占 19.7%；水利环境投资 0.87 万亿元，占 16.54%。相比之下，教育和卫生的投资分别仅为 0.17 万亿元和 0.08 万亿元，只占了第三产业投资总额的 3.16% 和 1.61%。经济性基础设施建设资金需求量多，对 GDP 的贡献大，但是对就业的吸纳能力十分有限，特别是农业基础设施投资和运输邮电通信投资等，随着技术进步和资本存量的提高，其吸纳就业的能力会进一步减弱。而社会性基础设施建设，不仅有利于增加劳动就业的数量，改善就业的质量，有利于多吸纳高素质劳动者，缓解大学生的就业压力，还能促进增长方式的转换和增长质量的提升。

（3）中小企业投资力度不够。本次投资方案主要投向国有企业。从今年上半年企业投资总额来看，国有企业投资总额累计 24867.84 亿元，增速为 50.7%。从新增贷款来看，主要还是投向基础设施建设、大型国有企业等项目，投给民营中小企业的很少。到 2009 年 7 月，私营企业和个体贷款累计 1652.38 亿元，不到各项贷款总额的 1%。国家统计局数据显示，中小企业用电量同比下降 48.9%。以国有企业居多的钢铁、电力、港口等行业，虽然已出现产能过剩，投资却有增无减，而真正需要资金、用于技术升级的中小企业却无法

① 按照我国的统计分类，“其他服务业”包括会计服务、建筑及工程服务、计算机系统设计、管理、科学和技术咨询、法律服务、广告及设计等行业。

得到投资。从就业的吸纳能力来看，我国国有企业对就业的吸纳能力有限，而中小企业就业吸纳能力较强。到 2009 年 6 月，国有企业就业人数为 6431.7 万人，城镇集体企业为 647.08 万人，其他类型企业就业为 4996.77 万人。全部城镇企业就业人数比 2008 年同期仅增加 84.5 万人，其中其他企业增加就业 108.55 万人，国有企业增加就业 29.05 万人，集体企业减少就业 53.1 万人。与 2007 年同期相比，国有企业和集体企业的就业量均为负增长，分别减少 12.78 万人和 104.62 万人，其他类型企业增加就业 512.47 万人。可见，对国有和集体企业的高投资并不能有效拉动就业的增长；相反，非国有集体企业虽然投资少，但是就业效应却十分显著。因此，目前这种偏重国企的投资方式不但不利于就业的增加，还可能进一步加重产能过剩。

（4）我国高校毕业生、农民工和城镇困难人员三大群体就业难的现象并存。本次投资方案对后两者的就业促进作用更为明显。技术密集型产业、知识密集型产业对劳动者的素质要求较高，主要是吸纳大学生就业，而劳动密集型产业、农业、基础设施建设等则主要是吸纳农民工和城镇困难人员就业。从本次投资分配方案来看，调整后的新方案增加了对文化教育、自主创新和技术改造项目的投资，从而对大学生就业起到促进作用，但由于两种投资方案从整体来看都偏重于劳动密集型基础设施建设，因此，更有利于解决农民工和城镇困难人员的就业，对大学生就业的促进作用有限。根据我国人力资源和社会保障部公布的数据，到 2009 年 7 月，我国农民工外出人数已经恢复到去年 8 月底 95% 左右的水平，97%返城农民工已经找到工作；1 ~8 月，困难群体的就业人数为 107 万，下岗失业人员再就业人数达 357 万人，完成全年目标 500 万人的 71%；大学生的就业率为 68%。

三、我国政府投资对就业质量的效应分析

衡量就业质量的指标有很多，包括工作性质、工作时间和工作条件、工作稳定性、工资水平、福利等。本文主要从工资收入和就业的稳定性来进行分析，发现此次投资方案拉动的工资收入增长与投资增长不成比例，就业的稳定性不高，“远期就业率”难以保证。

1. 工资收入增长与投资增长不成比例

工资收入是影响就业质量最重要的因素，收入水平的高低与就业质量的高低不一定成比例，但收入水平低，则就业质量一定低。分析投资对就业质量的影响首先要看投资增加带来的劳动者工资收入的提高。目前，“4 万亿”投资对工资收入增长的拉动作用不明显，居民收入增长与投资增长不成比例。2008 年，国有及国有控股企业投资总额为 6413 亿元，增速为 41.4% ，个体经营投资总额为 841.45 亿元，累计增速为 40.1%。与投资的高速增长相比，城镇就业人员平均工资报酬增长缓慢。2008 年底，全社会就业人员平均劳动报酬为 28898 元，比上一年增加 16.9%。国有企业平均劳动报酬为 30287 元，城镇集体企业平均劳动报酬为 18103 元，其他企业平均劳动报酬为 28552 元，比 2007 年分别增加

16.04%、17.22%和 17.64%。2008 年，城镇家庭人均可支配月收入累计为 15780.68 元，增速为 8.4%，而 2007 年和 2006 年，城镇家庭人均可支配月收入增速为 12.2%和 10.4%。可见，我国投资增速的加快并没有使工资收入的增幅相应增加，反而出现了下降，收入增幅的下降使就业质量降低，也不利于消费的增长。

2. 就业稳定性难以保证

就业的稳定性可以用从事一项工作的持续时间和更换工作的频率来衡量。如果工作的平均持续时间越长，更换工作的次数越少，则说明就业越稳定。就业的不稳定，将使劳动者缺乏稳定的收入来源，加上目前我国社会保障体系不健全，无法对这部分劳动者提供稳定的生活保障，就业不稳定容易造成经济和社会的不稳定，甚至引发社会动荡。从这个意义上来看，要提高就业率不能仅看统计期内的短期就业率指标，即“即期就业率”，还应该看持续一段时间内的长期就业率水平，即“远期就业率”。公路、铁路、机场等各种工程建设就是典型的拉动“即期就业率”的行业，而教育、科学、卫生、社会保障等则是能有效拉动“远期就业率”的行业。本次“4 万亿”投资方案注重基础设施建设，特别是以公路、铁路、机场、通信、水电煤气等在内的经济性基础设施建设项目的投资为主，而对教育、科技、医疗卫生、体育、文化等社会型基础建设的投资力度不够。经济性基础设施建设需要大量劳动力，对劳动力的素质要求也不高，十分适合于以农民工为主的中低层劳动力就业，对经济性基础设施建设的大规模投资虽然能够在一定程度上缓解农民工目前的就业压力，但是却很难保证农民工就业的稳定性，工程项目一结束就业岗位往往就随之消失，劳动者又不得不回到失业状态。因此，这种投资方式虽然能使“即期就业率”大幅提高，但从“远期就业率”来看，效果却仍然不太理想，远期的就业率甚至还会下降到更低的水平。

四、结论与建议

通过以上分析可以得到如下结论：“4 万亿”投资方案主要集中在民生工程、“三农”、基础设施在内的六大领域，投资方案所涉及的行业多属于第一产业和第三产业，从行业来看，对能够提供大量就业机会的服务性行业依然投资偏低；更注重对公路、铁路、机场、通信、水电煤气等经济型基础设施建设的投资，对于教育、科技、医疗卫生、体育、文化等社会性基础设施建设的投资力度不大；更注重对国有企业的投资，对中小企业投资力度不够；投资方案对农民工和城镇困难人员的就业促进作用比对高校毕业生的就业促进作用更为明显。从就业质量来看，此次投资方案拉动的工资收入增长与投资增长不成比例，就业的稳定性不高，“远期就业率”难以保证。可见，目前的投资方案在促进就业方面还存在一些问题，需要进一步改善投资结构，促进就业增长。

1. 注重第三产业，特别是教育、科研、卫生、社会保障和社会福利等的投资

第三产业对就业的吸纳能力大于第一产业和第二产业，第三产业中某些行业，如居民服务和社会服务业，对投资的就业增量效应十分明显，在未来应该加大这些行业的投入。教育、科研、卫生、社会保障和社会福利等行业具有特殊的就业效应，应该特别注重对这些行业的投资，从而积极提高人力资本储备，为下一轮经济增长积蓄力量。

2. 大力扶植中小企业的发展，提供充分的信贷支持

与国有企业相比，中小企业对就业有巨大的吸纳作用，增加对中小企业的投资将产生显著的就业效应。目前东部沿海地区开始试行的“信贷工厂”模式已取得了较好效果，大大提高了中小企业贷款审批的效率，这种新模式值得进一步推广。

3. 关注大学生、农民工和城镇困难人员的就业，尤其是大学生的就业

农民工和城镇困难人员属于中低端就业人群，解决这部分的就业对稳定社会的作用很大，但是对未来经济增量作用不大。如果说农民工和城镇困难人员就业关系到社会的稳定，那么高校大学生就业则将影响经济发展的未来。大学生一般选择从事专业技术性水平较高的行业，这些行业大多数属于技术密集型行业、创新型或高科技行业。从以往的历史来看，经济危机之后新的经济繁荣往往伴随着新技术和新兴产业的发展，因此，促进这些行业的就业和发展将对下一轮经济增长和产业结构调整起到积极的作用。此外，大学生由于对未来的工资水平有相对较高的预期，因此现期的消费水平较高，解决大学生就业将拉动消费，增加社会有效需求。

4. 在增加就业总量，改善就业结构的同时，努力提高就业质量

针对金融危机时期生产过剩、消费需求不足的矛盾，通过提高工资收入来提高社会的消费能力，使收入的增长与经济增长保持一致，从而有效拉动需求。此外，在对具体行业进行投资时，不能仅仅满足于“即期就业率”的提高，还应该从长远出发，看其能否使“远期就业率”保持在较高水平。应该努力创造提供长期稳定的就业岗位，保证社会的稳定发展和安定团结。

5. 增加政府管理，将就业纳入政府考核指标体系

各级政府在制定宏观经济政策和投资政策时，应该充分考虑对就业的影响，防止把“保增长”单纯理解为“保 GDP”，出现无就业的增长。就业政策的计划和实施是一个复杂的过程，要涉及社会的方方面面，促进就业的重任也不能仅仅依靠个别部门的管理，应该把促进就业的职责从人力资源部门扩展到其他宏观经济部门，各部门统一协调，共同促进就业。可以在各级政府相关部门的绩效考核中增加与就业相关的指标权重，把解决多少就业纳入政府绩效考核的指标体系。

参考文献：

[1] 盛仕斌：《从投资与就业关系看解决失业的思路》，《中国工业经济》1998 年第 5 期。

[2] 龚玉泉、袁志刚：《中国经济增长与就业增长的非一致性及其形成机理》，《经济学动态》2002 年第 10 期。

[3] 吕忠伟:《中国各行业吸纳就业能力的实证研究》,《兰州学刊》2006 年第 5 期。

[4] 蔡昉、王德文、张华初:《扩大内需的投资要更加重视就业导向》,《中国经贸导刊》2009 年第 10 期。

[5] 于爱晶、周凌瑶:《我国政府投资与经济增长、居民收入和就业的关系》,《中央财经大学学报》,2004 年第 4 期。

[6] 郭菊娥等:《4 万亿投资对中国经济的拉动效应测算分析》,《管理评论》2009 年第 2 期。

[7] 刘素华:《建立我国就业质量量化评价体系的步骤与方法》,《人口与经济》2005 年第 6 期。

金融危机冲击下的欧洲经济：表现、成因与前景*

丁　纯

【摘　要】2008 年秋始于美国的全球性金融危机对欧洲经济造成巨大的冲击，欧洲出现金融动荡、实体经济衰退、国家破产、东欧外债危机乃至拖延全球经济复苏的主权债务危机。相比美国与日本，欧洲经济呈现出恶化程度深、持续时间长、复苏缓慢、国别差异大、失业和主权债务突出、经济社会问题迸发、各方充满博弈等特点。究其原因，主要有美国次贷危机的外来冲击、欧洲相关国家产业结构软肋的拖累和全球化压力下结构转型的失衡、社会市场经济理念和模式的短板、劳动力市场僵化、科研与教育投入不足等长期沉淀的结构性积弊，以及一体化制度设计和实践的不完善等。随着主权债务危机的被动求解和欧洲 2020 战略的主动实施，危机将推动欧洲经济的结构改革和适应全球化竞争的步伐，欧洲步出危机、继续发展的前景可期。

【关键词】欧洲；金融危机；经济表现；成因

以 2008 年秋美国雷曼兄弟公司的破产为标志，美国次贷危机转为肆虐全球的金融和经济大危机，欧洲经济遭受巨大冲击。由于自身长期形成的结构性软肋和各国的经济社会短板所致，外来冲击未能柔性吸收，而是被不断震荡放大：从国家财政破产到外债窟窿越捅越大，最终爆发主权债务危机，拖累全球经济的复苏。本文尝试对危机冲击下的欧洲经济做一全景式描述，进而探究其背后的综合成因，并给出前景分析。

---

* 作者简介：丁纯，中国人民大学欧洲问题研究中心研究员、复旦大学欧洲问题。

本文系中国人民大学欧洲问题研究中心教育部人文社科重点基地课题“经济全球化和欧盟东扩背景下的欧盟市场一体化研究：规制、进展、问题、前景与借鉴”（项目编号：08JJDGJW 252）的阶段性研究成果。作者衷心感谢复旦大学经济学院王磊在资料收集、整理和图表制作等方面所做的重要工作。

一、金融危机冲击下欧洲经济的表现

1. 金融危机冲击下欧洲经济的表现

2008 年秋到 2009 年春，美国金融危机首先通过金融渠道侵袭欧洲金融业，形成第一轮冲击波，各国政府被迫紧急应对，这是金融危机对欧洲经济影响的第一阶段。比利时富通集团（Fortis）、英国布拉德福德—宾利银行（Bradford & Bingley）、冰岛国民银行（Landsbanki）、荷兰国际集团（ING）、德国住房抵押贷款银行（Hypo Real Estate）等因美国危机冲击造成的资金缺口和破产威胁相继接受政府注资和国有化。[①] 典型的如过度金融化的冰岛，外债规模为国民生产总值（GDP）的四倍，人均负债 25 万美元，国家财政破产。金融业主导的英国、爱尔兰经济遭受重创，并迅速打击投资信心和经济预期，使投资和消费需求大跌，工业、出口下降，实体经济受损，国民经济陷入衰退（参见表 1）。

表 1 欧盟 27 国危机前后主要经济数据对比

	2006 年	2007 年	2008 年	2009 年	2010 年
GDP，年增长率（%）	3.2	2.9	0.7	−4.2	1.0
国内需求，年增长率（%）	3.1	2.9	0.7	−4.0	0.4
私人消费，年增长率（%）	2.2	2.0	0.8	−1.7	0.1
政府消费，年增长率（%）	2.0	1.9	2.3	2.0	1.0
总投资，年增长率（%）	6.1	5.9	−0.4	−11.4	−2.0
财政预算占 GDP 比重，盈余+/赤字−（%）	−1.4	−0.8	2.3	−6.8	−7.2
公共债务占 GDP 比重，（%）	61.4	58.8	61.6	73.6	79.6
失业率，占劳动人口（%）	8.2	7.1	7.0	8.9	9.8
就业，年增长率（%）	1.5	1.7	0.9	−2.0	−0.9
工业生产指数*，年增长率（%）	4.87	4.08	−1.85	−14.98	—

注：* 欧盟统计局网站，http：//epp.eurostat.ec.europa.eu，2010 年 6 月 17 日访问。

资料来源：①European Commission，“European Economic Forecast（Spring 2010）”，Brussels，February 2009；

短暂犹豫之后，欧洲各国政府和欧盟（欧洲中央银行等）被逼出手，联合发布《欧洲协调行动声明》，实施金融稳定和实体经济刺激政策。[②] 例如，德国出台了《稳定金融市场法》和汽车购买补贴计划等；一贯严谨不越雷池的欧洲央行也在短短 7 个月时间里将基准利率累计下调了 325 个基点，降至历史最低的 110%，[③] 与此同时，推出了一系列如“强

① European Commission，“State Aid Scoreboard（Spring 2009 Update）：Special Edition on State Aid Interventions in the Current Financial and Economic Crisis”，Brussels，April 8，2009.

② 丁纯、王磊：《欧盟应对金融危机的政策举措分析》，《世界经济情况》2009 年第 11 期，第 4~11 页。

③ 欧洲中央银行网站，http：//www. ecb. int/stats/monetary/rates/html/index. en. Html。

化的信贷支持”（Enhanced Credit Support）等非常规手段，[①]正式实行定量宽松货币政策。[②] 2008 年 10 月至 2009 年 10 月，欧盟各国批准了 3. 6 万亿欧元的银行拯救计划，出资规模约为欧盟 27 国 GDP 的 29%。[③]与此同时，这也引起了人们对政府过度介入市场和角色定位的质疑。[④]

2009 年夏开始，金融危机进入第二阶段，它对实体经济和出口影响逐渐展现。但随着各成员国和欧洲央行相应落实稳定金融业和刺激实体经济计划，欧洲金融业本身受美国危机冲击和震荡的状况趋于稳定。这一阶段的焦点问题是实体经济下滑背景下的东欧外债危机。前期来自西欧的外资回撤救急和危机导致的外贸需求下跌致使以波罗的海三国为首的东欧转型国家因外资敞口危机而成为重灾区，令此前转型后经济快速增长的改革成果丧失大半，同时也对老欧洲债权国经济构成威胁。

2009 年秋季开始至今，危机影响进入第三阶段，欧洲经济缓慢复苏，但主权债务危机逐渐显现，成为焦点。过度运用本已捉襟见肘的财政资源刺激经济终于成为压垮希腊的最后一根稻草，由此酿成拖累全球经济复苏的主权债务危机。2009 年 12 月，希腊正式宣布 2009 年的财政赤字及公共债务将分别高达 GDP 的 12.7%和 113%，均远超欧盟《稳定和增长公约》规定的 3% 和 60% 的上限。全球三大评级机构惠誉、标准普尔和穆迪随即相继调低其主权信用评级，金融市场迅速作出反应，导致其债券价格暴涨，由此爆发了为期半年多震栗全球的主权债务危机。[⑤]援救希腊的过程历经多方博弈，迟疑不决的态度引起投资者对欧元和欧元区前途的担忧，造成欧元跌至近四年新低。从主权债务危机爆发至今，欧元对美元的汇率从最高的 1∶1.5091（2009 年 12 月 4 日）下跌到最低的 1.1944（2010 年 6 月 8 日）。随着 2010 年 5 月 10 日欧盟解救希腊主权债务危机最终方案的出台，主权债务危机得到缓解，但欧洲银行的私人债务前景堪忧。

2. 金融危机中欧洲经济的特点

整个金融危机犹如一场对欧洲各国经济社会的全方位压力测试，随着危机的推移，各国经济软肋、社会的矛盾以及欧洲一体化制度不完善之处暴露无遗。

（1）欧洲经济受危机冲击深、持续时间长、复苏乏力。在世界主要经济体中，即使不和中国、印度等表现抢眼的新兴经济体比较，而是与美国、日本相比，欧洲国家经济也明显表现出受危机冲击震荡程度较深、复苏缓慢的特点。欧洲就像一个衰弱不堪的慢性病人，在外来急性流感冲击下，形成了并发症，症状反而比作为传染源的美国更为严重。仅以经济增长为例，欧盟、欧元区国家自 2008 年第四季度起 GDP 季度增长率一直落后于美

① Lucas Papademos，“The Role of the ECB in Financial Crisis Management”，Athens，27 May 2009，http：//www.ecb.int/press/key/date/2009/html/sp090527_1. en. html.

② Jean- Claude Trichet，“Lessons from the Financial Crisis”，Frankfurt am Main，15 October 2009.

③ European Commission，“State Aid Scoreboard—Report on State Aid Granted by the EU Member States（Autumn 2009 Update），Brussels，December，2009.

④ Ludolf von Usslar，“Der Staatals Akteuram Finanzmarkti in Lichteder Finanzkrise”，Wirtschaf tsdienst，Heft1，2010，s. 36–43.

⑤ 丁纯：《从希腊危机看后危机时代欧盟的经济社会状况》，《求是》2010 年第 7 期，第 57~59 页。

国和日本（除2009年第一季度外），在2009年第一季度跌至最低，为-2.5%。即使在全球普遍出现复苏势头的2010年第一季度，其增幅也只及美国的1/4、日本的1/6（参见图1）。

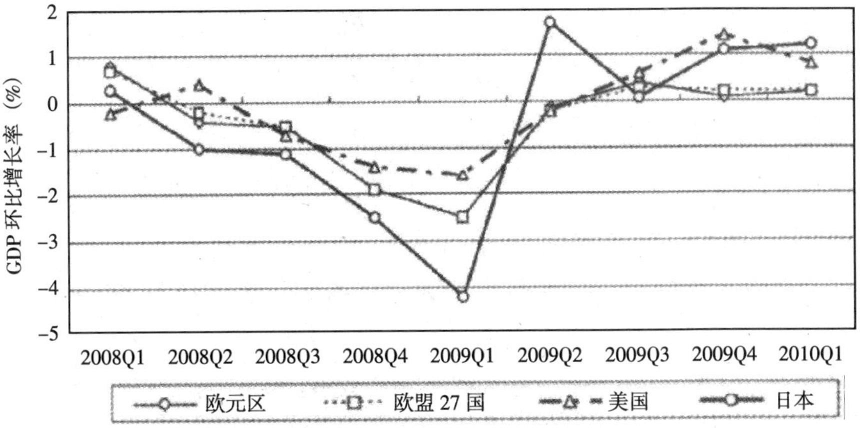

图1　金融危机后欧元区、欧盟27国、美国及日本各季度GDP增长比较
（2008年第一季度至2010年第一季度）

资料来源：欧盟统计局网络，http://epp.eurostoot.ec.europa.eu，2010年6月17日访问。

（2）失业和主权债务问题尤为突出。随着危机的深入，失业和主权债务成为欧洲经济最令人挠头的两大难题。欧洲大多数国家失业状况在危机后迅速恶化，并持续在高位运行。危机前欧元区和欧盟总体失业率在2008年第一季度、第二季度曾达到近十年来的最低水平，分别为6.8%和7.4%；[①]从2008年第三季度危机来袭开始呈现显著上扬的趋势，2009年末欧盟27国失业率已经超过了此前最高的2000年的水平，达到9.6%，失业人数近2300万。[②]而欧元区问题更加突出，平均失业率比欧盟平均值还高出0.4个百分点。2010年2月，欧元区失业率已达到10%，为1998年8月以来的最高值（参见图2）。[③]

此次金融危机对欧洲失业的影响还具有两大特点：其一，即使经济形势好转，失业状况也无明显改善，而呈现出钝化特征，因为不少国家鼓励企业采用灵活就业和缩减工时与薪金来替代解雇职工的举措；其二，欧盟、欧元区内劳动力流动性大幅下降，各国就业保护趋势空前增强。

2009年底爆发的希腊主权债务令全球为之震动，也使欧洲国家，尤其是欧元区部分国家的巨额财政赤字和主权债务问题浮出水面，令人谈虎色变。除希腊以外，与其同为《欧猪国家》的葡萄牙、爱尔兰、意大利和西班牙的财政状况也是如出一辙、捉襟见肘。从财政收支来看，西班牙由危机前2007年盈余占GDP的1.9%骤变为2009年赤字率11.2%；爱尔兰则从盈余0.1%变为赤字率14%，成为欧盟中财政赤字最为严重的国家。

① 丁纯、李嫦：《金融危机下欧盟劳动力市场的表现、成因和对策研究》，《德国研究》2010年第2期，第44页。

② 失业率和失业人数数据来自Eurostat，“News Releases：Euro Area Unemployment Rate up to 10.0%”，http：//epp.eurostat.ec.europa.eu/cache/ITY_PUBLIC/3-08012010-AP/EN/3-08012010-AP-EN.PDF，2010年2月12日访问。

③ Eurostat，“Data for Short-term Economic Analysis”，04/2010，Luxembourg，2010.

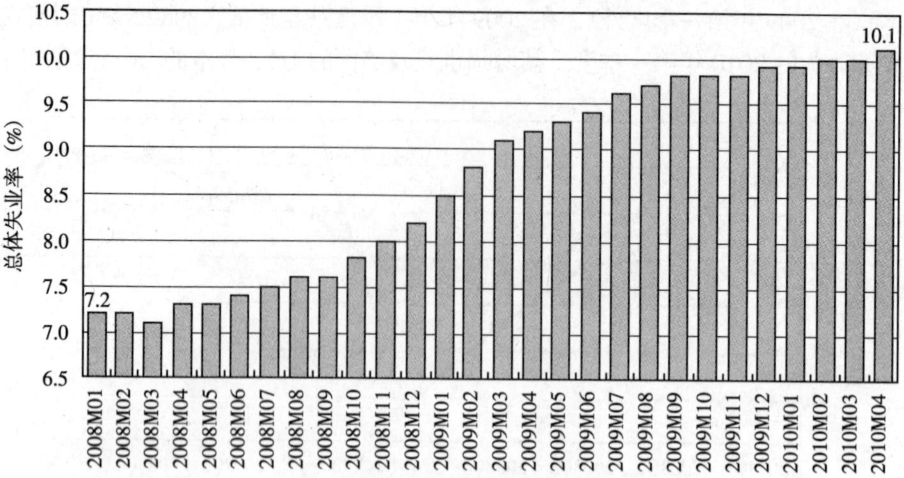

图 2　欧元区危机前后失业率对比
（2008 年 1 月至 2010 年 4 月）

资料来源：欧盟统计局网站，http：//epp.eurostat.ec.europa.eu，2010 年 6 月 17 日访问。

就公共债务而言，意大利政府债务比重在 2009 年已达到 GDP 的 115.8%，超过希腊，成为该项指标最高的欧元区国家。甚至连德国、法国这样的核心国家也未能达标。欧元区国家普遍面临债务水平超标的情况。2009 年，欧元区各国平均财政赤字和公共债务分别从 2007 年的 2%和 66%，攀升到了 6.3%和 78.7%（参见图 3），远远超过了 3% 和 60%上限标准。根据欧盟委员会的预测，若现行的政策不变，欧元区国家 2010 年的债务将占到 GDP 的 84.0% ，政府预算赤字将升至 6.9%。① 短期存在欧洲主权债务集中爆发的危险和经济刺激政策被迫退出的压力，甚至会危及全球经济的复苏，进而威胁欧洲国家经济的增长和可持续发展。

（3）欧洲各国经济表现及受危机冲击影响差异大。危机爆发前，欧洲各国经济发展就不均衡、不同步，危机冲击致使各国经济表现差异更加明显。从经济指标来看，一方面，各国之间指标的绝对差异较大。从危机期间的年均 GDP 增长率（指 2008~2010 年，2010 年为预测数）来看，欧盟 27 国中最高的是波兰，为 3.13%；最低的拉脱维亚为-8.57%，相差近 12 个百分点；老成员国中排名第一（总体排名第八）的奥地利为-0.07%；排名靠后（总排名为第 25 名）的爱尔兰则为-3.67% ，差距显著。各国就业也呈现出参差不齐的现象：表现最好的荷兰 2008 年 9 月的失业率只有 2.7%，危机发生后最高失业率也仅为 6%；表现最糟的拉脱维亚在危机中失业涨幅高达 14.4%，2009 年的失业率达到惊人的 22%；老成员国中表现最差的西班牙原本失业率就达到 12.3%，危机中失业的年增长率更是高达 9%。

另一方面，经济指标也反映出危机冲击对各国影响迥异。通过运用 K 均值聚类法

① European Commission，“European Economic Forecast（Autumn 2009）”，Brussels，October 2009.

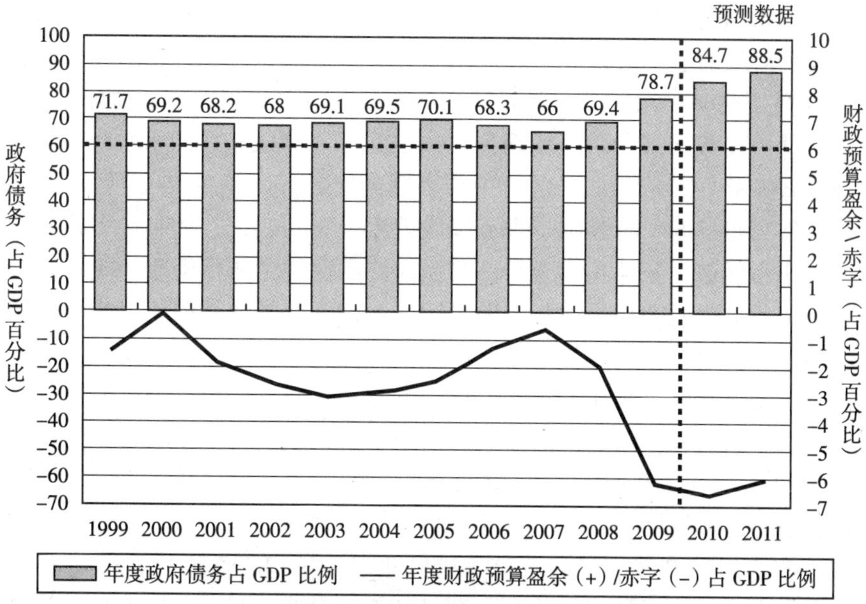

图3 欧元区公共财政状况（1999~2011年）

资料来源：①欧盟统计局网站，http：//epp.eurostat.ec.europa.eu，2010年6月17日访向；②2010年、2011年数据来自欧盟委员会“European Economic Forecast（Spring 2010）”。

（K-Means Cluster），选取本次金融危机前后各国的年均经济增长、失业率增长、私人消费、投资增长、出口增长、政府债务、经常账户收支等各类反映一个经济体宏观状况变化的各种指标进行分析，对欧盟老成员国在危机前后的总体表现状况进行归类后[①]得出的结论是：德国、荷兰、奥地利、瑞典、比利时、法国、意大利属于第一团队，危机前后指标变化较小，相对抵御冲击能力强；丹麦、希腊、西班牙、葡萄牙、芬兰、英国等次之；爱尔兰受冲击影响最大。作为欧洲一体化的最大得益者和曾经的优等生，爱尔兰危机前后经济境况变化很大：1991~2007年爱尔兰的年均GDP增长率高达6.5%，2008~2010年则骤降为-3%、-7.1%和-0.9%；[②]1999~2007年其年均公共债务仅为GDP的32.5%，而2008年、2009年和2010年则分别蹿升为43.9%、64%和77.3%；2008年初到2009年底失业率的增长达到了8.2%，是老成员国中劳动力市场恶化最严重的国家，仅次于西班牙。

（4）经济、社会问题综合迸发。此次危机中，伴随着金融行业、实体经济遭受冲击和危害，各国民众反应强烈。尤其像冰岛的“国家破产”、拉脱维亚和匈牙利等国经济的严重衰退、希腊的主权债务危机爆发等事件，使得这些国家成为经济恶化、政治动荡的重灾区，经济危机演化成深刻的社会政治冲突。2008年10月的冰岛，2008年底2009年初的拉脱维亚、立陶宛、保加利亚、捷克和匈牙利，2010年2月的德国、英国、法国，以及2009年底以来的希腊，游行示威、罢工风潮此起彼伏、连绵不断。有的是表达对政府救急

① 新成员国因入盟时间不长，而卢森堡则因其经济总量较小，不具典型意义，故未予纳入归类。
② 数据来源于欧盟统计局网站，http：//epp.eurostat.ec.europa.eu，2010年6月17日访问。

举措的不满，如希腊前后已有六次以上的全国性大罢工和示威，反对政府紧缩政策，尤其是中下层强烈反对政府紧缩政策中所表现出的“劫贫济富”趋向；有的是要求保障就业岗位和维护自身相关权益，如法国200万民众上街反对将退休年龄推迟两年至62岁等。在有的国家金融危机直接导致了政府的倒台，如2009年1月26日，冰岛总理哈尔德因“国家破产”被迫宣布辞职，成为此次危机中首个倒台的政府。2009年2月26日，拉脱维亚总理戈德马尼斯宣布辞职。有的则带来了国内政治生态的变化，如坚持实施经济刺激政策的英国工党首相布朗被主张停止实施经济刺激措施的保守党卡梅伦所替代。德国总理默克尔则因在希腊债务危机后期积极主张援助希腊政策而令其党在德国北莱茵威斯特法伦州选举中一败涂地。

（5）各国及多边博弈，拖延了危机应对的速度，降低了政策举措实施的效果。此次危机中，尽管不少非欧盟和非欧元区国家羡慕这两个集团成员可抱团取暖，但内部不少成员国却囿于自身利益，表现出明显的民族国家利益至上、“各人自扫门前雪”的倾向，与一体化原则背道而驰。危机初期，法国总统萨科齐提出的建立相关基金、大举实施经济刺激政策和组织欧盟影子经济政府统一救急举措的建议，被担心拖入援救计划而成为掏钱大户、自身却未得实惠的德国默克尔政府以没有必要和影响各国自主权利为由断然拒绝；欧盟新成员国匈牙利身陷危机之时，指责老成员国见死不救。其背后均是对国家利益锱铢必较的博弈和权衡，这在后危机时期希腊债务危机拯救过程中反映得最为充分。从2009年10月希腊主权债务危机初露端倪到欧元区2010年5月10日最终敲定由成员国、欧洲中央银行、国际货币基金组织（IMF）三方承诺的7500亿欧元的解救计划出台，耗时逾半年，最后还拉进IMF一同援助希腊并监督其落实紧缩举措。这不光贻误了最佳应对危机时机，变相鼓励了金融市场炒家的投机气氛，还使欧元区本身的信誉受损，欧元作为国际货币的地位和币值明显下滑。而且，它凸显了主要出资援助国——德国选择的尴尬：如坚决不救，主权债务危机可能引起希腊破产、危及欧元及欧元区前途，德国将因此蒙受成员国中最大的损失；如贸然相救，则可能出现道德风险，造成希腊吃大户心态不改、未能认真实施紧缩与改革政策，甚或引起“欧猪”其他国家的效仿。如果那样的话，德国等欧元区经济强国将成为不遵守财经纪律约束的南欧诸国主权债务的最终买单者。援救计划的久拖不决，一是因为德国希冀与希腊博弈到最后一刻，以迫使希腊尽可能接受和实施最为严格的紧缩和整改措施后才出手；二是德国希望随着IMF的介入能起到自己无法发挥的财政赤字监管作用，避免希腊赖账，也为现在及后来相同的案例定下援救规则。希腊的政府和民众对此也有不同的考量。希腊政府明知德法出于欧元区总体利益考虑不会置之不顾，更清楚德、法等欧元区大国不愿美国和IMF插手援救欧元区成员国向世人示弱，却希望通过要挟向IMF和美国求救来对德国为首的欧元区大国施压，以获取较优惠的受援条件。与此同时，它希望通过向国内传递来自国外的紧缩压力以推进国内的体制改革。自2009年底以来，希腊民众六次大规模示威游行除了表露其对政府紧缩政策公平性质疑的呼声外，或许也有着和政府间的某种默契，即向外界展示紧缩政策已到极限，心照不宣地起着帮政府抵抗来自国外要求其进一步严格紧缩经济和消费压力的作用。

欧盟、欧元区机构（欧洲央行等）与成员国之间、欧美之间也产生了多重博弈。以稳定通货膨胀为唯一要旨的欧洲央行在危机面前承受着来自成员国要求其放宽货币政策、调低主导利率的压力，它在希腊债务危机中面临两难选择：如何拯救希腊而不违反央行不能直接购买成员国债券的规定等。尽管最后欧洲央行面对欧元区的困境最终还是做出了将利率调至历史最低点和参加回购国债等举措满足了成员国的需求，但拖延了时间、降低了效果。同样，欧洲在与其他经济体的危机协同应对上也存在博弈。危机中，美国一再施压欧洲国家须大量投入资金以刺激经济，美国经济则可从中“搭便车”获益。而以德法为首的欧洲国家一方面拒绝大规模投入资金刺激经济，防止肥水外流的同时，另一方面针锋相对地提出美国必须加强金融监管，实质是要美国为欧洲所受的金融危机冲击损失讨个公道、为限制华尔街的胡作非为立规建制。

二、金融危机中欧洲经济表现成因

相较美、日等国，欧洲经济在此次金融危机中表现差强人意的原因颇为复杂，归结起来有内外两方面的原因，其中，以长期形成的内在结构性原因为主，而短期与外生的冲击原因为辅。

1. 美国次贷危机冲击

美国次贷危机无疑是重挫欧洲经济的第一推手及最直接的原因。危机前，大多数欧洲国家经过“里斯本战略”的重启正处于一个明显的经济上升周期，经济增长和就业等宏观指标呈现的良好态势均为近年少有。无论是欧盟 27 国、老欧盟 15 国，还是欧元区的指标均显示，危机前的 2006 年和 2007 年 GDP 增长率数据均在 3%左右，为 2000 年以来最高；考虑到失业指标反映滞后的原因，我们可以连续观察 2007 年和 2008 年这两年的失业率，均在 7%左右，为 2000 年以来最低的事实也印证了上述判断。美国危机的外来冲击致使欧洲经济上升的趋势戛然而止，并跌入衰退期。具体而言，美国金融危机波及欧洲金融业形成金融动荡，并造成经济预期下跌，投资和消费需求恶化，然后传导到实体经济，使各国问题频出，危机频频。受美国金融危机首波冲击后几乎破产的冰岛，此前人均 GDP 排名全球第五，人类发展指数世界第一；老成员国中受震荡最深、危机前后反差最大的爱尔兰，原先引领经济增长的房地产业在 2008 年的金融危机冲击下泡沫破裂，银行业受此打击，资本缩减 70%，至 2010 年全银行业损失高达 350 亿欧元，相当于其年 GDP 的 20%；① 危机第三阶段爆发主权债务危机的希腊很大程度就是因为前一阶段要刺激实体经济而大大加重了政府的财政赤字和公共债务，2007 年时希腊的财政赤字只占 3.7%，2008 年和 2009 年则猛升至 7.7% 和 12.7%。

① 鸿皜：《一个由房子引发的国家悲剧》，《第一财经日报》2010 年 7 月 6 日。

在探究原因的同时，值得我们关注的是，在外来冲击下欧洲经济为何衰退深、复苏慢，甚至比危机始作俑者的美国更为严重？同样的冲击造成的影响和震荡在不同欧洲国家却大相径庭？个中缘由除各国经济模式差异外，还有诸多长期积淀、各国共有的结构性问题。

2. 欧洲相关国家产业结构软肋及其结构转型的失衡

此次危机之所以对欧洲经济影响大、蔓延广，与欧洲产业结构存在软肋易于危机的蔓延和传播有关，也与此前全球化压力下欧洲国家适应性转型和经济增长更加倚重虚拟经济、金融和房地产业过度发展、追求市场化改革、向盎格鲁—撒克逊模式趋同而监管未到位等有关，况且这种转型本身还未完成，绩效大打折扣。

（1）从欧洲总体层面来考量，此次危机始于金融业，尽管在历史上银行主导混业经营型的欧洲金融业在国民经济中的比例相对较小，相比市场融资型的美国金融，本应受市场冲击的程度要轻，但随着从20世纪90年代开始以金融全球化经济为主要特征的全球化的迅速展开，欧洲金融机构的不断增强的逐利冲动和创新行动，使欧美金融业混业和跨界经营、相互交融关联空前活跃。欧洲众多金融机构尤其是银行集团通过欧洲内外的跨国并购和运营扩张实际上已成为泛欧跨国银行，并进行国际化运营。以银行为首的欧洲金融机构在以美国次级资产为标的的美国结构性融资市场交易中，即占了总份额的近2/3，[①] 美国次贷危机正是通过美欧金融机构相互蔓延和传导。而欧洲金融监管标准和机制、监管机构的运作本身存在缺陷，与美国金融监管水平存在较大的差距，因此危机对欧洲金融业冲击大、危害深。如欧洲银行杠杆率普遍高于美国：欧洲10家最大银行平均杠杆率达到30倍，远高于美国平均20倍的水准，其中瑞士联合银行高达63.9倍。危机初期，欧洲金融业被迫减记的资产规模大大超过美国。欧洲金融机构向房地产领域和东欧转型国家为主的新兴经济体（西欧银行对以东欧为主的新兴经济体的债权高达3.5万亿美元）的逐利扩张，蕴涵着巨大的风险。这对国家经济和自身的运营来说存在巨大的双重风险，已为此次危机所证实。另据普华永道2010年6月28日最新报告，截至2009年底欧洲银行业的不良贷款普遍增加，德国居首，账面坏账同比增加50%，达到2130亿欧元。[②] 欧洲经济以主要通过银行业融资的实体经济为主，银行业的受损将很快蔓延到实体经济，加上欧洲实体经济对外贸依赖大，对外贸易和出口对象中又以美国为首，致使美国危机迅速直击欧洲经济。

（2）从具体国家来观察，此次危机中成为主要受创者的欧洲国家（包括新成员国在内）大多存在产业结构失衡的问题，在全球化过程中其调整趋向市场化，与盎格鲁—撒克逊模式接近。在全球化压力下，这些国家凭借金融自由化，大量运用国际资金，以金融和房地产业近乎泡沫化的发展来支撑经济发展。其中，为第一波金融危机席卷的欧洲大国——英国，经济模式即属于盎格鲁—撒克逊模式，在国民经济中金融业比例高，加上伦敦金融市场又是主要国际金融中心，受美国金融危机冲击和其他国家金融坏账连带拖累

① 许兵、何乐：《金融危机下欧洲的应对与监管改革》，《中国金融》2008年第23期，第34页。

② 肖莹莹：《欧美银行体系酝酿新一轮危机》，《经济参考报》2010年6月30日。

大，金融和房地产双双受害，仅2008年苏格兰皇家银行就损失280亿英镑。[①]危机中最先倒下的冰岛，国内市场狭小，本来以渔业为主，自21世纪伊始产业迅速金融化，金融和房地产业在2003~2007年的年增速接近9%，2007年两者占GDP的比重达到了28.1%。[②]金融业自由化与国际化、银行证券化发展极快。2007年，冰岛三大商业银行海外业务收入占银行总收入的50%，在危机中轻而易举被击溃。受创最重的爱尔兰，是因为近10年来宽松的货币政策引发了房地产泡沫，房地产占GDP的比重从1996年的5%连续上升至2006年的10%，房价上升了3倍多，[③]危机来袭既摧毁了房地产泡沫，又重创了金融业和国民经济。金融危机第二阶段，东欧债务危机开始显现，其中受害最深的拉脱维亚，此前靠国际间接融资大肆举债支撑国民经济高速发展，2006年外债比重高达GDP的120%，最终难抵金融风潮侵袭。[④]作为欧洲主权债务危机主角的希腊，产业结构单一，以旅游业、运输业为主，经常项目连年逆差，持续推高主权债务，早就埋下了债务危机的种子。“欧猪”最大国西班牙，近期经济增长主要依靠大量来自德国等其他欧洲国家的资金支持其房地产和建筑业的过度繁荣，高通胀推高了房价、削弱了出口竞争力，危机的到来，加快了泡沫破裂，主权债务陡升，失业狂飙。

（3）社会市场经济理念和模式的短板以及劳动力市场僵化、科研与教育投入不足等结构性弊端长期沉淀。首先，包括北欧、地中海、大陆模式等诸多子模式的欧洲经济社会模式，与将自由市场竞争奉为圭臬、以股东式资本主义为核心的美国式的盎格鲁—撒克逊模式相比，其最大的理念差异就是主张有“良心的资本主义”，即以竞争为核心的市场经济机制，兼顾社会公正等框架基础上形成的社会市场经济模式。从宏观上讲，在社会制度建构中，该模式主张以市场机制为核心、以社会保障制度为依托；微观上在企业组织架构中，与美国企业股东利益至上的信条不同的是，它强调作为生产要素之一的劳动力要素的地位应该和资本要素等同，即工人组织（工会）应该在企业中拥有和资本所有者一样的权利，这种理念和企业组织形式除了代表和保障雇工权利、维护社会安定之外，也逐渐衍生出企业决策效率受限、劳动力市场上对劳动力的过度保护、造成工资和收入的刚性上涨和劳动力市场僵化的弊端。

其次，从摇篮到坟墓、包罗万象的欧洲社会保障制度除维护稳定之外，也遗留了社会福利支出居高不下、大幅增长的棘手问题。全球化、老龄化压力以及以现收现付制度为基础的欧盟国家社保筹资方式加重了解决的难度。作为全球生育率最低、人均寿命最长、老龄化程度最高的地区，2008年欧盟27国65岁及以上人口占总人口比例高达17%，[⑤]在老欧洲国家中，比例最高的是意大利，为20%，希腊位列第三，达到18.6%，养老支出居高不下。目前，欧盟平均社会保障开支占到GDP的27.1%，瑞典、法国、丹麦等国家更是

① 丁纯、王磊：《金融危机中欧盟典型国家表现和成因分析》，《学术交流》2010年第7期。
② 忻华：《解读冰岛金融危机：演进、结构特征、与形成机制》，《世界经济研究》2009年第6期，第81页。
③ 鸿皜：《一个由房子引发的国家悲剧》。
④ 庄起善、吴玮丽：《为什么中东欧国家是全球金融危机重灾区?》，《国际经济评论》2010年第2期，第34页。
⑤ 按照国际通用标准，一国65岁以上老年人口占总人口比例超过7%，即为老龄社会。

超过了 30%，而与之对应的是美国的社会福利开支只有 GDP 的 16.3%，日本也仅为 19.1%。[①] 加上欧洲一体化深化带来的成员国之间相互攀比及看齐效应，整体推高了福利开支，一方面加重了各国财政压力，另一方面也使得欧洲整体劳动力成本上升，一同抬高劳动力成本和商品价格，阻吓了投资者，以至于在国际竞争中处于劣势。以上现象凸显了欧洲社会模式在全球化面前的无所适从，尤其缺乏持续发展和抗冲击的能力。

再次，相关社会公平和福利理念衍生出的过度社会和经济保护使产品市场缺乏竞争、高新技术人才间的工资水平差异过小和创新产业部门的进入门槛过高，致使创新乏力。再加上高昂的社会福利支出在一定程度上挤占了各国科研、教育等投入，造成了欧洲国家在研发上投入不足。[②] 根据 2000 年“里斯本战略”中提出的目标，欧盟计划在 2010 年成为全球最具竞争力的知识经济体，并将各国科研与开发资金占 GDP 的比例从 2000 年的 1.9% 提高到 3%。然而，这一战略的执行情况令人失望，结构性改革步伐缓慢，各项目标难以实现。到 2008 年，除了瑞典和芬兰之外，其余成员国的研发投入占 GDP 的比例均未达到 3%的既定目标。欧盟 27 国研发投入占 GDP 的平均比例仅为 1.9% ，即使老欧盟 15 国的数据也不过是从 2000 年的 1.91% 上升到 1.99%。而美国和日本在研发上的投入则分别达到了 GDP 的 2.8% 和 3.1%。加上相关国家对研发重点选择的偏颇，过长的学制、相对更重视基础而非应用型的教育制度导致了欧洲除少数国家外，普遍在信息技术等知识经济和创新产业领域缺乏活力、成效，其人才储备和使用远不及美、日两国，以至于在全球竞争中处于明显的劣势地位，缺乏科技创新引领的产业增长。结果从 20 世纪 90 年代开始，欧盟与美国的劳动生产率差距不断拉大，目前已达到 13%。[③]

此外，过度的福利待遇还影响了生活方式，助长了官僚主义和工作倦怠，消磨了企业和社会的创新进取精神。最为致命的是形成了经济、社会保障制度的“改革梗阻”。

最后，在全球化背景下，僵化的社会福利制度和高昂的开支、不断扩张的财政赤字与公共债务、缺乏灵活性的劳动力市场、相关主导领域的科技创新滞后、教育投入相对不足和制度的弱点、竞争乏力等总体经济社会模式实施中所暴露出的不足和缺陷，是造成欧洲在这次危机中复苏乏力、问题不断的主要根源。

3. 一体化制度设计和实践的不完善

尽管欧洲一体化经过了半个多世纪的运作，从创始的核心六国扩大到 27 国，内部深化也从初期的关税同盟、共同农业政策发展到统一大市场、经济货币联盟和单一货币，成就堪称举世无双，但此次危机的冲击也让一体化的系列问题和不完善之处暴露在世人面前，亟待欧盟的消化和解决。

（1）一体化的深化。从欧盟总体经济运行来看，深化力度仍显不足，尤其在应对危机

① 数据来源：欧盟统计局网站：http：//epp. eurostat.ec.europa.eu；OECD 数据库：http：//stats.oecd.org。

② Werner Roeger，Janos Varga and Janiin't Veld，“How to Close the Productivity Gap between the US and Europe—A Quantitative Assessment Using a Semi-endogenous Growth Model”，European Commission，DG ECFIN，2009.

③ Ibid.

时，缺乏一个危机应对的协调机构（如跨国经济政府）和相应的磋商协调机制。这次金融危机前期欧盟成员国各自为政出台救急政策、导致应对不力，贻误最佳时机就是明证。许多领域如劳动力市场、养老保险规定等欧盟只能通过非强制的“开放协调机制”，依靠相互比较的压力来推动，因而缺乏治理效率。

从目前一体化最高层次经济货币联盟来看，欧元区本身的制度建构存在诸多设计漏洞，在实践中凸显了种种问题：其一，欧元区作为运用单一货币的最适度通货区，顺利运行的前提是要素的完全自由流动，而实践中劳动力的区内跨国流动存在严重阻碍。其二，正如丁伯根法则和蒙代尔政策搭配原则所揭示的：[①] 经济体的有效调节需要财政和货币政策的高度配合，危机协调时尤其如此。而欧元区的运作机制是货币政策归口欧洲央行，财政政策归属各成员国政府，缺乏有效的配合。尤其是对成员国政府来说不仅缺少了货币政策工具，导致对财政政策的过度依赖，此次主权债务过大就和一定程度上政府被迫倚重财政政策有关。而且财政政策的使用实际上也因为要遵守为维护单一货币所制定的《稳定和增长公约》中的财政赤字和公共债务标准而大打折扣。其三，制度设计时没有考虑如成员国经济遭受不对称冲击、出现经济周期不同步状况时欧洲央行所面临的进退两难的境地、降低了欧洲央行的调节效率，此次希腊主权债务危机恰好暴露了这一短板。其四，各国承担着维护各国金融稳定和充当最后贷款人的任务，而有关金融监管标准和市场准则则由27国共同立法决定，这不可避免地加大了欧洲央行和各国间政策协调的难度，容易造成各自为战、以邻为壑的局面，危机初期各成员国的行为证明了这一点。其五，欧元区缺乏监督成员国遵守财政赤字和公共债务标准的执行力，导致此次希腊等国家屡屡超标而没有按公约得到罚款的处罚，最终酿成主权债务危机。其六，欧元区制度设计中缺失某些成员国遭受严重外部冲击时的应急筹资、援助责任分配以及问题国家必要时的暂避和退出机制。[②] 这导致了希腊主权债务危机的解决拖沓了半年之久，各国反复博弈，市场投机盛行，危及欧元及欧元区的地位。最后，欧洲央行只盯住通胀的单一货币政策目标而缺乏弹性，危机调控中又缺乏美联储式的权威性，在遭遇危机时容易导致调节效率的缺失。

（2）一体化的扩大。2004年和2007年，欧盟在短期内共吸纳了12个中东欧新成员国，而这些国家在融入欧盟同时经历了经济和社会制度的急速转型，转型未完成之际又遭遇了金融危机，出现了以大规模资金外逃、本币贬值，经济衰退为主要特征的次生危机，反过来又累及老成员国。这是因为转型失误和一体化的不成熟相互交织的结果。这些国家在经济体制私有化市场化过程中出现了“过度银行化”，银行金融机构数量大增。同时银行业发展远远快于其他产业部门，致使出现“金融早熟”现象。转型过程中伴随着老成员国资金的大举进入，外债比重奇高。危机前的2007年，除斯洛伐克、塞浦路斯和马耳他

① 丁伯根法则，是指要保证一国经济达到内外均衡，必须要有两种以上的政策进行搭配，因诺贝尔奖得主、经济学家丁伯根发现而得名；蒙代尔政策搭配原则，是根据“欧元之父”、美国经济学家罗伯特·蒙代尔的研究结果得出的：一国政府要调节经济、达到国际收支均衡，需要同时运用财政和货币政策，且用货币政策解决国际收支平衡、财政政策解决国内收支平衡问题。

② 丁纯：《欧盟拯救希腊于债务危机为何陷入两难?》，《红旗文稿》2010年第7期，第38页。

以外的新成员国外债占GDP比重平均高达88.5%。[①] 因此，当德国、奥地利和瑞士等此前大举东进的银行金融业遭遇危机而回援本国时，这些国家外债窟窿大开，本币贬值、经济恶化，反过来又危及西欧银行的资产安全。

在老欧洲成员国内部，各国在很大程度上存在着经济发展不平衡，尤其是经济结构、劳动生产率[②] 和经济周期上的差异。[③] 以德国、荷兰等为首的老核心成员国和以希腊、西班牙、葡萄牙、意大利等"南欧群猪"国家间的差距颇大。这种结构失衡实际构成了此次主权债务危机的深层原因，也解释了希腊等南欧国家主权债务高企，德、荷等国相对拥有更多债权的事实。我们从劳动生产率和成本增长指标上可以清晰地看到德国、荷兰与南欧国家存在显著差异（参见图4）。

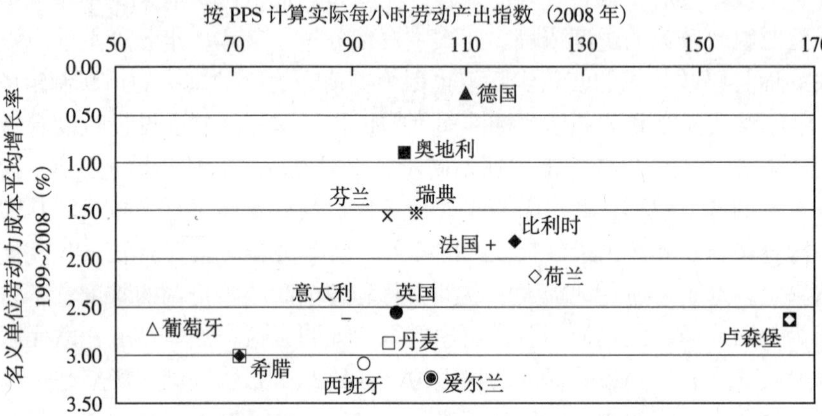

图4 欧盟部分成员国劳动生产率及成本增长比较

资料来源：根据欧盟统计局网站数据制作，http：//epp.eurostat.ec，europa.eu，2010年6月17日访问。

这意味着尽管使用单一货币，但实际有效汇率存在着巨大差距。德国等拥有高劳动生产率、低劳动力成本上涨的国家实际对希腊等低劳动生产率水平、高工资成本增长的国家拥有出口商品的价格优势，容易获得巨额出超，如德国2009年经常项目盈余为GDP的4%。[④] 而后者在单一货币体系内无法对德、荷贬值，被迫接受入超和经常项目大量赤字，如希腊2009年经常项目赤字达GDP的8.8%结果衍生主权债务。因此，法、美等国的一些政治家和经济学者认为：从某种程度上来说，主权债务危机实质是德国绑架了希腊等国经济，它们被迫吸收德国的产能，成全德国、荷兰等外向型经济和债权的实现。因此，德国拯救希腊，理所当然。

---

① EBRD，"Transition Report 2008"，http：//www.ecb.int/press/key/date/2009/html/sp090527 _1.en.html.

② 郑联盛：《欧洲债务问题：演进、影响、原因与启示》，《国际经济评论》2010年第3期，第115页。

③ 秦爱华的研究结论是：欧盟成立以来总发展趋势是经济周期越来越趋同。参见秦爱华：《欧洲经济周期趋同性初探》，《欧洲研究》2010年第2期。

④ 丁纯、王磊：《后金融危机时代的欧元区经济：困境、根源与前景》，《西部论丛》2010年第3期，第22页。

4. 各国各自特有的综合性、结构性问题

此次金融危机冲击之下，欧洲各国的表现差异很大。一些主要问题国家如爱尔兰、拉脱维亚、希腊等均可从其本身的历史积淀、经济、社会结构等方面找到具体的、综合性原因。以希腊为例，它之所以会在这轮危机的第三阶段陷入主权债务危机，除外来冲击外，有着深刻的内因。

希腊财政赤字和公共债务超标由来已久。当年因财政赤字和债务超标，未能在1999年成为欧元区初始成员国，此后2001年前后通过与投资银行高盛公司等联手操作，由后者运用外汇掉期交易和信用违约掉期等金融创新手段和融资安排，变相重组和隐瞒了债务、转嫁了风险，加上欧元区国家当时的“善意忽视”使之顺利达标、跻身欧元区，但只是将还债的时间和风险后移，2009年随着还债日期临近，高盛等存在着故意诱导市场、看空希腊政府的偿债信誉的嫌疑，此举加剧了希腊主权债务危机。希腊是欧元区内部经济的“差等生”，行政效率相对不高；经济基础相对薄弱、生活水平较低，其人均收入在老欧盟15国中名列倒数第二；在经济结构中，工业基础薄弱，经济过于依赖旅游和航运等产业；引入欧元还造成近几年劳动生产率增长落后于收入增长，大大削弱了竞争力；经常项目连年赤字；债务问题突出，也使得其国内经济更易受到危机等外生因素的冲击，主动赢利能力不强。希腊也是欧洲老龄化问题最突出的三个国家之一，65岁以上老年人口占到总数的18.6%，失业率又一直在10%左右居高不下，导致其养老金、失业金等社会福利支出负担过重；同时，希腊偷税漏税现象严重，国内灰色经济规模相当于GDP的30%~40%，政府税收收入严重不足；再加上过于庞大的公务员队伍和管理混乱的养老金体系，使得希腊财政早已不堪重负。2001年至今，其年均公共债务为99.2%，远高于欧元区同期69%的平均水平。而为应对金融危机冲击而引入的大量财政刺激举措更是扩大了原本居高不下的财政赤字和公共债务。

三、金融危机后欧洲经济发展的前景

金融危机初期，欧洲经济作为配角被动受冲击，到中后期主权债务危机爆发，欧洲变成危机主角，拖累全球经济复苏。一方面，我们看到此次金融危机使欧洲各类经济、社会问题和相关国家产业结构软肋以及欧洲一体化不完善之处，尤其是制度缺陷暴露无遗；另一方面，无论从目前短期的消弭危机的战术处置，还是长期的结构性调整都反过来为欧洲国家尤其是欧盟、欧元区成员国提供了反思和进一步改革的动力。

1. 经过短期战术性的协调，债务危机解决获得进展

危机推动了欧元区成员国间的政策协调，如刺激政策和加强金融监管等。尤其是针对主权债务危机的处理，使上下普遍意识到货币和财政政策的分离无法顺利克服危机的根本制度缺陷，对推动两者的协调，严格执行财经纪律，尤其是应对危机时建立“跨国联合经

济政府”，政治联盟必须与经济深化同行的必要性等有了深刻认识和初步回应，并于近期出台了相关改革建议。尽管耗时半年有余，但是经过反复酝酿，欧盟财长会议终于在2010年5月10日推出了7500亿欧元的“稳定基金”方案，其中4400亿欧元由欧元区国家以政府间协议的形式提供，另有600亿欧元将由欧盟委员会从金融市场上筹集。此外，国际货币基金组织也将提供2500亿欧元。这不仅筹措了巨额资金，缓解了市场投机压力，更具有标志性意义，例如，它不仅建立了应急平准基金，而且设立了欧元区主权债务应急机制，填补了原先制度建构的空白；确立了未来出现类似主权债务危机时跨国层面的资金筹集参与方、筹集方式和大致承担比例等，而且IMF的参与本身对监督问题国家遵守财经纪律、切实执行紧缩计划、打消出资国民众的担忧具有良好的效果。各国也积极推出相应的财政紧缩计划，除问题国希腊计划在未来三年里把赤字从目前的13.6%降为3%，西班牙从10.1%降为2011年的6.5%以外，英国政府计划在未来五年内削减77%的开支，法国计划在未来三年内削减450亿欧元的公共债务，德国则准备在未来四年内削减816亿欧元的财政开支。[①] 在各国应对危机的举措中，尤其值得一提的是加强金融市场监管的举措的出台和实施。2009年6月，在有关欧洲金融监管的《德拉罗西埃报告》基础上，欧盟出台了具有针对性的严管信用评级机构、提高金融机构资本要求、加强保险业监管等举措，并实施G20峰会的相关国际协作。英国和德国还出台了相关的国别方案，如禁止对其国内主要金融机构的股票进行裸卖空等。当然，局部金融风险依旧存在，目前比较令人担忧的是私人债务风险在上升。如欧元区银行持有的“欧猪国家”债务（不含爱尔兰）总计达1.58万亿欧元，而其60%集中在德法银行，其中主权债务不及17%，其余均为私人债务。私人债务危机一旦爆发，对欧洲乃至全球金融经济的打击将难以估量。

2. 长期制度性改革的重启

欧盟除了聚焦金融危机，尤其是眼下的主权债务危机的具体对策外，危机中暴露出的经济社会的发展弱点也促使欧盟深入反思。“里斯本战略”实施已有十年，尽管经过中途重启，但由于长期的积弊和金融危机的冲击，欧盟未能达到该战略制定的相关目标，不仅内部存在着不平衡，而且与美国在经济增长、劳动生产率、科技研发方面的差距也在扩大。欧盟经济的国际地位在下降，同时又面临中国、印度等新兴经济体后来居上的追赶和竞争。总结并不成功的“里斯本战略”实施经验，在此基础上制定并推出下一个十年全面行动计划——“欧洲2020战略”，消除危机产生的结构性、根本性根源正当其时。正如欧盟委员会主席巴罗佐在该战略序言中所言：危机是个叫醒闹铃，危机让人意识到目前的经济现实快于政治现实，为了未来更多就业岗位和更好的生活必须行动起来。[②] “欧洲2020战略”延续并深化了“里斯本战略”的理念和指标，借此希望实现欧洲在知识经济和创新基础上的灵活增长、资源高效利用、更加绿色和更具竞争力的可持续性增长以及经济、社

① 《21世纪经济报道》，2010年6月28日。

② European Commission, “Europe 2020, A Strategy for Smart, Sustainable and Inclusive Growth”, Brussels, 3. 3. 2010.

会和地区聚合基础上的高就业包容性增长。具体包括可操作的五大量化指标，涉及就业、科研投入、温室气体排放、教育和反贫困，以及配套的七大创议。金融危机的刺激，使新战略的实施更具紧迫性。同时，“里斯本战略”的实践经验，尤其是芬兰、瑞典和德国等在科技创新和社保制度以及劳动力市场体制改革上取得的成果，使其在金融危机中的表现良好，这对其他国家具有激励、引领和示范作用。“取法其上，得乎其中”，这一旨在从根本上缩小美欧差距、突出绿色经济优势、全面振兴欧洲经济社会的全面战略将有助于欧盟应对全球化的挑战、缩小成员国间的不平衡。然而，欧盟国家在危机中所表现出来的问题是前述多种要素共同、长期作用的综合结果，绝非能在短期内加以解决，尤其是劳动力市场、社会保障制度的结构性改革仍需假以时日。简而言之，欧盟的命运取决于内部改革的决心和力度。

金融危机的外部冲击对东南亚国家产出的中期影响：基于日本、美国金融危机冲击的研究*

黄梅波　吕朝凤

【摘　要】金融危机会影响到一国经济的增长路径、降低其消费、投资和进出口，同时也会通过资本渠道、外贸渠道、产业结构调整渠道对他国经济产生冲击。本文通过考察外部金融危机通过外贸渠道对东南亚国家经济产生的影响，得出金融危机外部冲击对东南亚各国经济的影响具有时滞性、影响期为1~3期、对不同国家产出的影响具有不同的特点，并在此基础上分析了东南亚各国从美国次贷危机冲击中复苏的路径。

【关键词】金融危机；外部冲击；东南亚国家

影响2008年升级为世界性金融危机的美国金融危机对世界经济产生了巨大的冲击，再一次证明金融危机不仅仅会对危机国产生巨大的冲击，还会影响到其他国家。研究表明，金融危机后一国经济的中期产出会受到影响并发生改变，其产出的路径也会发生改变。东南亚国家的外贸依存度较高，20世纪80年代后的每一次金融危机几乎都会对其产生不同程度的影响。

一、文献综述

金融危机是指一个或几个国家和地区的全部或大部分金融指标（如短期利率、货币资产、证券、房地产、土地（价格）、企业破产数和金融机构倒闭数）的急剧、短暂和超周期的恶化。由于经济全球化、生产国际化的不断深化，使得金融危机不仅对危机国家有巨大的影响，同时也会对其他国家产生巨大的冲击，而其中对中期国民产出的冲击表现得尤

* 本文得到教育部人文社会科学研究项目《东亚外汇储备库研究》的支持，项目号：08JC790087。

黄梅波：厦门大学经济学院国际经济与贸易系，361005，电子信箱：mbh841123@163.com；吕朝凤：厦门大学经济学院国际经济与贸易系。

为明显。

Camen Kenneth 和 S. Rogoff（2008）研究了金融危机后的产出变化情况，提出金融危机对于本国的资产价格、政府债务、就业率和产出都具有重要的影响。Gert Jan Koopman 和 Istvàn P. Székely（2009）认为，金融危机主要通过劳动投入、资本和 TFP 来影响经济增长的路径。金融危机不仅对本国具有重要影响，而且可能对其他国家的产出带来冲击。David K. Backus、Patrick J. Kehoe 和 Finn E. Kydland（1993）认为，国际间的产出波动呈明显的相关性。Stockman（1990）、Kwark（1999）、Gross（2001）等提出，外部冲击会持续地影响一国的经济。M. Ayhan Kose、Christopher Otrok、Charles H. Whiteman（2005）运用需求分析法，将产出、消费、投资作为重要的变量研究了国际经济波动的特点。Ariel Burstein、Christopher Kurz、Linda Tesar（2008）认为，国际经济波动的同步性主要是由于对他国进口的依赖、其他包括价格在内的冲击、需求冲击、其他与贸易相关的冲击等。同时，他们还认为"持有他国产出利润的股权即产出成果分享是国际贸易流动的主要组成部分，也是国际经济波动传导的重要渠道"。王良健、钟春平（2004）认为，外部冲击会对消费结构、市场、政府及宏观经济产生影响；外部冲击的强弱会对经济增长产生不同的影响，而这种冲击的内在机制在于竞争机制。Ravi Balakrishnan、Petya Koeva Brooks、Daniel Leigh、Irina Tytell 和 Abdul Abiad（2009）认为，"外部需求冲击显著地影响一国金融危机后产出的变化程度"，同时还从总需求角度对产出的中期变化进行了分析。

金融危机的外部冲击往往通过贸易渠道、资本渠道和产业结构调整渠道影响他国经济的增长与发展。

首先，金融危机会通过外贸渠道影响他国产出的中期变化。Berlk（1997）提供了不同国家在外贸上相互联系的证据。Click 和 Rose（1999）提供了外贸作为主要传导渠道的实证证据。Cross（2001）再次强调"在经济波动的国际传递中，外贸传导的重要作用"。实际上，对外贸易水平的确对各国产出的相关性产生着重要的影响。Baxter 和 Kouparitsas（2005）、Kose 和 Yi（2006）也认为"各国经济波动同步性与贸易有着密切的正向联系"。Sandra Eickmeier（2001）研究证明，金融危机的外部冲击首先就是危机国对他国进口的减少。Ravi Balakrishnan 等（2009）研究表明，在金融危机后，危机国的消费将受到非常大的冲击，会持续性地大幅度下降，其在中期里会下降 15%左右。金融危机会对一国的消费产生冲击。传统观点认为，消费取决于个人收入。但是遵循 Akerlof Yellen（1985）提出的近似理性思想，Cochrane、Campbell J. Y.和 Mankiw N. G.（1991）认为"消费除了受收入影响之外，还受到预期的影响"。在金融危机爆发后，一国消费者预期受到影响，进而影响到对他国产品的消费总量，从而影响到他国的国民生产总值。由于危机国消费的大幅度下降，受到冲击最大的首先就是危机国对他国的进口。Ravi Balakrishnan 等（2009）应用实证方法证明了这个结论，"金融危机后，危机国的国内进口下降幅度更大，在中期里将会下降 30%"。如此大的、持续性的外部需求冲击将会使他国产品的出口大幅度地、持续性地下降。Eickmeier（2001）利用美国—德国的数据证明，外贸出口的冲击占到了总冲击的 3/4 以上。同时，由于危机国受到金融危机冲击，其国民产出受到冲击，使得其币值下降，从而导致其产品的竞争力增加，带来危机国产品的出口增加，进而引致他国对危机国进口的增加。如果危机国进行贸易保护，这种情况将更加明显，从而导致他国的贸易平衡持续性地恶化。这一命题已被 Eickmeier（2001）所证实。在受到金融危机的外部冲击后，他国将持续性受到危机国外部需求的冲击，并且以出口大幅度的、持续性的下降而表现出来。

其次，金融危机会通过资本渠道对他国的投资、消费产生巨大的冲击（Ravi Balakrishnan 等，2009）。在全球化背景下，由于生产资源的全球配置，其要求资本也在全球进行配置。在与危机发生国有较高的贸易、资本联系的条件下，他国的资本形成和投资就会受到冲击。主要有以下三个原因：第一，他国的生产者在发生国吸收的资本数量（FDI）会大幅度减少。在发生国的金融危机使得其金融机构提高信贷标准、信贷成本后，由于流动性紧缩，使得他国从危机国获得的投资大幅度下降。第二，危机发生国在他国的资本出现倒流。由于受到金融危机的冲击，使得发生国企业的经济环境面临恶化、经营收益受到影响，跨国公司为了保证母公司的经营安全，就可能会大幅度减少在他国的投资，同时促使自身的大量资本回流到母公司。第三，如果金融危机使得发生国的资产市场价格大幅度的下降，就会导致跨国公司账面收益大幅度下降，为了保证母公司提高经营业绩，跨国公司就会从他国抽逃资本。

最后，金融危机的外部冲击还会对他国产业结构产生影响。由于受到金融危机的冲击，他国会受到危机国投资与进口需求下降的冲击，同时还受到直接性的资本市场冲击，从而使得其优化自身产业结构的行为受到约束。如果产业结构的调整和优化受到影响，那么就可能导致他国在较长期里优化配置资源的能力下降，从而导致他国在中期里产出的无效部分增加。这也导致他国掉进一个循环，即“经济受到冲击——产业结构调整受到影响——经济更易受到冲击——产业结构调整更易受到影响”，这样的循环也可以看做由于实体经济结构受到影响后，导致资本市场结构、劳动力市场结构也受到影响，从而导致整个产业结构受到影响。

根据上述分析可以得到，金融危机的外部冲击能够通过贸易渠道、资本渠道和产业结构调整渠道影响他国经济的增长与发展，而且这种影响在一定程度上是持续性的、较长时期的，当然也可能有一定的时滞。

二、金融危机的外部冲击对东南亚国家产出的中期影响

对于东南亚国家而言，由于长期实行外向型经济战略（林丽钦，2008；曹云华、郑蔚康，2008）和出口导向型经济战略（吴飞美，1998），导致其经济对国外投资、外部市场的依赖程度相对较高，尤其是美国、日本和欧盟。例如，1999 年美国、日本对马来西亚的 FDI 分别占到了马来西亚 FDI 吸收量的 42.03%、8.197%，2006 年则为 12.24%、21.81%；1999 年美国、日本对菲律宾的 FDI 分别占到了菲律宾 FDI 吸收量的 9.15%、

16.52%，2006 年则为 54.37%、14.23%。可见，在东南亚国家所吸引的 FDI 中，美国、日本的 FDI 占到了非常高的比例。1989 年菲律宾对日本的出口、进口总额占其总出口、总进口的比例分别为 16.95%、30.48%，马来西亚的比例为 16.03%、24.07%，印度尼西亚的比例为 42.16%、23.27%，泰国为 16.95%、30.48%。1999 年菲律宾对美国的出口、进口总额占其总出口、进口的比例分别为 29.56%、20.69%，马来西亚的比例为 21.92%、17.42%，印度尼西亚的比例为 14.19%、11.84%，泰国的比例为 21.66%、12.8%。可见，东南亚国家对美国、日本的资本及贸易依存度较高，很容易受到美国、日本金融危机的冲击。美日金融危机对东南亚国家的冲击很可能会是连续性的、较长时期的。当然，由于外贸合同粘性、价格刚性的存在，也可能使得金融危机对于他国的冲击有一定的时滞。

根据 Berk（1997）、Click 和 Rose（1999）、Cross（2001）、Baxter 和 Kouparitsas（2005）、Kose 和 Yi（2006）、Sandra Eickmeier（2001）的研究，同时也基于国民产出的需求构成，笔者将主要从外贸（出口）角度研究外部金融危机对东南亚国家的影响。即从总需求角度，将一国的国民产出（GDP）分为消费、投资、政府支出、进出口差额几个部分。假定一国国内经济运行稳定，即总消费、投资、政府支出、进口均保持相对不变；这时金融危机的外部冲击对于该国的影响就表现为危机发生国对于该国进口的变化，即该国的出口变化。在上述假定下，运用 Carmen Kenneth、S. Rogoff（2008）和 Ravi Balakrishnan 等（2009）提出的“事件分析法”(Event-study Methodology)，分析 2000 年美国金融危机以及 20 世纪 90 年代日本金融危机对东南亚国家产出的影响情况，以讨论金融危机的外部冲击的影响和具体特点。

2000 年，美国网络科技泡沫破裂、网络股暴跌，引起美国股票市场大幅度下跌。这次金融危机使得美国经济增长率降到了负数。为了恢复经济，从 2001 年起，美联储连续数次下调联邦基金利率，使该利率从 6.5%降至 1%的历史最低水平。这次科技泡沫破裂所导致的金融危机对美国经济产生了较大的影响，进而导致美国对东南亚国家的进口、投资等大幅度下降，造成了对东南亚国家的外部冲击。

从表 1 可以发现，东南亚国家对于美国的出口依存度相对较高，其中菲律宾、马来西南、泰国、柬埔寨四国对美国的出口占其总出口的比率均超过了 20%。东南亚各国从美国的进口占其总进口的比率并不一致。其中孟加拉国、越南、柬埔寨从美国的进口占其总进口的比率只有 2%左右，而其他国家的比率均超过了 10%。这也表明，东南亚国家对于美国市场需求有着较高的反映，其也容易受到美国市场需求的外部冲击。

首先，来看美国危机后东南亚国家对美国出口的变化趋势的影响。从图 1 中可以发现，美国金融危机后受到美国需求的外部冲击，东南亚国家对美国的出口均受到了不同程度的影响。除越南外，其他国家或地区对美国的出口在 2000 年、2001 年、2003 年、2004 年间都有所减少。其中菲律宾、新加坡对美国的出口在中期里未恢复到平均趋势；泰国、马来西亚、印度尼西亚三国在 2001~2004 年对美国的出口低于平均趋势；只有柬埔寨高于平均趋势。从总需求角度分析，美国金融危机对于东南亚国家或地区具有明显的外部冲击效应，而且这种效应对于不同的国家也有不同的时滞效应。例如，泰国、马来西亚、印度尼西亚、柬埔寨、新加坡、菲律宾的时滞期均为 1 年，即它们从 2001 年起对美国出口开始低于平均趋势值；印度尼西亚的时滞期为 2 年，即它从 2002 年起对美国出口开始低于平均趋势。

表 1 1999 年东南亚 8 个主要国家对美国进出口① 占其总进出口的比率

国家	对美国出口份额	从美国进口份额
泰国	0.216556	0.127960
菲律宾	0.295583	0.206927
孟加拉国	0.195598	0.005729
柬埔寨	0.658773	0.023003
马来西亚	0.219191	0.174228
新加坡	0.192154	0.171251
印度尼西亚	0.141935	0.118359
越南	0.043672	0.027514

资料来源：IMF、CEIC 中国经济数据库（http：//site.Securities.corn/cdmWeb，Global Database）。

其次，来看美国金融危机对东南亚各国中期产出路径的影响。由于美国金融危机对于东南亚国家的外部冲击效应明显，是否就意味着东南亚国家的经济增长在中期里会因为受到美国金融危机的冲击而改变发展路径呢？通过对于东南亚国家在美国金融危机后的国民产出变化进行分析后发现，一部分东南亚国家在美国危机后其国民产出路径的确发生了改变；另一部分东南亚国家的国民产出路径则并没有发生改变。从图 2 中可以发现，除了孟加拉国、文莱之外，其他东南亚国家的国民产出均在 2000 年左右受到了不同程度的影响。除柬埔寨外，新加坡、印度尼西亚、马来西亚、越南、泰国等东南亚国家的国民产出普遍受到了 1~3 年的冲击。除文莱、孟加拉国外，美国金融危机对其他东南亚国家冲击的滞后期均大致为 1 年。虽然从中期来看，这些国家的国民产出均会回复到平均趋势之上，这表明美国金融危机虽然在中期没有改变东南亚国家的产出路径，但是对东南亚国家国民产出的确产生了明显的冲击。

最后，美国危机后，对美国出口的变化是否是造成东南亚国家国民产出在中期偏离平均趋势的原因。笔者运用格兰杰因果关系检验模型对东南亚国家产出缺口的变化进行分析，得到了表 2 的结果。可以发现，美国需求的外部冲击在一定程度上能解释东南亚国家产出偏离平均趋势的原因。这也就证明了美国金融危机所导致的外部冲击对东南亚国家的国民产出具有重要的影响。同时虽然其未导致东南亚国家的国民产出永久偏离其平均趋势，但是其使得东南亚国家的国民产出在危机后的 1~3 期里与平均增长趋势发生偏离并低于平均增长趋势；同时，其对东南亚国家冲击的滞后期均为 1 年左右。

---

① 其中，由于泰国、印度尼西亚在 1997 年进行了重大经济改革（克里斯·狄克逊，2004），故在后文研究中从 1998 年开始取值，以保证其经济增长趋势的稳定性。柬埔寨则是由于政治和经济的双重原因（王国平，2003），也从 1998 年开始取值，以保证其经济增长趋势的稳定性。

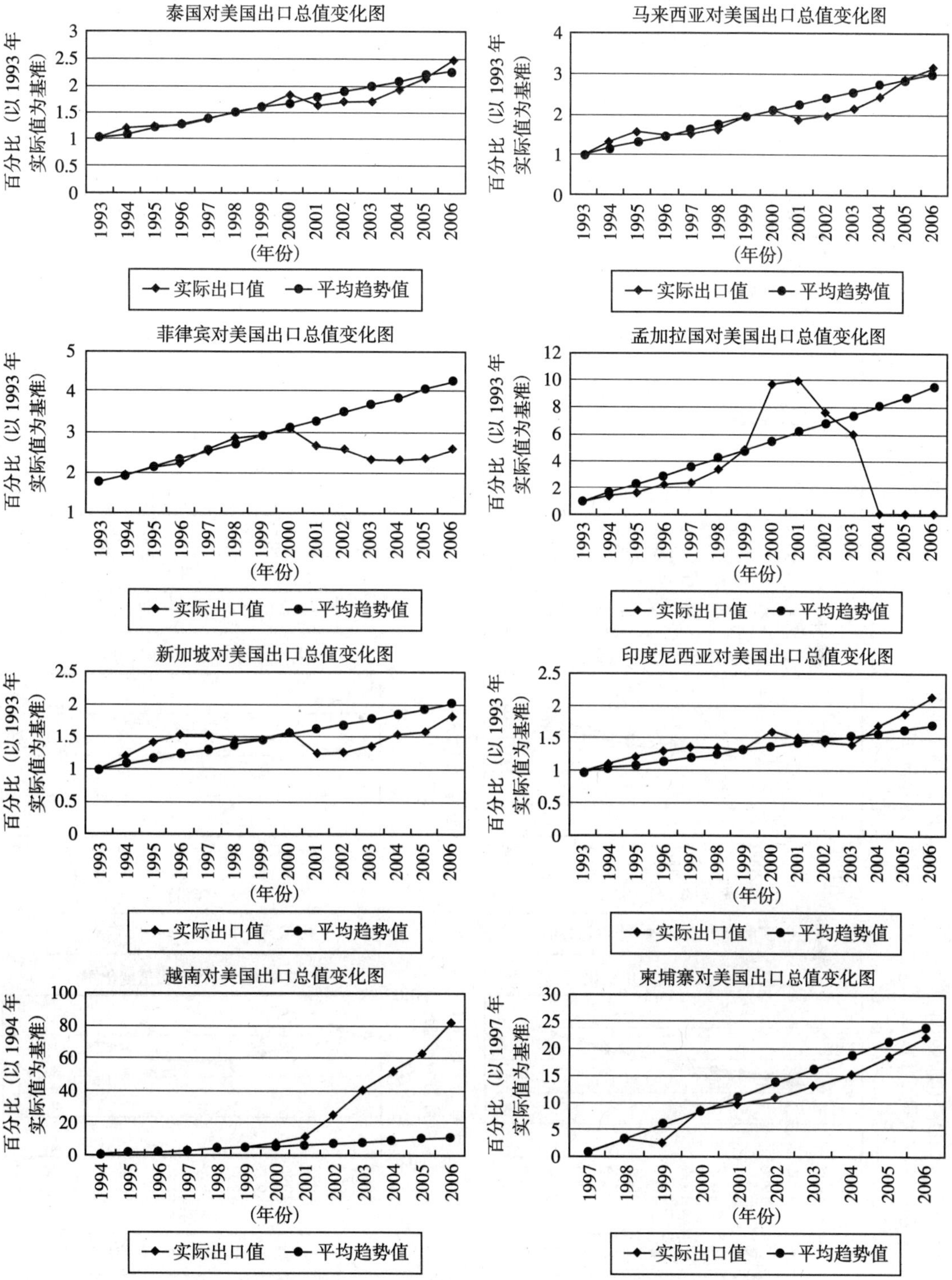

图 1　2000 年后主要东南亚国家对美国出口总值的变化趋势分析

资料来源：同表 1。

马来西亚人均国民产出值变化图

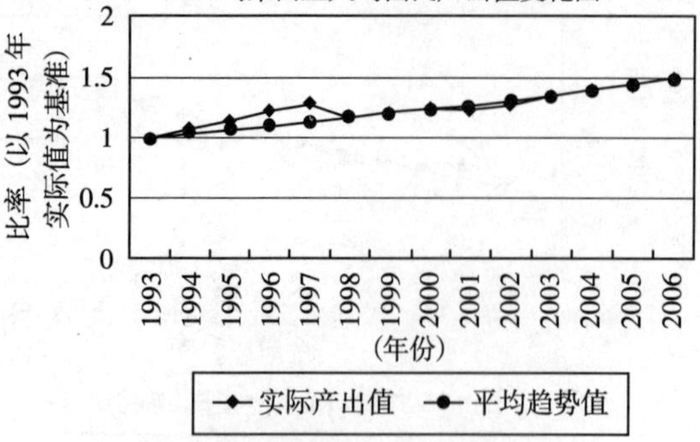

菲律宾人均国民产出值变化图

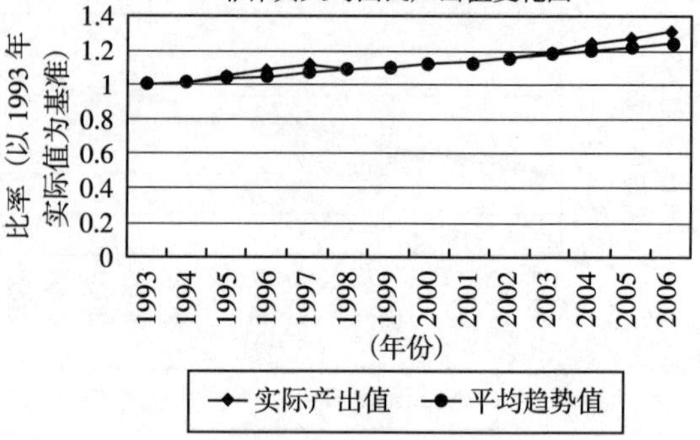

新加坡人均国民产出值变化图

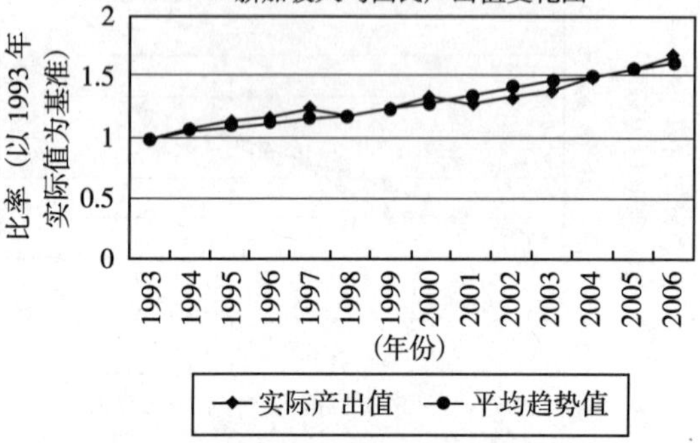

泰国人均国民产出值变化图

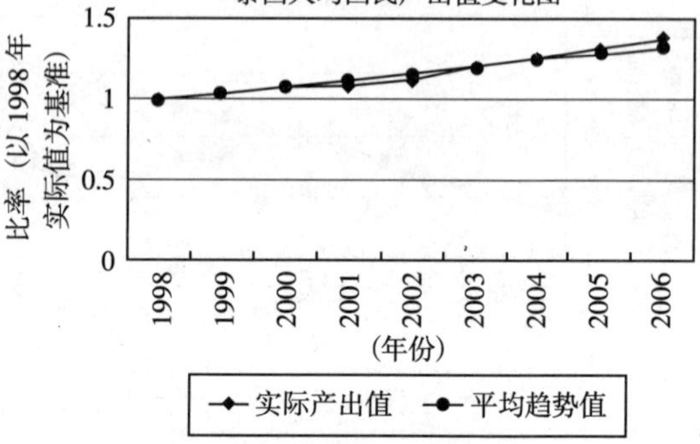

柬埔寨人均国民产出值变化图

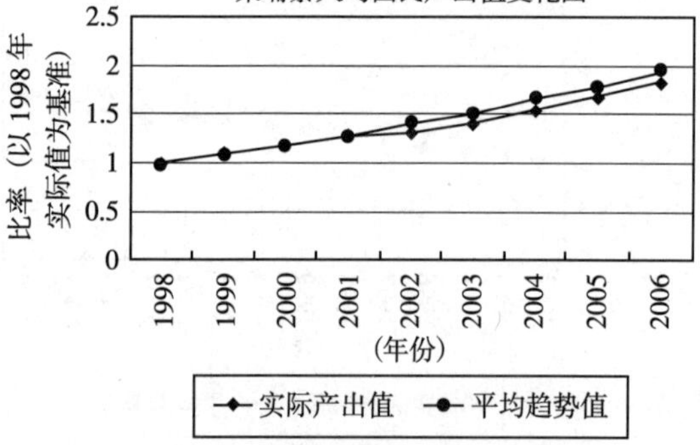

老挝人均国民产出值变化图

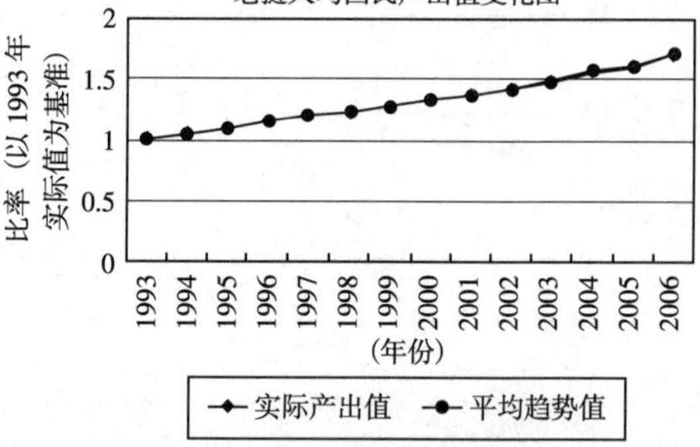

越南人均国民产出值变化图

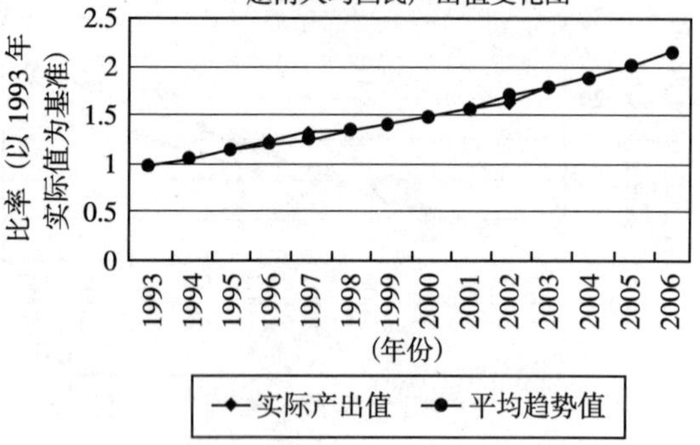

文莱人均国民产出值变化图

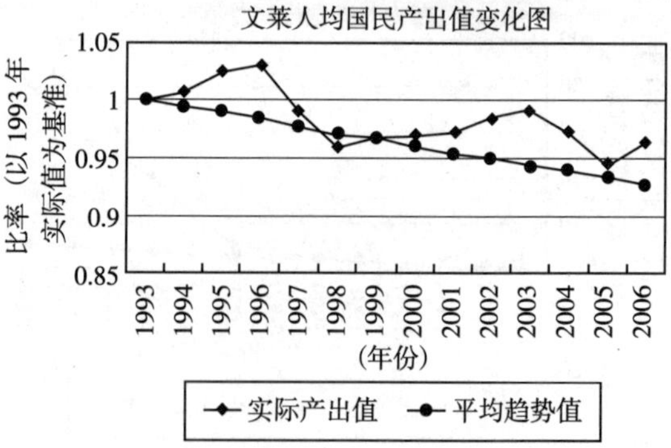

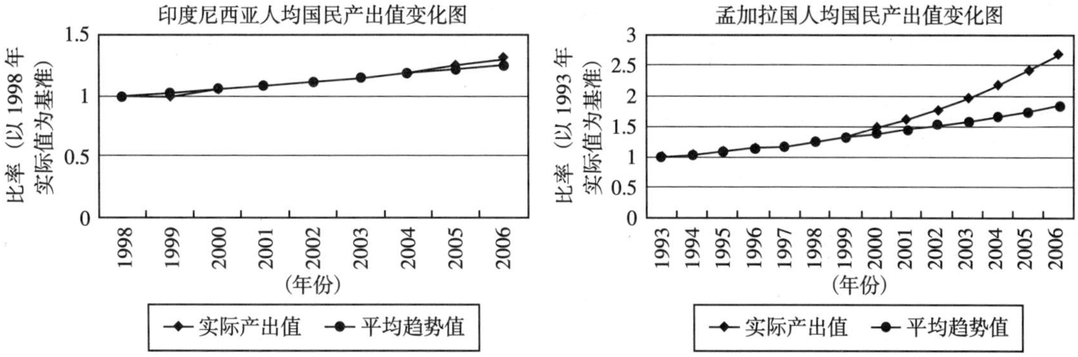

图 2　2000 年后主要东南亚国家人均 GDP 的变化趋势分析

资料来源：同表 1。

运用上述方法分析 20 世纪 90 年代日本金融危机对东南亚国家产出的影响也可以得到类似的结论。由于 1990 年日本金融危机的影响，[①] 使得日本对东南亚国家的进口、投资等大幅度下降，造成了对东南亚国家的经济冲击。通过分析发现，日本金融危机的外部冲击造成了东南亚各国对日本的出口偏离了原有的趋势。其中印度尼西亚在中期内没有恢复到以前的趋势；新加坡从 1991 年到 1993 年对日本出口值均低于危机前的平均趋势值，其时滞期为 1 年；孟加拉国、印度尼西亚的时滞也是 1 年；泰国在当年就受到了冲击，除了 1991 年稍高于平均趋势值外，1992 年、1993 年均低于平均趋势值，没有时滞期。通过以上分析可以发现，从总需求角度分析，日本金融危机对于东南亚国家的外部冲击是具有明显效应的，只是这种效应对不同国家具有不同的时滞效应。从中期来看，金融危机对于其他国家的外部冲击并不具有永久效应。对于出口而言，大部分国家都会在中期恢复甚至高于平均趋势值。但是对于印度尼西亚而言，由于其对日本出口占其总出口的 40%以上，日本金融危机对它的影响更具有持久效应。金融危机的外部冲击同样会影响一国经济的发展路径，造成经济增长路径偏离其平均增长趋势。其他国家或地区的产出路径都发生了变化。在中期里，除越南、文莱以外，柬埔寨、新加坡、马来西亚、菲律宾、泰国、印度尼西亚的国民产出路径都发生了改变，低于平均增长趋势。这个发现表明，同时日本金融危机对泰国、新加坡、柬埔寨、菲律宾均有 1 年的时滞期。对东南亚国家的产出偏离与日本需求冲击进行格兰杰因果关系检验可以发现，日本需求冲击在一定的显著水平上是东亚南国家产出偏离平均趋势的原因。即东南亚国家在 1990 年后的产出偏离与日本金融危机导致的外部冲击在一定程度上有着非常显著的关系。[②]

---

① 1990 年日本金融危机起源于日元持续大幅度升值，导致日本经济体系的惊天大泡沫。崩盘的主要领域足股市和房地产。股市跌幅超过 70%，房地产跌幅超过 50%，灾难很快蔓延至银行金融和整个经济体系，日本经济陷入长期衰退。

② 由于笔者除了要考察外部金融危机对东南亚国家的影响外，还要对比分析东南亚各国是否已经从美国次贷危机中恢复这一命题。故对外部金融危机的分析重点放在 2000 年美国金融危机上。但是对 1990 年日本金融危机对东南亚国家的影响，也进行了详细分析，其结果与 2000 年美国金融危机的影响具有很高的相似性。故只是将笔者对日本金融危机对东南亚国家的影响作简要的介绍。

表 2 主要东南亚国家的产出偏离与对美国出口的格兰杰因果关系检验

国家	Null Hypothesis:	Obs	F-Statisitic	Probabitity
马来西亚	F does not Granger Cause Y	12	3.59098	0.08448
	Y does not Granger Cause F		0.93743	0.43579
菲律宾	F does not Granger Cause Y	12	3.44923	0.09067
	Y does not Granger Cause F		2.03255	0.20137
新加坡	F does not Granger Cause Y	11①	9.83511	0.02564
	Y does not Granger Cause F		1.53410	0.33573
泰国	F does not Granger Cause Y	8②	10.1584	0.02434
	Y does not Granger Cause F		4.40856	0.08979
柬埔寨	F does not Granger Cause Y	7③	2.70108	0.27019
	Y does not Granger Cause F		1.17204	0.46040
老挝	F does not Granger Cause Y	11	1.87422	0.27485
	Y does not Granger Cause F		2.21138	0.22924
越南	F does not Granger Cause Y	10④	38.9974	0.11946
	Y does not Granger Cause F		2.73198	0.42218
孟加拉国	F does not Granger Cause Y	13⑤	4.04913	0.07190
	Y does not Granger Cause F		3.46258	0.09239
印度尼西亚	F does not Granger Cause Y	8⑥	4.36647	0.09094
	Y does not Granger Cause F		0.16960	0.69753

资料来源：同表 1。

总之，在经济全球化背景下，一国金融危机会导致其他国家受到外部冲击；这种冲击从需求角度表现为这个国家从其他国家的进口受到冲击，进而对其他国家的经济增长路径产生冲击。国家间贸易开放程度越高，其他国家受到的冲击就越加明显。

三、结论

应用事件分析法，通过研究 2000 年美国金融危机和 1990 年日本金融危机后东南亚国家国民产出的中期变化，讨论了两个非常重要的问题：第一，金融危机所导致的外部冲击对其他国家的出口及国民产出的增长趋势是否有显著的影响，是否导致其他国家的出口和

① 样本为 1993~2006 年，滞后项为 3 期。
②⑥ 样本为 1998~2006 年，滞后项为 1 期。
③ 样本为 1998~2006 年，滞后项为 2 期。
④ 滞后项为 4 期。
⑤ 样本为 1998~2006 年，滞后期为 1 期。

国民产出低于其平均趋势；第二，这种冲击的影响会持续多久，是否会在中期内的一段时间内改变其他国家的增长路径。通过分析发现，东南亚国家在一定的显著水平上的确受到了美国金融危机和日本金融危机所导致的外部冲击，这种冲击也改变了东南亚国家经济增长的路径；在受到冲击后的未来 1~3 年里，这种冲击会使东南亚国家的国民产出低于平均增长趋势，其中一部分国家的产出路径发生了改变。因此可以说，在中期里，金融危机所导致的外部冲击对于其他国家经济增长会产生非常显著的冲击；这种冲击具有 1 年左右的时滞期，同时影响期一般可能为 1~3 年。

2007 年在美国爆发的金融危机对世界经济产生了巨大的冲击，金融危机的外部冲击对于东南亚各国经济会产生什么影响，其影响具有什么特点？沈红芳、刘月容、程博（2009）认为“2008 年下半年之后，东南亚地区的经济增长率均因全球经济衰退而大幅下滑”，“2009 年东南亚的实体经济还会受到进一步损害，金融和经济增长仍面临更为严峻的挑战和考验”；王勤、许望（2009）也认为“2009 年东南亚各国的宏观经济环境不容乐观”。笔者应用事件分析法分析美国次贷危机对东南亚国家的冲击（见图 3）后发现，美国次贷危机后，在 2008 年，除新加坡、文莱、泰国、孟加拉国外，其他国家均未明显地低于其平均趋势值。对比前文分析的 2000 年美国金融危机后东南亚各国产出值的中期变化趋势、金融危机外部冲击的时滞特性，本次金融危机对这些国家的冲击应主要表现在 2009 年之后，并会在 1~3 年的时间里偏离其平均趋势。这使得我们对于东南亚国家在 2009 年和未来 2 年里的国民产出都不要期望得太高。

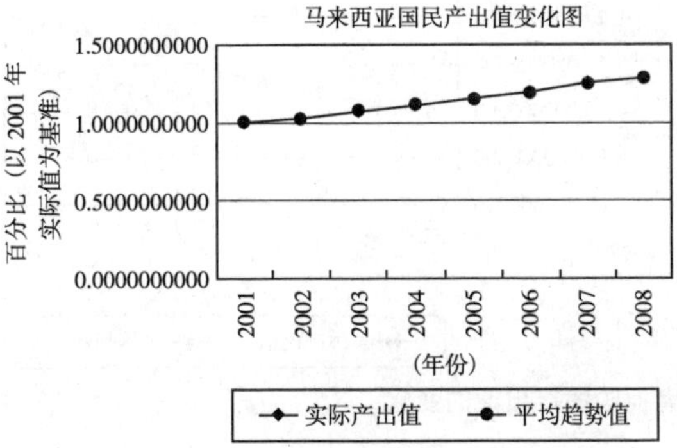

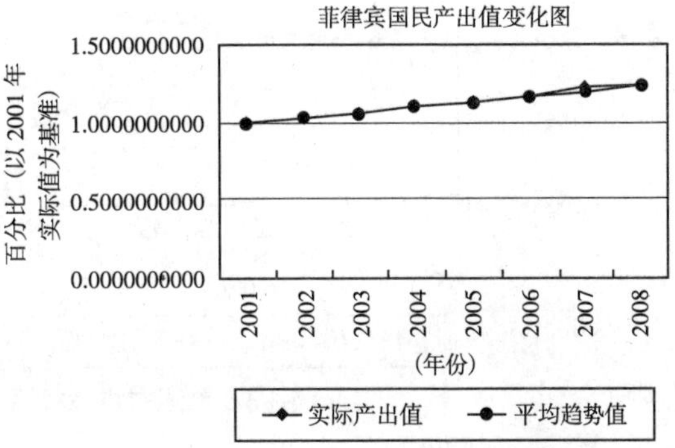

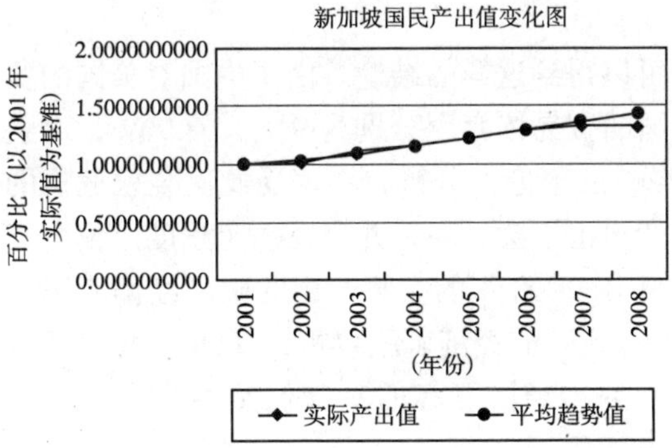

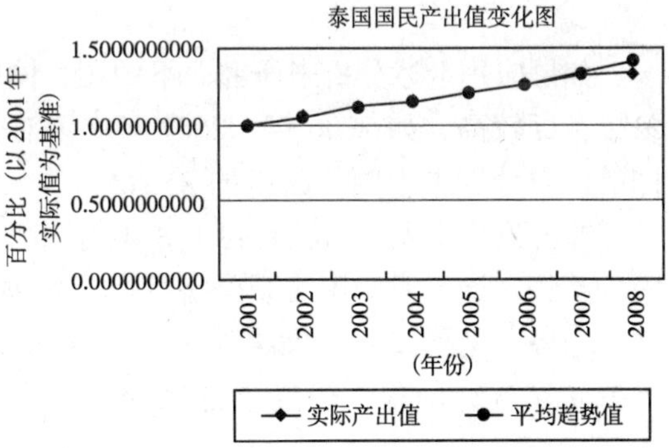

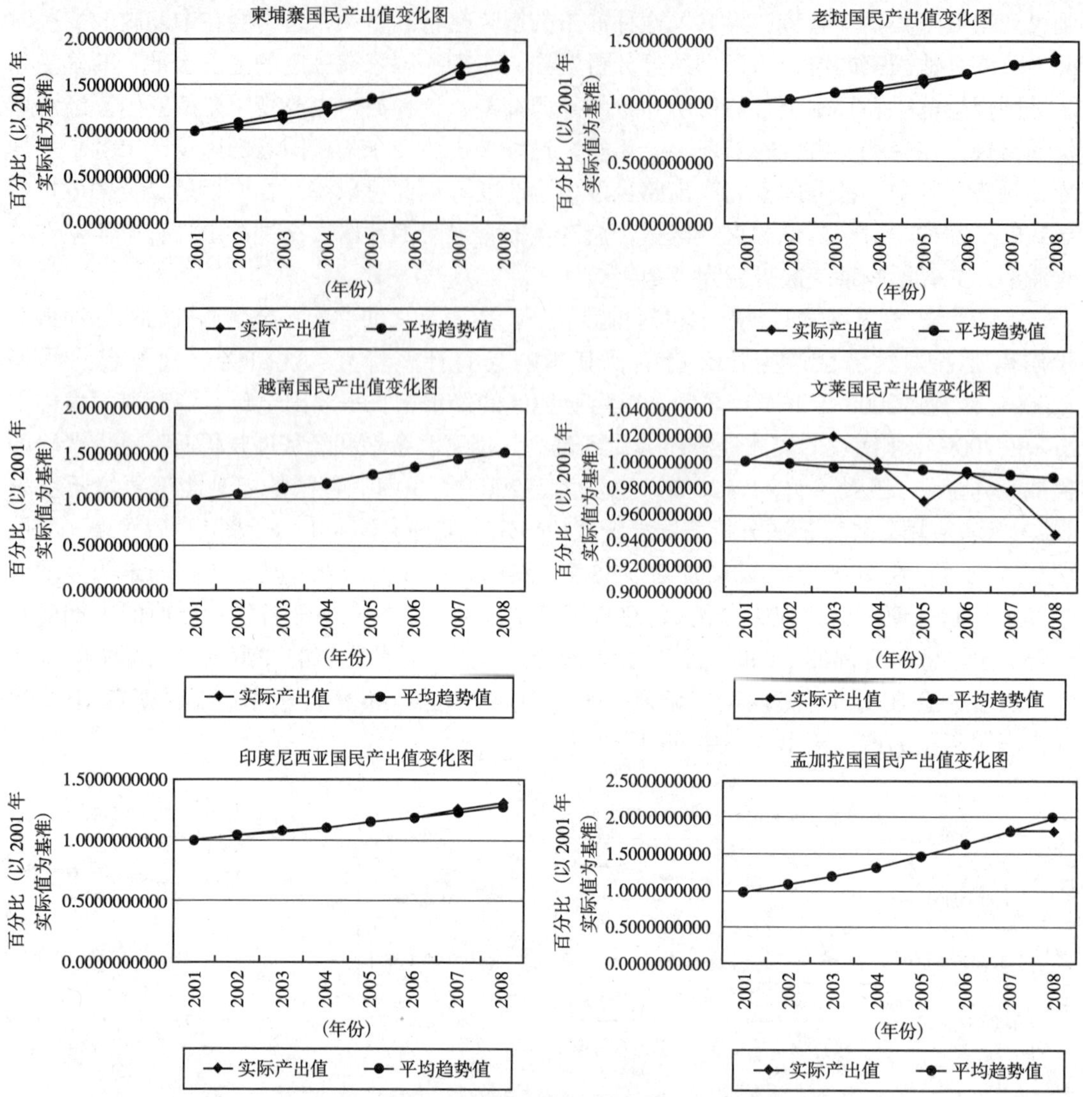

图 3　美国次贷危机后东南亚国民产出值的变化

资料来源：同表 1。

如果应用上述分析来研究一下中国，同样可以得到这样的结论。由于中国对美国的贸易依存度较高，如 2006 年、2007 年中国对美国的贸易依存度分别为 9.9%、8.96%，对美国的出口分别占中国总出口的 25.76%、24.38%；从理论上分析，中国受此次金融危机的外部冲击也会很大，危机后的 1~3 年内中国的产出也不会太高，并会在一定程度上偏离其平均趋势。通过对中国宏观经济的研究发展：中国 2008 年的实际产出的确已经偏离了其平均趋势（见图 4），2008 年底我国陆续推出了一系列的经济刺激政策，2009 年我国经济已率先复苏，但很大程度上是靠政府投资拉动的，经济复苏的基础仍然不稳定、不巩固、不平衡。因此在一定时间内保持宏观经济政策的连续性和稳定性，继续实施积极的财政政策和适度宽构的货币政策，以促进国内需求特别是消费需求的持续增长仍然很有必要。

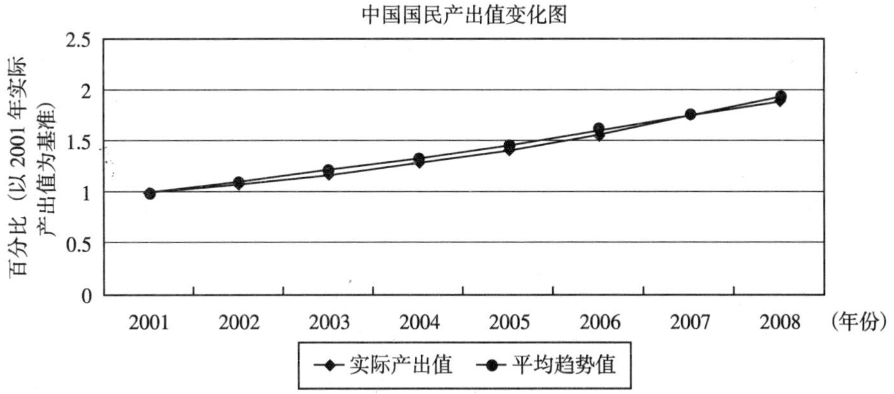

图4　美国次贷危机后中国国民产出值的变化

资料来源：同表1。

参考文献：

[1] 王良健、钟春平：《以外贸为主的外部冲击，竞争与区域经济增长》，《经济地理》2004年第2期。

[2] Ariel Burstein，Christopher Kurz and Linda Tesar（2008）. Trade，Production Sharing，and the International Transmission of Business Cycles，Journal of Monetary Economics 55.

[3] Carmen M. Reinhart and Kenneth S. Rogoff（2009）. The Aftermath of Financial Crisis. NBER Working Paper No.14656.

[4] Carmen Reinhart（2009）. The Economic and Fiscal Consequences of Financial Crisis，MPRA Paper No. 13025.

[5] Daniel Gross（2001）. Trade Flows and the International Business Cycle，CFS Working Paper No. 2001/12.

[6] David K.Backus，Patrick J. Kehoe and Finn E. Kydland（1993）. International Business Cycles：Theory and Evidence，NBER Working Paper Series，National Bureau of Economic Research.

[7] Gert Jan Koopman and P. Szkely（2009）. The Financial Crisis and Potential Growth：Policy Challenges for Europe，European Ecooomic Brief Issue 3.

[8] Gertrude Turnpel -Gegerell（2009）. The Financial Crisis—Looking Back and the Way Forward. Organized by the European Economic and Social Committee and European Union Confederation，Brussels.

[9] Massimo Sbracia and Andrea Zaghini（2003）. The Role of the Banking System in the International Transmission of Shocks，World Economy 26（5）.

[10] Michael Chui，Simon Hall and Ashley Taylor（2002）. Crisis Spillovers in Emerging Market Economies：Interlinkages，Vulnerabilities and Investor Behavior，Bank of England Working Papers 212，Bank of England.

[11] Munadi, Emawati and Safa, Mohammad Samaum (2005). Business Cycle Transmission between the USA and Indonesia: a Vector Error Correction Model, MPRA Paper No.1 0755.

[12] Ravi Balakrishnan, Petya Koeva Brooks, Daniel Leigh, Irina Tytell and Abdul Abiad (2009). World Economic Outlook: Sustaining the Recovery (Chapter 4). IMF Multimedia Services Division October.

[13] Sandra Eickmeier (2004). Business Cycle Transmission from the US to Germany—a Structural Factor Approach, Discussion Paper Series 1: Studies of the Economic Research Centre No.12/2004.

Medium-term Impact of External Shocks of Financial Crisis to Southeast Asian Countries' Output: Based on Studies of Impact of Japanese, American Financial Crisis Shocks

Huang Meibo　Lv Chaofeng

Abstract: The financial crisis will affect the economic growth path of one country, and will reduce its consumption, investment, import and export, and at the same time through the capital channel, the foreign trade channel, the industrial structure channel, it shocks the economy of other country. In this paper, by exploring the shocks of external financial crises to the Southeast Asian countries through foreign trade channels, this paper draws the conclusion that the impact of external shocks of the financial crisis to Southeast Asian countries' economy has the time lag and the impact period is 3, the impact to the national out of different countries shows different features, and on this basis, it analyzes the recovery path of Southeast Asian countries from the subprime lending crisis of USA.

Key Words: Financial crisis; External shocks; Southeast Asian countries

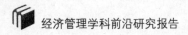

金融危机下的全球经济：从失衡到平衡

雷 达 赵 勇 孙 瑾

【摘 要】本文从全球经济失衡到金融危机产生再到失衡调整的内在逻辑进行了分析。我们认为，全球经济失衡可持续的基础在于，美国金融体系的高度发达和实体经济中高收益行业的存在。而当这些条件不具备时，经济失衡的调整将不可避免。从性质上看，本次美国金融危机是居民过度消费以及外部经济失衡纠偏调整的表现形式。同时，金融危机的发生并没有改变当前的国际金融格局，在缺乏制度和技术创新的情况下，全球经济的增长必将进入一个高波动低水平的增长阶段，此时任何指标反映的经济复苏都缺少创新的基础。

【关键词】全球经济失衡；金融危机；经济复苏

20 世纪 90 年代后期，美国经常项目逆差持续增加。在本次金融危机爆发前的 2006 年，美国经常项目赤字占国内生产总值的比例达到最大值 6.40%。伴随着美国金融危机的发生，全球经济失衡开始向均衡方向进行调整，美国经常账户赤字占 GDP 的比重从 2006 年的 6.40%迅速下降到了 2009 年第二季度的 3.57%。但从本次全球经济失衡调整的方向看，其逻辑起点在于美国经济内部金融市场的动荡，继而由美国居民消费需求的下降逐步过渡到对外进口需求的减少，而与之前全球经济失衡时期众多学者（Roubini 和 Setser，2004；Cline，2005；Eichengreen，2004；Edwards，2005 等）所强调的外围国家对美元资产的持有意愿并无直接关系。因此，我们有必要就从全球经济失衡到金融危机产生再到全球经济失衡调整的内在逻辑机制进行分析，特别是重新探讨全球经济失衡的可持续性条件以及风险累积机制。同时，从实践层面来看，在当前全球经济呈现复苏迹象之时，不仅有关货币政策是否退出的争论开始出现，以“轮胎特保案”和“无缝钢管两反调查案”为代表的贸易摩擦也开始不断增加。这充分反映了在金融危机背景下，在全球经济从失衡到平衡[①]的调整过程中，人们对全球经济失衡的利益实现机制和本次金融危机性质的认识不足。我们有必要对全球经济再平衡下的世界经济形势做一个准确的判断。

---

① 这里所说的平衡强调的是全球经济失衡向均衡方向的调整，指的是全球经济失衡程度的相对降低。

一、从经济失衡到金融危机：金融危机的性质

为了解决社会有效需求不足，除去 20 世纪 70~80 年代美国经济的滞涨时期外，美国政府一直在实行积极的财政政策和宽松的货币政策来刺激国内消费需求。但在居民可支配收入增长速度有限以及收入边际消费倾向递减规律的影响下，虽然政府减税降息的政策可以在一定程度上扩大居民收入的可支配空间，但居民消费需求的增长仍然会受到制约。因此，为了维持总需求水平，美国居民消费必须找到收入之外的新的支撑点，而 20 世纪 90 年代之后，居民家庭财富的不断上涨则为这一切提供了可能。

从图 1 可以看出，20 世纪 80 年代中期以后，居民财富的增长速度远远快于居民可支配收入的增长速度。1985 年初，居民财富与收入的比率为 3.8 倍，1990 年，这一比例上升到了 4.7 倍。纳斯达克股票市场泡沫破灭后这一比例虽有所下降，但随着房地产市场的繁荣，到危机爆发前的 2006 年这一比例仍继续上升到了 6.2 倍。同时，伴随着居民财富的快速增加，美国居民的消费结构也发生了变化，这点突出地反映在低端的非耐用品消费比例下降和高端的服务消费比例的上升上。1952 年，非耐用品和服务消费在居民消费中的比重分别为 51.7%和 34.4%，而到了 2008 年，两者的比例分别变化为 29.5%和 60.1%（见图 2）。

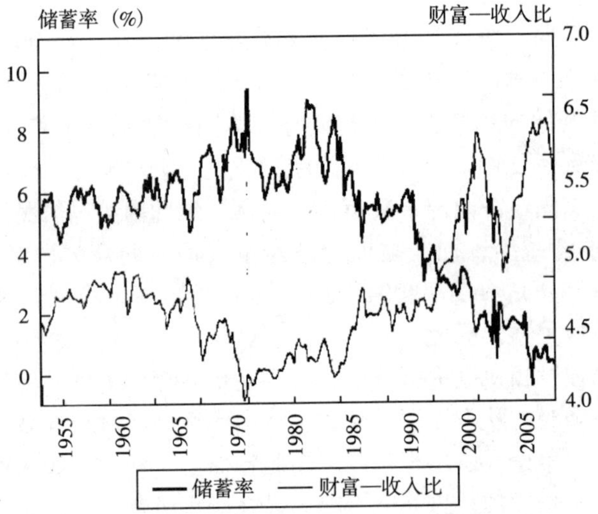

图 1　美国居民财富—收入比与储蓄率

在可支配收入增长有限的情况下，美国居民家庭财富增加以及消费构成高端化的一个直接结果便是借贷消费成为美国居民消费的主要形式。一方面，当居民消费结构由低端转

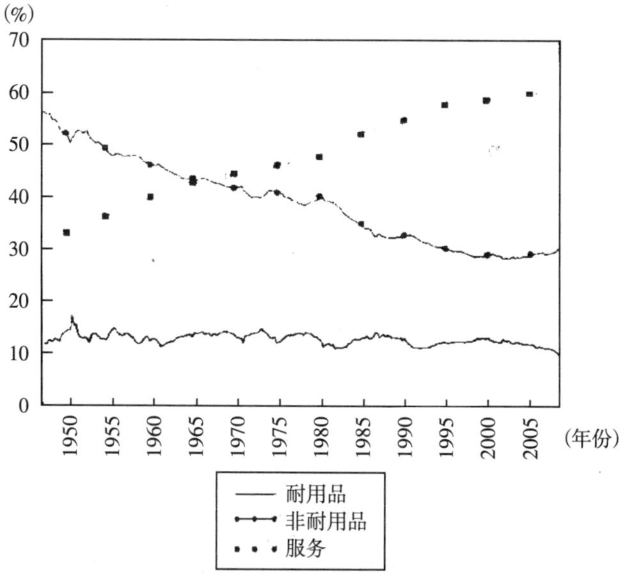

图 2 美国居民总消费的构成

资料来源：雷达、赵勇：《虚拟需求时代的终结与美国金融危机》，《中国人民大学学报》2009 年第 2 期。

向高端，高端消费群体由高收入阶层转向普通大众时，高端消费的大众化消费模式的维持只能通过借贷消费的形式来加以实现；另一方面，在居民财富未向实际收入转化的前提约束下，居民财富支撑下的居民消费必然具有很大的“超前消费”特征，其基本支撑点是居民未来财富水平而非现实支付能力。因此，在这两个方面作用力的影响下，美国居民消费的借贷特征逐渐形成，一个直观的表现便是美国居民储蓄率的持续下降，从 20 世纪 70 年代中期的 8%左右持续下降到了 2006 年底的 0.6%（见图 1）。伴随着美国居民储蓄水平的持续下降，美国经济中必然会出现储蓄小于投资的不均衡现象，而与内部储蓄小于投资相对应的自然结果便是美国对外贸易逆差的出现。

因此，从这个角度上说，美国居民的借贷消费模式促成了美国外部经常项目逆差的出现，而外部经常项目逆差的出现则为美国借贷消费模式的继续维持提供了必要的外部资本和商品流入的保证。但无论是居民借贷消费模式对跨期金融交易工具的内在需求，还是在外部贸易逆差情况下储蓄资源跨国流动的顺利运行，都离不开美国国内高效的金融市场的支撑。美国只有在金融发展水平较高的情况下，居民消费的借贷特征才可以长期维持，也只有在金融发展水平同其他国家存在较大差异的条件下，储蓄转化为投资的能力继而国内储蓄和投资的大小关系才会恰好倒置，美国才能通过外部贸易的不平衡以及资本的流入，为内部高水平居民消费需求的维持以及外部经常项目的长期逆差提供必要的支撑。

因此，美国国内金融市场的高度发达构成了美国居民消费高企和外部经济失衡的第一个条件。但较高的国内金融发展水平只是居民过度消费和外部经常项目逆差长期大规模存在的必要条件，而不是充分条件。首先，从国内居民的借贷消费模式来看，居民消费需求高企，特别是财富效应支撑下的消费需求高企的逻辑起点在于对未来财富的良好预期，在永久收入保持不变的前提下，其改变的只是跨期消费的相对水平，而不能改变跨期消费的消费总量。这样的一种过度消费模式只可能在短期内加以维持，长期内必然会向均衡水平进行调整。其次，从开放条件下低金融发展水平国家的储蓄意愿来看，由于这些国家国内储蓄向投资的转化机制不够完善，国内储蓄只能通过贸易和资本流动的渠道在他国发育良好的金融市场加以转化。但在这样的一种储蓄—投资转化机制中，虽然不同国家金融发展水平上的差异为这种机制的实现奠定了必要的基础，但在高金融发展水平国家的实物经济中不存在高收益投资领域的情况下，出于对“还贷”风险的考虑，低金融发展水平国家的储蓄意愿必然会有所限制，其国内的储蓄资源不可能大规模地在其他国家的金融市场加以转化。因此，从这个意义上来说，美国国内金融市场的发展决定了美国居民过度消费的形式以及外部经常账户平衡的方向，而实体经济中高收益投资领域的存在与否才进一步决定了美国居民长期过度消费以及外部失衡的程度。随着美国居民消费借贷规模的增加和外部经常项目账户赤字的累积，其对实体经济投资收益的要求也会有所提高。而当美国实体经济的发展不能满足居民过度消费和外部经济失衡对投资收益率要求的时候，国内居民的过度消费和外部经济失衡都将达到临界点，其调整将不可避免。而这一点，恰恰是支持全球失衡的文献所常常忽略的另一个持续条件。

从美国实体经济的发展来看，在新经济之后，美国的房地产市场成为新的投资目标。其发展降低了新经济泡沫破灭之后的经济震荡和冲击幅度，使得房地产市场在美国股市熊市时期能够起到继续支撑美国消费增长的作用。然而，由于房地产部门本身所固有的特点（传统市场、非贸易部门和房屋消费的二重性），与 ICT 行业相比，房地产市场对居民消费的支撑具有很大的局限性。[①] 房地产市场的发展虽然可以通过对实体经济的带动作用导致可支配收入下居民消费的增加，但相比纳斯达克股票市场，房地产财富的增加对居民“超前”消费的影响更为明显。伴随着房地产财富的增加，居民消费的借贷特征以及外部经济失衡都有所强化，而房地产市场对实体经济的推动作用却相对不足。实体经济的发展越来越滞后于美国居民大幅借贷消费以及外部经济失衡可持续性的需要。因此，当美国居民消费需求的支撑由 ICT 行业转向房地产部门时，居民消费需求和外部经济失衡的纠偏调整将更易于发生。由于危机发生前美国国内居民过度消费需求以及外部经济失衡长期存在的基本支撑点在于美国高度发达的金融市场以及房地产市场的高收益，当纠偏调整开始时，其最早冲击的也是房地产市场和金融市场，房地产次债危机和全面的金融危机也就自然产生。从这个角度上说，本次美国金融危机的深层原因仍然在于消费领域中居民需求的过度积累，从性质上看，它是居民过度消费模式进行纠偏调整的表现形式。

① 雷达、赵勇：《虚拟需求时代的终结与美国金融危机》，《中国人民大学学报》2009 年第 2 期。

二、金融危机后全球金融格局没有发生根本改变

为了对金融危机后世界经济外部平衡的特征以及未来经济走势进行分析，我们有必要对维持全球经济失衡的条件进行考察，其中，我们重点对金融危机后全球金融格局的变化情况进行分析。我们认为，虽然在美国金融危机发生后，美国的金融市场不可避免地受到一定程度的冲击，但从长期来看，金融危机对美国国内金融市场发展的冲击不大。这一点，在金融危机发生后美元的国际地位以及国内金融市场的整体表现上反映的较为明显。

首先，从美元的国际货币地位来看，危机发生后美国的金融中心地位不会发生根本改变。在经济全球化的背景下，全球货币体系是全球金融体系的核心所在，危机前后美元在储备货币中的地位变化也直接反映了美国全球金融地位的变化。但从危机前后美元在储备货币中的比率来看，变化不大。危机发生前的2006年，美元在国际储备货币中所占的比重为65.3%，而在外汇市场交易中，80%以上的份额为美元交易。在金融危机发生后，美元在储备货币中的比重有所下降，但降幅有限。从2008年第一季度末到2008年底，美元在外汇储备中的比重一直在64%的水平上徘徊，到了2009年第一季度，这一比重为64.97%，与危机前的水平基本持平。事实上，至少有两个因素决定了美元在储备货币中的地位短期内不会发生根本转变。一是其他主要货币在当前全球储备货币中的占比过低，在美元比重最低的2008年第二季度，排在第2位的欧元在储备货币中的比重也仅有26.8%，尚不足美元的一半。[①] 二是美元在SDR一篮子货币中40%的比重也直接决定了美元资产在储备货币中下滑的比例有限。因此，从这个角度来说，无论是欧元、日元还是人民币在短期内都不能够动摇美元的国际货币地位。

其次，从危机发生前后美国国内金融市场发展的相应指标来看，美国的金融中心地位也不会发生根本性的改变。20世纪80~90年代，伴随着一系列的金融自由化改革，美国金融市场的规模不断扩大，运行效率也大大提高。到新经济结束后，美国全球金融中心的地位得以确定，其金融发展水平不仅大大高于发展中国家，也远高于其他的几个发达国家。图3~图5列出了几个主要的国家和地区以私人信贷率、股市资本化市值以及股市交易额三种指标所衡量的金融发展水平的情况。[②] 从图3可以看出，在信贷部门的发展方面，从2004年到金融危机发生前的这段时间，美国私人部门信贷占GDP的比率一直在180%以上，不仅远远高于阿根廷墨西哥等发展中国家，也高于日本、澳大利亚以及法国等发达国家。而在股票市场方面，美国的金融发展优势体现得更为明显。无论是股市市值还是股

① 以上数据均来自IMF的“Curtency Composition of Official Foreign Exchange Reserves”报告。

② 考虑到数据的可得性以及股票市场在美国金融市场中的核心地位，我们在此重点对美国股市的发展情况进行分析。

市交易额，即便是只考虑在纽约证券交易所上市的公司，美国的股市发展水平也都远远高于其他国家（见图 4、图 5）。以危机发生前的 2007 年 6 月为例，纽约证券交易所的股市市值以及股市交易额分别为 1.67 万亿美元和 0.25 万亿美元，比其余几个主要证券交易所的总和还分别高出了 2541 亿美元和 243 亿美元。[①] 金融危机发生后，美国的金融发展水平有所波动，个别金融发展指标还出现了较大幅度的下降，但相对来看，美国的金融发展水平仍然具有较为明显的优势。具体来说，在信贷市场方面，美国私人部门所获得的信贷数量虽然有所波动，但整体波幅很小。私人部门信贷比率在最低的 2008 年第四季度也在 190%以上，仍然远远高于其他国家（见图 3）。相对来讲，受金融危机影响比较大的主要是美国的股票市场。从金融危机发生到 2009 年初，美国道琼斯、纳斯达克等主要股票指数一路下跌，相应的股市市值和股市交易额也不断降低。2008 年 12 月，纽约证券交易所的股市市值和股市交易额分别为 9209 亿美元和 1609 亿美元，比危机发生前分别降低了 44.9%和 35.6%。但在美国股票市场深受金融危机影响的同时，其余国家的股市也未能幸免于难，全球几个主要证券交易所的资本市值和交易额均出现了不同程度的下滑。相应的结果便是美国的股市发展水平仍然远远高于其他国家，而在金融危机影响最深的 2008 年，这种优势甚至被扩大了（见图 6）。[②]

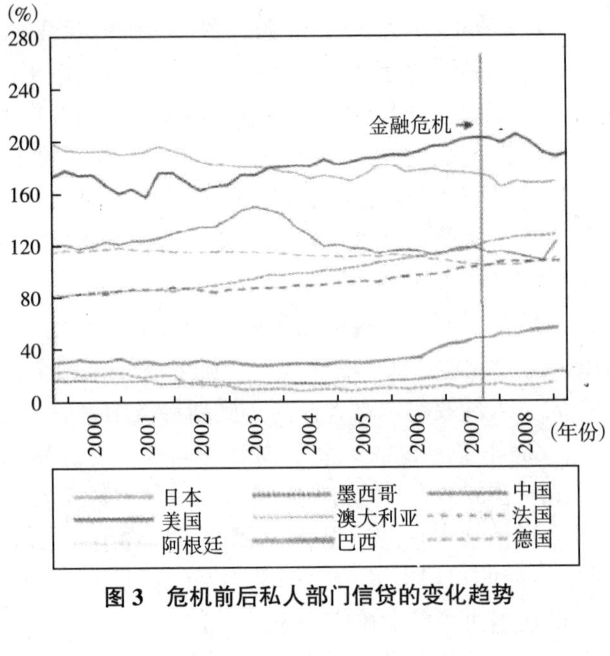

图 3　危机前后私人部门信贷的变化趋势

① 这此证券交易所包括东京证券交易所、伦敦证券交易所、德国证券交易所、澳大利亚证券交易所和香港证券交易所，下同。

② 图 6 表示的是美国纽约证券交易所上市公司的市值及交易额与其他证券交易所相应指标之和的比值。

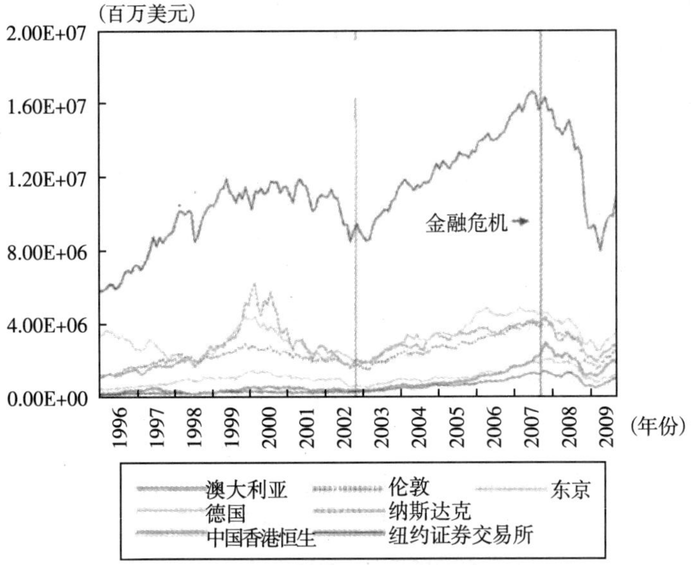

图 4 危机前后股市市值的变化趋势

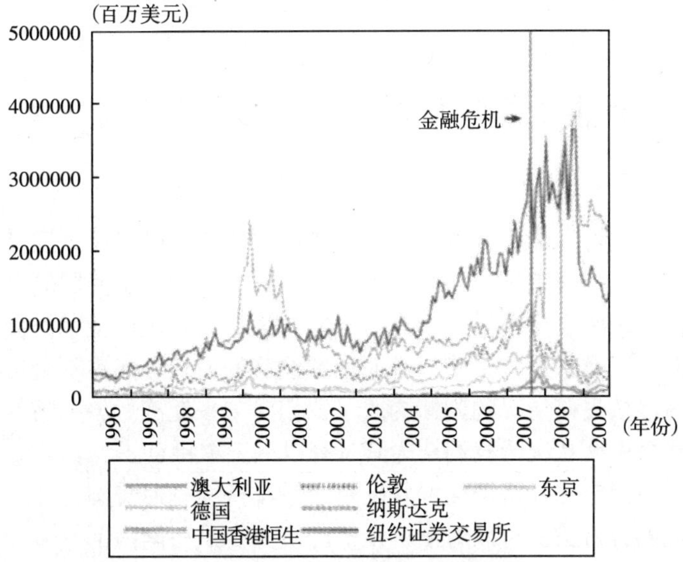

图 5 危机前后股市交易额的变化趋势

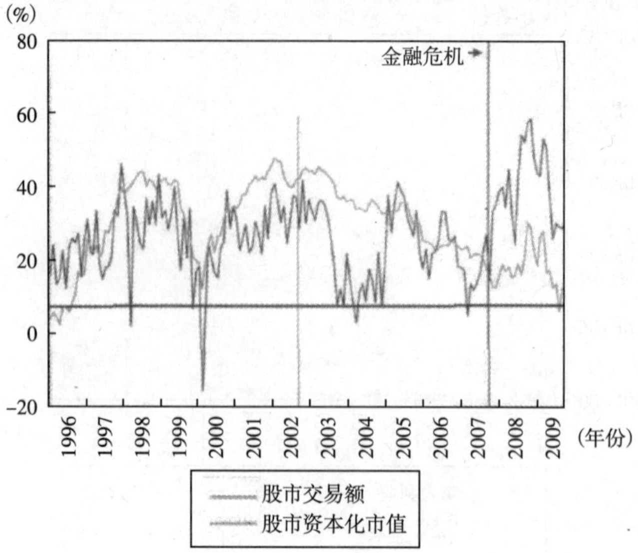

图 6 危机前后股市发展水平的相对值

资料来源：私人信贷的数据来源于 IFS 统计数据库，计算方法请参考 Beck 等（2009），股市发展的数据来源于 WFE 统计数据库。

三、全球经济再平衡过程中的全球经济失衡特征及经济走势

从前文的分析我们可以看出，本次金融危机的性质是美国居民过度需求以及外围国家过度生产进行纠偏调整的表现形式，危机虽在一定程度上冲击了美国的金融市场，但从现实表现来看，当前的国际金融格局不会有根本的改变。而在全球金融格局未有较大改变的情况下，全球的储蓄以及产业分工格局继而全球经济的增长方式也不会出现较大调整。因此，对危机后全球经济失衡情况的判断构成了我们对未来经济形势判断的基础。而对于金融危机后的全球经济失衡状况，我们认为其具有以下三个特点。

首先，金融危机后全球经济失衡的状况将会继续持续，而美国仍然会是全球经济失衡的逆差方。从前面的分析我们可以看出，全球经济失衡是一国内部储蓄和投资大小关系的外部反映，而储蓄和投资水平的相对高低则由一国金融体系的发展状况所决定。在全球金融格局未有根本改变的情况下，受制于国内相对落后的金融体系，外围国家国内储蓄—投资转化渠道不畅的局面不会有所根本改变，其仍然必须借助于发达国家的金融市场来将国内的储蓄加以转化以实现外部融资的需要，而无论从广度还是从深度上来说，美国的金融市场都是最好的选择。因此，在美国的金融发展水平仍然占有绝对优势的情况下，美国的经常项目逆差仍然是动员金融发展水平较低国家内部储蓄的一种重要途径，只不过由于全球经济的纠偏调整，美国的贸易赤字规模有所降低罢了。

其次，金融危机后的全球经济失衡必然是一种低水平的失衡。金融危机后全球经济的失衡状况尽管将在很长一段时间内加以维持，但在没有重大的制度和技术创新的情况下，危机后的全球经济失衡只能是对危机前全球经济失衡状况的一种低水平重复。从现实表现来看，伴随着金融危机的发生，美国的国内居民消费和外部经济失衡都开始向均衡方向调整，外部失衡规模逐渐降低。这既是全球经济失衡纠偏调整的必然结果，也反映了美国纳斯达克股市泡沫和房地产市场泡沫相继破灭后实体经济中高收益投资领域的缺失。在纳斯达克股市泡沫和房地产及其衍生品市场泡沫破灭以后，危机后的美国经济必须借助于技术创新来激发新的经济增长点。但受技术创新周期的约束，在短期内美国实体经济中很难出现技术创新的实质性突破并大规模产业化，相应的结果便是，美国居民借贷消费以及外部经济失衡状况会由于缺少实体经济增长点的支撑而只能停留在一个相对较低的层面上。

最后，中短期内金融危机后的全球经济失衡水平将会不断进行调整。从均衡调整的一般规律和影响全球经济失衡的因素来看，全球失衡调整的不断反复将不可避免。一方面，由于本次金融危机的性质在于对全球经济失衡的纠偏调整，从大方向上讲，美国外部经济失衡的调整必定是沿着贸易逆差减少的方向进行的；但另一方面，随着美国金融市场的逐渐恢复，美国的整体金融发展水平也会有所提高，其将国外储蓄进行国内转化的能力也会进一步增强，而这会有利于美国贸易逆差的增加。此外，在金融危机发生后，美国政府实行了较大力度的注资和减税措施，但在居民对未来经济形势悲观预期的影响下，这些资金很大一部分以居民储蓄的形式储藏了起来，随着危机影响的逐渐退去，在消费惯性的作用下，这部分储蓄必然还会进入到消费领域，这也会形成推动美国贸易逆差增大的另一股力量。因此，综合考虑这些因素，在中短期内，美国外部经济失衡的调整必定是反复进行的。

具体到金融危机后全球经济走势的分析，我们有必要重新回顾一下金融危机前全球经济利益的实现方式。在当前的国际分工体系下，美国外部经济的失衡为美国和外围发展中国家的经济发展提供了一种特殊的利益实现机制。对于外围的发展中国家而言，在国内消费需求增长有限的情况下，出口贸易的快速增长是国民经济增长的重要推动力量。而美国则通过大量消费产品的进口，在满足居民消费需求的同时，将有限的资源集中于附加值含量较高的产品研发和销售环节，实现资源利用效率的提高和产业结构的优化调整。在这样的一种共生模式中，虽然处于失衡两端的国家的经济增长机制不同，但经济利益的创造却是显著的。[①] 因此，在这个意义上说，外部经济失衡的程度不仅与美国实体经济内部的投资收益率有关，也在一定程度上反映了可能实现的经济利益的水平。但由前面的分析我们可以发现，在金融危机发生后，由于缺少重大的技术和制度创新的条件，全球经济失衡的程度只能在较低水平的层面上反复调整，这也就意味着中短期内世界经济的增长将在一个低水平的区间内波动运行。而近期全球经济出现的复苏迹象，也只是全球经济失衡调整过程中短期波动性的外在反映，经济的复苏仍然只是一种短期现象，长期内的世界经济增长

① 雷达、赵勇：《中美经济失衡的性质和调整——金融发展的视角》，《世界经济》2009 年第 2 期。

仍然缺乏必要的制度和技术创新基础。另外，从历史的经验来看，当世界经济的增长速度放缓，经济利益的实现受到限制时，世界经济的参与国会将关注点放在利益的分配上。这一点，在20世纪70年代的能源危机以及新经济泡沫退去后均有所体现，在这个角度上说，当前以“轮胎特保案”和“无缝钢管两反调查案”为代表的贸易摩擦的增多无疑标志着全球经济从利益创造到利益分配时代的开启，而在这样的背景下，如何维护一国的应有利益可能比利益创造本身更为重要。

四、结论

本次金融危机的性质是美国居民过度需求以及外围国家过度生产进行纠偏调整的表现形式，在当前的全球金融格局没有发生根本变化以及缺乏重大的制度和技术创新的情况下，全球经济的增长将进入一个高波动低水平的时期。具体到中国而言，伴随着全球经济失衡的纠偏调整，中国经济的发展将不可避免地受到影响。从长期来看，我国必须转变当前的经济增长方式，加大消费在国民经济中的贡献，实现国内需求对外部需求的替代，其中，金融部门的发展至关重要。我国应进一步推动金融体制改革，加强信用体制建设，促进金融中介和资本市场发展，提高金融系统的整体运行效率，从而从根本上提高储蓄向投资转化的效率，为居民消费需求的提升创造条件。但从短期来看，在全球经济的关注点由利益创造转向利益分配的背景下，我国应在进一步防范国内产能过剩，抑制资产价格快速上涨的同时，积极加强国际合作，特别是加强东亚区域内的经济和金融合作，以区域经济带的紧密依托为基础，努力构建全球多极化的制衡体系，通过主动谋求与我国经济实力相对称的话语权，切实维护我国所应得的政治经济利益。

参考文献：

[1] Beck Thorsten, Demirguc-Kunt Asli, Levine Ross. A New Database on Financial Development and Structure. World Bank Economic Review, 2009, 14: 597-605.

[2] Cline, William R.. The United States as a Debtor Nation: Risks and Policy Response. Center for Global Development and Institute for International Economics. Washington D.C., 2005.

[3] Edwards Sebastian. Is the U.S. Current Account Deficit Sustainable? And If Not, How Costly is Adjustmen Likely to be? NBER Working Paper No.11541, 2005.

[4] Eichengreen, Barry. Global Imbalances and the Lessons of Bretton Woods. NBER Working Paper No. 10497, 2004.

[5] Roubini, Nouriel, Setser, Brad. The US as a Net Debtor: The Sustainability of the US External Imbalances. Available at http: //pages.stern.nyu.edu/~nroubini/papers/Roubini-Setser US-External-Imbalances. pdf.2004.

金融危机下中国货币政策是否陷入流动性陷阱
——基于货币政策非对称性的实证研究*

陈　丰

【摘　要】美国金融危机爆发以来，中国经济受到负面影响，为了改善经济不断下行的局面，中国实施了宽松的货币政策。在国内有许多学者沿用西方的理论和计量方法直接对中国的数据进行理论和实证分析，得出货币政策非对称性结论。然而，中国的货币政策在传导渠道上与美国等发达国家货币政策有显著不同，本文通过理论和实证分析论证了由于中国货币政策传导渠道和传导环境的特殊性，当前扩张性货币政策对实体经济有明显的拉动作用，中国的货币政策非对称性现象不明显。

【关键词】货币政策非对称性；流动性陷阱；利率；有效需求

在西方货币理论中，凯恩斯最早对货币政策的非对称性进行论述。他利用“流动性陷阱”阐述了扩张性货币政策在经济危机中无效。许多经济学家预测由于扩张性的货币政策不会拉动实体经济，中国经济还会再次陷入低谷。但是，实践证明，中国此轮扩张性货币政策成功地拉动了中国经济发展的引擎，带动中国经济最先从世界经济发展的低谷中走出。从中国这一轮扩张性货币政策的实际效果来看，中国货币政策对经济增长效果十分显著。中国扩张性货币政策在经济萧条时期对中国经济是有着明显的带动作用的。从凯恩斯发表《就业、利息和货币通论》一书提出了流动性陷阱的预言到今天已经过去一个世纪。凯恩斯所提出的由于“流动性陷阱”而产生的货币政策非对称性对解释中国现实是有局限性的。本文从凯恩斯“流动性陷阱”发生的假设条件出发，结合中国货币政策操作的实践，否定了中国货币政策在经济萧条时期的完全无效性理论，通过理论和实证证明了由于中国货币政策操作环境与凯恩斯及其西方货币理论的假设条件不相符合，导致中国扩张性货币政策在萧条时期有很大的效果。

* 中国人民大学经济学院。

一、货币政策非对称性理论综述

从1929年世界经济危机中货币政策无法推动经济增长的事实开始，西方学者就一直关注货币政策的非对称性和有效性问题。凯恩斯最早对货币政策的非对称性进行评述，他认为在经济危机中货币政策利率传导机制的失效导致了货币政策的非对称性。

在早期凯恩斯的“流动性陷阱”中，他假设货币的生产弹性和替代弹性为零。这里的货币同样指的是金块等价值保持稳定、在任何时候都不会贬值的金属货币。由于货币的生产弹性为零，反映货币供求状况的利率受到货币需求的影响最大。如今，全球货币供给彻底摆脱了实物黄金产量的限制，可以自由生产并无限量供给，货币生产弹性从零演变成为无限大。因此，反映资本供给情况的实际利率可以降低到零，甚至远低于零。随着金融工具的不断发展，金融资产并不仅限于货币和债券两种形式，出现了很多根据不同期限或不同风险提供收入的金融工具，因此，货币的替代弹性也不可能为零。Paul Krugman（1998）提出由于纸币的无限量供应，即使名义利率由货币当局调整至零，由于通货膨胀严重，实际利率也不可能是零，因此，他承认“流动性陷阱”的存在，但是形式不是货币政策中利率渠道的无效。

货币主义理论和新古典宏观经济学理论都背离了凯恩斯的利率渠道，从更加微观的角度强调了货币政策的无效性。货币主义强调价格的粘性，利率只是货币政策发生作用的众多渠道中的一个。新古典宏观经济学运用理性预期理论和真实经济周期理论强调了货币纯粹的中性，复古了早期的“货币面纱”论。而新凯恩斯主义学派承认理性预期的存在，但从不完全竞争、相对价格粘性、交错定价等市场缺陷方面发展了价格粘性理论，从而为货币政策有效论进一步奠定了微观基础。同时，新凯恩斯主义提出了信贷渠道理论，Bernanke 和 Blinder（1988）建立了含有利率和货币两个渠道的 CC- LM 模型，证明即使“流动性陷阱”存在，利率渠道失效，还有信贷传导渠道的存在，使货币政策对实体经济有效。Kashyap（1993）通过企业银行贷款和商业票据的结构变化证明了存在信贷渠道。Taylor（1993）首先提出了央行可以通过对利率的调整实现产出与物价稳定的目标，即指根据产出和物价水平与目标值之间的差距来调整真实利率的货币政策规则。Clarida 等.（2000）在泰勒规则中引入预期因素，构造一个前瞻性的货币政策反应函数，目标利率取决于未来通胀率和产出缺口的预期（张屹山、张代强，2007）。Batini 等（1999）将理性预期引入泰勒规则，通过建立通货膨胀预期（Inflation Forecast-Based，IFB）的简单货币政策规则发现 IFB 规则既能够体现货币政策传导的滞后性，又能够在一定程度上平滑产出（赵进文、闵捷，2005）。计量经济学 STR 模型的广泛发展为货币政策的非对称性研究提供了重要手段，通过这个模型可以将货币政策工具变量以外的其他经济变量的影响通过目标变量 Y_t 以滞后阶数的形式隐含在解释向量 x_t 中，而将货币政策操作工具选定为开关变量，这种方法可以突出货币政策操作工具的特定作用，从而看出货币政策主要作用渠道（赵进文、闵捷，2005）。Bruinshoofd 和 Candelon（2004）使用 STR 模型和 LM 统计量检验了欧洲几个国家的货币政策效力，得出了在所涉及的丹麦、法国、德国、意大利、荷兰和英国中，仅有丹麦和英国被判断为货币政策非线性，其他在给定显著性水平下无法拒绝货币政策是线性的这一假设。Bec 等（2000）用 LSTR 模型，以产出缺口为阀值证明了美国、法国、德国的货币政策在经济周期的高潮和低谷时期有显著的非对称性。Kesriyeli 等（2004）将利率的一阶差分为阀值变量引入 LSTR 模型，发现美国、英国、德国货币政策对通胀和产出有显著的非对称性。Martin 和 Milas（2004）以预期通胀率为阀值转移变量，运用 LSTR 模型证明货币政策对通胀和紧缩有非对称性影响（欧阳志刚、王世杰，2009）。

针对中国货币政策非对称性问题，谢平、罗雄（2002）首次将中国货币政策运用于检验泰勒规则，运用 GMM 反应函数证明中国货币政策是一种不稳定的货币政策规则。张屹山、张代强（2007）从市场利率（同业拆借利率）、管制利率（存贷款利率）以及两者利差三个层次构造了一个中国前瞻性货币政策反应函数，证明我国以利率为基础的货币政策不稳定。陆军和舒元（2002）采用两步 OLS 方法证明了在中国预期到的与未预期到的货币都影响产出。冯春平（2002）运用滚动 VAR 方法考察了 1980~2001 年的货币冲击对 GDP 季度值的影响，发现货币冲击对产出的中短期影响逐渐下降，稍长期的影响也在后期降低。刘金全（2002）运用 H-P 滤波和向量自回归的 VAR 模型方法证明了紧缩性货币政策对实际产出的作用强于扩张性货币政策对产出的作用，中国的货币政策效果也呈现出一定程度的非对称性。赵进文、闵捷（2005）运用 LSTR 模型和 LM 检验统计量证明了紧缩性货币政策与扩张性货币政策在抑制经济过热和治理经济衰退的效果上存在极大差异的结论。盛松成、吴培新（2008）运用 VAR 模型证明了中国的货币政策存在二元传导机制，信贷渠道主要针对实体经济，货币供应量主要针对金融市场，如果中国的货币政策要以利率为中介，首先要推行利率和汇率市场化改革。欧阳志刚、王世杰（2009）分别以经济增长率和通胀率为阀值变量建立动态非线性最小二乘法（DNLS），证明了中国货币政策的非对称性，并论证央行应继续实施适度宽松的货币政策。

二、中国货币政策非对称性的实证研究

本文选取了 1996 年 1 月至 2009 年 6 月的月度数据作为样本区间。2008 年下半年到 2009 年 6 月，中国经济受世界经济萧条影响进入下行区间，中国的货币政策也从紧缩性货币政策迅速转变为扩张性货币政策，为了细致考察这个时间段的扩张性货币政策的实际效果，本文选用月度数据为观测样本。1999~2008 年的数据来源于相关各期《中国统计》、

《中国金融》和《中国人民银行统计季报》，而 2009 年 1~6 月的数据来源于“中经网数据库系统”。

本文以货币供应量 M2 作为我国货币政策传导的货币渠道的代表变量。以金融机构各项贷款月末数 CR 作为我国货币政策传导的信用渠道代表变量。本文选取社会消费零售总额（用 C 表示）作为货币政策的消费效应，由于居民消费支出缺乏月度数据，而社会消费品零售总额表示各种经济类型的批发零售贸易业、餐饮业、制造业和其他行业对城乡居民和社会集团的消费品零售额和农民对非农业居民零售额的总和，因此，可以近似地代表居民消费支出的变化。另外，对于货币政策的投资效应衡量指标本文选取国家统计局公布的城镇固定资产投资完成额累计数据为依据，将每年从 1 月到 12 月累计数据进行差分，得到相应每月城镇固定资产投资完成额（用 I 表示）。将 M2、CR、C、I 除以当月的商品销售价格指数，利用 X-12 方法进行了季节调整，并作对数处理。由于国内生产总值（GDP）为季度变量，而工业生产的增长是中国整个经济增长的一个关键推动因素，一直被政府与货币当局所重视。因此，本文选用每月工业企业增加值增速（用 TI 表示）代替国内生产总值作为检验货币政策有效性的代表变量，利用 X-12 方法对其进行季节调整，随后将其取对数处理。本文利用国家统计局公布的每月居民消费价格指数（上年同月 = 100）取对数并差分得到通货膨胀率序列 π，将其作为货币政策的最终目标置于 VAR 中。

1. 中国对经济周期不同时期货币政策不对称性的实证研究

为了显示在经济周期的不同阶段变量的相关关系，我们利用时间序列的趋势分解方法 Hodriek-Preseott 处理（Hodriek 和 Preseott，1980），在时间序列中，该方法把经济周期看成是宏观经济对某一缓慢变动路径的一种偏离，将经济周期和货币政策状态识别出来，将单调变化的趋势和经济周期的起伏分离开来。H-P 滤波的二次形式可以有效地规避在单调线性趋势中出现的状态转变。通过 H-P 滤波将时间序列分离为趋势变量和波动变量两个序列，可以有效避免单纯采取差分方法破坏了序列的某些特征。在检验货币冲击效果时，我们利用二元离散选择模型进行估计和检验，二元离散选择模型的使用是对于具有 Markov 转移概率的阶段性转移模型（Regime Switching Model）的直接推广。这种方法不仅可以说明货币政策的影响方向，而且可以说明货币政策产生效果的可能性。

我们用 H- P 滤波方法将 M2、CR、TI、C 和 I 分解为波动序列 $\triangle M2_t$、$\triangle CR_t$、$\triangle TI$、$\triangle C_t$、$\triangle I_t$ 和趋势序列 $(HPM2)_t$、$(HPCR)_t$、$(HPTI)_t$、$(HPC)_t$ 和 $(HPI)_t$。然后分别将 $\triangle M2_t$、$\triangle CR_t$ 以 0 为分界线进行分段，当 $\triangle M2_t$、$\triangle CR_t > 0$，对应数值为 $\triangle (M2)^+_t$、$\triangle (CR)^+_t$，这时，货币政策为扩张性货币政策，用函数 $\max\{\triangle M2_t, 0\}$，$\max\{\triangle CR_t, 0\}$；反之，当 $\triangle M2_t$、$\triangle CR_t<0$，为紧缩性货币政策，用函数 $\min\{\triangle M2_t, 0\}$，$\min\{\triangle CR_t, 0\}$。当 $\triangle TI_t>0$，工业增长，经济处于上升过程，$SY_t = 1$；当 $\triangle TI_t < 0$，工业衰退，经济处于下降过程，$SY_t = 0$。在经济上升和下降时期我们对固定资产投资变化率 $\triangle I$、$\triangle (M2)_t$ 和 $\triangle (CR)_t$ 进行二元选择模型估计，可以建立如下二元选择模型：

模型 1：以货币供应量变化度为解释变量的二元选择模型

$$\begin{cases} P(SY_t=1)=F[\beta_0+\beta_1{*}\triangle I_t+\beta_2{*}\max\{\triangle M2_t,\ 0\}+\beta_3{*}\min\{\triangle M2_t,\ 0\}] \\ P(SY_t=0)=1-F[\beta_0+\beta_1{*}\triangle I_t+\beta_2{*}\max\{\triangle M2_t,\ 0\}+\beta_3{*}\min\{\triangle M2_t,\ 0\}] \end{cases}$$

模型 2：以商业银行贷款余额为解释变量的二元选择模型

$$\begin{cases} P(SY_t=1)=F[\beta_0+\beta_1{*}\triangle I_t+\beta_2{*}\max\{\triangle CR_t,\ 0\}+\beta_3{*}\min\{\triangle CR_t,\ 0\}] \\ P(SY_t=0)=1-F[\beta_0+\beta_1{*}\triangle I_t+\beta_2{*}\max\{\triangle CR_t,\ 0\}+\beta_3{*}\min\{\triangle CR_t,\ 0\}] \end{cases}$$

其中，F 分布函数是一个连续函数，并且是单调递增的，我们选择常用的 Log I_t 模型作为二元选择模型，其分布函数 F 表示式子为 ex /(1+ ex)。可以得到 β_0、β_1、β_2、β_3 的系数为：

表 1　β_0、β_1、β_2、β_3 系数表

	β_0	β_1	β_2	β_3
以$\triangle M2_t$为解释变量	1.923877	−0.488339	2.414405	−21.01412
以$\triangle CR_t$为解释变量	1.532778	−0.440865	12.76207	−22.59455

二元选择模型中估计的系数不能被解释成对因变量的边际影响，只能从符号上判断。如果为正，表明解释变量越大，因变量取 1 的概率越大；反之，如果系数为负，表明相应的概率越小。从表 1 可以看出，无论以$\triangle M2_t$还是以$\triangle CR_t$为解释变量，扩张性货币政策指标 max $\{\triangle CR_t,\ 0\}$ 的系数都为正，说明扩张性货币政策能有效促进经济增长，而紧缩性货币政策指标 min $\{\triangle CR_t,\ 0\}$ 的系数为负，说明紧缩性货币政策有效遏制经济过度膨胀。为了反映扩张性货币政策和紧缩性货币政策对经济增长的不对称效果，我们利用对 xj 的条件概率的边际影响由下式给出：$\alpha F(y/x,\ \beta)/\alpha xj=f(-x\beta)\beta j$ 其中，f 是 F 的密度函数，f 依赖于 x 中的所有回归项的值。我们将系数代入二元选择模型，求出$\triangle M2_t$、$\triangle CR_t$对经济的影响程度。

模型 1 中经济收缩和膨胀期不同方向货币政策的影响效果：

$$\begin{cases} P(SY_t=1)=F[1.923877+(-0.488339){*}\triangle I_t+2.414405{*} \\ \qquad \max\{\triangle M2_t,\ 0\}+(-21.01412){*}\min\{\triangle M2_t,\ 0\}] \\ P(SY_t=0)=1-F[1.923877+(-0.488339){*}\triangle I_t+2.414405{*} \\ \qquad \max\{\triangle M2_t,\ 0\}+(-21.01412){*}\min\{\triangle M2_t,\ 0\}] \end{cases}$$

模型 2 中经济收缩和膨胀期不同方向货币政策的影响效果：

$$\begin{cases} P(SY_t=1)=F[1.532778+(-0.440865){*}\triangle I_t+12.76207{*} \\ \qquad \max\{\triangle CR_t,\ 0\}+(-22.59455){*}\min\{\triangle CR_t,\ 0\}] \\ P(SY_t=0)=1-F[1.532778+(-0.440865){*}\triangle I_t+12.76207{*} \\ \qquad \max\{\triangle CR_t,\ 0\}+(-22.59455){*}\min\{\triangle CR_t,\ 0\}] \end{cases}$$

在经济周期的不同阶段两种货币政策的不同效果，我们将紧缩性货币政策与扩张性货币政策边际影响值相减，即将模型 1 的 $P(SY_t=1)-P(SY_t=0)$ 而得图 1，而将模型 2 的 $P(SY_t=1)-P(SY_t=0)$ 而得图 2。在图 1、图 2 中，横轴表示时间变量，纵轴表示货币政策在每一时期的综合效果，当数值在 0 之上意味着国家对经济主要采取紧缩政策，在 0 之下意味着国家采取扩张性货币政策，离 0 越远则意味着货币政策效果越明显。由于图1 和图 2 在很大程度上是拟合的，我们从图 1 可以看出，中国货币政策也呈现不对称性，从 1996 年到 2005 年，我国紧缩性货币政策的效果一直明显高于扩张性货币政策的效果，尤其是 1996 年我国紧缩性货币政策对经济过度膨胀的治理达到最高点，而后逐渐下降，1998 年我国经济受亚洲金融危机的影响，经济衰退，但由于中国经济体制和金融市场的不完善，导致我国扩张性货币政策的效果不明显，但是，从 1998 年开始，我国开始对经济体制和金融体制进行了一系列的改革，央行正式取消了信贷规模控制，使用货币供应量作为唯一中介目标，确立了以公开市场操作、法定存款准备金比率和再贴现为主的间接货币调控机制（张屹山、张代强，2007），大力发展资本市场，使我国货币政策体系逐步完善。因此，扩张性货币政策效果在显著回升，2006 年 6 月，由于中国经济过热，逐渐出现了流动性过剩，我国开始实行紧缩性货币政策，从 2006 年 6 月开始一直不断小幅上调存款准备金率，因此，对实体经济有明显的负效应，直到 2008 年 6 月，受美国金融危机的影响，中国逐渐调整货币政策方向，加大货币供应量投放力度，放松银行信贷，扩张性货币政策效果显著。因此，从图 3、图 4 可以看出，虽然从 1996 年开始，我国货币政策在经济周期不同时期有严重的不对称性，但是，随着我国经济和金融体制改革的深入，这种不对称性在逐步减轻。

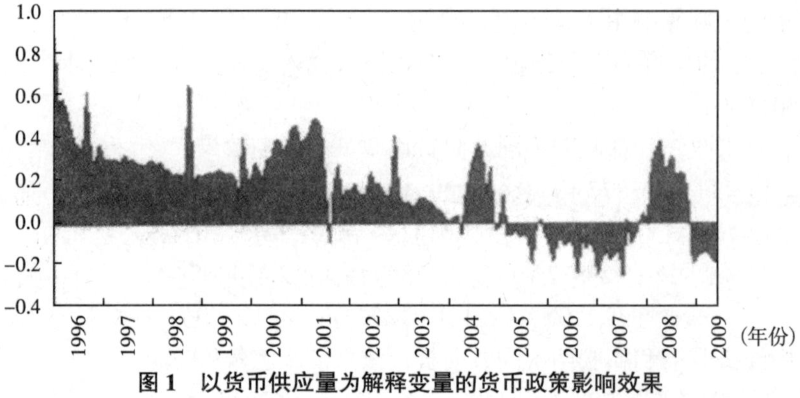

图 1　以货币供应量为解释变量的货币政策影响效果

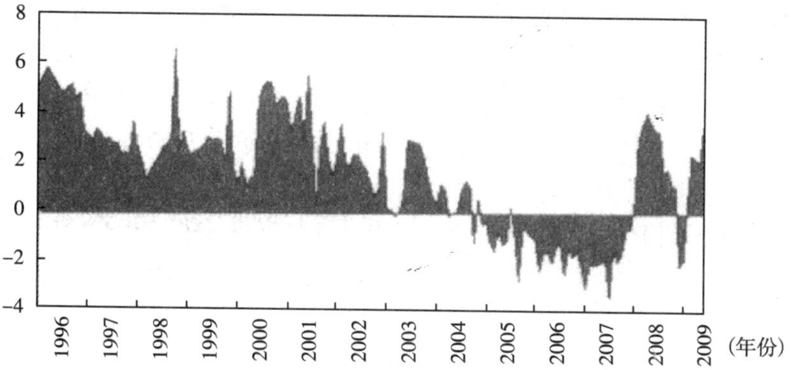

图 2　以银行贷款余额为解释变量的货币政策影响效果

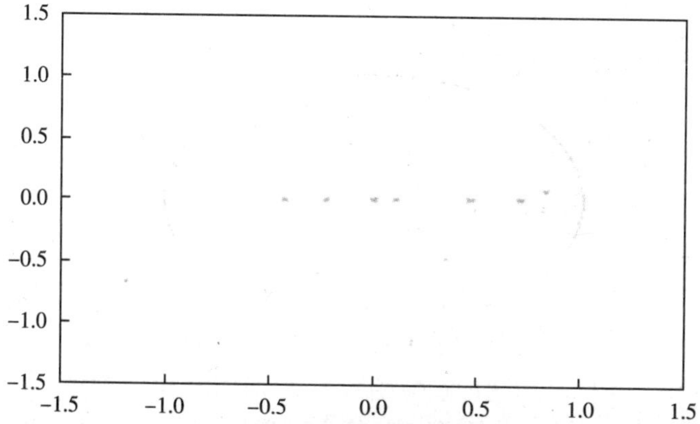

图 3　VAR 模型的单位根检验

2. 对中国货币政策效果特殊性的实证研究

事实证明，我国紧缩性货币政策对经济过度膨胀的治理已经取得明显的效果，但是，我国扩张性货币政策是否对经济增长有长期促进作用呢，如果有，是通过何种渠道对经济增长起到效果呢？我们沿用以上的⊿（M2）$_t$、⊿（CR）$_t$ 以及⊿TI、⊿C_t 和⊿I_t（都由 H-P 方法的波动项而得）的数据，建立向量自回归（VAR）模型。将 VAR 模型进行单位根检验，取 2 阶滞后，从图 3 可以得到该模型所有单位根都落在单位圆内，因此该模型稳定。

为了检验中国的货币政策主要通过银行放宽信贷渠道直接进行的，而且银行信贷主要投向房地产等固定资产投资，因此银行信贷和固定资产投资应该有很强的相关关系。我们对该模型进行 Johansen 协整检验。正如表 2 所示，我们对该模型所有序列进行协整检验时，发现其至少有两个协整向量。然而进一步，当我们对货币供应量、银行信贷和固定资产投资完成额三个序列进行协整检验时，发现只有 1 个协整向量。最后，我们对工业增长率、银行信贷和固定资产投资进行协整检验的时候发现至少有两个协整向量。因此，从该检验我们可以看出，当国家对银行信贷条件进行调整时，作出相应调整最明显的就是社会固定资产投资完成额。也就是说，当国家调整货币供应量时，其需要通过银行贷款渠道才能对固定资产投资产生影响，货币供应量的变化与固定资产投资并没有直接联系。从工业增长率、银行信贷和固定资产投资三者的协整关系，我们可以推断出国家主要通过信贷渠道直接对固定资产投资作用，进而影响整个工业增长速度。而且，从中国的消费与其他变量并无协整关系，我们可以推断出中国的货币政策对拉动中国消费效果并不明显。因此，正如前面分析所示，中国的货币政策相对于西方国家的货币政策操作渠道有其特殊性，主要表现在货币政策作用的直接性，其不是通过货币供应量等间接渠道对实体经济发生影响，而是由地方政府带动并主导直接通过银行放款支持固定资产投资，进而拉动实体经济的扩张。

表 2 VAR 模型的 Johansen 协整检验

$\Delta(M2)_t$、$\Delta(CR)_t$、ΔTI_t、ΔC_t、ΔI_t 的协整检验			
	特征根	迹统计量	最大特征值统计量
0 个协整向量	0.436706	179.6442*	90.11078*
至少 1 个协整向量	0.260589	89.53340*	47.39853*
至少 2 个协整向量	0.131276	20.04035	22.09452
$\Delta(M2)_t$、$\Delta(CR)_t$、ΔI_t 的协整检验			
	特征根	迹统计量	最大特征值统计量
0 个协整向量	0.345955	83.03947*	67.50816*

为了进一步证明，银行信贷余额的变化对固定资产投资或经济增长是否有长期影响，我们对银行贷款余额的误差项给予冲击，分析其对该系统的固定资产投资完成额和工业经济增长率的动态影响，我们采用脉冲响应函数方法（IRF）进行模拟。图 4、图 5、图 6 分别表示银行信贷余额结构冲击下固定资产投资完成额、工业增长率和消费的响应函数。横轴表示冲击作用的滞后期数（单位：月），纵轴表示响应指标的变化，实线表示脉冲响应函数，虚线表示正负两倍标准差偏离带。从图 4 可以看出，给银行信贷一个正的冲击，其对固定资产投资完成额最初是明显的促进作用，但随后就不断下降，到 4 个月后，该冲击效应逐渐消失。从图 5 可以看出，银行信贷余额开始对工业增长率是有明显促进作用的，然后也是逐渐减弱。

因此，通过实证，我们得到了如下结论：一方面，中国货币政策也存在非对称性问题，即货币政策对经济萧条时期扩张效应弱于经济膨胀时期的紧缩效应，中国货币政策存在一定程度的不对称性；另一方面，由于中国融资体制一直是由地方政府进行投资拉动，因此，通过地方政府从商业银行直接发放贷款进行投资的融资模式和融资结构能促进经济增长。

三、中国货币政策没有陷入“统动性陷阱”的原因分析

从实证分析可以看出，中国货币政策在经济萧条时期虽然也有一定程度的不对称性，

但是对经济增长的拉动作用却是十分明显的。与凯恩斯提出“流动性陷阱”的假设不同，我国货币政策的操作环境和货币政策实施途径有着很深的历史特殊性。

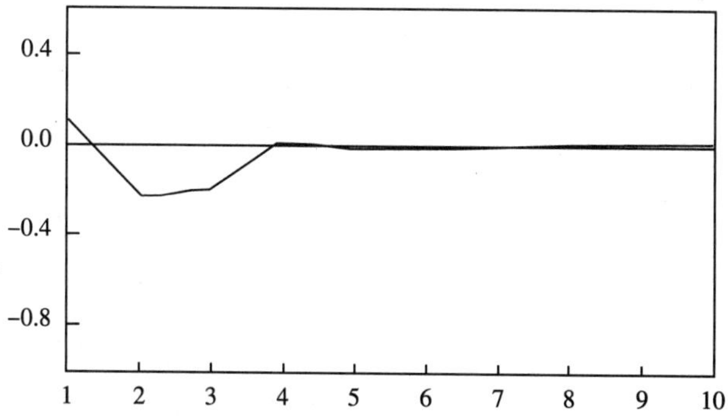

图 4　银行信贷余额结构冲击引起的固定资产投资完成额的响应函数

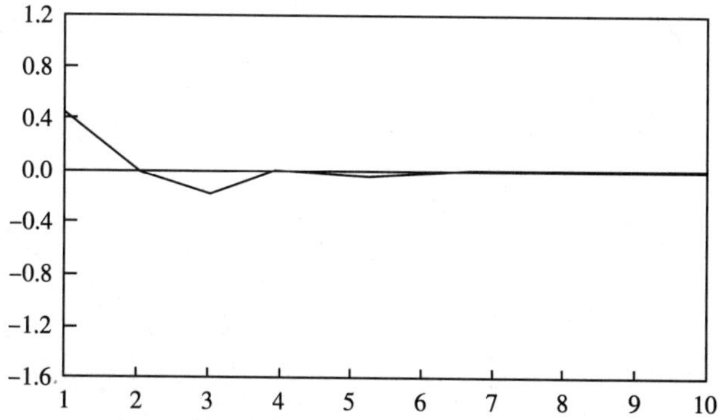

图 5　银行信贷余额结构冲击引起的工业增长率的响应函数

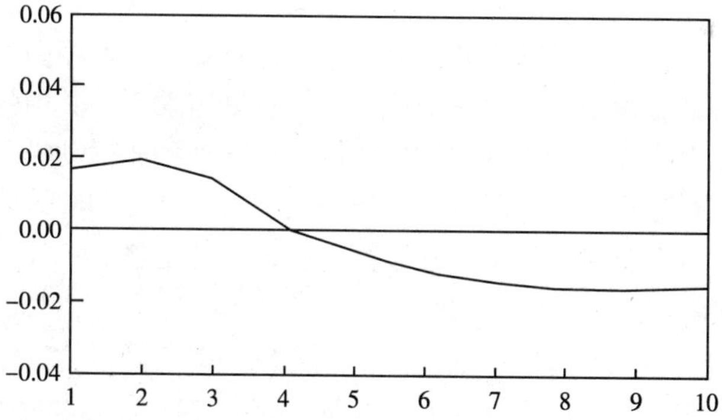

图 6　银行信贷余额结构冲击引起的消费的响应函数

1. 利率管制

由于凯恩斯所描述的“流动性陷阱”是在金本位制度、不兑换纸币或管理通货的国家，货币供给相对稳定，货币价值长期不变，因此，利率主要是由货币需求，也就是货币的投机需求决定的，这个时候利率可以说是内生的，即是由市场上的货币需求变化决定的。即使在凯恩斯之后的西方货币政策非对称理论中，同样强调货币政策利率渠道的泰勒规则都要求利率是由市场供求决定的前提条件，但是，由于我国利率市场化改革一直尚未完成，并不存在真正意义上的基准利率，利率有很强的外生性，不能正常反映社会资金供求关系的变化（谢平，1996；钱小安，2000）。由于中国存贷款基准利率的外生性，中国人民银行就可以通过有效调节存款基准利率、贷款利率以及两者之间的利差来调整金融机构放贷的积极性和向实体经济投资的力度。

2. 金融存贷款利差是促进金融机构发放贷款的主要动力

周小川（2009）在“2009 年全球 CEO 年会”上表示，要保持金融系统向实体经济提供服务的压力和动力。其中，压力来源于存款利率的高低，动力来源于利差的大小。他认为，存款利率过低，会导致金融机构囤积现金；利差过小也会影响银行放贷的动力，因而存款利率和利差均需保持在一定的水平。由于中国人民银行一直控制存款基准利率底线为 2.25%，使得中国金融机构一直有将存款使用出去的动机和压力，因此，在金融危机中，不是像其他国家一样囤积资金，而是急于投向实体经济获得回报以补偿存款利息支付的损失。就是由于中国利率政策的外生性才有效克服了“流动性陷阱”，促使中国的金融机构即使有很强的信贷风险也必须把货币贷放出去以获得利润来补偿存款利息支付。

3. 高储蓄率是金融机构发放贷款的持久动力

李扬（2009）提出了今年的货币政策并不具有扩张性，而之所以会产生扩张性的货币供应效果和信贷快速增长，是缘于中国的高储蓄，而这其中的关键也在于在高存款基准利率和高储蓄形成的巨大的存款利息支付的压力。他指出，“在 2007 年，在中国央行所有的市场化调控手段使用后没有产生预期效果的情况下，其不得不启动了最为行政的手段——按月、按旬、按周来控制贷款进度。反观现在，在商业银行有这么多存款的情况下，能放出这么多贷款，也不是因为央行给它注入了多少资金，而是央行允许它贷款。这样一个结果是市场自发运动产生的结果”。实际上，“管住信贷闸门”的传统概念在高储蓄的中国并不适用。也就是说，中国紧缩性货币政策具有很强的行政性，而中国扩张性货币政策只需要政府放开信贷闸门，金融机构就自发形成大量的贷款需求，而其中的关键原因就在于高储蓄产生的巨额存款利息支付压力使得金融机构有很强烈的放款动机。中国利率政策的外生性可以促使金融机构改变其在金融危机中惜贷的一贯态度，向实体经济发放大量贷款以解决其自身高储蓄、高存款利率产生的巨额存款利息支付问题。

4. 货币投放并不一定形成支付

中国实施的宽松货币政策可以有效地促进金融机构的贷款行为，但不一定能有效到达实体经济。李扬（2009）指出：“这其中的大量贷款并不一定能形成支付。今年 1~9 月，非金融性公司存款增加 6.64 万亿元，占到全部存款增长的 56.5%，而在非金融性公司存款中，企业存款增加了 5.6 万亿元，占到全部存款增长的 47.6%。企业增加存款而不是从事生产和投资，本身就是异常，况且很多企业持有的是定期存款。存款异动的宏观含义表明，现在放到市场上的货币可能并不像数字所显示的那样，全部形成了支付。因此，尽管今年货币增长很快，但并没有形成那么强的刺激作用。”这是因为在中国实施宽松的货币政策过程中，只是以政府为主的投资被拉动了。在 2009 年前三季度，主要金融机构中长期贷款主要投向政府为主导的基础设施建设，共 2.1 万亿元，占全部产业新增中长期贷款的比重 50.5%。由于中国的出口企业还在不断遭受欧美等国家的反倾销等贸易制裁，出口持续低迷，2009 年前三季度，进出口总额 1.6 万亿美元，同比下降 20.9%，其中，出口 8466 亿美元，同比下降 21.3%。由于出口环境恶劣，许多出口企业面临破产风险，因此，如何通过宽松的货币政策支持中小出口企业是当前需要考虑的重要问题。经济危机中货币政策主要推动政府为主的投资需求进而拉动实体经济。这种投资需求是非常容易和迅速被提升的，而消费需求则不容易被拉升，处于被动和缓慢恢复的状态。中国的消费需求结构仍然比较尖锐，收入差距过大的问题还没有调整，因此，政府在拉动投资需求从而扩大供给的同时，更应该考虑如何通过微调的货币政策促进中国需求结构的转换，与其他发展中国家不同，中国拥有一个庞大的需求市场，因此，如何缩小中国的贫富差距，改善中国收入分配结构，从而促进人民的消费需求，这才是货币政策能够持久有效发挥作用的关键因素。

参考文献：

[1] 范从来：《论通货紧缩时期货币政策的有效性》，《经济研究》2000 年第 7 期。

[2] 陆军、舒元：《货币政策无效性命题在中国的实证研究》，《经济研究》2002 年第 3 期。

[3] 刘金全：《货币政策作用的有效性和非对称性研究》，《管理世界》，2002 年第 3 期。

[4] 米尔顿·弗里德曼：《货币数量论：一种重新表述》，载《弗里德曼文萃》（中文版），首都经贸大学出版社 2001 年版。

[5] 欧阳志刚、王世杰：《我国货币政策对通货膨胀与产出的非对称反应》，《经济研究》2009 年第 9 期。

[6] 盛松成、吴培新：《中国货币政策的二元传导机制——“两中介目标，两调控对象” 模式研究》，《经济研究》2008 年第 10 期。

[7] 张屹山、张代强：《前瞻性货币政策反应函数在我国货币政策中的检验》，《经济研究》2007 年第 3 期。

[8] 赵进文、闵捷：《央行货币政策操作效果非对称性实证研究》，《经济研究》2005 年第 2 期。

[9] Bec，Salem & Collard（2000），“Nonlinear economic policies：Pitfalls in the Lucas critique empirical counterpart”，University de Cergy-Poontoise.

[10] Bernanke & Blinder（1988），“Credit，money，and aggregate demand”，American Economic Review 78：435- 439.

[11] Bruinshoofd & Candelon（2004），“Nonlinear monetary policy in Europe”，WO Research Memoranda 758.

[12] Clarida，Gali & Gertler（1997），“Monetary policy rules in practice”，NBER Working Paper，No. 6254.

[13] Hodrick & Prescott（1980），“Post-war U. S. business cycles”，mimeo，Carnegie-Mellon University.

[14] Kashyap，Stein & Wilcox（1993），“Monetary policy and credit conditions”，American Economic Review 83（1）：78-99.

[15] Kedtiyrli, Osborn & Sensier (2004), "Nonlinear and structure change in interest reaction function for the US, UK and Germany", Discussion Paper Series of University of Manchester .

[16] Krugman, P. R. (1998), "It's Back: Japan's slump and the return of the liquidity trap", Broolings Papers on Economic Activity 2: 137-205.

[17] Martin & Milas (2004), "Modeling monetary policy: Inflation targeting in practice", Economica 71: 209-222.

[18] Taylor, J. B. (1993), "Discretion versus policy rules in practice", Carnegie-Rochester Conference Serieson Public Policy 39: 195-215.

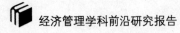

欧元区主权债务风险对我国外汇储备安全的启示*

王晓钧　刘力臻

【摘　要】在后危机时代欧洲主权债务问题频发背景下，作者研究了我国最大债务国美国的国债风险及对我国外汇储备造成的冲击，总结了欧洲主权债务危机给予后危机时代我国外汇储备管理的启示。通过对美国未来财政预算计划可持续性分析及美国国债利息成本的估算，发现美国财政状况比欧洲主权债务危机国家更加严重，这将加大我国持有美国国债的风险。我国应以欧元区债务危机给美国国债、黄金等储备资产带来的影响为借鉴，抓住机遇调整外汇储备资产结构，降低外汇储备风险。

【关键词】主权债务；财政赤字；国债；外汇储备

一、引言

主权债务是指一国以自己的主权为担保向外借来的债务。这些外债有的来自国际金融机构：国际货币基金组织、世界银行、国际区域银行；有的来自贷出国家。因此，我们认为，主权债务危机可以定义为以国家主权为担保的债务国不能或不愿按约定履约所造成的债权人损失的可能性。

2009 年，标准普尔、穆迪和惠誉三大评级机构先后调低希腊的国家信用评级，希腊国家融资成本迅速增加。与此同时，三大评级机构又对波罗的海三国（立陶宛、拉脱维亚和爱沙尼亚）、爱尔兰、葡萄牙、西班牙、英国等欧洲众多国家实施评级警告，一时间，主权债务危机在欧洲蔓延开来。

---

* 王晓钧，东北师范大学经济学院博士研究生。研究方向：国际金融。长春，130117。
刘力臻，东北师范大学经济学院教授，博士生导师。研究方向：世界经济。长春，130117。
基金项目：国家软科学项目“外部冲击与中国外汇储备安全战略研究”（2009GXS5D104）成果之一。

尽管在各国实施抵御次贷危机的宏观经济政策刺激下，全球经济状况呈现出总体改善的态势，但是，随着欧元区国家主权债务危机的蔓延，引起公众对发达国家经济体的国家主权债务问题的担忧，同时警醒了人们对债务负担不亚于欧洲国家的美国主权债务风险的关注。2009 年以来，越来越多的经济学家关注美国发生主权债务风险的可能性，因此，研究因全球新型金融危机引发的国家信用风险，对后危机时代我国外汇储备的安全及相应的战略调整显得尤为重要。本文分为四部分：第一部分对欧元区债务问题发生的根源做一个简单分析；第二部分着重分析美国发生债务违约的可能性及其违约形式；第三部分为美国政府减少财政赤字和债务的措施分析；第四部分提出后危机时代外汇储备战略调整的设想，指出美元本位制体系下我国外汇储备面临的风险及人民币国际化的解决之道。

二、欧元区主权债务危机的成因分析

欧元区部分国家出现的主权债务问题，实际上是全球新型金融危机的延续。[1] 2008 年 9 月的金融风暴对欧元区国家金融系统及经济的影响日益扩大，11 个欧元区国家为了维护国家金融系统的稳定和刺激本国经济的增长，均采取了一系列的政府支持政策。欧洲中央银行的数据显示，这些欧元区国家通过政府债务担保方式产生的负债，包括国家的直接资本注入和购买有毒资产生成的政府债务占 2009 年欧元区 GDP 的 7.5%，超过欧盟规定的国家债务与欧元区 GDP 的比率 3%上限 3.5 个百分点。[2] 除了维护金融市场稳定的举措，欧元区还实行了另一项反经济衰退的刺激计划，欧盟委员会于 2008 年 11 月 26 日批准了总额为 2000 亿欧元的大规模经济刺激计划，欧元区各国的经济刺激措施主要包括加大公共支出、减税等。

虽然宽松的财政政策会在经济衰退时期拉动经济的增长，但是正是由于政府一系列反金融市场不稳定和反衰退的经济刺激计划，导致政府债务与 GDP 的比率快速攀升（见图 1），使公共债务的可持续性出现问题，为后来欧元区部分国家的主权债务风险埋下隐患。

截至 2009 年底，希腊、西班牙、葡萄牙、意大利四国的财政赤字和公共债务与 GDP 的比率，远远超过欧盟《马斯特里赫特条约》和《稳定与增长公约》规定的财政赤字不得超过本国 GDP 的 3%、主权债务总额不得超过本国 GDP 的 60% 的底线，欧元区债务问题随之爆发。惠普、穆迪和标准普尔下调了这些国家的主权评级。

欧元区主权债务危机爆发的直接原因是欧元区各国政府负债过度，而政府过度负债的原因则是为应对由美国次贷危机引发的全球金融危机而实施的政府对经济危机的救助。从对欧元区主权债务危机成因的分析中，可以解读出如下的重要的信息：①突发的外部冲击会打破国际区域经济原有的均衡状态。②为解救金融危机而实施的过度宽松的财政政策，会为今后的经济发展埋下隐患。③无论是发达国家经济体，或是参与国际区域经济同盟的

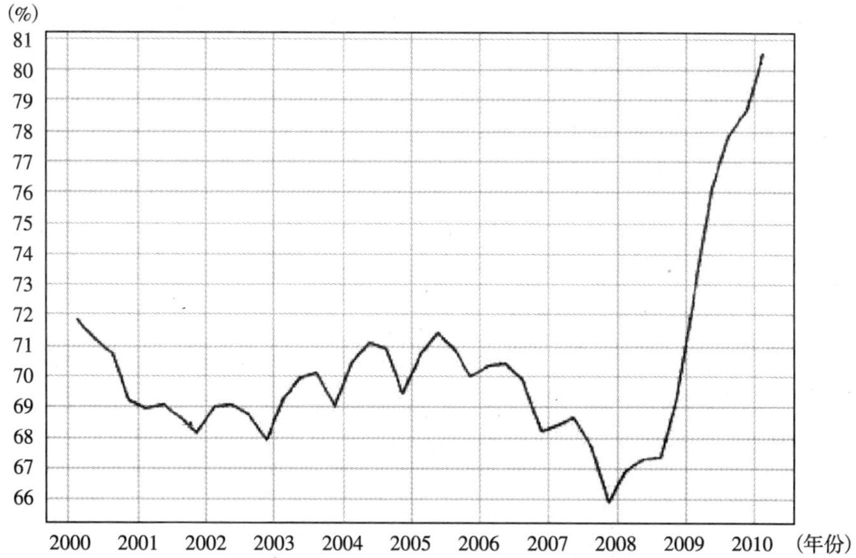

图 1　欧元区公共债务与 GDP 的变化趋势

资料来源：ECB，Government Finance，2010。

经济体，即使是有国家主权担保的债务，其政府财政政策一旦过度宽松，也会形成主权债务违约的风险。

三、美元主权债务的隐性风险分析

次贷危机之后，美国政府通过了 7000 亿美元救市方案等一系列非常规的财政政策。最近奥巴马又向国会提交了总额达 3.83 万亿美元的 2011 年度政府预算开支。穆迪警告：如果美国经济增长低于政府预期，或美国政府不采取更严格措施解决预算赤字，美国 AAA 级主权信用评级将承受压力。

可以看出，与欧元区国家的财政赤字相比，美国的财政赤字规模有过之而无不及。根据 IMF 的报告，美国的财政状况在发达经济体中恶化最快。那么，美国是否也会像欧元区的一些国家一样存在主权债务的风险?

1. 历次美国主权信用问题

历史上，美国没有发生过对主权债务完全赖账的情况，但是美国却有单方面改变偿付条件，将自身债务负担向外转移的违约污点。

1929 年大萧条发生前，美国资本输出和国内投资同时增加。大萧条降临后，美国实行货币贬值和黄金汇兑限制。至 1934 年 1 月美国的黄金平价只有此前的 59%，意味着美元贬值 41%，同时，实行了黄金汇兑限制，终止了美国国债的黄金条款。

1971 年爆发美元危机，美国的黄金储备为 102.1 亿美元，而美国短期负债为 269.1 亿美元。美元与黄金的固定比价遭到怀疑，外汇市场上开始出现抛售美元、抢购黄金和硬通货的风潮。面对猛烈地冲击，尼克松政府单方面宣布限制美元与黄金的兑换，并压迫联邦德国和日本等国实行货币升值，以图改善美国的债务状况，最后达成《史密森协议》，美元对黄金贬值 7.89%，从 35 美元/盎司贬值到 38 美元/盎司，日元升值 16.9%，前联邦德国马克升值 13.6%，瑞士法郎升值 13.9%，荷兰盾和比利时法郎各升值 11.6%。[3] 美国通过逼迫各国货币升值这种隐性违约的方式转移了本国的债务压力。

2. 美国财政赤字与公共债务现状

美国 2008 财年的财政赤字为 4590 亿美元，赤字率为 3.2%。2009 年美国财政赤字为 15870 亿美元，占美国 GDP 的比重为 9.9%，为 1945 年来最高水平。[4] 而且，根据美国财政部的预测，财政赤字还有进一步恶化的趋势（见图 2）。

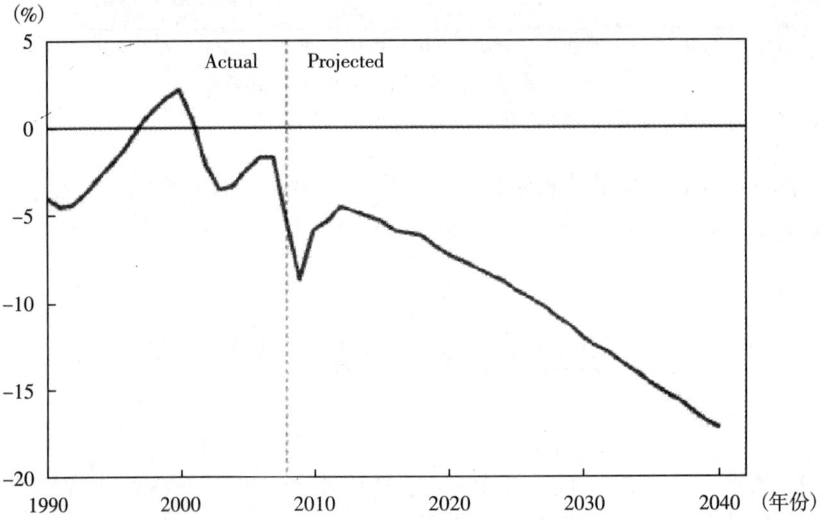

图 2　美国财政预算盈余及预测

资料来源：美国财政部，President's Budget，2009。

目前，美国政府大量的财政赤字累积导致更多的美国国债发行，美国公共债务在 2010 年 6 月以前的 18 个月里从 5.5 万亿美元激增至 8.6 万亿美元。据美国国家预算局的估计，到 2010 财年底，美国政府债务占其 GDP 的比重将由次贷危机爆发前 2007 年的 36% 上升至 63%，到 2020 年政府债务比重将高达 90%，2035 年将达到峰值（见图 3）。[5] 这样长期得不到改善的财务状况，将使政府债务达到一个不可支持的水平，美国的财政状况确实令人担忧。

3. 美国巨额财政赤字和公共债务的隐忧

一般政府的债务负担可以用 $D_t + i_{t-1}B_{t-1} = B_t - B_{t-1}$ 表示，其中 D_t 为当年的财政赤字，$i_{t-1}B_{t-1}$ 为利息支付的实际成本。$B_t - B_{t-1}$ 为债务的增加。因此，本文接下来将在美国长期财

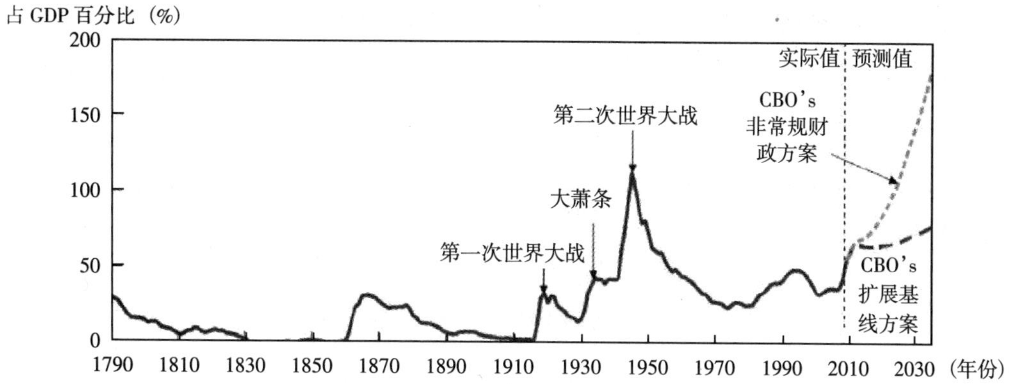

图 3 美国联邦政府债务与 GDP 比率变化趋势（1790~2035 年）

资料来源：http://www.whitehouse.gov，2010 年美国总统经济报告。

政预算的可持续性和美国国债的利息成本的框架下，分析美国在后危机时代经济衰退情况下的财政状况隐患。

（1）赤字财政政策的持续性。下面我们用赤字率和债务率，考察美国在现有经济增长速度情况下扩张性财政政策的持续性。

为了最后更简单直观地了解偿债率、赤字率与经济增长率之间的关系推导，我们假设国债利率为常数不变。

$$\frac{dF}{dt} = M \tag{1}$$

式中，M 为财政赤字，F 为国债余额。财政赤字等于国债余额的变化。

$$\frac{df/dt}{f} = \frac{d(F/Y)/dt}{F/Y} = \frac{dF/dt}{F} - \frac{dY/dt}{Y} \tag{2}$$

式中，f 为国债余额与 GDP 的比率（偿债率），Y 为国民生产总值 GDP，F 为国债余额。

将（1）式代入（2）式得：

$$\frac{d(F/GDP)/dt}{F/GDP} = \frac{dF/dt}{F} - \frac{dY/dt}{Y}$$

$$= \frac{M/Y}{F/Y} - \frac{dY/dt}{Y}$$

$$= \frac{m}{f} - n \tag{3}$$

式中，n 为经济增长速度，m 为赤字率。

即 $\frac{df/dt}{f} = \frac{m}{f} - n$

$$\frac{df}{dt} = m - nf \tag{4}$$

由（4）式可以看出，当 m = nf 时，即赤字率等于经济增长速度与偿债率之积时。国债余额与 GDP 之比（偿债率）的变化等于零，此时达到均衡状态。

当$\frac{df}{dt}\leqslant 0$时，$m\leqslant nf$，即$n\geqslant\frac{m}{f}$，一国的财政政策可持续，赤字财政规模不会阻碍未来经济的发展，也不会为国家主权债务问题留下隐忧。

按照财政稳定性要求：$n\geqslant\frac{m}{f}$，估算得赤字财政稳定性要求的最低经济增速（见表2），其中 m、f 数值参照美国 2009~2020 年对赤字率和公共债务占 GDP 的比率（见表 1）。

表 1　美国财政预算及预测（2009~2020 年）

单位：%

年份	2009	2010	2011	2012	2013	2014	2015	2016	2017	2018	2019	2020
财政收入	14.80	14.80	16.8	18.10	18.60	19.00	18.90	19.30	19.40	19.50	19.50	19.60
财政支出	24.70	25.40	25.1	23.20	22.80	22.90	22.90	23.10	23.10	23.00	23.50	23.70
赤字	9.90	10.60	8.3	5.10	4.20	3.90	4.00	3.80	3.70	3.50	4.00	4.10
公共债务	53.00	63.60	68.6	70.80	71.70	72.20	72.90	73.60	74.20	74.90	75.90	77.20

资料来源：CBO，The Budget and Economic Outlook，2009。表中数值表示预算总数占 GDP 的百分比。

表 2　赤字财政稳定性要求的最低经济增速

年份	2009	2010	2011	2012	2013	2014	2015	2016	2017	2018	2019
n(%)	18.6	16.7	12.1	7.2	5.86	5.4	5.35	5.37	4.99	4.81	5.1

通过比较，可以发现美国 2010 年美国总统经济报告中对美国 2010~2019 年 GDP 增速（见表 3）的预测远远不能达到维持美国赤字预算稳定性的要求。

表 3　对 2010~2019 年 GDP 增长率的预测

	Forecast		Projected Annual Average	
	2010 年	2011 年	2012~2013 年	2014~2019 年
	Fourth Quarter to Fourth Quarter（Percentage change）			
Real GDP	2.8	3.8	4.5	2.4
GDP Price Index	0.9	0.3	0.7	1.6

资料来源：2010 年美国总统经济报告 C，其中 2009 年为–2.9（非预测）。

估算结果是在假定国债利息率固定不上升的前提下，如果按照实际情况，可能经济增速下限还要有所上升才能维持财政稳定性。通过研究发现，美国未来财政政策稳定性将受到很大挑战，一旦财政赤字连续性难以维系，美国政府信用将受到威胁，主权债务的潜在风险将会逐步暴露。

（2）美国国债的利息成本。在后危机时代，美国政府用以稳定金融市场与拉动经济增长的扩张性的赤字预算，需要通过大量发行国债加以解决，而美国国债市场上的供求失衡恶化将会导致新发国债利息率的上升，使美国为财政赤字融资的成本增加。同时，随着长期国债的到期和再融资，到期支付的国债利息负担将大大增加。据 CBO 的数据估计，如果美国国债利率上升至 4%，美国的利息支出会增加 1000 亿美元，相对于 CBO 的基准预测增加 40%。如果到 2015 年，国债利率比预期（见表 4）还要高，净利息支出将比 CBO 对 2015 年的预计翻倍，达 9200 亿美元。此外，按照美国现行的财政预算，债务增速高于 GDP 增速，国债利率将有更明显的增长。[4]

表 4　2009~2019 年国债利率

	Forecast			Projected Annual Average	
	2009 年	2010 年	2011 年	2012~2013 年	2014~2019 年
	Fourth Quarter to Fourth Quarter（Percentage Change）				
Interest Rates（Percent）					
Three-month Treasury bills	0.2	0.6	1.7	3.6	4.7
Ten-year Treasury Notes	3.3	4.1	4.4	4.8	5.5

资料来源：CBO，Budget and Economic Outlook，2009。

分析以上数据（见表 4）可以发现未来几年美国国债利率还要保持稳步上升的趋势，其利息支付成本总体增加的趋势明显，由此将会加剧海外投资者对美国国债资产安全性的忧虑。海外投资者将会考虑变换对外债权的结构，减少对美国长期国债的持有，增加短期国债。现在已有部分投资者的担忧行为显现，美国 10 年期国债与 2 年期国债的利差加大就是很好的证明（见图 4）。由此可以看出，在长期来看，如果不改变宽松的财政政策，美国政府对到期国债再融资能力将会减弱，同时偿还压力会增加，为主权债务问题发生埋下不小的隐患。

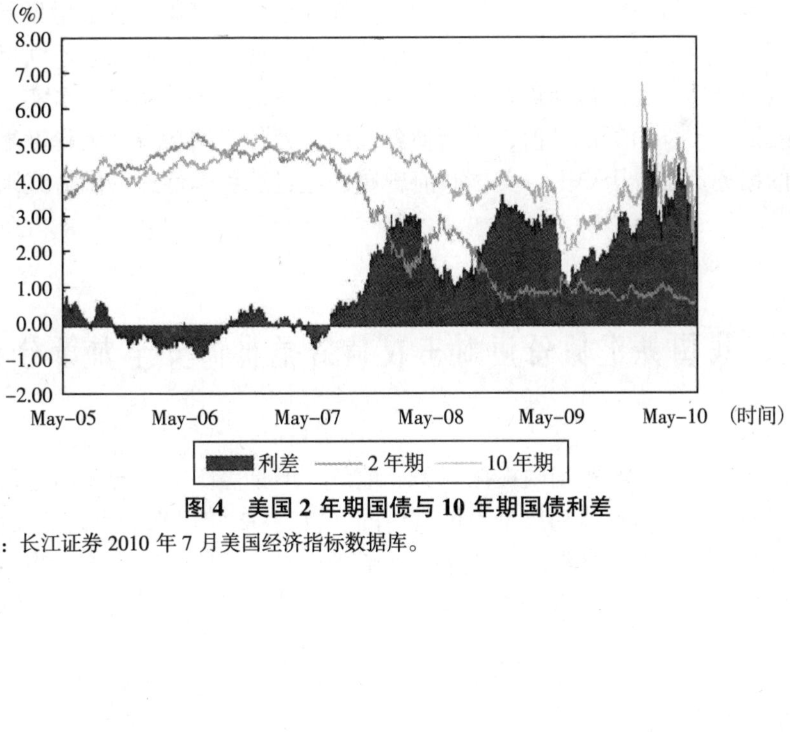

图 4　美国 2 年期国债与 10 年期国债利差

资料来源：长江证券 2010 年 7 月美国经济指标数据库。

四、美国政府减少财政赤字和债务的措施分析

在次贷危机后，美国庞大的政府财政赤字与巨额的外债规模已成为不争的事实，已为美国主权债务问题埋下隐患。然而美国刺激经济增长的计划还远没有结束，美国政府在今后几年内还会连续实施财政赤字计划，可以预见美国政府为了减轻债务负担，维持财政稳定，消除主权债务问题的隐患，在未来通过各种方式摆脱债务负担的意愿将会越来越强烈。

一国在政府财务负担加重的情况下，通常会采取以下三种措施减轻负担：一是提高税收；二是通货膨胀；三是货币贬值。就目前美国国内的经济状况而言，提高税收面临一定的难度，因为美国居民的资产已在次贷危机之后大幅缩水，如果提高税收，根据李嘉图的等价定理，只能进一步削弱美国国内的消费能力，对拉动经济增长造成不利影响；通货膨胀不仅会减轻政府债务，还会在一定程度上刺激经济增长，是化解政府债务负担常用的隐形手段。但政府会考虑将通货膨胀控制在个位数上，因为过高的通货膨胀会损害经济发展，会使国内债权人蒙受损失，从而降低政府的国债融资能力。此外，货币发行量亦受到法律和经济规律的制约；货币对外贬值可直接减轻政府的债务负担。在美国国债中，外债占比 50%，美国未来几年继续大量发行国债弥补财政赤字会使债务负担日益加重，因此，美国为了减少负担，最容易采取的措施就是通过货币对外贬值这种隐性违约的方式将债务压力转嫁给外国债权国，并可能通过两条路径实现这种转嫁：一是增大基础货币的投放。美国连续的财政赤字政策依赖于大量发行国债，而赤字财政筹集的资金增量是通过大量发行基础货币实现的，这样将向市场注入大量的流动性，使美元贬值预期不断增强。二是逼迫其他国家货币升值。美国近期逼迫人民币升值的意图已经十分明显。事实上，两种方式都相当于美元贬值、外国货币升值，从而使各国的美元外汇储备资产大幅度缩水，最终减轻美国自身的债务负担。历史上，美国政府曾屡次通过这种隐性违约的方式来转嫁本国债务负担。

五、我国外汇储备应对主权债务危机的安全对策分析

虽然欧元区的债务问题短期内提振了美元地位，但是美国为了转嫁债务负担，维持赤字财政运行，美元总体的贬值趋势是不可避免的。自 2002 年以来美元已经贬值 40% 左右（按照美元指数）。[7] 美国日益恶化的预算财政赤字问题并不是周期性的，并不会随着经济状况的改善而自动恢复，且尚没有任何迹象表明美国政府将展开行动解决财政失衡问题。

因此，我国作为美国国债的最大持有国不得不重视美国主权债务隐性违约的风险。现阶段有必要抓住欧元区债务危机提振美元地位的时机，调整我国外汇储备的结构，提高外汇储备资产的长期安全性。

1. 审慎安排中国外汇储备及对外债务的期限结构和币种结构

由于我国外汇储备充足，外债结构合理，中短期内不会存在自身的主权债务问题。但是依照外汇风险程度，审慎和适时调节对外债务和外汇储备的期限结构、币种结构、债务规模和比例，使我国外汇储备处于安全状态，却是必须长期关注的问题。

截至 2010 年 3 月末，中国外债余额为 4432.36 亿美元（不包括香港特区、澳门特区和台湾地区的对外负债），较 2009 年底增长 3.4%，其中外债与外汇储备规模比例为 18.11%，较 2009 年末的 10.81%有所增加，但远远低于国际安全标准线（100%）。

从外债期限结构来看，短期外债占外债余额的比例四个季度以来持续攀升。3 月末，短期外债余额为 2762.02 亿美元，占外债余额的 62.31%。通常认为，外债的期限结构可以反映投资者对世界经济形势的一种判断。由于欧洲债务问题的爆发和美国让人担忧的赤字财政政策，使原本可以稳步复苏的经济形势又开始变得不明朗，国际金融市场将仍会有较大波动。如果人民币升值是一种较为确定的趋势，中国偿还对外债务的成本将会不断下降，中国利用外资的对外举债能力将大大提升，因此持有以美元为币种的对外长期债务将变得更为有利。短期债务容易受到即期的不确定性因素的影响，短期外债比重过大容易引发集中还债的风险，因此，我国外汇储备的期限结构应随外债期限结构做同步调整，使我国外汇储备的美国长期国债和短期国债的持有结构，与对外长期债务和短期债务的持有结构相吻合，尽可能减少不确定因素对我国外汇储备资产安全的影响。

从币种结构来看，中国的对外债务以美元债务为主。美元债务占 70%，比上年末上升 2.24 个百分点；日元债务占 11.04%，比上年末下降 0.85 个百分点；欧元债务占 5.49%，比上年末下降 0.89 个百分点；其他债务包括特别提款权、港币等，合计占比 13.47%。[8] 可以看出，我国外债中的币种结构和外汇储备中的币种结构类似，不存在偿债压力。站在债权角度即外汇投资角度上看，随着美元的贬值，购买美国国债的负面风险会增大，越是投资长期国债，损失的可能越大。反过来，站在债务角度上看，债务负担会随着人民币的升值而减轻，获得低息、无息乃至倒付利息的效应。为了使风险最小化，效益最大化，首先，应该使对外债务的币种结构同外汇储备的币种结构相吻合；其次，参考特别提款权（SDR）的币种结构安排外汇储备的币种结构，尽量体现币种的多元化。

2. 选择最佳时期逐步减持美元资产、增持美元债务

由于欧元区的债务危机，使得外国投资者重新将美国国债作为资产安全港，同时减持普通股和法人股，使得美国国债资产价格上升。根据 Bloomberg 数据显示，2010 年 6 月国外投资者净购入美国国债 456 亿美元。日本是第二大美国国债持有国，在 6 月增持了 168 亿美元，达到 8036 亿美元。英国的持有数量也在增加，2010 年 6 月增持 122 亿美元，现已持有 3622 亿美元。根据美国银行的数据显示，2010 年 6 月美国国债利率为 1.9%。美国国债继 2010 年 5 月销售 46.7 亿之后 6 月又净增销售 41 亿美元。同时投资者抛售 135

亿元公司债，为1月来的最高值。[9] 美国国债需求旺盛的时候，恰是我们适度减持美国国债的好时机，因为此时逐步退出不会对美国国债价格造成巨大冲击，避免以美元国债形态构成的我国外汇储备资产遭受在美元和美国国债被大量抛售时的资产损失。考虑到人民币升值趋势，即美元贬值趋势，以美国国债形态持有的中国外汇储备不可避免地会出现资产缩水，但又不能因此而放弃美元形态的外汇储备，为了规避因本币升值造成的外汇储备缩水，可增持美元形态的对外负债，即通过多种途径更多地借入美元发展经济，达到既能抵消外汇储备缩水的损失，又能充分利用外部资源，以低息、无息乃至倒获利息的方式融入资金的双重效应。

3. 增加战略物资和生产要素储备

随着全球新型金融危机的爆发、欧元区债务问题的显现以及人民币汇价的上升，将外汇储备与贵重金属（"硬通货"）、战略物资、人才、技术等生产要素储备做适当的结构调整，是规避我国外汇储备风险的重要举措之一。

（1）大宗能源储备。在欧元区债务问题的冲击下，石油和大宗商品价格出现大幅下跌，处于历史低位（图5，以石油类为例）。目前，大宗能源类市场行情为我国以较低成本建立能源与大宗商品储备提供了难得的机会。必须指出的是，能源与大宗商品的价格往往震荡剧烈，低价位未必会维持太长时间。一旦美国财政赤字政策引起市场对美国国债及美元失去信心，将会导致美元大幅贬值，全球能源与大宗商品价格可能重新步入快速上升通道，全球投机性资金的炒作则会放大这一过程。因此，我们必须高度重视以合理成本建立生产要素储备的必要性，利用这一稍纵即逝的时间窗口来储备大宗能源商品。

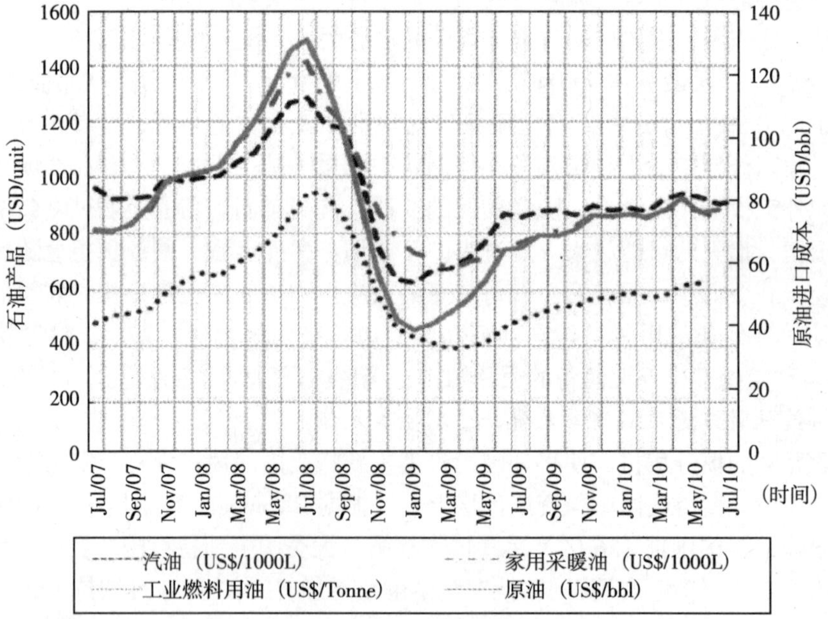

图5 石油类产品价格

资料来源：国际能源组织 Mediwm-Tem Oil & Gas Market，2010.

（2）黄金储备。自牙买加货币体系宣告黄金非货币化以后，黄金逐渐失去了其货币功能，而其保值增值的功能却愈加显现。经实证研究证明美元与黄金价格波动成负相关关系，特别是在金融市场危机动荡时，美元价值会下跌，但是往往黄金的价格会逆市上涨。[10] 在欧元主权债务危机冲击下，几乎所有的股指、石油以及其他大宗商品价格都出现了剧烈震荡甚至大幅下跌，只有黄金“逆势”上涨（见图 6），突破了此前 1226 美元/盎司的峰值记录。黄金的保值作用使之成为在此次欧元区主权债务危机中最耀眼的明星。

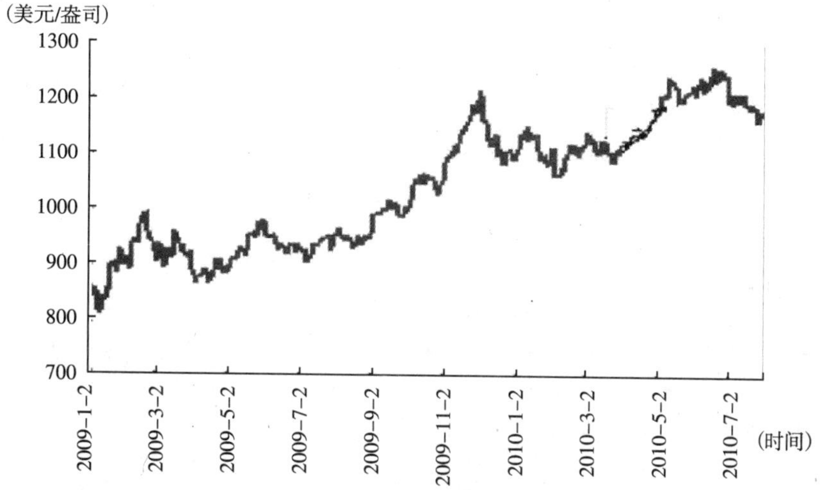

图 6　2009~2010 年 7 月黄金价格走势

资料来源：世界黄金协会 Price Statistics，2009。

笔者认为，全球经济动荡的大环境——次贷危机、各国政府向市场注入大量流动性、欧洲主权债务危机，恰恰成就了后危机时代黄金的避险保值功能。在后危机时代人们对纸币、债券、股票等投资资产信心不足的情况下，黄金价格的坚挺会持续相当长时期。

目前，我国黄金储备总量只占外汇储备总量的 1.6%。虽然黄金不可能成为我国外汇储备的主要投资渠道，但是我们逢低买入，可以对我国外汇储备起到保值的功能。

（3）人才和技术储备。应对次贷危机，美国实施 7000 亿美元救助计划向市场注入了大量的流动性资金，使得后危机时代美元进一步贬值风险增大。此外，次贷危机后，美国为了摆脱巨额经常项目逆差，扭转本国经济颓势，强迫人民币升值的意图已十分明显。因此，中国以出口拉动经济增长的传统经济模式将面对较大困境和挑战，但是挑战和机遇是并存的，我们可以利用人民币升值的机会，用升值的人民币兑换美元，购买更多的人才和技术储备，弥补我国经济发展中的人才和技术短缺，加快产业结构升级优化，增加我国的创新能力，为进一步的经济结构调整储备人才和技术资源。

4. 人民币国际化

尽管我们可以尽可能地抓住一切机会使外汇储备资产投资多元化，风险最小化，降低美国财政政策对我国外汇储备资产安全的威胁。但在美元本位制下，外汇储备资产中还是要以美元、欧元为主导，我国外汇储备资产最终难以摆脱交易成本和汇率波动的影响。所以，人民币国际化应成为降低我国外汇储备风险的长期战略选择，因为人民币国际化可以从根本上降低外汇储备的规模，减少受国际汇率波动等外部因素的牵制，从而减少外汇储备资产缩水的巨额损失。

参考文献：

[1] Carmen M. Reinhart and Kenneth S. Rogoff. From financial crash to debt crisis [J]. NBER Working Paper15795, March, 2010: 10-11.

[2] ECB, Monthly Bulletin, July, 2009.

[3] 姜波克:《国际金融新编》, 上海: 复旦大学出版社 2007 年版。

[4] 根据美国总统 2010 年经济报告数据估算。

[5][6] CBO, Federal Debt and the Risk of a Fiscal Crisis, July 27, 2010.

[7] 张向军:《后危机时代国际货币体系改革的前景: 欧元的经验和启示》,《国际经济研究》2010 年第 7 期。

[8] 中国外汇管理局网站 2010 年 4 月外债基本情况数据。

[9] Bloomberg. Demand for US long- term financial assets rose in June, 16, Auguest, 2010.

[10] Colin Lawrence. Why is gold different from other assets? An empirical investigation [N]. World Gold Council, March, 2003: 14-16.

From Eurozone Sovereign Debt Risk in the Postcrisis Era to See the Restructuring of China's International Reserves

Wang Xiaojun Liu Lizhen

Abstract: At Eurozone sovereign debt problem frequently ourbreaks background, the paper studied that the risk of U.S. government bonds and the impact of China's foreign exchange reserves, Summed up the revelation which Eurozone sovereign debt problem gived for China's foreign exchange reserves management in the post -crises era. Paper on estimation the sustainability of America's future budget plans and the cost of US treasury bonds, the financial condition of the United States is in more serious state than Eurozone sovereign debt crises countries, will increase the risk of long-term US government treasury bond held by China. At the global economic difficult recovery background, we should profit from the infl uence of Eurozone sovereign debt problem, seize the opportunity, adjust the structure of foreign exchange reserves, reduce the risk of foreign exchange reserves.

Key Words: Sovereign debt; Financial deficit; National debt; Foreign exchange reserves

政策退出效应显现　谨防经济减速过快*

中国社科院经济所宏观分析课题组

【摘　要】2010年第二季度，我国经济增长速度趋缓，通货膨胀预期受到控制。应当说，这一态势是经济政策正常化的预期结果；同时，负面外部冲击也产生了一些干扰。有鉴于此，2010年下半年需要保持宏观经济政策的连续性和稳定性，同时，积极关注欧债危机的发展和动态，把握好政策退出的节奏、力度和重点，促进经济结构调整，防止经济减速太快。

【关键词】经济政策正常化；债务危机；先行指标；民间投资；政策性金融

一、2010年上半年我国宏观经济运行的基本态势

1. 经济增长速度趋缓，先行指标显示，下半年增长动力仍可持续

2010年第二季度GDP同比增长10.3%，比第一季度减缓1.6个百分点。如果观察环比指标，可以发现从2009年第三季度起，环比增长率就开始从高位回落，[①]至2010年第二季度环比增长年率降为8.2%。一般认为中国GDP潜在增长率在8%~10%，那么，2010年第二季度GDP环比折年率已接近潜在增长率下限。

需要特别强调的是，这一轮经济增长减速是政府宏观调控政策的预期结果。根据对领先指标的观察，我们认为，从2009年第三季度开始的经济回调已经接近底部。

---

*课题组负责人张晓晶；本报告执笔人汪红驹、汤铎铎。参加讨论的有刘树成、张平、刘霞辉、周学、张连成、赵志君、常欣、田新民、袁富华、仲继垠、林跃勤、张磊、王宏淼、黄志钢、陈昌兵、吴延兵、张自然、马岩、郭路，特此致谢。本文受国家社科基金重大招标课题“贯彻落实科学发展观与完善宏观调控体系”（批准文号07&ZD004，首席专家张晓晶）的资助。

① GDP环比指标的计算比较复杂，国家统计局至今尚未公布权威数据，我们这里给出的仅是一种粗略的估算，具体计算方法可以与作者联系索取。

(1) 在我们跟踪的 11 个领先指标中，制造业新订单（NORDERPMI）、出口新订单（NORDEREXPMI）、新开工项目计划投资额（NEWINVPLA N）、新开工项目数量（PJTNNEW）、海运货运量（SHIPT OTAL）、贷款（LOAN）、香港中资股指数（HSC_CAC）和工业产品销售率（PRODSALE）八项同比有不同程度下跌；但是土地开发面积（ALD）、土地购置面积（ALB）和商品房新开工面积（ANB）三项有关房地产的先行指标则开始上升。从宏观经济先行指标的各分量来看，PMI 的新订单同比下降至金融危机前的平均水平；新开工项目和贷款具有很大的政策灵活性；房地产开发的先行指标已经开始上行。

(2) 2010 年 7 月中国制造业采购经理指数（PMI）为 51.2%，比上月回落 0.9 个百分点。从 11 个分项指数来看，主要分项指数回落幅度有所缩小。比如新订单指数为 50.9%，比上月回落 1.2 个百分点，降幅较上月缩小 1.5 个百分点；新出口订单指数为 51.2%，仅比上月回落 0.5 个百分点。因此，下半年我国经济增长的动力仍然可以持续，GDP 增长环比折年率大致可以保持在 8% 的潜在水平之上。

2. 通胀压力暂时缓解，食品价格对 CPI 影响较大

在经济增速放缓的同时，通胀压力也有所缓解。国家统计局公布，6 月 CPI 同比上涨 2. 9%，环比下跌 0.6%。从 CPI 构成来看，6 月八大类商品价格中食品和居住同比上涨幅度最高，分别为 5.7% 和 5%。工业品上涨 1.3%，扣除食品和能源后 CPI 仅上涨 1%。这说明核心通胀率仍保持在低位，对工业品的最终消费需求并没有出现明显上涨。

导致下半年价格回落的主要因素有：

(1) 国内经济增长减速。

(2) 人民币升值有助于降低进口成本。

(3) 第二季度房价在政策调控作用下增幅已经放缓，下半年增幅可能继续回落，并带动居住类商品价格增幅放缓。

(4) 近几个季度的劳动力单位成本保持平稳，参照核心通胀保持低位的情况，说明中国还没有出现工资—通胀的螺旋上升。

(5) 经过第二季度的政策调控，货币供应增速下降，从商品期货市场、股票市场的反应来看，通胀预期暂时受到有效抑制。

综合前述各种因素的分析，6 月因农产品和食品价格回落，导致消费品价格指数比 5 月回落。不过，下半年仍需要密切关注农产品价格和国际大宗商品价格的波动。另外，针对上半年通胀压力暂时缓解的情况，政府在下半年也可能更加关注“保增长”的目标，政策的不确定性也会对实际运行结果存在较大影响。

3. 上半年消费继续回升，下半年消费增幅可能会受房地产和汽车销量下降影响

2010 年上半年消费品零售总体上保持回升态势，上半年累计同比增长 18.2%，比上年增速高 3.2 个百分点。6 月同比增长 18.3%，比 5 月回落 0.4 个百分点。受国际金融危机影响，2009 年初，中国消费品零售总额出现大幅度下滑，经季节调整的消费品零售总额在 2009 年 1 月以后出现向下的水平位移。为了保增长，中央政府在 2009 年初推出了“家电下乡”和促进汽车销售等刺激消费的措施，稳住了消费下滑的势头，并使消费增长

逐月回升。2010 年以来，社会消费品零售总额受国际金融危机负向冲击的水平位移缺口已经基本被填平。

2009 年采取的刺激政策促使汽车和房地产销售在 2009 年第四季度大幅增长，但进入 2010 年以来，受房地产调控政策等因素的影响，汽车和房地产销售增幅大幅下降。限额以上企业汽车销量在 2009 年 11 月同比增长 61.5%，同期新房销售面积同比增长 99. 6%。2010 年 6 月同比增长分别降为 28. 3%和–3.2%。这两大类商品销售在 2009 年下半年的快速增长对经济恢复起到了积极作用。但汽车和房地产销售面积在 2010 年大幅下滑对未来相关的家用消费品销售可能产生一些负面影响。根据限额以上商品零售企业的统计数据计算，2010 年 1~6 月石油及制品类、家用电器、家具、建筑及装潢材料的销售同比增幅仍处于金融危机前的水平，但已经有不同程度的下滑。2010 年 1~6 月这些商品加上汽车销售合计占商品零售总额的比重为 55.5%。2010 年下半年这些商品销售可能仍将受制于汽车和房地产销售面积增幅下降的影响。

4. 第二季度信贷增幅下降，投资受调控政策影响，但仍处于高位

2010 年 1~6 月累计新增贷款 4.6 万亿元，同比减少 37.2%，已完成年初 7.5 万亿新增贷款计划的 61.7%。其中，累计新增居民贷款同比增加 64%，累计新增企业贷款同比下降 54%。累计新增存款同比减少 23.7%，其中累计新增居民存款同比下降 13%，累计新增企业存款同比下降 75%，累计新增财政存款同比增加 41%。新增存款和贷款总量及结构的变化基本反映了信贷政策“正常化”的趋向（见图 1）。

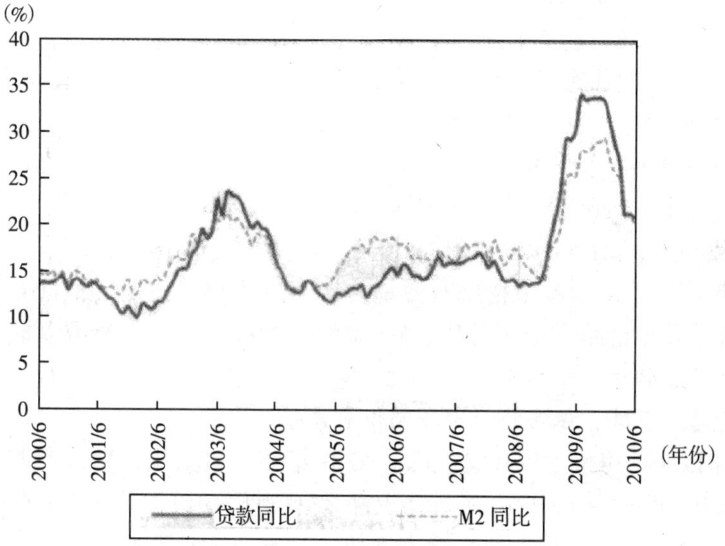

图 1 M2 和贷款同比增长

资料来源：中国人民银行。

固定资产投资仍是增长的主要动力。2010 年 1~6 月，规模以上工业增加值同比增长 17.6%，增速比上年同期加快 10.6 个百分点，比 1~5 月累计回落 0.9 个百分点；上半年完

成城镇固定资产投资 98047.4 亿元，同比增长 25.5%，比 1~5 月回落 0. 4 个百分点。从中长期趋势来看，2009 年中央政府通过多种政策刺激投资，投资规模大幅增加，全年各月季节调整的城镇固定资产投资位于指数趋势线以上，2010 年 1~6 月季节调整的城镇固定资产投资位于指数趋势线上方。

2010 年第二季度政府密集出台了一系列调控政策：房地产调控政策；为实现节能减排目标，限制“两高一资”的行业；清理地方融资平台；自 2010 年 7 月 15 日起取消 406 项商品出口退税。

所有这些政策都是政策退出的一部分。如果这些政策落实，可能导致下半年新增贷款比上半年减少。第二季度的数据还未能完全反映这些政策的效应，上述这些政策叠加的效果对下半年投资和出口的影响将逐步显现。

5. 上半年进、出口处于恢复性增长阶段，商品贸易顺差缩小

2010 年上半年，我国商品出口和进口出现恢复性增长，但贸易顺差出现较大幅度缩小。2010 年 1 ~6 月货物出口总额 7050.9 亿美元，进口总额 6497.9 亿美元，实现贸易顺差 553 亿美元，顺差比去年同期减少 409.1 亿美元，下降 42.5%。如果考虑到人民币升值因素和取消出口退税，下半年的出口形势不容乐观，真实的商品贸易顺差可能会进一步缩小。

6. M1 增幅下降，通胀预期受到控制

2009 年，中国采取积极的财政政策和适度宽松的货币政策，导致信贷和货币供应大幅增长。2009 年 3~12 月，信贷同比增幅连续 10 个月超过 27%，M2 货币供应同比增幅连续 10 个月超过 25%，这是中国自 1996 年以来前所未有的超常增长。M1 货币供应同比增幅从 2009 年 7 ~12 月连续 6 个月超过 26%。2009 年货币供应的超常增长在 2010 年初产生较强的通胀预期。为了控制通胀预期，2010 年上半年货币政策向正常化方向调整。2010 年 1 月和 2 月，信贷增长 29.3%和 27.2%，M2 增长 26.1%和 25. 5%。货币政策在第二季度向正常化方向调整，6 月信贷同比增速回落至 18.2%，M2 同比增速回落至 18.5%；M1 回落至 24.6%，M1 同比增速与 M2 同比增速之差缩小至 6.1%。

2010 年第二季度的政策措施有效地控制了通货膨胀预期。根据 CPI 和 M1 的滞后关系，如果货币政策继续实施正常化，M1 增幅将继续下降，大致可以推算 CPI 的预期高峰在 7 月和 8 月，随后几个月将转为平稳下降（见图 2）。

7. 房价增幅下降，但房地产市场仍供应紧张

2009 年以来，房价出现快速上涨。2010 年 4 月密集出台房地产调控政策后，房价增幅下降。2010 年 6 月全国商品房价格上涨 8.7%，比 5 月回落 4.2 个百分点。房地产开发投资在 2010 年上半年仍保持较高速度增长，1 ~6 月房地产开发投资和房地产开发贷款累计同比增长分别为 38.1%和 34.5%。

然而，房地产市场仍然供应紧张。从 1998 年至今，经季节调整的竣工面积和销售面积之比长期下降，而且从 2006 年至 2010 年 5 月的大部分时间这一比值小于 1，只有金融危机期间的 2008 年 8 月至 2009 年 2 月出现过竣工面积大于销售面积的情况。2009 年 3

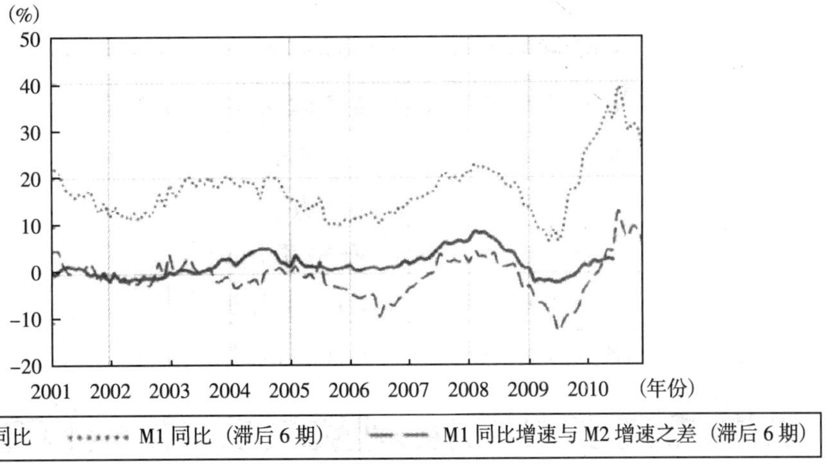

图 2　M1（滞后 6 个月）和 CPI 同比增长

资料来源：国家统计局，中国人民银行。

月以来至年底，在刺激政策的作用下，房地产销售面积上涨，竣工面积和销售面积之比降至 0.65 左右。2010 年上半年，房地产调控政策出台后，竣工面积和销售面积之比有所上升，但竣工面积依然小于销售面积。

另外，数据显示，房地产开发速度近来逐渐放缓。2010 年第二季度的房地产调控政策导致购房者出现观望情绪，开发商也放缓了房地产的开发速度，从 2010 年 1 月至 6 月房地产施工面积指数下降。不过，房地产新开工面积和土地购置面积增长这两项指标是有利于下半年增长预期的。

经过上半年的房地产政策调控，房地产价格上涨速度已经有所回落，房地产价格泡沫的风险有所释放；但销售面积大幅下滑，施工面积也有下降，这在短期内会抑制与房地产相关的行业，从而导致经济增长速度下滑。因新开工面积和土地购置面积仍保持上升，房地产市场发展对下半年经济增长仍会有带动作用。考虑到商品房竣工面积与销售面积比仍小于 1，商品房市场的供应仍显紧张，如何增加房地产市场的有效供应是必须在房地产调控过程中关注的问题。

8. 小结

以上，我们从经济增长、通货膨胀、消费、投资、进出口、货币信贷和房地产市场等几个方面，对 2010 年上半年我国的宏观经济运行做了一个全面的回顾。根据前面的分析，我们的主要结论如下：①我国政府从 2009 年下半年即开启了经济政策正常化进程，[①] 针对 2010 年第一季度经济增速过快、房价加速上涨和通胀压力较大的局面，政府在第二季度实施了更加积极的政策退出；②第二季度的经济增长下滑主要是政府主动调控的结果，基本在意料之中，同时，通胀预期和资产价格得到抑制也是政策退出的题中应有之义；

① 参见中国社科院经济所宏观分析课题组（2010）。

③随着上半年政策退出的影响进一步展开，下半年的经济增长同比还会有所下滑，然而，从先行指标来看，无须过分担忧，政策弹性决定了经济增长动力仍可持续。以上分析主要关注国内因素，下面，我们将讨论的重点转到国际经济环境。

二、国际经济环境及其对我国对外贸易的影响

1. 2010 年上半年欧洲经济复苏缓慢，但欧债危机后，欧元区经济显示出超预期弹性

欧盟 27 国 5 月失业率仍高达 9.6%，比 2009 年 12 月高 0. 2 个百分点。部分国家财政赤字和债务负担沉重，如希腊 2009 年财政赤字占 GDP 比重达到 12. 7%，政府债务占 GDP 比重为 115%，西班牙 2009 年的赤字率和债务率则分别为 9.6%和 55.2%。2010 年 4~5 月，欧洲债务危机恶化，经过 IMF 和相关国家拯救，当事国推出财政紧缩措施，欧债危机暂时缓解。

最近公布的数据显示，英国第二季度经济增长折年率 4.6%，为最近 9 年来的最高值；除了受债务危机困扰的国家外，德国和法国 2010 年 7 月的 PMI、企业及消费信心指数继续上升。这些指标都表明欧元区经济具有超预期的弹性。

2. 美国复苏缓慢，日本仍处在通缩边缘

美国宏观经济先行指标显示，美国在 4 月经济活动已经达到局部高点，5 月和 6 月开始显现恢复性增长减速的迹象。例如，美国供应管理机构公布的 6 月制造业 PMI 由 5 月的 59.7 降为 56.2，其中新订单指数从 5 月的 65.7 降为 58.5，新出口订单指数由 5 月的 62 降为 56，就业指数由 5 月的 59.8 降为 57.8。

2010 年 5 月日本失业率为 5.2%，相当于金融危机时期 2009 年 6 月的水平。日本的 CPI 从 2009 年 2 月至 2010 年 5 月已经连续 16 个月同比负增长，5 月同比负增长 0.9%，环比上涨 0.1%。

3. 新兴经济体恢复速度较快，部分国家通胀压力凸显，政策紧缩不可避免

以巴西和印度为代表的新兴经济体，经济复苏速度较快。巴西在 2010 年第一季度的 GDP 增长年率从上一季度的 4.4% 迅速上升到了 8.9%。印度也从 2009 年第四季度重新开始了强劲的经济增长，其 GDP 增长年率从 2009 年三季度的 6.0% 上升到了第四季度的 8.6%，2010 年第一季度的 GDP 增长年率则达到 11.2%。新兴市场经济国家不仅经济复苏势头明显，而且存在经济过热的隐忧。巴西通胀率自 2010 年 3 月以来上升至 5%以上，5 月为 5.2%；印度从 2009 年 7 月以来，CPI 一直高于 11%，2010 年 1 月曾达到 16.2%，2010 年 4 月通胀率下降到 13.3%。因通胀压力较大，巴西已经于 4 月将基准利率从 8.75% 调高至 9.5%。印度也在 3 月和 4 月将回购利率从 2 月的 4.75%分两次提高至 5.25%。7 月，巴西和印度基准利率又分别调高至 10.75% 和 5.75%。在政策调控等作用下，巴西和印度的工业生产同比指数在 2010 年上半年已出现高位盘整。

4. 国际经济环境对中国商品贸易的影响

国际经济环境对中国商品贸易的影响可以从两个方面来看：一是欧洲经济复苏缓慢，欧债危机的不确定性影响中国对欧出口。中国对欧出口占出口总额的比重较大，而且中国对欧洲总体上保持较大顺差。2010 年 1~6 月中国对欧洲出口占出口总额的 20%，高于中国对北美的出口比重接近 1 个百分点。2010 年 1~5 月中国对欧洲整体实现贸易顺差 418.8 亿美元，而中国全部贸易余额只有 358 亿美元，说明欧洲对中国贸易顺差的贡献是很大的，如果剔除德国、瑞士两大逆差国，欧洲对中国贸易顺差的影响将更大。欧债危机虽然已暂时缓解，但仍存在不确定性，欧洲经济复苏的速度也受此影响，中国对欧洲的商品出口也会受此影响。

表 1　2010 年主要经济指标预测

单位：%

主要经济指标	第一季度（实际值）	第二季度（实际值）	第三季度（实际值）	第四季度（实际值）	全年预测值
1. 居民消费价格（CPI）上涨率	2.3	2.7	3.3	3.2	2.9
2. GDP 实际增长率	11.9	10.3	9.5	8.9	10.2
3. 社会消费品零售总额名义增长率	17.9	18.5	18.4	19.3	18.7
4. 全社会固定资产投资名义增长率	25.6	25.2	26.8	27.5	26.6
5. 出口总额名义额长率	28.7	40.9	31.7	20.7	32.2
6. 进口总额名义增长率	64.6	44.1	24.0	16.3	30.9
7. 贸易余额名义增长率	76.7	18.3	2.5	36.9	4.3
8. M2 货币余额增长率	22.5	18.5	17.2	15.9	18.3
9. 信贷余额增长率	21.8	18.2	17.2	15.7	18.1

二是部分新兴经济体增长减速对中国出口的影响。中国对新兴经济体出口增长速度加快，但目前新兴经济体对中国贸易顺差的拉动作用有限。金融危机后，因新兴经济体经济恢复较快，因此中国对新兴经济体出口增长速度快于对发达国家出口增长速度，这使中国对新兴经济体的出口比重扩大。2010 年 1~5 月中国对巴西和俄罗斯出口累计同比增速分别为 98%和 53.8%。在经济复苏过程中，中国进口也快速增长。同期，中国对埃及进口累计增速为 225.54%，对印度进口增长为 79.9%。从相对比重来看，2010 年 1~5 月，中国对印度出口比重最高，为 2.6%；对印度和俄罗斯的出口比重已经超过对澳大利亚的出口比重；对巴西进口比重最高，为 2.3%。从 2010 年 1~5 月的累计贸易余额来看，中国对巴西为逆差 41.8 亿美元，对印度为顺差 46.4 亿美元，这两大新兴经济体相互抵消后，顺差只有 4.6 亿美元。另外，中国对俄罗斯逆差 23.9 亿美元，对南非逆差 12.3 亿美元，对墨西哥顺差 39 亿美元。对整个拉美地区顺差只有 0.6 亿美元，对非洲逆差 45.2 亿美元。如果新兴经济体经济增长减速，中国对这些地区的出口增长也会受到限制。

总的来说，发达经济体仍未完全走出金融危机的阴影，有些国家仍然处在通缩边缘；与此同时，新兴市场国家却出现过热迹象，有些国家通胀压力凸显。各国经济周期的非同步性，又一次得到清晰的显现和明确的验证。这种非同步性和此前刺激政策的同步性多少有些关联，在金融危机的恐慌气氛下，各国的宽松政策可以说是一哄而上。这是值得我们思考的问题。同时，这种非同步性也向我国下一步的宏观调控提出挑战。

三、中国宏观经济季度预测

目前，国际组织对中国下半年的经济预测出现分歧。例如，IMF 在 2010 年 7 月 8 日公布的世界经济展望更新（IMF，2010）中，将 2010 年世界经济增长预测值调高至 4.5%，比 4 月的预测值提高了 0.5 个百分点；将中国经济增长预测值从 4 月的 10%调高至 10.5%，但将 2011 年的预测值从 4 月的 9.9%调降至 9.6%。世界银行在 6 月公布的中国经济季报（世界银行，2010）中，考虑到总体宏观政策立场的逐步正常化，第二季度出台的房地产政策以及欧洲严峻形势所带来的不利影响，认为 2010 年剩下时间内增长减缓将更为严重。世界银行保持中国全年 GDP 增长的预测不变，为 9.5%，但对 2011 年的预测略微下调至 8.5%。摩根大通 7 月 29 日的报告（J. P. Morgan，2010）将中国 2010 年的经济增长预测从以前的 10.7%调降至 10%。

2010 年下半年中国经济发展面临国际和国内的很多不确定性。由于外部经济发展的不确定性，根据前面所列部分国际机构的预测，假定主要外生变量：原油价格 = 80 美元/桶，美国经济增长率 3%；假设 2010 年第三季度和第四季度人民币兑美元汇率升值，第三季度人民币兑美元汇率为 6.75，第四季度为 6.63；存款准备金比率在第一季度已经两次提高 0.5% 后，不再提高；假设利率不变。根据第二季度的数据更新，我们对 2010 年的主要宏观经济指标预测有所调整，主要是下调 GDP 增长率，新的预测将全年 GDP 从 10.7% 下调为 10.2%，CPI 从 3%下调为 2.9%。[①]

四、结论和政策建议

1. 政策正常化已经取得成效，目前需要警惕政出多门导致的多重负面冲击

针对危机后“双松”政策引发的过热迹象，中央政府适时开启了政策退出进程。目前来看，政策正常化方向正确，也取得了预期的效果。通胀预期和房地产价格得到抑制，经济增长也回落到适度增长区间。不过，前一段时间很多部门针对局部过热现象密集出台了一系列政策，出现多部门针对同一问题进行管控，产生了政策的叠加效应。这包括房地产

① 此前的预测结果参见中国社科院经济所宏观分析课题组（2010）。

新政、清理地方融资平台、强化节能环保政策、提高最低工资标准、人民币汇改重启以及减少出口退税等。这些措施是在宏观调控基调不变情况下实行的从紧政策，是政策正常化的一部分。但是，由于这些政策由多个部门执行，如果缺乏协调和配合，可能会导致某些经济主体遭受多重负面冲击，从而损害经济的健康增长。

2. 鼓励民间投资，积极为推动科技创新产业化和发展民营经济构建体制基础和融资支撑，保持投资适度增长，推进结构优化

宏观调控的结果之一就是投资有所回落，其中地方政府投资回落较多。这和清理地方融资平台、货币信贷调控和房地产“新政”都有关系。政府主导的投资回落，需要有民间投资跟进补齐，这是稳定投资和稳定经济增长的关键。因此，要积极推进改革，逐步减少政府对经济的直接干预，打破垄断，为高新科技产业化和民营经济发展构建体制基础和融资支撑，依靠市场经济内在的活力来支撑未来的增长，依靠市场机制来优化投资结构，进而带动产业结构优化。我们认为，5 月中旬颁布的“新三十六条”的意义即在于此。

“新三十六条”旨在打破国有垄断，鼓励民间资本进入基础设施与第三产业，特别是金融、医疗等现代服务业，其政策意旨是清晰的。然而，从目前情况看，其促进效果尚不明显。我们认为，这就需要各级政府及主管部门采取切实措施，认真落实“新三十六条”。正是基于这样的情况，国务院 7 月 26 日发布了《鼓励和引导民间投资健康发展重点工作分工的通知》，对各项政策措施实施的各部门和地方工作分工进行了细化，并提出了具体实施办法。这对促进民间投资增长将会起到实质性的推动作用。

3. 运用政策性金融以及其他金融创新手段，构建支撑城市化的投融资体系

当前宏观经济运行中出现的一些突出问题，比如土地财政、地方融资平台、房地产业发展以及社会事业发展不足等，都和城市化过程中的投融资支撑体系缺失相关联，而这些又与政策性金融缺失和金融创新不足有关。在进一步完善我国金融体系的过程中，要鼓励金融创新和发展新型政策性金融体系。这不仅有利于应对地方融资平台清理以及房地产调控带来的基建投资下滑问题，也有利于弥合地方在实施城市化过程中财政收入和其他资金来源难以有效支撑的问题，同时还可能为未来城市化融资以及房地产健康发展提供一个长效机制。

城市化融资不足和政策性金融的缺失，是一个长期的、体制性的问题，而不是短期的、周期性问题。重新审视政策性金融发展问题，应成为我国投融资体制改革发展的重要内容。应当本着“国家目标、政府信用、市场运作”的原则来发展我国的政策性金融体系。国家目标是指追求社会利益最大化而非利润最大化；政府信用指的是依托政府信用（或由政府代替筹资，如美国的做法）来筹集资金，以便政策性金融获得市场化的低成本资金；市场运作指的是脱离行政轨道，建立完善的内部管理机制，按照市场经济规律去开展各类业务。另外，建立专门针对政策性金融机构的监管框架也是完全必要的（李扬，2010）。

在当前预期经济增长放缓的情况下，可以考虑将一部分符合条件的地方融资平台加以改造，也不妨考虑扩充现有的政策性金融机构的功能。这样做，既达到了整顿的目的，也

给地方政府一个缓冲，从而可以让救市中急剧扩张的地方投资得以“软着陆”。来自银监会的数据显示，截至 2010 年 6 月底，商业银行的地方融资平台贷款达 7.66 万亿元，其中 23% 的贷款存在严重偿还风险。这意味着融资平台贷款的风险敞口约为 1.5 万亿元。另据银监会初步统计结果显示，目前融资平台项目现金流中，按公司化运作、有独立和稳定第一还款来源，且项目现金流能够覆盖偿还本息的贷款约为 2 万亿元，占比 27%。抽样检查后，这 2 万亿元将被视为正常贷款，将不被划入地方融资平台管理范围。这可以视作对地方融资平台清理的“有保有压”态度。

保障性住房建设是当前推进城市化发展的重要举措，推进保障性住房的金融支持是完善政策性金融的内容之一。20 世纪大萧条之后，美国对保障性住房的金融支持包括退税，推动金融公司参与退税资本化（其融资达到 30%~ 50%），另外通过地方政府发债弥补投资，加上银行信贷，当然也有两房的增信等。这些政策的关键是政府让利于民。中国更是要在土地、税收优惠方面加大让利，国家政策性金融增信或适当投入资本，再推动民间金融加入才能推进保障性住房的金融支持。具体措施包括税收优惠、地方政府发债、通过金融创新鼓励民间金融参与、政策性金融增信或投入适当资本等方式为保障性住房建设提供融资支撑。

4. 关注欧洲主权债务危机的影响

2009 年 7 月 23 日欧洲银行业的压力测试结果公布，其结果相对乐观。不过，考虑到压力测试一些假设的稳健性，这一结果并未使人们对欧债危机的担心烟消云散。从短期来看，欧债危机对中国的影响，无论是贸易渠道还是金融渠道都是可控的。欧债危机的挑战主要表现在三个方面：

（1）欧债危机延缓了世界经济复苏的步伐，将会拖累美日等发达国家的复苏，从而加剧全球经济的不确定性，影响中国经济的稳定性。

（2）考虑到欧洲是我国最大的贸易伙伴国以及重要的顺差来源国，欧债危机会对我国的出口产生负面影响；近来欧洲与我国贸易摩擦骤然升温，充分显示了问题的严重性。

（3）经过长达 7 年的升值历程，欧元对美元汇率可能进入中长期疲软。鉴于人民币对美元汇率在中长期可能升值，欧元对人民币的汇率将有较大幅度贬值。这样，我国外汇储备的币种结构、资产结构和期限结构等均面临调整的压力。我们认为，虽然欧债危机暂时缓解，但其未来发展仍存在不确定性，并将影响欧洲的复苏过程。欧元不可能崩溃，它作为国际贸易重要中介、国际资本流动的重要载体以及国际储备的重要资产的地位，不会有太大变化。因此，我国外汇储备的调整宜遵循审慎的原则。

参考文献：

[1] 李扬：《我们需要建立和完善现代政策性金融体系》，上海陆家嘴论坛论文，2010。

[2] 世界银行：《中国经济季报》，2010 年 6 月，http://www. worldbank.or g/ china.

中国金融顺周期效应的经济学分析*

方　芳　刘　鹏

【摘　要】近年来，金融顺周期的问题日益受到理论界的关注。本文对金融顺周期理论进行了回顾和梳理，在前人研究成果的基础上，以信贷周期和货币周期为例，通过数据分析和模型估计，研究了改革开放以来中国金融周期和经济周期的关系。研究结果表明，中国的金融系统存在顺周期效应，金融的顺周期性效应在20世纪90年代以后逐渐显著，经济的波动与金融周期之间存在较强的格兰杰因果关系，并在短期内影响明显。因此，我们必须加深对金融顺周期的理解，提高金融监管水平，掌握其内在的规律，更好地为经济的稳定、有序和健康发展服务。

【关键词】顺周期性；经济波动；金融监管

一、引言

经济活动有一定的规律性和周期性，由于现代经济发展越来越得益于现代金融的快速发展，因此经济周期的波动与金融周期的波动也呈现出明显的正相关性。大量的研究和实证表明，金融系统对经济周期的波动具有一种放大效应，这种被称为金融顺周期效应的放大机制加剧了经济周期的波动，给实体经济和民众福利带来了显著的不稳定性和巨大的损失。从2008年全球金融危机来看，它充分显示出理论界和业界对金融顺周期效应的形成机制认识不足，同时也暴露出金融监管当局对此缺乏有效的监管手段和制度设计。

顺周期（procyclicality）一词在国外的文献中出现较早，集中于20世纪90年代。但当时顺周期的概念主要出现在对实体经济特别是要素市场的一些分析和研究中，如对劳动

* 方芳：中国人民大学经济学院，100872，电子邮箱：fangfang227@ruc.edu.cn；刘鹏：中国人民大学经济学院。
本成果受到中国人民大学“985”工程“中国经济研究哲学社会科学创新基地”的支持。

要素和真实工资周期性问题的研究。国内关于顺周期问题的探讨最早出现在 20 世纪 90 年代，但相对而言，当时对此概念的认识和理解还不够深入。沈利生在 1993 年发表的一篇关于政策模拟的文献中提到了顺周期的概念，认为顺周期就是宏观政策应当顺应经济增长发展的趋势，在经济上升时让其更高，在经济下行时让其更低。

随着理论研究的不断深入，西方发达国家特别是 OECD 国家的一些学者开始关注财政和金融领域的顺周期问题，金融顺周期效应的分析也逐渐展开。此后，其他国家的学者也逐渐开始了这方面的研究，我国对此问题的研究较晚，大多集中于此次金融危机之后，且成果较少。总的来说，国内外的研究大致可以分为以下三个阶段：

1. 关于金融市场顺周期性的研究

从 20 世纪 90 年代后期到新《巴塞尔协议》推行之前，理论界关于金融顺周期问题的研究主要集中于顺周期效应在金融领域和各主要金融市场的存在性以及形成机制。

一些学者在研究后发现，金融市场存在明显的周期性波动，而且这种波动与经济周期的波动联系紧密，并在一定程度上放大了实体经济的波动幅度。Wilson（1997）发现，受宏观经济条件的影响，贷款违约率具有周期性。在经济高涨期，贷款违约率较低；而在经济衰退期，贷款违约率较高。Claudio Borio、Craig Furfine 和 Philip Lowe（2001）较早提出商业银行的顺周期性特征，他通过对 OECD 中 10 个发达国家的 1979~1999 年私人信贷同 GDP 的比率和真实资产价格水平与产出缺口的变化趋势发现，在经济上升期，真实资产价格水平以及信贷同 GDP 的比率都有明显的快速上升，而在经济衰退时期则明显下降。他得出的主要结论是，金融系统的发展放大了宏观经济波动性，并埋下了金融体系不稳定的种子。J.A. Bikker 和 Hu.H.（2002）通过对 OECD 国家中 26 个国家 1979~1999 年的相关数据研究后也得出了类似的结论：经济上升期，银行利润、损失准备金和信贷数量都在增加；相反，经济衰退期则都在下降。

金融市场的顺周期性现象引发了学者对其成因的思考。Katalin Mero（2002）指出，银行行为的顺周期特性源自贷款双方的信息不对称。在经济衰退期，即使风险较小，能够获利的项目也难以获得融资，银行信贷政策态度有助于加强景气周期，因而具有很强的顺周期性。另外一些学者从行为金融学的角度进行了解释。Berger 和 Udell（1994）认为商业银行行为的顺周期性主要跟银行识别潜在问题贷款的能力逐渐变弱有关，这也导致了银行对贷款条件的放松，提高了不良贷款率上升的可能。

2. 关于金融监管以及《巴塞尔协议》对顺周期影响的研究

随着 2004 年新《巴塞尔协议》的发布，理论界在对新协议的研究中发现，新协议中的一些规定和方法可能会放大金融的顺周期效应，这有可能给金融业和实体经济带来更大的波动。Boris Hofmann 和 Miguel Segoviano（2004）认为 20 年来宏观经济的周期性与银行贷款和资产价格的繁荣与萧条密切相关，这主要是因为 20 世纪 70 年代以来金融自由化的结果。银行资本充足率本身固有的周期性可能扩大经济周期的波动，新《巴塞尔协议》可能大大加重了监管制度的顺周期性。Eva Catarineu-Rabell、Patricia Jackson 和 Dimitrios P. Tsomocos Lea（2005）认为新协议采用的内部评级法具有明显的顺周期性，可能导致在经济衰退时资本需求的急剧增加。Zicchino（2005）在 Chami 和 Cosimano（2001）货币政策的银行资本渠道模型的基础上建立了引入资本约束条件的扩展模型，得出了银行信贷供给在新的资本监管规则下表现出更加明显的顺周期性，从而在新资本协议下货币政策在衰退期的有效性被弱化这一重要结论。2006 年中国香港金融研究中心出版了 *Procyclicality of Financial Systems Inasia* 一书，第一次全面系统地研究了亚洲金融系统的顺周期问题。

3. 关于经济波动与金融顺周期问题研究

关于金融顺周期问题的研究从一开始就非常注重与经济波动和经济周期的关系。但此次危机之后，金融的顺周期问题得到了全世界更为广泛的关注和更加深入而全面的研究。西方发达国家普遍认为，金融的顺周期问题是此次危机爆发的部分原因之一，世界各国已逐渐开始高度重视这一问题。Peter Hoeller 和 David Rae（2007）认为审慎性监管的不到位加剧了银行的顺周期性对经济衰退的影响。Ghada El Khoury（2009）则认为新《巴塞尔协议》下的内部评级系统加剧了发展中国家和发达国家的顺周期性，而世界金融体系的不稳定性则加剧了危机的形成与爆发。金融稳定论坛（FSF）在 2009 年的报告中批评了内部评级法和固定风险权重带来的顺周期影响，指出经济上升期的风险积累对后来的经济衰退影响巨大。巴塞尔委员会（2009）也在新的修改意见稿中提出了以压力测试为重要补充的建议，并再次强调了第三支柱的重要性。

国内的研究大多集中于这一时期，虽然在此次危机之前，国内已经有学者对金融周期的存在性，银行惜贷现象以及金融监管中存在的问题等方面进行了一些研究和讨论。但是正式提出顺周期的概念并进行深入的研究还主要是危机之后的事情。孙连友（2005）较早地使用了“亲周期”这一词汇，并指出了商业银行的信用风险计量存在着随宏观经济状况波动而变化的问题，提出了一些缓释政策。孙天琦、张观华（2008）的文献综述较为系统和全面地介绍了国外近年来关于金融顺周期问题的最新进展和研究成果，为国内学者全面认识这一问题开阔了思路。之后的很多学者从不同角度对金融系统和金融监管不同方面的顺周期性进行了研究，罗曼、陆君君（2009）分析了资产估值方式的顺周期效应；鹿波、李昌琼（2009）经过研究后发现我国银行的贷款损失准备金计提存在顺周期性；钱皓（2009）探讨了我国银行内部评级系统顺周期效应的表现。针对顺周期出现的问题，也都提出了相应的对策和建议，罗平（2009）认为应当提高银行的资产质量，保证资本的充足；潘再见、陈振（2009）提出利用优先股资本化来缓释金融的顺周期性；钱皓（2009）建议加强银行内部的数据库建设；吴正光（2009）强调了加快建设多层次资本市场体系的重要性。

二、中国金融顺周期性效应的实证检验

金融的顺周期性表现在很多领域，如信贷、货币、资产价格等，本文主要分析信贷周期和货币周期与经济周期的关系。这是因为：中国的资本市场尚不完善，时间序列的数据也较少，很多指标的数据不足以跨越完整的经济周期，不利于周期性的分析和比较；中国利率机制的市场化改革较晚，目前尚不能完全灵活地反映市场的供求变化。关于数据的选择，本文采用年度数据，一方面能够更好地反映经济周期的整体变化规律，另一方面也考虑到数据的可得性。主要的测度指标包括实际 GDP 增长率，年末信贷余额增长率以及 M2 增长率,[①] 用来大致反映经济周期、信贷周期以及货币周期的波动情况。

1. 中国经济周期概览

本文主要分析改革开放以后经济周期的波动规律。数据采取了 1979~2008 年实际 GDP 增长率的年度数据，具体情况见图 1。如果采用“谷—谷”法，仅就 1979~2008 年实际 GDP 增长率的数据来判定经济周期的话，大致可以分为以下 5 个周期：1979~1981 年（此处不考虑 1977 年和 1978 年的数据）、1981~1986 年、1986~1990 年、1990~1999 年、1999 年至今。[②] 改革开放以后，中国一共经历了 5 轮周期。从周期持续的时间来看，我国的经济周期并非 40 个月左右的基钦周期，也非真正意义的朱格拉周期。在 20 世纪 90 年代之前，每轮周期大致为 5 年，这与我国所实施的 5 年规划非常相似。进入 90 年代之后，特别是 1992 年以后市场经济的逐步建立，我国的经济周期时间开始延长，出现了两轮 10 年左右的经济周期，呈现出了较为明显的朱格拉周期特征。

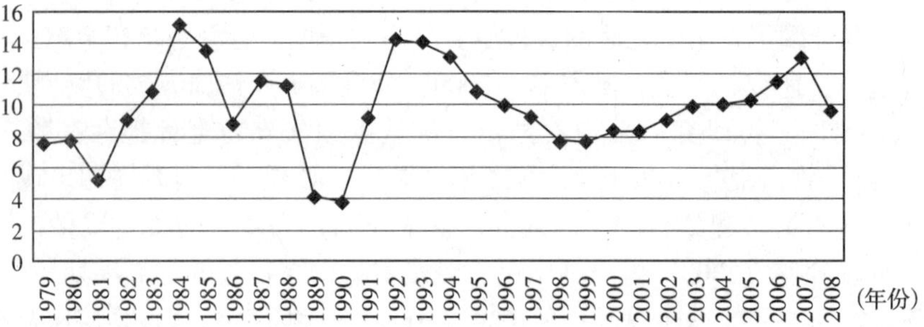

图 1　中国实际 GDP 增长率

资料来源：中经网统计数据库（1979~2005）。

① 出于描述与分析的方便，下文在某些段落的论述时会用“经济增长”、“GDP”等提法指代实际 GDP 增长率，用“贷款”指代年末贷款余额增长率，用“M2”指代 M2 增长率。

② 本文将上一轮经济周期的结束作为下一轮经济周期的开始，因此从年份上来看是连续的，这与其他学者的描述略有差异，但观点上并无分歧。

利用 H-P 滤波法，[①] 来观察更为长期的波动趋势，可以发现在经过趋势分解后，中国改革开放以来的经济增长率大致出现了 2 次大的波谷（见图 2），分别是 1990 年和 2000 年，两次大的周期相隔 10 年。然而趋势分解后的自相关图（见图 3）表明，经济的增长主要还是呈现出 5 年左右的相关波动。另外，当期的经济增长只和滞后 2~3 年的经济增长呈现密切的正相关关系，而在此之后是 5~6 年的负相关。这可能跟本文截取的时间序列有关，一方面该序列长度较短，只有 30 年；另一方面没有包含 1977 年和 1978 年的数据，使得 1977~1981 年这一轮完整的周期没有被很好地纳入进来，从而在自相关图中表现为实际 GDP 增长率与滞后 2~3 年的正相关关系。更为重要的是，在这 30 年中，中国经历的经济周期所持续的时间并不统一，由前两次的 4~5 年转变为最后两次的 9~10 年，这也使得自相关图中呈现 5~6 年的周期性波动。

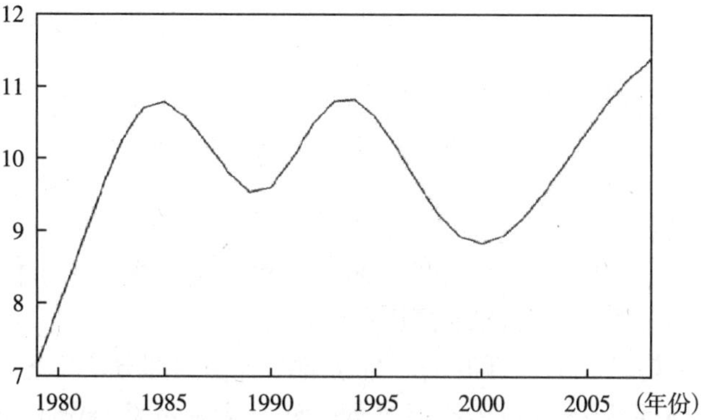

图 2

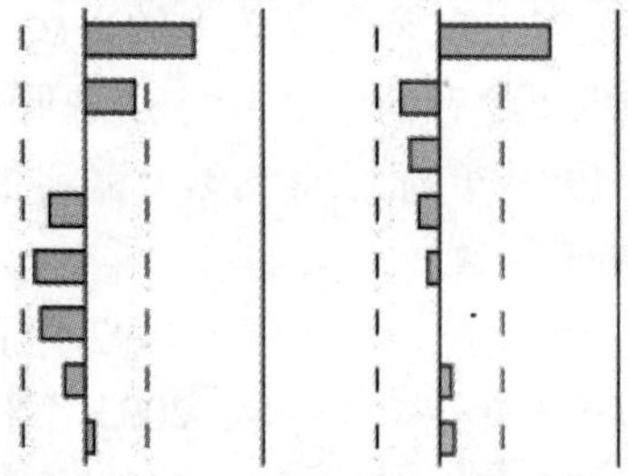

Autocorrelation	Partial Correlation		AC	PAC	Q-Stat	Prob
		1	0.649	0.649	13.958	0.000
		2	0.293	−0.222	16.900	0.000
		3	−0.008	−0.174	16.902	0.001
		4	−0.210	−0.124	18.527	0.001
		5	−0.299	−0.079	21.955	0.001
		6	−0.268	−0.006	24.835	0.000
		7	−0.128	0.081	25.522	0.001
		8	0.053	0.093	25.642	0.001

图 3

2. 中国金融顺周期性的实证检验

中国改革开放以来的经济增长充满着经济体制改革的烙印，受政府宏观调控的影响显

① 郭庆旺、贾俊雪（2005）根据测算后认为世界银行在对 OECD 国家采用 H-P 滤波时取 λ=25，此法对中国依然适用，且效果比 EVIEWS5.0 的默认值（λ=100）更能反映年度数据的趋势。本文认同这种观点，并取 λ=25 进行实证分析。

著，又明显的具有投资拉动的痕迹。但是随着金融的不断发展和深化、金融系统的不断完善，金融与经济的相互影响越来越明显，金融的波动与经济的波动也逐渐呈现出高度的协同。金融对经济的顺周期性也开始显现，并产生了较为重要的影响。

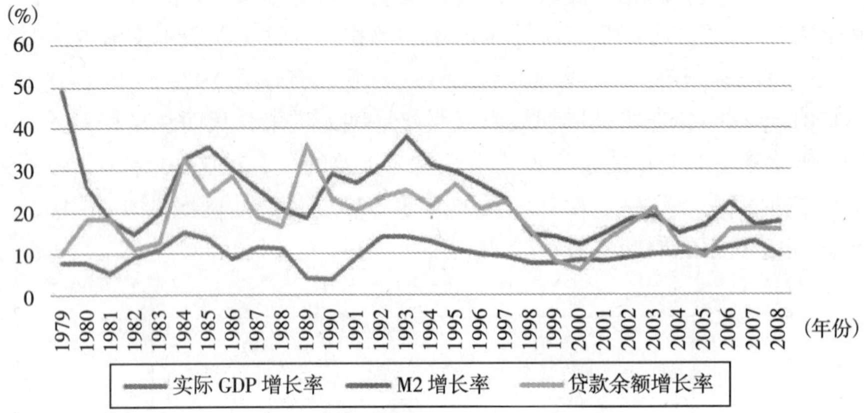

图 4　中国的贷款、M2 与经济增长

资料来源：中经网统计数据库（1979~2008）。

通过图 4 观察中国 1979~2008 年的年末贷款余额增长率、货币供应量 M2 的增长率发现，中国的信贷周期、货币周期与经济周期的特点：

（1）贷款与 M2 均呈现周期性波动，且波动趋势在大部分年份里与实际 GDP 的波动趋势基本吻合，但在个别年份，三者有所差异。经济周期的低谷分别出现在 1981 年、1986 年、1990 年和 1999 年（因本轮经济周期的结束时间尚未完全明确，故不包含在内），信贷周期的低谷分别出现在 1982 年、1988 年、1991 年和 2000 年，货币周期的低谷分别出现在 1982 年、1989 年、1991 年和 2000 年。就波谷而言，三者出现的年份虽略有差异，但基本吻合，或者同期出现，或者间隔 1~2 年出现。差异较大的一次是 1986 年，时年经济周期处于低谷，但是信贷周期和货币周期在此后的 2~3 年才出现低谷。这是因为 1986 年的价格水平较 1985 年上涨过快，CPI 从 1985 年的 2.7%突然上涨到 1986 年的 9.3%，如果剔除物价水平的影响，三者的趋势基本趋于一致。

经济周期的波峰主要出现在 1980 年、1984 年、1987 年、1992 年和 2007 年，信贷周期的波峰主要出现在 1980 年、1984 年、1989 年、1995 年、2003 年和 2007 年，货币周期的波峰主要出现在 1979 年、1985 年、1990 年、1993 年、2003 年和 2006 年。从波峰的角度来看，三者在 20 世纪 90 年代以后出现了一些不一致，但是并不说明三者相互吻合的趋势不存在。例如，经济周期在 1992 年出现波峰，但是信贷的波峰出现在 1995 年。其实在 1993 年信贷的增长率也达到了一个峰值，达到了 25.1%，只是 1993 年的经济增长率依然保持了较高的水平，拉高了对经济增长的预期，信贷在 1995 年创出 26.4%的增长率峰值，然而当期的经济增长率下滑明显，导致了 1996 年信贷增长率的迅速收紧。再如，贷款和 M2 在 2003 年创出峰值的同期，虽然没有出现实际 GDP 的峰值，但应注意到 2003

年经济增长率为 10.0%，这是中国自 1997 年以来中国实际 GDP 增长率重回 2 位数。究竟是信贷和货币量的峰值拉动了经济的 2 位数增长，还是经济的高增长刺激了信贷和货币量的高速增长，单从数字难以分析其中的因果关系，但至少说明两者的波动趋势是基本吻合的。

通过利用 H-P 滤波法进行趋势分解后的自相关图（图 5，左为趋势分解后的贷款自相关图，右为趋势分解后的 M2 自相关图）可以看出，信贷和货币一轮周期持续的时间大约为 6 年，这与前文分析的经济增长在趋势分解后的周期性为 5~6 期的结论是一致的。因此，无论从周期持续的时间，还是从峰谷出现的时间来看，中国的信贷周期、货币周期和经济周期都基本一致。

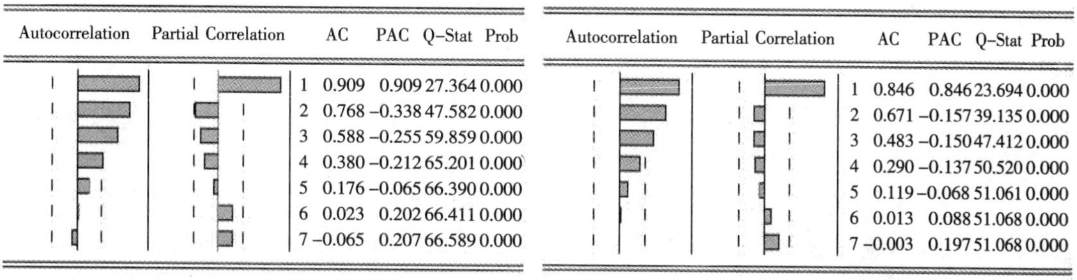

Autocorrelation	Partial Correlation		AC	PAC	Q-Stat	Prob
		1	0.909	0.909	27.364	0.000
		2	0.768	-0.338	47.582	0.000
		3	0.588	-0.255	59.859	0.000
		4	0.380	-0.212	65.201	0.000
		5	0.176	-0.065	66.390	0.000
		6	0.023	0.202	66.411	0.000
		7	-0.065	0.207	66.589	0.000

Autocorrelation	Partial Correlation		AC	PAC	Q-Stat	Prob
		1	0.846	0.846	23.694	0.000
		2	0.671	-0.157	39.135	0.000
		3	0.483	-0.150	47.412	0.000
		4	0.290	-0.137	50.520	0.000
		5	0.119	-0.068	51.061	0.000
		6	0.013	0.088	51.068	0.000
		7	-0.003	0.197	51.068	0.000

图 5

（2）与中国高经济增长率相伴随的，是中国的高贷款增长率和高货币增长率。在 1997 年之前的大部分年份里，中国贷款增长率和 M2 增长率保持在 20%~30%的水平，远远高于经济增长率的水平。这种情况在 1998 年之后有所变化，贷款增长率和 M2 增长率保持在 10%~20%的水平，在一些年份甚至低于 10%。这与我国货币政策中间目标选择的变化有关，1997 年之前我国的货币政策高度依赖贷款规模的变化，信贷政策的调整也主要体现在贷款余额的变化上。1997 年以后随着货币中间目标的多元化，货币工具选择的多元化，贷款余额增长率与 M2 增长率的整体水平有所下降，但是信贷和 M2 对经济的作用依然非常显著。

（3）20 世纪 90 年代以来，中国的经济进入了一个较为稳定高速的增长阶段，经济增长率多年保持了相对稳定高速的增长，没有十分剧烈的波动，但是金融周期的波动依然比较明显。1995 年以后的大部分年份经济保持了 10%左右的增长率，最高为 2007 年的 13%，最低为 1999 年的 7.6%，只有一次明显的波峰和波谷，而信贷和货币周期都经历了两次明显的波峰和波谷。这并不表明经济周期与金融周期的吻合关系减弱；相反，经济增长率每次较小的上升会带来贷款和 M2 增长率较大的上升，而经济增长率每次较小的下降则会导致贷款和 M2 增长率较大的下降。1997 年，东南亚爆发金融危机，中国经济受到严峻冲击，政府千方百计保增长，维持了当年较高的增长率，但是金融系统恐慌性的紧缩并没有消除，在 1998 年、1999 年连续两年出现大幅度下跌，这导致中国的经济增长也在 1999 年跌入低谷。2001~2003 年连续 3 年经济的高速增长率推高了预期，贷款和 M2 也连续3年保持高速增长，并于2003年达到峰值，但是2004年经济增长出现放缓迹象（2003年为10.0%，2004年为10.1%），使得金融系统迅速降温，导致2005年的经济增长率没有延续之前3年的大幅增长（2005年为10.4%）。金融周期和经济周期相互影响，不确定性因素不断增加。

通过对贷款、M2与实际GDP增长率三者关系的初步分析可以看出，改革开放以来金融系统呈现出一定的顺周期性，对经济的影响明显。为了更加深入的分析中国金融的顺周期效应，我们将采用向量自回归（VAR）模型做进一步的实证分析。

3. 基于VAR模型的再检验

传统的经济计量方法是以经济理论为基础来描述变量关系的模型。遗憾的是，经济理论通常并不足以对变量之间的动态联系提供一个严密的说明。向量自回归（VAR）是基于数据的统计性质建立模型，VAR模型把系统中每一个内生变量的滞后值的函数来构造模型，从而将单变量自回归模型推广到由多元时间序列变量组成的“向量”自回归模型。我们分别对贷款与经济增长率和M2与经济增长率做VAR模型来检验信贷周期与经济周期和货币周期与经济周期的相互关系，从中分析金融的顺周期效应。

（1）VAR模型的建立与估计。本文采用的时间序列为1979~2008年的年度数据，数据来源为中经网统计数据库。模型变量为GDPR（实际GDP增长率）、LOANR（贷款余额增长率）和M2R（M2增长率），三个变量的数据是在实际GDP总量、年末贷款余额总额和M2供应量基础上测算而来。由于VAR模型要求数据为平稳序列，为了保持变量的经济意义，同时实现序列的平稳化，故采用增长率变量。通过ADF检验可知（见表1），GDPR、LOANR和M2R均为平稳序列。

建立GDPR与LOANR的VAR模型，分析两个变量及其滞后项之间的关系。根据AIC和SC最小原则，结合LR检验。选择包含截距项，滞后阶数为4阶的模型估计。根据t检验，在5%的显著性水平下，GDPR与自身滞后一期正相关，与LOANR的滞后3期正相关。LOANR在5%的显著性水平下与自身的滞后一期正相关，如果放宽显著性水平到10%时可以发现，LOANR与GDPR的滞后期相关性也较高。这说明，经济的增长跟上一期的经济增长有关，同时跟滞后三期的贷款增长有关，而贷款的增长除了跟上一期的贷款增长有关外，还跟经济的增长有较大的相关关系。

表1 实际GDP年增长率、贷款余额增长率和M2增长率的ADF检验结果

变量	（C，T，M）	ADF检验值	测试临界值
GDPR	（C，T，7）	-3.792442	-3.724070（1%）
LOANR	（C，T，7）	-3.512241	-2.967767（5%）
M2R	（C，T，7）	-3.807850	-3.679322（1%）

建立GDPR与M2R的VAR模型，根据AIC和SC最小原则，结合LR检验。选择包含截距项，滞后阶数为2阶的模型估计。根据t检验，在5%的显著性水平下，GDPR与自身的滞后一期、滞后二期、M2R的滞后一期和滞后二期相关，M2R与自身的滞后一期

和滞后二期相关，而与 GDPR 的滞后项无关。这说明，本期的经济增长与之前的经济增长有关，同时也与之前 M2 的增长关系密切。

（2）模型的格兰杰因果检验。基于 VAR 模型的格兰杰因果检验，实质上是检验一个变量的滞后变量是否可以引入到其他变量方程中，即考察两个变量间的滞后关系。① 首先考虑贷款与实际 GDP 的格兰杰因果关系。通过基于 VAR 模型的格兰杰因果检验发现（见表 2），1979~2008 年这 30 年，实际 GDP 的增长率是引起贷款增长率的格兰杰原因（P=0.13），贷款增长率不是引起实际 GDP 的格兰杰原因（P=0.52）。但是随着时间的推移，这种关系在逐渐发生变化，在对 1997~2008 年进行格兰杰因果检验后发现，实际 GDP 的增长率不是贷款增长的格兰杰原因（P=0.50），贷款增长率对实际 GDP 的格兰杰因果关系得到加强（P=0.18）。考虑到该模型的自由度较低（滞后 4 期），所以这个结论的可靠性有所削弱，不过也在一定程度上反映出，贷款增长率的波动对经济波动的加大。

其次考虑 M2 与实际 GDP 的格兰杰因果关系。1979~2008 年这 30 年，实际 GDP 增长率不是引起 M2 增长率变化的格兰杰原因（P=0.74），M2 增长率是引起实际 GDP 增长率的格兰杰原因（P=0.02）。但是随着时间的推移，这种关系也发生了变化，在对 1992~2008 年进行格兰杰因果检验后发现，实际 GDP 增长率是 M2 的格兰杰原因（P=0.04），M2 增长率也是实际 GDP 增长率的格兰杰原因（P=0.05）。这反映出，我国在经济体制不断改革、金融体系不断完善的过程中，金融系统内在的顺周期性也逐渐开始显现。货币波动与经济波动相互影响的程度越来越高，越来越显著。

（3）模型的脉冲响应分析。VAR 模型可以用脉冲响应函数来考察来自随机扰动项的一个标准差冲击对模型变量当前和未来的影响情况。用 EVIEWS5.0 分别做贷款与实际 GDP 和 M2 与实际 GDP 的脉冲响应函数，生成脉冲响应图（见图 6、图 7）。

当本期的贷款增长率受到一个正向冲击后，实际 GDP 增长率在第二期受到一次较小的正向冲击，在第三期和第四期受到较大的正向冲击，此后实际 GDP 增长率围绕零值上下波动，但这种波动趋势随着时间的延长而逐渐减弱，最终趋向于零。也就是说，贷款的变化会造成经济增长率的变化，这种变化有一定的滞后效应，会在未来一定时期内引起经济增长率的波动，但是从长期来看，这种影响会逐渐减弱。当本期的实际 GDP 增长率受到一个正向冲击后，贷款增长率在第一期首先受到正向的冲击，且在第三期达到最高点，并在前六期内上下波动，而在此之后波动性逐渐减弱，并最终消失。这说明，经济增长率的波动对贷款增长率的冲击是快速的和明显的，这种冲击同时也造成了贷款的上下波动，但是这种影响从长期来看会逐渐减弱。

① 需要指出的是，格兰杰因果检验度量对 y 进行预测时 x 的前期信息对均方误差 MSE 的减少是否有贡献，并以此作为因果关系的判断标准，因此并不是完全经济意义上的因果关系。格兰杰因果检验显著不一定必然存在因果关系，同样格兰杰因果检验不显著也不一定必然不存在因果关系。但格兰杰因果检验仍然是我们了解变量间是否存在经济意义的重要方法之一。

表 2 格兰杰因果检验结果

方程	时间序列	原假设	滞后阶数	统计量	P 值
VAR (GDP, LOANR)	1979~2008 年	GDP 不能格兰杰引起 LOANR	4	2.00899	0.13885
		LOANR 不能格兰杰引起 GDP	4	0.83716	0.52030
	1997~2008 年	GDP 不能格兰杰引起 LOANR	4	1.05976	0.50112
		LOANR 不能格兰杰引起 GDP	4	3.14852	0.18660
VAR (GDP, M2R)	1979~2008 年	GDP 不能格兰杰引起 M2R	2	0.30545	0.73973
		M2R 不能格兰杰引起 GDP	2	3.61369	0.04318
	1992~2008 年	GDP 不能格兰杰引起 M2R	2	4.19121	0.04164
		M2R 不能格兰杰引起 GDP	2	3.83354	0.05160

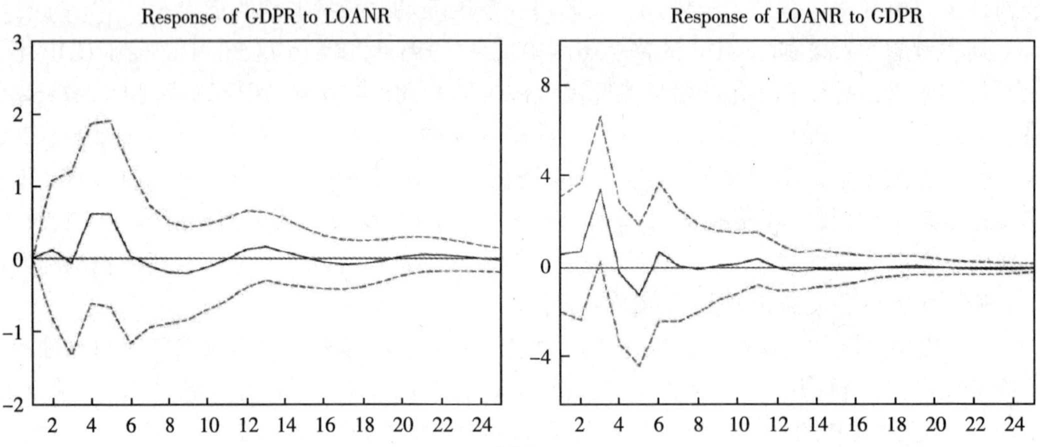

图 6

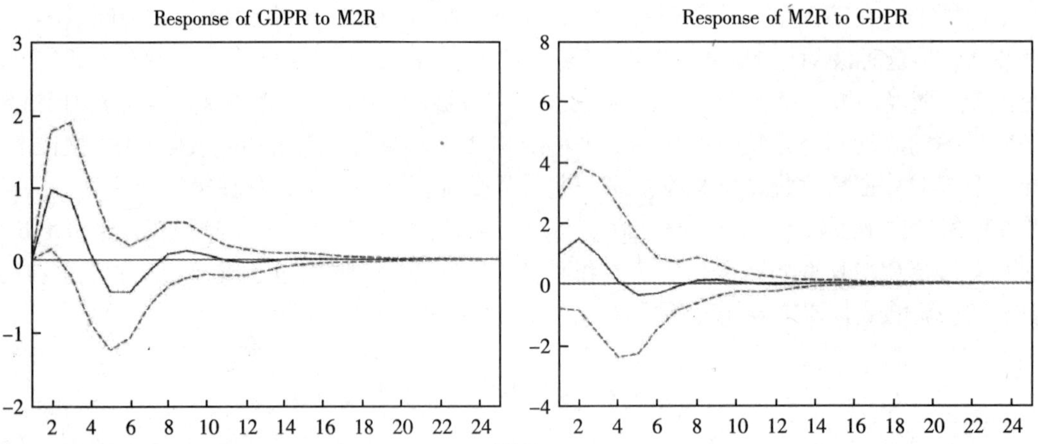

图 7

当本期的 M2 增长率受到一个正向冲击后，实际 GDP 增长率会在短期内上下波动，在第二期时达到最大，第三期的数值略小于第二期，以后逐渐减弱，在第八期以后这种影响将十分微弱，并在更远的未来基本消失。当本期的实际 GDP 增长率受到一个正向冲击后，M2 增长率会在第一期开始就受到正向的冲击，并在第二期达到最大，此后逐渐减弱并上下波动。这种波动趋势在第八期左右基本消失，最终实际 GDP 增长率对 M2 增长率的脉冲影响基本消失。

通过脉冲响应函数图可知，贷款和 M2 均对经济增长率的波动具有冲击效应，经济增长率会受到贷款和 M2 变化的脉冲响应，同时经济增长率的变化也会对贷款和 M2 的变化产生冲击影响，并造成贷款和 M2 增长率的上下波动。其中，经济增长率对贷款和 M2 增长率的脉冲响应较为滞后，而贷款和 M2 对经济增长率的脉冲响应则较为迅速，但是这种冲击响应均在较短时期内影响明显，而从长期来看影响不大。

（4）模型的方差分解。方差分解是通过分析每一个结构冲击对模型变量变化（通过常用方差来度量）的贡献度，进一步评价不同结构冲击的重要性。运用 Sims（1980）的方差分解法，进行测度得出（见图 8）：在贷款与经济增长的 VAR 模型中，在不考虑自身贡献率的情况下，贷款增长率对实际 GDP 增长率变化的贡献率从第一期开始逐渐增大，到第五期以后，基本维持在 8.5%左右；实际 GDP 增长率对贷款增长率变化的贡献度从第一期开始逐渐增大，到第五期以后，基本维持在 20%左右。在 M2 与经济增长的 VAR 模型中，在不考虑自身贡献率的情况下，M2 增长率对实际 GDP 增长率变化的贡献率从第一期开始逐渐增大，到第六期以后，基本维持在 22%左右；实际 GDP 增长率对贷款增长率变化的贡献度从第一期开始逐渐增大，到第六期以后，基本维持在 7%左右。从方差分解后的结果可知，贷款和 M2 对经济增长的变化具有较大的贡献，其中 M2 对经济增长变化的贡献率较大；经济增长对贷款和 M2 的变化也有较大贡献，其中对贷款的变化贡献率较大。

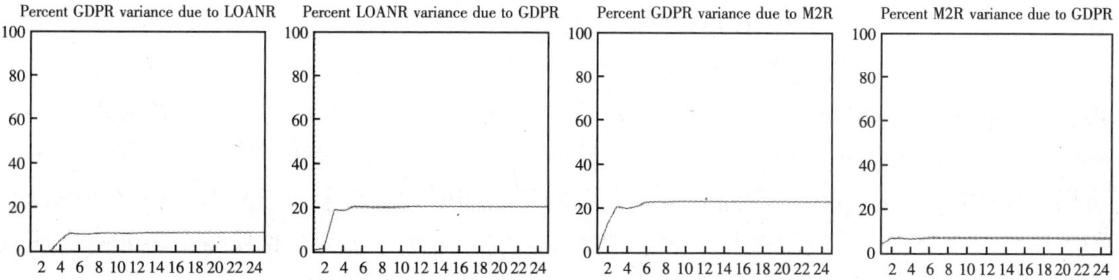

图 8

三、结论与政策建议

根据分析，本文得出以下结论：

（1）金融的周期性波动与经济的周期性波动趋势呈现一致性，金融周期持续的时间与经济周期持续的时间也基本一致。

（2）经济的增长固然受到投资、消费和宏观政策等多种因素的影响，但同时经济的波动也受到了金融系统波动的影响，而且两者之间存在较强的格兰杰因果关系，这种影响对经济增长的变化具有较高的贡献度。

（3）经济的波动对金融周期的变化具有较强的影响，这种影响在短期内首先表现为一种正相关关系，此后表现为一种波动性影响，不过当期经济的波动，对长期的金融周期的波动影响微弱。

（4）中国金融系统均存在顺周期效应，且这种效应自 20 世纪 90 年代以来愈加明显。相比较西方发达国家而言，中国金融的顺周期性还相对较弱，但这种趋势在逐渐增强，给未来的经济增加了许多不确定性因素。

次贷危机给全球带来了警示，金融的顺周期问题得到了全世界广泛的关注，随着我国金融系统的不断对外开放，我国金融市场与国际金融市场的联系将愈加密切。因此，必须提高对金融顺周期问题的认识，防止金融顺周期效应的过度化给经济发展带来不良影响，本文在此提出以下建议：

（1）站在经济安全的高度，将经济周期问题和金融周期问题结合起来思考，从全局的角度考量金融和经济的关系。在实际的经济研究过程中，经济的增长主要依靠实体经济的增长，但在经济全球化背景下，在金融不断深化和扩散的今天，金融因素对经济波动的影响越来越重要，在研究经济增长的问题中必须把金融作为一个重要的因素来考虑。

（2）加强国际间金融监管的交流与合作，研究现有监管制度的缺陷和问题，完善和改革监管制度，降低金融顺周期效应的过度扩大。金融系统固有的顺周期效应，一方面需要金融机构自身认识的进步和行为的改善，另一方面更重要的是依赖金融监管的成熟与完善。我们必须在学习国际通用的监管制度的同时，加强全球金融体系构建的参与度，与国际金融机构和监管机构一道，寻求改革和完善的思路，尝试合作和协调的各种途径和渠道，为我国金融市场提供一个良好的运行平台和制度环境，更好地为经济发展服务。

（3）加快建设和完善多层次的金融市场体系，加强金融的深度与体系的完整性，并在金融创新的同时，关注金融产品与实体经济的相互作用。由于金融产品的单一化使得金融投资行为过度集中，市场的结构性风险加大，加剧了金融的波动，也使得金融的顺周期效应更加明显。因此，要鼓励金融产品创新，推进产品的多样化，促进金融的安全。

参考文献：

[1] 贾俊雪：《中国经济周期波动特征及原因研究》，中国金融出版社 2008 年版。

[2] 刘树成：《中国经济的周期波动》，社会科学文献出版社 2007 年版。

[3] 欧阳彬：《金融全球化时代国家货币的命运：过去、现在与未来》，《国际商务——对外经济贸易大学学报》2009 年第 6 期。

[4] 潘再见、陈振：《基于优先股资本化的银行资本顺周期效应缓解机制研究》，《海南金融》2009 年第 8 期。

[5] 沈利生：《顺周期和反周期政策的模拟分析》，《数量经济技术经济研究》1993 年第 12 期。

[6] 孙天琦、徐晓羽：《关于银行资本、经济周期和货币政策的文献综述》，《新疆金融》2008 年第 2 期。

[7] M.P.尼米诺：《金融与经济周期预测》，邱东译，中国统计出版社 1998 年版。

[8] Financial Stability Forum. "Report of the Financial Stability Forum on Addressing Procyclicality in the Financial System," <http: //www.financialstabilityboard.org/> (访问时间：2009 年 11 月 20 日).

[9] Ghada El Khoury. "Procyclicality of the Banking System: The Prudential and Accounting Framework of the Procyclicality of Bank Balance Sheet," The Business Review, 2009, Vol. 14: 139-149.

[10] Robert Wade. "Procyclicalty of Financial Systems in Asia," Proquest Asian Business and Reference, 2008, 81 (1): 95-96.

Economic Analysis on Financial Procyclicality Effect in China

Fang Fang　Liu Peng

Abstract: Financial procyclicality has attracted much more research attention recently. This paper reviews the theories of financial procyclicality firstly. Based on previous researches and taking credit cycle and monetary cycle for example, this paper focuses on relations between financial cycle and economic cycle of China from 1978 through data analysis and model estimation. The results of model show that there is a financial procyclicality effect in Chinese financial system, and this effect manifests in the 1990s gradually. Moreover, a strong Granger causality exists between the economic fluctuations and the financial procyclicality, especially in short terms. As a result, we must deepen our understanding and grasp the inherent law of financial procyclical, and improve financial supervision, to service economic development better.

Key Words: Procyclicality; Economic fluctuations; Financial supervision

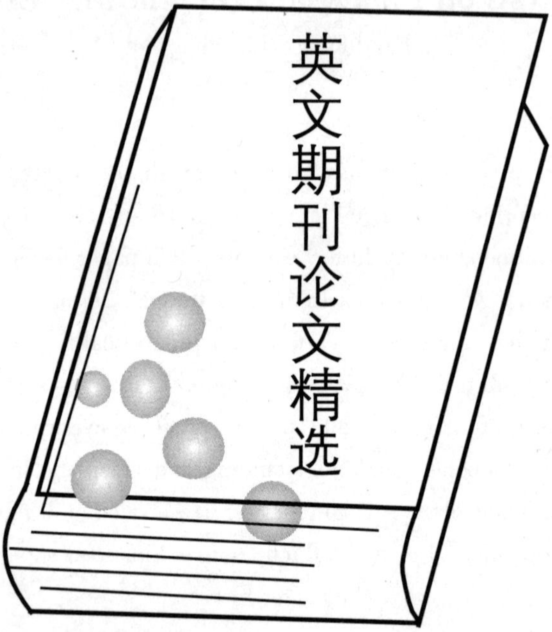

本节所选文章均来自国外顶级核心期刊及论文集，如 American Economic Review、Review of European Economic Policy 以及 Journal of Economic Perspectives 等，所选 10 篇文章系世界经济前沿理论研究成果，研究内容以世界经济研究为主，涉及经济理论、理用经济学和经济政策的各个领域，每篇文章均具有相当新颖的观点。

文章名称：Sudden Stops，Financial Crises，and Leverage

期刊名称：American Economic Review

作者：Enrique G. Mendoza

出版时间：December 2010

内容提要：Financial crashes were followed by deep recessions in the sudden stops of emerging economies. An equilibrium business cycle model with a collateral constraint explains this phenomenon as a result of the amplification and asymmetry that the constraint induces in the responses of macro-aggregates to shocks. Leverage rises during expansions，and when it rises enough it triggers the constraint，causing a Fisherian deflation that reduces credit and the price and quantity of collateral assets. Output and factor allocations fall because access to working capital financing is also reduced. Precautionary saving makes sudden stops low probability events nested within normal cycles，as observed in the data.

关 键 词： Crisis; Cycle; Expansion; Financial Crisis; Output; Precautionary Saving; Recession；Saving

文章名称：经济骤停、金融危机及其调节

期刊名称：美国经济评论

作者：伊瑞克·G. 蒙多斯

出版时间：2010 年 12 月

内容提要：金融危机一般都伴随着大萧条。有间接约束的均衡商业周期模型将这一现象解释为约束引起的宏观总体转化为震荡的放大效应和非对称性。在经济扩张阶段杠杆化增加，而当其增加到足够的程度时会促发该约束，而导致费雪通缩，从而减少信贷和抵押资产的价格和质量。因为营运资本的融资减少导致产出和资源配置下降。预防性的储备使正常周期内的信贷突然停止成为小概率事件，如数据所显示的一样。

关键词：危机；周期；扩张；金融危机；产出；预防性储备；衰退；储备

文章名称：What Powers for the Federal Reserve?

期刊名称：Journal of Economic Literature

作者：Martin Feldstein

出版时间：March 2010

内容提要：In this essay，I explain my reasons for the following policy recommendations：(1) The Fed should continue to manage monetary policy as it has in the past，should act as the nation's lender of last resort，should fully supervise the large bank holding companies and their subsidiary banks，and should be given resolution authority over the institutions that it supervises. (2) While a council of supervisors and regulators can play a useful role in dealing with macro prudential risks，it should not replace the central role of the Federal Reserve. (3) The virtually unlimited lending powers that the Fed has recently exercised in creating credit and helping individual institutions should be restricted in duration and subjected to formal Treasury approval backed by Congressional pre-authorization of funds. (4) The Fed's capital rules for commercial banks need to be strengthened by replacing the existing risk-based capital approach with a broader definition of risk and the introduction of contingent capital. (5) Subjecting mortgage lending to a broader range of Federal Reserve regulations and allowing the Fed to deal with non-bank creators of mortgage products would be better than the creation of a new consumer financial protection organization.

关键词：Monetary Policy；Federal Reserve

文章名称：美联储有什么样的权力？

期刊名称：经济学期刊

作者：马丁·费尔德斯汀

出版时间：2010年3月

内容提要：本文解释了如下政策建议的原因：①美联储应一如既往地制定货币政策，作为国家的最后贷款人，全面监管大型银行控股公司及其附属银行机构，并且对其监管的机构，应该授予其决议权。②尽管监事会和监督管理机构在处理宏观审慎风险中可以发挥有益的作用，但它并不能替代美联储的核心角色。③美联储近来在信贷和给予个别机构贷款时似乎存在无限的权力，这种权力应该给予期限上的限制，并基于美国国会授权财政部批准的正式资金。④美联储针对商业银行的资本规则可以通过引进或有资本及更广泛的风险定义来代替现有的以风险为基础的资本管理方法来强化。⑤将按揭贷款纳入更广泛的联邦储备法规中，并允许美联储处理非银行按揭产品的创造者比创立一个新的消费者金融保护组织更好。

关键词：货币政策；美联储

文章名称：Will the U.S. Bank Recapitalization Succeed? Lessons from Japan

期刊名称：NBER Working Paper No. 14401

作者：Takeo Hoshi，Anil K. Kashyap

出版时间：Revised December 2010

内容提要：The U.S. government is using a variety of tools to try to rehabilitate the U.S. banking industry. The two principal policy levers discussed so far are employing asset managers to buy toxic real estate securities and making bank equity purchases. Japan used both of these strategies to combat its banking problems. There are also a surprising number of other similarities between the current U.S. crisis and the recent Japanese crisis；The Japanese policies were only partially successful in recapitalizing the banks. We explain why that was the case and then compare the current U.S. plans with those pursued in Japan. While the U.S. plans are still in flux，it appears that U.S. is at risk for running into some of the same problems that hobbled the Japanese policies.

关键词：U.S. Banking；U.S. Crisis Policy；Japanese Crisis Policy

文章名称：美国银行资本重组能成功吗？——基于日本的经验

期刊名称：NBER 论文集

作者：特克·豪斯、安妮·肯·卡丝亚

出版时间：2010 年 12 月

内容提要：美国政府试图使用各种工具重振美国银行业。到目前为止所讨论的主要政策杠杆有两个：一是通过资产管理公司购买不良房地产证券；二是购买银行股权。日本也同时使用过这两种战略解决其银行问题。美国目前的危机与最近日本危机惊人的相似。日本银行资本重组并没有完全成功，本文试图解释该情况的原因，并比较目前美国的计划和日本当时采取的措施。虽然美国的计划仍然存在不确定性，但美国似乎面临着导致日本政策举步维艰同样的问题。

关键词：银行业；美国应对危机措施；日本应对危机措施

文章名称：The Funds Role Regarding Cross Border Capital Flows

期刊名称：IMF Staff Paper

作者：IMF Staff

出版时间：November 15，2010

内容提要：Global capital flows have multiplied many times over in recent years，mainly between advanced economies but increasingly also to emerging markets，reflecting the general reduction in regulatory and informational barriers. Thus，with international asset positions now dwarfing output，global portfolio allocations and reallocations have profound effects on the world economy，as demonstrated by recent boom-bust episodes of both global reach（e.g.，the transmission of the 2001 IT shock and the 2008 mortgage market shock from the United States）and regional significance（in Asia，Latin America，and Central and Eastern Europe）. Such cycles and reversals in cross-border capital flows should not be surprising，given that these flows—more so than domestic ones—imply crossing informational barriers，currency and macroeconomic risks，and regulatory regimes.

关键词：IMF；Global Capital Flows；Financial Crisis

文章名称：国际货币基金组织对跨境资本流动的作用

期刊名称：国际货币基金组织论文集

作者：国际货币基金组织员工

出版时间：2010年11月15日

内容提要：近年来，全球资本流动翻了好几倍，主要集中在发达经济体间，但是新兴经济体间的资本流动也日益增加，这反映了管制和信息障碍的普遍减少。随着国际资产的输出，全球投资组合的分配和再分配已经对世界经济产生了深刻的影响，正如最近全球范围的繁荣与衰退交替发作以及区域冲突所显示的那样。由于这样的资本流动跨越了信息障碍、货币和宏观经济风险，以及监管制度，因此跨境资本逆转与周期就不足为奇了。

关键词：世界货币基金组织；全球资本流动；金融危机

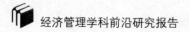

文章名称：Sovereign Debt：Is to Forgive to Forget?

期刊名称：The American Economic Review

作者：Jeremy Bulow，Kenneth Rogoff

出版时间：May 2010

内容提要：We show that，under fairly general conditions，lending to small countries must be supported by the direct sanctions available to creditors，and cannot be supported by a country's "reputation for repayment" . This distinction is critically important for understanding the true underlying structure of sovereign lending contracts，and comparing policy alternatives for dealing with the developing country debt problem.

关键词：Sovereign Debt；Developing Country Debt Problem

文章名称：主权债务：是原谅还是忘记?

期刊名称：美国经济评论

作者：吉米·布鲁、肯尼斯·罗格夫

出版时间：2010年5月

内容提要：我们发现，在一般条款下，给小国贷款债权人应该有对债务人进行直接制裁的能力，而不以一国的声誉做保证。这种区别对于理解主权债务合约的基础结构是非常重要的，对于比较处理发展中国家的债务问题的政策选择也很重要。

关键词：主权债务；发展中国家债务问题

文章名称：Stock Market Liquidity and the Business Cycle

期刊名称：Journal of Finance

作者：Randi Naes，Johannes A.Skjeltorp，Bernt Arne Ødegaard

出版时间：March 2010

内容提要：In the recent financial crisis we saw the liquidity in the stock market drying up as a precursor to the crisis in the real economy. We show that such effects are not new，in fact we find a strong relation between stock market liquidity and the businesses cycle. We also show that the portfolio compositions of investors change with the business cycle and that investor participation is related to market liquidity. This suggests that systematic liquidity variation is related to a flight to quality during economic downturns. Overall，our results provide a new explanation for the observed commonality in liquidity.

关键词：Stock Market Liquidity；Business Cycle；Investor Behavior

文章名称：资本市场流动性和经济周期

期刊名称：金融研究

作者：兰迪·奈斯、杰汉斯·A.斯凯尔特、本娜得·阿奈

出版时间：2010 年 3 月

内容提要：目前，金融危机对实体经济造成冲击，而作为经济先导的资本市场流动性逐渐干涸。研究发现，这种现象并不是偶然的，实际上，资产流动性和经济周期之间存在很强的关系。我们也发现，投资者的证券投资组合随着经济周期变化而变化，而投资者行为与资本市场流动性息息相关。这表明系统的流动性变化与经济低迷时期投资组合变化有关。总之，我们的研究为资产流动性变化提供了一种新的解释。

关键词：资本市场流动性；经济周期；投资者行为

文章名称：Growth in a Time of Debt

期刊名称：NBER Working Paper Series

作者：Carmen M. Reinhart，Kenneth S. Rogoff

出版时间：January 2010

内容提要：We study economic growth and inflation at different levels of government and external debt. Our analysis is based on new data on forty-four countries spanning about two hundred years. The dataset incorporates over 3700 annual observations covering a wide range of political systems，institutions，exchange rate arrangements，and historic circumstances. Our main findings are：First，the relationship between government debt and real GDP growth is weak for debt/GDP ratios below a threshold of 90 percent of GDP. Above 90 percent，median growth rates fall by one percent，and average growth falls considerably more. We find that the threshold for public debt is similar in advanced and emerging economies. Second，emerging markets face lower thresholds for external debt（public and private）—which is usually denominated in a foreign currency. When external debt reaches 60 percent of GDP，annual growth declines by about two percent；for higher levels，growth rates are roughly cut in half. Third，there is no apparent contemporaneous link between inflation and public debt levels for the advanced countries as a group（some countries，such as the United States，have experienced higher inflation when debt/GDP is high）. The story is entirely different for emerging markets，where inflation rises sharply as debt increases.

关键词：Economic Growth；Inflation；Government Debt；External Debt

文章名称：负债时代的经济增长

期刊名称：NBER 论文集

作者：卡门·M.瑞哈德、肯尼斯·S.罗科夫

出版时间：2010 年 1 月

内容提要：本文主要研究不同的政府负债或外部债务水平下经济增长和通货膨胀的情况。分析基于 45 个国家的大约 200 年的最新数据。数据库有 3700 多个年度观测变量，范围涉及广泛，如政治系统、机构组织、汇率安排及历史事件等。研究发现，第一，政府负债和实际 GDP 增长的关系十分微弱，因为负债/GDP 比率低于 90% GDP 的负债上限；若超过 90%，债务增长率中间值每下降 1%，平均增长率下降将明显超过 1%。我们发现：发达国家和发展中国家公共负债上限基本相似。第二，发展中国家外部负债（公共负债和私人负债）上限更低，且这种负债往往以外国货币形式存在。当外部负债达到 GDP 60%时，年度增长率大约下降 2%。负债水平越高，增长率大约减半。第三，在发达国家组中（由一些像美国那样的国家组成，在负债率很高的情况下存在高通货膨胀），通货膨胀和公共负债水平之间并没有明显因果关系。但对于发展中国家来说，情况则完全不同，通货膨胀率往往随负债增长而显著增长。

关键词：经济增长；通货膨胀；政府负债；外部负债

文章名称： Cross-Country Experiences and Policy Implications from the Global Financial Crisis

期刊名称： Economic Policy

作者： Stijn Claessens，Ariccia Dell Giovanni，Deniz Igan，Luc Laeven

出版时间： April 2010

内容提要： The financial crisis of 2007–2008 is rooted in a number of factors，some common to previous financial crises，others new. Analysis of post-crisis macroeconomic and financial sector performance for 58 advanced countries and emerging markets shows a differential impact of old and new factors. Factors common to other crises，like asset price bubbles and current account deficits，help to explain cross-country differences in the severity of real economic impacts. New factors，such as increased financial integration and dependence on wholesale funding，help to account for the amplification and global spread of the financial crisis. Our findings point to vulnerabilities to be monitored and areas of needed national and international reforms to reduce risk of future crises and cross-border spillovers. They also reinforce a（sad）state of knowledge：much of how crises start and spread remains unknown.

关键词： Asset Price；Bubble；Crisis；Current Account；Financial Crisis；Integration；Macroeconomics

文章名称： 全球金融危机的国际经验和政策含义

期刊名称： 经济政策

作者： 斯汀·克莱森、埃瑞克·戴尔、戴斯·艾格、卢克·赖伊文

出版时间： 2010 年 4 月

内容提要： 2007~2008 年的金融危机根植于一系列因素，有一些在之前的危机中出现过，而有一些是新的因素。对危机后 58 个发达国家和新兴市场国家的宏观和金融部门表现的分析表明，旧因素和新因素的影响是不同的。一些在其他危机中出现过的因素，比如资产价格泡沫和经常账户赤字，有助于解释危机对各国实体经济影响的严重性的差异。而新的因素，比如金融一体化的增强和对大规模融资的依赖性，有助于解释金融危机的传导和放大。我们的研究指向应该监控的弱点和需要国内和国际改革的部门，以减少未来发生危机和跨国蔓延的可能性。他们也强调一个悲观的认知：危机的发生和传播很大部分仍是未知的。

关键词： 资产价格；泡沫；危机；经常账户；金融危机；一体化；宏观经济

文章名称：Why Does the Economy Fall to Pieces after a Financial Crisis?

期刊名称：Journal of Economic Perspectives

作者：Robert E. Hall

出版时间：Fall 2010

内容提要：The worst financial crisis in the history of the United States and many other countries started in 1929. The Great Depression followed. The second-worst struck in the fall of 2008 and the Great Recession followed. Commentators have dwelt endlessly on the causes of these and other deep financial collapses. This article pursues modern answers to a different question：why does output and employment collapse after a financial crisis and remain at low levels for several or many years after the crisis. It focuses on events in the United States since 2008. Existing macroeconomic models account successfully for the immediate effects of a financial crisis on output and employment. I will lay out a simple macro model that captures the most important features of modern models and show that realistic increases in financial frictions that occurred in the crisis of late 2008 will generate declines in real GDP and employment of the magnitude that occurred. But this model cannot explain why GDP and employment failed to recover once the financial crisis subsided—the model implies a recovery as soon as financial frictions return to normal. At the end of the article，I will mention some ideas that are in play to explain the persistent adverse effects of temporary crises，but have yet to be incorporated into the mainstream model.

关键词：Crisis；Depression；Financial Crisis；Macroeconomics；Output；Recession

文章名称：为什么金融危机以后经济分崩离析？

期刊名称：经济展望期刊

作者：罗伯特·E.豪尔

出版时间：2010 年秋

内容提要：美国和其他国家历史上最严重的金融危机始于 1929 年。大萧条随之而来。仅次于之的危机始于 2008 年秋天，大萧条随之而来。评论家们不断对这些以及其他的深度金融崩溃的原因做出评论。本文试图对另一个问题做出解答：金融危机后，为什么产出和就业都大幅下降，且在危机后几年甚至很多年间都保持在较低水平。本文着眼于 2008 年以来美国发生的事件。现有的宏观经济模型成功地解释了金融危机对产出和就业的即时性影响。我将采用一个捕获了现代模型最重要特征一个简单的宏观模型，并证明 2008 年后期的金融危机出现的增加的金融摩擦会产生实际 GDP 和就业的下降。但是该模型并不能解释为什么在金融危机缓和下来以后，GDP 和就业不能很好地恢复——该模型暗示金融摩擦一恢复到正常水平，经济就会开始恢复。在本文的最后，我将会提及一些想法来解释暂时性危机后的这种持续的逆向效应，但它们还没有融入主流模型之中。

关键词：危机；萧条；金融危机；宏观经济；产出；衰退

文章名称： Financial Market Crisis and Financial Market Channel

期刊名称： Intereconomics/Review of European Economic Policy

作者： Bernd Braasch

出版时间： March–April 2010

内容提要： Before a new financial architecture can be established in the wake of the financial crisis, the increasing importance of the global financial market channel must be fully understood. This importance was illustrated by the unexpectedly strong dampening effects of the financial crisis on the real economy and by the worldwide contagion of the crisis, including its spreading to emerging market economies that were macroeconomically stable. This article argues that the financial sphere is gaining in importance over the real sphere and that the impact of global financial determinants on economic activity is growing ever stronger. The keys to dealing with this change are greater transparency, stronger incentive structures, and a stronger regulatory and supervisory framework.

关键词： Crisis; Financial Crisis; Financial Market

文章名称： 金融危机和金融市场渠道

期刊名称： 欧洲经济政策评论

作者： 本纳得·布莱斯

出版时间： 2010 年 3~4 月

内容提要： 在一个新的金融架构紧随金融危机被建立之前，国际金融市场渠道的日趋重要的作用应该被充分理解。这种重要性在金融危机对实体经济超出预期的强大抑制效应和危机在世界范围内的，包括向宏观经济稳定的新兴经济体的传导中被充分展示。本文认为金融领域相对于实体领域愈加重要，全球金融危机对经济行为的影响正愈加强烈。应对这种变化的关键在于更大的透明化、更强的激励结构和更强的政策和监管框架。

关键词： 危机；金融危机；金融市场

第三章　世界经济学科 2010 年出版图书精选

本书以上述世界经济理论为划分基础，对 2010 年国内外与世界经济前沿问题相关的出版图书进行梳理。本次文献资料整理共得到与世界经济相关的图书 101 种，其中，国外出版图书 46 种，国内出版图书 55 种。鉴于亚马逊网站的图书信息较为全面，中英文图书均以亚马逊网站检索到的 2010 年与财务管理理论相关的图书为准。基于此，考虑到世界经济前沿理论发展的系统性、前瞻性、融合性、实用性等方面的要求，经过认真评选，对其中 41 本优秀中文图书和 16 本优秀英文图书进行简要介绍。

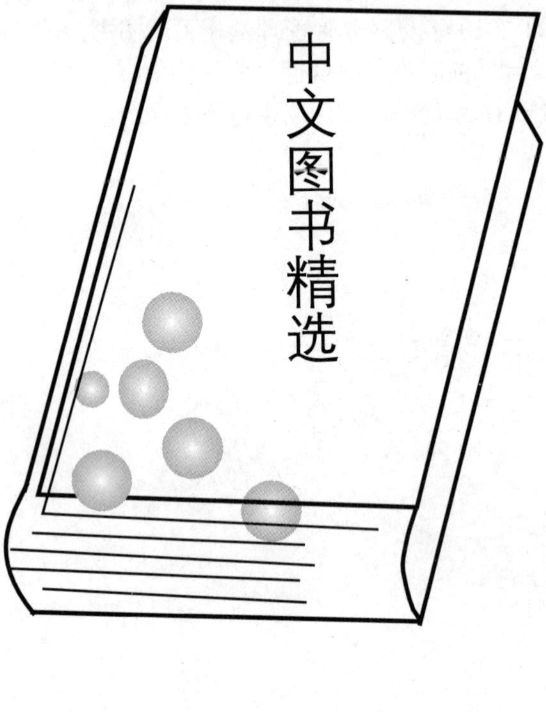
中文图书精选

书名：《国际金融中心与世界经济》
作者： 陶君道
出版时间： 2010 年 10 月
出版社： 中国金融出版社

内容提要： 一个国家、一个地区、一个城市要成为国际金融中心，除了要有强大的经济支撑和优越的地理位置外，很大程度上还取决于金融机构的聚集、金融市场的深度、金融创新的能力、法律制度的完善以及高素质的金融人才等诸多条件。对后起或正在建设中的国际金融中心而言，政府的支持、宽严适度的金融发展环境也是重要的因素。

在工业革命和自由贸易思想的推动下，19 世纪末，伦敦取得国际金融领域的主导地位，成为世界形成最早、真正意义上的国际金融中心。

第二次世界大战后，在美国强大的经济实力和以美元为主导的国际货币体系的推动下，纽约成为全球最活跃、最发达的国际金融中心。

在日本强大的经济实力以及金融自由化、日元国际化的推动下，20 世纪 80 年代中后期，东京成为全球第三大国际金融中心。

在政府强有力的推动下，随着离岸金融业务的快速发展，20 世纪 90 年代，新加坡成为重要的国际金融中心。

凭借高度自由开放的市场经济体制、宽松的经济金融发展环境和优越的地理位置，20 世纪 80 年代，中国香港发展成为著名的国际金融中心。

国际金融中心是世界经济金融发展到一定阶段的产物，是一个国家、一个地区、一个城市综合实力的象征。经济实力雄厚、金融机构聚集、金融市场发达、金融服务全面、金融制度完善、金融交易活跃、金融辐射和创新能力强、金融人才众多是国际金融中心的显著特征。目前，伦敦、纽约、东京、新加坡和中国香港是世界上国际化程度最高、最有影响力和最具竞争力的国际金融中心。

作者简介： 陶君道，1959 年生，甘肃省榆中县人。兰州大学博士研究生，高级经济师，兰州商学院客座教授。现任中国人民银行兰州中心支行副行长，甘肃省金融学会常务副会长，《甘肃金融年鉴》、《甘肃金融》主编。出版的著作有：《金融监管与宏观调控》（1997 年，中国金融出版社）、《工业化与中国经济》（2007 年，中国金融出版社，获甘肃省第十一届社会科学优秀成果二等奖）。论文《支持制造业发展与金融服务问题研究》获甘肃省第九次社会科学优秀成果三等奖。

书名：《中国与世界经济发展报告（2010）》
作者：王长胜
出版时间：2010 年 1 月
出版社：社会科学文献出版社

内容提要：本书由国家信息中心组织专家队伍编撰，对 2010 年国内外经济发展环境、宏观经济发展趋势、经济运行中的主要矛盾、产业经济和区域经济热点、宏观调控政策的取向进行了系统的分析预测，内容涵盖了 10 大宏观经济领域、7 大重点行业、6 大经济地区、4 大世界经济体，目的是为各级政府部门、企业、科研院校开展经济形势分析与预测和政策分析提供较为系统全面的决策参考资料。报告认为，2010 年宏观调控政策的着力点将由保增长为主转向保增长和调结构并重，并在惠民生方面加大力度。综合多种因素预测，2010 年 GDP 增长 8.5%，居民消费价格由降转升，上涨 2.5%左右。报告建议，继续实施积极的财政政策和适度宽松的货币政策，把握好政策的力度和节奏，着力“稳增长、调结构、防通胀、惠民生”。

作者简介：王长胜，男，吉林长春市人，首都经贸大学理学学士；国家信息中心常务副主任、学术委员会主任、博士后管委会主任，教授；中国信息协会副会长，中国科学院预测科学研究中心学术委员会副主任；主要从事宏观经济和信息化发展战略研究，主持过“863”科研项目《国家发改委投资管理系统试点示范工程》、国家软科学研究项目《走新型工业化道路的科技需求》、自然科学基金项目《SARS 对国民经济的影响》，“十一五”规划战略研究课题《充分发挥我国经济潜在增长能力》和《加快推进信息化的思考与对策》等 30 多个国内外重要研究项目，多次获得国家信息中心、国家发改委和国务院信息办优秀研究成果奖。主编出版著作主要有《经济景气分析预警系统的应用研究》、《中国经济展望》（1994~2003 年）、《中国汽车市场展望》（1994~2003 年）、《经济信息绿皮书：中国与世界经济发展报告》（2004~2007 年）、《中国信息年鉴》（2003~2007 年）、《电子政务蓝皮书》（2004~2007 年）。

书名：《世界产业数字地图 2010：权威年度经济数据分析》
作者：万军，魏蔚
出版时间：2010 年 10 月
出版社：科学出版社

内容提要：本书以图形为主、配以适当文字说明的方式，描述了当期年度内 20 个重要产业在世界范围内的总体发展状况、产业内有代表性的大型跨国公司的组织结构和经营状况，使读者能够直观、便捷地了解这些产业的全球发展态势和竞争格局。

本书适用于政府公务员、金融机构和工商企业的经营管理人员、经济类大专院校师生、证券投资者，以及对世界产业发展感兴趣的读者。

作者简介：万军，经济学博士，中国社会科学院世界经济与政治研究所国际产业经济研究室副研究员，中国东欧中亚经济研究会秘书长，《转型国家经济评论》编委会副主任。主要研究领域包括产业经济学、企业理论、转型经济学等。

魏蔚，经济学博士，中国社会科学院世界经济与政治研究所国际产业经济研究室副主任、副研究员。主要研究领域有技术经济学、生物技术产业及全球科技发展等。

书名：《2010 年全球金融衍生品市场发展报告》
作者：巴曙松
出版时间：2010 年 6 月
出版社：北京大学出版社

内容提要：本书是国内首部尝试全面介绍全球金融衍生品市场以及中国金融衍生品市场发展概况的报告，特别针对金融危机中金融衍生品的作用、风险以及表现进行了全面解析和客观评价，总结了后金融危机时期金融衍生品市场和监管发展的重要走向，以增强全社会对金融衍生产品的理解与认识，避免对国际金融衍生品市场的片面误读。同时，本书将中国的金融衍生产品发展放到全球金融市场发展的大背景下考察，梳理了中国金融衍生品的发展历程、市场现状、监管体系以及投资者结构。

作者简介：巴曙松，国务院发展研究中心金融研究所副所长，博士生导师，享受国务院特殊津贴。担任中国银行业协会首席经济学家，中国证监会基金评议专家委员会委员，中国银监会考试委员会专家，中央国家机关青联常委，中国宏观经济学会副秘书长。

书名：《世界经济展望——重新平衡经济增长》
作者： 国际货币基金组织
出版时间： 2010 年 11 月
出版社： 中国金融出版社

内容提要：《世界经济展望》的分析和预测是国际货币基金组织对其成员国的经济发展和各项政策、国际金融市场发展以及全球经济体系进行监督的有机组成部分。前景和政策概览是国际货币基金组织各部门对世界经济发展综合分析的结果，主要依据是国际货币基金组织工作人员通过与成员国磋商获得的信息。这些磋商主要由国际货币基金组织地区部门（非洲部、亚洲及太平洋部、欧洲部、中东和中亚部以及西半球部）负责，其他参加部门有战略、政策与检查部，货币与资本市场部，以及财政事务部。

书名：《2010 世界经济发展报告》

作者：上海财经大学世界经济发展报告课题组

出版时间：2010 年 12 月

出版社：上海财经大学出版社

内容提要：全球金融经济危机是美国主导的西方全球治理体系危机以及与之相应的全球化发展到一定阶段的反映。当前的危机是 20 世纪 30 年代大萧条以来世界经济和金融最为严重的动荡，是“冷战”结束后当代世界变革和国际关系协调体系更替的一种副产品。危机不仅暴露出了国际金融体系的问题，如资本市场出现超级膨胀，许多金融机构缺乏透明度，包括流通中美元流动性调节偏差，过度利用借贷资金进行证券交易，促使各种资产市场投机泛滥等。不稳定的主要源泉是以美国为中心的现代国际经济体系的单极安排本身。本书简要研究了全球金融经济危机与世界经济格局的变化。

书名：《全球金融稳定报告——迎接稳定面临的新挑战，打造一个更安全的体系》
作者：国际货币基金组织
出版时间：2010 年 12 月
出版社：中国金融出版社

内容提要：本书评估全球金融体系面临的主要风险，从而识别系统脆弱性。正常时期，通过强调缓解系统性风险的政策，该报告希望对危机防范有所裨益，进而有助于全球金融稳定和国际货币基金组织成员国经济的持续增长。尽管全球金融稳定的状况有所改善，但本报告还是强调了风险在过去六个月中的变化，并追踪了金融压力的来源和传导途径，继而讨论了尚在考虑之中的对全球金融体系进行修复的政策建议。

书名：《2010 年世界经济与贸易发展及政策展望》
作者：张汉林
出版时间：2010 年 2 月
出版社：对外经济贸易大学出版社

内容提要：本报告共分为全球篇、国别地区篇和专题篇三大部分。全球篇是对 2009~2010 年全球经济与贸易发展的回顾以及未来政策的展望；国别地区篇对世界上主要发达经济体和发展中经济体与地区的经济贸易发展现状进行了分析，并对这些国家在 2010 年的政策措施加以预测；专题篇主要对当前世界经济贸易发展中的热点问题进行了分析探讨。

作者简介：张汉林，1964 年 4 月出生于贵州省遵义市，中国共产党员，籍贯河南省罗山市。现任对外经济贸易大学中国世界贸易组织研究院院长，对外经济贸易大学国际经贸学院教授，中国美国经济研究会理事，1996 年 8 月受聘为北京仲裁委员会仲裁员，1998 年 5 月受聘为山东仲裁委员会仲裁员。

书名：《金融危机中的世界经济》
作者：袁志刚
出版时间：2010 年 5 月
出版社：上海人民出版社

内容提要：上海论坛是在复旦大学举行的由各界精英参加的高层次研讨会，本书主要收录了此次论坛 2009 年年会中发表的经济类论文。本书包括中文和英文两种论文，论文和演讲主要包括的内容有农村建设用地改革、儒家文化与东亚模式、金融海啸与两岸金融发展、英国的住房市场问题、新加坡的住房制度、我国的对外贸易等，因此，本书是一本具有一定学术价值的文集。

作者简介：袁志刚，男，1958 年 1 月生于上海，现任复旦大学经济学院院长，教育部“长江学者”特聘教授，博士生导师，全国教学名师。1982 年毕业于杭州大学经济系，获经济学学士学位；1987 年毕业于复旦大学经济学系，获经济学硕士学位；1993 年毕业于法国巴黎社会科学高等研究院（EHESS）。

书名：《一盘没有下完的棋：后金融危机时代的中国与世界》
作者：何帆
出版时间：2010 年 11 月
出版社：中信出版社

内容提要：本书介绍了金融危机是“一盘没有下完的棋”，“后金融危机时代的中国”，如何退出扩张的货币和财政政策，如何控制已然不可避免的泡沫，如何在保证经济增长的同时进行结构调整，如何解决高房价问题，如何解决失业问题，如何解决老龄化问题，如何推动下一步的改革；“后金融危机时代的世界”，如何避免主权债务危机，如何避免二次探底，如何改革全球金融体系。中国崛起时代，“中国与世界”之间，如何解决中美贸易失衡问题，如何解决人民币升值问题，如何进行海外投资，如何解决即将到来的中欧、中美经济冲突，如何与全球经济互动，如何让自己的崛起之路更加顺畅——这一系列问题，作者都作出了自己的判断。

作者简介：何帆，中国社会科学院世界经济与政治研究所所长助理、国际金融研究中心副主任。1996 年和 2000 年毕业于中国社会科学院研究生院，分别获得经济学硕士和博士学位。1998~2000 年在美国哈佛大学进修。学术和社会兼职包括中国世界经济学会副秘书长、中国人民银行汇率专家。

书名：《回顾 2009——中国与世界经济热点问题》
作者：朱光耀
出版时间：2010 年 2 月
出版社：经济科学出版社

内容提要：世界金融危机爆发已满周年，各国应对危机的措施多有成效。最坏的时候似已过去，但全面复苏又尚未到来。经济刺激政策是否应该退出？中国际货币体系需要怎样的改革以及中国在后危机时代应该扮演什么样的角色？

本书收集亚太财经与发展中心最新研究文章 87 篇，从世界经济与国际货币体系、宏观经济、能源环境与气候变化、国际关系诸领域入手，深入探讨了上述问题，或鸿篇，或短论，都会对研究人员及决策者以启发。

作者简介：朱光耀，财政部副部长、党组成员，男，汉族，1953 年 7 月生，北京市人，1987 年 6 月加入中国共产党，1970 年 7 月参加工作，本科毕业于北京工商大学（原北京商学院），获经济学学士学位，研究生毕业于财政部财政科学研究所财政专业，获经济学硕士学位，现为财政部财政科学研究所博士生导师，北京工商大学兼职教授。

书名：《东北亚区域经济合作与辽宁老工业基地振兴互动研究》

作者：崔日明，包艳，张楠

出版时间：2010 年 9 月

出版社：经济科学出版社

内容提要：本书围绕研究主题，主要形成了以下两点创新：一是在对区域经济合作及其相关理论进行系统梳理和评述的基础上，对东北亚区域经济合作与辽宁老工业基地振兴的互动机理进行了深入的分析、研究与论证；二是对东北亚区域经济合作与辽宁老工业基地振兴互动的基础、优势与障碍进行了全面的解读，在此基础上，从宏观、微观两个层次上提出了东北亚区域经济合作与辽宁老工业基地振兴可以选择的模式。

作者简介：崔日明，辽宁大学经济学院教授、博士生导师。现为中国国际贸易学会理事、中国国际经济关系学会理事、教育部经济学类教学指导委员会国际经济与贸易专业特邀专家。主要研究领域为国际贸易理论与政策、跨国公司、区域经济合作等。在《世界经济》、《管理世界》、《世界经济与政治》、《国际贸易》等刊物上发表学术论文 80 余篇。出版著作和教材 10 余部，其中《跨国公司经营与管理》等三部教材被教育部确定为普通高等教育“十一五”国家级规划教材。主持国家社会科学基金项目、国家教育部课题及省级科研项目 30 余项。论著和项目多次获得各种奖励。

书名：《国际区域性税收协调研究》
作者：常世旺
出版时间：2010 年 12 月
出版社：经济科学出版社

内容提要：在过去的 20 年间，区域性经济一体化浪潮几乎席卷了整个世界。几乎每个国家都分属于不同的区域性经济组织，许多国家甚至隶属于不止一个组织。这些区域性经济组织建立的目的在于在日益激烈的全球化竞争中取得比较优势。由于在组织内部实行低税率甚至零税率，对外则实行统一或差别性的关税，从而使得区域内商品、资本和劳动力的流动性大大增强，进而增加了各国税基的弹性。在封闭经济条件下，一国以本国税收收入最大化为目标而实行的税收政策正在产生越来越大的外部效应。一些国家通过减税或税收优惠等政策工具来吸引别国税基，从而导致各国税收“向底部竞争”的劣均衡。虽然对于税收协调是否必然会克服税收竞争的负面影响，在理论界仍存在一定的争议，但出于打击国际避税等共同目的以及对有害税收竞争的担忧，使得绝大部分国家积极地参与到了区域性税收协调中来。

常世旺的这本《国际区域性税收协调研究》的总体框架是在提出问题的基础上，首先，阐述了国际区域性税收协调的一般理论，即区域性税收协调的起点——关税同盟与自由贸易区、区域性税收协调的机制以及区域性税收协调的效应；其次，梳理、归纳区域性税收协调在各个经济组织内部的发展，特别是在欧盟、北美自由贸易区以及东盟等内部的发展；再次，在对各区域性经济组织税收协调过程进行系统阐述的基础上，总结出国际区域性税收协调发展的一般规律及发展趋势；最后，将上述规律及发展趋势应用于指导中国实践，提出我国参与区域性税收协调的政策建议。

作者简介：常世旺，1977 年 12 月生，河北冀州人，山东大学经济学院副教授。2007 年毕业于山东大学，获经济学博士学位。2008 年 3 月至 2010 年 3 月入山东大学法学博士后流动站。主要研究领域为税收基础理论、世界税制改革及公共投资。主持省部级及以上课题 6 项，在《税务研究》、《财经研究》等核心期刊发表论文 30 余篇。

书名：《WTO 体制下的贸易争端预防机制研究——基于货物贸易的视角》

作者：吴建功

出版时间：2010 年 11 月

出版社：经济科学出版社

内容提要：WTO 体制中虽然没有专门的关于争端预防机制的协定，但关于争端预防的规则和程序渗透和贯穿于整个 WTO 法制体系中，争端预防机制构成了 WTO 体制的重要组成部分。解决和预防国际贸易争端是 WTO 制度建设和各成员方对外经贸关系中的首要问题，对此问题的研究意义重大，且具有较大的开拓价值。由吴建功编著的《WTO 体制下的贸易争端预防机制研究——基于货物贸易的视角》初步探讨了 WTO 争端预防机制，分析了 WTO 争端预防机制发生作用的机理和条件，探究了构建争端预防机制的有效途径，为争端预防机制的形成提出了一些理论见解。本书共 9 章，主要内容为 WTO 争端预防机制相关问题研究评述，WTO 争端预防机制中的基本问题，WTO 体制下国际贸易政策协调与争端预防等。

作者简介：吴建功，湖南永州人，湖南涉外经济学院商学部国际经济与贸易系主任、教授，湖南省重点建设学科“国际贸易学”WTO 方向负责人。出版《国际贸易风险管理》、《国际贸易学》、《中国对外贸易学》、《国际贸易实务新教程》等专著和教材 9 本，发表科研和教研论文 20 余篇。主持省部级科学研究和教学研究课题 4 项。获省级教学成果奖 3 项。

书名：《人民币汇率传导效果与传导机制分析》

作者：李颖，栾培强

出版时间：2010 年 12 月

出版社：经济科学出版社

内容提要：2005 年 7 月 21 日，中国人民银行宣布人民币升值 2%，人民币汇率制度不再盯住美元，而是以市场供求为基础，参考一篮子货币进行调节，有管理的浮动汇率制度。从此人民币汇率告别长达 10 年的固定汇率体制，进入了有管理的浮动汇率制度。自汇改两年多来，汇率波动已经成为经济生活中的重要组成部分，随着汇率波动幅度的扩大，汇率变动是否会对国内物价水平的稳定造成重大影响，中央银行应如何实施货币政策以应对汇率变动对政策目标的未预期冲击，这些问题引起国内经济学家开始关注人民币汇率和国内不同物价的关系研究。

在对相关理论进行综述的基础上，本书从实证角度考察了人民币汇率变动对国内不同价格指标的传导机制和传导效果，研究发现，人民币汇率变动对进口价格的影响最显著，其次是生产者价格，最后是消费者价格。针对该实证研究结果，接下来本书进一步考察了人民币汇率传导效果的动态趋势及其影响因素，研究发现，近年来人民币汇率传导效果有平缓上升的趋势，2005 年 7 月的汇率形成机制改革和经济规模是影响我国汇率传导效果的重要因素。为了进一步考察当前我国人民币汇率传导效果的影响机制，本书利用相关数据，实证检验了人民币汇率预期变动、物价和资产价格之间的联动关系，结果印证了资产价格和货币供给是目前人民币汇率变动影响国内物价的重要渠道。本书在结构安排上共分六章。

作者简介：李颖，女，山东大学经济学院金融系讲师，金融学博士，复旦大学应用经济学博士后。主要从事宏观金融理论和政策的研究。

栾培强，男，财政部财科所博士后，任职于平安证券投资银行事业部，主要从事金融市场的研究。

书名：《国际金融危机与我国经济安全》
作者：教育部高等学校社会科学发展研究中心
出版时间：2010 年 10 月
出版社：光明日报出版社

内容提要：2007 年，美国次贷危机爆发，并迅速演变为金融危机，继而席卷全球，成为自 20 世纪 30 年代世界经济危机以来最严重的金融危机，并引发了不同程度的世界性经济危机，至今仍未见底。关于这场危机产生的根源和特点，危机对世界各国经济造成的冲击，危机对今后世界经济格局和走向的影响等问题，成为思想理论界和经济学界关注的焦点和讨论的热点。社科中心自危机发生时起就一直密切关注这场危机的发展态势，三年来，通过组织专家学者调研、座谈，召开研讨会，举办讲座，研读国内外有关书籍等多种方式，用马克思主义的立场观点方法，从多个方面就当前危机的性质、特点与根源，当前危机与新自由主义、国际金融垄断资本主义，危机中中国的表现与中国特色社会主义模式的关系，危机与我国经济安全等问题开展深入研究，并组织发表了多篇文章，撰写了若干内参材料送有关部门。

为集中反映这些年来社科中心开展研究所取得的理论成果，我们选编了这本文集。文集的主体是 2009 年社科中心与中华外国经济学说研究会、中国《资本论》研究会、首都经济学家论坛联合举办的“国际金融危机、经济危机与发展中国特色社会主义”大型学术研讨会上的论文。同时为了使本书内容更加饱满，我们也收录了研讨会之外几篇公开发表的较有影响的文章。此外，我们将国内外几本探讨危机的本质、反映世界金融战争、揭示美元霸权和美国霸权的畅销书以述评的方式收进文集，期望有助于深化对国际金融危机本质及相关问题的认识。

书名：《汇率改革、贸易开放与中国二元经济》
作者：谢杰
出版时间：2010年12月
出版社：光明日报出版社

内容提要：汇率是一个国家进行国际活动时最重要的综合性价格指标，它的变动是调节一国对外贸易平衡的重要杠杆。多年来随着中国经济的高速增长和外汇储备的不断增加，人民币的购买力水平持续提高，进而升值压力凸显。中国人民银行在2005年7月开始了汇率改革，旨在改变盯住美元的政策，允许人民币汇率每天浮动0.3%。要求人民币升值的国际压力部分是由于认为快速的经济增长应当与实际汇率升值相联系。这与“巴拉萨—萨缪尔森假说”相关联，它认为来自于贸易部门生产率提高的经济增长会引起非贸易部门的价格上涨。但人民币实际汇率没有显示出长期升值的趋势。人民币实际汇率的决定性因素是什么？人民币升值对中国经济有什么样的影响？如何量化评估人民币升值对中国各经济部门的影响？这些问题需要我们量化研究。本书研究汇率改革、贸易开放对中国二元经济的影响，以及中国二元经济结构对实际汇率的作用。本文基于可计算一般均衡（Computable General Equi-librium，CGE）模型，主要采用的是国际食物政策研究所（International Food Policy Research Institute，IFPRI）Lofgren、Harris和Robinson（2002）开发的标准CGE模型，同时引入扩展的1-2-3（CGE）模型。采用CGE模型分析了中国实际汇率的决定性因素。构建了一个大尺度的CGE模型以估算人民币汇率升值对中国经济的影响。研究表明，除服务业、建筑业外，升值使大部分产业产出下降，升值使报务业、建筑业产出增加；升值使农业部门的农业劳动力需求减少，服务业、建筑业的劳动力需求增加，大部分非农行业劳动力需求也都趋减少。

作者简介：谢杰，中国农业科学院研究生院毕业并获博士学位。在国家农业政策开放实验室制作了31个项目之经济数量分析模型；参与了中国CGE模型的构建研究。目前为浙江工商大学副教授，上海财经大学金融学院博士后流动站研究人员，国内大型经济学教育科研网站咨询顾问。获浙江省经济学会优秀科研成果三等奖一次、二等奖一次。研究领域为国际经济学、金融工程和数量经济分析等。

书名：《十二五时期海峡西岸经济区经济热点研究》
作者：黄茂兴，李军军，叶琪，林寿富，郑蔚
出版时间：2010年12月
出版社：中国社会科学出版社

内容提要：2009年5月14日，国务院发布了《关于支持福建省加快建设海峡西岸经济区的若干意见》，标志着福建经济社会发展将进入一个新的阶段，成为继长三角、珠三角、环渤海经济区之后，中国又一大经济区域，成为中国经济增长又一新"引擎"。为了全面总结海峡西岸经济区建设以来，特别是"十一五"期间海峡西岸经济区经济发展的成就、过程和阶段、机遇和挑战，对"十二五"时期海峡西岸经济区经济社会发展的趋势作出相应的判断和思考，本书选取了"十二五"期间海峡西岸经济区"经济社会发展趋势预测研究"、"农业结构战略调整研究"、"打造东南沿海先进制造业基地研究"、"创意产业发展战略研究"、"公路水路交通发展需求与对策研究"、"外经贸发展的动态分析与应对策略研究"、"科技进步贡献率研究"、"发挥区域比较优势的对策研究"、"闽备经济综合竞争力动态比较与协同提升研究"、"省域经济综合竞争力评价和预测研究"10个专题，抛砖引玉，希望能尽我们的绵薄之力为推进"十二五"时期海峡西岸经济区建设提供智慧支持和决策参考。《十二五时期海峡西岸经济区经济热点研究》适合从事相关研究工作的人员参考阅读。

作者简介：黄茂兴，1976年生，福建莆田人，经济学博士，毕业于福建师范大学。现任全国经济综合竞争力研究中心福建师范大学分中心办公室主任、福建师范大学经济学院院长助理、中国致公党福建省委特约研究员。主要研究方向为技术经济学、区域经济学、产业经济学和竞争力经济学。已合作出版《中国省域经济综合竞争力发展报告(2005~2006)》、《科技进步与经济增长》等著作，发表论文50多篇。

李军军，1978年生，江西新余人，全国经济综合竞争力研究中心福建师范大学分中心办公室主任，福建师范大学经济学院教师，博士研究生。主要从事经济竞争力评价和经济数量方法等问题研究。发表6篇学术论文，参与国家社科基金项目、福建省社科规划重大研究项目等课题5项。

叶琪，女，1982年生，福建浦城人，福建师范大学经济学院教师，经济学硕士。主要从事产业经济与政策等问题研究，发表论文十余篇，参与国家级、省级及横向课题研究十余项。

林寿富，男，1981年生，福建连城人，福建师范大学闽台区域研究中心研究人员，全国经济综合竞争力研究中心福建师范大学分中心成员，福建师范大学经济学院教师，中国科学技术大学管理科学与工程专业博士。主要从事环境经济、区域经济等问题研究。已在国内外刊物发表学术论文 12 篇，参与国家社科基金项目、福建省社科规划重大研究项目等课题 8 项。

郑蔚，女，1981 年生，浙江宁波人，福建师范大学闽台区域研究中心研究人员，全国经济综合竞争力研究中心福建师范大学分中心成员，福建师范大学经济学院教师，人文地理学博士，主要从事经济竞争力评价、区域与城市发展等问题研究。已发表学术论文 6 篇，参与国家自然科学基金等国家级、省部级及地方科研项目 10 项。

书名：《跨国公司在华子公司创业导向研究——关系嵌入的视角》

作者：张慧

出版时间：2010 年 5 月

出版社：经济科学出版社

内容提要：20 世纪 80 年代开始，已建公司的创业现象开始受到国际管理学界的关注。90 年代以来，公司创业成为战略管理、创业研究和企业成长管理领域的研究热点，形成了“环境和组织因素—创业导向—组织绩效”的主流研究框架，并且也取得了丰硕的理论和实证成果。

作者简介：张慧，女，1979 年 10 月出生。2007 年 9 月毕业于浙江大学管理学院，获管理学博士学位。现在杭州电子科技大学任教。近几年在《国际贸易问题》、《国际商务》、《经济地理》、《世界经济研究》等多种重点核心刊物上发表及被 ISTP 和 EI 收录的论文共二十余篇，主持和参与多项国家、省部级课题研究。主要从事战略管理、公司创业和网络组织管理方面的研究。本书为杭州电子科技大学出版资助。

书名：《中国金融风险与经济安全论纲》

作者：李光荣

出版时间：2010 年 3 月

出版社：中国社会科学出版社

内容提要：中国金融在三十余年的改革开放过程中，既有数量扩张，也有结构优化，同时也积累了不少风险。金融是经济的核心，金融在极大地促进了经济发展的同时，金融风险也影响着经济安全。《中国金融风险与经济安全论纲》一书，循三十年中国金融经济走过的曲折之路，深入剖析若干重大事件和无数典型案例，准确揭示了中国发展过程中存在的九大金融风险，分析了这些风险是如何影响国家经济安全的；本书作者创造性地提出“经济安全是第二国防”，以浓烈的爱国情怀和高度的社会责任感，高屋建瓴又细致入微地分析了九大金融风险的成因，更提出了以“防外安内”为基本战略的化解金融风险维护国家经济安全的建议。时逢百年难遇的全球金融危机，众多经济体尚未走出泥潭之际，本书对我们抓住机遇，清除我国金融经济中的“病毒”，保障经济的持续、稳健发展，无疑具有重要意义。

作者简介：李光荣，湖南南县人，1963 年 8 月出生，经济学博士，中共党员。先后获中南财经大学学士、湖南大学工商管理硕士和中国社会科学院研究生院经济学博士学位，世界生产力科学院院士。现为特华投资控股有限公司董事长，华安财产保险股份有限公司董事长，特华博士后科研工作站站长。担任中华全国青年联合会委员，中直机关青年联合会常委，北京市朝阳区人大代表，兼任中国生产力协会副会长、中国保险学会副会长、中国城市经济学会副会长。同时还受聘担任多家地方政府顾问和上市公司独立董事。近年来，在繁忙的业务工作之余还从事研究工作，在中央党校《学习时报》、《中国经济时报》和《财政研究》等学术期刊发表论文多篇，出版了《公司并购理论与实践》、《中国创业板市场》、《金融工程案例》和《中国保险前沿问题研究》、《民族保险业的生存与发展之道》、《做大做强中国保险业：理性认识和战略行动》等著作十多部。还主持了《中国金融风险与经济安全》等多项国家级重点课题的研究，均被评为优秀科研成果。

书名：《多国（地区）宏观经济季度模型 MCM_QEM》
作者：何新华
出版时间：2010 年 11 月
出版社：中国财政经济出版社

内容提要：MCM_QEM 系在原中国宏观经济季度模型 China_QEM 的基础上拓展而成，因而 MCM_QEM 保持了 China_QEM 模型的基本特征，即以政策分析为目的、以需求为导向、以动态建模理论为基础，运用误差修正模型方法区分出了各国（地区）宏观经济运行的长期规律与短期波动特征。本书共分 9 章和 3 个附录，内容包括：MCM_QEM 模型简介、MCM_QEM 模型中的主要行为方程、MCM_QEM 模型在样本期内的表现、MCM_QEM 模型中仍待改进的地方等。

作者简介：何新华，中国社会科学院世界经济与政治研究所研究员、博士生导师，世界经济统计与应用研究室主任，2009 年获政府特殊津贴。主要研究领域：宏观经济模型、世界经济统计。合著有《中国宏观经济季度模型 China_QEM》、《世界经济解读：2010——危机、对策与效果》、《世界经济解读：2011——复苏、问题与景》。代表论文有《Understanding High Saving Rate in China》、《人民币汇率调整对中国宏观经济的影响》、《宏观应用计量经济学现状及发展趋势》、《人民币失衡的测度：指标定义、计算方法及经验分析》。

书名：《文化服务业的经济分析》
作者：杨玉英，郭丽岩
出版时间：2010 年 11 月
出版社：中国社会科学出版社

内容提要：本书特点有三：

一是理论基础扎实，本书首先将文化服务业进行科学分类，然后进行分类研究，这有助于研究的深化，而且在若干方面取得了较为突出的理论创新。例如，本书从“文化服务业”概念出发，根据产品属性、成本构成、工业化程度、生产消费特征，将文化服务业产品划分为五大类，进行统一分析，这就将“文化建设”整体置于市场经济基础上，保持了理论方法的一致性。

二是研究方法具有创新性。本书充分运用产业经济学、组织管理学等相关学科理论及分析工具，对文化服务业展开系统的分析与研究，保证了研究的科学性。同时，本书提供了翔实的素材，包括统计数据、案例和政策文件，并且首次在文化服务业领域采用投入—产出表对文化服务业的产业关联与产业波及的实际效果进行了测算，进而比较出国内东、西部不同地区之间，我国与发达国家之间文化服务业发展的差异，这有助于我们更加清楚地认识我国文化服务业的现状及问题根源，也有利于提高对于文化服务业在国民经济发展中的地位和作用的认识。

三是内容全面。本书从需求、供给、体制机制以及相互间的关系等多个方面，深入剖析我国文化服务业发展存在的问题、遇到的制约因素。特别是，本书通过相关分析提出我国文化服务业市场进入与退出面临体制性壁垒，我国文化服务业规模和范围的拓展受到体制限制，我国文化服务业呈现行政性垄断与局部过度竞争并存的市场结构，以及文化事业单位改制一直是文化体制改革的“瓶颈”等问题。并在此基础上，研究借鉴美、日、欧、韩等国际经验，提出促进我国不同类型文化服务业发展的突破思路，探索具有我国特色的文化服务业发展模式，针对体制机制问题提出了一系列有价值的对策性建议，这有助于更好地从宏观战略上指导我国文化服务业的发展。

由于本书选题创新性较强，可供参考的直接研究文化服务业的学术成果不多，而且学术界也尚未就文化服务业的概念体系与分析框架达成广泛共识，因此，本书的理论建构需要克服较大的挑战。此外，由于文化服务业相关统计不健全，对其进行实证研究的难度也非常大。本书作者能够迎难而上，并取得预期成果，实属不易。这也是我愿意向读者推荐本书的原因之一。

作者简介：杨玉英，1963 年出生于北京，经济学博士。现为国家发展和改革委员会宏观经济研究院产业经济与技术经济研究所副所长。主要研究领域为服务业、文化产业。曾在国家原劳动部劳动力管理和就业司工作，后于 1992 年调入国家发展和改革委员会规划司（原国家计委长期规划和产业政策司）。多年从事国民经济和社会发展中长期战略、规划和政策的制定工作。先后参与国家“十五”、“十一五”规划的编制起草，国家文化产业“十五”规划、国家文化发展“十一五”规划和文化产业振兴规划的研究工作，主持完成国家社会科学基金重点项目、国家发展和改革委员会“十二五”规划前期研究项目、海南国际旅游岛建设发展规划项目等多项国家和省部级课题研究。

书名：《美国金融危机的成因与教训：基于估值、保证金、杠杆和流动性角度分析》
作者： 李国民
出版时间： 2010 年 12 月
出版社： 中国经济出版社

内容提要： 本书研究的重点，没有放在美国金融危机爆发的初始原因上，而是放在危机爆发后快速恶化的原因以及教训上。研究认为，会计估值、保证金和折扣、杠杆累积、不当评级等因素，或单独或相互交织对流动性的快速恶化施加了影响。为了避免类似因素引致的严重后果，本书结合中国实际提出了应当吸取的教训。

作者简介： 李国民，河南大学经济学院教授，硕士生导师。2005 年毕业于中国人民大学，获经济学博士学位。主要教学和研究领域为金融理论与政策。公开发表论文 40 余篇，主持国家级课题 1 项，主持省部级课题 4 项，出版专著 2 部，主编教材 2 部。

书名：《多边贸易体制的博弈机制》
作者： 李杨
出版时间： 2010 年 12 月
出版社： 对外经济贸易大学出版社

内容提要： 本书内容共分为 5 章：第 1 章为导论，介绍本文的选题意义、国内外研究现状及本书的基本框架内容；第 2 章为多边贸易体制的产生及博弈分析，重点阐述了多边贸易体制的经济学基础和产生的博弈思想；第 3 章为多边贸易体制的博弈机制分析，主要包括谈判机制、互惠原则、最惠国待遇原则、区域主义、争端解决机制和贸易政策审议机制等在多边贸易体制中的博弈作用；第 4 章为多边贸易体制中的博弈者，分别分析了美国、欧盟和发展中国家在多边贸易体制中的谈判策略，并介绍了多边贸易体制多哈回合谈判进展；第 5 章为多边贸易体制中的中国：经验与策略，分析了中国参与多边贸易体制的博弈思想和博弈过程，并提出了中国在多边贸易体制中应发挥的作用和采取的策略措施。

作者简介： 李杨，男，经济学博士，现为对外经济贸易大学中国 WTO 研究院助理研究员，主要研究方向为 WTO、国际服务贸易。现为研究生讲授经济博弈论、服务业与服务经济课程；在《国际贸易问题》、《国际贸易》、《国际经贸探索》等核心学术刊物上发表论文多篇，曾参与多项学术著作、研究报告的撰写；主持教育部人文社科项目 1 项，参与国家级、省部级科研课题多项。

书名：《对外开放与经济增长——基于后WTO时代视角的分析》

作者：林江，王微微

出版时间：2010年10月

出版社：中国林业出版社

内容提要：本书的着力点在于以下两点：

第一，选取对外开放与经济增长之间的关系作为主题，侧重研究现实问题。全书共分为九章。第一章结合我国对外开放的发展历程分析了相关理论成果及新形势下的对外开放战略。第二章在对外开放影响经济增长机制的基础上，引入了对外开放影响经济增长的相关指标。第三章从东中西部地区的角度，对各地区外贸外资与经济增长的关系进行了实证分析。第四章以区域经济一体化为切入点，分析了中国参与区域经济一体化的贸易和投资增长效应。第五章从行业角度分析了我国农业、纺织业、现代服务业和物流业的竞争力及发展对策。第六章从贸易壁垒、贸易摩擦和贸易救济措施的角度分析了我国当前的国际贸易与投资环境。第七章对我国的出口导向贸易战略的作用及调整进行了深入分析。第八章对中国利用外资与对外投资战略的调整和选择进行了分析，并从政策层面提出了若干建议。第九章结合金融危机后中国经济环境的变化提出了调整外贸结构和转变外贸增长方式的思考。

第二，从计量经济学角度系统分析了对外开放对经济增长的影响。本书选取对外贸易依存度，修正的对外贸易依存度，实际关税率和修正的道拉斯指数四个指标来衡量一国对外开放程度，并在此基础上构建综合的对外开放度指数，对所选取的对外开放程度度量指标分别进行检验，得以更好地衡量对外开放程度。此外，运用多种实证分析方法，对研究问题进行了多层面、多角度、全面的综合分析，以保证实证模型的精确性和稳定性以及实证分析结论的可靠性。本书在收集大量数据的基础上，建立开放经济下的经济增长模型，运用多种前沿的计量经济分析方法（协整分析、Granger因果关系检验及VECM模型等方法）分析对外开放在我国经济增长中的作用，采用基于VAR模型的脉冲响应函数法以及方差分解法对对外开放促进中国经济增长的作用进行动态刻画，并就中国东中西部地区数据进行实证研究。

作者简介：林江，男，汉族，1965年5月5日出生，中共党员，经济学博士。现为中国青年政治学院经济系主任、教授。王微微，女，经济学博士，现任中国青年政治学院经济系讲师。主讲课程：《国际服务贸易》、《外贸函电》、《国际物流》、《国际投资》、《国际贸易惯例与制度》。研究方向：国际贸易理论与政策，外资理论与政策，区域经济一体化，国际经济合作。

书名：《现代货币政策理论与货币政策机制研究》
作者：付一婷
出版时间：2010 年 4 月
出版社：经济科学出版社

内容提要：货币市场是重要的金融市场形态，货币政策是宏观经济调控的主要政策形式。如何制定货币政策目标、如何选择货币政策工具、如何检验货币政策规则性和相机选择行为的实际效应、如何描述货币变量对产出和价格的影响机制等问题均是目前经济学研究的前沿问题。为此，《现代货币政策理论与货币政策机制研究》以现代货币理论和货币政策理论为基础，以我国货币政策实践为出发点，通过建立开放经济条件下的多种货币理论模型，描述和检验“货币—价格—产出”之间的作用机制与传导机制，对“货币政策工具—货币中介目标—最终政策目标”之间的影响关系进行判断和检验，进而获得货币政策短期有效和长期中性等经验证据。为制定货币政策和选择宏观调控方式提供理论支持与决策依据。

作者简介：付一婷，女，1972 年生，吉林省长春市人，经济学博士。现任教于长春工程学院管理学院。长期从事货币经济学和宏观经济学的教学与研究工作。先后参加并完成多项国家自然科学基金和国家社会科学基金项目，曾在《管理世界》、《当代经济科学》等杂志上发表多篇论文。

书名：《价格单一化问题探索——基于国际货币制度演变的研究》

作者： 鞠国华，张强

出版时间： 2010 年 12 月

出版社： 经济科学出版社

内容提要：《价格单一化问题探索——基于国际货币制度演变的研究》从货币信用理论入手，沿着国际货币制度演变发展的历史，探讨了价格单一化内涵及其内在机理，并以“价格单一化”为主线，依据理想价值标准理论，研究了铸币活动中的价格单一化、国际金本位制度下的价格单一化、布雷顿森林体系运行期间的价格单一化、牙买加体系以来的价格单一化，以及欧元诞生以后价格单一化的最新发展趋势，揭示了价格单一化从静态到动态的演变规律。与此同时，本书对价格单一化的传递机制、协调机制进行了系统研究，阐明了外部冲击下内外均衡与价格单一化的内在关系，在上述研究的基础上，本书从历史发展角度，进一步探讨了 21 世纪价格单一化演变发展的未来趋势，并结合人民币国际化问题，阐述了中国在快速融入世界经济体系过程中，如何完善人民币汇率制度，逐步推进人民币国际化，加强国际金融合作，提高人民币在国际经济交往中的地位，发挥人民币参与价格单一化的作用，争取国际金融话语权等问题。

作者简介： 张强，1972 年生人，吉林省白山市人，中共党员，副教授，吉林大学在读博士研究生；主要研究领域为货币经济理论、新发展金融学与国际金融。近年来发表学术论文 6 篇，出版专著和教材 2 部，承担省级以上科研项目 4 项。

鞠国华，出生于 1963 年 2 月 13 日，吉林省蛟河人，副教授，经济学博士，硕士研究生导师，主要的研究方向是国际经济，重点是国际金融有关理论，包括货币信用理论、汇率理论、国际收支理论、国际金融市场、国际融资理论及其实务。先后在《经济学动态》、《当代经济研究》、《社会科学战线》、《经济要参》等权威或重点核心期刊发表文章 30 多篇，主持或参与完成以及在研项目：国家级项目 2 项，省级项目 10 项。

书名：《追寻中国经济与世界的联系——对外经济统计数据估算与计量分析》

作者：高敏雪

出版时间：2010 年 12 月

出版社：经济科学出版社

内容提要：如何认识全球化背景下中国经济与世界的联系？对外经济统计是不可或缺的工具。本书立足于中国，讨论对外经济统计估算和计量分析问题，希望通过数据为管理、决策提供多维认识，深度挖掘中国对外经济中的实质性关系。

结合中国实际是本书研究的突出特色。基于与商务部、国家统计局等部门合作的应用研究课题成果，在学术研究层面重新提炼，挖掘其理论内涵；追踪国际研究前沿，将其应用于中国实际，力争做出与国际研究同步的估算和分析报告。

作者简介：高敏雪，现为中国人民大学应用统计科学研究中心研究员、统计学院教授、国民经济核算研究所所长。主要研究领域：以国民经济核算为基点，延伸到对外经济统计、环境经济核算两个应用领域。最近完成的研究工作包括：主持《国民经济核算——2008》中文版翻译，将交付联合国作为中文版本使用；出版《追寻中国经济与世界的联系——对外经济统计数据估算与计量分析》、《综合环境经济核算与计量分析——从国际经验到中国实践》、《宏观算大账——经济统计随笔》；在《统计研究》、《中国人民大学学报》等期刊上发表若干篇研究论文。

书名：《FDI、贸易开放与经济增长》
作者：黄新飞
出版时间：2010 年 10 月
出版社：经济管理出版社

内容提要：本书综合分析了 FDI、贸易开放度对经济增长的促进效应和由 FDI 引发的通货膨胀对经济增长的减缓效应，旨在增加人们对开放经济与中国经济增长的认识。首先，本书在检验 ELG 假说命题在中国的适用性后，从产业发展的角度研究贸易开放度与中国经济增长的影响机制。其次，建立了一个开放经济和价格粘性的模型用于研究贸易开放度与通货膨胀的关系，利用中国季度数据验证通货膨胀一致性理论。从实际产出牺牲率的计算和构建货币增长模型两方面研究中国通货膨胀与经济增长的关系。最后，本书在 ECM 模型框架内研究 FDI 与中国经济增长的总效应。

作者简介：黄新飞，1979 年出生，江西南昌人。2006 年毕业于中山大学，获经济学博士学位。现为中山大学国际商学院副教授、硕士生导师，广东省高等院校“千百十人才工程”第六批培养对象（校级），中山大学区域与产业研究中心研究员。主持包括国家自然科学基金、教育部人文社会科学项目基金、中央高校基本科研业务费专项资金、广东省自然科学基金等在内的科研项目十余项。在《管理世界》、《统计研究》、《世界经济》、《数量经济技术经济研究》、《国际贸易问题》、《科研管理》、《管理科学》、《学术研究》等杂志上发表论文二十余篇。出版专著《国际贸易与中国省区经济增长》（科学出版社，2010 年 6 月）。曾荣获中国制度经济学年会优秀论文奖（一等奖）、广东省首届社会科学学术年会优秀论文二等奖、南粤奖学金等。

书名：《国际资本流动与中国资本账户开放》
作者： 翁东玲
出版时间： 2010 年 12 月
出版社： 中国经济出版社

内容提要： 本书主要以国际资本流动理论、跨国公司投资理论、发展中国家利用外资理论为指导，系统回顾和总结了东亚区域国际资本流动和东亚各国资本账户开放的历史、现状、面临的问题，以及中国从 1994 年以来的国际资本流动和资本账户开放状况，探讨国际资本流动与亚太地区经济增长、亚洲金融危机之间的关系，研究中国如何吸取东亚各国资本账户开放的经验与教训，成功实现中国的资本账户开放，使中国能够充分合理地使用国际资本，让国际资本成为推动中国经济增长的重要力量。

作者简介： 翁东玲，女，1964 年出生，福建社科院亚太经济研究所、亚太经济杂志社副研究员。研究方向：区域经济、国际贸易、国际金融。主要成果：合作出版著作和论文集 17 本，其中《世界特区经济探索》（1993 年，合著）、《跨国资本进入的市场结构效应与市场行为转换》（2004 年，合著）分别获得福建省第三届、第六届社会科学优秀成果三等奖，《跨越技术性贸易壁垒——理论分析、经济影响与对策研究》（2006 年国家社科基金项目，合著）获得第七届社会科学优秀成果二等奖。发表论文 100 多篇，其中 50 多篇发表在《国际贸易问题》、《当代亚太》等权威刊物和核心刊物上。

书名：《发展中国家服务贸易自由化战略研究》

作者： 王佃凯

出版时间： 2010 年 12 月

出版社： 经济科学出版社

内容提要： 随着经济的服务化趋势日益明显，服务业在国民经济中的地位和作用不断增强。伴随着服务业的发展和科技的进步，服务贸易已经成为国际贸易中的重要组成部分。在世界贸易组织和发达国家的大力推动下，服务贸易自由化已经成为了各国的共识。无论是发达国家，还是发展中国家，都对本国服务业市场的开放做出了相应承诺，全球服务贸易自由化程度已经有了明显提高。但是服务贸易自由化却引起了从未有过的争议：从服务贸易的定义到《服务贸易总协定》的形成，从旷日持久的谈判到锱铢必较的开放承诺，几乎在服务贸易自由化的各个方面都出现了较大分歧。另外，全球服务贸易自由化所产生的影响同样也引发了各国不同的反应。

20 世纪 70 年代以来，放松服务业管制成为大趋势，各国在金融、保险、通信、航空业等重要服务业的开放程度提高，世界经济更紧密地联系在一起。各国经济的相互依赖性不断增强，国际分工逐步细化，资源配置效率得到了进一步的提高。随着贸易自由化程度的提高，服务贸易的规模不断扩大，2008 年全球服务贸易规模占到了全球国际贸易总额的 25%左右，达到了历史的最高水平。服务贸易自由化还带动了服务业跨国投资的发展，各国的服务业发展水平都有了不同程度的提高，服务业在全球经济中的地位得到进一步加强。在参与服务贸易自由化过程中，发展中国家也获得了巨大利益。通过开放金融市场，发展中国家的筹资成本下降、筹资效率提高。根据联合国贸发会议的统计，流入发展中国家的资金占到了国际投资的 40%，而且通过允许国外资本参与本国私有化进程，发展中国家引导着外资进入了国内重要的服务业部门，促进了国内的银行、保险、通信业的发展。

作者简介： 王佃凯，1972 年生。经济学博士，现任首都经贸大学副教授，硕士生导师。主要研究方向：国际经济学、服务贸易。先后在《财贸经济》、《经济评论》等刊物上发表论文 20 余篇，出版过著作、教材等多部图书；主持过省级社科课题两项，作为主要撰稿人参与的国家级课题、国家科技部课题各一项。

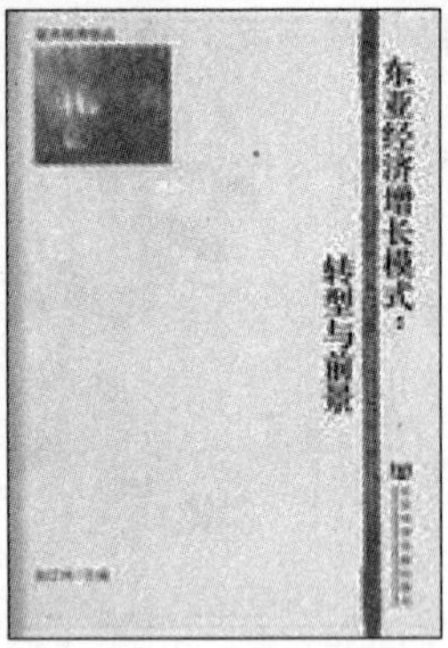

书名：《东亚经济增长模式：转型与前景》
作者：赵江林
出版时间：2010 年 12 月
出版社：社会科学文献出版社

内容提要：本书以 2008 年全球金融危机发生前后的历史时期为背景，对与世界经济联系密切的东亚地区增长模式的演进及未来的变化趋势进行了较系统的研究，探讨了东亚市场、资源和技术三个结构性缺陷的变化趋势及其对未来东亚经济增长的影响，指出了东亚模式调整与转型的可能性和存在的问题，并在此基础上提出了中国对东亚地区战略调整的基本思路。《东亚经济增长模式：转型与前景》讨论的东亚模式转型是指东亚整体从过去倾斜于生产的增长模式转向生产与消费并重的增长模式；地区转型将是一个中长期进程，成为未来一定时期内地区经济关系中的一种常态。在东亚增长模式调整过程中，中国受结构转型的影响最大，但也处于能够影响结构调整方向的重要位置上，中国未来的地区政策应是积极主动地参与地区结构调整进程。

作者简介：赵江林，中国社会科学院亚洲太平洋研究所经济室主任、研究员，中国社会科学院研究生院经济学博士。1996 年 10 月至 1997 年 3 月，在日本亚洲经济研究所做访问学者。2004 年 4 月至 2005 年 4 月在美国哥伦比亚大学商学院做访问学者。2006 年 7 月至 2007 年 1 月，在日本知识产权研究所做访问学者。专著有《东亚技术供给、知识产权保护与经济增长》（经济科学出版社，2007 年）等。学术论文有《外部约束与东亚经济结构转型》（《当代亚太》2010 年第 4 期）等。

书名：《中国对外金融发展战略的调整与优化》
作者： 杨丽
出版时间： 2010 年 11 月
出版社： 经济科学出版社

内容提要： 2008 年爆发的金融危机导致全球金融市场的动荡，使世界各国清楚地认识到金融问题已成为国家政治、经济发展的战略问题。在经济金融全球化和国际金融风险不断加剧的今天，中国对外金融发展战略该如何调整与优化？中国的商业银行如何加快“走出去”的步伐并顺利实现海外并购？中资银行引进境外战略投资者有何利弊以及应采取怎样的战略？中国主权财富基金对外投资有哪些经验和教训以及如何进行战略上的调整？人民币汇率制度面临哪些问题？中国如何加强金融监管的国际合作？中国为什么要积极推动国际货币体系改革？人民币在国际货币体系中该扮演什么样的角色？等等，本书结合目前国际、国内经济金融发展的实际情况，对所有这些问题都给予全面而细致的解答。

作者简介： 杨丽，女，1962 年出生。辽宁大学经济学院教授，金融学博士，金融学研究生导师。沈阳市政协常委，沈阳市三八红旗手。1985 年至今一直从事金融学的教学和科研工作。主要讲授《货币银行学》、《国际金融》、《各国政策性金融体制比较》等课程。

书名：《国际石油价格动荡之谜：理论与实证》
作者：马登科，张昕
出版时间：2010 年 11 月
出版社：经济科学出版社

内容提要：本书属于经济解释。传统经济学已经不能解释 2002 年以来国际石油价格的急剧动荡。本书在“货币信用—虚拟经济—实体经济”的全新视角下，第 1 章~第 6 章分别对影响国际石油价格的实体经济因素、虚拟经济因素及制度因素进行理论加实证分析，得出结论如下：

第一，国际石油价格已不再被供需所决定，而是由其金融属性所决定。由美元主导的全球货币信用体系和浮动汇率制所引发的流动性过剩是全球石油价格暴涨暴跌的本质（制度性）原因。过剩流动性在实体经济里找不到投资的热土，便冲进了虚拟经济领域，造成虚拟经济过度膨胀，实体经济相对萎缩。虚拟经济里过剩的流动性乃国际石油价格急剧动荡的动力之源。

第二，外汇市场、股票市场和期货市场早已三位一体，相互影响和联动，形成了前所未有的波动。尤其是外汇市场，超过 100：1 的高杠杆交易导致热钱四处游荡，使得美元汇率在高频投机下急剧动荡。国际石油的计价货币美元本身币值的不稳定性必然导致国际石油期货价格陷入动荡。但是自 2002 年 1 月以来，美元指数下跌超过了 35%，而国际油价最高时候曾经上涨超过了 400%，美元因素只能解释石油价格动荡的部分原因。

第三，全球大型的对冲基金和投资银行是石油金融体系内的主导力量。金融工具的高杠杆特性推动它们的投机行为，于是它们利用左右国际石油价格的各种因素诸如美元、股市波动、原油库存、宏观经济指标、天气等通过石油期货期权等衍生品市场平台并借助高端的程序化交易系统进行高频度的投机，最终这种追逐自身利益最大化的操作推动了国际原油期货价格的暴涨暴跌。

作者简介：马登科，男，经济学博士，毕业于吉林大学经济学院，现任职于国家开发银行山东分行。研究领域为国际石油金融、商品期货及金融期货等衍生品。曾在《经济学动态》、《世界经济研究》及《中国石油大学学报》等期刊上发表论文 11 篇，参编著作 1 部。

张昕，女，经济学博士，毕业于山东大学经济学院，现任职于中国工商银行私人银行部济南分部。研究领域为宏观经济、投资理财。曾在 《经济学动态》、《世界经济研究》、《东岳论丛》、《广东金融学院学报》及《理论学刊》等期刊上发表论文 10 余篇。

书名：《经济运行中的货币均衡研究》
作者： 张军果
出版时间： 2010 年 9 月
出版社： 中国金融出版社

内容提要： 全书具有四大特色：

一是视角新。本书从经济运行的视角观察货币均衡问题，克服了以往研究中从货币到货币、从金融到金融、从经济到经济的诸多缺陷，从而把货币均衡运转放到整个宏观经济运行的大环境中，使对货币均衡问题的研究有了更为广阔的视野和研究空间，这有利于从更宽领域、更高层次上研究和探索金融危机问题。

二是思路新。本书的逻辑思路是：货币运行要立足于宏观经济运行，而货币运行与经济运行之间相互作用的桥梁和纽带是投资运行。因此，本书紧紧围绕货币运行与经济运行相互作用规律这一主线，以社会投资作为研究货币运行和经济运行之间关系的切入点，以新形势下实现我国经济运行中的货币均衡为落脚点，分别用理论基础篇、模型构建篇、国内实践篇、国际案例篇、对策研讨篇五篇七章的内容，对经济运行中的货币均衡这一复杂的现实性问题进行了全面、系统和富有创见性的研究。这是一个具有重要创新意义的研究货币均衡问题的好思路。

三是方法新。本书作者在马克思主义货币理论指导下，充分吸收和借鉴中西方货币理论的研究成果，密切结合中外经济运行实际，综合运用经济增长理论、社会投资理论、社会消费理论、货币供求理论，并借用系统科学和物理学中的相关原理，对经济运行中的货币均衡问题进行全方位剖析。这种理论分析与实证分析相结合、定性分析与定量分析相结合、模型分析与案例分析相结合的方法，特别是把社会科学的思维方法与自然科学以及系统科学的思维方法相结合的分析模式，具有重要创新意义。

四是观点新。本书通过对经济运行与货币运行之间相互作用规律的全方位剖析，得出了一系列富有新意的观点。

作者简介： 张军果，男，1968 年生，河南嵩县人。2000 年毕业于中央财经大学，获经济学博士学位。现为国防大学马克思主义教研部副师职副教授、硕士生导师、博士生导师组成员，国防大学中青年教研骨干，中共中央党校博士后。近年来，独立承担国家课题 2 项、国防大学科研课题 1 项，参与完成国家重点课题 2 项，参与国家部委、军委总部及国防大学科研课题多项。出版个人专著 2 部、主编 1 部、副主编 1 部、参编 10 余部。曾先后在《经济科学》、《江海学刊》、《中国经济信息》、《中国企业家》、《经济经纬》、《唯实》、

《南方金融》、《军事系统工程》、《系统辩证学学报》、《国防大学学报》、《中央财经大学学报》以及《解放军报》、《中国改革报》、《长江日报》等报刊发表国民经济类论文 80 余篇，国防经济、军事经济、社会建设等领域的论文 20 余篇。其中，部分论文被中国人民大学报刊复印资料全文转载。主要研究领域：经济运行理论、宏观调控理论、货币金融理论、国防经济理论等。

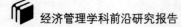

书名：《日本经济与中日经贸关系发展报告》
作者： 王洛林
出版时间： 2010 年 6 月
出版社： 社会科学文献出版社

内容提要： 本报告回顾并展望了 2009~2010 年度日本宏观经济的运行状况，指出：2009 年，日本经济逐渐回暖，但复苏的势头还很脆弱，估计 2010 年可望实现民需主导的自律性复苏。虽然中日双边贸易出现两位数的负增长，但是中国超过美国成为日本最大的出口对象国，这也意味着日本经济对中国经济的依存度越来越大。同时，日本对华投资仍处于低迷状态，但好于预期：中国对日投资也在危机中逆势上扬，增长较快。估计 2010 年，中日经济合作将出现新发展。

本报告由全国日本经济学会和中国社会科学院日本研究所组织编写。作者既有国内科研机构、大学等从事日本经济研究的专家学者，也有日本内阁府、JETRO 等机构的有关人士和著名经济学家。他们对当前日本经济以及中日经济合作的发展动态进行了多角度、全景式的深度分析，特别是对近年来已成为全球性热点问题的循环经济、低碳经济、能源和环境等问题进行了重点分析。此外，本报告还收录了大量来自于日本政府权威机构的数据图表，具有极高的参考价值。

作者简介： 王洛林，男，1938 年 6 月出生，湖北武昌人。1960 年毕业于北京大学经济系，曾任厦门大学副校长、中国社会科学院常务副院长。现任中国社会科学院特邀顾问，全国日本经济学会会长，中国社会科学院研究生院教授、博士生导师。研究领域：国际贸易、国际投资、世界经济、宏观经济和金融等。代表著作有：《世界经济形势分析与预测》、《关于国有外贸企业转换经营机制的几个问题》、《日元贬值及其对亚洲经济的影响》、《日本的通货紧缩性经济危机》、《日本金融考察报告》。

书名：《国际贸易和投资：增长与福利，冲突与合作》
作者： 海闻
出版时间： 2010 年 1 月
出版社： 北京大学出版社

内容提要： 本书选取了作者在国际贸易领域研究中最具代表性的论文，涵盖了贸易与增长、投资、政治经济学以及贸易自由化等多个国际贸易的核心问题。近期为人们所关注的国际贸易冲突更是在其中得到了充分体现。这些论文均采用现代经济学的研究方法去分析中国和世界的问题，包括海闻教授博士学位论文在内的绝大部分文章均是第一次与读者见面。在过去三十多年中，中国日渐成为世界上最大的贸易体之一，贸易在我国经济发展过程中始终发挥着重要作用，而源自这些贸易活动的各种现象和问题则是层出不穷。如何看待它们?《国际贸易和投资：增长与福利，冲突与合作》将给出相关解答。

作者简介： 海闻，北京大学经济学学士，美国加州大学经济学博士，现任北京大学副校长，兼北京大学汇丰商学院院长，中国经济学年会理事长，长期从事国际经济学和发展经济学领域的研究，在国际贸易、国际金融、WTO 等方面发表和出版了许多具有深刻影响的学术论著。

书名：《国际贸易、工资与就业：中国的理论与实证模型》
作者：牛蕊
出版时间：2010 年 10 月
出版社：经济科学出版社

内容提要：本书在很大程度上深化了国际贸易与发展中国家劳动力市场之间关系的研究，在国际经济学与劳动经济学之间建立起更紧密的交叉联系，将现有的理论、模型和假说推广到中国；这对国别案例的实证研究将极大地丰富文献积累。从深化改革开放的实践来看，本书的研究将对全面和正确地认识、辨析和估价经济全球化给我国劳动力市场带来的长期收益和短期成本具有重要的现实意义。在中国加入 WTO 后，深化开放的外部冲击与经济转型时期的国有企业改革和产业政策的调整交织在一起，加大了就业和收入分配问题的复杂性和艰巨性，因此研究对弄清贸易在这其中所起的作用及其传导机制提供了坚实的理论依据。从政府的政策改革来看，本研究对如何健全在开放条件下的社会保障制度、建立进口冲击下的贸易救济和援助体系、深化劳动力市场的体制改革、加快产业结构调整等重要问题提供了若干战略性的政策建议，这对我国实现社会和谐、稳定和公平的目标无疑具有重要的意义。

本书包括 9 个部分。导言介绍了本书的研究背景、研究目的、研究方法及创新。第一章为文献综述，分别从理论和实证两个方面梳理贸易影响劳动力市场的相关文献，在理论文献部分按照国际贸易理论的发展轨迹整理，在实证部分按照国际贸易影响劳动力市场的三种不同途径进行整理。第二章对书中的数据收集和处理方法以及计量模型中相关指标的选取和计算做出解释和说明。第三章到第六章是本书的实证研究部分，第三章作为实证研究的铺陈从国内生产总值核算角度运用中国工业部门面板数据测算了国内需求和贸易对就业的影响，以便对内需和外需的就业创造效应有一个直观了解；然后，在第四、五、六章分别利用中国工业部门面板数据按照国际贸易对劳动力市场工资收入分配、就业和劳动力需求弹性三个层面的影响测算了国际贸易的工资、就业差异化和就业风险效应。第七章作为实证研究的扩展，从中间品贸易角度测算了贸易对工业部门全要素生产率及工资的影响。第八章是全书研究的归纳总结以及未来研究方向的展望。

作者简介：牛蕊，1982 年 3 月出生于山西高平，2003 年 7 月毕业于山西财经大学国际经济与贸易系并考入南开大学国际经济研究所攻读研究生；2006 年 7 月获得经济学硕士学位，同年继续攻读博士学位，2009 年 6 月毕业并获得经济学博士学位。2009 年 7 月至今，任教于天津外国语大学国际商学院，研究方向：国际贸易理论与政策。在

《世界经济》、《世界经济文汇》、《当代财经》等核心期刊发表论文 7 篇。参与教育部、商务部《国际贸易对中国劳动力工资影响的实证研究》、《全球化背景下的民族国家》等多项研究课题。

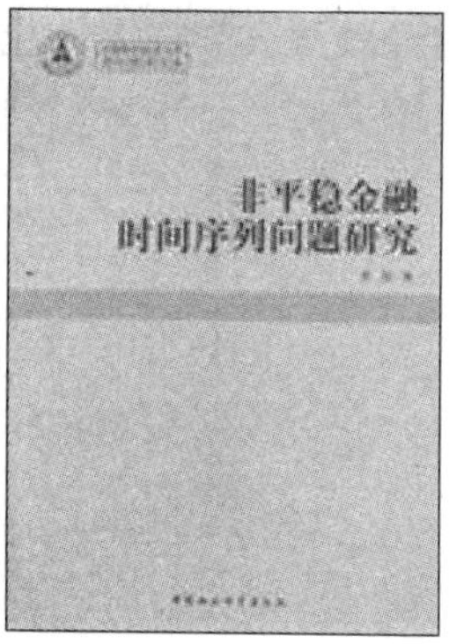

书名：《非平稳金融时间序列问题研究》
作者：李锐
出版时间：2010 年 10 月
出版社：中国社会科学出版社

内容提要：一个新范式代表一种新的思维模式，是一种从总体上看问题的新方法。在过去 80 年中，金融时间序列分析一直为一个平稳的范式所主宰，即很多方法的提出都有一个前提假设：时间序列满足平稳性（主要指协方差平稳），即便不是严格满足，也是在一定程度上近似满足的。而对于非平稳性问题少有论及。其一，这是一个世界性难题；其二，该问题还没有引起理论与实务界足够的重视。传统观念认为，在近似平稳框架下进行研究相对于放弃平稳性假说而言还是利大于弊的。

研究表明，非平稳特性大量存在于经济金融时间序列中，忽略非平稳特性将会影响模型的准确建立。在时间序列建模分析中相关性分析起着基础性作用，因此研究非平稳特性对相关性检验的影响显得尤为重要。本书首先讨论了非平稳特性对几种常用的相关性检验和长期记忆特性检验方法的影响，并对这些方法进行修正。洪和李运用更加精致的广义谱密度分析方法发现了若干金融时间序列数据都满足可预测性，但他们尝试了许多模型都没有得到比随机游动模型更好的预测效果。本书将运用严格的证明从非平稳的角度对这一问题进行解释，并对广义谱密度分析方法提出改进方法。本书还讨论了一种特殊的非平稳模型——局部平稳模型的大样本统计特性，并找到了非平稳模型对刻画金融时间序列数据的各种优势，从而根本上否定了“非平稳性是建立模型的灾难”这一论断。最后本书运用上述研究成果在非平稳框架下对我国股票市场进行分析，得到的结果更符合中国实际，具有较高的应用价值。

在分析过程中，本书主要以数理统计、统计计算、概率论、测度论、实变函数与泛函分析、计量经济学、金融市场理论、资产定价等为理论支撑，综合运用比较、归纳、演绎、试验、实证等方法，对非平稳性框架下的金融时间序列问题进行了系统阐述与实证分析，整个研究过程采用统计软件 R2.9.1 进行程序设计。

作者简介：李锐，湖北潜江人，1978 年 2 月生，中南财经政法大学公共管理学院讲师。2000 年获数学与应用数学专业学士学位；2003 年获概率论与数理统计专业硕士学位；2007 年获统计学专业博士学位；现为中南财经政法大学会计学专业博士后。在《数量经济技术经济研究》、《统计研究》、《数理统计与管理》、《财政研究》等各类权威、核心刊物发表论文十几篇。主持和参与湖北省人文社会科学一般项目、教育部人文社会科学一般项目、国家统计局重点项目、世界银行项目等多项课题。并获得中南财经政法大学优秀博士论文奖、湖北省统计科学研究优秀博士论文二等奖、湖北省优秀博士论文奖、全国统计科学研究优秀博士论文二等奖。

书名：《碳金融与碳市场——方法与实证》
作者：魏一鸣
出版时间：2010 年 10 月
出版社：科学出版社

内容提要：二氧化碳排放权市场是应对气候变化的成本有效手段。随着全世界应对气候变化行动的不断深入，国际碳市场的交易额快速增长。欧洲许多高排放行业的发展，均受到二氧化碳排放权价格的制约与影响。以欧盟排放交易体（EU ETS）为代表的国际碳市场，是经济学中排放权交易理论在应对气候变化行动中的有效实践，其中包含了大量可供研究的管理科学问题。碳市场与碳金融问题已经成为当前国际学术界能源与气候变化领域的研究热点。

本书围绕国际学术界的前沿领域，系统分析了碳市场的配额分配机制、碳市场外部与内部影响因素、排放权价格的波动规律以及碳市场的风险等问题。希望通过本书的研究，能够进一步科学地认清碳市场的内在特征规律和外部影响因素，加深对碳市场相关问题的认识，为中国应对气候变化的行动提供了碳市场与碳金融方面的理论知识。

本书适合能源经济与管理、气候政策领域的政府公务人员、企业管理人员、高等院校师生、科研人员及相关的工作者阅读。

作者简介：魏一鸣，1968 年 3 月生，江西安远人，工学博士（1996 年）。现任北京理工大学管理与经济学院院长，北京理工大学能源与环境政策研究中心主任，教育部“长江学者奖励计划”特聘教授。兼任中国优选法统筹法与经济数学研究会秘书长；复杂系统分会理事长、计算机模拟分会副理事。

书名：《全球金融何处寻求再平衡》
作者：廖岷
出版时间：2010 年 10 月
出版社：中信出版社

内容提要： 2008 年金融危机爆发以来，国际社会对既有金融体系和监管架构的反思、批评声此起彼伏，并开始掀起新一轮金融体系和金融监管大变革。本书作者根据历时三年多的跟踪研究，利用大量的第一手资料，从微观到宏观，梳理了此次金融危机的根源，在此基础上介绍和分析了欧盟、美国、英国等主要国家和地区正在推行的金融监管改革及其潜在影响，并探讨了中国银行业监管的最新实践，以及中国如何善用金融，平衡实体经济与虚拟金融，避免重蹈美国覆辙的问题。

作者简介： 廖岷，现供职于中国银行业监督管理委员会，任全国青年联合会第十届委员、第十一届常委，全国青年联合会金融界别工作委员会主任委员，中国国际金融协会常务理事。1993 年毕业于北京大学并获经济学硕士学位，2006 年毕业于剑桥大学并获工商管理硕士学位。

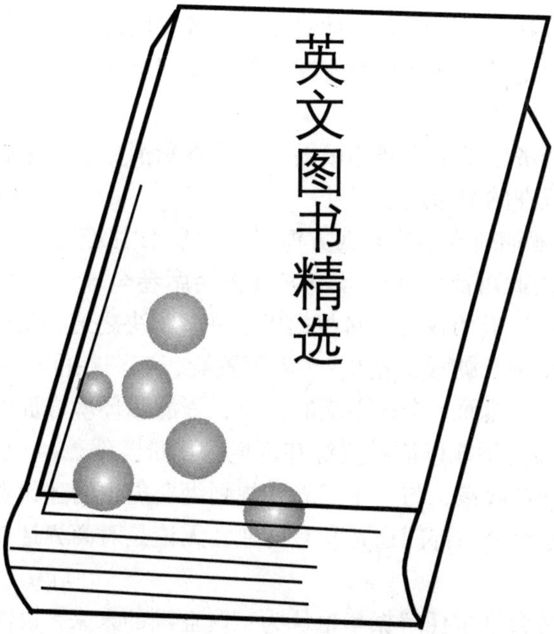
英文图书精选

书名： Consumptionomics：Asia's Role in Reshaping Capitalism and Saving the Planet

作者： Chandran Nair

出版社： John Wiley & Sons

内容提要： 多年来，欧美的消费主义一直被视作其经济繁荣的引擎的燃料。然而，金融危机和债务危机的蔓延，开始唱衰这种消费型经济发展模式。为了拯救西方，许多西方主要经济学家及政策制定者把目光转向亚洲，敦促亚洲增加更多消费，从而承担起挽救全球经济的重责。

然而，他们忽略了经济增长也会遇到极限，以及不断消费所带来的不良影响。他们忘了，欧债危机也许就是亚洲的前车之鉴。

钱德兰·奈尔指出，亚洲应当停止对西方模式的“拿来主义”。若亚洲为了实现消费水平而继续目前的道路，由此可能引起的环境灾难将会席卷全球。在本书中，作者为未来20年内世界将必然面临的富有争议性的挑战提供了许多解决之道，值得我们认真思考。

中国石油化工集团董事长傅成玉指出：“毋庸置疑，亚洲在推动全球经济复苏和增长中扮演着愈加重要的作用。然而，全球面临的人口、资源和环境方面的挑战决定亚洲不能重走西方发展模式，尤其是不能以牺牲资源和环境为代价。钱德兰·奈尔先生的新作建议亚洲各国以资源为中心制定政策，与‘十二五’规划纲要提出的建设资源节约型和环境友好型社会相吻合，无论是对公共部门还是私有行业，无论是对商界还是学术界，均具有参考意义。”

国家发展和改革委员会副主任解振华也认为：“《亚洲的未来》再次说明，加快转变经济发展方式，把发展经济、消除贫困、改善民生和节能降耗、保护环境、应对气候变化有机结合起来，建设资源节约型、环境友好型社会，是我国实现科学发展的必然选择。”

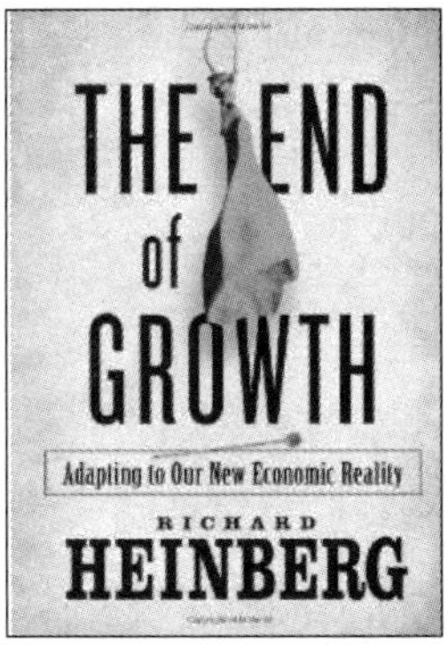

书名： The End of Growth：Adapting to Our New Economic Reality

作者： Richard Heinberg

出版社： New Society Publishers

内容提要： 虽然经济学家认为复苏就在眼前，但事实却是：失业率却仍然居高不下，房地产价值继续下降，政府在财政赤字下苦苦挣扎。《经济增长的终结》提出了一个惊人的观点：人类已经达到经济史的根本转折点。工业文明的扩张与不可流通的自然限制相冲突。Richard Heinberg 的这本具有里程碑意义的最新力作直击到金融危机的心脏，解释了金融危机为什么发生，如何发生，我们必须如何做以避免最坏的潜在后果。在一种引人入胜、高度连贯的写作风格下，该书向我们展示了引起经济增长停滞的三个因素：资源枯竭、环境影响和债务危机。这些限制因素共同作用，迫使我们重新评价之前的经济理论，进行货币商业改革。这本书描述了政策决策者、相关机构和家庭如何在地球能源和资源预算范围内建立新经济。而在过渡期间，如果以促进人类和环境的福祉而非继续追求目前不可能实现的 GDP 增长为目标，经济可以继续增长。

Heinberg（碳研究所研究院高级研究员，研究方向：煤炭、气候和能源危机）指出，从表面上解决当前全球经济衰退的新的经济增长是不可能实现的。他认为，高水平的公共和私人债务使得新借款（对资金增长必不可少）十分困难，而目前的债务去杠杆化也将抑制经济增长。扣除效率和创新可能带来的改善效应，Heinberg 警告说，日益紧缺的能源、水、食品和矿产以及脆弱的环境状况将进一步限制经济的增长。虽然他也承认，孤立的增长继续发生，但是他认为，即使像中国这样快速的经济增长未来最终也会放缓。他告诫增长的终止预示着地缘政治和人口竞争加剧，但提供了世界建立一个以可持续发展和自我约束为基础的新经济的希望。本书思路清晰、论证有力，且结合最新经济事件，其逆向的增长理论值得每个对经济、稳定性和未来增长感兴趣的人阅读。

书名： Outrageous Fortunes：The Twelve Surprising Trends That Will Reshape the Global Economy

作者： Daniel Altman

出版社： Henry Holt & Company Inc.

内容提要： 丹尼尔·阿尔特曼对今后二三十年的全球经济趋势做出了预测，他的分析深思熟虑、令人信服。总体来说，他解答了以下问题：

我们的未来在哪里？

许多个人、企业和国家只是目光狭隘地专注于短期预测：未来一周、一个月或一年会发生什么事情。但是，如果我们能好好思考全球经济在未来数十年中的发展趋势，想想有哪些风险和机会最有可能出现，那么我们未来的前景会美好得多。

我们的机遇在哪里？

全球经济的命运将取决于更长远的因素，而不是那些瞬息万变的短期因素。未来数十年全球经济将会面临重大挑战，我们个人、企业和政府该如何抓住这种难得的机遇？

未来几十年，哪些产业会蓬勃兴旺？哪些经济体将会分崩离析？哪些投资最有可能获得可观的回报？下一次大危机可能会发生于何处？在这个混乱不安、扑朔迷离的时代，《全球经济 12 大趋势》用一种清晰的思维看世界，提供一种长远的投资规划，并指出了全球经济 12 大趋势：

趋势一： 中国崛起之后将会面临重大挑战，有可能先富后穷。

趋势二： 欧盟将分崩离析，或者名存实亡。

趋势三： 新“殖民主义”将会愈演愈烈，贫富差距继续扩大。

趋势四： 发展中国家向发达国家的移民将是一场灾难。

趋势五： 资本主义不会一直自由放任，社会主义需要改革。

趋势六： 美国的商业文化还将独霸世界。

趋势七： 随着全球经济一体化，中间商将成为赢家。

趋势八： 世贸组织将名存实亡，全球贸易面临重新洗牌。

趋势九： 上海、香港、纽约和伦敦将会被新兴宜居中心取代。

趋势十： 一个巨大的金融黑市将会形成，全球金融市场面临严峻考验。

趋势十一： 全球变暖会让这个世界“天翻地覆”。

趋势十二： 世界政治体系将会阻碍经济发展

对于这些预测准确性，作者在后记中指出：这些预测的分析有两个基本支柱。作为指导思想，是对长期经济发展趋势背后的深层次因素的理解；作为方法论，是观察经济体制的运转过程，观察其中的各部件是如何结合的，而不是只看结果数字。需要注意的是，这种方法不会沿趋势推断。没有任何事物是一成不变的，过去几年发生了什么，抑或现在正在发生什么，它们和未来会发生什么并没有什么必然联系。相反，该方法试图找出事物内部的基本演变模式和因果关系链，然后发问："如果 X 发生，接下来会发生什么？"

关于未来几十年全球经济将如何发展，至少，我希望这些预言能够引起读者重新思索先入为主的成见。另外，预测行动非常有用的另一个原因是：它可以帮助我们察觉新的机遇和评估新出现的风险。

在任何一个时刻，全球经济的状态都有无数种可能性。然而，一旦我们开始预测未来到底会发生什么，我们就开始缩小可能性的范围。要改变全球经济的未来，有时只需要一个人对预测作出反应，就能将它放置在一条道路上，而不是其他无数条道路。

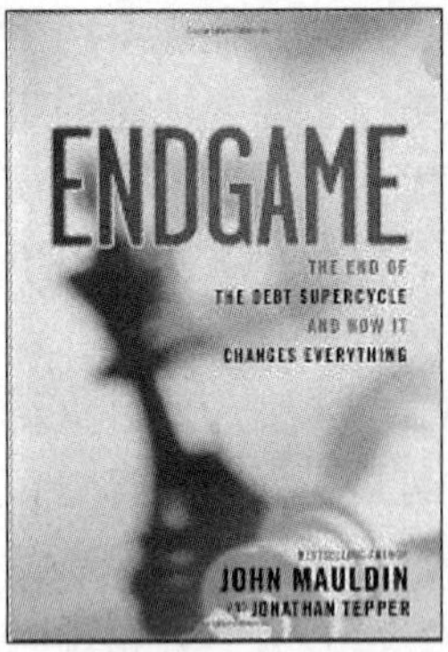

书名：Endgame：The End of the Debt Supercycle and How It Changes Everything

作者：John Mauldin Jonathan Tepper

出版社：Wiley

内容提要：希腊已经无可救药，爱尔兰命悬一线，日本就是一只寻找挡风玻璃的虫子。在未来的岁月里，全球主权债务及信贷危机将继续野火般肆虐。不管是发达国家还是新兴国家，谁都逃避不了痛苦。灾难的程度和进程将因国而异。《终局》一书提供了未来的路线图。

该书揭示了世界经济当前陷入长期的低增长、高失业、高波动、持续衰退阶段的原因；回顾了全球市场，就人口趋势、政府政策、货币前景等诸多问题，对不同国家逐一进行了分析；针对如何保全资产、顺利度过最艰难的阶段以及如何从新机会中盈利等问题，为投资者提供了切实可行的建议。

雷曼兄弟公司破产后，有数百本书写过那场席卷全球的金融危机。但如果，在我们的前方，而不是身后，爆发一场更大的金融危机，会出现什么结果呢？

在这本颇具争议的著作中，约翰·莫尔丁和乔纳森·泰珀巧妙论证了这场危机已经酝酿了半个多世纪。但是，金融大危机只是第一幕，第二幕已经开演。

在全世界，家庭大面积举债，私人债务正在向政府债务转移，这标志着为期60年的全球性的债务超级循环的终结。我们现在已经步入终局，在这个阶段，破产和违约（打着“重组”的幌子）的主体不再是家庭和企业，而是政府。政府破产的代价更大。即将上演的危机没有给政策制定者留下什么好的选择，只是很多糟糕的选择。这要求全球的领袖们保持异常清晰的头脑，彰显超乎寻常的勇气，而目前最为缺乏的就是勇气。

是的，尽管两位作者做出了暗淡的预测，但本书所传递的信息并非悲观透顶、劫数难逃。本书列举了一些积极措施，政府可以通过实施这些措施来平安度过未来最阴霾的日子，把大多数人难免要经受的痛苦和不适降至最低限度，大胆规划出实现经济持续发展、保持持续繁荣的新路。

《终局：看懂全球债务危机》还为投资者提供了大量有用的分析和专业的建议，以帮助他们在经济最困难的时候实现资产的保值增值，在全球涌现出新的机会时能大显身手。

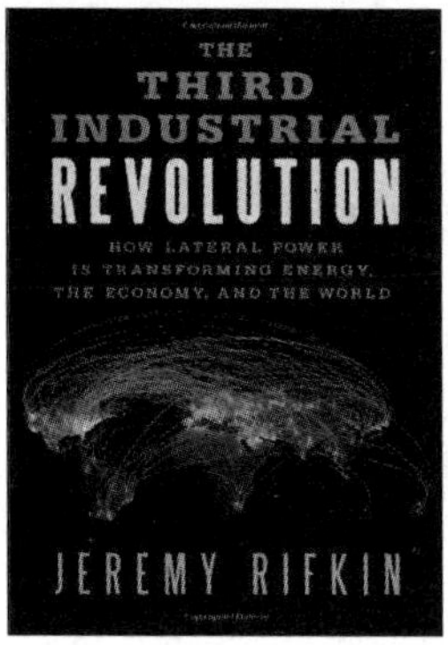

书名： The Third Industrial Revolution：How Lateral Power is Transforming Energy，the Economy，and the World

作者： Jeremy Rifkin

出版社： Palgrave Macmillan

内容提要： 由石油和其他能源推动的工业革命正上升到一个危险的最后阶段。天然气和食品价格不断攀升，失业率居高不下，房地产市场遭受重创，消费者和政府负债不断上升，经济复苏速度放缓。面对全球经济第二次崩溃的前景，人们对经济充满绝望，此时，可持续经济有可能成为未来经济模式。本书中，Jeremy Rifkin 认为互联网技术和可再生能源正在掀起“第三次工业革命”。书中描绘了数百万的人们在家中、办公室中、工厂中创造绿色能源，并通过能源网络实现能源共享的情形，如同我们现在在互联网上分享信息一样。Rifkin 介绍了第三次工业革命的五个支柱如何创造成千上万的企业，数百万的就业以及促进人际关系从垂直分级到水平的重新排序，这必将影响我们进行商业活动、社会管理、科学教育和公民活动的方式。Rifkin 的设想已经引起了国际社会的关注。欧盟议会签发了一项正式声明，呼吁这项计划的执行，而且，亚洲、非洲和美洲的其他国家也正准备过渡到新的经济模式。《第三次工业革命》不仅仅是 Rifkin 对下个经济周期的理性认知，同时回答了各种参与者——国家元首、全球 CEO、社会企业家和非政府组织——究竟谁是真正的世界开拓者。

联合国工业发展组织总干事、联合国能源小组主席坎德赫·尤姆凯拉读罢该书后称赞说：“非常令人兴奋的改变全球能源系统的战略。这本书可以帮助制定解决 15 亿穷人社会和经济问题的方案，这些得不到清洁、可靠和高效的能源服务的人。”《赫芬顿邮报》传媒集团总裁、主编阿里安娜·赫芬顿也指出：“里夫金把 21 世纪两种不同的技术——互联网和可再生能源——联结在一起，为我们的未来描绘了一个新的、充满活力的经济前景。期望现在的经济重获新生、创造大量就业机会和为子孙后代创造可持续发展的未来，第三次工业革命提供了一个绝对必要的路线图。”思科董事长、总裁约翰·钱伯斯也认为：“里夫金先生不仅明确地勾画了全球面临的挑战，也为商界领袖、政府和公众指明了前进的方向。”

书名：World 3.0：Global Prosperity and How to Achieve It
作者：Pankaj Ghemawat
出版社：Perseus

内容提要：2008年世界经济危机促使人们思考，如果没有全球化，美国次贷危机可以控制在一个更小的范围内。

全球化真的犹如洪水猛兽，会扩散市场失灵的效应吗？

当今世界的全球化水平到底如何？是90%？50%？还是只有10%？如果只有可怜的10%，那我们需要畏惧全球化而实施保护主义吗？相反，进一步全球化能给我们的GDP、就业带来什么好处呢？

在这本书中，盖马沃特向人们证明了世界绝不是我们一般人所想象的那样。他还解释了为什么进一步的一体化所获得的效果要远远超过全球化支持者所预料的。潘卡吉·盖马沃特所提出的观点绝对值得你深入思考，他通过系统而深入的论证、广泛的观察和案例分析表明，国与国之间文化的、政治的、地理的鸿沟仍然存在，地缘经济的差异仍在很大程度上影响全球战略。

接下来他又针对市场失灵失业、环境恶化、经济波动，贸易和资本不平衡（反全球化者经常要提到的问题）提出了自己的解决方案。本书以极强的信服力驱散了那种对全球化根深蒂固却又有失偏颇的假设。本书以大胆、泼辣的笔触解释了全球人们通过跨国一体化的新方案是能够实现共同繁荣的。盖马沃特的思想足以让任何人感到震撼不论你是支持全球化还是反对全球化。

可以说，盖马沃特教授的"半全球化"视角为我们描绘出一幅更准确的全球化图景，这一视角虽然没有托马斯·弗里德曼的乐观，但却对中国企业的国际化更具指导性。

联合国贸易与发展会议秘书长素帕猜·巴尼巴滴强烈推荐该书，他说："我们现在还陷在世界2.0时代，在这个世界里，全球一体化的影响还是有限的。盖马沃特教授巧妙地提出了我们如何过渡到世界3.0时代，在这个世界里，开放会带来广泛的技术、文化和社会效益。知识的传播——通过人们、贸易或投资——将对全球增长起到非常大的作用。对于这一问题的讨论是非常有趣而及时的，应该得到我们的足够重视。"国际货币基金组织前总裁米歇尔·康德苏也指出："本书为我们思考全球化问题、市场失灵、市场一体化提供了一个综合性框架。盖马沃特给高级经理、商业人士和政府规划了非常有远见和实用价值的思路。他的开发全球化无限潜力进程中关于管理资本逆转和不平衡的观点意义非常重大。"

书名： The Financial Crisis and Federal Reserve Policy
作者： Lloyd B. Thomas
出版社： Palgrave Macmillan

内容提要： 始于 2007 年的美国金融大危机（the Great Crisis）的持续时间之长、影响程度之深，为 20 世纪 30 年代大萧条以来所罕见。在这次危机处理中，美联储秉持实用主义原则，在政策理念上奉行积极干预原则，在政策工具上大胆创新，在政策操作上激进、灵活。美联储的努力在促进宏观经济和金融体系稳定方面发挥了积极作用，得到各方的广泛肯定和普遍赞誉。《经济金融前沿译丛：金融危机和美联储政策》正是对这一历程的全景式回顾。尽管《经济金融前沿译丛：金融危机和美联储政策》写作的时间跨度大、涉及内容广，但是重点仍然非常突出，始终围绕危机的产生及管理而展开。《经济金融前沿译丛：金融危机和美联储政策》对 2007~2009 年大危机进行了全面和客观的分析，文笔生动、见解深刻、表达通俗，深入、全面、客观地展示了美国大危机及其相关事件，毫无疑问，对经济学家、金融专家、政策制定者，以及饱受经济衰退、房价暴跌、金融体系近乎瘫痪之苦的普通美国人都大有裨益。

本书共 12 章，大体可以分为三个部分，第一部分作者对金融危机做了一个概述，并揭露了银行危机的本质；第二部分作者对各大危机进行了回顾，并对不同危机的不同原因进行了分析；第三部分作者对美联储的政策措施做出详细的分析和评价，对美联储在“大危机”中的角色和大萧条中的行为开展了非常有趣的对比，并对如何应对危机提出了极其有针对性的建议。

特拉华大学经济学讲座教授卓别林·泰勒对此书做出了极高的评价：“我读过许多本关于金融危机的书，劳埃德·B.托马斯的这一著作无疑是其中最好的。该书并不是简单地描述金融危机的发生，而是解释其为何发生，而且它也告诉我们为了防止金融危机再次发生需要做些什么。印第安纳大学国际商学院商业经济和公共政策系教授、执行系主任布鲁斯·贾菲也称赞该书说：“‘大危机’中美联储的显著和有效作用并不广为人知。该书注定是分析‘大危机’的最富思想、最为客观、最有见解的著作之一。”

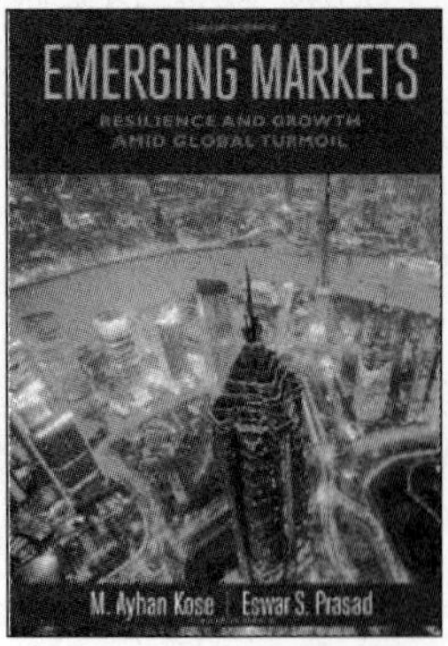

书名：Emerging Markets：Resilience and Growth Amid Global Turmoil

作者：M.Ayhan Kose，Eswar Prasad

出版社：Brookings Institution

内容提要：在过去的十年里，新兴市场在全球经济舞台上已经逐渐成熟并且成为全球经济增长的主要驱动力。全球金融危机前夕投资者和决策者们已经强烈感觉到新兴市场国家正以着前所未有的经济实力成为应对源自发达国家冲击的最具弹性的经济体。一个新的观念正在逐渐浮出水面：全球经济重心正从发达经济体向新兴市场经济体转移。

M. Ayhan Kose 先生和 Eswar S. Prasad 先生在此背景下及时推出了他们的新作 《新兴市场——全球金融风暴中的弹性与增长》。他们站在历史的长河中，用生动数据和缜密推理为我们展示了过去 50 年中不同新兴市场经济（亚洲、欧洲、拉丁美洲）通过贸易和金融关联融入全球经济的历程和影响，提出了一系列有针对性的政策建议，是一本关于新兴市场不可多得的佳作。

M. Ayhan Kose 先生和 Eswar S. Prasad 先生的 《新兴市场：全球金融风暴下的弹性与增长》的精彩之处在于从商业周期的角度动态地考察新兴市场的经济增长和波动性。本书认真地梳理了现有的理论模型，分析新兴市场和发达经济增长的相连性，新兴市场融入全球经济金融对全球经济金融周期、波动以及相互之间“溢出效应”的影响。本书特别考察了在全球金融一体化下，新兴市场经济的商业周期波动和金融波动，并指出金融波动对新兴市场外部冲击的影响日益增大。本书还将“外部冲击”细分为全球一般外部环境影响、发达国家影响，以及新兴市场经济内部相互之间的影响，具体地考察了引致新兴市场经济波动的动态成因。

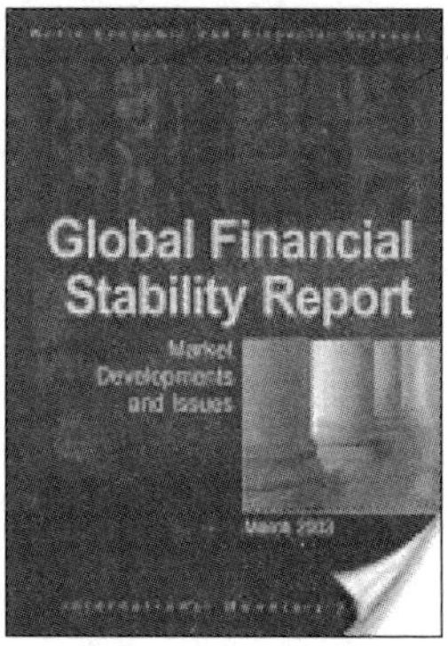

书名： Global Financial Stability Report
作者： IFC
出版社： Brookings Institution

内容提要：《全球金融稳定报告》（GFSR）评估全球金融体系面临的主要风险，从而识别系统脆弱性。正常时期，通过强调缓解系统性风险的政策，该报告希望对危机防范有所裨益，进而有助于全球金融稳定和基金组织成员国经济的持续增长。在经济复苏疲弱、全球金融稳定出现倒退的背景下，本期报告重点介绍风险在过去六个月中的变化，追踪金融压力的来源和传导途径，关注主权脆弱性及传导风险，指出因越来越多的投资者“寻求收益”而带来的压力，探讨全球资产配置模式变化的影响，从而为实施宏观审慎政策提供建议。

本期报告部分内容基于与众多银行、清算组织、证券公司、资产管理公司、对冲基金、标准制定机构、财经顾问、学术研究人员的一系列讨论。本报告反映的是 2011 年 8 月 31 日之前掌握的信息。

本期报告分为三章。第一章指出解决危及全球金融体系和当前经济复苏的脆弱性问题刻不容缓。先进经济体的当务之急是解决危机后遗症，并尽快完成金融监管改革，以提高金融体系的抵御能力。第二章考察了那些驱动长期现实货币机构投资者进行全球资产配置的力量，以及危机对这些投资者投资行为可能产生的持久影响。第三章探究了可作为系统性事件指标的变量。本章认为，就信用变量而言，信贷与 GDP 之比年增长率超过 5 个百分点，可能是未来两年金融危机风险将会增大的信号。

书名： Senseless Panic：How Washington Failed America
作者： Paul Volcker，William M. Isaac，Philip C. Meyer
出版社： John Wiley & Sons

内容提要：《无谓的恐慌》讲述了 20 世纪 80 年代银行以及储蓄和信贷危机的内幕，用直接的语言解释了我们如何以一种避免失去公众信任以及避免痛苦的方式应对那场非常严重的经济危机，进而描述了 2008~2009 年金融危机之前、之后以及过程中美国政府所犯的错误，并指出我们应该采取哪些措施以避免未来的金融灾难。

1980~1991 年，美国共有 3000 多家银行和储蓄机构破产，包括多家在美国数得上的大银行。破产银行和储蓄机构的总资产达到 6500 亿美元（相当于今天银行体系中的 3.5 万亿美元），这导致美国联邦存款保险公司（FDIC）的损失超过 1000 亿美元，纳税人的损失接近 1500 亿美元。这是极其困难的一段时期，但民众对于银行体系的信心却没有动摇，避免了金融恐慌的出现。与此相反，金融恐慌在 2008 年秋季席卷全球，将世界推入经济萧条之中。事实上，不同于 1980~1982 年，2007 年和 2008 年的经济相当强健，为何金融市场出现如此不同的局面？威廉·M.艾萨克在 20 世纪 80 年代金融危机时负责领导 FDIC，在本书中，他描述了 2008 年危机的不同之处，尽管相比之下破产银行的数量并不多，却几乎关停了全球的金融系统。作为最权威的银行监管人士之一，艾萨克阐述了 20 世纪 80 年代我们如何涉过经济和银行的穷山恶水，而没有造成金融恐慌，为何我们无法控制 2008 年的问题，问题不甚严重却几乎造成金融系统的沉没。他指明了 1990 年至 2008 年间的政治错误，导致了 2008 年的危机，他还描述了政府高层领导对危机的不当处理，诸如美国财长亨利。保尔森（Henry Paulson），正是他将危机转变为恐慌。

艾萨克亲历了 20 世纪 80 年代的银行和储蓄贷款协会危机，分析了我们从中学到和没有学到的经验教训，并指出了导致"2008 年无谓的恐慌"的错误。如果我们的政治领导人能稍稍了解 20 世纪 80 年代发生的问题以及我们解决繁多问题的做法，就根本不会出现这样的恐慌。

艾萨克说明了我们的政治领导人如何误解了 20 世纪 80 年代的银行和储蓄贷款协会危机，在 90 年代使用了哪些错误的纠正措施，这些行动如何直接地把我们推入 2008 年银行危机。在本书中，他揭示了我们过去和现在面临的情况，并为未来绘制了强有力的路线图。

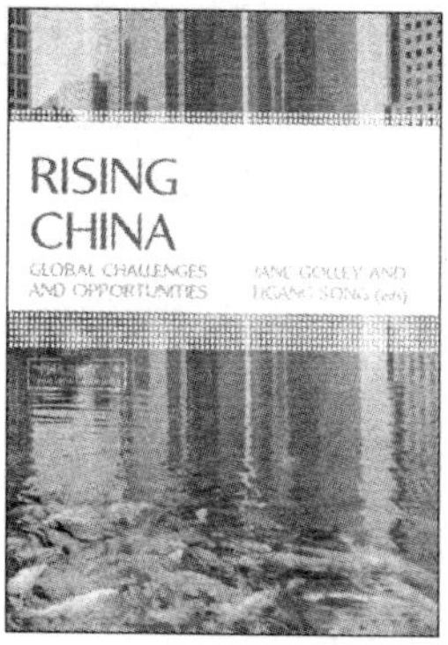

书名： Rising China：Global Challenges and Opportunities
作者： Jane Golley，Ligang Song
出版社： ANU E PRESS

内容提要： 20 世纪的后 30 年见证了中国在世界经济舞台上的崛起，而 21 世纪的前 30 年毫无疑问将是中国完成它崛起的最佳时期。中国的崛起不仅仅局限于经济方面，也体现在国内政治和地缘政治上。中国同世界经济的一体化将全球 1/5 的人口带入了世界贸易体系，这将全球市场潜力和一体化程度提高到了一个史无前例的水平。而由不断扩大的世界市场带来的规模更大和深度更广的国际分工则为促进世界生产、贸易和消费以及提高各国福利水平提供了新的机遇。

中国同世界经济的一体化迫使了全球范围内经济活动的重新分配。这使得中国在对外贸易和政治关系上的摩擦不断增加，并引起了一些全球性的、关键的外部效应。在 21 世纪的前半段时间里，国际社会所面临的最重要的任务，可能是寻找适应中国崛起的方式，以确保未来世界政治和经济的繁荣与稳定。《崛起的中国：全球机遇与挑战》在深入研究这些问题的基础上，思考了在中国崛起的大背景下出现的诸多机遇和挑战。

本书所涉及的话题和方法范围很广，但一个最主要的主题就是：中国的崛起不仅仅是发生在一个多变的世界格局下，而且它同时在深刻地改变着这个世界。

书名： Currency Wars：The Making of the Next Global Crisis
作者： James Rickards
出版社： PORTFOLIO

内容提要： 本书以史料为背景，结合时局，引用当下经济、政治领域发生的重大事件，多角度论证观点，逻辑缜密，可读性强。书中开篇提出美国安全局进行的“货币战争演习”，用事实说话，表明了货币战争不仅是经济之争，而且关系到整个国家安全。而美国已在这方面进行探索性实验，更说明了新一轮货币战争乃至全球危机的一触即发。

如今，美元地位的动摇、欧洲国家的债务危机以及中国货币政策的重新调整，各国货币之间明争暗斗、危机四伏，种种迹象表明我们正在经历新一轮的货币战争。这场战争是当今世界最具意义的战争，其结果也将决定所有其他战争的结果。俄罗斯和中国会率先放弃美元，返回金本位制吗？美国会成为下一个古罗马吗？

本书作者詹姆斯·理查兹是金融和国家安全领域的顶级专家，在资本市场拥有超过30年的从业经验。本书融合了经济学历史、社会科学、科学等众多领域知识，通过对历次货币战争的梳理，为读者揭开了复杂的金融以及政治领域幕后的故事。同时他结合大量时事例证，分析了当前美元、欧元、人民币等货币相互之间在太平洋、大西洋、欧亚“战场”的斗争和博弈，为我们清晰展示了新一轮货币大战，以及我们应该如何备战未来。

本书虽谈及历史但没有太多的自我评判，虽有战争气息却尽显战略之重要。作者在书中甚至不惜笔墨，以模拟战争和模拟制定战略方案的描述方法，让读者时时陷入“居安思危”的思考。当然，美国目前的现实也并非“居安”状态。但是“思危”在前，并形成战略重点，则不难看出美国的制度安排，以及国家安全考虑之细致。这无疑对中国金融界，乃至中国的安全机构在考虑非传统安全——金融安全的防范时大有裨益。因为，历史经验告诉我们，非传统的安全问题常常会导致国家间的利益冲突，而且最终采用传统的军事参与解决利益冲突，由此造成国际间或地区的战争。

本书作者还认为：货币战争由某个国家通过使其货币针对其他货币进行竞争性贬值而发生，是国际经济中最具破坏性和令人恐惧的产物之一。如今，中国的金融状态却是因人民币对美元的竞争性升值压力下的通货膨胀，这似乎也没有任何国际经验可以借鉴，需要中国的金融学家能够站在更高的战略维度去智慧地思考应对的策略，甚至可以通过虚拟的“游戏”来分析出对策整合中的软肋。

此外，该书作者对货币危机提出一个高度概括的观点：“货币贬值作为增加出口的一种途径不是一件简单的事。这可能导致更高的成本投入、竞争性贬值、关税、禁运以及更早而不是更晚发生的全球性经济衰退。鉴于这些不良结局和意想不到的后果，人们不明白货币战争究竟为什么会开始。战争会造成相互破坏，而且最后也不可能获胜。”因此，只有和平和进步的金融理念才能真正促进共赢的国际间合作，才能真正促进全球和睦共处，构筑起一个和平、和谐的世界。

书名： Social Stratification in the BRIC Countries Changes and Perspectives

作者： Li Peilin，M. K. Gorshkov，C. Scalon，K. I. Sharma

出版社： World Scientific Publishing Company

内容提要：“金砖国家”正在成为一个被国际社会接受的概念和力量，也成为继东亚雁行模式和市场转轨模式之后的一个新的理解中国的比较视角。“金砖国家”的崛起将重组国际秩序和改变未来，而这些国家的社会分层结构变迁，是从深层打开理解之门的钥匙。

“金砖国家”社会结构的变化，特别是社会分层结构的变化，是一个来自社会学的特殊的观察和分析问题的角度。这一视角将有助于我们理解这些新兴经济大国经济增长和社会发展的过程，也有助于我们理解，这些在历史、地理、文化、语言、宗教等方面存在诸多不同的崛起中的大国，何以能够在某些方面形成统一意愿和共同行动。因为正是这些国家社会结构的深层变化，决定着它们的未来，也在很大程度上影响着世界的未来。

本书共分九章，比较系统地分析了金砖国家的政治、经济、社会各方面的内容，第一章对金砖国家进行社会分层比较，接下来的四章分别研究了工人、农民、企业家以及中产阶级的经济地位与分层，第六章探讨收入不平衡问题，第七章探讨教育不平等问题，第八、第九章分别探讨了消费和阶级问题。

书名：Back to Work：Why We Need Smart Government for a Strong Economy

作者：Bill Clinton

出版社：Knopf

内容提要：比尔·克林顿在本书中阐述了当今美国所面临的种种挑战，并提出为什么政府的作用不可或缺：恢复经济增长、创造就业、重建金融责任、解决次贷危机，执行一项战略可以使美国“回到通往未来的正道上”。克林顿详细阐释了自己对以上问题的看法。他解释了美国为什么会陷入今天的危机，并且就如何让人民重新走上工作岗位、增加银行信贷和企业投资、使出口额翻番、重建美国制造业基础、开拓新行业等问题提出了针对性建议。他表示支持奥巴马总统对绿色环保技术的重视，认为改变我们生产和消费能源的方式是一项国家战略，这一战略最有可能催生快速增长的经济，并提高国家安全水平。

此外，克林顿还着重强调了私营部门与明智政府之间要通力合作，共同使美国恢复繁荣与进步。他以史为鉴，论述了无论什么时候，如果我们把所有的问题都怪到政府头上，那么我们就无法推动经济的可持续发展，也不能实现共同繁荣富裕。

克林顿在书中写到：“没有任何证据表明，反政府战略可以使美国在21世纪取得成功。反政府战略的理论基础在于‘个人要为自己负责’的理念，而不是‘同舟共济，携手并进’的理念。”他认为，政府与私营部门之间的冲突在政治层面上是件好事，但却造成了不良的政策，使我们经济乏力、就业岗位不足、收入差距加大、贫困加剧、有力的竞争地位受到削弱。在现实世界中，合作比对抗要好得多，“美国人民需要在实际生活中赢得不断的胜利”。

第四章　世界经济学科 2010 年会议综述

一、第四届《中国金融评论》国际研讨会

《中国金融评论》杂志社主办，上海交通大学经济学院金融系、上海交通大学金融工程研究中心承办，Emerald 出版社、上海市金融工程研究会、中国风险投资研究院、国泰安金融学院协办的第四届国际研讨会开幕。研讨会从实务和学术两个角度来探讨深化金融体制改革：金融创新和金融监管问题。本次会议吸引了专家学者、政策制定者和业界精英共 400 余人参加。海内外著名学者就公司金融、公司治理、商业银行、风险投资、市场微观结构、对冲基金和房地产市场等学术专题，发布了各自的最新研究成果。和世界经济相关的专题内容综述如下：

1. 货币政策

各国政府为摆脱全球金融危机而实施的扩张性货币政策，使金融危机的影响逐渐减弱，但通货膨胀问题却越来越严重，成为当前中国及西方主要国家经济发展中面临的突出问题。蒋海、储著贞分析了货币政策通过成本渠道的总供给效应对通货膨胀的影响，中国紧缩性货币政策传导存在成本渠道，对企业融资成本产生较大影响，短期内会显著推高通货膨胀水平。蒋海、储著贞认为以利率正向冲击为代表的紧缩性货币政策，会带来短期内通货膨胀水平的上升，持续期大约为 3 个季度，第三季度末通货膨胀出现下降趋势。货币政策传导存在成本渠道，紧缩性货币政策会显著增加企业融资成本，从而推高通货膨胀水平。企业产品价格刚性明显，很大程度上限制了成本渠道作用，从而缓和了紧缩性货币政策冲击的影响。通货膨胀具有一定惯性，但在更大程度上受预期因素的影响，企业价格调整以前瞻性为主。央行采取紧缩性货币政策抑制通货膨胀，受信贷市场结构、信息不完全性以及代理问题的影响，导致企业融资成本上升，强化了成本渠道的作用，从而削弱了央行紧缩性货币政策的意图。因此，央行在制定最优货币政策时，需要同时考虑货币政策的

总需求效应和总供给效应，才能有效地控制通货膨胀水平，维持经济稳定增长。①

2. 技术溢出效应：东盟国家

技术溢出效应被广泛视为内资企业从外国直接投资（FDI）中获益的主要渠道，也是FDI促进东道国经济发展的主要载体。涂永、红谭晓研究发现东盟FDI技术溢出效应对促进东道国经济发展具有明显作用，只有与东道国人力资本的结合，才能最大限度地发挥其对经济增长的传导作用。来自中国的FDI所需教育门槛较低，给东盟六国带来了正的技术溢出效益。

涂永、红谭晓认为，第一，FDI技术溢出效应在东盟大多数国家的存在，对促进东道国的经济发展起到了明显的作用。只有与东道国人力资本的结合，才能最大限度发挥FDI技术溢出效应对经济增长的传导作用。因此，除文莱、新加坡等国以外的东盟国家在积极招商引资的同时，应该加强教育投入，适时地引进具有高素质、高技术的人才，尽快完成人力资本的积累，这对于经济增长有十分重要的意义。第二，FDI与东道国人力资本的结合可以更有效地服务于经济增长，但前提是东道国必须跨越“人力资本门槛”，否则FDI的流入就有可能仅仅是利用当地的廉价劳动力，侵蚀内资企业的市场份额，阻碍经济的发展。第三，从制度建设层面上分析，东盟地区的政府招商引资政策、基础设施完善程度、市场开放程度以及经济发展模式的转型都有将对当地经济增长有积极意义。此外，当市场运行机制较为完善时，减少政府支出占GDP的比重，即降低政府对于经济的干预程度，营造更适合市场经济运行发展的环境，也能有效提高东盟地区的经济增长潜力。第四，来自中国的FDI给柬埔寨、老挝、菲律宾、新加坡、泰国、越南六个国家的经济增长带来了正的技术溢出效益，西方舆论用“新殖民主义”等字眼来指责中国FDI损害、威胁东盟的长期利益，显然是缺乏事实依据的。此外，中国对东盟的FDI所需教育门槛较低，对缅甸、印尼、老挝等教育水平较低的东道国解决失业问题有积极的作用。②

二、经济全球化与中国经济科学发展高峰论坛暨中国经济规律研究会第21届年会

中国经济规律研究会与对外经济贸易大学主办、对外经济贸易大学国际经济贸易学院与中国经济发展研究中心承办“经济全球化与中国经济科学发展高峰论坛暨中国经济规律研究会第21届年会”。本次会议重点讨论了经济全球化与中国经济自主安全发展、经济全球化与中国转变对内对外经济发展方式、经济全球化与中国科技自主创新、经济全球化与

① 蒋海、储著贞：《紧缩性货币政策冲击、成本渠道与通货膨胀：来自中国的检验》，第四届《中国金融评论》国际研讨会论文集。

② 涂永、红谭晓：《来自东盟区域内外的FDI技术溢出效益分析》，第四届《中国金融评论》国际研讨会论文集。

中国经济发展规律、经济全球化与中国坚持和完善基本经济制度等问题。和世界经济相关的专题内容综述如下：

1. 金融危机

（1）影响国际金融危机的因素。张作云将影响和引发金融危机、经济危机因素划分为五大部类，分别为华尔街的贪婪、虚拟经济膨胀、国家干预或政府的宏观政策、国际货币体系中的金融霸权、新自由主义经济理论等。

其中，华尔街贪婪这一名下的影响危机的因素有金融创新、金融交易、投机欺诈、逃避监管等因素。追根求源，华尔街的"贪婪"来自资本主义经济制度，来自资本主义经济制度的现实主体即资本的本性。列在"虚拟经济膨胀"名下的因素有信用工具、有价证券、次级住房抵押贷款、次级房贷债券、金融杠杆、金融市场的恶意炒作、金融泡沫等等。国家干预或政府宏观政策的内容包括产业政策、财政政策、金融体系、金融政策、信贷政策、利率政策、金融监管、消费政策等。影响危机的国际因素大体有国际货币体系、国际经济组织、国际贸易政策、汇率政策，另外还包括经济全球化、金融自由化等。新自由主义理论以及以此理论为基础制定的经济政策，在西方国家乃至在世界许多国家实践的结果，刺激了华尔街金融垄断资本的无限贪欲，涌起了金融市场上的投机狂潮，推动了金融创新和金融衍生产品的无限繁殖，鼓起并放大了虚拟经济的泡沫，增大了金融市场和实体经济运行的风险，加剧了资本主义经济的无政府状态，使资本主义社会的基本矛盾及其派生的一系列矛盾得到进一步深化和发展，以致达到尖锐化的程度。为金融危机、经济危机的爆发准备了充分而成熟的条件。①

（2）金融危机与国家竞争优势的调整。黄茂兴、叶琪认为长期以来，发达国家以创新为主要动力推动经济增长，发展中国家在要素成本和资源供应等方面具有一定的比较优势。全球金融危机的爆发打破了这一格局，发达国家开始审视创新的定位和防范过度创新带来的泡沫，并探寻能带来更大竞争优势的产业创新领域，将过度依赖于第三产业的竞争优势向先进制造业转换。发展中国家则在传统产业发展方面加快了创新的步伐，力求将比较优势最大化地转化为竞争优势，并试图通过产业结构的跨越式升级直接在高新技术产业领域占据一席之地，摆脱依赖廉价成本的比较优势束缚，使发达国家与发展中国家的竞争优势差距会在经济调整中逐渐缩小。

金融危机并没有阻止国家和地区之间竞争的步伐，反而使得抗击危机和复苏经济的能力成为衡量国家竞争力的新指标。黄茂兴、叶琪认为国家竞争力的着力点将从过于注重经济实力转向更加注重经济效率、经济结构、发展潜力以及一国的创新能力等多维度上，是经济、社会、文化等多方力量综合的统一体。发展中国家的强大会削弱发达国家在国际竞争中的强权地位。随着新兴国家竞争实力的增强和国际地位的提升，新兴国家之间的竞争也会变得更加突出，国际竞争格局将会朝着多极化的方向发展。技术创新将会成为各国增

① 张作云：《影响国际金融危机诸因素的基本结构和内在逻辑》，经济全球化与中国经济科学发展高峰论坛论文集。

强竞争优势的共同选择。[①]

2. 人民币国际化

随着中国经济的持续稳定发展和日益融入经济全球化，人民币国际化问题已成为国内的热点问题。王淑珍、郭毅指出货币国际化所产生的利益也并不局限于经济性的，推进人民币国际化进程对于中固社会的影响是全方位的。他们认为，加入 WTO 客观上要求本国的货币在国际货币体系中占有一席之地；中国的经济实力与发展潜力决定了人民币国际化；与此同时，人民币也逐渐成为许多国家愿意接受的币种之一，因此中国的经济地位客观上成了人民币国际化的最大动因；人民币国际化能加强我国在世界政治、经济的影响力和地位。

同时，王淑珍、郭毅也指出人民币国际化是一个漫长的过程：首先，人民币国际化的路径至少需要三步骤，人民币周边化、人民币区域化、人民币全球化；其次，近年来，我国的金融市场确实取得了快速发展，但仍然面临市场规模小、金融产品（包括各种新生交易工具）有限和基础设施供给不足等问题，从而根本无法向别国居民和企业提供具有吸引力的以人民币计值的金融资产，更不可能使别国货币当局将人民币当作储备资产；再次，我国虽然在 1996 年就实现了人民币经常账户下的可兑换，但资本账户下的交易仍然受到较大的限制；最后，国际货币的使用具有惯性。[②]

3. 人民币汇率效应

荣岩、丛屹对人民币汇率传递效应及其影响凶素进行分析，指出人民币汇率变动在短期内会明显传递到出口价格水平上，而在长期内的影响则并不显著。冲击响应函数分析表明，如果汇率升值 1%，1 个月、6 个月、1 年后出口价格的上升幅度分别为 0.54%、0.21%、0.07%，呈现明显的递减趋势。另外，成本变化对出口价格的影响较大，而需求变化对出口价格的影响较小。在导致出口价格波动的所有因素之中，除了其自身冲击之外，石油价格的贡献率最高，约为 12.5%，外国居民收入的贡献率最低，约为 2.4%。他们认为出现这一情况的原因在于加工贸易占我国进出口总额的比例较高，从事加工贸易的出口商在生产中进口了大量的中间产品，人民币升值在提高出口价格的同时也降低了进口中间产品的价格，从而降低成本，抵消出口价格的上涨趋势，使汇率传递效应在长期内被明显削弱；进口中间产品的市场竞争度不高，国内缺少良好的替代品；我国主要生产和出口劳动密集型产品，其出口的需求收入弹性较小。[③]

4. 低碳经济

从 1992 年联合国环境与发展大会上签订《联合国气候变化框架公约》到 2010 年坎昆会议召开。其间包括具有里程碑意义的《京都议定书》的出台与生效，人类社会在应对气

① 黄茂兴、叶琪：《金融危机、产业技术创新与国家竞争优势》，经济全球化与中国经济科学发展高峰论坛论文集。

② 王淑珍、郭毅：《经济全球化下推进人民币国际化进程对我国的经济影响》，经济全球化与中国经济科学发展高峰论坛论文集。

③ 荣岩、丛屹：《加工贸易框架下的人民币汇率传递效应》，经济全球化与中国经济科学发展高峰论坛论文集。

候变暖危机的道路上已经走了近 20 年，但是这一问题仍然没能得到有效的解决。纪玉山、赵洪亮认为发达资本主义国家的经济增长是建立在对发展中国家自然资源的剥削与掠夺之上，发达国家以牺牲资源和环境为代价的工业化与城市比进程，把全人类置于环境危机之下。而发展中国家在气候变暖的全球危机与发达国家“倡导”减排的双重压力下，不得不在发展权与排放权之间艰难取舍。发达资本主义国家理应承担气候变暖的历史责任，肩负更多的减排与环保义务；而不该利用其政治与经济上的强势地位，在国际碳博弈中设置有利于自身的规则。2008 年的金融危机严重影响了世界各国经济的发展，很多发达国家都寄希望于通过“低碳革命”走出“经济阴霾”，这就从另一个层面加剧了发达国家与发展中国家对“碳排放权”这一资源的争夺。①

倪晓宁认为当低碳经济的发展借由政府税收等政策支持时，相当于改变了企业生产的实际成本，因而会改变经济结构中产业的国际竞争优势。从而改变对国际贸易市场的占有能力。一方面，发展中国家整体技术水平落后、经济竞争力相对较弱，未来在低碳经济发展中将面对更多挑战；另一方面，由于中国等发展中国家的经济规模处在不断扩张中，难以避免短期中碳排放总量的增加，如果某些发达国家以低碳经济为幌子，要求发展中国家对出口商品进行碳披露，并以所在国碳排放标准和管理制度人为设置贸易障碍，或对没有达到标准的商品强行征收碳关税，那么必将钳制发展中国家的经济发展，使其失去原有产业优势和国际市场份额或使其失去在新兴主导产业中的潜在优势，动摇该国经济安全。②

5. 财政政策

胡丽、华社娟认为财政政策作为政府宏观调控手段的重要组成部分，以其特有的引导、激励、协调、化险等功能对促进自主创新能力提高能够产生至关重要的作用。财政政策能够直接作用于市场失灵的领域，弥补市场缺陷，从而提高市场资源配置的效率，促进创新活动。同时，财政政策通过资源的再配置活动，体现了政府活动的方向和范围，可以引导和调节微观主体的行为，对企业研发投入和创新活动产生诱导效应；政府对技术创新活动的支持是弥补其外溢性和不确定性、降低创新成本、激励和催生创新活动的重要手段；财政政策具有协调与平衡自主创新中各种利益关系的功能；自主创新是一项高风险事业，财政政策能够有效地降低企业的创新风险，刺激其研发和创新的积极性。③

6. 收入分配问题

（1）收入分配现状。裴晓鹏认为，目前普通劳动者初次分配所得偏低在多个层面上表现出来：首先，普通劳动者收入与高层管理着薪酬存在巨大差距；其次，表现在普通劳动者收入与私人资本所有者的收入上的巨大差距；最后，我国劳动者收入不仅远远低于发达国家水平，而且还低于新兴工业化国家、转轨国家和不少发展中国家水平，这可以在企业

---

① 纪玉山、赵洪亮：《维护我国发展权视角下的国际碳博弈策略选择研究》，经济全球化与中国经济科学发展高峰论坛论文集。

② 倪晓宁：《全球低碳框架与中国经济自主安全发展》，经济全球化与中国经济科学发展高峰论坛论文集。

③ 胡丽、华社娟：《经济全球化时代支持自主创新的财政政策思考》，经济全球化与中国经济科学发展高峰论坛论文集。

支付劳动成本中反映出来。[①]

（2）分配不公的原因。郑志国提出在全球化背景下，中国企业分配中存在的主要问题是：首先，随着中国经济对外开放程度不断提高，国际资本大量进入，三资企业迅速发展，有力促进了中国经济增长。但是也要看到，国际资本通过控制核心技术、品牌和市场，在一定程度上挤压中方应当获得的税收地租和劳工工资等收入。其次，在市场经济中，企业（以资本所有者和高管为利益代表）追求盈利，政府依法征税，工人通过劳动获得工资，这三种要求都具有各自的合理性。虽然三种主体有一定的共同利益，但是在企业收入分割中存在此消彼长的关系。目前这三种主体博弈的结果是利税侵蚀工资。最后，最低工资标准偏低并误被一些企业当作实际工资基准等。[②]

（3）分配不公的影响。宋圭武认为，分配公平问题不管在经济发展的任何阶段，始终都是一个重要问题。在经济发展初期以及以后的各个阶段，都应充分重视财富分配公平，这样可以有效保证发展的长期持续性。拉美一些国家落入中等收入陷阱的原因虽然是多方面的，但没有处理好国民收入分配关系是一个重要原因。由于收入分配和贫富差距拉大，导致经济增长动力不足，内需萎缩，从而使粗放的增长方式和失衡的产业结构长期得不到改善。经济失衡又导致社会矛盾激化、政党斗争加剧、政府更迭频繁，国家经济社会政策缺乏连续性、有效性。同时，由于贫富差距过大也导致社会风气和社会治安恶化，不能为发展提供稳定有序的环境。另外，贪污腐败严重，也严重恶化了经济社会发展环境。[③]

三、第十一届中国经济学年会

本届中国经济学年会由中国经济学年会秘书处和上海财经大学主办，上海财经大学经济学院和高等研究院承办，年会以“世界变局下的中国经济转型”为主题，致力于通过各界经济学人的睿智探讨，为中国经济在世界格局面临深刻变革调整的形势下如何取得更好发展，提供有益的理论启迪和政策启示。第十一届中国经济学年会通过论文征集共收到国内外投稿 1000 余篇，共评选出 300 余篇优秀论文。和世界经济相关的专题内容综述如下：

孙泽生分析了是什么因素导致商品价格的变化和中国利率管制问题，他通过对期货市场的分析得出了供应量影响期货的价格的结论，然后又分析了未来的变化。

王华分析了开放性条件下的技术创新问题，将发展中国家与发达国家的比较，得出的结论是发达国家的技术创新比较多，发展中国家从 2006 年开始技术创新迅速发展但是还是与发达国家有一定的差距。如果将全球作为一个整体来分析的话，发展促进创新，但是

① 裴晓鹏：《我国企业收入分配制度的调整与完善》，经济全球化与中国经济科学发展高峰论坛论文集。
② 郑志国：《全球化背景下中国企业分配问题及对策》，经济全球化与中国经济科学发展高峰论坛论文集。
③ 宋圭武：《分配问题是一个重要问题》，经济全球化与中国经济科学发展高峰论坛论文集。

如果将发达国家与发展中国家分开分析的话，则发展不一定促进创新。她认为发展中国家的自有知识产权保护力度是低于发达国家的，所以发达国家所鼓吹的全球保护力度对发展中国家是很不利的。完善一国的知识产权保护力度是有利于创新的，但是知识产权的保护力度的设计，一方面不能太低，以确保生产者能得到回报，另一方面也不能太高，而造成市场扭曲。①

靳舒晶认为金融服务业对 FDI 的流入有比较显著的正向促进作用，考虑相邻城市的对中心城市的影响后，各种行业对 FDI 的影响都会被削弱。②

四、中国世界经济学会第十次代表大会暨“国际经济新变化与中国对外经济政策”理论研讨会

由中国世界经济学会主办，辽宁大学、中国社会科学院世界经济与政治研究所承办的中国世界经济学会第十次代表大会暨“国际经济新变化与中国对外经济政策”理论研讨会主题包括“世界经济格局的演变与前景”、“世界经济下一轮危机在哪里?”、“欧洲债务危机的下一步演进和对中国的影响”、“当前国际背景下中国可持续发展的政策选择”、“日本灾后经济与中日经济互动的新内涵”、“国际货币体系改革的再认识及中国的角色”等。和世界经济相关的专题内容综述如下：

1. 世界经济格局的演变与前景

（1）“格局性变化”与“静悄悄的革命”。中国社会科学院世界经济与政治研究所所长张宇燕研究员认为，当今世界格局进入了一个转型变化期，通过观察历史可以看到，真正的革命都是静悄悄的发生的。正如工业革命一样，深处工业革命时代的人们，并没有意识到他所处的时代就是影响人类生活、影响人类进程的革命时期，而当今的世界正进入一个非常关键的转型时期，处于“静悄悄的革命”进程中。

上海社会科学院世界经济研究所所长张幼文研究员认为，世界经济格局既是基础性问题，也是指标问题，这场金融危机严重冲击和影响了世界经济格局。在全球化和各国的发展中，虽然没有炮火和硝烟，但世界格局在“二战”后发生了巨大的变化，其内在的革命就是世界经济格局的变化，全球过去的几场危机和这种变化是有关的，“静悄悄的革命”的提法值得深思。

清华大学中国与世界经济研究中心主任、中国世界经济学会副会长李稻葵教授认为“静悄悄的革命”不仅是对客观的、正在进行中的、到目前为止的国际形势演变的一个描述，也是中国人自己的主观愿望。同时他认为，尽管主观上讲中国人不希望有剧烈的、轰

① 王华：《知识产权与技术创新：来自跨国面板的经验证据》。
② 靳舒晶：《新经济地理学视角下金融服务业集聚对 FDI 流入的影响》。

轰烈烈的革命，并且从应对革命的准备上，我们在人才储备、思想准备和政策准备等方面是不足的，但是，客观现实可能会背离我们的主观愿望，世界的格局可能会以某种比较激烈的方式在未来演变。

（2）世界经济格局的确定取决于未来国际规则的确定。张宇燕认为世界经济格局中，需要我们关注的重点是各个主要经济体之间的力量对比及其背后蕴藏的利益关系。世界格局的主要体现是世界主要经济体、大国之间在面临利益和博弈时达成的一种相对稳定的关系，这种关系的表现是国际规则和国际制度。我们关注国际或国际制度的原因是因为我们当前面临的体系或制度是非中性的。一个国家对国际规则和国际制度的影响力主要由经济实力、货币的力量和价值理论（软实力）三方面因素决定。各国博弈，讨价还价的焦点主要就在于未来国际规则的确定。未来十年对世界经济格局的演变至关重要。中国和许多新兴经济体在未来的国际谈判中应发挥应有的作用。

（3）不确定因素对世界格局及其变化的影响。张幼文认为认识当前世界经济格局及其变化趋势，关键是理清四个不确定因素：第一，导致这场危机的世界经济不平衡走向何方；第二，美国经济地位下降后，什么国家可以引导未来世界经济的发展；第三，中国在崛起过程中会对世界格局产生什么样的影响，世界会做出什么样的反应；第四，世界从产品合作体系到要素合作体系这样一种转型会走到什么地步，会怎样进行发展。

（4）世界经济格局是否会出现大变动？与会的很多专家认为当前欧洲和美国的经济形势严峻，但中国人民大学前副校长、中国世界经济学会顾问杜厚文指出，2008 年金融危机以后，世界经济格局没有发生根本性变化。无论是从军事方面、经济方面、金融方面、科技方面来看，美国在未来 20 年仍将是世界上最强大的国家，这个基本格局不会变化，欧洲的情况也没有大家所想的那样严重。杜厚文对美国和欧洲依然充满信心，他认为虽然从 20 世纪 60 年代开始人们就谈到了美国经济衰落的问题，但几十年后的今天，这种情况并没有发生，美国经济和欧洲经济都不会垮下去。

2. 欧洲债务危机的发展、演进与前景

（1）欧洲债务危机产生的原因。瑞银证券中国首席经济学家汪涛认为，欧洲债务危机产生的第一个原因是信贷的扩张、房地产泡沫及由此产生的银行风险控制问题。所有的新兴市场国家和发达国家在危机之前都存在信贷扩张状况。信贷扩张可能与欧元区的成立有一定的关联，加入欧元区后，处于边缘国家的风险溢价大幅下跌，其借贷成本降低，由此助长了信贷的扩张，在爱尔兰、西班牙、英国都出现了房地产泡沫第二个原因是财政政策缺乏监督。欧元区成立后，很多国家的财政赤字率超过了马约要求的 3%以下的规定。希腊、葡萄牙赤字率长期高度超过规定，但是市场却忽视了这一点，仍然以低利率向其提供资金。第三个原因是金融危机是欧洲债务危机的导火索，金融危机使欧洲央行损失惨重，房地产泡沫的破灭，银行坏账上升，在这种情况下企业和个人出现的大量的坏账转嫁到银行，最后银行又转嫁到政府，政府为金融危机买单。但是同时经济下滑的时候政府税收收入下降，支出方面却存在刚性。此外，欧元区自身的缺陷也是一个结构性的问题，欧元区是一个货币联盟，但它并不是一个财政联盟，欧元区缺乏统一的财政政策，更主要的是它缺乏经济政策的协调，各国财政界都比较松散，而危机爆发后，这种制度缺陷使得各国缺乏统一的政策来应对。

（2）欧洲债务危机下一步的演进。德意志银行大中华区首席经济学家马骏认为欧债危机还要继续恶化，甚至严重恶化。欧洲的危机已经从开始的第一阶段演进到现在的第二阶段，第一阶段是债务本身的问题，私人投资者认为一些国家比如希腊的债务会违约，推高其收益率，这些国家政府要支付的利息会增加，导致在财政支出的比重大幅上升，原来是一个可持续的财政状况，也会被市场推成一个不可持续的状况，这是财政或者债务危机的第一个阶段。现在开始进入第二个阶段，银行开始出现问题，最近的数据表明银行间的违约风险比正常情况下提高了八倍。因为银行持有这些大量危机国家的债券，银行的减持会导致企业的资产违约风险增加，银行与银行之间开始出现非常不信任的状态，银行的流动性出现紧缩。随着危机的深化，大国或者相对健康的国家救助弱国的意愿在下降，债务危机本身也是一个迅速扩大的过程，和以前相比扩大了十倍，救助的人均成本大幅度提高，导致救助的可行性下降。一些比较乐观的人的观点，他们认为大国肯定要救小国，当时就说希腊不会违约因为许多大国持有希腊的债券，如果他一旦违约的话，大国的银行都不行了，为保护自己一定要保护他，这个观点在五六个月以前还基本成立，因为当时要救的只有一两个国家，救助成本的上升导致救助可行性的下降。

（3）欧元区是否会瓦解。汪涛认为，不论是弱国还是强国，离开欧元区的代价很大。弱国如希腊退出欧元区的代价是巨大的，首先是主权债务是违约，退出以后其本币就会贬值，而希腊的债务又是以欧元计价的，其债务成本是非常高的，只能违约；违约后，没有欧元区的保障，希腊没办法再借到钱，国家违约后企业要违约，银行体系会崩溃，国际贸易会崩溃，而本币贬值对希腊没有太大的好处，预计希腊退出欧元区的话那么它第一年的成本就会达到 GDP 的 40%~50%，之后每年还会有巨大的成本。德国这样一个强国，如果退出欧元区，可能有些企业也会出现违约，其银行体系可能需要注资，如果德国退出的话，2010 年的成本大概相当于 GDP 的 20%~25%，而在目前的情况下，德国把希腊、爱尔兰等国全部拯救下来，成本要比前面的 20%~25%小，这只是经济成本，政治成本是更难以计算的。欧洲一体化带来的软实力要下降的，历史上每一个现代法定货币的瓦解带来某种军政、独裁或内乱，所以欧元区虽然出现诸多问题，但往后走的风险可能更大一些，成本会更加巨大。

（4）欧洲债务危机的前景。中国社会科学院学部委员余永定教授认为，欧洲是否能解决当前问题？简单来说只要看四个指标：经济增长速度、基本赤字增长速度、利息的支付问题、通货膨胀率。欧洲的经济增长速度较低，欧洲很难降低财政赤字，因为这会引发政治问题，利息支付取决于外国人是否能买欧洲的债券或欧洲央行能不能把利率降下来。欧洲债务危机的解决只有两个途径，第一个是通过国内各阶级博弈解决财富问题，减少赤字；第二个是还有很多傻瓜去买欧洲的债券，如果大家不买欧洲就会有问题。

李稻葵认为欧洲短期内很难避免个别国家的违约，从目前来看，尽管欧洲各国的结构性的基本财政赤字并不太严重，但是国际社会、投资界、金融界、资本市场对欧洲是非常担忧的，资本市场从长期看是非理性，资本市场对欧洲的分析本质上是错的，较高的风险溢水，使希腊等国举债成本很高，短期内这些国家进一步财政紧缩是非常困难的，唯一的可能就是违约，违约之后把大量溢水包袱给甩掉，同时通过违约将这些国家团结起来一致对外，将欧洲国家的财政进一步缩减，财政支出中55%是用于福利开支，其削减的空间非常大，所以欧洲个别国家如希腊可能出现违约，违约之后，那么这些国家不得不进行内部的改革，削减福利开支，通过削减福利开支的方法降低实际工资，降低单位劳动成本，跟上德国人的步伐。违约之后，德法的金融机构会马上出现问题，会带来新的一轮金融动荡。

汪涛认为欧洲目前的阶段要通过一揽子计划稳住市场信心，包括欧洲央行扩大购买主权债务的数量，要容许弱国债务有序的重组，欧洲实现某种程度的一体化，弱国要在宪法或财政的可持续性逐步减少赤字，而强国应有一定的财政转移，当然弱国要出让一部分财政主权，赢得改革的时间，为长期解决欧债问题打下基础。

3. 欧洲与美国的经济问题：孰重孰轻

一方面是正处于水深火热中的欧洲债务危机，另一方面是对全球经济增长有重大影响的美国经济问题，两者的轻重缓急及发展趋势的比较起了与会学者的热议。

李稻葵认为当前世界表面上表现出来的危机是在欧洲，但是未来世界重大的危机可能来自于美国。欧债危机调整相对较快，可以在三五年之内能够解决，但是美国问题却是很难在几年内解决。原因有三个方面：第一，从基本面上来看，欧洲的情况比美国要好很多。第二，从问题的表现来看，欧洲的问题已经充分暴露，而美国的问题并没有完全充分暴露。第三，从政治经济协调角度来看，欧洲的改革要比美国更容易。因此美国的情况可能更难解决。欧洲危机和美国问题对世界经济格局的影响力不同。欧洲危机不一定是一个格局性的变化，欧洲欧元的设计本身就有矛盾，会反复出现，这本身是一个调整的过程，而美国出现的二元经济问题对世界格局有重要影响。

马骏、汪涛和中国国际金融有限公司董事总经理、中国世界经济学会副会长黄海洲等则认为欧洲债务危机比美国的危机更严重。

马骏认为，由于欧元区的体制中没有解决债务问题的功能，出现短板效应，几个最差国家的表现即决定整个欧元区的表现。汪涛认为美国下一轮危机要在五六年以后，从时间上看比较久远，欧债危机则是迫在眉睫的危机，可能更值得关注。

黄海洲认为美国未来五年没有李稻葵讲得那么悲观。美国的债务问题的关键点是人们对美国经济增长前景的担忧。实际上美国国债问题由来已久，其问题的解决最重要的是要靠增长，然后再靠通货膨胀，增长是治本，通胀是治标。这里的通胀是广义上的通胀，第一是物价的增长，第二是资产价格的通胀，还有货币贬值等。如果欧洲出问题，可以买美国的国债，欧洲的经济问题如果不是很严重，仅是轻度衰退，反而会对美国经济有好处。美国的金融、政府与居民部门出现了问题，但实体经济没有太大的问题。在未来四五年之内美国经济会有问题，但起伏有多大取决于世界格局的变化。五年或六年后美国经济会恢复到3%经济增长率的常态，从这个意义上来讲的话，五年以后美国经济可能不会出现大的问题。

余永定认为前面两种观点没有本质的区别，欧洲和美国的问题区别在于长期与短期、快与慢的问题。从长期来看，美国问题是更大的问题，美国和欧洲都有债务问题，美国不仅有非常大的内债，而且有非常大的外债，欧洲则基本没有外债，所以欧洲基本是内部老大、老二、老三的斗争问题。从短期来看，欧洲的问题更迫在眉睫。

中国社会科学院亚洲太平洋研究所所长、中国世界经济学会副会长李向阳认为，在应对主权债务危机问题上，美国比欧洲有更多的政策工具。美国作为全球霸主有特殊地位，既可能投放货币，也可能通过货币贬值。而南欧国家完全做不到这一点。

4. 国际货币体系改革的再认识及中国的角色

（1）国际货币体系改革的再认识。上海发展研究基金会秘书长乔依德研究员认为，认识对象的变化和认识主体所处环境的变化需要我们对国际货币体系改革再认识。国际货币体系改革的终极目标是全球信用、全球管理。这一目标在短期内可能难以实行，可采取过渡方法，即建立有管理的多元储备体系，实行自愿货币合作，改革中应加强 FDI 的作用，改善 IMF 的治理结构。

乔依德与国务院发展研究中心世界发展研究所副所长、中国世界经济学会副会长丁一凡研究员指出，开放资本账户、人民币自由兑换并不是人民币进入 SDR 的必要条件。IMF 没有要求一个货币进入 SDR 时必须是可自由兑换的。在布雷顿森林体系建立的时候还存在资本管制，凯恩斯和怀特都认为资本管制对促进国际贸易包括投资是有利的，而非有害的。所以在这种情况下，日元和马克进入 SDR 的时候，日本和德国都是实行资本管制的，实行汇率挂钩，中国完全有理由对现在国际上的要求提出反对。

（2）国际货币体系改革中的中国角色。上海交通大学现代金融研究中心主任潘英丽教授认为，中国在国际货币体系改革中已经具有核心的地位，但是我们对此的认识还没有到位。现在国际货币体系存在着重大的缺陷是，对美元的过度依赖的同时又无法约束美元，美元很可能陷入一个慢性危机，一旦出现这种情况中国很可能是最大的受害者，因此中国应该是国际货币体系改革的最大推动力量。从目前的政治格局来看，中国是无可替代的核心推动力。

国际货币体系改革的方案，归结起来有三个：第一个方案是世界美元本位制，第二个方案就是 SDR 走向全球单一货币，第三个方案是建立多元储备货币体系。现行体系虽对美国具有吸引力，但长期是对美国经济存在威胁。从长期来看，美国应与中国合作，创建一个稳定的国际货币环境。中美合作方式是，中国维持美元稳定，美国支持中国主导亚洲，中国开放金融和服务业，美国开放实业，中国加快转型，美国进行技术援助。

五、中国世界经济学会第四届两岸经贸论坛："后金融危机时期区域货币合作"学术研讨会

中国世界经济学会和西南财经大学共同主办，西南财经大学经济学院与中国社会科学院世界经济与政治研究所国际金融室、《国际经济评论》编辑部联合承办、西南财经大学国际商学院协办中国世界经济学会第五届两岸经贸论坛："后金融危机时期区域货币合作"学术研讨会在西南财经大学光华校区召开。本次论坛共收到中英文论文百余篇，最终有32篇高质量的论文入选，论坛征文主题为"后金融危机时期东亚区域货币合作"、"后金融危机时期两岸四地货币合作"、"美联储量化宽松货币政策与国际货币体系"、"后金融危机时期人民币国际化研究"、"后金融危机时期人民币汇率研究"、"后金融危机时期面对的经济问题"。和世界经济相关的专题内容综述如下：

1. 后金融危机时期东亚区域货币合作

在后金融危机时期，国际货币体系改革已成为世界关注的重要课题。欧元的实践表明超主权机构优于缺乏强制执行力的外部纪律约束，欧元区的困境同时也表明世界范围内的单一货币联盟只能作为改革的长期目标，短期目标应定位于解决当前美元为主导体系的缺陷，中期可以通过发展区域货币联盟强化各国之间的政治经济一体化程度，为建立全球单一货币联盟创造条件。因此，在现行国际货币体系下，面对危机与强权以及东亚经济体汇率制度选择的两难困境，如何有效地推进亚洲的区域货币合作再一次成为国际金融领域的研究热点。

中国社科院世经政所高海红研究员从东亚金融稳定性面临的挑战、东亚货币合作现状以及东亚货币合作的实现路线三个方面对后危机时期东亚货币合作问题进行了深入研究。他指出，目前东亚货币合作主要集中于三个重要领域：区域流动性救助机制、区域金融市场和区域汇率合作。并描绘了加强东亚货币合作的路线图：①在流动性救助机制方面，近期内将AMRO建成CMIM的监控实体；中期内建立东亚货币基金。②在区域金融市场方面，要借助新成立的CGIF扩大以本币计价公司债发行；鼓励本币计价政府债在本地区市场发行；考虑以本地区货币替代美元；建立区域清算机制，为本币在区域金融交易提供便利。

对外经贸大学副校长林桂军教授则在最优货币区理论的视角下对亚洲货币一体化问题进行了研究。并根据最优货币区域理论建立一个货币区需满足的三个主要条件——经济开放和商品市场一体化、在实际冲击和经济周期中的协同性、金融市场一体化——对亚洲货币一体化的宏观经济环境进行了分析。他指出，FTA驱动的区域主义将在亚洲持续，东盟将成为亚洲自由区演变的一个中心，中国、澳大利亚、新西兰、印度、日本和韩国需分别与东盟签订自由贸易协定。推进东亚货币一体化的最优路径应按序分步实施：第一步，建

立东亚 FTA；第二步，如果印度的自由化进程缓慢，进入前面经济伙伴协议（东盟+6）；第三步，东盟+6 与美国和其他 APEC 成员连接。并以此为基础，与欧盟建立伙伴关系。

中国政法大学杨帆教授基于历史和人民币实际有效汇率测算的角度也对东亚货币合作进行了分析，指出东亚货币合作是实现人民币国际化的必经之路，并探讨了适合东亚的货币合作模式，进一步测算人民币的实际有效汇率，评估了人民币的竞争力。通过与在东亚可能成为货币合作核心的日本和韩国的比较，结合人民币实际有效汇率论证了中国应当如何推动东亚货币合作以及使人民币成为关键货币的可能性。他指出北美自由贸易区与东亚有一定的相似性，东亚在推动货币合作时可以参考北美贸易区的经验：贸易先行，循序渐进发展。

江西财经大学刘振林教授在前面学者研究的基础上进一步针对东亚货币合作与人民币国际化的前景进行了探讨。他指出，东亚金融危机推动了东亚货币合作，全球金融危机则推动了人民币国际化，但危机推动的合作本身并不可持续，并深入剖析了东亚货币合作停顿和人民币国际化进展不大的原因。四川农业大学王雪博士则从东亚各国经济关系、产品差异程度、对外贸易区域结构和人民币跨境贸易结算金额等方面实证研究了当前的贸易基础是否支持人民币参与东亚货币区域化。他指出从整体上来看，总量方面的有利因素相对较多，结构方面的有利因素少，从而提出为推进人民币参与东亚区域货币合作的相应的政策建议：在中国—东盟自由贸易合作的构架内推动人民币参与东亚的区域货币合作；提高国内产品的竞争力，推动东亚经济合作的深化；推进人民币区域化不仅要靠贸易发展驱动，也要借助金融发展驱动。

西南财经大学陈丽丽副教授认为东亚区域货币合作是“特里芬悖论”下全球经济“再平衡”的现实选择。她指出导致全球经济失衡既有来自实体经济的因素也有来自虚拟经济的因素，东亚形成的跨境分享生产网络既是东亚区域货币合作的现实基础也是驱使东亚区域货币合作的重要驱动力。西南财经大学戴玥则就区域货币合作可行性方面对东亚地区与欧元区经济进行比较，并通过反思欧洲主权债务危机产生的原因，为东亚各国在进行货币合作时的模式选择、政治合作和监督救援机制的建立等方面提供了经验借鉴。

2. 美联储量化宽松货币政策与国际货币体系

北京工商大学王云霞教授研究了美国新一轮量化宽松货币政策对经济的影响，指出美国量化宽松政策对全球的经济造成了极为不利的影响，尤其是对亚洲市场经济体的影响更为深远：使亚洲市场经济体货币被迫升值；加大了亚洲市场经济体的输入型通胀压力；压缩了亚洲市场经济体的货币政策空间；跨境资本的加速流入给亚洲市场经济体带来多重风险；使亚洲市场经济国家外汇资产不断缩水。因此，亚洲各国应加强区域货币合作，减少对美元的依赖，采取推行非美元贸易结算，建立完善的货币互换机制，加强金融风险监管和区域宏观政策协调等以积极应对美国的量化宽松政策所造成的一系列不利影响。

西南财经大学的博士生高文玲也就相关问题进行了研究，并得出了相似的结论。此外，她还依据蒙代尔的“三元悖论”进一步阐述了实行区域货币合作的必要性并分析了在加强区域货币合作应对美联储量化宽松政策过程中存在的困难，指出要以“平行货币”或

“准平行货币”为桥梁，逐步过渡到区域货币；促进区域货币的可直接结算、可兑换；加强各国宏观经济政策的协调并考虑建立超国家机构，对内有利于区域内国家间共同利益的协调，对外代表区域内各国的利益。

在美元本位制的现行国际货币体系条件下，中心国美国量化宽松货币政策对包括中国在内的各国货币政策和宏观经济的国际溢出效应也是会议关注的焦点。西南财经大学姜凌教授和王晓辉博士使用了无约束向量自回归模型的脉冲响应函数和预测误差分解分别检验了上述溢出效应，发现中国货币政策自主性和有效性并没有因为汇改而有多大的改善，国际货币体系中心国美国的量化宽松的货币政策依旧对中国货币政策和宏观经济有着较大的国际溢出效应。

天津财经大学任碧云教授借鉴 Roldos（2006）方法并引入金融脱媒指标，就金融脱媒对我国货币政策传导效果的影响，进行了实证分析。结果表明，金融脱媒趋势促进了以利率为基础的货币政策传导渠道效果，而削弱了在我国货币政策传导中占有重要地位的银行贷款渠道传导效果；而且金融脱媒对货币政策利率传导渠道效果的促进效用要远大于其对货币政策银行贷款传导渠道效果的削弱作用。因此，提升我国货币政策传导效果的关键在于进一步疏通利率传导渠道。据此，提出了三点政策建议：以社会融资总量取代人民币贷款规模作为调控的中间目标；进一步推动利率市场化改革；注重财政政策与货币政策的协调搭配。

南京大学韩剑副教授研究了全球套息交易的机制、根源及测量。套息交易导致资本的无序流动、汇率价格的剧烈波动以及资产价格泡沫的膨胀和破灭。并从利率平价理论分析了套息交易产生的机制，采用多种方法对套息交易的规模进行了估算，研究套息交易产生的根源，包括全球经济周期和货币政策不同步、交易成本的下降、新兴经济体货币升值的预期以及现有国际货币体系的内在缺陷。采用 ARDL 模型对套息交易的因素进行了实证检验，并对如何抑制套息交易波动提出了对策建议：发达国家应尽快退出宽松的货币政策，以防利差的进一步扩大；新兴市场国家应使本国汇率更具弹性，以此应对大规模套息资本流入的冲击；当套息交易规模过大时，可采用托宾税等增加交易成本的方法对其进行管制。

西南财经大学谢洪燕博士对后危机时代国际货币体系的最新动向及趋势进行了研究。指出目前美元在全球外汇储备与交易中的主导地位依旧稳固，国际货币体系改革任重而道远。

3. 后金融危机时期人民币国际化研究

金融危机的爆发使现行国际货币体系饱受诟病，其存在的缺陷使对其进行改革的呼声颇高。在超主权货币未确立的情况下，积极稳妥地推进人民币资本项目开放进而实现人民币国际化是对冲当前以美元为主导的国际货币体系内在缺陷和系统性风险的必然选择，也是国际货币体系改革议程的重要内容之一。

中国社科院世经政所国际金融研究室副主任张明副研究员基于在岸和离岸两种视角对人民币国际化进行了研究，指出货币国际化最终是市场选择而非政策推进的结果，人民币国际化不能一蹴而就（由中央政府给地方政府下关于人民币跨境贸易结算规模指标的做法更不足取）；中国政府目前的政策中心应该是国内的结构调整，如果中国经济能再保持 20 年的持续较快增长，人民币国际化必然是水到渠成的事情。并对如何有效地推进人民币的国际化提出了相应的政策建议：进一步完善人民币汇率形成机制，尤其是应该扩大人民币对主要货币的日均汇率波动区间；大力发展金融市场，尤其是整合国内债券市场以及发展直接融资体系；通过加快国内经济的结构性调整来改变国际收支双顺差格局，尤其是要素价格市场化改革；审慎渐进地开放资本账户，资本账户的开放不应以牺牲中国宏观经济与资本市场的稳定健康发展为代价。

中国社科院世经政所国际金融研究室徐奇渊副研究员基于对人民币跨境渠道的分析研究了人民币国际化对利率和汇率的影响。针对流出渠道主要分析了进口贸易方面人民币结算的影响；流入渠道则从出口贸易方面人民币结算的影响、在中国香港发行人民币债券后资金回流境内的影响、境外机构投资于境内银行间债券市场的影响三方面展开；回流渠道着重分析了人民币 FDI、人民币 IPO 两种情况的影响。研究显示，人民币国际化具有汇差缩小机制和利率缩小机制，宜先放开出口、FDI、人民币 IPO 等渠道，而对人民币债券的回流、境外机构参与境内银行间债券市场等渠道持慎重态度。

四川省社会科学院金融与财贸经济研究所所长王小琪研究员和谢春凌助理研究员对国际货币体系缺陷与人民币国际化进程中的资本账户开放进行了研究，阐述了资本账户开放是人民币国际化的基本条件之一，并从宏观经济条件和金融监管水平两方面因素，对人民币国际化进程中资本账户开放模式选择进行了探讨。指出从目前中国财政收支平衡、面对的通胀压力以及金融监管水平来看，资本账户开放的条件并不成熟，人民币国际化是一个长期的过程，切不可操之过急。

中国人民银行杭州中心支行副处长盛文军高级经济师在深入分析后危机时代人民币国际化的现实需求、可行性和可操作性以及可能带来的风险的基础上研究了后危机时代人民币国际化的路径选择，并得出了相同的结论：人民币国际化是一个漫长而复杂的过程，不可能一蹴而就。并指出人民币国际化的路径：一是在中短期内逐步成为广为接受的国际贸易结算货币；二是在中长期（10 年后）逐步开放资本项下管制后成为越来越重要的国际投资货币；三是在长期内逐步成为储备货币。

成都信息工程学院马先仙教授通过研究中国国际储备资产管理面临的困境，指出人民币国际化是使中国摆脱储备管理困境的重要手段之一，并进一步对人民币国际化的可行性及面临的风险进行了探讨。

天津财经大学于学伟博士从历史和货币需求的视角探究了货币竞争的内在本质，对人民币同周边国家货币地区货币竞争力强弱进行了对比分析，指出人民币区域竞争力的提高启示我们只有坚持“需求主导型”推进的模式，才能有效保证金融安全的同时反作用于中国经济的健康发展。内蒙古财经学院董君博士则从世界经济格局演变的视角对国际货币格局的调整进行了研究，指出世界经济格局的演变必然会引起国际货币格局的相应变化，然而二者的演变与调整并非协调一致的。

4. 后金融危机时期人民币汇率研究

金融危机是历次国际汇率体系变化的导火索，此次国际金融危机在影响全球经济的同时，对汇率体系也将产生深远影响。人民币资本项目开放及人民币国际化与汇率形成机制有着紧密的联系，危机过后，人民币汇率改革将何去何从，发人深思。

西南交通大学雷国胜副教授根据理论分析构建模型，指出人民币汇率规则的理论依据，对人民币汇率形成机制进行了实证研究。实证结果表明 2005 年人民币汇改因货币篮子中的币种和权重不同而分为三个阶段；对人民币汇率形成机制的规则的游程检验验证了滞后本币币值作为汇率形成机制名义锚的思想，虽然美元对人民币汇率还有重要影响，但对人民币汇率平滑化操作有助于形成主动性、可控性和渐进性的汇率形成机制；不透明的“参考”机制虽有助于短期稳定汇率，但在长期中容易引发不稳定性。合理的安排形成机制的规则能提高汇率稳定性，推动主动形成人民币市场汇率。

浙江理工大学张正荣副教授基于 ARDL 边限协整与滤波的实证研究对人民币汇率、外汇储备与我国价格上涨结构的相关性进行了分析。通过对货币数量论、巴拉萨—萨缪尔森效应、二元经济理论的深入研究，运用 ARDL 边界协整法实证检验了人民币汇率与我国房价及农产品价格上涨的相关性，揭示了外部经济失衡到内部经济失衡的传递路径，并得出结论：我国内外经济存在相互传递的效应，人民币汇率的低估造成了房地产、农产品的价格上涨，并且这种上涨在汇率低估的前提下仍将继续。

关于人民币均衡汇率的估计也是该主题分会场的一个焦点问题，与会学者各抒己见，展开了热烈的研讨。

石河子大学龚新蜀教授、顾成军博士通过选取 17 个国家（地区）1985~2009 年的相关数据，结合行为均衡汇率理论和协整理论对人民币均衡汇率和均衡汇率失调程度进行了实证研究。指出，人民币长期均衡汇率波动趋势表现出了“U”型特征，推动其升值的主要因素是经常项目盈余导致的净对外资产余额的不断增加、FDI 资本的大量流入和贸易品部门劳动生产率的较快提高。人民币均衡汇率在 1985~1989 年表现为高估，在 1990~2009 年表现为低估。人民币均衡汇率低估具有逐渐收敛的特征，从而人民币均衡汇率继续升值的空间已经很小了。非 FDI 资本当前对人民币均衡汇率的波动影响不明显，但其具有较大的潜在影响力。人民币汇率机制的完善不仅要考虑到影响汇率的主要因素，也要考虑潜在因素。

福建师范大学郭铁民教授、俞君静运用发展中国家均衡实际汇率模型和行为均衡汇率模型，在优选基本经济要素解释变量的基础上，建立了估计人民币均衡实际汇率的实证方程，并运用协整分析对均衡实际汇率的实证方程进行了估计，求解了实际均衡汇率指数，测算出了人民币实际汇率的失调程度。指出 2005 年汇改以后，人民币汇率开始向均衡实际汇率靠近，失调程度逐年缩小。因此，西方国家对于中国人民币汇率水平严重低估的指责是站不住脚的，中国不应该随这种指责和国际压力而改变自己的汇率政策。

自 2005 年 7 月中国汇改以来，人民币保持着渐进式升值的趋势，与此同时也有不少学者建议人民币采用快速升值的方式。湖南大学经济与贸易学院肖明智等采用动态 CGE

模型定量比较分析了人民币渐进式升值和快速升值在长短期内给我国经济带来的影响。结果表明，在价格粘性的作用下，人民币快速升值将在短期内对我国实体经济产生较大的负面影响，GDP 增速下降最高达 1.6 个百分点，但可以有效地抑制我国的通货膨胀，而且在长期内对实体经济的负面效应略小于渐进式升值。通过比较认为，如果经济增长过热，则可采用快速升值的方式，而在经济平稳发展时期，则更倾向于采用渐进式升值方式。

天津社会科学院对外经济研究所王忠文研究员结合国际金融理论和我国发展实际对如何化解人民币升值压力进行了非主流分析。他指出，应力争采取既能够表现不屈服于压力又能够抵消压力的折中办法。

六、美国经济学会 2010 年会

美国经济学会（American Economic Association，AEA）于 1923 年 2 月 3 日正式成立。旨在鼓励经济研究，尤其是有关现实产业经济状况的历史及统计研究；发表经济类出版物；倡导完全自由的学术讨论。和世界经济相关的专题内容综述如下：

1. 全球金融危机

（1）危机传导机制。Claudio Raddatz、Sergio L. Schmukler 认为共同基金投资的波动是由潜在的投资者和基金经理通过注入资金/赎回各个基金在国家权重和现金上的管理变化，来定量驱动的。投资者和管理者都应对国家的回报和危机作出反应，并大幅调整自己的投资，例如，在全球金融危机时期的对投资进行大量重新分配。他们的行为往往是顺周期性，在市场行情不好时减少他们在该国家的投资，并在条件改善时再增加投资。随着时间的推移，基金经理积极调整在各个国家的权重。因此，针对外国冲击，来自共同基金的资金流动似乎并不具有稳定性。

Stijn Claessens、Hui Tong、Shang-Jin Wei 研究 2008~2009 年危机对企业表现的真实影响和全球联系的作用，发现：危机时期，在经济方面，贸易和需求的渠道是最重要的，特别是在 2009 年。贸易联系在危机的蔓延中起到了重要的作用，而金融联系的作用非常弱。危机对需求和贸易的敏感性更大的企业的负面影响更大，特别是在贸易更加开放的国家。有趣的是，金融开放的影响似乎有限。

（2）国际资本流动。Marcel Fratzscher 认为共同冲击——关键的危机事件以及全球流动性和风险的变化——无论是在危机时期还是在恢复时期都对资本流入产生很大的影响。然而，这些影响在不同国家之间是高度异质性的，很大一部分的原因是由于国内机构的质量，国家风险和国内宏观经济基本面的力量上的差异。比较和量化这些影响表明，常见的因素（“推”的因素，即对先进经济体的冲击和所有经济体的共同部分）是危机期间资本流动的主要驱动力，而具体国家的决定因素（“拉”的因素，即国家特定因素，也是过去几年一直推动资本流动的因素）在解释 2009 年和 2010 年全球资本动态流动，特别是新兴市场国际方面，起主导作用。

Carol Bertaut、Laurie Pounder DeMarco、Steven B. Kamin、Ralph W. Tryon 发现从 2003 年到 2007 年年中，全球储蓄过剩的国家（GSG）收购国债和其他金融工具总额大约 1 万亿美元，欧洲并购的美国企业债务的总额更是达到 1.25 万亿美元，其中包括 5000 亿美元的资产担保证券（ABS），剩余部分由其他类似 ABS 的结构性投资产品组成。他们认为来自 GSG 国家和来自欧洲的资本，它们的融资方式是非常不同的。从储蓄过剩国家对美国资产的收购代表其庞大的经常账户盈余。相比之下，欧洲经常账户大致平衡，其收购资金通过对外负债取得。他们研究发现，在危机之前的几年中，由 GSG 国家购买的美国国债和其他金融工具导致 10 年期国库券收益率下降了约 140 个基点，这一成果的外溢效应可能降低 ABS 的收益约 160 基点。欧洲收购美国 ABS 使 ABS 的收益率降低约 60 个基点，国债收益率降低 50 个基点，如果加上欧洲购买的非 ABS 的美国企业债务，两者的跌幅分别进一步下降至-160 基点和-130 个基点。总之，从全球储蓄过剩的国家和发达经济体，尤其是欧洲的资本流入在过去十年中帮助压低了美国利率。

（3）杠杆化。Sebnem Kalemli-Ozcan、Bent Sorensen 认为危机前，一般非金融企业和商业银行的杠杆化并没有明显地增强，但对于在美国的大型商业银行和世界各地的投资银行来说情况大不相同。他们总结了以下方式：①在 21 世纪初，投资银行和金融机构的杠杆比率增加。②商业银行和非金融企业的该比率没有明显增多。③资产负债表表外项目构成资产的很大比例，特别是对在美国的大型商业银行来说。④对于投资银行和美国的大型商业银行来说，杠杆比率是顺周期的。⑤在银行监管和投资者保护较严格的新兴市场国家，银行在金融危机期间经历的去杠杆化显著更少。这些结果表明，危机前，承担过多的风险是不易察觉的，因为风险所涉及的是资产的质量而不是数量。

2. 危机时期和危机后的财政政策

金融危机在欧元区引发了大规模的财政政策的响应，导致政府赤字和债务水平的大幅度增加。Günter Coenen、Roland Straub、Mathias Traband 对欧元区大萧条期间相机抉择的财政政策的效应进行了定量评价。他们发现，相机抉择的财政政策导致季度实际国内生产总值在金融危机期间增长 0.5 个百分点。他们认为相机决策的财政支出和欧洲经济复苏计划可以产生虽然短暂但是相当大的财政乘数。

Huixin Bia、Michael Kumhof 研究了在货币政策和财政政策都遵循简单规则，且个体的一部分受到流动性约束的情况下，经济体的福利状况。他们认为优化财政规则所带来的福利要远远高于优化货币规则。优化的财政政策工具，是强大的自动稳定器，主要是稳定的流动性约束下的个体的收入，而不是输出。针对流动性受限的个体的转移是首选的财政工具。优化的货币规则具有超惯性和疲软的通胀反应。优化的简单规则和永恒的角度下的最优策略一样好。

Eric M. Leeper、Nora Traum、Todd B.认为那些不以数据为条件而对乘数限定窄范围的模型是有偏的，对揭示时间序列数据乘数的大小作用不大。通过事先的预测分析，许多规格的模型甚至在运用数据前就对乘数施加一个十分狭窄的幅度。虽然乘数在不同的货币—

财政政策规格中相差很大，以一个特定的政策制度为条件，模型仍对乘数施加一个很窄的变动幅度。这就为那些依赖于特定的校准或估计模型作决策的政策制定者提出了警示。

3. 新的国际货币秩序

Ronald McKinnon 认为国际美元本位已经出现故障。接近零的美国短期利率导致大规模的热钱流出道亚洲和拉丁美洲的新兴市场（EM）。每个新兴市场国家的央行购买美元，以防止其货币升值，但却因此失去对货币的控制。除了一些升值因素外，新兴市场国家的平均通胀率现在要比老工业经济体高得多，世界商品价格也被大幅抬高。这一美元的外围通胀要经长期时滞后才会显现在美国的消费物价指数上。然而，美联储的零利率政策更为直接的影响是打乱银行对美国经济调节的过程。银行信贷继续下降，而就业率疲软。没有更多地向中小企业贷款，国内经济停滞将继续，尽管通货膨胀率将起飞。因此，建设性的国际货币体系改革需要美联储放弃其零利率政策，最好欧洲央行、日本央行、英格兰银行也协同放弃其超低利率。

4. 贸易政策的新方向

Ralph Ossa 指出了在贸易谈判中采用“新贸易”的做法的两个优势：第一，它认同在贸易谈判中，生产者的利益发挥了突出的作用的看法；第二，它本身适用于对非合作和合作的贸易政策的定量分析。

Pol Antràs、Robert W. Staiger 认为当外国生产商和国内消费者必须匹配并针对交换的条件讨价还价，且谈判不完全受制于市场出清条件，浅度一体化再也不能达到国际有效政策。

5. 碳泄漏

Carolyn Fischer、Stephen Salant 认为下一世纪限制累积排放量的努力可能会被各国之间随时间推移的排放泄漏所抵消所排放的污染物泄漏。目前主要储备的价格—成本利润率足够高，如果气候政策改变了对化石燃料的需求导致价格大幅下降，利润率也有下降的空间。“绿色悖论”的“强”形式，意味着跨时期泄漏可能达到 100%；“弱”形式，像快速过渡到清洁能源的政策，可能会加速排放量，缩短适应的时间和增加损害。我们比较五个政策选择的影响：加快清洁支撑的成本缩减，对排放征税，提高能源效率，清洁燃料混合授权和强制碳捕获和封存。所有的政策，可以减少累积排放量，但清洁支撑政策加速提取，而保护政策延迟排放。然而，当和没有资源租金调整的情况相比时，保护政策有较高的跨时期泄漏率，支撑政策相比排放税有较低的泄漏率。当目标变得更加严格时，泄漏率普遍下降。

单方面碳政策是低效的，因为它们通常是在高成本国家进行削减，因为它们是遭受碳泄漏的国家。Christoph Böhringer、Jared C. Carboney、Thomas F. Rutherford 研究碳关税的使用是否能降低实现全球排放量减少的成本。一个国家联盟可以调节自己的排放量，并选择是否对无管制的国家征收碳关税，无管制的国家可以自己采用排放管制，或者对碳关税采取报复而展开贸易战，或不采取任何政策。当联盟国家使用的碳关税可信时，他们认为，为应对碳关税，中国和俄罗斯可能采用有约束力的减排目标以避免遭受碳关税。其他不受管制的国家会进行报复。中国和俄罗斯的合作可能会降低全球温室气体排放量的10%。

6. 经济增长

Dean Scrimgeour 分析了在罗默风格的内生增长模型中税率变动是如何影响政府收入的。他认为财务收益（实物资本和知识产权的回报）上的较低税率增大了税基，但不足以仅凭此税扩大利润。降低的财务收益税可以长远地激励创新和提高劳动生产率。对于合理的参数值，财务收益税的降低会为政府产生整体税收利益。

Oleg Badunenko、Diego Romero-Àvila 分析了金融发展与经济增长的关系，他们提出：①不考虑金融发展可能会夸大实物资本积累对劳动生产率增长的作用。②被夸大的原因在于运作良好的金融机构可以提高效率，为经济增长作出贡献。③国际两极分化完全是由效率的变化（追赶）引发的。④生产力分布分散增加的主要驱动因素是技术变革。

Taoxiong Liu、Angang Hu、Bihua Zhou 认为一个国家的长期增长是国际因素和国内因素相互作用的结果。长期均衡增长路径是由国际冲突与国内消费投资均衡之间的平衡共同决定的。政府不同的防御策略会导致不同的增长情况。平衡增长路径，需要政府平衡的安全政策和增长政策。经济持续增长将导致防御战略的内源性调整，因为一个理性的政府在不同的发展阶段会选择不同的策略。当国家贫穷落后时，它选择的是顺从战略。当它发展到一定程度后，会切换到宽容的战略。当它足够强大时，完全保护的战略是一个更好的选择。

七、第 22 届中国经济学会 CEA（英国）年度会议

中国经济学会（英国/欧洲）、爱尔兰都柏林大学孔子学院以及都柏林大学爱尔兰中国研究学院在都柏林大学合作举办了第 22 届中国经济学会 CEA（英国）和第三届中国经济学会 CEA（欧洲）的年度会议。会议的主题为“中国的经济的变革对世界经济的影响：酝酿中的北京共识”。本届年会是在中国内地以外的中国经济学家和企业管理研究的规模最大的一次集会。和世界经济相关的专题内容综述如下：

Martin King Whyte 介绍了当代中国的不平等趋势和它对普通中国公民的积极性和生产力的影响。他认为，中国的经验不要求我们必须摒弃传统的公式来换取一个有利于增长的新处方，比如北京共识或是其他方式。目前中国的机会结构与经济发展所需的各种高的公民积极性是一致的。[①]

Wen Tiejun 认为自 1949 年以来，中国吸引了大规模的外资投资。所有这些通过政府的企业制度转化为政府债务。每一个周期性的经济危机带来了大规模的债务，导致这个人口最多的国家数百万人失业。最严重时失业率达到 30%~40%的高位。改革前，在 1960

① Martin King Whyte. “Sub-optimal Institutions but Superior Growth: The Puzzle of China’s Economic Boom.”

年、1968年和1974年，有3000万“知青下乡”。改革和开放政策带来变化以来，有数据说有4000万待业青年（1980年）和4000万下岗职工（1994年）。然而，实际上在2009年金融危机期间，只有2500万失去了工作的流动工人能够被定义为失业者。如果没有典型的中国式软着陆或政府政策以应对危机，中国将不能够克服危机，就像其他发展中国家一样。①

约在2006年，中国成为一个中等收入的国家。如果中国将继续享受优越的增长，在21世纪末之前成为一个高收入的国家，这将会是历史性的。事实是，在20世纪只有少数国家赶上了西欧和北美的生活水平。Wing Thye Woo研究了中国是否能够满足条件，像日本、韩国运样成功实现增长赶超，并避免像拉丁美洲国家一样陷入到中等收入陷阱中。②

Xiaobo Wu、Yanbin Jiang提出了一种分析包容性发展体系的通用框架，定位在两个基本活动或状态——经济、社会、政治活动的参与者和回报分享，重点是参与者如何打破制约或者在制度的约束下发展，来维持他们的优势。该框架被用于温州、苏州改革后的比较，揭示了这两个体系的发展和动态和现阶段的在经济、政治活动的参与和经济回报共享方面的包容性，他们认为温州模式相比于苏州模式更具有包容性，并指出自利性但不意识形态化的政府，市场自由化和明确的产权界定的重要性。他们揭示了两个不同机制在组织机构方面逐渐融合的趋势。③

中国的经济增长发生在许多重要的市场竞争制度一直缺乏或欠发达的一个时期。尽管这样，蓬勃发展的私营部门已经出现并已占经济活动和推动力绝大部分。Andrew Atherton探讨了这个明显的矛盾，指出受到市场和企业的改革以及国家和企业之间的关系从根本上重新谈判的推动，为计划经济而设计的制度逐步在演变以适应中国经济格局的变化。这种适应和学习的能力意味着未来中国私人部分得继续发展是有空间的。④

Yu-Fu Chen、Michael Funke、Aaron Mehrotra通过解开房价对中国内地的消费的影响，阐述了消费的财富效应。在随机建模框架中，风险、房价变动的增长率和持久性对消费/住房的比例有不同的影响。他们认为楼价对消费有着长远和深刻的影响。⑤

---

① Wen Tiejun. “Contemporary China's cyclical economic crisis and soft landing.”

② Wing Thye Woo. “China's New Challenge: The Middle-Income Trap.”

③ Xiaobo Wu, Yanbin Jiang. “The formation process towards a more inclusive system: Comparison study on Su Zhou and Wen Zhou.”

④ Andrew Atherton. “China's Entrepreneurial Revolution: How and Why the Private Sector Emerged During the Reform Period.”

⑤ Yu-Fu Chen, Michael Funke, Aaron Mehrotra. “What Drives Urban Consumption in Mainland China? The Role of Property Price Dynamics.”

第五章　世界经济学科前沿问题 2010 年文献索引

本报告的文献索引包括中文期刊和英文期刊两个部分。其中，中文期刊索引源自《中国社科文献索引》(2010~2011) 与世界经济前沿问题相关的期刊论文 (2010 年公开发表)；英文期刊索引源自上海财经大学英文期刊目录，另外增加了 NBER Working Paper Series 和 IMF Working Paper Series 等论文集所收录的顶级未发表论文，共 54 篇。

一、中文期刊索引

1. 2010 年 1 月

魏革军:《当前货币政策相关问题的几点认识——访周小川》,《中国金融》2010 年第 1 期。

赵奉军、高波:《全球金融危机：收入分配视角的解读》,《世界经济研究》2010 年第 1 期。

苗永旺、王亮:《全球金融危机与国际金融监管框架变革》,《亚太经济》2010 年第1 期。

陈友骏:《金融危机下的日本亚洲经济合作战略》,《亚太经济》2010 年第 1 期。

卫兴华、侯为民:《国际金融危机的发展趋势及其对我国经济的影响》,《经济学动态》2010 年第 1 期。

石红莲:《国际金融危机对我国对外贸易的传导效应》,《国际贸易问题》2010 年第1 期。

张明志、薛东晖:《国际金融危机与中国出口贸易的稳定性——基于中日韩三国的比较分析》,《国际贸易问题》2010 年第 1 期。

尹庆双、奉莹:《金融危机背景下我国政府投资的就业效应分析》,《经济学动态》2010 年第 1 期。

流小雪:《印度反周期扩张型经济政策及其影响》,《经济学动态》2010 年第 1 期。

陈万灵、唐玉萍:《世界经济危机对广东加工贸易及经济增长的影响分析》,《国际商务——对外经济贸易大学学报》2010 年第 1 期。

姚铃:《欧盟经济和中欧经贸合作：回顾与展望》,《国际经济合作》2010 年第 1 期。

蔡跃洲:《财政再分配失灵与财政制度安排——基于不同分配环节的实证分析》,《财经研究》2010年第1期。

胡晓鹏：《“后危机时期”中国经济发展的战略取向》，《财经科学》2010年第1期。

杨楠、孙元欣：《贫富差距、债务经济与金融危机——基于资产分布视角的美国金融危机成因探讨》，《经济管理》2010年第1期。

闫云凤：《金融危机与我国低碳贸易的发展》，《上海财经大学学报》2010年第1期。

陈小琳：《2009年中国金融政策执行效果分析》，《上海财经大学学报》2010年第1期。

沈联涛：《金融创新、金融监管与此次金融危机的联系及其改革方向》，《国际金融研究》2010年第1期。

曹玉娜：《经济危机与世界经济不平衡》，2010年第1期。

何俊杰、希罗：《次贷危机成因、传导路径及对世界经济格局影响研究》，《云南财经大学学报（社会科学版）》2010年第1期。

徐璟娜：《美国次贷危机的成因、影响与中国的应对思路》，《中国海洋大学学报（社会科学版）》2010年第1期。

里光年：《国际金融危机与世界经济格局的转换》，《内蒙古民族大学学报（社会科学版）》2010年第1期。

大西广、童珊：《世界经济发展的不平衡性——“克鲁格曼模式”与“列宁模式”的比较与评析》，《当代经济研究》2010年第1期。

王海峰：《2010年世界经济走势、风险、影响和对策》，《国际贸易》2010年第1期。

刘迎秋：《国际金融危机与新自由主义的理论反思》，《理论参考》2010年第1期。

梁涛、周昭雄：《世界性金融危机回归“政府干预”新时代——基于凯恩斯主义与新自由主义的分析视角》，《经济师》2010年第1期。

黄静：《外资银行进入与转轨国家东道国银行业效率——基于中东欧国家及DEA方法的研究》，《世界经济研究》2010年第1期。

裴长洪：《对未来世界经济发展趋势的若干认识》，《中国经贸导刊》2010年第1期。

甄炳禧：《当前世界经济新特点、新格局、新趋向》，《国际问题研究》2010年第1期。

2. 2010年2月

刘浩：《国际金融危机视角下的货币与财政政策调控效应》，《金融理论与实践》2010年第2期。

资中筠：《从美国历史的角度认识金融危机》，《国际经济评论》2010年第2期。

陈国进、马长峰：《金融危机传染的网络理论研究述评》，《经济学动态》2010年第2期。

李石凯：《国际金融危机对全球银行产业竞争格局的影响》，《世界经济研究》2010年第2期。

庄起善、吴玮丽：《为什么中东欧国家是全球金融危机的重灾区?》，《国际经济评论》2010年第2期。

吴崇伯：《全球金融危机与东盟国家税收政策调整》，《亚太经济》2010年第2期。

李好、戢梦雪：《金融危机下印度外贸政策的调整》，《亚太经济》2010年第2期。

殷醒民：《中美“宽松”货币政策、通胀预期与货币规则的探讨》，《世界经济研究》2010 年第 2 期。

李石凯：《国际金融危机对全球银行产业竞争格局的影响》，《世界经济研究》2010年第 2 期。

吴崇伯：《金融危机与东盟国家税收政策调整》，《亚太经济》2010 年第 2 期。

彭润中、赵敏：《金融危机下亚太地区中小企业融资问题》，《亚太经济》2010 年第 2 期。

王申宁：《关于后危机时代外贸政策创新的思考》，《国际贸易》2010 年第 2 期。

张艾：《两次金融危机下我国能源国际贸易的比较分析》，《国际商务》2010 年第 2 期。

奚君羊、贺云松：《中国货币政策的福利损失及中介目标的选择——基于新凯恩斯 DSGE 模型的分析》，《财经研究》2010 年第 2 期。

董彦岭、刘青：《迪拜债务危机：原因、影响及启示》，《财经科学》2010 年第 2 期。

陈红、王伟：《美国次贷危机冲击下 A 股市场调整的引导关系研究》，《经济管理》2010 年第 2 期。

巴曙松、严敏、吴大义：《后金融危机时代中国绿色金融体系的发展趋势》，《金融管理与研究》2010 年第 2 期。

罗屹：《后危机时期金融监管态势综述》，《金融管理与研究》2010 年第 2 期。

陈柳钦：《后危机时期美国金融监管改革框架解读》，《金融管理与研究》2010 年第2 期。

刘胜会：《中美两国宽松货币政策的比较研究兼论退出之路》，《国际金融研究》2010 年第 2 期。

苗永旺、王亮亮：《全球金融危机经济刺激方案的退出策略历史经验与现实选择》，《国际金融研究》2010 年第 2 期

银锋：《新自由主义体制与美国经济运行的矛盾与危机——对世界金融危机的再思考》，《经济问题》2010 年第 2 期。

王飞鹏：《国际金融危机背景下一些国家企业高管薪酬改革的做法与启示》，《经济纵横》2010 年第 2 期。

毕吉耀、张一、张哲人：《“十二五”时期世界经济发展趋势及其给我国带来的机遇和挑战》，《宏观经济研究》2010 年第 2 期。

李采彦、郑智馨：《全球经济危机的出路在哪里?》，《政治经济学评论》2010 年第2 期。

3. 2010 年 3 月

华民、刘佳、吴华丽：《美国基于美元霸权的金融“核战略”与中国的对策》，《复旦学报（社会科学版）》2010 第 3 期。

雷达、赵勇、孙瑾：《从全球经济失衡到金融危机产生再到失衡调整的内在逻辑》，《世界经济研究》2010 年第 3 期。

胡求光、李洪英：《金融危机对中国出口贸易影响的实证分析》，《国际贸易问题》2010 年第 3 期。

赵成真、兰天：《金融危机下的中国—东盟机电产品产业内贸易实证分析》，《国际贸易

问题》2010 年第 3 期。

张建清、魏伟：《金融危机下中国对美出口贸易波动分析——基于中美政策的视角》，《世界经济研究》2010 年第 3 期。

中国银行国际金融研究所课题组：《金融危机监测指标体系研究》，《国际金融研究》2010 年第 3 期。

林双林：《中国财政赤字和政府债务分析》，《经济科学》2010 年第 3 期。

刘胜会：《中美两国宽松货币政策的比较研究》，《国际金融研究》2010 年第 3 期。

王成勇、艾春荣：《中国经济周期阶段的非线性平滑转换》，《经济研究》2010 年第3 期。

祝小兵：《东亚金融合作抵御金融危机的路径分析》，《世界经济研究》2010 年第 3期。

郭秀君、唐帅：《金融危机对我国木质家具企业出口的影响及对策》，《国际商务——外经济贸易大学学报》2010 年第 3 期。

姚铃：《从国际贸易格局变化看加快外贸增长方式的转变》，《国际经济合作》2010 年第 3 期。

马冰：《主权债务危机的风险及启示：迪拜案例分析》，《亚太经济》2010 年第 3 期。

薛荣久、杨凤鸣：《后危机时代中国外贸政策调整的选择》，《国际贸易》2010 年第 3 期。

吴绩新：《国际金融危机背景下的中俄石油合作》，《国际商务》 2010 年第 3 期。

孙翊、王铮：《后危机时代中国财政政策的选择——部门投资政策影响建模与分析》，《财经研究》2010 年第 3 期。

课题组：《后危机时代中国外贸政策的战略性调整与体制机制创新》，《国际贸易》2010 年第 3 期。

孙莉：《后金融危机时代投资者保护实施方式的转换》，《财经科学》2010 年第 3 期。

孔立平：《全球金融危机下中国外汇储备币种构成的选择》，《国际金融研究》2010 年第 3 期。

程均丽：《异质预期下的货币政策相机还是承诺?》，《国际金融研究》2010 年第 3期。

贾根良：《政治经济学的美国学派与大国崛起的经济学逻辑》，《政治经济学评论》2010 年第 3 期。

徐明棋：《后危机时期中国经济政策的调整与经济增长前景》，《探索与争鸣》2010年第 3 期。

徐建炜、姚洋：《国际分工新形态、金融市场发展与全球失衡》，《世界经济》2010 年第 3 期。

吴吉林、张二华：《次贷危机、市场风险与股市间相依性》，《世界经济》2010 年第 3 期。

张晓慧、纪志宏、李斌：《通货膨胀机理变化及政策应对》，《世界经济》2010 年第 3 期。

4. 2010 年 4 月

丁纯：《金融危机冲击下的欧洲经济：表现、成因与前景》，《欧洲研究》2010 年第 4 期。

黄梅波、吕朝凤：《金融危机的外部冲击对东南亚国家产出的中期影响：基于日本、美国金融危机冲击的研究》，《国际贸易问题》2010 年第 4 期。

陈涛：《金融危机时期中美货币政策的比较》，《亚太经济》2010 年第 4 期。

张海星：《后危机时期积极财政政策的优化思考》，《宁夏社会科学》2010 年第 4 期。

吕旺实、王桂娟、李欣：《各国地方政府应对金融危机所采取的财政政策》，《中国财政》2010 年第 4 期。

谭小芬：《美联储量化宽松货币政策的退出及其对中国的影响》，《国际金融研究》2010 年第 4 期。

中国经济增长与宏观稳定课题组：《后危机时代的中国宏观调控》，《经济研究》2010 年第 4 期。

郑丽珍：《后次贷危机时期官方支持的贸易融资之国际协调与监管》，《国际商务——对外经济贸易大学学报》2010 年第 4 期。

李天德、韩周瑜、向道军：《应对危机扩大内需的乘数效应分析——以灾后重建为例》，《国际经济合作》2010 年第 4 期。

熊军、高谦：《金融危机对全球养老基金的影响》，《国际金融研究》2010 年第 4 期。

杨志学：《世界金融危机与中国经济政策取向》，《中国集体经济》2010 年第 4 期。

姜波克、刘沁清：《经济增长方式的判断指标研究》，《复旦学报（社会科学版）》2010 年第 4 期。

康娜、杜凤：《后金融危机时代我国的出口贸易政策》，《中国集体经济》2010 年第 4 期。

5. 2010 年 5 月

欧定余、陈维涛：《国际金融危机之后的东亚经济》，《亚太经济》2010 年第 5 期。

陈丰：《金融危机下中国货币政策是否陷入流动性陷阱——基于货币政策非对称性的实证研究》，《经济学动态》2010 年第 5 期。

姜玉梅、姜亚鹏：《外向型直接投资反哺效应与中国企业国际化——金融危机下的理论与经验分析》，《国际贸易问题》2010 年第 5 期。

张平：《后危机时代我国的财政政策研究——基于完善我国公共财政运行机制的视角》，《江西社会科学》2010 年第 5 期。

刘继森、范佩雯：《后危机时期国际金融格局的变动及其对美国经济的影响》，《战略决策研究》2010 年第 5 期。

郑建明、潘慧峰：《金融危机的历史规律、当前特征与中国企业应对策略》，《国际商务——对外经济贸易大学学报》2010 年第 5 期。

陈德铭：《金融危机与全球经济协调发展》，《国际经济合作》2010 年第 5 期。

李伟、李敏波：《危机中的信用评级机构》，《国际经济合作》2010 年第 5 期。

秦焕梅：《金融危机背后国际贸易失衡之思考》，《宏观经济研究》2012 年第 5 期。

黄卫平、胡玫：《美国次贷危机与世界经济格局的调整——对美国次贷危机的政治经济学分析》，《中国人民大学学报》2010 年第 5 期。

彭刚、廖泽芳：《美元本位制下的全球经济失衡与调整——对当前全球金融危机的思考》，《中国人民大学学报》2010 年第 5 期。

张湄、孔爱国：《商业银行治理与股价波动关系的实证研究》，《复旦学报（社会科学版）》2010年第5期。

刘军梅、张衡：《世界经济全球化与一体化视角下的中东欧银行业危机》，《世界经济情况》2010年第5期。

陈建奇、张原：《美国赤字政策演化路径及债务货币化风险研究：基于奥巴马新政背景的分析》，《世界经济》2010年第5期。

郑振龙、邓弋威：《外汇风险溢酬与宏观经济波动：基于随机贴现因子的研究框架》，《世界经济》2010年第5期。

王胜、彭鑫瑶：《不对称价格粘性下的货币政策和福利效应》，《世界经济》2010年第5期。

6. 2010年6月

赵振清、肖志家：《国际金融危机是国际金融资本占主导地位背景下危机的表现形式》，《法制与经济》2010年第6期。

李翀：《金融危机后的美国经济》，《经济学动态》2010年第6期。

王达、项卫星、刘晓鑫：《后危机时代的中美经济关系：基于全球金融危机视角分析》，《亚太经济》2010年第6期。

杨超、王锋：《金融危机下美国关税壁垒的抬升：基于中美双边贸易的实证研究》，《国际贸易问题》2010年第6期。

石磊：《欧债危机对外汇市场的冲击长期趋势还是短期波动——人民币汇率走势分析》，《国际金融》2010年第6期。

王晓钧、刘力臻：《欧元区主权债务风险对我国外汇储备安全的启示》，《亚太经济》2010年第6期。

李婧：《后危机时代美国货币政策的走势——兼论资产价格与货币政策操作规则》，《世界经济研究》2010年第6期。

于海峰、崔迪：《防范与化解地方政府债务风险问题研究》，《财政研究》2010年第6期。

唐毅南、陈平：《群体动力学和金融危机的预测》，《经济研究》2010年第6期。

白暴力、傅辉煌：《对本次金融——经济危机若干争论问题的讨论》，《经济纵横》2010年第6期。

姜荣春：《金融危机影响服务外包产业发展的传导机制及我国的对策》，《国际商务——对外经济贸易大学学报》2010年第6期。

胡翠、许召元：《后危机时期中国出口贸易变化对经济增长的影响》，《亚太经济》2010年第6期 。

丁灿、许立：《成全球金融危机：成因、特点和反思》，《中央财经大学学报》2010年第6期。

戴金平、张华宁：《后危机时代美国非传统货币政策的退出机制》，《财经科学》2010年第6期。

白晓燕：《危机后的国际金融与中国经济论坛综述》，《国际金融研究》2010 年第 6 期。

赵蓓文：《“后危机时代”中国承接金融服务离岸外包的国际竞争力分析》，《世界经济研究》2010 年第 6 期。

贾清显、王岳龙：《金融危机背景下再论金融发展与经济增长——基于发达经济体与新兴市场国家的实证检验》，《世界经济研究》2010 年第 6 期。

刘海霞：《伊曼纽尔·沃勒斯坦谈国际金融危机与美国霸权危机》，《国外理论动态》2010 年第 6 期。

杨蕙馨、吴炜峰：《经济全球化条件下的产业结构转型及对策》，《经济学动态》2010 年第 6 期。

向红：《经济全球化时代发展中国家的困境与出路》，《中国人民大学学报》2010 年第 6 期。

郭连成：《经济全球化与转轨国家财政金融安全相关性研究》，《国外社会科学》2010 年第 6 期。

胡玫、黄卫平：《从美国次贷危机看社会生产按比例发展与平均利润率规律》，《高校理论战线》2010 年第 6 期。

7. 2010 年 7 月

姜荣春、刘绍坚：《后危机时代中国服务外包产业发展的机遇、挑战及路径选择》，《国际贸易》2010 年第 7 期。

何诚颖、赫凤杰、陈薇：《后金融危机时代中国金融监管的演变和发展》，《经济学动态》2010 年第 7 期。

詹向阳、邹新、程实：《希腊杠杆撬动全球经济》，《国际金融研究》2010 年第 7 期。

郑宝银、林发勤：《欧洲主权债务危机及其对我国出口贸易的影响》，《国际贸易问题》2010 年第 7 期。

陆前进：《主权债务危机下人民币汇率变动及其影响》，《上海金融》2010 年第 7 期。

中国社科院经济所宏观分析课题组：《政策退出效应显现谨防经济减速过快》，《经济学动态》2010 年第 8 期。

翟伶俐：《浅析金融危机下我国的积极财政政策》，《商业经济》2010 年第 14 期。

黄明皓：《中国经济开放度与货币政策有效性研究》，《当代经济》2010 年第 7 期。

胡凯唐、文进、屠卫：《货币政策传导的成本渠道理论研究新进展》，《经济学动态》2010 年第 7 期。

欧阳志刚、史焕平：《中国经济增长与通胀的随机冲击效应》，《经济研究》2010 年第 7 期。

张磊：《“后危机时代”中国深化参与多边贸易体制及其途径选择》，《世界经济研究》2010 年第 7 期。

吴英杰：《宏观货币规则的理论与实践：基于微观视角》，《经济问题》2010 年第 7期。

易纲：《国际金融危机的成因和经验》，《国际经济合作》2010 年第 7 期。

赵晋平：《欧洲主权债务危机影响下的国际经济形势展望与我国的对策》，《国际贸易》2010年7月。

张向军：《后危机时代国际货币体系改革的前景及欧元的经验和启示》，《国际金融研究》2010年第7期。

8. 2010年8月

方芳、刘鹏：《金融顺周期效应的经济学分析》，《国际贸易问题》2010年第8期。

胡宗义、刘亦文：《金融危机背景下贸易壁垒对中国影响的动态CGE分析》，《国际贸易问题》2010年第8期。

杨小勇、龚晓莺：《货币政策效果与货币需求构成的关系及政策建议》，《经济学动态》2010年第8期。

陈宝森：《后危机时期的美国经济与中美关系》，《后危机时期的全球经济格局与中美经贸关系——2010年中国美国经济学会学术研讨会论文集》。

刘时阳：《美联储应对金融危机的货币政策及其启示》，《经济导刊》2010年第8期。

王立军、张伯伟：《外部冲击与中国区域经济非稳定性增长——基于全球金融危机的视角》，《世界经济研究》2010年第8期。

詹晓宁：《后危机时代全球对外投资发展趋势》，《国际经济合作》2010年第8期。

桑百川、李计广、张晓静：《后危机时代新兴市场战略的拓展与深化》，《国际贸易》2010年第8期。

沙文兵：《美国金融危机对中国出口贸易的影响》，《财经科学》2010年第8期。

周虎群、李育林：《国际金融危机下人民币汇率与股价联动关系研究》，《国际金融研究》2010年第8期。

9. 2010年9月

沈桂龙：《危机后主要跨国公司的国际战略调整与投资方向》，《国际贸易》2010年第9期。

刘福寿：《金融危机与中国转变经济发展方式》，《经济学动态》2010年第9期。

李占风、涂占新、陈好：《金融危机背景下我国货币政策效应的实证分析》，《经济学动态》2010年第9期。

王勇：《再论"比例失调"——从马克思主义经济周期理论认识当前世界经济危机的根源及对策》，《社会科学》2010年第9期。

徐明棋：《欧元区国家主权债务危机、欧元及欧盟经济》，《世界经济研究》2010年第9期。

许德友、梁琦：《金融危机、技术性贸易壁垒与出口国企业技术创新》，《世界经济研究》2010第9期。

沈桂龙：《危机后主要跨国公司的国际战略调整与投资方向》，《国际贸易》2010年第9期。

叶辅靖：《后金融危机时代我国外需发展机遇》，《国际贸易》2010年第9期。

陈雨露、宋科、李濛：《多维视角下的金融危机及跨国实证》，《国际金融研究》2010 年第 9 期。

胡晓颖：《金融危机环境下中国对外贸易的现状及对策分析》，《经济研究导刊》2010 年第 9 期。

诺伯特·沃尔特、徐应娜：《理解金融危机：在金融领域的根源和发展》，《经济研究导刊》2010 年第 9 期。

陈勇：《浅析世界经济发展不平衡的原因及对策》，《世界经济情况》2010 年第 9 期。

叶祥松：《国际金融危机与我国金融监管体制改革与完善》，《经济学动态》2010 年第 9 期。

10. 2010 年 10 月

金芳：《金融危机后的世界经济格局变化及其对美国经济的影响》，《世界经济研究》2010 年第 10 期。

陈秀莲：《全球金融危机下的贸易保护主义——理论与实证分析》，《世界经济研究》2010 年第 10 期。

唐海燕：《金融危机后加快对外经济发展方式转变的战略思考》，《国际贸易》2010年 10 期。

巴曙松：《中国地方政府债务的宏观考察》，《经济》2010 年第 10 期。

金芳：《金融危机后的世界经济格局变化及其对美国经济的影响》，《世界经济研究》2010 年第 10 期。

陈秀莲：《全球金融危机下的贸易保护主义——理论与实证分析》，《世界经济研究》2010 年第 10 期。

梅新育：《关注欧洲债务危机对俄罗斯外交取向和中俄关系的微妙影响》，《国际贸易》2010 年第 10 期。

穆争社：《量化宽松货币政策的特征及运行效果分析》，《中央财经大学学报》2010 年第 10 期。

闫海：《后金融危机时代的宏观审慎监管工具创新》，《财经科学》2010 年第 10 期。

11. 2010 年 11 月

周茂荣、杨继梅：《“欧猪五国”主权债务危机及欧元发展前景》，《世界经济研究》2010 第 11 期。

王欣昱、杨惠昶：《欧洲主权债务危机及其影响》，《商业研究》2010 年第 11 期。

王彬：《财政政策、货币政策调控与宏观经济稳定——基于新凯恩斯主义垄断竞争模型的分析》，《数量经济技术经济研究》2010 年第 11 期。

中国经济增长与宏观稳定课题组：《后危机时代的中国宏观调控》，《经济研究》2010 年第 11 期。

章文光、赵民、刘希雅：《后危机时代中国 FDI 政策调整与发展走向》，《国际经济合作》2010 年第 11 期。

吴治民、高宇：《后危机时代中国金融监管理念变革与政策调整》，《财经科学》2010 年第 11 期。

黄瑜：《货币政策对房地产市场供求影响的动态测度——基于状态空间模型的实证》，《经济管理》2010 年第 11 期。

12. 2010 年 12 月

陈宇峰：《后危机时代的国际油价波动与未来走势：一个多重均衡的视角》，《国际贸易问题》2010 年第 12 期。

滑冬玲：《后金融危机时期提高积极财政政策有效性的对策》，《经济纵横》2010 年 12 期。

郑联盛：《量化宽松政策：原因、趋势及影响》，《中国金融》2010 年第 23 期。

项卫星、李宏瑾、徐爽：《危机后对“华盛顿共识”和“北京共识”的思考——关于经济自由与经济增长的经验分析》，《世界经济研究》2010 年第 12 期。

崔大沪：《后危机时代美国外贸政策的调整及其影响》，《世界经济研究》2010 年第12 期。

冯小兵、黄烨菁、朱琳：《金融危机背景下中国澳大利亚汇率波动的贸易传递效应》，《世界经济研究》2010 年第 12 期。

李玉梅、桑百川：《后金融危机时期企业海外并购的风险与控制》，《国际经济合作》2010 年第 12 期。

何惠珍：《对国际金融危机传染理论的研究》，《国际经济合作》2010 年第 12 期。

孙力军、齐春宇：《金融非均衡状态下的通货膨胀成因与治理》，《财经科学》2010年第 12 期。

侯铁建：《金融危机再解读：逻辑演绎与经验归纳》，《财经科学》2010 年第 12 期。

李石凯：《金融危机对美国银行产业的冲击、回顾与前瞻》，《国际金融研究》2010 年第 12 期。

二、英文期刊索引

1. A Afonso，D Furceri. “Government size，composition，volatility and economic growth”，European Journal of Political Economy，2010

2. A Aksoy，F Ng. “The evolution of agricultural trade flows”，Available at SSRN 1605000，2010

3. A Alfonsi，A Schied. “Optimal trade execution and absence of price manipulations in limit order book models”，SIAM Journal on Financial Mathematics，2010

4. A Amighini，R Rabellotti. “Outward FDI from Developing Country MNEs as a Channel for Technological Catch-Up”，Seoul Journal of Economics，2010

5. A Bassanini，S Scarpetta，I Visco. “Knowledge technology and economic growth: re-

cent evidence from OECD countries", Available at SSRN 1705109, 2010

6. A Broome. " The International Monetary Fund, crisis management and the credit crunch", Australian Journal of International Affairs, 2010

7. A Demirgüç-Kunt, L Servén. "Are all the sacred cows dead? Implications of the financial crisis for macro-and financial policies", The World Bank Research Observer, 2010

8. A Hoogvelt. "Globalisation, crisis and the political economy of the international monetary (dis) order", Globalizations, 2010

9. A Justiniano, B Preston. "Can structural small open-economy models account for the influence of foreign disturbances?", Journal of International Economics, 2010

10. A Kirman. "The economic crisis is a crisis for economic theory", CESifo Economic Studies, 2010

11. A Krishnamurthy. "How debt markets have malfunctioned in the crisis", The Journal of Economic Perspectives, 2010

12. AA Levchenko, LT Lewis, LL Tesar. "The collapse of international trade during the 2008-2009 crisis: In search of the smoking gun", NBER Working Paper, 2010

13. AB Bernard, JB Jensen, SJ Redding, PK Schott. "Intra-firm trade and product contractibility (long version)", NBER Working Paper, 2010

14. Afonso, D Furceri. "Exports versus FDI in German manufacturing: firm performance and participation in international markets", European Journal of Political Economy, 2010

15. Altissimo, F., Cristadoro, R., Forni, M., Lippi, M. and G. Veronese. "New Eurocoin: Tracking economic growth in real time", The Review of Financial Studies, 2010

16. AP McGraw, P Tetlock. "Taboo trade-offs, relational framing, and the acceptability of exchanges", Journal of Consumer Psychology, 2010

17. Arvind Krishnamurthy. "How Debt Markets Have Malfunctioned", Journal of Economic Perspectives, Volume 24, Number 1, 2010

18. AY Evrensel. "Fiscal decentralization and deficits: International evidence", Applied Economics Letters, 2010

19. B Burgoon, F Dekker. "Flexible employment, economic insecurity and social policy preferences in Europe", Journal of European Social Policy, 2010

20. B Buzan. "China in International Society: Is 'Peaceful Rise' Possible?", The Chinese Journal of International Politics, 2010

21. B Fleisher, H Li, MQ Zhao. "Human capital, economic growth, and regional inequality in China", Journal of Development Economics, 2010

22. B Neyapti. "The Economics of Growth", European Journal of Political Economy, 2010

23. BB Rao. "FDI and economic growth: New evidence on the role of financial markets", Applied economics, 2010

24. Bernanke，Ben S. “Monetary policy and the housing bubble”，Speech at the Annual Meeting of the American Economic Association January，2010

25. BH LIN，ST Yen，D Dong. “Economic incentives for dietary improvement among food stamp recipients”，Economic Policy，2010

26. BK Atwood，K Mackie. “CB2：a cannabinoid receptor with an identity crisis”，British Journal of Pharmacology，2010

27. Blinder，A. S. “The Squam Lake Report：Fifteen economists in search of financial reform”，Journal of Monetary Economics，Demenber，2010

28. Blinder，A. S. “How central should the central bank be?”，Journal of Economic Literature November，2010

29. Braasch，Bernd. “Financial Market Crisis and Financial Market Channel”，Intereconomics/Review of European Economic Policy，March–April 2010

30. BS Blum，S Claro，I Horstmann. “Facts and figures on intermediated trade”，American Economic Review，2010

31. C Archer，S Fritsch. “Global fair trade：Humanizing globalization and reintroducing the normative to international politicaleconomy”，Review of International Political Economy，2010

32. C Checherita，P Rother. “The impact of high and growing government debt on economic growth”，World Bank Working Paper Series，2010

33. C Eckel，JP Neary. “Multi–product firms and flexible manufacturing in the global economy”，The Review of Economic Studies，2010

34. C Gust，S Leduc，R Vigfusson. “Trade integration，competition，and the decline in exchange–rate pass–through”，Journal of Monetary Economics，2010

35. C Lapavitsas，A Kaltenbrunner，D Lindo. “Eurozone crisis：beggar themself and them neighbour”，Journal of Balkan and Near Eastern Studies

36. C LI，M ZHAO. “Time–series econometrics of growth–models：a guide for applied economists”，Journal of Finance and Economics，2010

37. C Liu–qin. “Evolution of Low Carbon Economy：International Trends and the Action of China”，Scientific Decision Making，2010

38. C Liu–qin. “Lower Carbondioxide Economy：A New Trend of Global Economic Developmt”，Journal of Hunan City University，2010

39. C Minoiu，SG Reddy. “Development aid and economic growth：A positive long–run relation”，The Quarterly Review of Economics and Finance，2010

40. Carmen M. Reinhart，Kenneth S. Rogoff. “From Financial Crash to Debt Crisis”，NBER Working Paper，February 2010

41. Carmen M. Reinhart，Kenneth S. Rogoff. “Growth in a Time of Debt”，NBER

Working Paper 15639, January 2010

42. Claessens, Stijn; Dell'Ariccia, Giovanni; Igan, Deniz; Laeven, Luc. "Cross-Country Experiences and Policy Implications from the Global Financial Crisis", Economic Policy, April 2010

43. Cline, William R. "Ren min bi Undervaluation, China's Surplus, and the US Trade Deficit", Peterson Institute for International Economics, Policy Brief 10-20 August, 2010

44. CM Bacon. "Who decides what is fair in fair trade? The agri-environmental governance of standards, access, and price", The Journal of Peasant Studies, 2010

45. CM Reinhart, KS Rogoff. "From financial crash to debt crisis", NBER Working Paper, 2010

46. D Anthoff, R Hahn. "Government failure and market failure: on the inefficiency of environmental and energy policy", Oxford Review of Economic Policy, 2010

47. D Card, J Kluve, A Weber. "Active Labour Market Policy Evaluations: A Meta-Analysis'", The Economic Journal, 2010

48. D Castellani, F Serti, C Tomasi. "Firms in international trade: Importers" and exporters heterogeneity in Italian manufacturing industry", The World Economy, 2010

49. D Dow, S Ferencikova. "More than just national cultural distance: Testing new distance scales on FDI in Slovakia", International Business Review, 2010

50. D Ernst. "Upgrading through innovation in a small network economy: insights from Taiwan's IT industry", Economics of Innovation and New Technology, 2010

51. D Malliaropoulos. "How much did competitiveness of the Greek economy decline since EMU entry?", Eurobank Research Economy and Markets, 2010

52. D Rodrik. "Greek lessons for the world economy", Project Syndicate, 2010

53. Daniel Gros and Thomas Mayer. "How to deal with sovereign default in Europe: Create the European Monetary Fund now!", CEPS Policy Belief, 17 May 2010

54. DW Elfenbein, B McManus. "A greater price for a greater good? Evidence that consumers pay more for charity-linked products", Economic Policy, 2010

55. E Carrasco, R Thomas. "Encouraging Relational Investment and Controlling Portfolio Investment in Developing Countries in the Aftermath of the Mexican Financial Crisis", Columbia Journal of Transnational Law, 2010

56. E Helpman, O Itskhoki. "Labour market rigidities, trade and unemployment", Review of Economic Studies, 2010

57. E Nyahoho. "Determinants of comparative advantage in the international trade of services: an empirical study of the Hecksher-Ohlin approach", Global Economy Journal, 2010

58. E Ostrom. "Beyond markets and states polycentric governance of complex economic

systems", American Economic Review, 2010

59. EL Evaghorou. "The state strategy in today's global economy: a reset position in the theory of international political economy", International Journal of Society Systems Science, 2010

60. Elisa Faraglia, Albert Marcet, Andrew Scott. "Fiscal Insurance and Debt Management in OECD Economies", NBER Working Paper, October 2010

61. EM Truman. " The International Monetary System and Global Imbalances" , Economics, Management, and Financial Markets, 2010

62. Evert B. Vrugt. "Estimating_Implied_Default_Probabilities_and_Recovery_Values: The Case_of_Greece_during_the_2010_European_Debt_Crisis", GTAA_Fund Working Paper, June_ 2010

63. F Allen, E Carletti. " An Overview of the Crisis: Causes, Consequences, and Solutions", International Review of Finance, 2010

64. F Barthel, M Busse, E Neumayer. "The impact of double taxation treaties on foreign direct investment: evidence from large dyadic panel data", Economic Policy, 2010

65. F Carmignani. "Reviews: Globalization and Its Enemies", Economic Record, 2010

66. F Opio. " The impact of structural adjustment programme on poverty and income distribution in Uganda", NBER Working Paper, 2010

67. F Schneider, G Kallis, J Martinez-Alier. "Crisis or opportunity? Economic degrowth for social equity and ecological sustainability. Introduction to this special issue", Journal of Cleaner Production, 2010

68. FA Longstaff. "The subprime credit crisis and contagion in financial markets", Journal of Financial Economics, 2010

69. Feldstein, M. "What powers for the Federal Reserve?" Journal of Economic Literature May, 2010

70. François Gianviti, Anne O. Krueger, Jean Pisani-Ferry, André Sapir, Jürgen von Hagen. "A European Mechanism for Sovereign Debt Crisis Resolution: a Proposal", Bruegel Working Paper, November 2010

71. G Benigno, B De Paoli. "On the international dimension of fiscal policy", Journal of Money, Credit and Banking, 2010

72. GB Eggertsson. " What fiscal policy is effective at zero interest rates? ", NBER Macroeconomics Annual, 2010

73. GM Genna. "Economic size and the changing international political economy of trade: The development of western hemispheric FTAs", International Politics, 2010

74. Greenspan, Alan. " The crisis", Brookings Papers on Economic Activity Febrary, 2010

75. H Cremer, F Gahvari. "Tagging and income taxation: theory and an application", Journal of Economic Policy, 2010

76. H Davies. "The Naked ECB The central bank's voting arrangements are in need of reform", International Economy, 2010

77. H Escaith, N Lindenberg, S Miroudot. "International supply chains and trade elasticity in times of global crisis", Available at SSRN 1548424, 2010

78. H Hegre, JR Oneal, B Russett. "Trade does promote peace: New simultaneous estimates of the reciprocal effects of trade and conflict", Journal of Peace Research, 2010

79. H Horn, PC Mavroidis, A Sapir. "Beyond the WTO? An anatomy of EU and US preferential trade agreements", The World Economy, 2010

80. H Liu, Y Xi, J Guo, X Li. "Energy embodied in the international trade of China: An energy input-output analysis", Energy Policy, 2010

81. H Vandenbussche, M Zanardi. "The chilling trade effects of antidumping proliferation", European Economic Review, 2010

82. H Wagner. "Central bank independence and the lessons for transition economies from developed and developing countries", Comparative Economic Studies, 2010

83. H Zemanek. "Competitiveness within the Euro area: the problem that still needs to be solved", Economic Affairs, 2010

84. Hall, Robert E. "Why Does the Economy Fall to Pieces after a Financial Crisis?", Journal of Economic Perspectives, Fall 2010

85. Heathcote, Perri, GL Violante. "Determinants of Sovereign Risk: Macroeconomic Fundamentals and the Pricing of Sovereign Debt", Review of Economic Dynamics, 2010

86. Hilscher, Nosbusch. "Does Export Trade Improve Firms' Productivity in China? —Based on the Data of Manufacturing Enterprises in 2007", Review of Finance, 2010

87. HL Kee, H Ma, M Mani. "The effects of domestic climate change measures on international competitiveness", The World Economy, 2010

88. Hoshi & Kashyap. "Will the U. S. bank recapitalization succeed? Eight lessons from Japan", Journal of Financial Economics July, 2010

89. Huixin Bi. "Sovereign Default Risk Premia, Fiscal Limits and Fiscal Policy", CAEPR Working Paper, May 24, 2010

90. HV Milner, DH Tingley. "The political economy of U.S. foreign aid: American legislators and the domestic politics of aid", Economics & Politics, 2010

91. IMF. "The Funds Role Regarding Cross Border Capital Flows", IMF Economic Review, 2010

92. Falkner, Robert and stephan, Haanes and Vogler, John. "International climate policy after Copenhagen: Towards a 'building blocks' approach", IMF Economic Review, 2010

93. J Brassett, C Holmes. "International political economy and the question of ethics", Review of International Political Economy, 2010

94. J Brassett, L Rethel, M Watson. "The political economy of the subprime crisis: the economics, politics and ethics of response", New Political Economy, 2010

95. J Cao. "Reconciling economic growth and carbon mitigation: Challenges and policy options in China", Asian Economic Policy Review, 2010

96. J Chen, W Liu, Y Zhang, Y Sheng. "An empirical study on FDI international knowledge spillovers and regional economic development in China", Frontiers of Economics in China, 2010

97. J Fidrmuc, I Korhonen, FS Mishkin. "Monetary policy flexibility, risk management, and financial disruptions", Journal of Asian Economics, 2010

98. J Fidrmuc, I Korhonen. "The impact of the global financial crisis on business cycles in Asian emerging economies", Journal of Asian Economics, 2010

99. J Francois, B Hoekman. "Services trade and policy", Journal of Economic Literature, 2010

100. J FU, X LIU. "A Framework for China's Low Carbon Economy on the Basis of Scenario Analysis and Discussion on Relevant Issues", Resources Science, 2010

101. J Geanakoplos. "Solving the present crisis and managing the leverage cycle", NBER Working Paper, 2010

102. J Hatzius, P Hooper, FS Mishkin, KL Schoenholtz. "Financial conditions indexes: a fresh look after the financial crisis", NBER Working Paper, 2010

103. J Ishikawa, H Morita, H Mukunoki. "FDI in post-production services and product market competition", Journal of International Economics, 2010

104. J Ishikawa, T Okubo. "Environmental and Trade Policies for Oligopolistic Industry in the Presence of Consumption Externalities", International Economy, 2010

105. J Pisani-Ferry. "China and the world economy: a European perspective", NBER Working Paper, 2010

106. J Sharman. "Offshore and the new international political economy", Review of International Political Economy, 2010

107. J Steans, D Tepe. "Introduction -Social reproduction in international political economy: Theoretical insights andinternational, transnational and local sitings", Review of International Political Economy, 2010

108. J Xu, KY Lum, AP Loh. "A gain-varying UIO approach with adaptive threshold for FDI of nonlinear F16 systems", Journal of Control Theory and Applications, 2010

109. JA Frankel, G Saravelos. "Are leading indicators of financial crises useful for assessing country vulnerability? Evidence from the 2008-09 global crisis," NBER Working

Paper, 2010

110. JB Taylor. "Getting back on track: macroeconomic policy lessons from the financial crisis", Federal Reserve Bank of St. Louis Review, 2010

111. JE Stiglitz. "Fixing America's Housing Market", International Economy, 2010

112. Jeremy Bulow & Kenneth Rogoff. "Sovereign Debt: Is to Forgive to Forget?", The American Ecomomic Review, 1989

113. JH Stock, MW Watson. "Modeling inflation after the crisis", NBER Working Paper, 2010

114. JJ Capuno. "From Economic Crisis to Reform", Economic Record, 2010

115. JM Arnold, K Hussinger. "Unequal we stand: An empirical analysis of economic inequality in the United States, 1967-2006", Review of International Economics, 2010

116. John Lewis. "How has the financial crisis affected the Euro zone Accession Outlook in Central and Eastern Europe?", DNB Working Paper, July 2010

117. JPH Fan, S Titman, G Twite. "An international comparison of capital structure and debt maturity choices", NBER Working Paper, 2010

118. Juan Charlos Hatchondo, Leonardo Martinez, Horacio Sapriza. "Quantities Properties of Sovereign Default Models: Solutions Methods Matter", Federal Reserve Bank of Richmond Working Paper, March 26, 2010

119. K Dam. "The Subprime Crisis and Financial Regulation: International and Comparative Perspectives", Chicago Journal of International Law, 2010

120. K Head, T Mayer, J Ries. "The erosion of colonial trade linkages after independence", Journal of International Economics, 2010

121. KF Zimmermann. "America's False Sense Of Security", International Economy, 2010

122. L Iacovone, BS Javorcik. "Multi-Product Exporters: Product Churning, Uncertainty and Export Discoveries", The Economic Journal, 2010

123. Lars E. O. "Inflation targeting after the financial crisis", Speech prepared for the Reserve Bank on India's International Research Conference July, 2010

124. LS Goldberg, JM Campa. "The sensitivity of the CPI to exchange rates: Distribution margins, imported inputs, and trade exposure", The Review of Economics and Statistics, 2010

125. M Almunia, A Benetrix, B Eichengreen. "From Great Depression to great credit crisis: similarities, differences and lessons", NBER Working Paper, 2010

126. M Amiti, C Freund. "The anatomy of China's export growth", BER Working Paper, 2010

127. M Bijsterbosch, M Kolasa. "FDI and productivity convergence in Central and Eastern

Europe: an industry-level investigation", Review of World Economics, 2010

128. M Busse, J Königer, P Nunnenkamp. "FDI promotion through bilateral investment treaties: more than a bit?", Review of World Economics, 2010

129. M Campello, E Giambona, JR Graham, CR Harvey. "Liquidity man agement and corporate investment during a financial crisis", NBER Working Paper, 2010

130. M Campello, JR Graham, CR Harvey. "The real effects of financial constraints: Evidence from a financial crisis", Journal of Financial Economics, 2010

131. M Cimoli, M Holland, G Porcile, A Primi, S Vergara, Marezco. "Growth, structural change and technological capabilities Latin America in a comparative perspective", NBER Working Paper, 2010

132. M Feldstein. "Inflation or Deflation? The great mystery of our macroeconomic future", International Economy, 2010

133. M Obstfeld, K Rogoff. "Global imbalances and the financial crisis: products of common causes", papers.ssrn.com, 2010

134. M Pagano, P Volpin. "Credit ratings failures and policy options", Economic Policy, 2010

135. M Waugh. "International trade and income differences", The American Economic Review, 2010

136. M Waugh. "International trade and income differences", The American Economic Review, 2010

137. M Weder. "The impact of the global financial crisis on business cycles in Asian emerging economies", Economic Record, 2010

138. MB Devereux, J Yetman. "Financial deleveraging and the international transmission of shocks", NBER Working Paper, Thursday 6 August 2009, 2010

139. ME Barth, WR Landsman. "How did financial reporting contribute to the financial crisis?", European Accounting Review, 2010

140. Mendoza, Enrique G. "Sudden Stops, Financial Crises, and Leverage", American Economic Review, December 2010

141. Mishkin, Rajan, Shiller, Cochran etc.. "The Squam Lake Report" Demeber, 2010

142. MJ Cohen. "The international political economy of (un) sustainable consumption and the global financial collapse", Environmental Politics, 2010-Taylor & Francis

143. MJ Murray. "From Economic Freedom to Economic and Social Poverty: Institutional Approaches to the Business Enterprise, Structural Change, and the Role for Government", Journal of Economic Issues, 2010

144. N Cetorelli, LS Goldberg. "Global banks and international shock transmission: Evidence from the crisis", IMF Economic Review, 2010

145. N Kocherlakota. "Modern macroeconomic models as tools for economic policy", Federal Reserve Bank of Richmond, 2010

146. N Nummela. " International growth of small and medium enterprises (series: routledge studies in international business and the world economy", Recherche, 2010

147. N Woods. "Global governance after the financial crisis: A new multilateralism or the last gasp of the great powers?", Global Policy, 2010

148. O Blanchard, G Dell' Ariccia. "Rethinking macroeconomic policy", Journal of Money, Credit and Banking, 2010

149. OJ Blanchard, H Faruqee, M Das, KJ Forbes. "The Initial Impact of the Crisis on Emerging Market Countries-with Comments and Discussion", Brookings Papers, 2010

150. OJ Burton, BL Phillips, JMJ Travis. "Trade-offs and the evolution of life-histories during range expansion", Ecology Letters, 2010

151. P Ala' i. " Free Trade or Sustainable Development? An Analysis of the WTO Appellate Body's Shift to a More Balanced Approach to Trade Liberalization", American University International Law Review, 2010

152. P Berkmen, RG Gelos, R Rennhack. "The global financial crisis: Explaining cross-country differences in the output impact", IMF Working Papers, 2010

153. P Debaere, S Mostashari. "Do tariffs matter for the extensive margin of international trade? An empirical analysis", Journal of International Economics, 2010

154. P Dutt, D Traca. "Corruption and bilateral trade flows: extortion or evasion?", The Review of Economics and Statistics, 2010

155. P Fishback. " US Monetary and Fiscal Policy in the 1930s", Oxford Review of Economic Policy, 2010

156. P Nolan, G Slater. "Visions of the future, the legacy of the past: demystifying the weightless economy", Labor History, 2010

157. P Spencer, Z Liu. " An open-economy macro-finance model of international interdependence: The OECD, US and the UK", Journal of Banking & Finance, 2010

158. P Topalova. "Factor immobility and regional impacts of trade liberalization: Evidence on poverty from India", American Economic Journal: Applied Economics, 2010

159. PE Tolentino. "Home country macroeconomic factors and outward FDI of China and India", Journal of International Management, 2010

160. PR Lane, GM Milesi-Ferretti. "The cross-country incidence of the global crisis", IMF Working Paper, 2010

161. PR Lane, JC Shambaugh. " Financial exchange rates and international currency exposures", The American Economic Review, 2010

162. R Bems, RC Johnson, KM Yi. "Demand spillovers and the collapse of trade in the

global recession", IMF Economic Review, 2010

163. R Duchin, O Ozbas, BA Sensoy. "Costly external finance, corporate investment, and the subprime mortgage credit crisis", Journal of Financial Economics, 2010

164. R Falkner, H Stephan, J Vogler. Global Policy, 2010, Wiley Online Library

165. R Garnaut. "Macro-economic implications of the turning point", China Economic Journal, 2010

166. R Garnaut. "Policy Framework for Transition to a Low-Carbon World Economy", Asian Economic Policy Review, 2010

167. R Koopmans. "Trade-offs between equality and difference: Immigrant integration, multiculturalism and the welfare state in cross-national perspective", Journal of Ethnic and Migration Studies, 2010

168. R Mandelkern, M Shalev. "Power and the Ascendance of New Economic Policy Ideas: Lessons from the 1980s Crisis in Israel", World Politics, 2010

169. R van der Hoeven. "Income Inequality and Employment Revisited: Can One Make Sense of Economic Policy?", Journal of Human Development and Capabilities, 2010

170. Randi Næs, Johannes A. Skjeltorp and Bernt Arne Ødegaard. "Stock Market Liquidity and the Business Cycle", Journal of Finance, March 2010

171. RH Cavazos Cepeda. "Development Economics Through the Decades: A Critical Look at 30 years of the World Development Report", Economic Record, 2010

172. RJ Caballero. "Macroeconomics after the crisis: Time to deal with the pretense-of-knowledge syndrome", NBER Working Paper, 2010

173. RM Duch, R Stevenson. "The global economy, competency, and the economic vote", The Journal of Politics, 2010

174. S Chaudhuri, D Banerjee. "FDI in agricultural land, welfare and unemployment in a developing economy", Research in Economics, 2010

175. S Claessens, A Kose. "The financial crisis of 2008-2009: Origins, issues, and prospects", Journal of Asian Economics, 2010

176. S Claessens, G Dell'Ariccia, D Igan. "Cross-country experiences and policy implications from the global financial crisis", Economic Policy, 2010

177. S Claessens, M Ayhan Kose, ME Terrones. "The global financial crisis: How similar? How different? How costly?", Journal of Asian Economics, 2010

178. S Guichard, E Rusticelli. "Assessing the impact of the financial crisis on structural unemployment in OECD countries", NBER Working Paper, 2010

179. S Maitlis, S Sonenshein. "Sensemaking in crisis and change: Inspiration and insights from Weick (1988)," Journal of Management Studies, 2010

180. S Marchesi. "Economic Crisis and Economic Theory", Economic Record, 2010

181. S Rahmstorf. "The World Is Warming Consider the facts", International Economy, 2010

182. S Serfaty. "The EU's Future The argument for success lies in how much has been achieved in the last sixty years", International Economy, 2010

183. S Walter. "Globalization and the welfare state: Testing the microfoundations of the compensation hypothesis", International Studies Quarterly, 2010

184. S Zheng, ME Kahn, H Liu. "Towards a system of open cities in China: Home prices, FDI flows and air quality in 35 major cities", Regional Science and Urban Economics, 2010

185. SK Garg, R Buyya, HJ Siegel. "Time and cost trade-off management for scheduling parallel applications on utility grids", Future Generation Computer Systems, 2010

186. SO Becker, F Cinnirella, L Woessmann. "The trade-off between fertility and education: evidence from before the demographic transition", Journal of Economic Growth, 2010

187. SP O'brien. "Crisis early warning and decision support: Contemporary approaches and thoughts on future research", International Studies Review, 2010

188. Stefan Collignon. "Fiscal Policy Rules and the Sustainability of Public Debt in Europe", International Economic Review, 2010

189. Svenson, MA Starr. "Debt-financed consumption sprees: Regulation, freedom and habits of thought", Journal of Economic Issues, 2010

190. T Adrian, H Shin. "The changing nature of financial intermediation and the financial crisis of 2007-2009," NBER Working Paper, 2010

191. T Jappelli. "Economic Literacy: An International Comparison", The Economic Journal, 2010

192. T Piskorski, A Seru, V Vig. "Securitization and distressed loan renegotiation: Evidence from the subprime mortgage crisis", Journal of Financial Economics, 2010

193. Taylor, John B. "Lessons from the financial crisis for monetary policy in emerging markets", lecture at the Platinum Jubilee celebration of the Reserve Bank of India Sepetember, 2010

194. Thomas Philippon, Vasiliki Skreta. "Optimal Interventions in Markets with Adverse Selection", NBER Working Paper 15785, February 2010

195. TO Awokuse, H Yin. "Intellectual property rights protection and the surge in FDI in China", Journal of Comparative Economics, 2010

196. U Thießen. "The shadow economy in international comparison: Options for economic policy derived from an OECD panel analysis", International Economic Journal, 2010

197. VV Acharya, O Merrouche. "Precautionary hoarding of liquidity and inter-bank

markets: Evidence from the sub-prime crisis", NBER Working Paper, 2010

198. VV Acharya, P Schnabl. "Do Global Banks Spread Global Imbalances? Asset-Backed Com mercial Paper during the Financial Crisis of 2007-2009", IMF Economic Review, 2010

199. W Jacoby, S Meunier. "Europe and the management of globalization", Journal of European Public Policy, 2010

200. W Van Lear, J Sisk. "Financial Crisis and Economic Stability: A Comparison between Finance Capitalism and Money Manager Capitalism", Journal of Economic Issues, 2010

201. WNW Azman-Saini, SH Law, AH Ahmad. "Institutional and economic determinants of corruption: a cross-section analysis", Economics Letters, 2010

202. X Xu, Y Sheng. "Are FDI spillovers regional? Firm-level evidence from China", Journal of Asian Economics, 2010

203. Y Li, SY Chen. "The Impact of FDI on the Productivity of Chinese Economic Regions", Asia-Pacific Journal of Accounting & Economics, 2010

204. Y Luo, Q Xue, B Han. "How emerging market governments promote outward FDI: Experience from China", Journal of World Business, 2010

205. Y Yongding. "China's Policy Responses to the Global Financial Crisis", Available at SSRN 1615956, 2010

206. YZ Haftel. "Ratification counts: US investment treaties and FDI flows into developing countries", Review of International Political Economy, 2010

后 记

一部著作的完成需要许多人的默默贡献，闪耀着的是集体的智慧，其中铭刻着许多艰辛的付出，凝结着许多辛勤的劳动和汗水。

本书在编写过程中，借鉴和参考了大量的文献和作品，从中得到了不少启悟，也汲取了其中的智慧菁华，谨向各位专家、学者表示崇高的敬意——因为有了大家的努力，才有了本书的诞生。凡被本书选用的材料，我们都将按相关规定向原作者支付稿费，但因为有的作者通信地址不详或者变更，尚未取得联系。敬请您见到本书后及时函告您的详细信息，我们会尽快办理相关事宜。

由于编写时间仓促以及编者水平有限，书中不足之处在所难免，诚请广大读者指正，特驰惠意。